Mélanges De L'université Saint-Joseph, Volume 3, part 1

Université Saint-Joseph (Beirut, Lebanon)

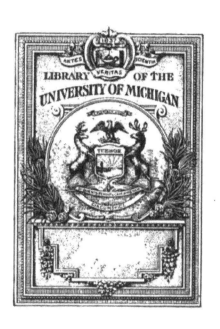

MÉLANGES

DE LA

FACULTÉ ORIENTALE

MÉLANGES

DE LA

FACULTÉ ORIENTALE

UNIVERSITÉ SAINT-JOSEPH

BEYROUTH (Syrie)

MÉLANGES

DE LA

FACULTÉ ORIENTALE

III, Fasc. I

S'adresser à l'*Éditeur des Mélanges de la Faculté Orientale*
ou à une des Librairies ci-dessous.

PARIS
Paul Geuthner
68 Rue Mazarine

LONDON
Luzac and Co.
46 Great Russel St., W. C.

LEIPZIG
Otto Harrassowitz
14 Querstrasse

1908

KITÂB AN-NAʿAM *

TEXTE LEXICOGRAPHIQUE ARABE

ÉDITÉ ET ANNOTÉ

PAR LE PÈRE M. BOUYGES, S. J.

Le *Kitâb an-Naʿam* est tiré d'un Manuscrit appartenant à la Bibliothèque *Aẓ-Ẓâhiriyya*, de Damas, et désigné ainsi par le Catalogue (1): [كتاب] الجرائم [مولفه] عبد الله ابن قتيبة.

Ce *Kitâb al-Ğarâṯîm* a été plusieurs fois signalé aux Orientalistes. Le R. P. Cheikho en publia d'abord quelques fragments dans l'*Appendice* (2) qui accompagne son édition du *Fiqh al-Louğa*, (1885). Plus tard, il en fit paraître un nouvel extrait (3) dans la revue *Al-Machriq*, (1902), sous ce titre : كتاب النخل والكرم للاصمعي— سعى بنشره وتعليق حواشيه الدكتور اوغست هفنر. On n'a pas accordé à ces documents lexicographiques l'attention qu'ils méritaient (4).

Le Manuscrit de Damas (5) est un volume de 440 pages, mesurant chacune 20 c. × 17 c., 5, et comptant 13 ou 14 lignes. L'écriture est

---

* Le titre complet est celui-ci : *Kitâb an-Naʿam wa'l-Bahâ'im wa'l-Waḥš wa's-Sibâʿ wa'ṭ-Ṭayr wa'l-Hawâmm wa Ḥašarâti'l-Arḍ*. Cf. *infra*, p. 122, n. 12 ; p. 128[4].

(1) Cf. سجل كتب المكتبة العمومية, (Damas, 1299 H.), p. 71 : n° 59 des Ouvrages de Lexicographie.

(2) Cf. *Fiqh al-Louğa*, p. 348-365. Voici les chapitres publiés : باب الالسنة والكلام والسكوت – باب الازمنة والرياح واسماء الدهر ونعوت الايام والليالي بالحرّ والبرد والظلمة والشمس والقمر – باب الشجر والنبات في السهل والجبل .

(3) Cf. *Al-Machriq*, V, p. 883-892, 976-984, 1091-1099.

(4) C'est le P. Cheikho qui, ayant reconnu la valeur du *Kitâb al-Ğarâṯîm*, me l'a signalé comme un objet d'étude intéressant.

(5) La Bibliothèque de la Faculté Orientale possède une copie de ce Manuscrit, datant d'une vingtaine d'années. Elle fourmille de fautes. Néanmoins, je la citerai parfois, (= *m*, l'original étant désigné par *M*), parce qu'elle représente une lecture de *M* indépendante de la mienne.

grosse, mais peu soignée. On y remarque des formes de lettres archaïques, qui sont, avec l'état de vétusté du manuscrit, un indice suffisant pour conclure à une grande ancienneté (1). Voici le titre actuel (2):

كتاب الجرائيم مستوعب لاسماء اصول العالم والبهائم والوحش والطير والسباع والهوام [3] وكل نسمة تعرف ومتصرفاتهم وافعالهم واسماء انواع الارض والشجر والنبات [4] وغير ذلك والعروض وقوافي الشعر [5] . . .   تاليف ابي محمد عبد الله بن مسلم

L'ouvrage, on le voit, est un vaste recueil lexicographique. On en jugera mieux encore par une liste (6) des principaux chapitres :

(٢) [كتاب خلق الانسان] [7]. (٧٢) باب الالسنة والكلام والاصوات والسكوت. (٧٦) الحاذق بالشيء والردي البيع والجوع والعطش والنائط والحدث والنوم. (٨٠) الداهي من الرجال والجمال والقبح . . . وغثيان النفس. (٨١) المشي [وضروبه والاعياء والابطاء والتفرق في كل وجه] [8]. (٨٦) اسماء الجماعات من الناس. (٩٠) الاصول في الناس والنسب. (٩٥) كتاب النساء ونعوتهن وغير ذلك. [(. . .) باب الثناء وحسن المخالطة والرد عن الرجل والبكاء والاصلاح والافساد وغيره] [8]. (١٠٩) باب البهت والدهش والقيافة والتطير والتمائم. (١١٠) باب الطيب واللباس . . . [9]. (١٢٠) ابواب الطعام والوانه واللحم ومعالجته

---

(1). Je n'ai pas découvert de date. — On lit sur la première page de *m* : (التاريخ) غير واضح. قطعا وحزرًا هو من سنه ٦٧ هجريه. Le copiste a problement lu (?) cette date dans la phrase suivante, qui est au bas de la première page de *M*: التقل بحكر البيع والشرى (?) الى على..... المعروف بابن بشرته الاهدى ق (?) سابع . . . الاول من سنة . . . وستة (?).

(2) Ce titre a été écrit postérieurement au texte. Il ne serait pas impossible qu'on en trouvât un autre. Le premier feuillet de *M* m'a paru composé de fragments de feuilles différentes, collés ensemble. Peut-être l'un de ces fragments contient-il, sur sa face intérieure, le titre primitif.

(3) *m*, والهول.

(4) Ce mot manque dans *m*.

(5) Les trois mots qui précédent ne sont pas dans *m*. Dans *M*, ils sont écrits en marge.

(6) Cette liste est incomplète. Une énumération de tous les chapitres et paragraphes serait par trop longue. De plus, les sous-titres, et parfois les titres, se confondent avec le texte.

(7) Ce titre n'existe pas, au moins actuellement, dans *M*. Il remplace ici une série de sous-titres que tout le monde devine : ... (١١) باب النفس والجسم والشخص. (١٢) الراس وما فيه ... (٢٤) الانف وما فيه. (٢٧) اللحية وما فيها ... (٣٥) الراس والعنق. (٤٠) العضد والكتف ... (٦١) خلق وطبايع ونعوت مختلفة. (٧١) باب الالوان. — Les pages 43 - 58 manquent.

(8) D'après *m*.

(9) Le copiste de *m* intercale ici la note suivante : (هنا الاصل ناقص ولا نعلم كم وجه او ورقة).

واطعام الناس . (١٣٦) ابواب اللبن والشراب . (١٤٣) باب الامر والنهي والاخبار . . . . (١٤٧) باب الحاجة والكسب . . . . (١٥٢) باب الاقامة . . . واللزوم . . . والتحرك . . . . (١٥٨) باب نوادر مثل حسب . . . . (١٦٥) باب آخر من النوادر . . . . (١٧٣) باب الرحل . . . والدور والبيوت . . . . (١٩٤) باب الحقد . . . . (١٩٧) باب يجمع ابواب الشر . . . . (٢١٠) باب الازمنة والرياح . . . . (٢١٦) باب السحاب والمطر . . . والمياه . . . وشيء من الكواكب والنجوم . (٢٣٤) باب الجبال . . . والاودية وغيرها . (٢٥٠) باب الشجر والنبات . . . . (٢٦١) كتاب النخل والكرم . (٢٦٩) كتاب الكرم عن ابي حاتم السجستاني . (٢٩٢) كتاب الخيل ونعوتها والسلاح واهتماله . (٣١٠) كتاب السلاح ونعوته . (٣٢٨) كتاب النعم والبهائم والوحش والسباع والطير والهوام وحشرات الارض . (٤٠٩) كتاب الطير . (٤١٦)[1] . . .

Je publie les pages 328-408. Le *Kitâb* qu'elles contiennent peut, sans inconvénient (2), être détaché de ceux qui le précèdent. Le sujet, il est vrai, n'est pas nouveau. Nombreux sont les Traités lexicographiques sur les animaux édités jusqu'à ce jour. Mais cette circonstance lui donnera précisément un intérêt spécial. La comparaison qu'il sera facile de faire avec les *Kitâb al-Ibil*, le *K. aš-Šâ'*, le *K. al-Wuḥûš*, etc., ne sera pas inutile à la connaissance exacte de la valeur de ces derniers.

Mon étude a été basée d'abord sur *m*, (cf. *supra*, p. 1, n. 5), dont je fis une copie; et c'est cette copie que j'ai comparée avec *M*, fin décembre dernier (3). N'ayant pas le manuscrit original à ma disposition lors de l'établissement *définitif* du texte, j'ai dû travailler d'après les notes prises à Damas. On comprend, dès lors, que je ne pouvais reproduire *uniquement* les voyelles de *M*, sans rien ajouter ni retrancher. J'ai donc complété la graphie du manuscrit, en ayant soin, d'ailleurs, de signaler toutes les vocalisations intéressantes, aussi bien que les non-vocalisations dans les cas douteux.

Les recherches que j'ai eu l'occasion de faire m'ont amené à des résultats assez curieux sur le mode de composition du *Kitâb an-Na'am* et sur l'histoire des matériaux qu'il contient. J'y reviendrai ensuite, dans la

---

(1) Suivent trois petits chapitres sur les نوادر الاسماء, les نوادر الفعل, et les عيوب الشعر.

(2) Cf. *infra*, p. 17, n. 1.

(3) ومن الواجب علي هنا ذكر ما لقيت من الفضل وحسن المعاملة عند حضرات المشايخ الذين يتولون نظارة المكتبة الظاهرية وعند بعض ارباب العلم بالشام اوفر الله جزاء الجميع .

Conclusion qui suivra le texte. Qu'il me suffise maintenant de dire que le *Kitâb an-Na'am* a été écrit à l'aide du *Ğarîb al-Mouṣannaf* de Aboû 'Oubayd. Ce grand ouvrage étant inédit, j'ai dû, — sous peine de fausser l'intelligence du *KN*, — indiquer ses variantes et ses soi-disant additions. Les notes seront surchargées ; mais elles feront connaître un document très important, par lequel le *Kitâb an-Na'am* se rattache directement à l'Histoire générale de la Lexicographie arabe.

Pour plus de carté, j'ai intercalé dans le texte les noms des autorités citées par Aboû 'Oubayd. Il est probable, sinon certain, que ma copie du *Mouṣannaf*, (*ĞM*), faite d'après le Manuscrit de la Bibliothèque Khédiviale (1), renferme sur ce point des inexactitudes. Ces noms propres n'en rendront pas moins de grands services, ainsi qu'on le constatera par la suite.

Avec *ĞM*, j'ai utilisé une autre recension du *Mouṣannaf*, je veux dire celle qui est *manṭoûra* dans le *Kitâb al-Mouḫaṣṣaṣ* d'Ibn Sîda. J'ai même noté ici, dans une série particulière de références, les endroits précis du *Mouḫaṣṣaṣ* où se trouvent les définitions du *Mouṣannaf*, c'est-à-dire du *Kitâb an-Na'am*. Les amateurs de Lexicographie me sauront gré, j'en suis sûr, d'avoir voulu leur abréger de fastidieuses recherches. J'aurai moi-même le plaisir d'avoir doublé la valeur de mon texte, en facilitant à ses lecteurs le maniement d'un ouvrage qui en est le commentaire naturel, aussi bien qu'un précieux moyen de contrôle.

Beyrouth, 22 Mai 1907.

---

(1) C'est le Prof. B. Moritz qui m'a procuré cette copie. Auparavant, il avait eu l'extrême obligeance de copier, et de m'envoyer, comme spécimen, deux pages du *Mouṣannaf*, à l'aide desquelles j'ai pu identifier le *Kitâb an-Na'am*. Qu'il veuille bien agréer ici l'expression de ma vive gratitude.

Liste des Abréviations Employées

(mots usuels)

aj.	= ajoute.	mnq.	= manque.
av.	= avec.	p. v.	= pas de voyelle.
corr.	= corriger.	rem.	= remarque.
d.	= dans.	s.	= sans.
déf.	= définition.	voc.	= vocalisation.

(noms propres)

L'astérisque (*) accompagnant les noms propres indique que ceux-ci occupent dans *ĞM* une place autre que celle qui leur est donnée dans *KN*.

A'AL	=	ابو علي القالي [1]	AḤN	=	ابو حنيفة الدينوري [7]
A'AM	=	ابو عمرو الشيباني [2]	AḤS	=	ابو الحسن [8]
'AD	=	العدبّس الكناني [3]	AḤT	=	ابو حاتم السجستاني [9]
AFQ	=	ابو فقعس [4]	AM	=	الاموي [10]
AĞR	=	ابو الجراح [5]	A'OB	=	ابو عبيد القاسم بن سلام
AḤ	=	الاحمر [6]	A'OBA	=	ابو عبيدة [11]

(1) Cf. Brook., I, 182. — Peut-être s'agit-il quelquefois de celui qu'on désigne communément par sa *nisbat* الفارسي*: *KM*, XVI, $197_{7,8}$, 197^4; etc. (Compléter Brock., I, 113_5).

(2) Cité dans *ĞM*. Le nom y est écrit parfois sans le و final; souvent aussi le و peut appartenir au mot qui suit. Je suppose toujours, (cf. *Mouḥ.*, II, 229^4; — *Ṣaḥ.*, II, 65_{16}), qu'il s'agit de ce même personnage, dont A'OB fut *râwî* d'après *Fihrist*, 71^{19}. — Cf. Brock., I, 116.

(3) Cité dans *ĞM*. — Cf. *Fihrist*, 47^{15}; *L'A*, VIII, 9^7.

(4) Cité dans *ĞM*. — Cf. *Fihrist*, 51^{28}.

(5) Cité dans *ĞM*. — Cf. *Fihrist*, 47^{14}, 51^{28}. Cité par FR, (*KM*, XV, 60_3).

(6) Cité dans *ĞM*. — Cf. Flüg., 129; Al-Anbârî, 125.

(7) Cf. Brock., I, 123.

(8) Cité dans *ĞM*. C'est peut-être (!) Al-Liḥyânî: Flüg., 53. Mais cf. *infra*, p. 113, n. 2; *L'A*, IV, 261^3; etc.

(9) Cf. Brock., I, 107.

(10) Cité dans *ĞM*. Le mot est souvent lu: Al-Oumawî: *m* (!), 43^7, 61_4; *KM*, XV, 195^5; XVII, 17_1; *L'A*, IV, 67_3; V, 290^{11}; VII, 128^{11}; XVII, 285^{10}; *Tahḏ.*, 303^3. J'ai lu Amawî sur la foi de *Fiq.* c, 20^*: = *Fiq.* c, 28^4; *Fiq.* M, 32_3; *Tahḏ.*, 158, n. *g*; *ibid.*, 303, n. *a*. Cf. du reste *Miṣb.*, I, 19_8. — Cf. Flüg., 53; W. Ahlwardt, *Al-Aṣma'iyyât*, p. XX seq.

(11) Souvent cité dans *ĞM*, (cf. *Fihrist*, 71^{20}). — Cf. Brock., I, 103.

AṢ	=	[1] الاصمعي	IKL	=	[11] ابن الكلبي
AŚB	=	[2] ابو شبل	ISD	=	[12] ابن سيدة
AWL	=	[3] ابو الوليد	ISK	=	[13] ابن السكيت
AZ	=	[4] الازهري	KR	=	[14] كراع
AZD	=	[5] ابو زيد الانصاري	KS	=	[15] الكسائي
AZY	=	[6] ابو زياد الكلابي	N	=	غَيْرُهُ الخ
FR	=	[7] الفرّاء	QN	=	[16] القنانيّ
IA'	=	[8] ابن الاعرابيّ	Ṣ'A	=	[17] صاحب العين
IBR	=	[9] ابن برّيّ	ŚM	=	[18] شمر
IDR	=	[10] ابن دريد	YZ	=	[19] اليزيدي

(OUVRAGES CITÉS) [20]

Les chiffres indiquant la page et la ligne se lisent ainsi :
15^3 = page 15, troisième ligne.
15_3 = page 15, troisième ligne *à partir de la dernière.*

---

(1) Souvent cité dans *ĞM*, (cf. *Fihrist*, 71^{19}). — Cf. Brock. I, 104.
(2) Cité dans *ĞM.* — Cf. Flüg., 48.
(3) Cité dans *ĞM.* — Cf. (?) *Fihrist*, 90^{23} ; Abou'l-Maḥâsin, *s. a.* 171.
(4) Cf. Brock., I, 129.
(5) Souvent cité dans *ĞM*, (cf. *Fihrist*, 71^{20}). — Cf. Brock., I, 104.
(6) Cité dans *ĞM*, (cf. *Fihrist*, 71^{18}). — Cf. Flüg., 46.
(7) Cité dans *ĞM*, (cf. *Fihrist*, 71^{19}). — Cf. Brock., I, 116.
(8) N'est pas cité dans *ĞM* ; mais cf. *Fihrist*, 71^{18}; Nawawî, 745^{10} ; I. Ḫallikân, (Le Caire, 1299 H.), I, 529_{13}. — Cf. Brock., I, 116.
(9) Cf. Lane, I, p. XIX ; *Or. St.*, I, 211 seq.
(10) Cf. Brock., I, 111.
(11) Cité dans *ĞM.* (Cf. *Ṣaḥ.*, I, 67^{10}). — Cf. Brock., I, 139.
(12) Cf. Brock., I, 308.
(13) Cf. Brock., I, 117.
(14) Cf. Brock., I, 515.
(15) Cité dans *ĞM*, (cf. *Fihrist*, 71^{19}). — Cf. Brock., I, 115.
(16) Cité dans *ĞM.* — C'est probablement le استاذ الفرّاء dont il est parlé dans Yâq., IV, page 181^9. Cf. Yâq. III, 609^4; *Tahd.*, 513^7 ; etc.
(17) Cf. Brock., I, 100.
(18) Cf. Flüg., 137.
(19) Cité dans *ĞM*, (cf. *ZDMG*, XVIII, 785^{13}; Al-Anbârî, 189^6). — Cf. Flüg., 61.
(20) Parmi les ouvrages que j'aurais eu intérêt à consulter, quelques-uns ne sont pas actuellement à ma disposition.

Adab = *Ibn Kutaiba's Adab-al-Kâtib*, her. v. M. Grünert, (1900).

Aḍdâd = *Kitâbo-'l-Adhdâd, auctore Abu Bekr ibno-'l-Anbâri*, ed. M. Th. Houtsma, (Lugd. Bat., 1881).

Aḡânî = كتاب الاغانى للامام أبى الفرج الاصبهانى, (Boûlâq, 1285 H.).

Amṯâl = امثال... ابى عبيد القاسم بن سلام, dans التحفة البهيه والطرفة الشهيه, (Constantinople, 1302 H.).

Anb. = شرح المفضليات للانباري, copie moderne appart. à la Fac. Or.

Arâǧîz = كتاب أراجيز العرب تأليف... السيد محمد توفيق البكري, (1313 H.).

Asâs = كتاب أساس البلاغة تأليف . . . الزمخشرى, (Le Caire, 1882).

'Aṣim = شرح ديوان . . . امرئ القيس . . . للوزير . . . عاصم بن أيوب, (Le Caire, 1307 H.).

'Aynî = كتاب المقاصد النحوية فى شرح شواهد شروح الالفية ... للامام العينى, (sur les marges du *Ḫiz.*).

Bânat = *Ǵemâleddîni ibn Hišâmi Comm. in... Bânat Su'âd*, ed. Guidi.

Barth = J. Barth, *Die Nominalbild. in den semit. Sprachen*, zw. Ausg.

Bayân = كتاب البيان والتبيان تأليف . . . الجاحظ, (Le Caire, 1313 H.).

Beitr. = *Beitraege zur semit. Sprachwissenschaft*, v. Th. Nöldeke.

Bekrî = *Das geogr. Woerterbuch des Abu 'Obeid...el-Bekrî*, herausg. v. F. Wüstenfeld, (Göttingen, 1877).

Bišr = *Bišr ibn Abî Ḫâzim*, by the Rev. A. Hartigan, dans les *Mélanges de la Faculté Orientale*, I, p. 284-302.

Brock. = C. Brockelmann, *Geschichte der Arabischen Litteratur*.

Chail = *Das Kitâb al-Chail von Al-'Aṣma'î*, her. v. Dr A. Haffner.

Dam. = حياة الحيوان الكبرى للاستاذ... الدميرى, (Le Caire, 1292 H.).

Ḏ. Faṣ. = كتاب ذيل الفصيح لثعلب أملاه الشيخ ... عبد اللطيف, (Le Caire, 1289 H.).

Dial. = *Etudes sur les Dialectes de l'Arabie Méridionale*, par le Cte de Landberg.

Divans = *The Divans of the six ancient Arabic poets...*, ed. by W. Ahlwardt, (London, 1870).

Dîw. 'AǴ = *Samml. alt. Arab. Dichter. II. Die Dîwâne der Reǧezdichter El'Aǧǧâǧ...*, her. v. W. Ahlwardt, (Berlin, 1903).

Dîw. AḪ = *Dîwân Al-Aḫṭal*, publié pour la première fois par le P. A. Salhani.

Dîw. A'Š = ديوان الاعشى الاكبر, copie moderne appart. à la Fac. Or.
Dîw. Ḏ. R. = ديوان شعر ذي الرمّة, copie moderne appart. à la Fac. Or.
Dîw. FRZ^{B} = *Divan de Férazdaq*, (Boucher).
Dîw. ḤṬ = *Der Dîwân des Ǵarwal b. Aus al-Ḥuṭej'a*, bearb. von I. Goldziher, (dans la *ZDMG*, 1892 et 1893).
Dîw. IMQ = *Le Diwan d'Amro'lkaïs*, par le Bon M. G. de Slane.
Dîw. LB^{B} = *Diwan des Lebîd*, her. v. C. Brockelmann.
Dîw. LB^{C} = *Der Diwan des Lebîd*, (Jûsuf Ḍijâ-ad-Dîn al-Châlidî).
Dîw. QṬ^{B} = *Dîwân d. 'Umeir... Al-Quṭâmî*, herausg. v. J. Barth.
Dîw. QṬ^{m} = ديوان شعر القطامي, ms. de la Fac. Or.
Dîw. RB = *Samml. alt. Arab. Dichter. III. Der Dîwân d. Reǧezdichters Rûba ben El'aǧǧâǧ*, her. v. W. Ahlwardt.
Dîw. ŚM = ديوان الشماخ, copie moderne, appart. à la Faculté Orientale.
Dîw. ṬR = *Le Dîwân de Ṭarafa...*, par M. Seligsohn.
Durrat = *Al-Ḥarîrî's Durrat-al-Ǵawwâṣ*, her. v. H. Thorbecke.
Etymon = *Die Begriffsverstaerkung durch das Etymon*, v. M. Grünert.
Farq = *Kitâb-al-Farq von Alaṣma'î*, her. v. D. H. Müller.
Faṣ. = *Ṯa'lab's Kitâb al-Faṣîḥ*, herausg. v. J. Barth.
Fiq.^{C} = فقه اللغة للامام ابي منصور الثعالبي, éd. Cheikho, (4me éd., 1903).
Fiq.^{D} = id. [éd. R. Daḥdâḥ, Paris, 1861].
Fiq.^{H} = id., éd. d'après ms. الهوريني, (Le Caire, 1284 H., lithogr.).
Fiq.^{M} = id., édité par ... احمد ناجي الجمالي, (Le Caire, 1318 H.).
Fiq.^{S} = *Prooemium et specimen lexici synonymici arabici Attha'âlibii*, ed... J. Seligmann.
Flüg. = G. Flügel, *Die grammatischen Schulen der Araber*.
Freyt. = Freytag, *Lexicon arab.-latinum*.
Ǵamh. = كتاب جمهرة أشعار العرب تأليف أبي زيد محمد بن أبي الخطاب القرشي, (1308 H.).
Ǵâsoûs = الجاسوس على القاموس تأليف احمد فارس, (Constantinople, 1299 H.).
ǦM = Copie de tous les Chapitres du *Ǧarîb al-Mouṣannaf* relatifs aux animaux, (moins les *Ḫayl*). — Cf. *supra*, p. 4, n. 1.
Ḫalq = كتاب خلق الانسان تاليف . . الاصمعي, dans *Text.*, p. ١٥٨-٢٣٢.
Ham. = *Hamasæ Carmina*. (Ed. G. Freytag).
Hâšim. = *Die Hâšimiyyât des Kumait*, her. v. J. Horovitz.

Ḥayaw.[1] = كتاب الحيوان لابى عثمان . . . الجاحظ , (Le Caire, 1325 H.).

Ḫiz. = خزانة الادب . . . لعبد القادر بن عمر البغدادى , (1299 H.).

Homm. = F. Hommel, *Die Namen der Saügethiere bei den Südsemit. Voelkern*, (Leipzig, 1879).

Ḫouḍ.[2] = حاشية . . . الشيخ محمد الخضرى . . . على شرح . . . ابن عقيل على الفية . . . ابن مالك, (Le Caire, 1282 H.).

Huḏ. = *'Aš'âru-l-Huḏalijjîna*... übers. von R. Abicht.

Ibil^{a} = Premier *Kitâb al-Ibil* (d'Al-Aṣma'î), d. *Text.*, p. ٦٦-١٣٦.

Ibil^{b} = Second *Kitâb al-Ibil* (d'Al-Aṣma'î), d. *Text.*,p. ١٣٧-١٥٧ .

'Iqd = العقد الفريد للامام . . . ابن عبد ربّه , (Le Caire, 1302 H.).

Iqt. = الاقتضاب في شرح أدب الكتّاب لابن السيد البطليوسي , (Beyrouth, 1901).

Iṣlâḥ = تهذيب اصلاح المنطق لابن السكيت (التبريزي) . Copie moderne.

Iṣlâḥ E = id. éd. du Caire, (en cours de publication).

Istidr. = *Il « Kitâb al-Istidrâk » di Abû Bakr az - Zubaidî*, (I. Guidi).

Ištiq. = كتاب الاشتقاق تصنيف . . . ابن دريد . Ed. Wüstenfeld.

Itbâ' = *Das Kitâbu-l-Itbâ'i wa-l-Muzâwaǵati des Abû-l-Ḥusain... ibn Fâris* ..., her. v. R. Brünnow, (Gieszen, 1906).

Jacob = G. Jacob, *Altarabisches Beduinenleben.*

Jahn = Jahn, *Sîbawaihi's Buch über die Grammatik*, übers. und erklärt.

Kâmil = كتاب الكامل . . . للعلامة . . . المبرد , (Le Caire, 1308 H.).

Kanz = كتاب كنز الناظم ومصباح الهائم او القلائد الدريّة في فرائد اللغة العربيّة – تأليف سليم افندي منحوري الدمشقي , (Beyrouth, 1878).

Kifây. = كفاية المتحفظ ونهاية المتلفظ في اللغة العربية تأليف . . . ابن الاجدابي , éd. de Beyrouth, 1305 H.

Kis. = *Al-Kisâ'î's Schrift über die Sprachfehler des Volkes*, dans la *ZA*, 1898, p. 29-46.

KM = كتاب المخصص تأليف . . . ابن سيده , (Boûlâq, 1321 H.).

---

(1) Grâce à l'obligeance du R. P. Gabriel Eddé, actuellement au Caire, je pourrai utiliser la dernière moitié de cet ouvrage, en cours de publication.

(2) Je vocalise ainsi d'après une communication écrite du P. G. Eddé. Il y a Ḥadarî d. Brock., I, 299^{15}; et Khidary d. Vern., I, p. II_{7}.

KN = *Kitâb an-Na'am.*

Kunja = *Sujûṭî's Kunja-Woerterbüchlein betit. Al-Mund fî'l-Kund,* her. v. C. F. Seybold. (Tir. à part de la *ZDMG,* t. 49).

L'A = لسان العرب, (Boûlâq, 1308 H.).

Lag. = P. de Lagarde, *Uebersicht über die im Aram., Arab. und Hebraeischen übliche Bildung der Nomina.*

Lane = Lane, *An Arabic-English Lexicon.*

Lyall' = Lyall, *A Commentary on ten ancient Arabic poems.*

M = Manuscrit de Damas. Cf. *supra,* p. 1.

*M** = Copie personnelle du *Kitâb an-Na'am,* faite d'après *m,* et comparée deux fois avec *M.*— J'emploie cette notation, *M**, lorsque je crains de n'avoir pas remarqué suffisamment la graphie de *M.*

m = Copie de *M* appart. à la Fac. Or. (Cf. *supra,* p. 1, n. 5).

Malâḥin = *Ibn Duraid's Kitâb almalâḥin,* herausg. v. H. Thorbecke.

Manâf. = منافع اعضاء الحيوانات, ms. de la F. Or. (*Al-Machriq,* IV, 723).

Maqṣ. = كتاب تحفة المودود فى المقصور والممدود تأليف . . . جمال الدين محمد ابن مالك الطائى الجيانى الاندلسى نظر فيه وصحح روايته الشيخ ابرهيم اليازجى, (Le Caire, 1897).

Miṣb. = كتاب المصباح المنير . . . تاليف . . . الفيومى, (Boûlâq, 1281 H.).

Mo'all. = *Fünf Mo'allaqât,* übersetzt und erklärt von Th. Nöldeke.

Moufaḍ. = كتاب الاختيارات المعروف أيضا بكتاب المفضّليّات. Ed. Thorbecke.

Mouḥâd. = محاضرات الادباء . . . للراغب الاصبهانى, (1287 H.).

Mouḫt. = ديوان مختارات شعرآء العرب, (1306 H., lithographié).

Mouq. = (الزمخشري) مقدمة الادب في اللغة. Ms. de la Fac. Or.

Mouṣan. = *Ğarîb al-Mouṣannaf* de Aboû 'Oubayd, (*ĞM* désignant uniquement la *copie* de cet ouvrage signalée plus haut).

Mouzh. = كتاب المزهر . . . للعلامة السيوطى, (Le Caire, 1282 H.).

Mu'ar. = *Ğawâlîqî's Almu'arrab,* her. von Ed. Sachau, (Leipzig, 1867).

Mufaṣ. = *Al-Mufaṣṣal, auct. Zamaḫšario,* ed. J. P. Broch.

Muğt. = *Ibn Ginnî's Kitâb al-Muğtaṣab,* her. v. Dr E. Pröbster, dans les *Leipziger Semitistische Studien,* I.

Muraṣ. = *Ibn al-Aṯîr's Kunja-Woerterbuch, betitelt Kitâb al Muraṣṣa',* herausg. v. C. F. Seybold.

Nabât = كتاب النبات والشجر للاصمعي, tirage à part du *Machriq*, t. I.

Nawâd. = كتاب النوادر في اللغة لابي زيد . . . الانصاري, (Beyrouth, 1894).

Nih. = النهاية فى غريب الحديث والاثر للشيخ . . . ابن الأثير, (Le Caire, 1311 H.).

Opusc. = *Opuscula arabica*, collected and edited by W. Wright.

Or. St. = *Orientalische Studien*, (Ḥommage à Nöldeke).

Primeurs = *Primeurs arabes*, présentées par le Comte de Landberg.

Prov. = *Arabum Proverbia*, ed. G. W. Freytag.

Qalb = كتاب القلب والابدال صنعة . . . ابن . . . السكيت, dans *Text.*, p. ٣ — ٦٥ .

Qâm. = قاموس الفيروزابادي, (Le Caire, 1289 H.).

Qazw. = كتاب عجايب المخلوقات وغرايب الموجودات تصنيف . . . القزوينى . Ed. Wüstenfeld .

Quṭr. = *Wuḥûš*, p. 30-41.

Šâ' = *Das Kitâb eš-Šâ' v. Al-'Aṣma'ī*, her. v. Dr A. Haffner.

Ṣaḥ. = كتاب تاج اللغة وصحاح العربية تصنيف . . . الجوهرى, (Boûlâq, 1282 H.).

Ṣaḥ. m = Mss. incomplets du *Ṣaḥâḥ* appart. à la Fac. Or.

Š. A. Iḍâḥ[1] = شرح ابيات الايضاح تاليف ابى الحجاج يوسف ... القرطبي المعروف بالشنتمرى والاعلم . Ms. de la Fac. Or.

Š.A. Mufaṣ. = [كتاب المفصل . . . وبذيله] كتاب المفضل فى شرح ابيات المفصل للسيد محمد بدر الدين ابي فراس النعساني الحلبي, (Le Caire, 1323 H.).

Schwarz. = Schwarzlose, *Die Waffen der alten Araber*, (Leipzig, 1886).

Š. Durrat = شرح درة الغواص . . . تأليف . . . الخفاجى, (Constantinople, 1299 H.).

Sîb. = كتاب سيبويه . Ed. H. Derenbourg.

Ši'r = كتاب الشعر والشعراء . . . تاليف . . . ابن قتيبة . Ed. De Goeje.

Sirr = كتاب سر الادب فى مجارى كلام العرب تاليف ... الثعالبي, ms. de la F. Or.

Š. Mufaṣ. = شرح مفصّل الزمخشرىّ للعلامة . . . ابن يعيش, her. v. G. Jahn.

ŠN = كتاب شعراء النصرانيّة جمعه الاب لويس شيخو اليسوعي, (Beyrouth, 1890).

Socin = A. Socin, *Diwan aus Centralarabien...*, her. v. H. Stumme.

Ṣoubḥ = صبح الاعشى تاليف . . . القلقشندى, I, (Le Caire, 1903).

---

(1) Cf. *MFO*, I, 203, n. 9. C'est certainement un *Šarḥ Abyât* du *Kitâb al-Iḍâḥ* de Aboû 'Alî al-Fârisî, (Brock., I, 114[3]). — ISD y est cité p. 23 v, l. 2.

Ś. Ś. Kaś. = (بطبعة محمد أفندى مصطفى) شرح شواهد الكشاف للعلامة . . . محب الدين أفندى.

Ś.Ś.Mouḡ. = شرح شواهد المغنى تأليف . . . جلال الدين ... السيوطى, (Le Caire, 1322 H.).

T'A = تاج العروس, (Le Caire, 1307 H.).

Tab. = *Annales* quos scripsit ... At-Tabari. Ed. De Goeje.

Tahḏ. = كنز الحفاظ في كتاب تهذيب الالفاظ لابن السكيت. Ed. Cheikho, 1895.

Text. = *Texte zur Arabischen Lexikographie,* herausg. von Dr A. Haffner, (Leipzig, 1905). — Cf. *Qalb, Ibil*[a], *Ibil*[b], *Ḫalq.*

Verbi = *Il Libro dei Verbi di... Ibn al-Qûṭiyya,* publ. da I. Guidi.

Vern. = P. D. Vernier, S. J., *Grammaire arabe, composée d'après les sources primitives,* (Beyrouth, 1891).

Vollers = K. Vollers, *Volksspr. und Schriftsprache im alten Arabien.*

Wall. = *Contributions towards Arabic philology,* by Dr P. Brönnle: I. *The Kitâb al-Maqṣûr wa'l-Mamdûd* by Ibn Wallâd, I.

Wright = Wright, *A grammar of the Arabic language,* third Edition.

Wuḥûś = *Das Kitâb al-Wuḥûś von Al-'Aṣma'î, mit einem Paralleltexte von Quṭrub,* herausg. von Dr R. Geyer. — Cf. Quṭr.

Yâq. = *Jacut's geograph. Woerterbuch,* her. v. F. Wüstenfeld.

Zaǵǵ. = كتاب الامالى املاء . . . الزجاجى, (Le Caire, 1324 H.).

Additions

P. 1_1. Le Dr Haffner, le savant éditeur des *Kitâb* d'AṢ, dont les publications m'ont été d'un si grand secours, possède une copie partielle de *m* : cf. le Rapport sur son voyage en Orient paru d. le *Anzeig. d. philosoph.-historischen Classe* [de l'Acad. Imp. de Vienne] vom 16. November (Jahrg. 1899, Nr. XXIV), p. 6 du tirage à part. — 17_{13}. Cf. *Iṣlâḥ E,* I, 72^3, 201_1 ; *KM,* XIV, 229_4. — 21_4. Cf. *infra*, p. 98, n. 2. — 22_2. Cf. *KM*, XVI, 133_3 ; (et *ibid.*, 130^{10}). — 23_{11}. Cf. Anb., II, 423^1 ; *Iṣlâḥ*, 175 v, l. 9 ; *L'A*, XIX, 64_8 ; *Ṣaḥ.*, II, 487_7; *T'A*, X, 158_{11}. — 25_5. La forme سديسة mnq. d. *Mouq.* Ibn Al-Aǵdâbî est cité d. *L'A*, VIII, 348_{10}. — $27_{22,21}$. Cf. *Bayân*, I, $109_{7,4}$; *KM*, XVI, 161_5, où il faut lire مطافيل , car, d'après *Ś. A. Iḍâḥ*, 102 v, l. 10, FR arguait de cet exemple pour soutenir que la soi-disant addition du *yâ'* est permise لغير الضرورة. — 29_{11}. Cf. Anb., I, 66_2: وقال أبو عبيدة الرّقد ... بفتح الراء القدم. — 30^7. *m*, الأرَى. Cf. *KM*, VIII, 44_2. — 30_{19}. Cf. *Dîw. ṬR*, 52_1, 53^7. — 31^3. *M*, طُلَنْيَها. — 31 $^{6-8}$. Cf. *Ǵâsoûs*, 426-427. — 34_{14}. Cf. Anb., I, 308^2: av. فلم ، بشىء. — 34_5. Cf. Abcar., 88_1, (corr. لهد). — 35_6. La graphie قرى est d. *Ham.*, 742^5; *Naqâ'iḍ*, I, $480^{5,8}$. Cf. *infra*, p. 109, n. 8; *KM*, XV, 163^{11}. — 37^2. Il faut presque sûrement corr. المَنْشورة d. *L'A*, VI, 243^5, (A'OB); *T'A*, III, 398_{12}, (A'OB): cf. *KM*, XVI, 168_5; *Ibil* a, 101^{20}; *Mouzh.*, II, 112_5, (A'OB) ; et les Dict. *s. rad.* عبسر . — 37^4. Cf. *KM*, XVI, 161^8,

(A'OB): corr. بالشجرة. — 37_2. Cf. *Ḥayaw.*, V, 149^3; comme aussi l'emploi de برك d. *Ḥayaw.*, VII, 58^5, 59^6; Maçoudi, *Les Prairies d'or*, I, 386^1; *KM*, VIII, 45^2; Dam., I, 167_2; (et *KM*, V, 47_{10}, = *m*, 81^6). — 42_{24}. Cf. Sîb., II, 308^{11}; *Ḫizân.*, II, 551_4, 552^2, ^{14} sq.; *Nawâd.*, 53, (où il faut lire نفثات d. 53^4: cf. *Ḫiz.*, loc. cit.; *Š. A. Iḍâḥ*, 39^r, l. 8). — 42_{18}. Cf. Barth, *Sprachwissenschaftliche Untersuchungen*, I, p. 35, n. 2. — 42_2. La *riwây.* du *T'A*, VII, 396^1, est d. Anb., II, 4_6 et 334^7: av. بقتمها; et d. *Dîvans*, 154_8! — 43_{25}. La forme *šawšâ'at* se trouve d. *Mouḥîṭ al-Mouḥîṭ* et *Aqrab al-Mawârid*; mais je la crois néanmoins fautive: cf. Wall., 70^1; Sîb., II, 429^{17}, (et le commentaire d' السيرافي d. Jahn, II^2, 510_{13}); *Tahḏ.*, 370^9; *Tahḏ.**, 684^4; Freyt., II, 464; Lane; (*Tahḏ.*, 370^4; *L'A*, XII, 171_1; *KM*, IV, 15^{10}). Il y a *šawšât* d. *Qâm.*, II, 326^4; et non *šawšâ'at*, comme le dit à tort Jahn, *loc. cit.* — 43_{23}. La lect. *razafat* a été lue d. le *Mouṣan.* (de A'AM?): cf. *Tahḏ.*, 303, n. 1, l. 5. — 44^2. Cf. *infra*, p. 83_2. — 44^7. J'ai adopté, pour le début du vers, (*m*, p. v.), la lect. du *L'A*. Cf. Wright, II, 43, n.; *Šarḥ Mufaṣ.*, 949^8; Lane, 94 a, en bas; *L'A*, XX, 363_4 seq.; etc.; et *L'A*, XX, 264^8; *ibid.*, VIII, $186_{5,4}$, (et X, 199_7); *ibid.*, IX, 66^8, (malgré la n. marg. et IV, 97^{11}: cf. *ŠN*, 482^{6-8}); *Nawâd.*, 52^4, (cf. *L'A*, XV, 329_4; XVI, 31_{11}; etc.); *Ši'r*, 472^3; etc. etc. — 45_{28}. Cf. *Ḥayaw.*, VI, $37_{7,4}$. — 46_{19}. Cf. le vers cité d. *KM*, XVI, 51^{13}. — 48^5. Cf. *Ǧâsoûs*, 67_6. — 49_{21}. Cf. *KM*, XV, 120^{12}. — 49_{13}. Cf. *KM*, XV, 166^4, (av. لجذ!); Anb., II, 561_9, (av. ندم, et حورانها); Wall., 67, n. *e*, (av. تَدَمُ). — 49_8. Cf. *KM*, XV, 157_7. — 51_2. Cf. *Muraṣ.*, 3151. — 52^1. Je préfère garder la lect. de *M*, (*ĞM*): cf. n. 1. Cf. Yâq., III, 678^2; (*Dîw. ṬR*, 95^5); *m*, 181_7, d. le *K. al-Ḫayl*: وعظمُ الذنبِ وجلدُهُ العسيب, (cf. *KM*, VI, 143^{12}); *ibid.*, 183^6: التواء عسيب الذنب. — 52_{16}. Cf. *Dîw. ṬR*, 97^4. — 52_1. Cf. *KM*, XIII, 226^9. — 53_{23}. Cf. Wall., 48^1; *KM*, VII, 61_2. J'abandonne la lect. de *M*, (*wa'ddahdât*), malgré la rem. fort judicieuse de R. Geyer, (*WZKM*, XV, 278^{11}), corrigeant الدهداء d. Wall., 47^{12}. L'autorité d'Ibn Wallâd, ou de son ouvrage tel que nous le possédons, ne me paraît pas suffisante pour admettre cette forme, que je ne trouve nulle part ailleurs. Cf. Sîb., II, 369^{16}; Jahn, II^2, 453_{15}; *Istidr.*, 32^{16}, 33^{21}; etc. — 54^{10}. Cf. *ZDMG*, LXI, p. 932. — 56_{10}. Cf. *KM*, XV, 172^6; Anb., I, 99_7; *Š. Durrat*, 127. — 57_{18}. Cf. *L'A*, II, $108_{3,4}$. — 60_{21}. Cf. *Al-Aṣma'iyyât*, éd. Ahlwardt, p. 95_1: av. بالبقريس ... لا تُعلَمى ... أنحدي! — 60_{17}. Cf. *L'A*, IV, 240^4, (AZD). — 60_{14}. Cf. *KM*, XII, 215_4, (A'OB); *ibid.*, XIV, 26^2; *Iṣlâḥ E*, I, 226^8. — 64^8. Cf. *Prov.*, II, 455. (Mnq. d. *Amṯâl*). — 65^4. Remarquer la lect. عَرْيًا: non عريانا, comme portent à tort les Dict. — 65_8. Cf. Abcar., 200_8, (= R. Smend, *op. cit.*). — 67_7. Cf. *Ḥayaw.*, V, 144^5, (مجر); *Iṣlâḥ E*, I, 67^1, (النَجْر). — 68_{28}. Cf. Anb., I, 558^3, (le sec. hémist. seul); Abcar., 197^{10}, (corr. رتب المنجم). — 68_{18}. Cf. encore: *Istidr.*, 33^6; Jahn, II^2, 453_{10}; *L'A*, XI, 203^{12}, (= *Ṣaḥ.*^{m}!); *Nihây.*, III, 24^5, (= *L'A*, X, 97_3; mais cf. *ibid.*, 116^9). Il est bien évident que la voc. ثَلْم est préférable. Peut-être même est-elle la seule admissible d. plusieurs passages du *KN*. — 70_4. Cf. *Ǧâsoûs*, 509_5. — 72^2. Lire تُجيرُ. Cf. *KM*, VI, 144^{10}. — 74_5. Cf. *Adab*, 156^5. — 75^2. *Sic*, عرقوبيه, au duel, d. *M*; *ĞM*; *KM*; tandis qu'il y a le sing. d. *Ṣaḥ.* et *L'A*, loc. cit., (n. 2). D'après *T'A*, VII, 286_{17}, le *'Oubâb* a le sing., et le *Mouḥkam* le duel. — 75^3. Il y a [البعير] في ركبتي d. *KN*, supra, p. 74^8; *Ṣaḥ.*, *L'A*, loc. cit., (n. 3); mais *T'A*, VI, 419^{19} signale la lect. الركبة, (= *M*; *ĞM*; *Ṣaḥ.*, II, 174_5; etc.). — 75_{17}. Voici d'autres *šâhids*, (cf., d. *Nihây.*, I, 130, plusieurs ex. tirés de *ḥadîṯs*): 1°). *Dîw. LB* c, 127^6. Ce vers est souvent cité av. la lect. تقال, (av. *qâf*): *Ṣaḥ.*, I, 247^9, 288^6; *L'A*, IV, 298_{11}; *ibid.*, V, 142^{12}; *ibid.*, XIII, 92^8; *T'A*, III, 54_4; Yâq., I, 698^{21}; Lane, 2152 a; *KM*, VII, 166_2, (ISK: cf. *infra*!); le Cod. 2024 = Amîn 801 de Leyde, (d'après *Dîw. LB* B, 13^{10}); peut-être un ms. du *Iṣlâḥ al-Manṭiq* d'ISK, (d'après *Dîw. LB* B, p.

XLVIII$_5$). Mais je préfère la lect. قتل, av. *fâ'*, (cf. *supra*, p. 48, n. 8). Elle est d. : *Dîw. LB* c, 127^6, (lire الثقيل *ibid.*, l. 8); *Işlâḥ*, 29^1 ; *Işlâḥ E*, I, 83^6; le cod. 446 Warn. de Leyde, p. 24 r, (d'après une copie du P. Cheikho); *Mouḥît al-Mouḥît*, II, 1467 b. 2°). Un sec. *šâhid* est d. *Prov.*, I, 91^1. (La lect. *taqâl* se trouve d. : l'éd. égypt. des *Amṯâl* ... Al-Maydânî, I, 49_{12} ; Ibrâhîm al-Aḥdab, *Farâ'id al-La'âlî*..., I, 49^8). 3°). Quant à la lect. الثقل d. *Bayân*, I, 184^{12}, (av. note), elle me paraît doublement fautive : cf. *Mouḥâḍ*., I, 53_{14} ; (et *Ḥayaw.*, IV, 72_{10}). — 75_{16}. Cf. *Qalb*, 21^9, (av. النَّبيق بُرُوٌ et الأَثْقالِ غَذَيْ). — 76_{22}. Cf. *Ḥayaw.*, IV, 127_4. — 76_7. Cf. *Bayân*, I, 94^{11} : *c* suit le n° 38 du *Dîw* ʿ*AĞ*. — 76_2. Cf. *KM*, VII, 50^{11} ; (et aussi : *T*ʿ*A*, VIII, 56_{12} ; *L*ʿ*A*, XIV, 31^{10}; *Asâs*, II, 124_{10} ; *L*ʿ*A*, X, 139_{12} ; *T*ʿ*A*, V, 462_{15} ; *L*ʿ*A*, VII, 386^7; *T*ʿ*A*, V, 51_{17} ; *L*ʿ*A*, IX, 48^{12} ; *ibid.*, V, 214_{10} ; *T*ʿ*A*, V, 51_{16} ; *ibid.*, III, 105_9). — 77_{12}. Cf. *Bayân*, I, 46^9. — 80_{22}. Cf. *Prov.*, II, 129. (Mnq. d. *Amṯâl*). — 81_{24}. Cf., av. *KM*, XVI, 115^{13} : *Ḥayaw.*, V, 162^4. — 81_9. Cf. le vers cité *infra*, p. 110, n. 8. La lect. ارزءت est d. *Verbi*, 181^{12}; *L*ʿ*A*, s. v. ; *ibid.*, VIII, 369^2; etc. — 83_{18}. Cf. *Ṣaḥ.*, II, 487_1 ; *L*ʿ*A*, XIX, 65_3 ; *Al-Aṣmaʿiyyât*, éd. Ahlwardt, p. 20^4, (av. تَمَيَّلَ المَقْيسِ : attribué à ابن نجاء التيمي. — 83_4. راضة est ici à cause du pluriel ! — 85_9. Cf. *Mouq.*, (ابل سُدّى) ; *KM*, XV, 156^{12}. — 86_2. Les lect. du مجموع الرائق sont d. Abcar., 148^5. — 87^4. J'ai laissé le *šadda* sur le *râ'* final, (= *m*), malgré la règle générale, (souvent oubliée !) : قال التجي الوزن قبل التعاليها [= الكلمة] وآخرها حرف تضعيف ... لا يجوز ان يُقَدّد لئلا يزيد البيت على وزنه, (ابن درستويه ... تصنيف المتنوّ العحاب كتاب), ms. de la Fac. Or., p. 101^5). — 89_{16}. Cf. *Dam.*, I, 167_{10}. — 92_1. Cf. *infra*, p. 124, n. 2. — 93_{10}. Cf. L. Caetani, *Annali dell' Islâm*, II, 103, (Ann. 8, § 35). — 93_8. Le mot ضلع est fém. d. *KM*, VI, 141_1 ; *ibid.*, XV, 191^6; Wall., 103^5; I. Hišâm, *Sîrat*, 992_7 ; etc. — 94_1. Cf. *Muraṣ.*, 3768, 3013 (et la note !). — 95_{11}. Cf. *Iqt.*, 269^{10}. — 96^3. *M*° et *m* : والحافر الدواب والحمير. Cf. *supra*, p. 36, n. 11. Il n'est pas *nécessaire* de corr. cette lect., comme je l'ai fait au dernier moment. — 97^4. *m* porte *ǵaldat*, (cf. *supra*, p. 29^3) ; mais *M* plutôt *ǵaladat*, [= *L*ʿ*A*, IV, 100_{11}, (FR) ; *Qâm.*, I, 334^9 ; etc.]. — 97_6. Cf. *Işlâḥ E*, I, 57_1. — 97_2. Cf. *KM*, I, 22^6. — 104_{21}. Cf. une confusion semblable (à celle qui se trouve *peut-être* d. *ĞM*) d. : *KM*, VIII, 175^9, (أبو شنبل) ; ou *L*ʿ*A*, VI, 296^{13}, (أبو شبل), = *T*ʿ*A*, III, 430_2, et Lane, 2193 c, l. 26 a. f. — 107_{14}. Pour apprécier la lect. citée par Lane, (ق), cf. : *Adab*, 597^9 ; Vern., II, 624^6; *Istidr.*, 23^5, ^{6}, ^{11}, ^{22}, ^{25}. — 125^3, $_{15}$. Lire peut-être بـ[جلاد] : cf. *Muraṣ.*, 882. — 126^9. *m*, روس et يروس ; *M*, ? — 127_{10}. Sur le *râǵiz*, cf. : Sîb., I, 121^8; *Š. Š. Mouǵ.*, 329^3; *T*ʿ*A*, VIII, 374_{15}; *L*ʿ*A*, XV, 249^2. — 127^{13}. On trouve ailleurs يَكَرْ, non يَتَرَكَّرْ.

Corrections

(Quelques voyelles et points diacritiques ont disparu au cours de l'impression. Je signale ceux qui mnq. d. mon exemplaire).

Lire : p. 4^8, clarté ; – 18^3, أَخْلَفْتُ ; – 18_{22}, في القمر ; – 19^2, قَدْ تُ ; – 20_{20}, لم يعلموا ; – 22^5, أَرَدْتُ ; – 29_{14}, في المائة ; – 30_4, شَعْتُ ; – 35_9, هكذا عزاه ; – 36^6, وَالْجَبَلَة ; – 39^6, دَرَسًا ; – 43^6, وَالإِجْهَارُ ; – 43_{13}, *ĞM* ; – 48^{10}, ^{11}, $_{17}$: cf. *infra*, p. 75^4, et *KM*, VII, 162^7 ;– 50^4, القصة ; – 54_{22}, *Šiʿr* ; – 58^7, الْحَوَرِ ; – 59^9, تَنْزِلُ ; – 60_{22}, *Tahd.*° ; – 62^9, تَلَـــذُ ; – 68^4, وَالْمُطَابِقُ ; – 70_9, $_6$: *Dîw. QT* B ; – 76_2, On lit aussi : ... فنيق هجان ; – 81^7, أَعْتَرُ ; – 82_5, المشرق ; – 90^8, أَلْفُجُرِ ; – 93^7, [au lieu de 3] : 5 ; – 96^7, أَلْتَبْرِ ; – 97^{11}, [au lieu de 11] : 10 ; – 98^9, يَتْرُ ; – 100_1, الميلقين ; – 101^{10}, وَالصِّدَاة ; – 103_5, قَدْ تَاهَ ; – 106^{11}, النَّثْرَ ; – 107^4 للنشر ; – 107^3, عَارِ ; – 108^1, فَرَاعِينُ ; – 110^7, وَالطُّرْثُوثُ ; – 110_8 : n. 8 : والكنادر ; – 116_{20} : p. 116, n. 7 ; – 120^5, يَتْرِبُ ; – 122^6, تَرَكَانِ ; – 122_{14}, *Adab al-Kâtib* ; – 127^1, وَلَبٌ ; – 128^4, منها.

Table des Chapitres du Kitâb an-Na'am

كتاب النعم والبهائم والوحش والسباع والطير والهوام وحشرات الارض

(٣٢٨) بِسْمِ ٱللهِ ٱلرَّحْمٰنِ ٱلرَّحِيمِ [1]

كِتَابُ ٱلنَّعَمِ وَٱلْبَهَائِمِ وَٱلْوَحْشِ وَٱلسِّبَاعِ وَٱلطَّيْرِ وَٱلْهَوَامِّ وَحَشَرَاتِ ٱلْأَرْضِ

ٱلْإِبِلُ وَحَمْلُهَا، وَنِتَاجُهَا [2] [AṢ] [3] [a] أَجْوَدُ [4] ٱلْأَوْقَاتِ عِنْدَ ٱلْعَرَبِ أَنْ تُتْرَكَ ٱلنَّاقَةُ بَعْدَ نِتَاجِهَا سَنَةً لَا يُحْمَلُ عَلَيْهَا ٱلْفَحْلُ ثُمَّ تُضْرَبَ [b] إِذَا أَرَادَتِ ٱلْفَحْلَ وَيُقَالُ لَهَا عِنْدَ ذٰلِكَ قَدْ ضَبِعَتْ [5] *[AṢ, A'AM] [6] [c] فَإِذَا وَرِمَ حَيَاؤُهَا مِنَ ٱلضَّبَعَةِ [7] قِيلَ قَدْ أَبْلَمَتْ *[AṢ] [8] [d] فَإِذَا ٱشْتَدَّتْ ضَبَعَتُهَا [9] قِيلَ قَدْ هَدِمَتْ [10] [A'AM] [11] وَيُقَالُ [e] بِهَا بَلَمَةٌ [12] شَدِيدَةٌ [FR] [13] [f] فَإِذَا لَمْ تَرْغُ مِنْ شِدَّةِ ٱلضَّبَعَةِ قِيلَ نَاقَةٌ مِبْلَامٌ [g] وَٱلْهَوَسَةُ [14] ٱلَّتِي تَرَدَّدُ [15] ٱلضَّبَعَةُ فِيهَا [h] وَٱلْهَدِمَةُ ٱلَّتِي تَقَعُ مِنْ شِدَّةِ ٱلضَّبَعَةِ [16] [i] وَٱلْهَكِعَةُ ٱلَّتِي قَدِ ٱسْتَرْخَتْ مِنَ ٱلضَّبَعَةِ [17] وَقَدْ هَكِعَتْ [N] [18] [j] وَٱلْمُسْتَأْتِيَةِ

a). Cf. *KM*, VII, 9³, (A'OB); — b). cf. *ibid.*, 2₂ (A'OB); — c). cf. *ibid.*, 3¹, (A'OB); — d). = *ibid.*, 3⁶, (A'OB); — e). cf. *ibid.*, 3², (A'OB); — f). cf. *ibid.*, (A'OB); — g). = *ibid.*, 3⁸, (IDR?); — h). = *ibid.*, (IDR?); — i). cf. *ibid.*, 3¹¹ (IDR? ou probablement A'OB); — j). cf. *ibid.*, 3¹², (A'OB).

---

(1) Le copiste de *m* a omis la *basmala*. Négligence d'autant plus grave, que c'est la seconde fois seulement, me semble-t-il, qu'on la trouve dans *M*. Elle annonce donc, tout au moins, un travail indépendant des chapitres qui précèdent.

(2) *M*, حملها وحملها. — *ĞM*, كتاب الابل باب حمل الابل ونتاجها.

(3) Cf. *Ibil* a, 66³ et 67⁹ ; *Ibil* b, 138⁶ et 140²⁰.

(4) Cf. *Nawâd.*, 119₃, (AṢ). — *ĞM*, سمعت الاصمعي يقول في كتاب الابل قال اجود الاوقات عند العرب ان... Le début est semblable dans *Šá'*, 19 ; *Chail*, 28. Sur le début de *m*, cf. *infra*, p. 21, n. 3.

(5) *ĞM* et *KM*, قد ضبعت ضبعة. — *M*, ضَبِعَتْ (et ensuite ضَبِعَة : cf. *infra*, n. 7, 9 et 17). Partout ailleurs, on trouve : ضَبِعَتْ . Cf., cependant, *L'A*, X, 85₉.

(6) V. *infra*, n. 11. — Cf. *Ibil* a, 67¹⁵ ; *Ibil* b, 141¹⁴.

(7) Les deux mots mnq. dans *ĞM* ; mais sont dans *KM*. — *M*, الضَّبِعَة : cf. *supra*, n. 5.

(8) V. *infra*, n. 11. — Cf. *Ibil* a, 67¹³ ; *Ibil* b, 140²⁰.

(9) *M*, forme *fa'lat* : cf. *supra*, n. 5 et 7. — Cf. aussi : Sîb., II, 227¹⁴ ; Jahn, II², 311¹.

(10) *M*, plutôt *hadamat*, lect. fautive.

(11) *ĞM*,... ابو عمرو الشيباني في الابلام مثله قال ويقال بها بلمة شديدة. C'est pour cela que, plus haut, ligne 6, j'ai intercalé le nom de A'AM, après avoir répété celui de AṢ. Cf. *supra*, p. 5.

(12) *Sic* dans *M** ; *KM* ; *L'A*, XIV, 320₁₀ ; etc. — *ĞM*, بَلَمَة.

(13) *ĞM*, الميلام (sic) التي لا ترغو من شدة الضبعة والهوسة ; *item* dans *KM*.

(14) *M*, والهَوَسَة ; ailleurs, الهَوِسَة.

(15) *Sic* dans *KM*. — *M*, تَرَدَّدُ ou تَرَدَّدَ.

(16) *ĞM* aj. : ... قال والهدمة ضبم هواس . فيها هديم . والشد ... — Cf. *KM*, VII, 3⁹ ; *L'A*, XVI, 87¹ ; *Ṣaḥ.*, II, 346⁸ ; *T'A*, IX, 100¹⁷. Au lieu de فيها, il y a منها dans : *T'A*, IV, 241¹⁵ ; *L'A*, VIII, 139⁵ et 91². Le *râǵiz* est زيد بن تركي.

(17) Cf. *supra*, n. 5, 7, 9.

(18) *ĞM*, ... استأتت استيتاء ...

اَسْتِسَاءً [4] . [AZD] [1] [a] وَيُقَالُ لِلْفَحْلِ إِذَا اهْتَاجَ لِلضِّرَابِ قَدْ قَفَلَ يَقْفِلُ قُفُولًا [b] وَاهْتَبَّ [2] اهْتِبَابًا . [KS] [c] أَرَبَّتْ إِذَا لَزِمَتِ الْفَحْلَ وَأَحَبَّتْهُ وَهِيَ [3] مُرِبٌّ [AṢ] ، [d] وَيُقَالُ أَيْضًا قَطِمَ يَقْطَمُ [5] وَكَذٰلِكَ كُلُّ مُشْتَهٍ شَيْئًا [AṢ,AZD]* ، [6] [e] فَإِذَا ضَرَبَ النَّاقَةَ قِيلَ قَدْ قَعَا عَلَيْهَا [AṢ] [7] وَقَاعَ [8] [f] وَسَفِدَ يَسْفَدُ سِفَادًا [AZD] [9] [g] فَإِذَا لَمْ يَفْعَلْ [10] ذٰلِكَ حَتَّى يُدْخَلَ [11] قَضِيبُهُ فِي حَيَاءِ النَّاقَةِ قِيلَ قَدْ أَخْلَطْتُهُ إِخْلَاطًا [12] وَأَلْطَفْتُهُ إِلْطَافًا (٣٢٩) وَاسْتَخْلَطَ [13] هُوَ وَاسْتَلْطَفَ إِذَا فَعَلَ ذٰلِكَ مِنْ تِلْقَاءِ نَفْسِهِ [qal] [h] فَإِنِ اشْتَمَلَ [14] الْبَعِيرُ عَلَى الْإِبِلِ كُلِّهَا فَضَرَبَهَا قِيلَ أَقَمَّهَا إِقْمَامًا [N] [15] [i] وَعَاسَهَا يَعِيسُهَا عَيْسًا وَهُوَ الضِّرَابُ [AZD] [j] فَإِنْ أَكْثَرَ ضِرَابَهَا حَتَّى يَتْرُكَهَا وَيَعْدِلَ عَنْهَا قِيلَ جَفَرَ يَجْفُرُ جُفُورًا وَفَدَرَ يَفْدِرُ فُدُورًا [16] [N] [17] وَأَقْطَعَ مِثْلُهُ

بِعَوْدٍ مُقْطَعٍ [18]

a).= *KM*, VII, 3_3, (A'OB); — b). cf. *ibid.*, 3_3, (A'OB); — c). cf. *ibid.*, 3^{18}, (A'OB); — d).— cf. *ibid.*, 3_3, (A'OB); — e). cf. *ibid.*, 5^2, (A'OB); — f). cf. *ibid.*, 5^3, (A'OB); — g). cf. *ibid.*, 6^6, (A'OB); — h). = *ibid.*, 6^{14}, (A'OB); — i). cf. *ibid.*, 5^4, (A'OB); — j). = *ibid.*, 6_3, (A'OB).

---

(1) *ǦM*, وقال ابو زيد الانصارى ويقال.

(2) *ǦM*, واهب احتبابا; mais la copie du Prof. B. Moritz, (cf. *supra*, p. 4). porte: واهتب.

(3) *KM* et *ǦM*, فهى. — Dans *M*, il est souvent impossible de distinguer l'un de l'autre le و et le ف proclitiques.

(4) Cf. *Ibil* a, 67^{17}; *Farq*, $244 = 12^{16}$.

(5) *M*, av. ف ou ۶.

(6) *ǦM*, قال, (= sans doute AṢ), puis, plus bas, (cf. note 9): ابو زيد في القمو مثله قال فاذا لم يفعل... — Cf. *Ibil* a, 66^{18}; *Ibil* b, 140^2 et 140^{21}.

(7) Cf. *Ibil* a, 66^{18}; *Ibil* b, 140^2 et 141^1; *Farq*, $245 = 13^{17}$.— Dans *M*, il y a un mot قمو, (en marge ou dans l'interligne), qui paraît devoir être reporté après عليها. C'est le *maṣdar* de قعا, que l'auteur a écrit ici, peut-être lorsqu'il l'a rencontré plus bas dans *ǦM*, (cf. *infra*, n. 9).— Remarquer que la forme قمو, attribuée à AṢ dans *KM*, VII, 5^2, se retrouve dans *Ibil* a, 66^{19}. Mais cf. *L'A*. XX, 53^{13}, (AṢ).

(8) Cf. *Adab*, 524^5; *Muġt.*, 16^4.

(9) *ǦM*,... ابو زيد في القمو: cf. *supra*, n. 6.

(10) *ǦM* aj. هو.

(11) *ǦM*, تدخل قضيبه. — Cf. *Dial.*, II, 94.

(12) *ǦM*, قيل اخلطته انا والطفته.

(13) *ǦM*, s. و.— Cf. *Ibil* a, 68^2.

(14) *ǦM*, اشهل; *M*, اشمل; *KM*, اشتمل, (= *L'A*, XV, 395_6; *T'A*, IX, 38^{18}).

(15) *ǦM*, الضراب ايضا... عاسها الفحل فهو عائس.

(16) *M*, قَدَرَ يَقْدُرُ قُدورًا; *ǦM*, قدر يقدر قدورا. Les Lexiques ne donnent que la voc. يفدِر. Une voc. يفدُر se trouve d. *Aḍdād*, 133^7.— Cf. *Ibil* a, 68^3, et 111^{12}; *Adab*, 171^5; *Aḍdād*, 132^6 et 133^3.

(17) *ǦM*, فهو القطع مثله قال النمر بن تولب قامت تباكى ان سبأت لفتيه زقا وخابية بعود مقطع Lire لفتية.— Cf. *KM*, VII, 7^1; *Ṣaḥ.*, I, 616_{11}. Il y a تبكي d.: *T'A*, V, 475^1; *Iṣlāḥ*, 133v, l. 9 a. f., (av. وَخابِيَةً); *L'A*, *s. v.* قطع; *Ḫizān.*, I, 154^{12}, (cf. 154^{14}); Aynî, II, 536^5; *Š. Š. Mouġ.*, 161_1, (corr. سبأ لفتية)

(18) *M*°, بعوه; *M*, مُقطَع ou مُقطِع. Cf. *supra*, n. 17.— Les deux mots suiv. mnq. d. *ǦM* et *KM*.

فَالعَوْدُ المُسِنُّ [1]. [AṢ] ، [a] فَإِنْ حُمِلَ عَلَيْهَا سَنَتَيْنِ مُتَوَالِيَتَيْنِ فَذَلِكَ الكِشَافُ وَهِيَ
نَاقَةٌ كَشُوفٌ. [b] فَإِنْ كَانَ ذَلِكَ فِي الغَنَمِ فَحُمِلَ عَلَى الشَّاةِ فِي السَّنَةِ الوَاحِدَةِ مَرَّتَيْنِ فَذَلِكَ
الإِمْغَالُ وَهِيَ شَاةٌ مُمْغِلٌ وَلَا يَكُونُ الإِمْغَالُ فِي الإِبِلِ [2]. [c] فَإِنْ ضُرِبَتْ عَلَى غَيْرِ ضَبْعَةٍ [3]
فَذَلِكَ البَسْرُ وَقَدْ بَسَرَهَا الفَحْلُ فَهِيَ مَبْسُورَةٌ. [d] فَإِنْ ضُرِبَتْ مِرَارًا فَلَمْ تَلْقَحْ فَهِيَ
مُمَارِنٌ وَقَدْ مَارَنَتْ مِرَانًا. [e] فَإِنْ ظَهَرَ لَهُمْ أَنَّهَا قَدْ لَقِحَتْ ثُمَّ لَمْ يَكُنْ بِهَا حَمْلٌ فَهِيَ رَاجِعٌ [4]
[f] وَمُخْلِفَةٌ. [AṢ] [5] اليَعَارَةُ أَنْ يُحْمَلَ عَلَيْهَا مُعَارَضَةً يُعَارِضُهَا الفَحْلُ [6]. [A'AM] وَيُقَالُ [7] يِعَارَةٌ [8]
لَا تُضْرَبُ مَعَ الإِبِلِ وَلَكِنْ يُقَادُ إِلَيْهَا الفَحْلُ وَذَلِكَ لِكَرَمِهَا [9]. [g] فَإِذَا لَمْ تَحْمِلْ أَوَّلَ سَنَةٍ
يُحْمَلُ عَلَيْهَا فَهِيَ حَائِلٌ [10] وَجَمْعُهَا حُولٌ وَحُولَلٌ. فَإِذَا [11] لَمْ تَحْمِلِ السَّنَةَ الثَّانِيَةَ فَهِيَ عَائِطُ
عُوطٍ [12] وَعُوطَطٍ وَحَائِلُ حُولَلٍ [12]. [ʿAD] [13] [h] وَقَدْ تَعَوَّطَتْ إِذَا لَمْ تَحْمِلْ وَقَدْ حُمِلَ عَلَيْهَا

a). Cf. *KM*, VII, 9[8], (A'OB); — b). cf. *ibid.*, 179[16], (A'OB); — c). cf. *ibid.* 6[9], (A'OB); — d). cf. *ibid.*, 10_7, (A'OB); — e). = *ibid.*, 10[2], (A'OB); — f). cf. *ibid.*, 10[4], (A'OB); — g). cf. *ibid.*, 10[13], (A'OB); et 10[14], (A'OB); — h). cf. *ibid.*, 10_{10}, (A'OB).

---

(1) *ĞM*, قال الاصمعي. — Cf. *Ibil* a, 66[4], 67[3], 101[1], 69[2], 69[13], 115[2], 69[13]; *Ibil* b, 138[8],..., 139[20] et 145[13], 140[7]; *Šd'*, 21-23, 203; *Nawâd.*, 119_2; *Mouzh.*, II, 111_8, (A'OB), où il faut corriger لسوف.

(2) *M*, وهي شاة ممغل والامغال في الشاة وليس في الابل لاتقال; *ĞM*, وهي شاة ممغل ولا يكون الامغال في الابل; *KM*, d. le chapitre du حمل الغنم ونتاجها : وهي شاة مُمْغِلٌ وليس في الابل إمغال. — Cf. *Mouzh.*, II, 113[13], (A'OB).

(3) *Sic* d. *M*: cf. *supra*, p. 17, n. 5; et p. 17[8], 17[9]. — Cf. *Mouzh.*, I, 208[1].

(4) *M*, داجع. Cf. *Mouzh.*, II, 110[8]. — Je doute que مخلف, (*Ibil* a, 69[13]), soit exact: cf. *KM*; *L'A*, X, 443_{12}; *Ṣaḥ.*, II. 22_8; *T'A*, VI, 102[9]; *Ibil* b, 140[7].

(5) Cf. *Ibil* a, 66[12]; *Ibil* b, 140[3].

(6) *ĞM* aj.: قال الراعي قلائص فلا يلقحن الا يعارة عراضا ولا يشرين الاعواليا
Lire: قلائص لا ; يشرين ; غواليا. — Cf. *KM*, VII, 10[6]; *Ṣaḥ.*, I, 420_8, et 529[5]; *L'A*, VII, 166[7]; *ibid.*, IX, 48_{10}; *T'A*, III, 631_{17}; *ibid.*, V, 51_3; *Ištiq.*, 269[13]; *Kâmil*, I, 97[8]. On trouve نجائب, au lieu de قلائص, d. *Ši'r*, 247[4]; *Ibil* a, 66[12]; *Ibil* b, 140[6], (mais cf. *Text.*, 45[13]).

(7) *ĞM*, ابو عمرو يعارة.

(8) Pas de voy. désinentielle d. *M**, *KM*, *ĞM*. Remarquer que, d. *ĞM*, cette phrase suit le vers cité *supra*, n. 6. — Cf. *L'A*, VII, 166[4], et 166_8; *Kâmil*, I, 97[7]; etc.

(9) Ce mot est illisible d. *M*, (اكرم لها ?). J'adopte la lecture de: *ĞM*; *KM*; *L'A*, VII, 166[4]; *Qdm.*, II, 194[4]. — *ĞM* continue: ... واذا لم تحمل الناقة اول.

(10) *ĞM* aj. وعائط, (corriger عابط d. *Mouzh*, II, 111_7, (A'OB). On attendrait ensuite le pluriel de ce mot. Inutile de faire remarquer combien les oublis, (et aussi les répétitions), étaient faciles dans ce passage. — Cf. Barth, 212, n. 2.

(11) *ĞM*, فان لم تحمل السنة المقبلة ايضا فهي عائط عوط وحائل حول وحولل. D. *KM*, l'ordonnance de la phrase a été changée, afin de grouper ensemble les mots de même radical.

(12) *M*, وعوط وعُوطَط; et وحولل. — Cf. *Etymon*, n°s 128 et 129; *Mouzh.*, II, 130_{10}, (d'après le *Mouṣannaf* de A'OB!).

(13) *ĞM*, المدبس الحنانى قال يقال تعوّطت اذا حمل الفحل عليها فلم تحمل.

ٱلْفَحْلُ. [AṢ] [1] [a] فَإِذَا عَلِقَتْ [2] فَأَغْلَقَتْ (٣٣٠) رَحِمَهَا عَلَى ٱلْمَاءِ قِيلَ أَرْتَجَتْ فَهِيَ مُرْتِجٌ وَوَسَقَتْ تَسِقُ [3] فَهِيَ وَاسِقٌ مِنْ إِبِلٍ مَوَاسِيقَ وَمَوَاسِقَ أَيْضًا [b] وَيُقَالُ لَهَا فِي أَوَّلِ مَا تُضْرَبُ هِيَ فِي مُنْيَتِهَا وَذٰلِكَ مَا [4] لَمْ يَعْلَمُوا أَبِهَا حَمْلٌ أَوْ لَا فَمُنْيَةُ ٱلْبِكْرِ [5] ٱلَّتِي لَمْ تَحْمِلْ قَبْلَ ذٰلِكَ عَشْرُ لَيَالٍ وَمُنْيَةُ [6] [ٱلثِّنْيِ وَهُوَ] ٱلْبَطْنُ ٱلثَّانِي خَمْسَ عَشْرَةَ لَيْلَةً [7] وَهِيَ مُنْتَهَى ٱلْأَيَّامِ. فَإِذَا مَضَتْ عُرِفَ أَلَاقِحٌ هِيَ أَمْ غَيْرُ لَاقِحٍ. [AM] [c] فَإِنْ قَبِلَتْ [8] مَاءَ ٱلْفَحْلِ وَأَلْقَتْهُ قِيلَ كَرَضَتْ تَكْرِضُ وَٱسْمُ ذٰلِكَ ٱلْمَاءِ ٱلْكِرَاضُ. [AṢ] [9] [d] فَإِنْ أَلْقَتْهُ بَعْدَ مَا يَصِيرُ غِرْسًا [وَدَمًا] [10] قِيلَ أَمْرَجَتْ [11] فَهِيَ مُمْرِجٌ فَإِنْ لَمْ يَسْتَبِنْ خَلْقُهُ ثُمَّ أَلْقَتْهُ قَبْلَ ٱلْوَقْتِ قِيلَ أَزْلَقَتْ [e] وَأَجْهَضَتْ وَهِيَ مُجْهِضٌ وَمُزْلِقٌ [12]. [AZD] [f] فَإِذَا أَلْقَتْهُ قَبْلَ أَنْ يَسْتَبِينَ خَلْقُهُ قِيلَ رَجَعَتْ تَرْجِعُ رِجَاعًا وَسَبَّعَتْ وَغَضَنَتْ [13] [g] وَأَجْهَضَتْ [AM] [14] [h] وَأَخْفَدَتْ فَهِيَ نَاقَةٌ خَفُودٌ. [AṢ] [15] [i] زَكَأَتْ بِهِ إِذَا دَمَصَتْ [16] بِهِ [j] فَإِنْ أَلْقَتْهُ قَبْلَ أَنْ يُشْعِرَ [17] قِيلَ أَمْلَطَتْ فَهِيَ مُمْلِطٌ وَٱلْجَنِينُ مَلِيطٌ [k] فَإِنْ أَلْقَتْهُ وَقَدْ أَشْعَرَ [18] قِيلَ سَبَغَتْ وَهِيَ مُسْبِغٌ [AZD] [l] فَإِنْ بَلَغَتِ ٱلشَّهْرَ ٱلتَّاسِعَ ثُمَّ

a). Cf. *KM*, VII, 11³, (A'OB) ; — b). cf. *ibid.*, 11⁷, (AṢ) ; — c). cf. *ibid.*, 11_{12}, (A'OB); d). cf. *ibid.*, 11_{9}, (A'OB) ; — e). cf. *ibid.*, 11_{7}, (A'OB); — f). cf. *ibid.*, 11_{8}, (A'OB); — g). cf. *supra*, e ; — h). cf. *KM*, VII, 11_{1}, (A'OB) ; — i). cf. *ibid.*, 12³, (A'OB); — j). cf. *ibid.*, 12⁵, (A'OB) ; — k). cf. *ibid.*, 12⁷, (A'OB) ; — l). cf. *ibid.*, 12⁹, (A'OB).

---

(1) Les définit. de ارتجت et وسقت mnq. d. *Ibil* a, et *Ibil* b. — Sur منية, cf. *Ibil* a, 68⁸; *Ibil* b, 141⁴.

(2) *ĜM*, علقت الناقة. — Cf. *Mouzh.*, II, 111_{7}.

(3) *ĜM*, تسق وسقا ; et s. le mot ايضا après مواسق.

(4) *ĜM*, اذا لم يعلموا الها حملت ام لا فمنية... . Mais notre texte se rapproche, plus que *ĜM*, de *L'A*, XX, 165⁴.

(5) *M*, البعر. Ailleurs, البكر ; cf. cependant, Lyall, 111².

(6) *ĜM*, ومنيق. — *M**, ومن ; puis, après un espace blanc de deux centimètres environ, المطن الثاني, (ou البطن).

(7) *ĜM*, خمسة عشر وهي. — *M* = *L'A*, XX, 165⁵.

(8) *M*, قَبِلت, (= Freyt., etc.); ailleurs, قَبِلَت. — *ĜM*, ثم القته, (= *KM*; *L'A*, IX, 93⁴).

(9) La déf. de امرجت n'est pas d. *Ibil* a, ni *Ibil* b. — Sur celles qui suiv., cf. *Ibil* b, 188¹⁷.

(10) *ĜM*, فرثا ودما ; *KM*, et *L'A*, III, 189_{6}, غِرْسًا ودمًا. Le mot دما mnq. d. *M*.

(11) *M*, avec un *ḥâ'*, (= *Mouzh.*, II, 111_{6}, (A'OB).

(12) *ĜM*, وهي مزلق ومجهض. — Cf. *Mouzh.*, II, 111_{6} et $_{5}$, (A'OB).

(13) *M*, غضبت ; *ĜM*, وغضلت ; *KM*, وغضنت. La 1ʳᵉ forme est aussi employée : cf. *L'A*, XVII, 190_{11}; *Verbi*, 29²¹.

(14) *ĜM*, الاموى فى ذلك احفدت وهي ناقة حفود. — Cf. *Mouzh.*, II. 111_{5}, (A'OB).

(15) La première déf. n'est pas d. *Ibil* a, ni d. *Ibil* b. — Sur les suiv., cf. *Ibil* a, 70¹ et 70⁴; *Ibil* b, 138¹⁹. — *ĜM*, الاصمعي كأت به.

(16) *M**, رَمَتْ, (cf. *L'A*, I, 84¹¹) ; mais *M*, plutôt دمصت ; *ĜM*, رمصت. Cf. *KM*, VII, 12³: الاصمعي. دَمَصت الناقةُ بولدها . القته ... ابو عبيد. زَكَأَتْ به كذلك

(17) Voc. de *M*. Mais cf. *infra*, l. 11. — Cf. *Mouzh.*, II, 111_{5}, (A'OB).

(18) *ĜM*, اسعر ; (cf. *supra*, n. 17) ; puis فهي. — Cf. *Mouzh.*, II, 111_{5}, (A'OB).

وَضَعَتْهُ [1] قِيلَ خَصَفَتْ تَخْصِفُ خِصَافًا وَهِيَ [2] خَصُوفٌ [qal] [a] وَٱلْخِدَاجُ [3] مِنْ أَوَّلِ خَلْقِ وَلَدِهَا إِلَى مَا قَبْلَ ٱلتَّمَامِ يُقَالُ مِنْهُ خَدَجَتْ، فَهِيَ خَادِجٌ (٣٣١) وَيُقَالُ ٱلتَّمَامُ [5] وَٱلتِّمَامُ . وَلَا يُقَالُ فِي ٱللَّيْلِ إِلَّا بِٱلْكَسْرِ لَيْلُ ٱلتِّمَامِ . [AṢ] [6] كَذٰلِكَ يُقَالُ لِكُلِّ [7] مَا كَانَ قَبْلَ [8] وَقْتِ ٱلنِّتَاجِ وَإِنْ [9] كَانَ تَامَّ ٱلْخَلْقِ يُقَالُ خَدَجَتْ فَهِيَ خَادِجٌ فَإِنْ كَانَ نَاقِصَ ٱلْخَلْقِ قِيلَ أَخْدَجَتْ فَهِيَ مُخْدِجٌ [10] وَٱلْوَلَدُ مُخْدَجٌ وَإِنْ كَانَ لِتَمَامِ وَقْتِ ٱلنِّتَاجِ . [AṢ] [11] [b] فَإِذَا تَمَّ حَمْلُهَا وَلَمْ تُلْقِهِ فَحِينَ يَسْتَبِينُ ٱلْحَمْلُ بِهَا فَهِيَ [12] قَارِحٌ وَقَدْ قَرَحَتْ قُرُوحًا . [c] فَإِذَا تَحَرَّكَ وَلَدُهَا فِي بَطْنِهَا قِيلَ أَرْكَضَتْ فَإِذَا نَبَتَ عَلَيْهِ ٱلشَّعَرُ فِي بَطْنِهَا فَأَخَذَهَا لِذٰلِكَ وَجَعٌ قِيلَ أَكِلَتْ *[AṢ, AZD] [13] فَإِذَا أَتَى عَلَيْهَا مِنْ يَوْمِ حَمْلِهَا [14] سَبْعَةُ أَشْهُرٍ وَجَفَّ [15] لَبَنُهَا فَهِيَ حِينَئِذٍ شَائِلَةٌ وَجَمْعُهَا شَوْلٌ وَإِذَا شَالَتْ [16] بِذَنَبِهَا بَعْدَ ٱللِّقَاحِ فَهِيَ شَائِلٌ وَجَمْعُهَا شُوَّلٌ *[AṢ] [17] وَهِيَ شَامِذٌ وَقَدْ شَمَذَتْ شِمَاذًا [d] وَٱكْتَارَتِ ٱكْتِيَارًا [18] وَعَسَرَتْ فَهِيَ عَاسِرٌ [e] فَإِنْ فَعَلَتْ

a). Cf. *KM*, VII, 12^{13}, (A'OB) ; — b). cf. *ibid.*, 12_{3}, (A'OB) ; — c). cf. *ibid.*, 13^{4}, (A'OB); — d). cf. *ibid.*, 13^{6}, (A'OB) ; — e). cf. *ibid.*, 13^{12}, (A'OB).

---

(1) *ĞM*, وضعت. — Cf. *Mouzh.*, II, 111_{4}, (A'OB).

(2) *M** قِيلَ خَصَفَتْ تَخْصِفُ وَلَدَهَا إِلَى مَا قَبْلَ ٱلتَّمَامِ خِصَافًا وَهِيَ... . Je supprime les mots : ولدها الى ما قبل التمام, parce qu'ils ne se trouvent ni d. *ĞM*, ni d. *KM*, ni d. *L'A*, X, 421^{4}, (AZD); parce que la construction de la phrase le demande ; et parce que le contexte, (v. ligne suivante), indique qu'ils ne sont dûs qu'à une dittographie. J'aurais conservé ولدها, (dont la présence aurait rendu l'erreur plus naturelle), si je l'avais trouvé ailleurs, et si le verbe qui précède se contentait d'un accusatif.

(3) C'est ici que commence le texte de *m* : لابل وحملها ونتاجها . من اول خلق ولدها الى ما قبل التمام يقال منه... . Le copiste a laissé, çà et là, d. *m*, d'assez nombreuses lacunes ; on comprend, dès maintenant, pour quel motif.

(4) Ce qui suit, jusqu'à [AṢ], mnq. dans *ĞM*.

(5) Cf. *Halq*, 160^{1} ; *Faṣ.*, 42^{7}. — *M*, التمام ou للتمام.

(6) Cf. *Farq*, $246=14^{14}$; *Ibil* a, 70^{7} ; *Ibil* b, 139^{7}, et 145^{16}.

(7) *ĞM*, مثل ذلك أصل ; *KM*, يقال ذلك لكل ; *m* , لكلما.

(8) *M*, فيه.

(9) *m*, فان ; *M*, وان ou فان. — Cf. *Adab*, 178, note *a* ; *ibid.*, 381^{4}; *Miṣb.*, I, 112^{11}.

(10) *M*, avec un *ḥâ' mouhmala*. — *ĞM* continue : وهو ; puis, لوقت تمام وقت.

(11) *ĞM*, قال الاصمعي. — Cf. *Ibil* a, 68^{16},...,... ; *Ibil* b, 138^{14}, 141^{13}, 141^{14}.

(12) *Sic*. d. *M*. Au lieu de cette phrase incorrecte, il y a : فهي حين يستبين الحمل بها قارح d. *ĞM*; *KM* ; *L'A*, III, 394^{4}, (A'OB). — Corriger فارح d. *Mouzh.*, II, 111_{3}.

(13) Cf. *infra*, p. 22, note 1. — Cf. *Ibil* a, 90^{9}, 68^{9}, 90^{8}, 114^{8} ; *Ibil* b, 138^{12}, seq.

(14) *KM* aj. أو وضعها ; *ĞM*, او بعضها. Cf. *Qdm.*, III, 465_{4}.

(15) *Sic* dans *M*; *Qdm.*, III, 465_{3} ; *T'A*, VII, 400^{15}. — Ailleurs, *ĞM*, (s. و); *KM*; *Ibil* b, 138^{12}, (s. و) ; *Ṣaḥ.*, II, 204^{15} ; *L'A*, XIII, 398^{12}; etc, il y a : خفّ. Cf. Lane, 1622 a.

(16) *M*, سالت. — Cf. *Nawâd.*, 21^{5} ; *Faṣ.*, 47^{5}.

(17) Cf. *infra*, p. 22, n. 1. — Cf. *Ibil* a, 114^{8},..., 114^{9}, 114^{17} ; *Ibil* b, 140^{8}, 140^{11},...,... .

(18) *M*, avec un *zây* dans les deux mots.

ذٰلِكَ مِنْ غَيْرِ حَمْلٍ قِيلَ أَبْرَقَتْ فَهِيَ مُبْرِقٌ [1] [AṢ] [2] [a] فَإِذَا بَلَغَتْ فِي حَمْلِهَا عَشَرَةَ أَشْهُرٍ قِيلَ عَشَّرَتْ [3] فَهِيَ عُشَرَاءُ [b] فَإِذَا أَشْرَقَ ضَرْعُهَا وَوَقَعَ فِيهِ اللَّبَنُ فَهِيَ مُضْرِعٌ [c] فَإِذَا وَقَعَ فِيهِ اللِّبَأُ [4] قَبْلَ النِّتَاجِ فَهِيَ مُنْبِقٌ [d] فَإِذَا دَنَا نِتَاجُهَا فَهِيَ مُدْنِيَةٌ *[AṢ, KS] [5] [e] فَإِذَا أَخَذَهَا الْمَخَاضُ فَنَدَّتْ فِي الْأَرْضِ فَهِيَ فَارِقٌ. [AZD] مَخَضَتْ، تَمْخَضُ مَخَاضًا وَمِخَاضًا [6] (٣٣٢) وَهِيَ مَاخِضٌ مِنْ نُوقٍ مُخَّضٍ [7] وَذٰلِكَ إِذَا دَنَا نِتَاجُهَا [f] فَإِنْ أَرَدْتَ الْحَوَامِلَ قُلْتَ هِيَ نُوقٌ مَخَاضٌ [8] وَوَاحِدَتُهَا خَلِفَةٌ عَلَى غَيْرِ قِيَاسٍ كَمَا قَالُوا لِوَاحِدَةِ النِّسَاءِ امْرَأَةٌ [9] وَلِوَاحِدَةِ الْإِبِلِ نَاقَةٌ وَبَعِيرٌ. [KS] [10] [g] وَجَمْعُ الْفَارِقِ فُرَّقٌ وَقَدْ فَرَقَتْ تَفْرُقُ فُرُوقًا إِذَا نَدَّتْ فَهِيَ مَاخِضٌ [11]. [h] فَإِذَا كَانَ نِتَاجُهَا فِي مِثَالِ [12] الْوَقْتِ الَّذِي حَمَلَتْ فِيهِ مِنْ قَابِلٍ قِيلَ أَخْرَفَتْ فَهِيَ مُخْرِفٌ [13] [AṢ] [14] فَإِنْ جَازَتِ السَّنَةَ وَلَمْ تَلِدْ قِيلَ [i] أَدْرَجَتْ [j] وَنَضَّجَتْ وَجَازَتِ [15] الْحَقَّ وَحَقُّهَا الْوَقْتُ الَّذِي ضُرِبَتْ فِيهِ وَيُقَالُ لَهَا [k] مِدْرَاجٌ [l] وَمُنَضِّجٌ [AM] [m] وَهِيَ الْمُغْرِيَةُ [16] أَيْضًا [AṢ] [17] [j] فَإِنْ نَشِبَ الْوَلَدُ فِي بَطْنِهَا فَهِيَ مُعْضِلٌ [18] [n] فَإِنْ يَبِسَ

a). Cf. *KM*, VII, 13_4, (AṢ) ; — b). = *ibid.*, 14^3, (A'OB) ; — c). = *ibid.*, 14^{13}, (A'OB) ; — d). = *ibid.*, 14_9, (A'OB) ; — e). cf. *ibid.*, 14_7 et 14_5, (A'OB) ; — f). cf. *ibid.*, 13_6, (AṢ) ; — g). cf. *ibid.*, 14_3, (A'OB) ; — h). cf. *ibid.*, 15^{13}, (A'OB) ; — i). cf. *ibid.*, 15_7, (A'OB) : — j). cf. *ibid.*, 15_6, (A'OB) ; — k). cf. *ibid.*, 15_7, (A'OB) ; — l). cf. *ibid.*, 15_6, (A'OB) ; — m). cf. *ibid.*, 15_{11}, (A'OB) ; — n). cf. *ibid.*, 15_2, (A'OB).

---

(1) *ǦM*, ابزقت فهي مبزق ; puis, il aj. : ... ابو زيد في الثلاثة والشالل مثله الاصمعي.
(2) Cf. *Farq*, 246 = 14^6 ; *Ibil* a, 68^{21}, ...,...,... ; *Ibil* b, 141^{15} et 146^7,..., 141^{20}, 140^{13}. 141^{21} et 145^{15}.
(3) *M** et *m* ont la Ire forme. Il n'y a que la IIe (et la IVe) dans *L'A*, VI, 249^6 ; *T'A*, III, 402^{20},
(4) *ǦM*, اللبآ. — Cf. *Šd'*, 155.
(5) Cf. *infra*, note 10. — Cf. *Ibil* a, 70^{19} et 71^2 ; *Ibil* b, 140^{16} et 142^1.
(6) *ǦM*, مَخِضَتْ تَمْخَضُ مَخَاضًا ومِخاضًا وهي ; *KM*, مَخَضت تمخض مخاضا ; *M**, مَخَّضت مِخَاضا ; *M*,... مخضت. Je garde cette voc., à cause de *KM* ; *Qdm.*, II, 404_5 ; *T'A*, V, 83_{11}, (فيه نظر).
(7) *M*, مُخّض, que je ne trouve nulle part ; *ǦM*, مخض ; *KM*, مُخَّض.
(8) Cf. *L'A*, IX, 95_3, (AZD).
(9) Voc. de *M*. — Cf. *Moužh.*, II, 106^5, (A'OB).
(10) *ǦM*, الكسائى فى الفارق مثله وجمعها فرّق. — Cf. *supra*, n. 5.
(11) Les quatre derniers mots mnq. d. *ǦM* et *KM*. — *ǦM* continue : فاذا نتجت فان كان.
(12) *Sic* d. *M* et *KM*. Il y a مثل d. *m* ; *ǦM* ; *L'A*, X, 410_4 ; etc.
(13) *ǦM*, قيل قد اخرفت فهى مخرف ; (cf. *Moužh.*, II, 111_1 l). — Cf. *Ṣdḥ.*, II, 19^{15}, (AM!) = *T'A*, VI, 83_{12}.
(14) Cf. *Ibil* a, 70^{10}, 70^{16}, 70^{13}, 70^{11} et 105^8, 70^{17} ; *Ibil* b,..., 138^{21}, 139^1, 139^4 et 145^{11},... — *M*, السنَةُ.
(15) *ǦM*, وقد جازت.
(16) *ǦM*, المغرية.
(17) Cf. *Ibil* a,..., 79^{21}, 69^{15} ; *Ibil* b, 139^{12},..., 138^{16} ; *Ḫalq*, 159^3.
(18) Voc. de *M**, et, à peu près sûrement, de *M*, (=مُعضِل) ; *m*, مُعضّلٌ. — Il y a معضّل d. *ǦM* ; مُعَضِّل d. *KM* ; *Ibil* b, 139^{12} ; et le texte analogue de *Šd'*, 48. Cette dernière lecture est la plus commune. Cf. cependant Lane, *s. v.* ; etc. — Corriger معتل d. *Moužh.*, II, 112^1.

وَغَمْرٌ [1] قِيلَ أَحَشَّتْ فَهِيَ مُحِشٌّ [2] [a] فَإِنْ سَطَا عَلَيْهَا ٱلرَّجُلُ فَأَخْرَجَ وَلَدَهَا قِيلَ مَسَيْتُهَا [3] مَسْيًا. [N] ، فَإِنْ [b] أَدْخَلَ يَدَهُ فِي حَيَائِهَا لِيَنْظُرَ أَذَكَرٌ وَلَدُهَا أَوْ أُنْثَى فَالرَّجُلُ مُذَمِّرٌ. [4] [c] فَإِنْ خَرَجَتْ رِجْلَا [5] ٱلْوَلَدِ قَبْلَ رَأْسِهِ قِيلَ أَيْتَنَتْ فَهِيَ مُوتِنٌ. [N, KS]* [6] [d] فَإِنِ ٱشْتَكَتْ بَعْدَ ٱلنِّتَاجِ فَهِيَ رَحُومٌ [KS, AZY] [7] يُقَالُ رَحُمَتْ رَحَامَةً وَرَحِمَتْ رَحْمًا [8]. [KS] [e] نَاقَةٌ مُرْمِدٌ [9] مِثْلُ مُكْرِمٍ [f] وَمُرِدٌّ هُمَا مِثْلُ ٱلْقَوْلِ [10] فِي ٱلْمُضْرِعِ [N] قَالَ [11]

تَمْشِي مِنَ ٱلرِّدَّةِ مَشْيَ ٱلْحُفَّلِ.

[AṢ] [12] [g] وَٱلْمِرْبَاعُ ٱلَّتِي تَلِدُ فِي أَوَّلِ ٱلنِّتَاجِ. وَٱلْمُرْبِعُ ٱلَّتِي وَلَدُهَا مَعَهَا وَهُوَ رُبَعٌ. [h] وَٱلدَّحُوقُ [13] ٱلَّتِي تَخْرُجُ رَحِمُهَا بَعْدَ نِتَاجِهَا. [i] وَٱلْفَاطِمُ ٱلَّتِي يُفْطَمُ [14] وَلَدُهَا عَنْهَا (٣٣٣) [AZD] [15] [j] وَٱلْمَسْطُ أَنْ تُدْخِلَ [16] يَدَكَ فِي رَحِمِهَا فَتَسْتَخْرِجَ [16] وَثْرَهَا [17] وَهُوَ مَاءُ ٱلْفَحْلِ.

a). Cf. *KM*, VII, 16^{4}, (A'OB); — b). cf. *ibid.*, 16^{8}, (A'OB); — c). cf. *ibid.*, 16^{12}, (A'OB); — d). cf. *ibid.*, 16_{3}, (A'OB); — e). cf. *ibid.*, 14^{9}, (A'OB); — f) cf. *ibid.*, 14^{5}, (A'OB); — g). cf. *ibid.*, 17_{9}, (A'OB); — h). = *ibid.*, 17^{1}, (A'OB); — i). cf. *ibid.*, 32^{10}, (A'OB); — j). cf. *ibid.*, 16^{4}, (A'OB).

---

(1) *ǦM* et *KM*, وضمر في بطنها .

(2) *ǦM* aj.: وكذلك اليد فهي محش . Cf. *KM*, VII, 15_{2}.

(3) Voc. de *M*.

(4) *ǦM*, (= *KM*, av. المُذَمِّر) ويقال للذى يدخل يده فى حياء الناقة لينظر اذكر جنينها ام انثى المذمّر غيره . —Cf. *Ibil* a, 72^{4}, 71^{15}; *Ibil* b, 139^{13}; *Ḫalq*, 159^{8}.

(5) *ǦM* et *KM*, رجل . — *ǦM*, موتِن .

(6) Cf. *infra*, note 7.— Cf. *Ibil* a, 73^{4}; *Ibil* b, 139^{13}; *Ḫalq*, 159^{9}.— *ǦM*, رجوم .

(7) *ǦM*, الكسائى فى الرجوم مثله قال يقال منه رجمت رجامة ورجمت رَجْما ورجما ابو زياد الكلابى بنحو من هذا كله او ببعضه الكسائى ...

(8) *M*,... رَحُمَت ... ورحِمَت ; pour *ǦM*, cf. *supra*, n. 7 ; *KM*, وقد رَحُمت رَحامة ورَحِمَت رَحما ورُحِمَت رَحما .

(9) *ǦM*, مُرْجِد على مثال (ou المُرْجِد ?).

(10) *ǦM*, ومرده مثل قول الاصمعى فى .— Cf. *Ibil* a, 73^{8}. Le mot مضرع n'est pas défini d. *Ibil* a, ni *Ibil* b : cf. *supra*, p. 22, n. 2.

(11) *ǦM*, والشد غيره .— Le *raǵaz* est de ابو النجم العجلي . Cf. *KM*, VII, 14^{7}; *Ibil* a, 78^{10}; *Ḫizân.*, I, 401_{10}; *Aḍdâd*, 106_{2}; *Ṣaḥ.*, I, 227_{10}; *L'A*, IV, 155^{7}; *T'A*, II, 351^{15}, *Š. Š. Mouǧ.*, 154^{11}.

(12) *ǦM*, الاصمعى للرباع الذى .— Cf. *Ibil* a, 74^{7}, 74^{3}, 72^{20}, 75^{19}; *Ibil* b, 145^{14}, 145^{13}, 145^{19}, 142^{11} et 145^{9}. Remarquer que le texte de *KN* se rapproche plus de *Ibil* b que de *Ibil* a.

(13) *ǦM*, والدحوق.

(14) *M**, et probablement *M*, تفطم .— Il y a يفطم d. *ǦM*; يُفطَم d. *KM*, et *L'A*, XV, 352_{10}.

(15) *ǦM* aj.: ... سميت الناقة اذا سطوت عليها وهو ادخال اليد في الرحم والمسط والمسْىُ استخراج الولد . Cf. *KM*, VII, 16^{4}, 16^{3}, 16^{4}, (A'OB).

(16) *ǦM*, يدخل , et فيستخرج , comme d. *L'A*, VII, 141^{12}, (AZD).

(17) *ǦM* a, dans les quatre mots, un ث *mouṯannât*.

ٱلَّذِي [1] يَجْتَمِعُ فِي رَحِمِهَا ثُمَّ لَا تَلْقَحُ . [a] يُقَالُ مِنْهُ وَثَرَهَا يَثِرُهَا وَثْرًا إِذَا أَكْثَرَ [2] ضِرَابَهَا وَلَمْ تَلْقَحْ . [FR] [b] أَضْحَتِ ٱلنَّاقَةُ لِلْفَحْلِ [3] إِضْحَاعًا أَقَرَّتْ [4] لَهُ .

وَمِنْ أَسْنَانِهَا [5] [AṢ] [c] وَلَدُهَا سَاعَةَ تَضَعُهُ [6] سَلِيلٌ قَبْلَ أَنْ يُعْلَمَ أَذَكَرٌ هُوَ [7] أَمْ [8] أُنْثَى فَإِذَا عُلِمَ فَالذَّكَرُ سَقْبٌ [9] [d] وَالْأُنْثَى [10] حَائِلٌ . [e] فَإِذَا قَوِيَ وَمَشَى [11] فَهُوَ رَاشِحٌ [f] وَأُمُّهُ مُرْشِحٌ [g] فَإِذَا ٱرْتَفَعَ عَنْهُ [12] فَهُوَ جَادِلٌ [AZD] [h] فَإِذَا مَشَى مَعَ أُمِّهِ فَهِيَ [13] مُشْبِلٌ [KS] [i] فَإِذَا حَمَلَ فِي سَنَامِهِ شَحْمًا فَهُوَ مُجْدٍ [14] [AṢ] [15] وَمُكْعِرٌ [illegible] [j] وَهُوَ فِي هَذَا كُلِّهِ حُوَارٌ [AṢ, AʿOBA] [16] [k] فَإِنْ كَانَ فِي أَوَّلِ ٱلنِّتَاجِ فَهُوَ رُبَعٌ [17] [l] وَهُوَ فِي آخِرِ ٱلنِّتَاجِ هُبَعٌ [AʿOBA] [18] [m] وَالرُّبَعُ هُوَ الرِّبْعِيُّ . [AṢ, AZD] [19] [n] فَإِذَا حُمِلَ عَلَى أُمِّهِ فَلَقِحَتْ فَهِيَ خَلِفَةٌ وَجَمْعُهَا مَخَاضٌ وَهُوَ ٱبْنُ مَخَاضٍ وَذَلِكَ لِٱسْتِكْمَالِ ٱلسَّنَةِ مِنْ يَوْمِ وُلِدَ وَدُخُولِ ٱلْأُخْرَى . [o] فَإِذَا نُتِجَتْ أُمُّهُ وَذَلِكَ بَعْدَ سَنَتَيْنِ وَدُخُولِ ٱلثَّالِثَةِ وَصَارَ لَهَا لَبَنٌ فَهُوَ ٱبْنُ لَبُونٍ

a). Cf. *KM*, VII, 7_3, (AʿOB); — b). cf. *ibid.*, 9^{13}, (AʿOB); — c). cf. *ibid.*, 19^7, (AʿOB); — d). cf. *ibid.*, 19_{11}, (AʿOB); — e). = *ibid.*, 19_8, (AʿOB); — f). = *ibid.*, 19_5, (AʿOB); — g). cf. *ibid.*, 19_4, (AʿOB); — h). cf. *ibid.*, 19_3, (AʿOB); — i). = *ibid.*, 19_2, (AʿOB); — j). = *ibid.*, 20^4, (AʿOB); — k). = *ibid.*, 20^6, (AʿOB); — l). cf. *ibid.*, 20^{10}, (AʿOB); — m). cf. *ibid.*, 20^8, (AʿOB); — n). cf. *ibid.*, 21^9, (AṢ); — o). = *ibid.*, 21^{14}, (AʿOB).

---

(1) Ce mot mnq. dans *ĞM*; *KM*; *LʿA*, VII, 141^{13}, (AZD).

(2) *M* et *ĞM*, اذا كثر.

(3) *M*, الفحل; *ĞM*, الفحل. Partout ailleurs, (*KM*: *Ṣaḥ.*, I, 627^6, (FR): *Qdm.*, III, 102_8; *LʿA*, X, 234_3, (FR); *TʿA*, V, 525_{12}, (FR): etc.), للفحل, lecture que semble demander le sens du verbe.

(4) D. *KM*; *LʿA*, X, 234_3; et quelques mss. du *Ṣaḥ.*, (cf. *TʿA*, V, 525_{13}), قرّت.

(5) *ĞM*, اسنان الابل — Cf. *Adab*, 163^8; *Kifāy.*, 17; *Fiq.* C, 86; *Ṣoubḥ*. I, 305^3; Socin, I, 286.

(6) Cf. *Farq*, $247 = 13^{14-16}$; *Ibil* a, 73^{13}-74^1, et 69^{10}; *Ibil* b, 142^{1-9}, et 146^6.

(7) *ĞM*,... اذا وضعت الناقة فولدها ساعة تضعه; (= *KM*; *LʿA*, I, 451^3, (AṢ); etc.).

(8) Il y a أمْ dans: *ĞM*; *KM*; etc.; (et *m* !).

(9) *ĞM*, ... فان كان ذكرا فهو; puis aj.: وامه مسقب. *Item* d. *KM*, VII, 19^9; *LʿA*, I, 451^4, (AṢ).

(10) *ĞM*, وان كانت انثى فهو; *KM*, وان كان أنثى فهي.

(11) *ĞM*, فاذا مشى وقوى; mais *M* = *KM*.

(12) *ĞM* et *KM*, عن الراضعة.

(13) *M**, فهو. Il faut فهي, comme d. *ĞM*; *KM*; *LʿA*, XIII, 374_3, (AʿOB ʿan AZD).

(14) *ĞM*, مجد.

(15) Cf. *Farq*, $247 = 15^{16,9}$; *Ibil* a, 74^3; *Ibil* b, 142^{10} — *ĞM*, وهو مُكْعِر ايضا; *M*, مُكْعِنٌ.

(16) Cf. *infra*, n. 18. — Cf. *Nawād.*, 248^4, (AṢ); *Farq*, $247 = 15^{17}$; *Ibil* a, 74^8 et 74^{21}, 74^{14}; *Ibil* b, 143^9.

(17) *ĞM*, (= *KM*), aj.: والانثى رُبَعَة; et continue ainsi: وان كان في آخر النتاج فهو هُبَع والانثى هبعة.

(18) *ĞM*, ابو عبيد في الهبع والربع مثله قال والربع — J'écris AʿOBA au lieu de AʿOB.

(19) Cf. *infra*. — Cf. *Ibil* a, (68^{19}), et 76^3-77^3, (lire رِبَاعِيَة, s. *šadda*, d. 76^9), 75^{17}; *Ibil* b, 142^{15}-143^1, 143^7; *Farq*, $248 = 16^{2-7}$.

[a] فَإِذَا فُصِلَ أَخُوهُ وَذٰلِكَ لِاسْتِكْمَالِ ثَلْثٍ، وَدُخُولِ ٱلرَّابِعَةِ فَهُوَ حِقٌّ حَتَّى يَسْتَكْمِلَ أَرْبَعًا[1] . [b] فَإِذَا أَتَتْ عَلَيْهِ ٱلْخَامِسَةُ فَهُوَ جَذَعٌ [c] فَإِذَا أَلْقَى ثَنِيَّتَهُ وَذٰلِكَ فِي ٱلسَّادِسَةِ فَهُوَ ثَنِيٌّ[2] [d] فَإِذَا أَلْقَى رَبَاعِيَتَهُ وَذٰلِكَ فِي ٱلسَّابِعَةِ فَهُوَ رَبَاعٌ[3] [e] فَإِنْ أَلْقَاهُمَا جَمِيعًا فِي عَامٍ[4]، فَهُوَ مُقْحَمٌ وَذٰلِكَ لَا يَكُونُ إِلَّا لِابْنِ ٱلْهَرِمَيْنِ [f] فَإِذَا أَلْقَى ٱلسِّنَّ ٱلَّتِي بَعْدَ ٱلرَّبَاعِيَةِ فَهُوَ سَدِيسٌ وَسَدَسٌ[5] وَذٰلِكَ فِي ٱلثَّامِنَةِ[6] (٣٣٤) [g] فَإِذَا فَطَرَ نَابُهُ وَهُوَ ٱلِانْشِقَاقُ فَهُوَ بَازِلٌ وَذٰلِكَ فِي ٱلتَّاسِعَةِ . [h] فَإِذَا أَتَى عَلَيْهِ عَامٌ بَعْدَ ذٰلِكَ فَهُوَ مُخْلِفٌ وَلَيْسَ لَهُ ٱسْمٌ فِي سَنَةٍ بَعْدَ ٱلْإِخْلَافِ وَلٰكِنْ يُقَالُ بَازِلُ عَامٍ وَبَازِلُ عَامَيْنِ[7] وَمُخْلِفُ عَامٍ وَعَامَيْنِ وَكَذٰلِكَ مَا زَادَ . *[AZD][8] وَٱلْمُؤَنَّثُ فِي جَمِيعِ هٰذِهِ ٱلْأَسْنَانِ بِٱلْهَاءِ[9] إِلَّا ٱلسَّدَسَ وَٱلسَّدِيسَ[10] وَٱلْبَازِلَ فَإِنَّهَا[11] فِي ٱلْمُؤَنَّثِ بِغَيْرِ هَاءٍ [KS][12] وَقَدْ يُقَالُ أَيْضًا نَاقَةٌ مُخْلِفٌ بِغَيْرِ هَاءٍ .

ثُمَّ يُقَالُ لِأَسْنَانِهَا بَعْدَ ٱلْكِبَرِ[13] . [AṢ][14] [i] إِذَا عَظُمَ نَابُ ٱلْبَعِيرِ بَعْدَ ٱلْبُزُولِ وَٱشْتَدَّ فَهُوَ

a). Cf. *KM*, VII, 21_{10}, (A'OB); — b).= *ibid.*, 22^{5}, (A'OB); — c). cf. *ibid.*, 22^{13}, (A'OB); — d).= *ibid.*, 23^{7}, (A'OB); — e). cf. *ibid.*, 23^{8}, (A'OB); — f). cf. *ibid.*, 24^{13}, (A'OB); — g). cf. *ibid.*, 24_{9}, et 24_{3}, (AṢ); — h). cf. *ibid.*, 25^{8}, (A'OB); — i). cf. *ibid.*, 25_{7}, (A'OB).

---

(1) *ĞM*, ثلاث سنين ; *KM*, ثلاثا.— Cf. Dam., I, 18^{8}; *L'A*, XI, 339^{12}, (A'OB).

(2) Ce mot mnq. d. *KM*.— Sur la définit. suivante, (ثني) , cf. Socin, III, 252 a, *s. v.*

(3) *Sic.* d. *M*; et *item* infra, (cf. Index).— Remarquer, *infra*, l'emploi de l'accusatif رباعيا .

(4) *m* aj. واحد. Mais, d. *M*, (déchirure), il n'y a pas la place suffisante pour l'intercaler.

(5) *ĞM* et *KM*, سدس وسديس.— Cf. *infra*, l. 8.

(6) Dam., I, 126_{14}, فى السنة الثامنة.

(7) *ĞM* et *KM*, بازل عام وعامين .

(8) *ĞM*, وكذلك ما زاد مثل جميع قول الاصمعى فى هذا الباب هو نحو منه وزاد فيه ان المؤنث فى جميع . La restitution, [AZD], est confirmée par *Adab*, 164^{3}.

(9) On a donc: حقة , جذعة , ثنية , رباعية , مقحمة , مخلفة : cf. *Farq*, 246=16^{4} seq.; *Ibil* a, 78^{4}. Plusieurs autres mots de ce paragraphe forment leur féminin par l'addition du *tâ' marboûta*; mais ils ne semblent pas visés par la remarque de AZD: cf. *supra*, 24, n. 17. Il s'agit ici des اسنان, non des اطفال : cf. *Adab*, 162 et 167.

(10) *M*, السديس.— Il faut *certainement* regarder comme fautive la lecture سديس وسديسة de *Farq*, 248=16^{6}; (cf. la remarque de D. H. Müller, *ibid.*, 268=36). Chez les lexicographes *anciens*, سديسة est inconnu; et le cod. de *Farq* contient trop d'incorrections, surtout dans le chapitre des اسماء الاولاد , pour nous permettre d'attribuer cette forme à AṢ. Elle est signalée, cependant, d. *Kifây.*, 18^{4}; mais l'auteur du *T'A*, qui a utilisé cet ouvrage, ne la mentionne pas. On la trouve, par contre, d. *Ṣoubḥ*, I, 305_{13}.

(11) *ĞM*, فانهما ; *M*= *KM*.

(12) *ĞM*, الكسائى الناقة مخلف ايضا بغير.— *M*, av. *ḥâ' mouhmala*.

(13) *ĞM*, باب اسنان الابل بعد الكبر ; *KM*, 25. اسنان الابل بعد الكبر.

(14) *ĞM*, قال الاصمعى اذا .— Cf. *Farq*, 248=16^{7}; *Ibil* a, 77^{9}; *Ibil* b, 143^{2}.

عَوْدٌ وَٱلْأُنْثَى عَوْدَةٌ قَالَ أَبُو عُبَيْدٍ [1] عَوْدٌ وَعَوْدَانٌ وَعَوْدَةٌ *[AṢ] [2] [a] فَإِذَا ٱرْتَفَعَ عَنْ ذٰلِكَ فَهُوَ قَحْرٌ [3] [b] فَإِذَا أَكِلَتْ [4] أَسْنَانُهُ فَقَصُرَتْ [5] فَهُوَ كَافٌ [c] فَإِذَا تَكَسَّرَتْ [6] أَنْيَابُهُ فَهُوَ ثِلْبٌ، وَٱلنَّاقَةُ ثِلْبَةٌ [7] [d] فَإِذَا ٱرْتَفَعَ عَنْ ذٰلِكَ فَهُوَ مَاجٌّ وَذٰلِكَ لِأَنَّهُ يَمُجُّ رِيقَهُ لَا يَسْتَطِيعُ أَنْ يُمْسِكَهُ مِنَ ٱلْكِبَرِ. [A'AM] [8] [e] وَمِنَ ٱلنُّوقِ ٱللِّطْلِطُ وَهِيَ ٱلْكَبِيرَةُ ٱلسِّنِّ. [AṢ] [9] [f] وَٱلْعَزُومُ [10] ٱلَّتِي قَدْ أَسَنَّتْ وَفِيهَا بَقِيَّةٌ [11] [g] وَٱلْكَزُومُ [12] ٱلْهَرِمَةُ [*qal*] [13] [h] وَٱلضِّرْزِمُ كَٱلْعَزُومِ [14] أَوْ نَحْوُهَا. (٣٣٥) [i] وَٱلْجَمْعَاءُ ٱلْمُسِنَّةُ [j] وَٱلدِّرْدِحُ [15] ٱلَّتِي قَدْ أَكَلَتْ أَسْنَانُهَا [16] مِنَ ٱلْكِبَرِ. وَمِثْلُهَا ٱللِّطْلِطُ وَٱلْكُحْكُحُ [17] [k] وَٱلدَّلُوقُ [18] ٱلَّتِي قَدْ تَكَسَّرَ [19] أَسْنَانُهَا فَهِيَ تَمُجُّ ٱلْمَاءَ [l] وَٱلدِّلْقِمُ [20] ٱلَّتِي يَتَكَسَّرُ فُوهَا وَيَسِيلُ مَرْغُهَا وَهُوَ ٱللُّعَابُ.

a). Cf. *KM*, VII, 25_{3}, (AṢ); et *ibid.*, 25_{2}, (A'OB); — b). = *ibid.*, 26^{13}, (A'OB); — c). cf. *ibid.*, 26_{12}, (A'OB); — d). cf. *ibid.*, 26_{5}, (A'OB); — e). cf. *infra*, l. 7 — f). cf. *KM*, VII, 26^{5}, (A'OB); — g). = *ibid.*, 26_{4}, (A'OB); — h). cf. *ibid.*, 26^{6}, (AṢ); — i). = *ibid.*, 27^{9}, (A'OB); — j). cf. *ibid.*, 26^{11}, (AṢ); — k). = *ibid.*, 26_{4}, (A'OB); et cf. *ibid.*, 26^{9}, (A'OB); — l). cf. *ibid.*, 26^{7}, (AṢ); et 26^{9}, (A'OB).

---

(1) La remarque, ... قال ابو عبيد , mnq. d. *ĞM* et *KM*; mais on trouvé une remarque semblable d. *L'A*, IV, 317^{3}, (AṢ). J'intercale ensuite : [AṢ]*.

(2) Cf. *supra*, n. 1. — Cf. *Ibil* a, 77^{14}, 78^{17}, 77^{17}, 78^{18}; *Ibil* b, 143^{3-6}.

(3) *ĞM*, قحر . — A propos de la remarque très juste faite par D. H. Müller, (*Farq*, 268 = 36, en bas), sur la présence de قحر d. *Farq*, 248 = 16^{7}, on peut expliquer ainsi l'erreur signalée. D. un texte antérieur, entre قحر et قحم , se trouvait un و , qui indiquait la synonymie de ces deux mots, (cf. *Qalb*, 65^{13}; *KM*, XIII, 283^{10}; *L'A*, XV, 360_{9}; *Ḫalq*, 161^{12}; *KM*, I, 42_{10}), et qui aura été remplacé, à tort, par ثم .

(4) *M*, اكلت . La lect. أُكِلت , de *KM*, est fautive : cf. *KM*, I, 153_{1}; *Verbi*, 10^{18}; etc.

(5) *M* = (?) فقصرت .

(6) *Sic* d. *M* et *KM*.— *ĞM*, انكسرت .

(7) *M*, ثلث , (*ĞM*, ثِلب) ; et ثِلبة .

(8) *ĞM*, ابو عمرو من .— Cf. *Mouzh.*, II, 112^{3}, (A'OB); *L'A*, IX, 267^{4}, (A'AM).

(9) Cf. *Šd'*, 214-222; *Ibil* a, 78^{6}, (cf. *infra*, n. 10); *Ibil* b, 143^{10}.

(10) *ĞM*, العروم , puis, (l. 6), مثل العرزم ; *KM*, العَوْزَم . Cette dernière lecture paraît être celle de A'OB, ou, du moins, de AṢ, (cf. *T'A*, VIII, 397^{11}; *Ibil* a, et *Ibil* b). Je garde néanmoins العزوم , (= *M*), que les Lexiques donnent comme synonyme de عوزم .

(11) *ĞM* aj. من شباب ; et *KM*, من الشَّباب .

(12) *ĞM*, والعوزم . D. *M*, (déchirure), il semble bien qu'il y ait : الكزوم .— Corriger *Mouzh.*, II, 112^{3}, (A'OB).

(13) Cf. *Ibil* a, 78^{14},..., 78^{17}; *Ibil* b,..., 146^{8},..., 145^{1}; *Qalb*, 61^{13}.

(14) Cf. *supra*, note 10. — Cf. *L'A*, XV, 249^{9}, (A'OB).

(15) *M** et *ĞM*, والدردح ; *m*, *KM*, *Mouzh.*, II, 112^{3}, (A'OB), etc., الدردح .

(16) *M*, اسنالها .— *ĞM* et *Mouzh.*, II, 112^{4}, (A'OB), aj. ولصقت .

(17) Voc. de *M*. (*KM*, كُحْكُح).— *ĞM*, واللطلط والكحكح مثلها .

(18) *M*, والدلوح .

(19) *Sic* d. *M*; et *Mouzh.*, II, 112^{4}, (A'OB).— *ĞM*, تكسرت ; puis, فتمج .

(20) Cf. *Qalb*, 61^{3}; *Istidr.*, 24^{27}.— *ĞM*, والدلقم ; puis, مرغها .

وَيُقَالُ فِي نِتَاجِهَا [1] [AṢ] [2] [a] إِذَا بَلَغَتِ ٱلنَّاقَةُ فِي حَمْلِهَا عَشَرَةَ أَشْهُرٍ فَهِيَ عُشَرَاءُ [3] وَجَمْعُهَا عِشَارٌ هٰذَا ٱسْمُهَا حَتَّى تَضَعَ [N] [b] فَإِذَا وَضَعَتْ فَهِيَ عَائِذٌ وَجَمْعُهَا عُوذٌ [4] [c] فَإِذَا مَشَى وَلَدُهَا بَعْدَ أَيَّامٍ [5] فَهِيَ مُرْشِحٌ [d] فَإِذَا تَبِعَهَا فَهِيَ مُتْلِيَةٌ لِأَنَّهُ يَتْلُوهَا [e] وَهِيَ [6] فِي هٰذَا كُلِّهِ مُطْفِلٌ [7] [f] فَإِنْ كَانَ أَوَّلَ وَلَدٍ وَلَدَتْهُ فَهِيَ بِكْرٌ [8] . [g] فَإِنْ كَانَ ٱلْوَلَدُ ثَانِيًا فهو [9] ثِنْيٌ [10] . [AṢ] [11] [h] وَٱلْمُشْدِنُ ٱلنَّاقَةُ ٱلَّتِي قَدْ شَدَنَ وَلَدُهَا وَتَحَرَّكَ [12] [*qāl*] [13] [i] فَإِنْ مَاتَ ٱلْوَلَدُ [14] أَوْ ذُبِحَ فَهِيَ سَلُوبٌ . [j] فَإِنْ عُطِفَتْ [15] عَلَى وَلَدِ غَيْرِهَا [16] فَرَئِمَتْهُ فَهِيَ رَائِمٌ [k] فَإِنْ

a). Cf. *supra*, 22¹;— b). cf. *KM*, VII, 27_6, (A'OB); — c). cf. *supra*, 24⁴; — d). cf. *KM*, VII, 19_3, (A'OB); — e). cf. *ibid.*, 19_9, (A'OB); — f). cf. *ibid.*, 28², (A'OB); — g). cf. *ibid.*, 28⁷, (A'OB); — h). cf. *ibid.*, 19_5, (A'OB); — i). cf. *ibid.*, 33⁶, (A'OB); — j). cf. *ibid.*, 29⁷, (A'OB); — k). = *ibid.*, 29¹¹, (A'OB).

---

(1) *ĞM*, نعوت الابل فى نتاجها .

(2) Cf. *Ibil* a, 68²¹; *Ibil* b, 141¹⁵ et 146⁷.

(3) *ĞM* continue ainsi : ثم لا يزال ذلك اسمها حتى تضع وبعد ما تضع ايضا لا يزايلها وجمعها عشار غيره — *M*, عِشَارٌ , ou عِشَا .

(4) *ĞM*, عائد et عود ; puis aj. : فتمكون كذلك اياما , (=*KM*, VII, 27_6).

(5) Ces deux mots mnq. d. *ĞM*.

(6) *ĞM*, وفى هذا .

(7) Le mot مُطْفِل , on le voit, a un sens plus étendu que مُرْشِح , (cf. Homm., 151, *s. v.* راشح , et 177, n. 2). Cf. *Ibil* a, 73²⁰; *Ibil* b, 142⁸ et 146⁵.

(8) Voc. de *M*, (très probablement). Cf. *supra*, p. 20, n. 5; *Aḍdād*, 159_8.— *ĞM* aj. :

قال ابو ذؤيب وان حديثا منك لو تبذلينه جنى النحل فى البان عوذ مطافل
مطافيل ابكار حديث نتاجها تشاب بماء مثل ماء المفاصل

المفاصل ما بين الجبلين واحدها مفصل وانما اراد صفاء الماء لانه ينحدر عن الجبال لا يمر بطين ولا تراب وان كان...
Lire عوذ , (et de même d. *L'A*, V, 145_8; *T'A*, III, 57_{12}; *Ağâni*, X, 52⁸). — Cf. *KM*, VII, 28³; *Ṣaḥ.*, II, 208¹⁴; *L'A*, XIII, 427_3; *T'A*, VII, 417_1; Homm., 177_4; *Aḍdâd*, 82⁹; *Ağâni*, VI, 60_8; *Prov.*, I, 742; *Ḥayawân*, II, 128_6; Dam., II, 105¹⁶; *Bânat*, 108³, et 166⁵; *His.*, II, 491_7. Il faut corriger المعاقل d. *Ṣaḥ.*, I, 288_{10}: cf. *Ṣaḥ.*, II, 226_{13}; *L'A*, XIV, 38¹; *T'A*, VIII, 60¹.

(9) *M*, فهو ; *ĞM*, الثانى فهو ; ailleurs, فهي . Le mot ثِنْي a les deux significations: cf. *Aḍdâd*, 206¹, (voc. ثِنًى , = *Mouzh.*, II, 112⁵, (A'OB).

(10) Voc. de *M*. — *ĞM* aj. : وقال لبيد. ليالى تحت الخدر ثنى مصيفة. الاصمعى المخدن. — Cf. *KM*, VII, 28⁸; *L'A*, III, 131¹¹; *ibid.*, XVIII, 130_{11}; *T'A*, X, 61²²; *Dîw. Lab.* B, 23⁷. Il n'y a de var. intéressante que pour le sec. hémist. : من الادم ترتاد الفروع القوابلا , etc.

(11) Cf. *Ibil* b, 146⁵.

(12) *ĞM* aj. : والمرشح التى قد قوى ولدها ان يتبعها قال . Cf. *supra*, l. 3.

(13) Cf. *Ibil* a, 78¹⁹, 83², 84⁴, 82²⁰, 88¹⁵, 84¹³,..., 78²⁰; *Ibil* b, 146¹, 145⁹, 144¹², 144⁹, 144¹³, 144¹⁹,....

(14) *ĞM*, ولدها .— Corriger *Mouzh.*, II, 112⁶, (A'OB).

(15) *Sic* d. *M**; *m*; *Ibil* a, 83¹, 83¹²; *Ibil* b, 145¹⁰; (cf. *KM*, VII, 29¹³). — *L'A*, XV, 115³, (AṢ), عُطِفَتْ . La voc. de *Fiq.* c, 158¹⁰, et *Fiq.* M, 131⁸, (عَطَفَتْ) , est défectueuse, puisque عَطَفَتْ = رَئِمَتْ .

(16) *ĞM*, ولدها غيرها .— Cf. *L'A*, XV, 115³, (AṢ).

لَمْ تَرْأَمْهُ وَلٰكِنَّهَا تَشَمُّهُ [1] ، وَلَا تَدِرُّ [2] عَلَيْهِ فَهِيَ عَلُوقٌ [a] فَإِنْ لَمْ تَكُنْ وَلَدَتْ لِتَمَامٍ وَلٰكِنَّهَا
خَدَجَتْ لِسِتَّةٍ [3] أَشْهُرٍ أَوْ سَبْعَةٍ فَعُطِفَتْ عَلَى وَلَدِ عَامٍ أَوَّلَ ، فَهِيَ صَعُودٌ . [b] فَإِنْ عُطِفَتْ عَلَى
وَلِيدٍ [5] فَهِيَ خَلِيَّةٌ [c] فَإِنْ كَانَتْ تُرِكَتْ هِيَ [وَ]وَلَدُهَا [6] وَلَا تُمْنَعُ مِنْهُ فَهِيَ بِسْطٌ [7] [d] وَيُقَالُ
نَاقَةٌ مُذَائِرٌ (٣٣٦) وَهِيَ ٱلَّتِي تَرْأَمُ بِأَنْفِهَا وَلَا يَصْدُقُ حُبُّهَا [e] وَٱلْوَالِهُ ٱلَّتِي يَشْتَدُّ وَجْدُهَا
عَلَى وَلَدِهَا . وَٱلْعَجُولُ ٱلَّتِي مَاتَ وَلَدُهَا . [KS] [f] وَٱلْمَالِقُ [8] مِثْلُ ٱلْعَلُوقِ [A'OBA]
[g] وَٱلضَّرُوسُ [9] ٱلْعَضُوضُ لِتَذُبَّ عَنْ وَلَدِهَا .

وَمِنْ نُعُوتِ أَلْبَانِهَا [10] [AṢ, A'AM*] [11] ٱلنَّاقَةُ [h] الصفو [12] — [A'AM] [13] يُقَالُ مِنَ
ٱلصَّفِيِّ صَفُوَتْ وَصَفَتْ [14] —*[AṢ] [15] [i] وَٱلْخَنْجُورُ [16] وَٱللَّهْمُومُ وَٱلرَّهْشُوشُ كُلُّ هٰذَا [17] ٱلْغَزِيرَةُ
ٱللَّبَنِ [j] وَٱلْخَبْرُ مِثْلُهَا [18] [N] شَبَّهَهَا بِٱلْمَزَادَةِ [KS] [k] وَٱلْمَرِيُّ [19] مِثْلُهُ [AZD] [l] وَٱلثَّاقِبُ

a). Cf. *KM*, VII, 29^{12}, (A'OB); — b). = *ibid.*, 29_{10}, (A'OB); — c). cf. *ibid.*, 29_{1}, (A'OB); — d). cf. *ibid.*, 30^{3}, (A'OB); — e). = *ibid.*, 33^{3}, (A'OB); — f). cf. *ibid.*, 29^{12}, (A'OB); — g). = *ibid.*, 30_{8}, (A'OB); — h). cf. *ibid.*, 44^{1}, (A'OB); — i). cf. *ibid.*, 44^{10}, et 44^{11}, (A'OB); — j). cf. *ibid.*, 44^{13}, (A'OB); — k). cf. *ibid.*, 44^{4}, (A'OB); — l). cf. *ibid.*, 44_{12}, (A'OB).

---

(1) *M**, تَشُمُّهُ ; mais *KM*, تَشَمُّهُ , forme qui paraît la plus ordinaire, au moins pour les anciens lexicographes: cf. Lane, *s. v.* — Cf. *L'A*, XV, 115^{3}, (AṢ).

(2) *KM*; *Text.*; etc., portent le plus souvent تَدُرّ ; mais la graphie de *M* est constante: تَدِرّ .

(3) *ǦM*, ستة — *Ibil* a, et *Ibil* b. سبعة ... او ثمانية ; *T'A*, II, 398^{6}, (AṢ!), لستة ; *Primeurs*, 133_{10}, (lire لخدج ، سبعة ... او ثمانية) , (le commentateur a utilisé la *riwâyat* de AṢ: cf. *ibid.*, 150^{12}, 151_{1}, 166^{1}, 180^{3}, 191^{10}).

(4) Voc. de *M*.

(5) Cf. les explications données d. *Ibil* a et *Ibil* b; *KM*, VII, 29_{3}, (ISK); *Tahḏ.*, 180, n. 1.

(6) *M*, هي ولدها ; *ǦM*, et *KM*, و .s لا .— Cf. *Mouẖ.*, II, 112^{3}, (A'OB).

(7) *KM*, بسط وبُسط ; *Ibil* a, 83^{13}, بِسْطٌ وَبُسْطٌ , (= *KM*, VII, 29_{1} et 30^{1}, (AṢ).

(8) *ǦM*, المائق .

(9) *ǦM*, ابو عبيدة الفروس .— Cf. *Mouẖ.*, II, 112^{6}, (A'OB).

(10) *ǦM*, نعوت الابل في البانها .

(11) Cf. *infra*, p. 29, n. 14 .— Cf. *Ibil* a, 94^{17}.

(12) *M*, الصَّفْوُ . Partout ailleurs, (*ǦM*; *KM*; *Fiq.* c, 158_{3}; et les Lexiques), الصفي . Parmi les sens communs à الصفو et الصفيّ , on ne trouve pas celui-ci.

(13) Remarquer que les deux mots الناقة الصفى appartiennent, d. *ǦM*, à la phrase attribuée à AṢ, et qui continue ainsi : والخنجور واللهموم . — Sur la parenthèse, cf. *infra*, p. 29, n. 14.

(14) *M*, صَفُوتْ وصَفَتْ.

(15) Cf. *Ibil* a, 89^{12}, 94^{13} et 101^{2}, 89^{12} et 94^{11}, 94^{14}; *Ibil* b, 146^{9}, 144^{6}.

(16) *M*, av. un *ḥâ'*, au lieu du *ẖâ'*. (Cf. *Mouẖ.*, II, 112^{9}, (A'OB). Cf. *Ṣoubḥ*, I, 422^{1}.

(17) *ǦM*, هذه .

(18) *KM*, الخَبْر والحِبْر وهو أجود , (cf. *Mouẖ.*, II, 112^{9}, (A'OB). — *ǦM* continue: وبعضهم يقول .

(19) *ǦM*, المرى . Corrig. *Mouẖ.*, II, 112^{9}, (A'OB).— Cf. *KM*, VII, 38_{1} seq.; *Durrat*, 166_{3}.

وَقَدْ ثَقَبَتْ [1] تَثْقُبُ ثُقُوبًا إِذَا غَزُرَتْ [2] [FR] [a] وَمِثْلُهَا الخَثْعَبَةُ [3] وَالخَنْثَبَةُ [4] . [AṢ] [5] [b] وَمِثْلُهَا الخُورُ [6] وَفِي لَبَنِهَا رِقَّةٌ وَاحِدَتُهَا خَوَّارَةٌ [c] وَالجِلَادُ أَدْسَمُ لَبَنًا وَلَيْسَتْ بِالغَزِيرَةِ كَالخُورِ وَاحِدَتُهَا جَلْدَةٌ . [d] وَالجَالِحُ [7] الَّتِي تَدِرُّ فِي الشِّتَاءِ [A'AM, AṢ*] [8] وَمِثْلُهُ المَانِحُ وَيُقَالُ هِيَ الَّتِي يَبْقَى لَبَنُهَا بَعْدَ مَا تَذْهَبُ أَلْبَانُ الإِبِلِ . [AṢ] [9] [e] الرَّفُودُ الَّتِي تَمْلَأُ الرِّفْدَ [10] وَهُوَ القَدَحُ فِي حَلْبَةٍ وَاحِدَةٍ [f] وَالصَّفُوفُ [11] الَّتِي تَجْمَعُ بَيْنَ مِحْلَبَيْنِ [12] فِي حَلْبَةٍ وَالشَّفُوعُ وَالقَرُونُ مِثْلُهَا وَالصَّفُوفُ [11] أَيْضًا الَّتِي تَصُفُّ [13] يَدَيْهَا عِنْدَ الحَلَبِ [14] [KS] [g] وَيُقَالُ مِنَ المَرْيِ أَمْرَتْ . [h] السُّكُدُ [15]

a). Cf. *KM*, VII, 44_{11}, (A'OB); — b). cf. *ibid.*, 44_{5}, (A'OB); — c). = *ibid.*, 44_{3}, (A'OB*); — d). = *ibid.*, 45_{8}, (A'OB); — e). = *ibid.*, 45^{10}, (A'OB); — f). cf. *ibid.*, 45_{2}, (A'OB), et 42^{4}, (A'OB); — g). cf. *ibid.*, 38_{2}, (A'OB); — h). = *ibid.*, 44_{2}, (A'OB).

---

(1) *ĞM*, وقد مثل ذلك الثاقب. — La voc. de *M*, (ثُقُبت) n'est donnée par aucun Lexique: on ne trouve que ثقبت. Remarquer que la forme *fou'oûl* n'est presque jamais, me semble-t-il, *maṣdar* des verbes en *fa'oula*; mais qu'elle l'est fréquemment des verbes neutres en *fa'ala yaf'oulou*: cf. Vern., I, 158. Barth, 84_{11}, a tort de rapprocher directement يَفُول de يَفْل.

(2) *ĞM* aj., immédiatement après: مثل ابي عبيد في الثاقب. — Pour établir le texte du *Mouṣan.*, il faudra tenir compte de *L'A*, I, 234^{4}, (AZD): ...الثقيب من الابل; et de *KM*, VII, 44^{14}, (A'OB): لم شك في ذلك.

(3) *M*, الختعبة; *ĞM*, الخثعبة; *KM*, والخَنْثَبة والخثعبة; *L'A*, (FR), av. *kasr* du *ḥâ'*; *T'A*, av. *tatlît* du *ḥâ'*. J'adopte la voc. de Vern., II, 626^{8}, (= *Istidr.*, 34^{18}, (cf. les *Annotazioni*); et Sîb., II, 371^{4}). — Cf. Jahn, II^{2}, 456_{11}.

(4) *ĞM*, القرآة الخثعبة مثلها الاصمعي. — *M*, والخنثبة.

(5) Cf. *Ibil* a, 127^{19}, 89^{3}; *Ibil* b, 150^{19}, 144^{8}. Les définit. de خور et جلاد, d. *Ibil* a et *Ibil* b, sont rangées parmi les الوان الابل. Il faut les rapprocher de celles du *Mouṣan.*: cf. *Ibil* a, 127^{20}, et *Ibil* b, 150^{14}; *L'A*, V, 347_{4}, (ISK); *Ibil* a, 94^{11}.

(6) *ĞM*, الخور مثلها. — Cf. la remarque de علي d. *KM*, 44_{4}.

(7) *ĞM*, والمحالح.

(8) *ĞM*, ابو عمرو المانح التي يبقى. Cf. *infra*, n. 9. — D. *Ibil* a, 88^{20}, il y a منوح, lect. confirmée par *KM*, VII. 45_{4}, (AṢ).

(9) *ĞM*, الاصمعي في المانح مثله وقال. Corrig. *Moush.*, II, 112^{10}, (A'OB). — Cf. *Ibil* a, 97^{5},...; *Ibil* b, 143^{15}, 146^{9}, 143^{20}.

(10) *Sic* d. *M** et *KM*; *m* = الرفد. — *Fiq.* M, 32_{9}, a:... الرِّفْدُ عن ابي عُبَيْد; mais les autres éditions du *Fiqh* portent: عن ابي عبيدة.

(11) *M** et *m*, والصفوف; mais, d'après mes notes, *M* a peut-être صفوف, (= *ĞM*). — Cf. *infra*, 31^{10}; *KM*; *Ibil* a; 97^{5}; *Ibil* b, 143^{15}; *L'A*, XI, 96_{8}; *ibid.*, I, 320^{11}; *Mouzh.*, II, 112^{11}, (A'OB); *Ḥam.*, 535^{7}. Corriger ضَفُوف d. *Fiq.* C, 158_{1}; *Fiq.* D, 88^{13}; *Fiq.* H, 78^{10}; *Fiq.* M 131^{8}; Schwarz., 88_{8}.

(12) *M*, plutôt مَحلبين. — Cf. *Faṣ.*, 28^{9}.

(13) Ce mot mnq. d. *ĞM*.

(14) *ĞM* aj.: ابو عمرو في الصفيّ مثل الاصمعي قال ويقال صفوت وصفت الكسائي صفوت ومن. — La remarque attribuée à AṢ se trouve en marge, d. *M*; mais elle doit être placée avant والخنجور: cf *supra*, 28, n. 13

(15) *ĞM*, والنكل; cf. *infra*,30, n. 1.

الغَزِيرَاتُ اللَّبَنِ [a] وَفِي مَوْضِعٍ آخَرَ الَّتِي لَا يَبْقَى لَهَا وَلَدٌ [1] [b] وَالْمِقْلَاتُ وَالْمَقَالِيتُ اللَّوَاتِي لَمْ يَبْقَ لَهَا وَلَدٌ [2] .

فَإِذَا قَلَّتْ أَلْبَانُهَا قُلْتَ [3] [AṢ] [4] [c] نَاقَةٌ بَكِيَّةٌ [d] وَصِمْرِدٌ *[AṢ, AZD] [5] وَدَهِينٌ *[AZD] وَقَدْ دَهِنَتْ تَدْهَنُ دَهَانَةً . [AṢ] [6] [e] وَالْغَارِزُ [7] الَّتِي قَدْ جَذَبَتْ لَبَنَهَا فَرَفَعَتْهُ . (٣٣٧) [f] وَالشَّحَصُ وَالشَّحَاصَةُ [8] جَمِيعًا الَّتِي لَا لَبَنَ لَهَا . وَالْوَلِيدَةُ وَالْجَمْعُ [9] فِي ذَلِكَ سَوَاءٌ وَالشُّصُوصُ [10] مِثْلُهَا وَيُقَالُ قَدْ أَشَصَّتْ [g] وَالْجَدَّاءُ الَّتِي قَدِ انْقَطَعَ لَبَنُهَا . [h] وَالْجُدُودُ فِي الْأُتُنِ أَيْضًا [11] [KS] [i] وَيُقَالُ أَيْضًا [12] شَصَّتْ بِغَيْرِ أَلِفٍ [j] [AZD] وَالْمُفْكِهُ [13] الَّتِي يُهَرَاقُ لَبَنُهَا عِنْدَ النِّتَاجِ قَبْلَ أَنْ تَضَعَ يُقَالُ [14] أَفْكَهَتْ . [N] [k] شَوَّلَتْ [15] إِذَا قَلَّ لَبَنُهَا وَحَارَدَتِ الْإِبِلُ قَلَّتْ أَلْبَانُهَا .

a). Ce second sens mnq. d. *KM*, VII, 44 et 18; — b). cf. *infra*, note 2; — c). cf. *KM*, VII, 46^{5}, (A'OB); — d). cf. *ibid.*, 46^{9}, (A'OB); — e). cf. *ibid.*, 46_{7}, (A'OB); — f). cf. *ibid.*, 46_{4}, (A'OB); — g). = *ibid.*, 47^{1}, (A'OB); — h). cf. *KM*, VIII, 45^{6}, (A'OB); — i). cf. *KM*, VII, 46_{2}, (A'OB, mais d'après le غريب الحديث); — j). cf. *ibid.*, 14^{10}, (A'OB); — k). cf. *ibid.*, 47^{7}, (A'OB).

---

(1) *ĞM* aj.: قال الكميت.

ووحوح فى حصن الشتاء ضجيعها   ولم يك فى النكل المقاليت مشغب

Lire: حضن , النجد. — Cf. *KM*, VII, 45^{1}; *Ṣaḥ.*, I, 264^{4}; *L'A*, IV, 438_{3}; *T'A*, II, 518_{20}; *Bânat*, 163_{7}. Le vers mnq. d. les *Hâšimiyyât* d'Al-Koumayt: cf. *Hâšimiyyât*, p. 23. *s. v.* 32.

(2) Cette dernière phrase: ...والمقلات, (*M**, والملات), mnq. d. *ĞM* et *KM*. Remarquer la présence de المقاليت dans le vers cité *supra*, n. 1. — Cf. *Ibil* a, 91^{21}.

(3) *ĞM*, نعوت الابل فى قلة البانها ; puis: الاصمعى البكية القليلة اللبن والصمرد والدهين مثلها ابو زيد فى الدهين مثل ذلك قال دهنت... .

(4) Cf. *Šâ'*, 100; *Ibil* a, 95^{5}, 89^{12} et 95^{16}; *Ibil* b, 144^{1}. — Corriger نكِيَّة d. Schwarz., 83^{6}; *Fiq.* H, 78^{11}: cf. *Fiq.* C, 159^{1}.

(5) Cf. *Šâ'*, 100; *Mouẓh.*, II, 112^{13}, (A'OB); *Ibil* b, 144^{1}.

(6) Cf. *Wuḥûš*, 45. — Remarquer que les quatre défin. qui suiv. mnq. d. *Ibil* a, et *Ibil* b.

(7) *M*, والعارز; *ĞM*, والعارد. — Cf. *Mouẓh.*, II, 112^{13}, (A'OB); *L'A*, VII, 254^{4}, (AṢ).

(8) *M*; et *Mouẓh.*, II, 112^{13}, (A'OB), *ḫâ' mou'ğama*. Je vocalise والشَّحَص, (=*KM*), à cause de *L'A*, VIII, 311^{13}, (AṢ). Cf. *infra*, p. 386 de *M*; *Adab*, 642^{10}. — *ĞM* continue: الى جميعا.

(9) *ĞM*, والجميع.

(10) Cf. *Aḍdâd*, 60^{7}; *Mouẓh.*, II, 112^{13}, (A'OB).

(11) *ĞM*, الاتن منه ايضا.

(12) Les deux mots qui précèdent mnq. d. *ĞM*, qui porte :... الكسائى شصت. Cf. *KM*!

(13) *ĞM*, المفكه. — Cf. *Mouẓh.* II, 112^{14}, (A'OB).

(14) *ĞM*, وقد, au lieu de يقال.

(15) *ĞM*, سوّلت ; puis, جاردت, et اذا قلت.

وَفِي ضُرُوعِهَا [1] [AZD, KS] [a] الْفُتُوحُ الْوَاسِعَةُ الْإِحْلِيلِ وَقَدْ فَتُحَتْ [2] وَأَفْتَحَتْ [b] وَمِثْلُهُ الثُّرُورُ [3] . وَالْحَصُورُ الضَّيِّقَةُ الْإِحْلِيلِ حَصَرَتْ [4] ، وَأَحْصَرَتْ وَمِثْلُهَا الْعَزُوزُ [5] وَقَدْ أَعَزَّتْ وَتَعَزَّزَتْ [6] . [c] الْحَضُونُ [7] الَّتِي قَدْ ذَهَبَ أَحَدُ طُبْيَيْهَا وَالْاسْمُ الْحِضَانُ . [AṢ] [8] [d] الْمُجَدَّدَةُ الْمُصَرَّمَةُ الْأَطْبَاءِ [e] وَأَصْلُ الْجَدِّ الْقَطْعُ . [f] الْمَصُورُ الَّتِي يَتَمَصَّرُ [9] لَبَنُهَا قَلِيلًا قَلِيلًا . [g] الرَّافِعُ الَّتِي قَدْ رَفَعَتِ اللِّبَأَ فِي ضَرْعِهَا . [KS] [h] وَالْكَمْشَةُ [10] الصَّغِيرَةُ الضَّرْعِ وَقَدْ كَمُشَتْ كَمَاشَةً . [AṢ] [11] [i] الشَّكِرَةُ الْمُمْتَلِئَةُ الضَّرْعِ [12] [A'AM] [j] التَّوْأَبَانِيَّانِ قَادِمَتَا [13] الضَّرْعِ . قَالَ ابْنُ مُقْبِلٍ

لَهَا تَوْأَبَانِيَّانِ لَمْ يَتَقَلْقَلَا [14]

يَعْنِي لَمْ تَسْوَدَّ حَلَمَتَاهُمَا [AṢ] [15] .

وَمِنَ الْحَلَبِ [16] [k] الصَّفُوفُ الَّتِي تَصُفُّ يَدَيْهَا عِنْدَ الْحَلَبِ [17] . [l] وَالزَّبُونُ الَّتِي تَرْمَحُ عِنْدَ

a). = *KM*, VII, *ibid.*, 38_9, (A'OB); — b). cf. *ibid.*, 38_7, (A'OB); — c). = *ibid.*, 33_5, (A'OB); — d). cf. *ibid.*, 35^{10}, (AS); — e). = *ibid.*, 35^{11}, (A'OB); — f). cf. *ibid.*, 36_{11}, (A'OB); — g). cf. *ibid.*, 46_5, (A'OB); — h). = *ibid.*, 33_3, (A'OB); — i). = *ibid.*, 33_1, (A'OB); — j). cf. *ibid.*, 49^{13}, (A'OB); — k). = *ibid.*, 42^4, (A'OB); — l). = *ibid.*, 42^5, (A'OB).

---

(1) *ĞM*, نعوت الابل في ضروعها ; puis,... ابو زيد العكسالى .
(2) Voc. de *M*, فتحت . Partout ailleurs, فَتَحَتْ . Cf. *supra*, p. 29^1.
(3) *ĞM*, والثرور مثل الفتوح .— Cf. *Moush.*, II, 112^{15}, (A'OB).
(4) Voc. de *M*, (=*KM*, et *T'A*, III, 144_6). — *ĞM*, وقد حصرت .
(5) *ĞM*, والعزوز مثلها .— Cf. *Nawâd.*, 95_6; *Moush.*, II, 112^{15}, (A'OB).
(6) *M*, وتعزّزت .
(7) *ĞM*, av. و .— Cf. *Moush.*, II, 112^{15} et ^{16}, (A'OB).
(8) Cf. *Ibil* a, 85^4, 88^{14}; *Ibil* b,..., 144^5; *L'A*, IV, 81^{11}.
(9) *m*, يتمصّرُ ; *M** et *KM*, يَتَمَصَّرُ . J'adopte la voc. de *L'A*, VII, 23^5, (AṢ).
(10) Voc. de *M*, (= *KM*; *L'A*, VIII, 234_3, (KS); etc.).— *ĞM*, الكمشة العكسالى في ضرعها اللباء .
(11) Cette définition mnq. d. *Ibil* a, et *Ibil* b.
(12) *ĞM* aj.: وقال الحطيئة .

اذا لم يكن الا الامآليس اصبحت لها خلف ضراتها شكرات

Lire: حلق .— Cf., *KN*, *infra*, p. 350 de *M*; *KM*, VII, 34^4, et 50^1; *L'A*, VI, 93_{10}; *Ṣaḥ.*, I, 342_{15}; *T'A*, III, 313^{13}. Au lieu de اذا , il y a وإن d.: *L'A*, VIII, 106_3; *T'A*, IV, 250^{19}; *Dîw. ḤṬ*, XXII, v. 13, (*ZDMG*, 1892, p. 505); *Ibil* a, 87^{15}. Dans ce dernier texte, le second hémistiche commence par : بها حالقا .Enfin *L'A*, VI, 93_9, signale une lecture بها خلقٌ, qu'il accompagne d'un commentaire grammatical, (cite IBR).
(13) *KM*, قادما
(14) *M*, يتقلقلا .— Cet hémistiche est précédé du suivant: فمرّت على أطراب هرٍّ عشيّة , (= *L'A*, I, 219^1; *Ṣaḥ.*, II, 227, note marg. 3 : هدّ ; *T'A*, VIII, 67^6); ou: اضراب هرّ , (= *L'A*, XIV, 48^{18}); ou اطراف هرّ , (= *Ṣaḥ.*, I, 32_6).
(15) Cf. *Ibil* a,..., 106^1, 96^1; *Ibil* b,..., 143^{14}, 144^3.
(16) *ĞM*, نعوت الابل في الحلب .— Sur الصفوف , cf. *supra*, p. 29_6.
(17) *M**, ici, et partout ailleurs, الحَلَب ; *KM*, الحَلْب . J'adopte cette voc., qui paraît être celle de A'OB : cf. *L'A*, I, 318^3.

ٱلْحَلَبِ . [a] ٱلْعَصُوبُ [1] ٱلَّتِي لَا تَدِرُّ حَتَّى تُعْصَبَ [2] فَخِذَاهَا . [b] وَٱلنَّخُورُ ٱلَّتِي لَا تَدِرُّ حَتَّى يُضْرَبَ أَنْفُهَا (٣٣٨) [N] [c] وَٱلْعَسُوسُ [3] ٱلَّتِي لَا تَدِرُّ حَتَّى تُبَاعَدَ [4] مِنَ ٱلنَّاسِ . [AṢ] [5] [d] وَٱلْبَهَاءُ ٱلنَّاقَةُ ٱلَّتِي تَسْتَأْنِسُ إِلَى ٱلْحَالِبِ [6] [A'AM] [e] وَٱلْبَاهِلُ [7] ٱلَّتِي لَا صِرَارَ عَلَيْهَا وَجَمْعُهَا بُهَّلٌ [AṢ] [f] وَٱلْبَسُوسُ [8] ٱلَّتِي لَا تَدِرُّ إِلَّا بِٱلْإِبْسَاسِ [9] .

وَيُقَالُ فِي نُعُوتِ ٱلرَّضَاعِ وَٱلْحَلَبِ [10] [KS] [g] فَطَرْتُ ٱلنَّاقَةَ أَفْطُرُهَا فَطْرًا [11] إِذَا حَلَبْتَهَا بِطَرَفِ أَصَابِعِكَ [h] وَضَبَبْتُهَا أَضُبُّهَا [12] ضَبًّا إِذَا حَلَبْتَهَا بِٱلْكَفِّ كُلِّهَا . قَالَ ٱلْفَرَّاءُ إِنَّمَا هُوَ ٱلضَّفُّ [13] فَأَمَّا ٱلضَّبُّ فَأَنْ تَجْعَلَ إِبْهَامَكَ عَلَى ٱلْخِلْفِ ثُمَّ تَرُدُّ أَصَابِعَكَ عَلَى ٱلْإِبْهَامِ وَٱلْخِلْفِ جَمِيعًا [i] قَالَ وَٱلْفَطْرُ وَٱلْمَصْرُ وَٱلْبَزْمُ كُلُّهُ بِٱلسَّبَّابَةِ وَٱلْإِبْهَامِ فَقَطْ ضَفَفْتُ أَضُفُّ [14] وَمَصَرْتُ أَمْصُرُ وَبَزَمْتُ أَبْزُمُ [15] . [AM] [j] فَشَشْتُ ٱلنَّاقَةَ أَفُشُّهَا فَشًّا إِذَا أَسْرَعْتَ ٱلْحَلَبَ [k] وَمَشَشْتُهَا [16] إِذَا حَلَبْتَ وَتَرَكْتَ فِي ٱلضَّرْعِ بَعْضَ ٱللَّبَنِ . [AṢ] [17] هَجَنْتُ مَا فِي ضَرْعِهَا إِذَا حَلَبْتَ كُلَّ مَا فِيهِ [l] وَكَذَٰلِكَ أَفَنْتُهَا أَفْنًا [18] . [m] وَٱلتَّحْيِينُ أَنْ تُحْلَبَ [19] فِي ٱلْيَوْمِ وَٱللَّيْلَةِ مَرَّةً [n] وَهُوَ

a). = *KM*, VII, 42^{9}, (A'OB); — b). = *ibid.*, 42_{11}, (A'OB); — c). = *ibid.*, 42_{7}, (A'OB); — d). = *ibid.*, 42_{3}, (A'OB); — e). cf. *ibid.*, 35_{8}, (A'OB); — f). = *ibid.*, 43^{3}, (A'OB); — g). = *ibid.*, 36^{13}, (A'OB); — h). = *ibid.*, 36_{10}, (A'OB); — i). cf. *ibid.*, 36_{12}, (A'OB); — j). cf. *ibid.*, 36_{5}, (A'OB); — k). cf. *ibid.*, 36_{3}, (A'OB); — l). cf. *ibid.*, 37^{1}, (A'OB); — m). cf. *ibid.*, 37^{4}, (A'OB); — n). cf. *ibid.*, 37^{5}, (A'OB).

---

(1) *ǦM*, والعصوب .— Cf. *Aḍdād*, 230^{1}; *Mouzh.*, II, 112_{11}, (A'OB).

(2) Voc. de *KM*; *ǦM*, (s. šadda); *Ibil* a, 96^{9}; *Ibil* b, 144^{4}; etc. — *M*, plutôt av. šadda.

(3) *ǦM*, غيره العسوس .— Cf. *Mouzh.*, II, 112_{10}, (A'OB).

(4) Voc. de *M*.

(5) Cf. *Ibil* a, 104^{14}. — *ǦM*, البهاء ممدود . Cf. *T'A*, I, 48^{1}, (AṢ); *L'A*, I, 27_{10}.

(6) *M*, الحلب .

(7) *ǦM*, ابو عمرو الباهل ; puis, ضرار .— Cf. *Mouzh.*, II, 112_{9}, (A'OB).

(8) Cf. *Ibil* a, 105^{17}.— *ǦM*, s. و .

(9) *ǦM* aj. : وهو ان يقال بُسْ بس . Cf. *KM*, VII, 43^{3}, (بُسْ بُسْ) ; *L'A*, VII, 326^{9}, (= *KM*); *Mouzh.*, II, 112_{9}, (A'OB).

(10) *ǦM*, نعوت الرضاع والحلب ; puis, افطرها اذا .

(11) Ce mot mnq. d. *ǦM*.

(12) Voc. de *M*; *KM*; Lane; etc.

(13) *ǦM*, قال الفراء هذا هو الصف . Cf. *L'A*, XI, 110^{4}, (FR).— *M*, الضَّبُ .

(14) *M**, اضِفُّ , forme très probablement fautive.— *ǦM*, قط يقال من ذلك ضففت اضف .

(15) *ǦM*, ابْزُم و ابزِم ; *item* d. *KM*.

(16) *ǦM* ajoute : امشها مشا .

(17) Les cinq définit. qui suiv. mnq. d. *Ibil* a, et *Ibil* b.

(18) *ǦM* aj. : قال المخبل .

اذا افنت اروى عيالك افنها وان حينت اربى على الوطب حينها

Cf. *KM*, VII, 37^{1}; *L'A*, XVI, 158^{9}, et 292_{3}; *T'A*, IX, 124^{5}, et 188^{9}; *Ṣaḥ.*, II, 352_{2}, et 369_{13}; *Tahḏ.*, 188_{1}, (et le commentaire).

(19) Voc. de *M*.— *ǦM*, فى ليلة ويوم .

التَّوْجِيبُ تَقُولُ ، وَجَّبْتُهَا وَوَجَّبَ فُلَانٌ نَفْسَهُ إِذَا أَكَلَ فِي ٱلْيَوْمِ أَكْلَةً وَاحِدَةً إِلَى مِثْلِهَا وَمِنْهُ قِيلَ يَأْكُلُ وَجْبَةً . [a] وَٱلتَّغْرِيزُ [2] أَنْ تَدَعَ حَلْبَةً بَيْنَ حَلْبَتَيْنِ وَذٰلِكَ إِذَا أَدْبَرَ لَبَنُ ٱلنَّاقَةِ . [AZD] [b] مِشْتُ ٱلنَّاقَةَ أَمِيشُهَا إِذَا حَلَبْتَ نِصْفَ مَا فِي ضَرْعِهَا [3] فَإِذَا جُزْتَ ٱلنِّصْفَ فَلَيْسَ بِمَيْشٍ . [AM] [c] مَشَّلَتِ ٱلنَّاقَةُ تَمْشِيلًا إِذَا أَنْزَلَتْ شَيْئًا قَلِيلًا مِنَ ٱللَّبَنِ (٣٣٩) [FR] [d] وَتَسَيَّأَتِ ٱلنَّاقَةُ أَرْسَلَتْ [4] لَبَنَهَا مِنْ غَيْرِ حَلَبٍ وَهُوَ ٱلسِّيءُ [5] . [AḤ, AṢ*] [6] [e] ٱمْتَكَّ ٱلْفَصِيلُ مَا فِي ضَرْعِ أُمِّهِ إِذَا ٱسْتَوْعَبَهُ [7] [AḤ, AZD]* [f] وَٱمْتَقَّهُ [g] وَٱلْتَهَمَهُ [e] وَٱعْتَذَمَهُ [8] [FR] [g] وَنَضَفَهُ يَنْضُفُهُ [9] . [AṢ] [10] [h] رَغَثَهَا يَرْغَثُهَا وَمَلَجَهَا يَمْلُجُهَا [11] . [AZD] [i] رَغَلَ [12] ٱلْجَدْيُ أُمَّهُ يَرْغَلُهَا [j] وَلَسَدَ ٱلطَّلَى [13] أُمَّهُ يَلْسِدُهَا [14] أَيِ ٱسْتَوْعَبَ [15] جَمِيعَ مَا فِي ٱلضَّرْعِ . [k] مَلَحَ [16] ٱلصَّبِيُّ أُمَّهُ يَمْلَحُهَا وَأَمْلَحَتْهُ هِيَ . [AZD] [l] أَحْجَمَتْ [17] لِلْمَوْلُودِ إِحْجَامًا وَهُوَ أَوَّلُ رَضْعَةٍ

a). = *KM*, VII, 37^{11}, (A'OB); — b). cf. *ibid.*, 38^{18}, (A'OB); — c). cf. *ibid.*, 39_{10}, (A'OB); — d). cf. *ibid.*, 39_{8}, (A'OB); — e). cf. *ibid.*, 40_{3}, (A'OB); — f). cf. *ibid.*, 40_{1}, (A'OB); — g). cf. *ibid.*, 41^{3}, (A'OB); — h). cf, *ibid.*, 41^{4}, (A'OB); — i). cf. *KM*, I, 26^{7}, (A'OB); VII, 179_{1}, (AZD); — j). cf. *KM*, VII, 41^{5}, (A'OB); — k). cf. *KM*, I, 26_{7}, (A'OB); — l). cf. *ibid.*, 26_{12}, (A'OB).

---

(1) *M*, تقول . — *ǦM*, والتوجيب مثله يقال وجّبتها ووجّب فلان نفسه اذا جعل لنفسه اكلة في اليوم والليلة ومنه قيل ياكل وجبة الى مثلها والتغريز ...

(2) *M*, avec un ʿ*ayn*.

(3) *ǦM*, اميشها اذا نزلت شيئا قليلا من اللبن فاذا , (dittograph. de 33^{4}, où *ǦM* a aussi اذا نزلت). — Plus bas, le même membre de phrase a été mal placé dans le texte de *M*! (cf. *infra*, n. 4).

(4) *M*, وتسيأت الناقة انزلت شيئا قليلا من اللبن ارسلت ; *ǦM*, تسيات الناقة اذا ارسلت ; *item* d. *LʿA*, I, 93^{13}, (FR). — Cf. *supra*, n. 3.

(5) J'ignore la voc. de *M*.— J'adopte le *kasra* à cause de *KM*; et de *KN*, *infra*, p. 34^{3}.

(6) Cf. *infra*, n. 10.— La déf. mnq. d. *Ibtl* a, et *Ibtl* b.

(7) Au lieu de استوعب , *ǦM* porte : شرب جميع ما فيه , (cf. *Fiq*. c, 9^{6}); puis: ... وكذلك امتقه . (Cf. *Qalb*, 37^{5}) .— Cf. *infra*, n. 11.

(8) *ǦM*, والتهمه واعتذمه . — *M*, probablement av. un ʿ*ayn*.

(9) *ǦM*, ... نضفه ينضفه وانتضفه مثله ; *KM*, ولطفه والتطفه ; *M*, نضفه ينضفه . Les Dictionnaires donnent à ces trois verbes le sens indiqué ici. Sur la lecture de *M*, cf. *LʿA*, XI, 248^{1}; *TʿA*, VI, 259_{17}.

(10) *ǦM*, ... الاصمعي الامتكاك مثله وزاد ورغثها . — La définit. mnq. d. *Ibtl* a, et *Ibtl* b.

(11) Voc. de *KM*. — *ǦM* aj. : اذا رضع ; puis : ... يرغلها ... ابو زيد امتق وامتك جميعا وزهل . Cf. *LʿA*, XIII, 324^{12}.

(12) Cf. *Moush.*, II, 195^{11}, (*taṣḥif* de ṢʿA et de A'OB) ; et aussi *LʿA*, XIII, 309_{9}, et 324^{12}.

(13) *M*, peut-être avec un *kasra*.

(14) *M* a peut-être la forme لبد يلبّد , que *TʿA*, II, 494^{1}, déclare moins correcte.

(15) *ǦM*, ... يلسدها لسدا اذا رضع جميع . Décidément, l'auteur de *KN* aime le mot استوعب : cf. *supra*, l. 6 ; (et p. 2^{4}).

(16) *M*, واملحه ... يملحها ... واملحت ; *ǦM*, وملج الصبي امه يملجها واملجته (= *KM*; *LʿA*, III, 192_{3}). A l'exception de املحه , (= ملجه) , je garde les lectures de *M*, à cause de *KM*, I, 26^{13}; *LʿA*, III, 444^{5}; etc.

(17) *ǦM*, واملجته ابو زيد أجمعت . . . اجماعا .

تُرْضِعُهُ أُمُّهُ . [a] الرَّجْلُ (1) ، أَنْ يُتْرَكَ ٱلْفَصِيلُ مَعَ أُمِّهِ يَرْضَعُهَا مَتَى شَاءَ تَقُولُ ، أَرْجَلْتُ ٱلْمُهْرَ وَٱلْفَصِيلَ إِرْجَالًا (2) . [b] ٱلْغُفَافَةُ (3) ٱلْقَلِيلُ مِنَ ٱللَّبَنِ فِي ٱلضَّرْعِ قَبْلَ ٱلدِّرَّةِ [c] وَٱلْغُبْرُ (3) بَقِيَّةُ ٱللَّبَنِ فِي ٱلضَّرْعِ وَجَمْعُهُ أَغْبَارٌ . [d] وَٱلنَّيْءُ (4) ، مَا كَانَ مِنَ ٱللَّبَنِ قَبْلَ أَنْ تَدِرَّ (5) [؟]* (6) . [e] وَٱلْحَشْكُ (7) ٱلدِّرَّةُ يُقَالُ حَشَكَتِ ٱلنَّاقَةُ . [f] وَٱلتَّغْفِيرُ إِذَا (8) أَرَادَتْ أَنْ تَفْطِمَ وَلَدَهَا تُرْضِعُهُ ، ثُمَّ تَتْرُكُهُ ، ثُمَّ تُرْضِعُهُ ثُمَّ تَتْرُكُهُ أَيَّامًا وَلَا تَقْطَعُ عَنْهُ ٱللَّبَنَ بِمَرَّةٍ (9) . [g] وَٱلْغُفَافَةُ ٱللَّبَنُ قَبْلَ ٱلدِّرَّةِ [h] وَٱلْبِرْكَةُ أَنْ يَدِرَّ لَبَنُ ٱلنَّاقَةِ بَارِكَةً فَيُقِيمَهَا فَيَحْلُبَهَا (10) .

وَمِنْ نُعُوتِهَا فِي عِظَمِهَا وَطُولِهَا (11) . [AZD] [i] ٱلْكَنْعَرَةُ (11) ٱلنَّاقَةُ ٱلْعَظِيمَةُ وَجَمْعُهَا

a). cf. *KM*, VII, 41^{6}, (A'OB); — b). = *ibid.*, 40^{4}, (A'OB); — c). = *ibid.*, 40^{2}, (A'OB); — d). = *ibid.*, 39_{8}. (A'OB); — e). cf. *ibid.*, 39_{8}, (A'OB); — f). cf. *ibid.*, 41_{3}, (A'OB); — g). cf. *supra*, l. 2; — h). cf. *KM*, VII, 39^{9}, (A'OB); — i). cf. *ibid.*, 57^{6}, (A'OB).

---

(1) *ĞM*, والرجل ; puis, يقال منه , (*M*, نقول) .

(2) *ĞM* aj. : قال القطامي . وصاف غلامنا رجلا عليها ارادة ان يموّقها رضاعا
Lire يموّقها .— Cf. *KM*, VII, 41^{8}; *Ṣaḥ.*, II, 188_{11}; *L'A*, XIII, 289^{11}, (av. ف); *T'A*, VII, 338^{1}, (av. ف); *Dîw. QṬ* B, p. 43, (XIII, 53). Au lieu de رضاعا , il y a النساعا dans *Dîw. QṬ* m, 18^{7}.

(3) *ĞM*, والغفافة . (*Fiq.* c, 233_{3}, attribue à A'OB une autre déf.) .— *ĞM*, والغبرة .

(4) *M*, plutôt avec un *kasra*; *KM*, la seconde fois, (VII, 39_{7}), النِّيء .

(5) *ĞM* aj. : قال ابو عمرو ومنه قول زهير .
كما استغاث بسيء فز غيطلة خاف العيون ولم ينظر به الحشك
Lire : غيطلة : et به , (cf. *Wuḥûš*, 400=50^{6}).— Cf. *ĞM*, *inf.*, (p. 397^{1} de *M*); *KM*, VII, 39_{7}; *ibid.*, VIII, 35^{4}; *Ṣaḥ.*, I, 434^{11}; *ibid.*, II, 222_{6}; *L'A*, VII, 258_{4}, (corr. الحَشَك) . Au lieu de : ولم , il y a فلم d. : *ŠN*, 552^{5}; *Primeurs*, 129_{5}; *Divans*, p. 87, (= 10^{28}); *Aḍdâd*, 182^{12}; *Wuḥûš*, 147 et 461; *Ibil* a, 87^{20}; *Iṣlâḥ*, 16^{r}, l. 6 a. f.; *Ṣaḥ.*, II, 181_{1}; *Ištiq.*, 75_{4}, (corr. بشيء); *Ši'r*, 62^{15}; *Hamas.*, 534^{9}. Cette lecture فلم se trouve, av. بسيٍّ , au lieu de بسيء , d. : *L'A*, XII, 293_{1}; *ibid.*, XIV, 9_{2}; *T'A*, VII, 120_{11}; *ibid.*, IV, 67_{8}; *ibid.*, VIII, 46_{16}. — Cf. aussi Homm., 266, *s. v.* غيطلة .

(6) Cf. *supra*, note 5. — Il est difficile de dire à qui doivent être attribuées les définit. qui suivent. Celle de بُرْكة est attribuée à AZD d. *T'A*, VII, 106^{21}.

(7) *m*, الحشك ; *M'*, الحَشَك ; *M*, ? — La voc. *fa'al*, d. le vers cité *supra*, n. 5, est لضرورة الشعر .

(8) *ĞM*, هو اذا ; puis, ارضعته , et تركته اياما .

(9) *ĞM* aj. : فذلك قول لبيد . لمعفّر قهد تنازع شلوه غبس كواسب ما يمنّ طعامها
Cf. *Ṣaḥ.*, I, 255_{15}, et 366_{1}; *L'A*, IV, 372^{10}; *ibid.*, VI, 262_{11}; *T'A*, II, 479^{5}; *ibid.*, III, 410_{1}, (corriger : قهد et ينازع); *Ğamharat*, 69^{4}; Lyall, p. 77^{3}, v. 38; Arnold, *Septem Mo'allaqât*, p. 104; S. de Sacy, *Calila et Dimna*, p. 301; *Mo'all.*, II, p. 79; etc., (souvent av. لا يمنّ).

(10) *m*, p. v.; *M'*, av. *kasra*; *KM*, av. *ḍamma*. Cf. *T'A*, I, 219_{7}: قالهما الاصمعي عن العرب .
ĞM aj. : قال الكميت . وحلبت بركتها اللبون جودك غير ماصر
Lire لبون اللبون .— Cf. *KM*, VII, 39^{10}. Il y a ماضِر d. : *L'A*, XII, 277_{7}; *T'A*, VII, 106^{22}.

(11) *ĞM*, لعوت الابل في عظمها وطولها .— *M*, الكَنْعَبَرَة .

كَنَاعِرُ [AṢ, A'OBA*] ، وَمِثْلُهَا الْبَهْزَرَةُ [2] [A'OBA] وَالْبَائِكُ وَالْقَائِجُ وَالْقَاسِجُ [3] [qal] وَبَعْضُهُمْ يَقُولُ لِلْقَاسِجِ الْحَامِلُ *[AṢ, A'OBA] [4] ، وَالْجَمْعُ بَهَازِرُ . [qal] [5] [a] وَالدَّلْعَسُ وَالْبَلْعَسُ وَالدَّلْعَكُ (٣٤٠) كُلُّهُ [6] الضَّخْمَةُ مَعَ اسْتِرْخَاءٍ فِيهَا . [b] الْعَيْطَمُوسُ [7] التَّامَّةُ الْخَلْقِ الْحَسَنَةُ [7] . [A'OBA] [c] الْفُنُقُ [8] [d] وَالْمِرْجَابُ الطَّوِيلَةُ الضَّخْمَةُ [A'AM] [e] الْجَبَاسَاءُ [9] [FR] [f] وَالسِّرْدَاحُ [10] الْعَظِيمَةُ [AṢ] [11] [g] الْمُسْنَفِلَةُ [h] وَالْجَسْرَةُ الطَّوِيلَةُ [i] وَيُقَالُ الْمُسْنَفِلَةُ السَّرِيعَةُ [11] [j] وَالْجَسْرَةُ الْعَظِيمَةُ [12] [k] وَالْعَنْدَلُ وَالْقَنْدَلُ [13] الْعَظِيمَةُ الرَّأْسِ [14] . [l] الْقِرْوَاءُ الْعَظِيمَةُ الْقَرَى [15] وَهُوَ الظَّهْرُ [FR] [m] اللُّكَالِكُ الْعَظِيمُ [16] .

وَمِنْ نُعُوتِهَا فِي أَسْنِمَتِهَا [17] [AṢ] [n] الْقِحَادُ [18] الْعَظِيمَةُ السَّنَامِ وَيُقَالُ لِلسَّنَامِ

a). = *KM*, VII, 57_{2}, (A'OB); — b). = *ibid.*, 61_{7}, (A'OB); — c). cf. *ibid.*, 61_{1}, (A'OB); — d). cf. *ibid.*, 58_{2}, (A'OB); — e). cf. *ibid.*, 57^{7}, (Ṣ'A); — f). = *ibid.*, 57_{1}, (A'OB); — g). = cf. *ibid.*, 59^{7}, (A'OB); — h). cf. *ibid.*, 58^{1}, (Ṣ'A?); — i). cf. *ibid.*, 122^{3}, (A'OB); — j). cf. *ibid.*, 58^{1}, (Ṣ'A). — k). cf. *ibid.*, 58_{8}, et 58_{10}, (A'OB); — l). = *ibid.*, 58_{8}, (A'OB); — m). cf. *ibid.*, 57^{9}, (A'OB); — n). cf. *ibid.*, 67^{1} et 51_{5}, (A'OB).

---

(1) *ĞM*, الاصمعى البهزرة مثلها وجمعها بهازر ابو عبيدة فى البهزرة مثلها والبائك مثلها والقائج والقاسج مثلها قال وقال بعض العرب يقول هما الحامل قال والدلعس . . .

(2) Voc. de *M*, (cf. *T'A*, III, 64_{4}). *KM*, بُهزُرة , voc. ord., attribuée à FR d. *T'A*, III, 64_{4}.— Cf. *Ṣoubḥ*, I, 421_{3}.

(3) Cf. *Qalb*, 39^{1}; *Moush.*, II. 112_{9} et $_{8}$, (A'OB).

(4) V. *supra*, n. 1.— La définit. mnq. d. *Ibil* a, et *Ibil* b.

(5) Cf. *supra*, n. 1.

(6) *ĞM*, كل هذه .— Cf. *Moush.*, II, 112_{8}, (A'OB).

(7) *ĞM*, والعيطموس .—*KM*, *ĞM*, (et *m*), الحسنة.

(8) *M*, الفُنُق .— Cf. *Moush.*, II, 112_{7}, (A'OB).

(9) *ĞM* aj. : العظيمة والمواساة مثله.

(10) *ĞM*, السرداح .— Cf. *Moush.*, II, 112_{7}, (A'OB); *T'A*, II, 163^{17}, (FR): corr. السرادح .

(11) Ces définit. mnq. d. *Ibil* a, et *Ibil* b. — *ĞM*, الاصمعى المسمعلة الطويلة واما المسمعلة فالسريعة والجسرة الطويلة ويقال الجسرة العظيمة . *KM*, VII, 59^{7}, porte المشمعلة الطويلة , (qui est à corriger : cf. *T'A*, VII, 399_{8}); puis, (*ibid.*, 122^{3}), السريعة . D. *M*, j'ai noté la graphie suivante : المُسْتَعِيلة (*m* = المتعولة) . Je lis : المُسْنَفِلة , aux deux endroits : cf. *L'A*, XIII, 370^{7}. On trouve aussi la lecture مسمعل : cf. Freytag, *s. v.*

(12) *ĞM* aj. : ومنها قول ابن مقبل . موضم رحلها جسر . Lire : ... موضم هوجاء .— Cf. *KM*, VII, 58^{1} ; *Ṣaḥ.*, I, 297_{12} ; *L'A*, V, 206_{5} ; *T'A*, III, 99_{8}. Noter la remarque d'ISD, (*L'A* et *T'A*, aux endroits cités) : هكذا اعزاه ابو عبيد الى ابن مقبل ولم نجده فى شعره.

(13) *ĞM*, والقندل جميعا .— Cf. *Moush.*, II, 112_{8}, (A'OB); Socin, III, 293, *s. v.*

(14) *ĞM* aj. : والسرداح الكثيرة اللحم . Cf. *supra*, l. 5 ; *Ṣaḥ.*, I, 179_{4}.

(15) *Sic* d. *M*.— *ĞM*, القرآء ; *KM*, القرا .— Cf. *Adab*, 645^{12}.

(16) *KM* a le féminin ; mais le masc. se trouve d. *ĞM* ; *L'A*, XII, 373^{3}, (FR-A'OB).— *ĞM* aj. : غيره الجلالة العظيمة والقياسرة الابل العظام وكذلك قال ابو زيد الانصارى . Cf. *infra*, p. 41^{5}; *KM*, VII, 57^{10}.

(17) *ĞM*, لعوت الابل فى اسنمتها.

(18) Cf. *Ibil* a, 93^{10}; *Moush.*, II, 112_{8}, (A'OB).— *M*, الإقحاد.

القَحَدَةُ [1] . [AZD] [a] وَٱلشُّطُوطُ ٱلعَظِيمَةُ [2] جَنْبَتَيِ ٱلسَّنَامِ وَكُلُّ جَانِبٍ مِنَ ٱلسَّنَامِ شَطٌّ .
[qal] [b] العَرُوكُ [3] وَٱلغَمُوزُ وَٱلضَّغُوثُ وَٱللَّمُوسُ وَٱلشَّكُوكُ كُلُّ هٰذَا فِي ٱلسَّنَامِ إِذَا لَمَسْتَهُ
تَنْظُرُ هَلْ بِهِ [4] طِرْقٌ أَمْ لَا . [c] يُقَالُ عَرَكْتُهُ أَعْرُكُهُ [5] وَلَمَسْتُهُ أَلْمُسُهُ وَضَغَثْتُهُ أَضْغَثُهُ [6] وَغَمَزْتُهُ
أَغْمِزُهُ [d] وَٱلشَّكُوكُ ٱلَّتِي يُشَكُّ فِيهَا . [N] [7] [e] العَرَائِكُ ٱلأَسْنِمَةُ [f] وَٱلتَّامِكُ ٱلسَّنَامُ [g] وَٱلقَمَعُ
وَٱلكَثَرُ وَٱلكُتَرُ [8] وَيُقَالُ ٱلكُتْرُ بِنَاءٌ مِثْلُ ٱلقُبَّةِ شُبِّهَ ٱلسَّنَامُ بِهِ [9] [h] وَٱلكَوْمَاءُ [10] العَظِيمَةُ
ٱلسَّنَامِ [i] وَٱلجُبْلَةُ ٱلسَّنَامُ [11] .

وَمِنْ نُعُوتِ قُوَّتِهَا [12] [j] العَيْسَجُورُ [13] الشَّدِيدَةُ [14] [A‘AM, AṢ*] [k] وَٱلرَّجِيلَةُ [15] الشَّدِيدَةُ
ٱلقَوِيَّةُ عَلَى ٱلسَّيْرِ [A‘AM]* [16] وَجَمَلٌ رَجِيلٌ مِثْلُهُ . [AṢ] [17] وَإِنَّهَا لَذَاتُ رُجْلَةٍ . [qal]
[l] الظَّهِيرَةُ ٱلقَوِيَّةُ وَبَعِيرٌ ظَهِيرٌ [18] [AM] [m] وَنَاقَةٌ (٣٤١) [حِضَارٌ إِذَا جَمَعَتْ] [19] قُوَّةً وَرُجْلَةً [20]

a). Cf. *KM*, VII, 67^{2}, (A‘OB); — b). cf. *ibid.*, 67^{9}, 67^{7}, 67^{8}, 67^{4}, (A‘OB); — c). cf. *ibid.*, 67^{9}, 67^{5}, 67^{8}, 67^{7}, (A‘OB); — d). cf. *ibid.*, 67^{4}, (A‘OB); — e). mnq. d. *KM*, VII; — f). = *KM*, VII, 51^{6}, (A‘OB); — g). cf. *ibid.*, 51^{7}, (A‘OB); — h). = *ibid.*, 67_{12}, (A‘OB); — i). cf. *ibid.*, 51^{7}, (A‘OB); — j). = *ibid.*, 62_{1}, (A‘OB); — k). cf. *ibid.*, 65_{8}, (A‘OB); — l). Cf. *ibid.*, 65^{5}, (A‘OB); — m). = *ibid.*, 65_{4}, (A‘OB).

---

(1) *M*, الأقحدة. — Partout ailleurs, القَحَدَة.

(2) *ǦM*, الشطوط العظيم جنبي. — Cf. *Moukh.*, II, 112_{5}, (A‘OB).

(3) *ǦM*, والعروك; puis, والضغوت. — Cf. *Aḍdād*, 230^{2}.

(4) *ǦM*, ايه; *KM*, VII, 67^{5}, به.

(5) *M*, avec le *kasra*. Partout ailleurs, *bi'ḍ-ḍamm*.

(6) *M*, av. *ḍamm* du ﻫ. Partout ailleurs, *fatḥa*.

(7) Cf. *Ibil* a, $93^{18,19}$.

(8) *ǦM*, والقمع جمع قمعة والعتر ويقال الكثر. Les Lexiq. donnent: الكَثَر, الكُثْر, et الكُتْر.
*M** et *m*, وَٱلْكُتَرُ وَٱلْكَثَرُ; *KM*, والكَثَر والكُثْر. Cf. *Ṣaḥ.*, I, 392_{8}, (A‘OB ?).

(9) *ǦM* aj.: ... ابو الحسن كان فى الكتاب القمع ولعله القمم والكوماء.

(10) Cf. *Nawād.*, 17^{3} et 16^{5}; *Ṣoubḥ*, I, 305_{3}. — Corriger *koûmâ'* d. Dam., I, 17_{14}.

(11) *M**, للسنام; *m* et *ǦM*, السنام. D. *M*, ال est souvent identique, graphiquement, à لا.
— *M** porte الجُبْلَةُ; *m*, الجبلةُ. La voc. ordinaire est الجَبْلَة: cf. *L‘A*, XIII, 103^{8}; *Ṣaḥ.*, II, 163_{14}; etc. La voc. الجُبْلَة, (= *KM*), est signalée par *Qâm.*, III, 397^{5}; *T‘A*, VII, 250^{17}.

(12) *ǦM*, نعوت الابل القوية الشداد; *item* d. *KM*, VII, 62.

(13) Corrig. عَيْسَجُورٌ d. Schwarz., 82^{9}; (cf. *Fiq.* c, 159_{1}). — Cf. *Moukh.*, II, 112_{5}, (A‘OB).

(14) Cf. *infra*, n. 17. — Cf. *Ibil* b, 146^{2}.

(15) *ǦM*, ناقة رحيلة شديدة قوية. — *ǦM* et *KM*: رحلة, رحيل, رحلة, lectures excellentes: cf. *L‘A*, XIII, 296^{1}; *Faṣ.*, 34^{2}. Je garde néanmoins les lectures de *M*: cf. *L‘A*, XIII, 288^{2}; *KM*, VII, 65_{6}, (AZD), et 65_{4}, (A‘OB); *Ibil* b, 146^{2}. — Cf. *infra*, n. 20.

(16) Cf. *infra*, n. 7. — Sur رجيل, cf. *supra*, n. 15.

(17) *ǦM*, ... الاصمعى فى الناقة مثله قال وانها. — L'expression mnq. d. *Ibil* a, et *Ibil* b. — Cf. *supra*, n. 15.

(18) *ǦM*, والظهيرة القوية ايضا... ظهير مثله; puis: ... الاموى ناقة.

(19) *m*,... ونَاقَةٌ ناقص الاصل كلمه ٣ قوةٌ. Je rétablis le texte d'après *ǦM*, *KM*, *L‘A*, *T‘A*.

(20). *Sic* d. *M*; *KM*; *ǦM*. — Il y a رحلة d. *L‘A*, V, 277^{14}, (AM); *T‘A*, III, 149^{16}, (AM).
Noter la remarque de ŚM, (*L‘A*, V, 277^{14}): لم أسمع الحضارَ بهذا المعنى الا الحِضارُ بيض الابل.

يَعْنِي جُودَةَ ٱلسَّيْرِ [1] . [A'AM] [a] نَاقَةٌ ذَاتُ عَبَدَةٍ أَيْ [ذَاتُ قُوَّةٍ] وَشِدَّةٍ [2] [*qal*] [a] وَٱلسِّنَادُ ٱلشَّدِيدَةُ [3] ٱلْخَلْقِ . [AṢ] [4] [b] وَٱلْعُنْسُورُ وَٱلْعَيْسَجُورُ ٱلشَّدِيدَةُ [5] . [AṢ] [6] ٱلْوَجْنَاءُ ٱلشَّدِيدَةُ ٱللَّحْمِ أَخَذَهُ مِنَ ٱلْوَجِينِ وَهُوَ ٱلْحِجَارَةُ [وَمِنَ ٱلنِّسَاءِ] [7] ٱلْعَظِيمَةُ ٱلْوَجَنَاتِ . وَٱلْجَلْعَبَاةُ ٱلشَّدِيدَةُ [NN] [8] ٱلْجَلْسُ ٱلشَّدِيدَةُ وَكَذَلِكَ ٱلْعِرْمِسُ [9] شُبِّهَتَا بِٱلصَّخْرَةِ . [AḤS] [c] ٱلْعَنْتَرِيسُ [10] ٱلْكَثِيرَةُ ٱللَّحْمِ ٱلشَّدِيدَةُ . [*ʿan* A'AM] [d] نَاقَةٌ أَصُوصٌ وَجَمْعُهَا أُصُصٌ وَهِيَ ٱلشَّدِيدَةُ وَقَدْ أَصَّتْ تَأُصُّ [11] . وَٱلصَّلَاهِبُ ٱلشِّدَادُ وَٱلْعَرَنْدَسَةُ [12] ٱلشَّدِيدَةُ . [e] ٱلْمَخُوصُ [13] وَٱلْمَحِيصُ ٱلشَّدِيدُ [14] ٱلْخَلْقِ [f] وَمِثْلُهُ ٱلْجَلْعَدُ [15] . [g] ٱلْجُلَذِيَّةُ [16] [h] وَٱلْمَحْبُوكَةُ ٱلشَّدِيدَةُ ٱلْخَلْقِ .

وَمِنْ نُعُوتِهَا فِي رَعْيِهَا وَرَبْضِهَا [17] . [A'OBA, AṢ*] [18] [i] ٱلْكَنُوفُ ٱلَّتِي تَبْرُكُ فِي

a). Cf. *KM*, VII, 65_9, (A'OB); — b). cf. *ibid.*, 62_1, (A'OB); — c). cf. *ibid.*, 63^5, (A'OB); — d). cf. *ibid.*, 63^5, (A'OB); — e). = *ibid.*, 63_{12}, (A'OB); — f). cf. *ibid.*, 63_{11}, (IDR?); — g). cf. *ibid.*, 63_{11}, (IDR?); — h). cf. *ibid.*, 63_6, (A'OB); — i). = *ibid.*, 92_9, (A'OB).

---

(1) Il y a الشى d. *ǦM*; *KM*; *L'A*; *Mouzh.*, II, 112_4, (A'OB); *Tahḏīb al-Louġa* d'Al-Azharī, (cf. *T'A*, III, 149^{16}).— Le *T'A* porte : جودة سير , (= *Ṣaḥ.*, I, 307_8).

(2) *m*, ... وشدة (٢ اي (ناقص الاصل علامه — Je rétablis le texte d'après *ǦM*, (s. اي);etc.

(3) *M*, الشديد . Il faut الشديدة (= *ǦM*; *KM*; *L'A*, IV, 206^7). Cf. *Mouzh.*, 112_4, (A'OB).

(4) Cf. *Ibil* a, $101^{21,20}$; *Mouzh.*, II, 112_5, (A'OB). — *ǦM*, العيسجور الصلبة والعبسور مثلها .

(5) *ǦM* aj. : والأمون التى قد اميت ان تكون ضعيفة . (Lire امنت) .— Cf. *KM*, VII, 65_4, (A'OB).

(6) Ces définit. mnq. d. *Ibil* a, et *Ibil* b.

(7) *m*, وهوَ الحجارةُ كلمه ناقصه العظيمةَ , (*ǦM* et *KM*, وهي) . Je rétablis le texte d'après *ǦM*.— Cf. *Aḍdād*, 130^{10}; *Nawād.*, 53^9.

(8) *ǦM*, غير واحد .— Cf. *Mouzh.*, II, 116^2, (A'OB).

(9) *ǦM*, وكذلك العرمس .— Cf. *Mouzh.*, II, 112_4, (A'OB); *Ṣoubḥ*, I, 415_{13}.

(10) *ǦM* aj. : الناقة .— Cf. *Mouzh.*, II, 112_3, (A'OB).

(11) *ǦM*, تئص ; *KM*, تَئِصُّ . Cette voc. a été lue d. le *Mousan.*, (cf. *T'A*, IV, 370^{14}); mais le *ḍamm* est attribué à A'AM-A'OB d. *T'A*, IV, 370^{13}; *Ṣaḥ.*, I, 501_7.

(12) *Sic* d. *M.*— Il faut probablement lire عَرَنْدَسَة , (au lieu de عَرَنْدَس) , d. *Fiq.* c, 160^3; *Fiq.* D, 89^2; *Fiq.* H, 78_2; *Fiq.* M, 132^6. — *ǦM*, والعرندسة مثله .

(13) *ǦM*, والمعوص , qui est fautif. Cf. *L'A*, VIII, 358^2; *Mouzh.*, II, 112_3, (A'OB).

(14) *ǦM*, الشديدة.

(15) *ǦM*, والجلعد الشديدة والجلذية الشديدة . Corriger الجلعب d. *Mouzh.*, II, 112_4, (A'OB) .— *KM*, (A'OB), a جلاعد ; mais ensuite الجَلْعَد , (IDR), accompagné de الجُلَذِيَّة .

(16) Cf. Kis., 39^{10}.— *ǦM*, والتلاحكة , à la place de والمحبوكة . *KM*, 63_9 et 63_6, a les deux.

(17) L'emploi de ce mot, en parlant du chameau, est à noter. Les dictionnaires disent que رَبَضَ est dit « of the sheep and goat, and of the gazelle, and of the ox-kind, and the horse, or beast, and of the dog,... like بَرَكَ said of a camel,... (Lane, *s. v.*). Cf. *Fiq.* c, 12^2, *Farq*, $243 = 11^{12}$; *Adab*, 227^3; *Iqt.*, 161^{12}; etc. D. *KM*, VII, 91, on trouve: نعوت الابل في رعيها وبروكها ; mais *ǦM* a le mot ربض au lieu de رعي . — Cf. le sens de رَبَضَ , (*L'A*, IX, 11^7, 11^8; *KM*, VII, 52^{14}; etc.) ; et aussi la phrase suivante de *Ibil* a, 106^4: قد خلأت [الناقة] ... اذا بركت فربضت فلم تقم .

(18) Cf. *infra*, p. 38, n. 1 .— Cf. *Ibil* a, 96_9, 97^4, 100^1; *Ibil* b, 143^{17}, 143^{18}, 145^{21}.

كَنَفَةِ ٱلْإِبِلِ [1] [؟]، لَا تَسْتَبْعِدُ [a] وَٱلْقَذُورُ تَبْرُكُ نَاحِيَةً وَتَسْتَبْعِدُ. [b] وَٱلطَّرِفَةُ [2] تَتَبَّعُ نَوَاحِيَ ٱلْمَرْعَى إِذَا رَعَتْ. [AZD, KS] [c] ٱلصَّوسُ وَٱلصَّوسُ [3] ٱلَّتِي تَرْعَى وَحْدَهَا عَسَّتْ تَعُسُّ وَقَسَّتْ تَقُسُّ. [N] [d] ٱلضَّجُوعُ [4] ٱلَّتِي تَرْعَى نَاحِيَةً وَٱلْعَنُودُ مِثْلُهَا. [AṢ] [5] [e] ٱلْجَرُوزُ ٱلْأَكُولُ [f] وَٱلْمِصْبَاحُ ٱلَّتِي تُصْبِحُ فِي مَبْرَكِهَا وَلَا تَرْتَعِي حَتَّى يَرْتَفِعَ ٱلنَّهَارُ وَهٰذَا مِمَّا يُسْتَحَبُّ مِنَ ٱلْإِبِلِ. [g] وَٱلْمِطْرَافُ ٱلَّتِي لَا تَكَادُ تَرْعَى مَرْعًى حَتَّى تَسْتَطْرِفَ غَيْرَهُ [6]. [h] وَٱلنَّسُوفُ ٱلَّتِي تَأْخُذُ ٱلْبَقْلَ (٣٤٢) بِمُقَدَّمِ فِيهَا. [i] وَٱلرَّاطِعُ [7] ٱلْمُقِيمَةُ فِي ٱلْمَرْعَى [j] وَٱلْعَاذِنُ [8] نَحْوُهُ.

وَمِنْ نُعُوتِهَا فِي وُرُودِهَا [9] [AṢ] [10] [k] ٱلْمِيرَادُ ٱلَّتِي تُعَجِّلُ ٱلْوِرْدَ [11] [l] وَٱلطَّالِقُ [ٱلْمُتَوَجِّهَةُ إِلَى] [12] ٱلْمَاءِ وَٱلْقَارِبُ مِثْلُهُ [m] وَٱلسَّلُوفُ ٱلَّتِي تَكُونُ فِي أَوَائِلِ ٱلْإِبِلِ إِذَا [وَرَدَتِ] [13] ٱلْمَاءَ [وَٱلدَّفُونُ] [14] ٱلَّتِي تَكُونُ وَسْطَهُنَّ وَٱلْمِلْحَاحُ ٱلَّتِي لَا تَكَادُ [تَبْرَحُ] ٱلْحَوْضَ [n] [وَٱلْقَامِحُ] ٱلَّتِي تَأْبَى أَنْ تَشْرَبَ [15] ٱلْمَاءَ مِنْ دَاءٍ يَكُونُ بِهَا وَٱلْمِلْوَاحُ ٱلسَّرِيعَةُ ٱلْعَطَشِ

a). Cf. *KM*, VII, 92$_9$, (A'OB); — b). cf. *ibid.*, 91$_9$. (A'OB); — c). cf. *ibid.*, 92^6, (A'OB); — d). cf. *ibid.*, 92^3, (A'OB); — e). = *ibid.*, 91$_7$ (A'OB); — f). cf. *ibid.*, 91$_1$, (A'OB); — g). cf. *ibid.*, 91$_2$, (A'OB); — h). = *ibid.*, 91$_3$, (A'OB); — i). = *ibid.*, 90$_8$, (A'OB); — j). cf. *ibid.*, 90$_7$, (A'OB); — k). = *ibid.*, 101$_9$, (A'OB); — l). cf. *ibid.*, 101$_8$ et $_9$, (A'OB); — m). cf. *ibid.*, 101$_7$, (A'OB); — n). cf. *ibid.*, 101$_4$, (A'OB).

(1) *ǦM*, الاصمعي مثله والقذور التي تبرك ايضا ناحية من الابل الا ان القذور تستبعد والكنوف لا تستبعد والطرفة... . Cf. *Moush.*, II, 112$_3$ et $_9$, (A'OB).

(2) *ǦM* et *KM* aj. : التي .— Le mot suivant, تتبع , est imparfaitement vocalisé d. *M.*

(3) *ǦM* aj. : جميعا ; puis, تقال , après وحدها .— Cf. *Moush.*, II, 112$_1$, (A'OB); *Fiq.* c, 160^6, ('*an* AZD *wa* KS).

(4) Cf. *Moush.*, II, 112$_1$, (A'OB): corriger العتود.

(5) Cf. *Ibil* a,..., 105^{10},..., 106^7,...,...; *Ibil* b,...,...,..., 145^7,...,....

(6) Ce mot mnq. d. *ǦM*; *KM*; et *Moush.*, II, 118^1, (A'OB).

(7) *ǦM*, المراضم . Cf. *Moush.*, II, 118^2, (A'OB).

(8) *M*, العاذر . Cf. *Moush.*, II, 118^2, (A'OB).

(9) *ǦM*, نعوت الابل في وردها .— Dans *M*, la feuille est trouée.

(10) Cf. *Ibil* a,...,...,...,..., 96^6,...,..., 105^9, 90^1 ; *Ibil* b,..., 146^{24},..., 145^{17}, ^{18},...,..., 143^{21}.

(11) *M* = تُعَجِّلُ الوِرْدَ ; *m* = تعجلُ الوردَ ; *KM* = تُعَجِّل الوِرْد ; *ǦM*, تعجل الورود .— *Fiq.* c, 160$_7$, تُعَجِّلُ الوِرْدِ .

(12) La restitution du texte de *M*, (feuille trouée), est confirmée par *KM*; *ǦM*; *Moush.*, II, 118^2, (A'OB) ; et par la graphie الى .— *m*, المتوردة الى .

(13) La restitution (= *m*) du texte de *M*, (feuille trouée), est confirmée par la graphie الما ; et par *ǦM*. Cf. *Fiq.* c, 160$_5$; *Moush.*, II, 118^2, (A'OB) : av. اوردت .

(14) *m*, والزَّهوف . Dans *M*, (feuille trouée), on distingue les traces d'une graphie الدفون. Cf. *KM*, VII, 101$_7$; *Fiq.* c, 160$_5$; *Moush.*, II, 118^3, (A'OB).

(15) *m*,... والملحاحُ التي لا تكاد (ناقص كلمتين) الحوضَ التي لا تعافُ تشربُ . Je rétablis le texte d'après *ǦM*; *KM*, VII, 101$_6$, et 101$_4$; *Fiq.* c, 160$_4$; *Moush.*, II, 118^3, (A'OB), et 110$_6$. — D. *M*, il y a les deux لا تكاد ; mais ils ne sont dûs, semble-t-il, qu'à une dittographie.

وَٱلْمِهْيَافُ وَٱلْمَافَةُ [1] خَفِيفَةٌ مِثْلُهَا [N] [a] الرَّقُوبُ ٱلَّتِي لَا تَدْنُو [2] إِلَى ٱلْحَوْضِ مَعَ ٱلزِّحَامِ وَذٰلِكَ لِكَرَمِهَا . وَٱلرَّقُوبُ مِنَ ٱلنَّاسِ ٱلَّذِي لَا يَبْقَى لَهُ وَلَدٌ [3] .

وَمِنْ سِمَنِهَا [4] [b] يُقَالُ [AZD] [5] أَمْخَتِ ٱلْإِبِلُ إِمْخَاخًا وَأَرَمَّتْ إِرْمَامًا وَأَنْقَتْ إِنْقَاءً وَهُوَ أَوَّلُ ٱلسِّمَنِ فِي ٱلْإِقْبَالِ وَآخِرُ ٱلشَّحْمِ فِي ٱلْهُزَالِ . [AM] [c] مَلَحَتِ [6] ٱلْإِبِلُ تَمْلِيحًا وَقَتَّتْ تَقْتِيتًا إِذَا سَمِنَتْ قَلِيلًا [AZD] [7] [d] فَإِذَا غَطَّاهَا ٱلشَّحْمُ وَٱللَّحْمُ قِيلَ دَرِمَ عَظْمُهَا دَرْمًا [8] [A'AM] [e] فَإِذَا كَانَ فِيهَا سِمَنٌ وَلَيْسَتْ بِتِلْكَ ٱلسَّمِينَةِ [9] فَهِيَ طَعُومٌ [d] فَإِذَا كَثُرَ شَحْمُهَا وَلَحْمُهَا [10] فَهِيَ ٱلْمُكْدَنَةُ [11] [f] وَٱلْكِدْنَةُ ٱلشَّحْمُ [AṢ] [12] [g] فَإِذَا سَمِنَتْ [فَهِيَ] نَاوِيَةٌ وَقَدْ نَوَتْ تَنْوِي نَيًّا وَهُنَّ نِوَاءٌ [AZD] [h] فَإِذَا ٱمْتَلَأَتْ [13] سِمَنًا قِيلَ ٱسْتَوْكَتِ ٱسْتِيكَاءً . [N] النَّيُّ ٱلشَّحْمُ قَالَ [14]

a). = *KM*, VII, 102_3, (A'OB); et cf. *ibid.*, IV, 29_1 et 29_2; VII, 18_3, (A'OB); — b). cf. *KM*, VII, 68_{10}, (A'OB); — c). cf. *ibid.*, 68_9, (A'OB); — d). = *ibid.*, 69^5, (A'OB); — e). = *ibid.*, 68_2, (A'OB); — f). = *ibid.*, 69_6, (A'OB); — g). cf. *ibid.*, 69^6 et ^{9}, (A'OB); — h). cf. *ibid.*, 69_{12}, (A'OB).

---

(1). *M*, الهاف (!) — *ĞM*, مخففة .

(2) *M*, لا تذى (?) . Je lis تدنو , av. *ĞM*, (= تدنو من) ; *KM*; *Mouzh.*, II, 113^4, (A'OB); *L'A*, I, 411^{10} .— Cf. *Fiq.* c, 160_3.

(3) *ĞM*, والرقوب من النساء التي لا يتعجلها ولد .— Cette épithète s'applique aussi aux hommes: cf. *L'A*, I, 411^{12}.

(4) *ĞM*, نعوت الابل في سمنها .— Cf. *Fiq.* c, 49 : في ترتيب سمن الناقة (عن ابي عبيد عن ابي زيد والاصمعي) .

(5) Cf. *Nawâd.*, 199_1 seq.— Corriger أرَمَّت d. *KM*.

(6) *Sic*, et non la forme passive, (= *L'A*, III, 442_3), laquelle semble fautive : les deux exempl. du *L'A* ne prouvent rien, (cf. Nöldeke, *Die Gedichte des 'Urwa ibn Alward*, 81_2) ; cf. aussi *L'A*, III, 442_3.

(7) Cf. *Nawâd.*, 215_1 seq. ; *Fiq.* c, 49_5, (A'OB) .— La plupart des textes portent غطاها : *M*, غطاها .

(8) *M*, دَرَمًا ; mais le verbe est vocalisé دَرِمَ . La difficulté d'admettre un *maṣdar* دَرْمًا pour le verbe دَرِمَ est plus grande que ne le laisserait supposer Barth, 125^6. Les verbes en *fa'ila* غير متعدية ont *très rarement* un *maṣdar fa'l*. La forme شَبْع est moins ancienne que شِبَع : elle mnq. d. *Ṣaḥ.* ; *L'A* ; *KM*, V, 32 ; Sîb., II, 282^7. Ǧawharî n'oublie pas de signaler l'exception que fait لَثْث , (*Ṣaḥ.*, I, 137_5 ; *L'A*, III, 2_7). Le *maṣdar* حَرْد , (Sîb., II, 288^3), étonnait les anciens lexicographes : cf. *L'A*, IV, 122. Les autres exemples cités dans Barth, 125, sont des verbes plus ou moins متعدية .

(9) *Sic* d. *M* et *ĞM* .— *KM*, وليست بتلك الشمانة ; mais notre lecture est confirmée par *Fiq.* c, 49_4, (A'OB) ; *Mouzh.*, II, 113^5, (A'OB).

(10) Ce mot mnq. d. *ĞM*.

(11) *M*, المعدّنة ou المكدّنة ; mais je ne trouve une forme معدّنة que d. *Fiq.* D, 32_3, et 33^3 .— Cf. *Fiq.* c, 49_8, (A'OB).

(12) Cf. *Halq*, 165^{11}. — *ĞM*. فهي ناوية ; puis, نيّا ولوية . Cf. *Fiq.* c, 49_3, (A'OB).

(13) *M*, امتلا .— Cf. *Fiq.* c, 49_9, (A'OB).

(14) *ĞM*, قال ابو ذؤيب .

وَقَدْ مَارَ فِيهَا نَسْؤُهَا وَٱقْتِرَارُهَا [1]

وَٱلِاقْتِرَارُ مَاءُ ٱلْفَحْلِ [2] (٣٤٣) [KS] [a] وَإِذَا حَسُنَتْ حَالُهَا فِي ٱلسِّمَنِ قِيـلَ أَوْدَحَتْ فَإِنْ [3] سَمِنَتِ ٱلْإِبِلُ وَكَثُرَتْ [4] مَعَ سِمَنِهَا قِيلَ قَمَأَتْ [5] وَأَمَّا ٱلْقَوْمُ إِذَا كَانَ ذٰلِكَ فِي إِبِلِهِمْ . [b] وَقَالَ عَجِنَتِ [6] ٱلنَّاقَةُ عَجَنًا وَهِيَ عَجْنَاءُ إِذَا سَمِنَتْ وَبَاكَتْ تَبُوكُ [7] مِثْلُهُ [c] فَإِنْ كَانَ ذٰلِكَ ٱلسِّمَنُ يَكُونُ مِنْهَا فِي ٱلصَّيْفِ قِيلَ أَقْلَصَتْ وَهِيَ مِقْلَاصٌ [8] [AZD] [d] فَإِنْ كَثُرَ وَدَكُهَا فَهِيَ وَارِيَةٌ وَقَدْ وَرَى ٱلنِّقْيُ يَرِي وَرْيًا . [e] فَإِنْ كَانَتْ لَاقِحًا مَعَ سِمَنِهَا فَهِيَ فَاسِجٌ [9] فَإِذَا بَلَغَتْ غَايَةَ ٱلسِّمَنِ قِيلَ تَوَعَّثَتْ فَهِيَ مُتَوَعِّثَةٌ [10] [AṢ] [11] [f] وَهِيَ نَهِيَّةٌ أَيْضًا . [KS] [g] فَإِنْ هُزِلَتْ ثُمَّ سَمِنَتْ قِيلَ أَرْجَعَتْ إِرْجَاعًا . [N] [h] ٱلعَطِلَاتُ [12] الحِسَانُ مِنْهَا . [qāl AZD] [i] سَمِنَتْ عَلَى أَثَارَةٍ أَيْ عَلَى عَتِيقِ شَحْمٍ كَانَ قَبْلَ ذٰلِكَ . [A'AM] وَمِثْلُهُ [13] سَمِنَتْ عَلَى عُسْنٍ [qāl] [j] إِنَّهَا لَذَاتُ بُرَايَةٍ وَهُوَ ٱلشَّحْمُ وَٱللَّحْمُ . [KS] بَعِيرٌ أَهْبَرُ وَهَبِرٌ كَثِيرُ ٱللَّحْمِ

a). Cf. *KM*, VII, 69_{6}, (A'OB) ; — b). cf. *ibid.*, 69^{1}, (A'OB) ; — c). = *ibid.*, 69^{3}, (A'OB) ; — d). cf. *ibid.*, 69_{2}, (A'OB) ; — e). = *ibid.*, 70^{2}, (A'OB) ; — f). cf. *ibid.*, 70^{5}, (A'OB); — g). cf. *ibid.*, 70^{6}, (A'OB) ; — h). cf. *ibid.*, 62^{2}, (AZD ?) ; — i). cf. *ibid.*, 70^{7}, (A'OB) ; — j). = *ibid.*, 70_{7}, (A'OB).

---

(1) *ǦM*, واقرارها .— Cf. *KM*, VII, 69_{10}; *L'A*, VI, 397_{4}. Cet hémist., (av. قد), est précédé de به أبّلت شهري ربيع كليهما , dans *Ṣaḥ.*, I, 25_{13} ; *T'A*, I, 126^{4} ; *L'A*, I, 164^{13} ; *Ibil* a, 180^{17}, (av. أبّلت et مار فيه). On lit كلاهما d. *L'A*, XIII, 4_{3} ; *ibid.*, VI, 393^{3} ; *T'A*, VII, 199^{5} ; *ibid.*, III, 488^{3}.

(2) Ces trois mots mnq. d. *ǦM* ; mais sont d. *KM*.— Cf. la remarque d'ISD, (*L'A*, VI, 397_{4}) : ولا اعرف مثل هذا اللهم الا ان يكون مصدرا والا فهو غريب طريف وانما عبر بذلك عنه ابو عبيد ولم يعلم له بمشل هذا علم والصحيح ان الاقترار تتبعها في بطون الاودية النبات الذى لم تصبه الشمس . La définit. de *L'A*, VI, 397_{5}, est : الاقترار استقرار ماء الفحل في رحم الناقة , av. le *šâhid* cité d. *KN*, (= *ǦM*).

(3) *ǦM*, فاذا حسنت ... ازدحت فاذا .

(4) *Sic* d. *M* et *KM*.— *ǦM*, وكبرت .

(5) *ǦM*, قمت , (cf. قمى , قمو , القمى d. *L'A*, XX, 68_{10} seq.) .— Cf. *Nawâd**., 251_{1}.

(6) *M*, عَجَنَتِ ; *M**, ensuite, عَجَنًا . Il faudrait عَجِنَت .— *ǦM*, الدابة , au lieu de الناقة ; puis, فهى .

(7) *ǦM* aj. : بوكا ; *KM*, بُؤُوكًا .

(8) Cf. *Mouzh.*, II, 113^{5}, (A'OB).

(9) *Sic* d. *ǦM*, (ماسج) , et *KM*. Dans *M*, la feuille est percée.— *Mouzh.*, II, 113^{5}, (A'OB) : فالج .

(10) *Sic* d. *M* ; *KM*, VII, 70^{4} ; *ibid.*, VIII, 3_{1}, (Ṣ'A) ; *L'A*, XVII, 343_{2} ; etc. — Sont à corriger : مُتَوَغِّبَة de *Fiq.* C, 49_{1}, et *Fiq.* M, 48^{4} ; متوغبة de *Fiq.* B, 31^{10}, et *Fiq.* D, 32_{2} ; توغثت et متوغثة de *ǦM*.

(11) La défin. mnq. d. *Ibil* a, et *Ibil* b. — *ǦM*, هى نهيّة ايضا اذا بلغت الغاية مبلغ السمن والعسالى وان... .

(12) Cf. *L'A*, XIII, 482^{4}, (A'OB), av. l. rem. suiv. : فلم يفسّره , (= *T'A*, VIII, 23^{10}).

(13) *ǦM*, وسمنت على عسن في معناه ايضا وقال .

وَنَاقَةٌ هَبْرَاءُ وَهَبِرَةٌ [a] وَعَلَى [1] مِثَالِهِ جَمَلٌ أَوْبَرُ وَوَبِرٌ كَثِيرُ ٱلْوَبَرِ . [AṢ] [2] [b] الْمِشْيَاطُ السَّرِيعَةُ ٱلسِّمَنِ [N] [c] نَاقَةٌ ذَاتُ مَعْجَمَةٍ [أَيْ] [3] سِمَنٍ [d] وَذَاتُ [4] نِقْيٍ وَهِيَ مُنْقِيَةٌ وَهُوَ الشَّحْمُ وَٱلْمُخُّ . [e] الدَّوْسَرَةُ الْعَظِيمَةُ وَمِثْلُهُ الْعُذَافِرَةُ . [f] الشَّذَامِيمُ [5] الطِّوَالُ [AZY] [g] وَٱلشَّمَرْدَلَةُ [6] الْحَسَنَةُ . [h] الْمَدْمُومُ الْمُمْتَلِئُ شَحْماً [7] . [i] الْمُجْفَرَةُ [8] الْعَظِيمَةُ الْجَوْفِ . [j] الْكَهَاةُ [k] وَٱلْجُلَالَةُ [9] الْعَظِيمَةُ .

وَمِنْ نُعُوتِهَا فِي سَيْرِهَا [10] [l] الْمَطِيَّةُ الَّتِي تَمُدُّ فِي سَيْرِهَا مَأْخُوذٌ [11] مِنَ الْمَطْوِ يُقَالُ مِنْهُ (٣٤٤) مَطَتْ تَمْطُو وَمِنْهُ قِيلَ يَتَمَطَّى أَيْ يَتَمَدَّدُ . [AZD] [12] امْتَطَيْتُهَا اتَّخَذْتُهَا مَطِيَّةً [AM] [13] وَمَطَا[يَا] . [AṢ] [14] [m] وَٱلْمُنَوَّقَةُ الَّتِي قَدْ عُلِّمَتِ ٱلْمَشْيَ . [n] وَٱلْقَضِيبُ الَّتِي لَمْ تَمْهَرِ [15] الرِّيَاضَةَ . [o] وَٱلْعَسِيرُ الَّتِي [16] اعْتُسِرَتْ مِنَ الْإِبِلِ فَرُكِبَتْ وَلَمْ تَلِنْ قَبْلَ ذَلِكَ . [p] وَٱلضَّابِعُ الَّتِي تَرْفَعُ

a). = *KM*, VII, 70_{6}, (A'OB) ; *ibid.*, 76^{2}, (A'OB) ; — b). = *ibid.*, 70^{11}, (A'OB) ; — c). = *ibid.*, 70_{5}, (A'OB) ; — d). cf. *ibid.*, 68_{10}, (A'OB) ; — e). cf. *ibid.*, 57^{10}, (A'OB) ; — f). = *ibid.*, 59_{2}, (A'OB) ; — g). cf. *ibid.*, 62^{4}, (A'OB) ; et 122_{10}, (A'OB); — h). cf. *ibid.*, 70_{5}, (A'OB) ; — i). mnq. (?) d. *KM*, VII ; mais cf. *ibid.*, 60_{12} ; — j). cf. *KM*, VII, 57_{10}, (A'OB); — k). cf. *ibid.*, 57^{10}, (A'OB); — l). cf. *ibid.*, 120^{8}, (A'OB); — m). mnq. d. *KM*, VII ; mais cf. *ibid.*, 121^{11} ; — n.) = *KM*, VII, 120_{9}, (A'OB) ; — o). = *ibid.*, 120_{6}, (A'OB) ; — p). cf. *ibid.*, 121_{4}, (A'OB).

---

(1) *ḠM*, على .

(2) Cf. *Ibil* a, 105^{6}.

(3) *M*, ممعجمة سمن . J'intercale اي , (= *KM*) . J'aurais pu intercaler : ذات , (= *ḠM*) ; ou : اي ذات , (= *L'A*, XV, 284^{1}). — D'après *L'A*, ibid., ŚM النعره .

(4) *ḠM*, والمنقية ذات النقى الشحم والمخ والدوسرة العظيمة وكذلك العذافرة .

(5) *ḠM*, والشغامير .

(6) *ḠM*, ... الشمردلة الحسنة الجميلة والمدموم .

(7) *ḠM* aj. : قال ذو الرمة فى الحمار . حقق الجلى البرد عنه وهو محتقر عرض اللوى ازلق المتنين مدموم La lecture ازلق , (au lieu de زلق), n'est que d. *KM*, VII, 70_{3}. Ce dernier texte porte : محتفر , (= *L'A*, XV, 97^{15} ; *T'A*, VIII, 294^{18}) . Mais il y a محتقر d. *Ṣaḥ.*, II, 285^{9} ; et *Diw. Ḏ. R.*, 36^{1}, (avec le commentaire suivant : محتقر عرض اللوى يقول يرى قطع اللوى امرا حقيرًا من نشاطه وقوته والملوى منقطع الرمل زلق المتنين يقول هو املس من الشمس مدموم كانه طلى باللحم والشحم) .

(8) Je rétablis le texte de *M.* (feuille trouée), d'après *Fiq.* c, 160^{5} ; *ḠM*, (av. و) . — *m*, المحفَرُ .

(9) *M*, الجُلالَةُ ; *item* d. *ḠM*, (والكهاة العظيمة والجلالة مثلها) .— Cf. *supra*, p. 35, n. 16 .

(10) *ḠM*, لعوت الابل فى سيرها .

(11) *ḠM*, وهو ماخوذ ; puis, يقال قد .— Cf. *Adab*, 517^{9} et 520^{5} ; *Mouzh.*, I, 28_{11}.

(12) *ḠM* aj. : يقال منه :

(13) *ḠM*, ... الاموى امطيناها جعلناها مطايانا الاصمعى المنوقة ; *M*, ومطا * مطيةً . On pourrait admettre d'autres lectures .— Cf. Wall., 116^{3} ; *Hamas.*, 78^{6}.

(14) Cf. *Ibil* a,..., 105^{3}, 104^{19}, (67^{10}), (126^{7}) ; *Ibil* b ,..., 146^{15}, 146^{16},..., (149^{6}) .— *ḠM*, المنوقة التى علمت .

(15) *M*, تمهر ; *KM*, et les Lexiques, تُمْهَر

(16) *ḠM*, التى قد .

ضَبْعَيْهَا فِي سَيْرِهَا [a] وَٱلْخَوُوفُ [1] ، اللَّيِّنَـةُ ٱلْيَدَيْنِ فِي ٱلسَّيْرِ وَيَـكُونُ ٱلْخِنَافُ أَيْضًا فِي ٱلْعُنُقِ أَنْ تُمِيلَهُ [2] إِذَا مُدَّ بِزِمَامِهَا [A'AM] [b] وَٱلْعَصُوفُ ٱلسَّرِيعَةُ [c] وَمِثْلُهَا ٱلشَّمَلُ [3] [d] وَٱلْعَيْهَـلُ [4] [e] وَٱلْقَاسِجُ [5] وَٱلْهَمَاذِي [6] مِنَ ٱلنُّوقِ أَيْضًا بِغَيْرِ هَاءٍ وَكَذٰلِكَ ٱلْبَعِيرُ . وَٱلشَّمَيْذَرَةُ ٱلسَّرِيعَةُ وَٱلْبَعِيرُ شَمَيْذَرٌ . [AṢ] [7] [f] ٱلْهَوْجَاءُ ٱلَّتِي كَأَنَّ بِهَا هَوَجًا [8] مِنْ سُرْعَتِهَا وَٱلْهَوْجَلُ مِثْلُهَا [9] وَإِنَّمَا قِيلَ لِلْأَرْضِ هَوْجَلٌ ٱلَّتِي تَأْخُذُ مَرَّةً كَذَى [10] وَمَرَّةً كَذَى [g] ٱلرَّوْعَاءُ ٱلْحَدِيدَةُ ٱلْفُؤَادِ [h] وَهِيَ مِنَ ٱلنِّسَاءِ ٱلَّتِي تَرُوعُ ٱلنَّاسَ كَٱلرَّجُلِ ٱلْأَرْوَعِ . [i] وَٱلْحَاتِكَةُ ٱلَّتِي تُقَارِبُ ٱلْخَطْوَ وَٱلرَّاتِكَةُ ٱلَّتِي تَمْشِي وَكَأَنَّ بِرِجْلَيْهَا قَيْدًا وَتَضْرِبُ [11] بِيَدَيْهَا . [j] وَٱلزَّحُوفُ وَٱلْمِزْحَافُ [12] جَمِيعًا ٱلَّتِي تَجُرُّ رِجْلَيْهَا إِذَا مَشَتْ [k] وَٱلرَّحُولُ [13] ٱلَّتِي تَصْلُحُ لِأَنْ تُرْحَلَ . [ʿan AṢ] [14] [l] ٱلشِّمْلَالُ ٱلْخَفِيفَةُ [15] [A'AM ?]* [m] وَكَذٰلِكَ ٱلشِّمَالُ [16] [ʿan AṢ] [14] [o] وَٱلْمُشْمَعِلَّةُ ٱلسَّرِيعَـةُ [ʿan A'OBA]

a). Cf. *KM*, VII, 122^{5}, (A'OB) ; — b). = *ibid.*, 122^{6}, (A'OB); — c). cf. *ibid.*, 122^{8}, (A'OB); — d). cf. *ibid.*, 122^{9}, (A'OB) ; — e). cf. *ibid.*, 122_{13}, (A'OB); — f). cf. *ibid.*, 122_{6}, (AZD) ; — g). = *ibid.*, 122_{1}, (A'OB) ; — h). cf. *ibid.*, 123^{1} ; et *KM*, II, 155^{3} ; — i). = *KM*, VII, 123_{7}, (A'OB) ; — j). cf. *ibid.*, 124^{3}, (A'OB) ; — k). cf. *ibid.*, 124_{6}, (A'OB) ; — l). = *ibid.*, 124_{4}, (A'OB) ; — m). cf. *ibid.*, 124_{1}, (A'OB d'après A'AM).

---

(1) *m*, والخَوُوف ; (dans *M*, la feuille est trouée). Cf. *Mouzh.*, II, 113^{5}, (A'OB).

(2) *ĞM*, اى تميلها .— Cf. *Chail*, 151-155 ; *Ṣaḥ.*, II, 24^{12}, (A'OB).

(3) *ĞM*, ... والشمل مثلها وكذلك .— Cf. *Mouzh.*, II, 112^{6}, (A'OB).

(4) *M*, والعَيهَل ; cf. *infra*, p. 43, n. 6 .— Cf. *Nawâd.*, 53^{10} ; *Mouzh.*, I 210_{2}, 266^{8} ; II, 110^{5} ; Yâq., I, 585^{3}.

(5) *Sic* d. *M*.— *m*, القالج , souvent donné comme synonyme de القاسج . Cf. *supra*, p. 40, n. 9 ; et p. 35^{1}.

(6) *ĞM*, والهمازى ; *M*, والهَمَاذِئ .

(7) Les definit. qui suivent mnq. d. *Ibil* a, et *Ibil* b, excepté celle de la زحوف , (*Ibil* a, 97^{4} ; *Ibil* b, 145^{6}). Pour الراتكة , cf. la déf. de رَتَكَ d. *Ibil* a, 123^{10} ; *Ibil* b, 147^{9}. La déf. de الروعاء se trouve d. *Ḫalq*, 231^{19}, (av. روعاء الفؤاد).

(8) *ĞM*, كان بها هوج ; *M*, كان .— Cf., d. *Kifây.*, 19_{5}, une déf. identique de الخرقاء . (Cf. *L'A*, III, 218^{6} ; *ibid.*, XI, 362^{5} ; *Verbi*, 15^{1} et 15^{3} ; *Kâmil*, II, 4^{6}).

(9) *ĞM*, مثل الهوجاء .— Cf. *Mouzh.*, II, 113^{6}, (A'OB).

(10) *ĞM*, التى تاخذ مرة هكذا ومرة هكذا والروعاء . La graphie de *M*, pour كذى , est constante. Cf. Wright, I, 266^{6} ; *Faṣ.*, 48_{5}.

(11) *ĞM*, وتضطرب .

(12) Ce mot mnq. d. *ĞM*.— Cf. *Mouzh.*, II, 113^{6}, (A'OB).

(13) Cf. *Aḍdâd*, 230^{5} ; *Mouzh.*, II, 113^{7}, (A'OB).

(14) La défin. mnq. d. *Ibil* a, et *Ibil* b.

(15) Cf. Dam., I, 17_{16} ; *Mouzh.*, II, 113^{7}, (A'OB) .— *ĞM* aj. : ومنه قول امرئ القيس . اطاطئ شملالى . وعن ابى عمرو اراد يده الشمال قال والشمال والشملال سواء عن الاصمعى المشمعلة , La lecture اطاطئ , (= aussi *KM*), ne peut être introduite dans le vers tel qu'il est cité communément : *Diw. IMQ*, 22_{6} ; *ŠN*, 60^{4} ; Aboû Bakr 'Aṣim ibn Ayyoûb, *Šarḥ Diwân*..., 63^{4} ; *Ṣaḥ.*, II, 203_{13} ; *L'A*, XIII, 387^{6} et 394_{11} ; *T'A*, VII, 395_{2} ; etc. Mais une autre *riwâyat* est signalée d. *T'A*, VII, 396^{1} :

[كأنى بفتخاء الجناحين لقوة] على عجل منها أطاطئ [شملالى]

(16) *M*, الشَمال . La confusion était facile : cf. *supra*, n. 15.

[a] وَكَذَلِكَ [1] الذِّعْلِبَةُ [b] وَالْهَمَرْجَلَةُ [2] [N] [c] وَالْيَعْمَلَةُ [d] وَالشَّوْشَاةُ [3] وَالْمِزَاقُ [4] ، نَحْوُهَا . [e] رَزَفَتِ [5] النَّاقَةُ أَسْرَعَتْ وَأَرْزَفْتُهَا [5] أَنَا أَخْبَبْتُهَا . [f] الْأَجُّ (٣٤٥) السُّرْعَةُ وَقَدْ أَجَّ يَأُجُّ أَجًّا [6] . [g] الْعَيْهَمُ ، السَّرِيعَةُ [h] وَكَذَلِكَ الشِّمِرِيَّةُ [7] [i] وَالْمَيْلَعُ [8] [j] وَالْمَلْعُ [9] السُّرْعَةُ . [k] وَالْعَجْرَفِيَّةُ الَّتِي لَا تَقْصِدُ [10] فِي سَيْرِهَا مِنْ نَشَاطِهَا [11] . [l] الْوَخْطُ السُّرْعَةُ [m] وَالْعِرَضْنَةُ الِاعْتِرَاضُ [12] فِي السَّيْرِ مِنَ النَّشَاطِ [13] . [n] الْعُرْضِيَّةُ الِاخْتِيَالُ [14] [o] وَالتَّعَمُّجُ التَّلَوِّي . [p] الْعَيْرَانَةُ [15] شُبِّهَتْ بِالْعَيْرِ . [q] وَالتَّخْوِيدُ [16] سُرْعَةُ السَّيْرِ [r] وَالْإِجْمَارُ مِثْلُهُ [17] . [s] الْهَمَلَّعُ [18] السَّرِيعُ . [t] النَّاعِجَةُ [19]

a). Cf. *KM*, VII, 125², (A'OB) ; — b). cf. *ibid.*, 125⁸, (A'OB) ; — c). cf. *ibid.*, 125⁵, (ISK) ; — d). cf. *ibid.*, 125⁷, (A'OB) ; — e). cf. *ibid.*, 110_{11}, (A'OB) ; — f). cf. *ibid.*, 107³, (A'OB) ; — g). cf. *ibid.*, 122¹¹, (IDR); et 122¹², (Ṣ'A) ; — h). cf. *ibid.*, 125_{12}, (A'OB) ; — i). cf. *ibid.*, 125_{12}, (A'OB); et 110⁸, (A'OB) ; — j). cf. *ibid.*, 110⁷, (IDR) ; — k). = *ibid.*, 125¹⁰, (A'OB) ; — l). cf. *ibid.*, 110⁹, (A'OB); — m). = *ibid.*, 110_{9}, (A'OB) ; — n). = *ibid.*, 110_{8}, (A'OB) ; — o). = *ibid.*, 110¹⁰, (A'OB) ; — p). cf. *ibid.*, 125_{5}, (A'OB) ; — q). ce sens mnq. d. *KM*; cf. *infra*, p. 357³ de *M*; — r). cf. *KM*, VII, 110¹⁰, (A'OB) ; — s). = *ibid.*, 125_{10}, (A'OB) ; — t). cf. *ibid.*, 57¹, (A'OB).

---

(1) *ĞM*, عن ابى عبيدة الذعلبة السريعة والهرجلة نحوه غيره اليعملة من السير ايضا والشوشاة السريعة والمزاق نحوها وزرقت .

(2) *m*, والسَّرجلة . D. *M*, (déchirure), il y a. à peu près : المُمَرْجَلة . Je lis الهَمَرْجَلَةُ : cf. *KM*; *Fiq*. c, 161⁸; etc. (Cf. *Muġt.*, 17¹¹). Cette lecture est préférable à الشَمَرْدَلَة , (cf. *KM*, VII, 122_{10}; etc.).

(3) *m*, والشوشاةُ ; *M**, وَالشَوْشَاءُ . Je corrige d'après *KM*; *ĞM*; *L'A*, VIII, 200_{7}, (A'OB).

(4) Cf. *Moush.*, I, 210_{2}; II, 113⁷, (A'OB).

(5) *Sic* d. *M**, *KM*.— *ĞM*, زرقت ... وازرقتها ... اخببتها فى السير : cf. *L'A*, XI, 17_{3}, 33¹⁴, (زرف) .

(6) *ĞM*, (et *KM*), يؤُجّ اجّا . Puis il ajoute : قال الشاعر .

سدا بيديه ثم اجّ بسيره كاجّ الظليم من قنيص وكالب

يريد الكلاب ويقال لها ايضا كاليب والعيهل السريعة والعيهم مثله والعجرفية ... . Lire : كاجَّ .— Cf. *KM*, VII, 107³ ; *L'A*, III, 28⁵ ; *ibid.*, XIX, 96³ ; *T'A*, II, 3²² ; *ibid.*, X, 172_{15} . Le vers est attribué à زَهْاض الدُّبَيْرِي d. *L'A*, II, 217_{3} ; *Ṣaḥ.*, I, 99¹ ; *T'A*, I, 461_{15} .

(7) *M*, الشِمِرِيَّة . Voir d. Lane, 1596 a, *s. v.*, les nombreuses voc. de ce mot.

(8) *M*, والمِيلَعُ .— Cf. *Nawâd.*, 133⁸.

(9) *M*, والمَلَعُ , (= Freyt. ; etc.). La voc. ord. est المَلْع : *KM*; *L'A*, X, 219³, (A'OB); etc.

(10) *M**, تُقْصَد , (= *Fiq*. c, 189³) ; *m*, تقصُد ; *M*, تقصَد . Il faut تُقْصِد , (= *KM*; *Fiq*. M, 155⁹ ; etc.). — Voir *supra*, n. 6, la place de cette déf. d. *M*.

(11) *ĞM* continue ainsi : والشمرية السريعة والميلع السريعة والشمعلة السريعة والملع السرعة والوخط نحوه والشملة السريعة والعرضنة ... .

(12) *M*, av. un *hamzat qaṭ'*.

(13) *ĞM*, (et *KM*), aj. : ... والعرضية عرضنة ناقة يقال ولا . Lane, *s. v.*, cite des opinions contraires.

(14) *ĞM*, الاحتيال والتعمّج .

(15) *ĞM*, والعيرانة .— Sur la déf. de *Kifây.*, 19⁸, comparée av. la nôtre, cf. *L'A*, VI, 301_{1} ; *Hamas.*, 783⁷.— Cf. le proverbe أَلْقط من عَيْرِ الفَلاة : *Prov.*, II, 794.

(16) Cf. *infra*, p. 357³ de *M*; *Ṣoubḥ.*, I, 416¹³.

(17) *ĞM* ajoute : والإرقال مثله . Cf. *KM*, VII, 110¹⁰, (A'OB).

(18) *ĞM*, والهملع .— Cf. *L'A*, X, 256⁵: والهَمَلَّعُ الجمل السريع وكذلك الناقة .

(19) *ĞM*, والناعجة .— Sur les نعاج الوحش , cf. *infra*, p. 384 de *M*.

البيضاء[1] [a] ويقال هي التي يصاد عليها نعاج الوحش . [b] والنعم السير ؛ نعم ينعم . [c] ناقة مهجرة فائقة في السير والشحم[2] [FR] .

ويقال في قلة لحومها[3] [A'AM] [d] الخرجوج[4] الضامرة[5] والخرج مثلها . [e] والحرف[6] ويقال شبهت بحرف الجبل [AṢ][7] [f] ويقال المهزولة [g] والزهب[8] مثله . [h] والرهيش القليلة اللحم في الظهر[9] وكذلك اللحيب . [i] والشاسب[10] الضامر والشاسف أشد ضمرا[11] [N] [j] والسناد مثله [AM] [k] الراهن[12] المهزول من الابل والناس يقال[13]

إما تري جسمي خلا[14] قد رهن   هزلا وما مجد الرجال في السمن[15]

[AZD][15] [l] الرازم التي لا تتحرك[16] هزالا وقد رزم يرزم[17] رزاما ونحوه الرازح[18] [FR] [m] والناقط مقط يمقط مقوطا . المرم[19] الناقة التي بها شيء من نقي وهو الرم .

a). Cf. *KM*, VII, 125_{10}, (A'OB); — b). = *ibid.*, 114[1], (A'OB); — c). cf. *ibid.*, 125_{8}, (A'OB); et *ibid.*, 72[11], (A'OB); — d). cf. *ibid.*, 72_{3}, (A'OB); — e). cf. *ibid.*, 72_{1}, (A'OB); — f). cf. *ibid.*, 73[1], (ISK); — g). cf. *ibid.*, 73_{3}, (A'OB); — h). cf. *ibid.*, 73[6], (A'OB); — i). = *ibid.*, 73[13], (A'OB); — j). = *ibid.*, 73_{8}, (A'OB); — k). cf. *ibid.*, 73_{3}, (A'OB); et *KM*, II, 85_{2} et $_{1}$, (A'OB); — l). cf. *KM*, VII, 73_{1}, (A'OB); — m). cf. *ibid.*, 74[7], (A'OB).

---

(1) *ĞM* ajoute : يقال .

(2) *ĞM*, في الشحم والسير .

(3) *ĞM*, نعوت الابل في قلة لحومها .

(4) Corriger خرجوج d. Schwarz., 82[12], (= *Fiq.* B, 79[1]). Cf. *Mouzh.*, II, 113[8], (A'OB).

(5) *Sic* : mais cf. *infra*, l. 5. Il y a ضامر d. *ĞM*, (av. الناقة); *KM*; *Mouzh.*, II, 113[8], (A'OB); *Ṣaḥ.*, I, 145_{2}, (AZD). ضامر = ضامرة : cf. *Mouzh.*, II, 116[4]; *KM*, VII, 73[13], (ISK); etc.

(6) *ĞM* aj. مثلها ; et continue : وقال بعضهم شبهت . — Cf. *Aḍdād*, 130[3].

(7) *ĞM*, الاصمعي الحرف المهزولة . — Ces définit. mnq. d. *Ibil* a, et *Ibil* b.

(8) Cf. *Fiq.* c, 160, n. 2, corrigeant la lect. ذهب , (= Schwarz., 82[13]; *Fiq.* B, 79[1]); *Mouzh.*, II, 113[8], (A'OB), ou رهيب est fautif.

(9) *ĞM*, القليلة لحم الظهر ; puis : واللحيب مثله . — Cf. *Mouzh.*, II, 113[8], (A'OB).

(10) *Sic* d. *M*; *ĞM*; *KM*. Il y a شاصب d. *Mouzh.*, II, 113[9], (A'OB) : cf. *ibid.*, I, 28_{6}. — Cf. *Qalb.* 43[10].

(11) *ĞM*, اشدهما ضمرا ; puis il aj. : عن ابي عبيدة الهبيط الضامر ومنه قول عبيد . عبد هبط مفرد . غيره السناد ... (Lire : هبيط). — Cf. *KM*, VII, 73_{10}; *Ṣaḥ.*, I, 369_{10}; *Mouzh.*, II, 113[9], (A'OB). Les mots cités terminent le vers suivant :

وكان اقتادى تضمن نسعها   من وحش اورال هبيط مفرد

(= *L'A*, IX, 300_{2}; *T'A*, V, 244[13]).

(12) Cf. *Nawād.**, 243_{2}.

(13) *ĞM*, وانشدنا ; *L'A*, وانشد الأموي .

(14) Cf. *KM*, II, 86[1]; *Ṣaḥ.*, II, 379[13]; *L'A*, XVII, 50_{7}; *T'A*, IX, 222_{17}. — *M*, خلا .

(15) Cf. *Nawād.**, 251_{8}; *Nawād.* 133_{5}, et 133_{1}. — *ĞM*, الوازم .

(16) *ĞM*, (et *KM*), الذى لا يتحرك . Cf. *L'A*, XV, 130[8].

(17) *M*, رزم يرزم , (cf. *infra*, p. 45, n. 4). Cette voc. mnq. d. les Lexiques, (= رزم يرزم).

(18) *M*, الرازح . — *ĞM*, والرازح نحوه ; puis : ... الفراء الراقط مثل الرازم وقد مقط .

(19) *ĞM*, والمرم .

المَرَانِسُ[1] ، وَالرَّؤُوسُ الَّذِي[2] لَمْ (٣٤٦) يَبْقَ لَهُ[2] طِرْقٌ إِلَّا فِي رَأْسِهِ[2] . [AZD][3] [a] مَالُ بَنِي فُلَانٍ رَجَاجٌ إِذَا رَزَمَ[4] ، فَلَمْ يَتَحَرَّكْ هُزَالًا . [AM] [b] نَجَسَ[5] ٱلْمُخُّ تَنْجِيساً[5] إِذَا دَخَلَ فِي ٱلسُّلَامَى وَٱلْعَيْنِ فَذَهَبَ وَهُوَ آخِرُ مَا يَبْقَى . [AZD] [c] نَحَضَ لَحْمُ ٱلرَّجُلِ يَنْحَضُ[6] [d] وَتَحَدَّدَ كِلَاهُمَا هُزِلَ . [KS] [e] فَإِنْ هُزِلَتْ مِنَ ٱلسَّيْرِ قِيلَ طَلَحْتُهَا [f] وَحَسَرْتُهَا[7] [g] وَأَرْذَيْتُهَا[8] هٰذِهِ وَحْدَهَا بِٱلْأَلِفِ . [N] وَأَنْضَيْتُهَا[9] فَهِيَ مُنْضَاةٌ وَهِيَ نِضْوَةٌ وَهُوَ نِضْوٌ [h] وَٱلنِّقْضُ مِثْلُهُ . [N] [i] وَأَحْرَثْتُهَا[10] مِثْلُهُ فِي ٱلسَّيْرِ . [j] اَلْحِدْبَارُ ٱلْمُنْحَنِيَةُ مِنَ ٱلْهُزَالِ . [k] مَسَحْتُهَا[11] أَمْسَحْتُهَا إِذَا أَهْزَلْتُهَا[12] وَأَدْبَرْتُهَا[13] . [l] اَلْمُخْنِقُ ٱلْقَلِيلُ ٱللَّحْمِ . وَٱلْمُقَوَّرُ[14] وَٱللَّاحِقُ مِثْلُهُ . [m] وَٱلْبِلْوُ ٱلْمَهْزُولُ ٱلَّذِي قَدْ بَلَاهُ[15] ٱلسَّفَرُ [n] وَٱلشَّنُونُ ٱلَّذِي لَيْسَ بِمَهْزُولٍ وَلَا سَمِينٍ [o] وَٱلزَّاهِقُ[16]

a). = *KM*, VII, 74^{8}, (A'OB); — b). cf. *ibid.*, 74^{9}. (A'OB); — c). *infra*, n. 6; — d). cf. *KM*, II, 85_{10}, (ISK); — e). = *KM*, VII, 74^{10}, (A'OB); — f). cf. *ibid.*, 74^{11}, (A'OB); — g). cf. *ibid.*, 74^{12}, (A'OB); — h). cf. *ibid.*, 74_{11}, (A'OB); — i). cf. *ibid.*, 74_{8}, (A'OB); et *ibid.*, 65_{8}, (A'OB); — j). = *ibid.*, 74_{8}, (A'OB); — k). cf. *ibid.*, 74_{1}, (A'OB); — l). cf. *ibid.*, 75^{4} et ^{8}, (A'OB); — m). = *ibid.*, 75^{5}, (A'OB); — n). = *ibid.*, 71^{3}, (A'OB); — o). = *ibid.*, 71^{6}. (A'OB).

---

(1) *Sic* d. *M*; *Ǧ M*, (المرانيس); *Mouzh.*, II, 113^{10}, (A'OB : مرانيش) ; *Ṣaḥ.*, I, 454^{16}, (A'OB 'an FR); etc. — Il y a مرانس d. : *Qâm.*, II, 256_{2}; Freyt., *s. v.*; etc. Mais cette lect. semble fautive : cf. *T'A*, IV, 157_{8}; Lane, 996, *s. v.*

(2) Il y a le féminin d. *Ǧ M* et *KM*; le masculin d. *M*; *Ṣaḥ.*, I, 454^{16}; etc.

(3) Cf. *Nawâd.*, 133_{5}.— *Ǧ M*, رجاج ; *m*, رحاج .

(4) *M*, رذم . Cf. *supra*, p. 44, n. 17.

(5) *Ǧ M*, تنجيشا ، نجش . Cf. *T'A*, IV, 106^{6} : وقال الاموى اذا دخل فى السلامى والعين فذهب وهو آخر ما يبقى وقد روى بالجيم وقد تقدم وبخط أبى سهل قلت هذا يروى بالباء والنون — *Ǧ M*, وذهب .

(6) *Ǧ M*, تجفر لحم الرجل وتخدد . Cf. *L'A*, VIII, 365^{4}, (AZD).— *M** porte : نَحِصَ ، يَنْحَصُ, (= *Qâm.*, II, 376^{1}; Freyt., *s. v.*; etc.) J'adopte la voc. de *T'A*, IV, 438_{10}, (AZD); etc.— Je ne trouve pas نحض d. *KM*.

(7) *Ǧ M* ajoute : ومنلتها , (= *KM*, VII, 74^{12}, (A'OB).

(8) *M*, plutôt ازديتها .— *KM* donne encore la IVᵉ forme احسر .

(9) *Ǧ M*, s. و ; et, ensuite, s. les deux mots وهو نضو .— Cf. Socin, III, 314, *s. v.* نضو .

(10) *Ǧ M* et *KM*, احرثتها فى السير مثله .

(11) *Ǧ M*, ... والحدبار من الهزال ويقال مسحت الناقة ومسحتها بالحاء والخاء امسحها اذا هزلتها .— Cf. *L'A*, IV, 23_{6}, et 23_{4}, (A'OB); *Mouzh.*, II, 113^{10}, (A'OB); *ibid.*, I, 259^{12}, (A'OB).

(12) *Sic* d. *m* et *M**. Ailleurs, (*Ǧ M*, *KM*, *L'A*, etc.) : هزلتها . Cf. *supra*, n. 11.

(13) *Ǧ M* aj. : قال الكميت. لم يتتمدها المعجلون ولم يمسخ مطاها الوسوق والقتب ... اى لم يتخذها قمودا يصف ناقة المخنق .— Cf. *KM*, VII, 75^{1}; *L'A*, IV, 23_{5}; *T'A*, II, 279_{18}. Le texte des *Hâšim.*, p. 101, v. 103, porte : يَمْسَخْ ; mais le commentateur aj. : ويروى يمسخ . D'après l'éditeur des *Hâšim.*, p. 71, « LA und TA lesen والحقب für والقتب ».

(14) C'est le mot qu'il faut lire, probablement, à la place de : مُقَوَّرٌ , d. *Fiq.* D, 87_{7}; مُقَدَّر , d. *Fiq.* H, 77_{5}; *Fiq.* M, 130^{7}; Schwarz., 82^{3}; et مُتَقَدِّدٌ , d. *Fiq.* C, 157^{9}.— *Ǧ M*, والمقور مثله .— Cf. *Aḍdâd*, 189^{7}.

(15) *Ǧ M*, بلاءه .— Cf. *L'A*, XVIII, 92^{4} et 92_{9}!

(16) *Ǧ M*, والراهق .

السَّمِينُ [a] وَمِثْلُهُ الزَّهِمُ [AṢ] [1] [b] اللَّحْمُ ٱلزَّيِمُ ٱلْمُتَفَرِّقُ وَلَيْسَ يُجْتَمِعِ فِي مَكَانٍ فَيَبْدُنَ [2] [c] وَٱلسِّنَادُ الضَّامِرُ [d] وَٱلنَّحْضُ اللَّحْمُ وَمِنْهُ قِيلَ مَنْحُوضٌ وَهُوَ ٱلَّذِي قَدْ ذَهَبَ لَحْمُهُ [e] وَٱللَّكِيكُ الصُّلْبُ [3] مِنَ ٱللَّحْمِ [f] وَٱلدَّخِيسُ [4] مِثْلُهُ [g] وَٱلرَّبَالَةُ كَثْرَةُ اللَّحْمِ وَهُوَ رَبِلٌ [5] كَثِيرُ ٱللَّحْمِ .

وَمِنْ نُعُوتِ ذُكُورِهَا [6] [AṢ] [7] [h] العِرْبَاضُ وَهُوَ [8] البَعِيرُ ٱلغَلِيظُ ٱلشَّدِيدُ وَمِثْلُهُ العِرَبْضُ [i] وَٱلدِّرْفَاسُ [j] وَٱلدِّرَفْسُ [A'AM] [k] وَٱلذِّفِرُّ [9] العَظِيمُ وَهُوَ العُرَاهِمُ [N] [l] وَٱلجُرَائِضُ [10] [m] وَٱلعَدَبَّسُ [FR] [n] وَٱللُّكَالِكُ . [N] [o] ٱلْمُنَوَّقُ ٱلْمُذَلَّلُ وَهُوَ ٱلْمُعَبَّدُ وَٱلْمُخَيَّسُ وَٱلْمُدَيَّثُ [A'AM, KS*] [p] القَبِسُ البَعِيرُ (٣٤٧) ٱلسَّرِيعُ ٱلإِلْقَاحِ [KS]* قَبِسَ قَبَساً [q] وَٱلطَّاطُ ٱلْهَائِجُ طَاطَ يَطَاطُ طُيُوطاً [11] [AṢ] [12] وَيُقَالُ هُوَ ٱلَّذِي يَطِيطُ يَعْنِي يَهْدِرُ فِي ٱلإِبِلِ فَإِذَا سَمِعَتْ صَوْتَهُ ضَبِعَتْ [qal] وَلَيْسَ هٰذَا عِنْدَهُمْ بِمَحْمُودٍ . [r] القَطِمُ [13] الْهَائِجُ . [s] الْمُعِيدُ بِٱلْيَاءِ ٱلَّذِي قَدْ ضَرَبَ فِي ٱلإِبِلِ مَرَّاتٍ . [AM] [t] الْمُسْتَشِيرُ [14] ٱلَّذِي يَعْرِفُ ٱلْحَائِلَ [15] مِنْ غَيْرِهَا وَأَنْشَدَ [15]

a). Cf. *KM*, VII,71[8], (A'OB) ; — b). cf. *infra*, n. 1 ; — c). cf. *supra*, p. 44[6]; — d). cf. *KM*, IV, 140_{12}, (A'OB); — e). = *ibid.*, 140_7, (A'OB) ; — f). cf. *ibid.*, 140_8, (A'OB); — g). cf. *infra*, n. 5 ; — h). cf. *KM*, VII, 65_3, (A'OB) ; — i). ce mot mnq. d. *KM*, VII ; — j). cf. *KM*, VII, 60[5], (A'OB) ; — k). cf. *ibid.*, 60_{10}, (A'OB) ; et *ibid.*, 58_6 (A'OB); — l). cf. *ibid.*, 60_7, (A'OB); — m). cf. *ibid.*, 60_5, (IDR) ; — n). cf. *supra*, p. 35[7]; — o). cf. *KM*, VII, 121[11], (A'OB) ; — p). cf. *ibid.*, 8[4], (A'OB); — q). = *ibid.*, 4[7], (A'OB) ; — r). cf. *ibid.*, 3_2, (A'OB) ; — s). cf. *ibid.*, 6_5, (A'OB); — t). cf. *ibid.*, 10_2, (A'OB).

---

(1) Les définit. qui suiv. mnq. d. *Ibtl* a, et *Ibtl* b. Je ne les trouve pas d. *KM*, VII, (à l'exception de السناد).

(2) *M*, فيبدُنَ ; *L'A*, XV, 171[12], فَيَبْدُنَ. — Cf. *Dîw. RB*, 142[4], (زَيِمٌ). Barth, 106, etc., et Lag., 153 seq., ne signalent pas de forme adjective *fi'al*. Cf. *Istidr.*, 6[20]; *Bânat.*, 148_8.

(3) *M*, للصلب ; ailleurs, الصلب. — Cf. *supra*, p. 36, n. 11.

(4) Corriger الرَّخِيص d. *KM*, IV, 140_6, (A'OB). Cf. *L'A*, VII, 380[8] ; *KM*, II, 95[8]; etc.

(5) *ǦM* intercale : اى. Je ne trouve pas la déf. d. *KM*. Cf. *T'A*, VII, 333_6. (A'OB). — Nous rencontrerons une seconde fois les deux lignes qui précèd. : cf. *infra*, p. 374 de *M*.

(6) *ǦM*, نعوت الذكور من الابل.

(7) Cf. *Ibtl* a,........, 102[9] et 128[9] ; *Ibtl* b,........,151[3]; *Wuḥûš*, 350.

(8) Ce mot mnq. d. *ǦM*. — *M* a ensuite : (?) التربض ; *ǦM*, العريض. — Cf. *T'A*, V, 40_{11}.

(9) *ǦM*, الذفرّ العظيم من الابل والعراهم مثله غيرهم الجرايض العدبّس مثله يقال جمل عدبّس الفراء اللكالك مثله غيرة المنوق المذلل والمعبّد مثله والمخيّس مثله والمديّث نحوه ابو عمرو القبيس السريع الالقاح العكالي مثله ويقال قبس والطاط الهائج وقد طاط يطاط طيوطا الاصمعي قال هو الذى ...

(10) *m*, والجُوابضُ ; *M*, والجرابض ou والجرايض. Les Dictionnaires ne donnent pas de forme جرابض. J'adopte la lecture de *KM*; *L'A*, VIII, 400[6], (A'AM !) ; *T'A*, V, 16[17], (A'AM).

(11) *M*, طوطا.

(12) La définit. mnq. d. *Ibtl* a, et *Ibtl* b.

(13) *ǦM*, والقطم الهائج والمعيد الذى ضرب. — Corriger قطم d. Schwarz., 82_1.

(14) *M*, الميشير : c'est une distraction. *ǦM*, الاموى قال المستشير. Cf. *L'A*, VI, 105[14].

(15) *ǦM*, الحامل ; puis, وانشدنا.

أَفَزَّ ، عَنْهَا كُلَّ مُسْتَشِيرِ وَكُلَّ بَكْرٍ دَاعِرٍ مِئْشِيرِ [1]

وَهُوَ مِفْصِيلٌ مِنَ ٱلْأَشَرِ [2] . [KS] [a] فَحْلٌ غُسَلَةٌ [3] وَهُوَ ٱلَّذِي لَا يُلْقِحُ [A'AM] [b] وَٱلْمُسْتَشِيرُ ٱلسَّمِينُ [qal] وَكَذَلِكَ ٱلْمُنْتَشِيطُ . [A'AM] [c] جَمَلٌ عَيَايَاءُ [4] ، وَهُوَ ٱلَّذِي لَا يَضْرِبُ [d] وَٱلْهِطْلُ ٱلْبَعِيرُ ٱلْمُعْيِي . [e] ٱلْمُوَقَّعُ [5] ٱلَّذِي بِهِ آثَارُ ٱلدَّبَرِ . [AZD] [f] ٱلْأَثْيَلُ ٱلْعَظِيمُ ٱلثِّيلِ وَهُوَ وِعَاءُ قَضِيبِهِ . [g] وَٱلْقَرِدُ [6] ذُو ٱلْحَلَمِ . [KS] [h] وَٱلطَّعُونُ [7] ٱلَّذِي يُغْتَمَلُ وَيُحْمَلُ عَلَيْهِ . [AZY] [i] ٱلْأَحْسَبُ ٱلَّذِي فِيهِ سَوَادٌ وَحُمْرَةٌ أَوْ [8] بَيَاضٌ وَٱلْأَكْلَفُ نَحْوُهُ [9] . [KS] [j] ٱلنَّاضِحُ ٱلَّذِي يُسْتَقَى عَلَيْهِ [10] ٱلْمَاءُ وَٱلْأُنْثَى نَاضِحَةٌ . [AṢ] [11] [k] وَٱلْمُلْبِدُ ٱلَّذِي يَضْرِبُ فَخِذَيْهِ بِذَنَبِهِ فَيَلْصَقُ بِهِمَا ثَلَطُهُ وَبَعَرُهُ وَٱلْمُلْبِدُ أَيْضًا ٱللَّاصِقُ بِٱلْأَرْضِ [12] . [N] [l] ٱلْفَنِيقُ ٱلْفَحْلُ [m] وَٱلسَّحْبَلُ [13] وَٱلْهِبِلُّ [14] (٣٤٨) وَٱلسِّبَحْلُ وَٱلْقِنْعَاسُ وَٱلْمُكْدَمُ وَٱلْوَهْمُ [n] وَٱلْجُرْشُعُ [15] ٱلْعَظِيمُ [A'AM]

a). Cf. *KM*, VII, 7_{9}, (A'OB) ; — b). cf. *ibid.*, 70^{13}, (A'OB) ; — c). cf. *ibid.*, 7^{11}, (A'OB); — d). cf. *ibid.*, 135^{2}, (A'OB) ; — e). = *ibid.*, 169^{1}, (A'OB); — f). cf. *ibid.*, 52_{10}, (A'OB); — g). cf. *KM*, VIII, 122_{7}, (et 122_{1}). (A'OB) ; — h). cf. *KM*, VII, 136^{10}, (A'OB) ; — i). cf. *ibid.*, 56_{2}, (A'OB) ; et *ibid.*, 56_{3}, (A'OB); — j). cf. *ibid.*, 136_{12}, (A'OB); — k). cf. *infra*, n. 11 ; — l). cf. *KM*, VII, 5^{13}, (AṢ) ; — m). cf. *ibid.*, 60_{5}, (A'OB) ; et *ibid.*, 59^{2}, (AZD) ; — n). = *ibid.*, 60_{3}, (A'OB).

---

(1) *M**, اقرعتها ; et ميئير , (= *ǦM*).— Cf. *KM*, VII, 11^{1}; *Ṣaḥ.*, I, 343_{12}; *L'A*, VI 105_{10}; *T'A*, III, 819^{20}.

(2) *M*, الاشر .— Cf. *Adab*, 319^{1} ; *Nawād.**, 237^{9}.

(3) *ǦM*, يقال فحل غسلة ; puis, المستشير , s. و .— La déf. de الغسلة d. *T'A*, VIII, 45^{19}, ('*an* KS), est empruntée à un autre ouvrage que le *Mouṣan*.

(4) *ǦM*, عياء ; *KM*, عَيَاءٌ وعَيَايَاءُ . Cf. *L'A*, XIX, 348^{2}, (A'OB), et 347_{3}; Wall., 88^{4} et 88^{16}.— Le mot عياياء ne semble pas être une lect. d'AṢ, (*Ibil* a, 67^{20}) : cf. *KM*, VII, 7^{13}.

(5) *ǦM*, والموقع .

(6) *ǦM*, والقرد والحلم الذى به القراد والحلم .— Cf. *KM*, VIII, 122_{1}, (A'OB).

(7) *M*, والطعُونُ ; *ǦM*, الطعون .

(8) *Sic* d. *M* et *KM*.— *ǦM*, et *L'A*, I, 307^{11}, (AZY) : و .

(9) Cf. *infra*, p. 375 de *M*.

(10) Ce mot mnq. d. *ǦM*, (qui a الناصح et ناصحة) .— Cf. *Iqt.*, 157^{4}, (A'OB).

(11) La déf. mnq. d. *Ibil* a, et *Ibil* b. Je ne la trouve pas d. *KM*, VII .— *ǦM*, الملبد .

(12) *ǦM* aj. : قال ابو عبيد يقال ثلط يثلط ثلطا . Cf. *KM*, VII, 94^{1}, (A'OB).

(13) *ǦM*, والسحيل العظيم والهثل العظيم والسحل مثله والقنعاس مثله والمكدم مثله والوهم مثله ابو عمرو المقوف الهالع .— *m*, (= *ǦM*), والسَّحيلُ ; *M**, والسجيل . Cf. *L'A*, XIII, 353^{7}, (A'OB).

(14) *M**, والهبِلُ , (cf. *Qdm.*, IV, 78_{3}); *ǦM*, والهثل .— Je corrige d'après : *KM*; *L'A*, XIII, 353^{7}, (A'OB).

(15) Ces deux mots se trouvent, d. *ǦM*, quatre lignes plus bas : cf. *supra*, n. 13 ; et *infra*, p. 48, n. 3. Dans *M*, le mot والجوشم , (*sic*), se trouve au-dessus de العظيم , l'auteur ne l'ayant écrit ici que lorsqu'il l'a rencontré plus bas d. le *Mouṣan*.

[a] وَٱلْمَشُوفُ ٱلْمَانِحُ [1] [A‘OB] [2] وَبَعْضُهُمْ يَقُولُ ٱلْمَسُوفُ وَحِفْظُ أَبِي عُبَيْدٍ مُعْجَمَةٌ وَهُوَ أَشْبَهُ . [b] ٱلْفَوْجُ ٱلْعَرِيضُ ٱلصَّدْرِ [3] . [c] ٱلصَّرْصَرَانِيَّاتُ [4] ٱلَّتِي بَيْنَ ٱلْبَخَاتِيِّ وَٱلْعِرَابِ . وَيُقَالُ ٱلْفَوَالِجُ . [d] وَٱلْعَشَنَّمُ ٱلشَّدِيدُ ٱلْعَظِيمُ . [FR] [e] جَمَلٌ جُرَاهِمٌ [5] [f] عُرَاهِمٌ [6] عُرَاهِنٌ أَيْ عَظِيمٌ [g] وَقُصَاقِصٌ [7] شَدِيدٌ [h] وَٱلثَّنَالُ [8] .

[AṢ] [9] [i] وَٱلْمُدْفَأَةُ [10] ٱلْكَثِيرَةُ ٱلْأَوْبَارِ [j] وَٱلْمُدْفِئَةُ [11] ٱلْكَثِيرَةُ لِأَنَّ [بَعْضَهَا] [12] يُدْفِئُ بَعْضًا بِأَنْفَاسِهَا [k] وَٱلْمُؤَنَّفَةُ ٱلَّتِي تَتَبَّعُ [13] أُنُفَ ٱلْمَرْعَى [14] . [l] ٱلْحَاشِيَةُ [ٱلصِّغَارُ ٱلَّتِي لَا كِبَارَ فِيهَا [m] وَٱلْجِلَّةُ] [15] ٱلْكِبَارُ ٱلَّتِي لَا صِغَارَ فِيهَا [16] [n] وَٱلْأَسَافِلُ صِغَارُهَا وَٱلْمُؤَبَّلَةُ [17] ٱلَّتِي لِلْقِنْيَةِ .

a). Cf. *KM*, VII, 4^{9}, (A‘OB) ; — b). cf. *ibid.*, 59_{4}, (Ṣ‘A) ; et *KM*, II, 161_{7}, (Ṣ‘A) : — c). cf. *KM*, VII, 135^{11}, (A‘OB): — d). cf. *ibid.*, 66^{3}, (A‘OB) ; — e). cf. *ibid.*, 60_{7}, (A‘OB); — f). cf. *ibid.*, 60_{10}, (A‘OB) ; — g). cf. *ibid.*, 65_{8}, (A‘OB) ; — h). cf. *infra*, n. 8 ; — i). = *KM*, VII, 76^{8}, (A‘OB) ; et *ibid.*, 134_{11}, (A‘OB) : — j). cf. *ibid.*, 134_{12}, (A‘OB) ; — k). cf. *ibid.*, 134_{10}, (A‘OB); — l). cf. *ibid.*, 137_{5}, (A‘OB) ; — m). cf. *ibid.*, 134_{9}, (A‘OB) ; — n). = *ibid.*, 134_{6}, (A‘OB).

---

(1) *ĞM* aj. : مثل قول لبيد . مثل المشوف هنأته بعصيم .— Cf. *KM*, VII, 4^{9}. Cet hémistiche est précédé de celui-ci : بخطورة ترق الجديل سريحة , d. : *L‘A*, XI, 86_{5}; *ibid.*, XV, 301^{1} ; *T‘A*. VI, 160_{8}; *ibid.*, VIII, 399^{6} ; *Diw. LB* c, p. 88.

(2) *ĞM*, قال ابو عبيد المشوف بالشين والسين جميعا واكثر حفظي بالسين قال الطوسي وقرأه غير مرة بالشين الفوج ... .

(3) C'est ici que *ĞM* intercale : والجرشم العظيم . Cf. *supra*, p. 47^{9}.

(4) *ĞM*, والصرصرانيات .

(5) *M*, حراهم . La lect. ordinaire est : جراهم ; mais IBR lisait جراهمة [ناقة], (=ضخمة), d. un vers cité d'ordinaire av. la forme جراهمة . Cf. *T‘A*, VIII, 244_{3}.

(6) *ĞM*, جراهم وعزاهم وعراهن عظيم . Cf. *Qalb*, 21^{21} ; *L‘A*, XV, 292_{9} .— Cf. *supra*, p. 46^{5}.

(7) *ĞM*, وجمل قصاقص شديد والثقال الثقيل .

(8) *Sic* d. *M*, etc. Cf. *Faṣ.*, 30^{9}.— On trouve aussi الثقال : cf. Lane, *s. v.* ; mais la confusion était si facile, qu'on peut suspecter l'origine de cette dernière lecture. Il y a الثقال d. *Aġâni*, XIV, 69_{3}.— Je ne trouve pas الثفال d. *KM*, VII.

(9) *ĞM*, نعوت الكثرة من الابل ; puis : ... الاصمعي الابل المدفات .— Les définit. qui suivent mnq. d. *Ibil* a, et *Ibil* b, excepté celles de المدفأة et de المدفئة , (cf. *Ibil* a, 96^{10} et 117^{3}, 117^{2}). Sur التراثم , cf. *Ibil* a, 96^{18}.

(10) *M*, المدفأة . Telle est la voc. de *KM*, VII, 76^{8} ; mais cf. la remarque de A‘AL, *ibid.* : وهي المُدْفاة . Cette seconde voc. se trouve d. *KM*, VII, 134_{11}; *Adab*, 228^{8}; *Tahḏ.*, 66^{10}; *Ibil* a, 96^{10} et 117^{3}.

(11) *Sic* d. *M**; (*m*, والمُدفِئة) ; et *KM*.

(12) *M*, لان يُدفئ بعضا بانفاسها : *ĞM*, ... لان بعضها يدفئ بعضا .— Cf. *Adab*, 228^{8}.

(13) *ĞM*, تتبع بها ; *KM*, يتتبّع بها أُنُفَ المَرْعَى ; *L‘A*, X, 357_{10} : ... يُتْبَعُ بها أُنُفُ .

(14) *ĞM* ajoute : ... والمؤنفة ايضا بالتخفيف والتشديد اكثر والحاشية .

(15) Il y a dans *M* : ... الحاشية الكبار التي لا صغار فيها والاسافل . C'est un contresens, dû vraisemblablement à une distraction. Je rétablis le texte, (= *ĞM*).

(16) *ĞM* aj. : لواكلها الازمان حتى احانها الى جلد منها قليل الاسافل وانشدنا .
Lire : اجانها .— Cf. *KM*, VII, 134_{8}; *Ṣaḥ.*, II, 198_{1}; *L‘A*, IV, 100_{9}, (avec اجاءها) ; *ibid.*, XIII, 359_{4}, (corrig. أجاءها) . Le vers est attribué à الراعي d. *T‘A*, VII, 377^{4}.

(17) Cf. *Etymon*, n° 52 .— *ĞM*, والمؤبلة .

[a] وَٱلتَّزَائِعُ ٱلْغَرَائِبُ ٱلَّتِي تُنْتَقَدَتْ [1] مِنْ أَيْدِي ٱلْغُرَبَاءِ [2] . [b] وَٱلْمُقْتَرَفَةُ ٱلْمُسْتَجَدَّةُ [3] . وَٱلْمَطْلَى [4] ٱلَّتِي تَمْشِي رُوَيْدًا . وَقَالَ [5]

أَبَابِيلُ هَطْلَى، مِنْ مُرَاحٍ وَمُهْمَلِ [6]

[c] وَٱلْمَبَاهِيلُ [7] ٱلَّتِي لَا صِرَارَ عَلَيْهَا وَمُبْهَلَةٌ أَيْضًا [8] [A'AM] وَبُهَّلٌ وَوَاحِدَتُهَا بَاهِلٌ وَمُبْهَلَةٌ . [d] ٱلْمَنَاسِيفُ ٱلَّتِي تَأْخُذُ ٱلْكَلَأَ بِمُقَدَّمِ أَفْوَاهِهَا [AZD] [e] ٱلشَّرَطُ شِرَارُ ٱلْإِبِلِ [9] . [f] وَٱلشَّوَى مِثْلُهُ [10] [AḪ (?)] [11] [g] وَٱلرَّعَاوَى ٱلَّتِي يُعْتَمَلُ عَلَيْهَا [12] . [FR] [h] ٱلدَّرَاوِسُ [13] ٱلْعِظَامُ : [d] ٱلْمَدَاقِيعُ [14] ٱلَّتِي تَأْكُلُ ٱلنَّبْتَ حَتَّى تُلْصِقَهُ [14] بِٱلْأَرْضِ وَٱلدَّقْعَاءُ [15] ٱلْأَرْضُ . [AṢ] [16] [i] وَٱلْأَطْلَاقُ ٱلَّتِي (٣٤٩) لَا عُقُـلَ [17] عَلَيْهَا . [j] وَٱلْأَعْطَالُ ٱلَّتِي لَا أَرْسَانَ عَلَيْهَا . [A'AM] [18] [k] وَٱلْمُكَرْبَاتُ ٱلَّتِي إِذَا ٱشْتَدَّ ٱلْبَرْدُ [18] جَاءُوا بِهَا إِلَى أَبْوَابِهِمْ حَتَّى يُصِيبَهَا ٱلدُّخَانُ فَتَدْفَأَ [19] .

a). = *KM*, VII, 134_5, (A'OB); — b). cf. *ibid.*, 134_4, (A'OB); — c). cf. *ibid.*, 35_7, (A'OB); et *ibid.*, 35_8, (A'OB); — d). cf. *ibid.*, 91_2, (A'OB); — e). cf. *ibid.*, 138_4 : الشرط, (AZD); — f). cf. *ibid.*, 138^6, (A'OB); — g). cf. *ibid.*, 136_{12}, (A'OB); — h). cf. *ibid.*, 57_9, (A'OB); — i). cf. *ibid.*, 154^6, (A'OBA); — j). = *ibid.*, 154^5. (A'OBA); et *ibid.*, 158^{10}; — k). = *ibid.*, 135^2, (A'OB).

---

(1) *ĞM*, التزايع الغرايب التى تنقدت.

(2) *ĞM* aj. : والادية القليلة العدد شك ابو الحسن فى الاديّة . Cf. *KM*, VII, 134_4, (A'OB).

(3) *M*, المقترة et المستجدة, voc. fautives.— *Tahd.*, 69^4, مُسْتَحْدَثَة [اذا كانت].

(4) *M* et *m*, هُطلى . Cf. *Maqṣ.*, 11^4.

(5) *M** et *m*, ... هُطلٍ . وقال ابابيل . — *ĞM*, وانشدنا.

(6) Cf. *KM*, VII, 134_2; *Ṣaḥ.*, II, 254^2; *L'A*, XIV, 224^4; *T'A*. VIII, 169^{18}. Corriger هاطى d. *L'A*, XIII, 5^{14}; *T'A*, VII, 199^{22} : cf. *L'A*, XIV, 224, note marginale.

(7) *Sic* d. *m*; *KM*; *ĞM*. Corriger *L'A*, XIII, 75^1 : cf. *ibid.*, note marginale.

(8) *ĞM* aj. : العطالى الباهل التى لا سمة عليها والمباهيل التى لا صرار عليها ومبهلة ايضا وقال ابو عمرو وفى التبهل مثل المبهلة واحدتها باهل المناسيف ....

(9) *ĞM*, المال.

(10) *ĞM* aj. : والقد . اكلنا الشوى حتى اذا لم نجد شوى اشرنا الى خيراتهـا بالاصابع
Il y a نسو , au lieu de نجد , d. : *L'A*, XIX, 179_2; *T'A*, X, 204^{19}; *Asds*, I, 334^{11}; *Aḍdād*, 148_2; *Maqṣ.*, 21^5.

(11) *ĞM*, الاصر الرعاوى والرعاوى جميعا الابل التى ; *KM*, والرُّعاوَى والرَّعاوَى . J'ignore la voc. de *M*; (*m* a omis cette ligne).

(12) *ĞM* ajoute : قال الشاعر وهو لامراة تخاطب زوجها.
لمشتشتى حتى اذا ما تركتنى كنضو الرعاوى قلت انى ذاهب
Cf. *KM*, VII, 136_{11}; *L'A*, XIX, 42_2; *Ṣaḥ.*, II, 484^{18}; *T'A*, X, 152_{19}.

(13) *M*, الدرواس, (et المظام); *ĞM*, الدوارس.

(14) *M*, والمداقيم, (cf. *Kans*, 118 a, l. 5); puis : يلصقه بالارض وهى الدقعاء.

(15) Cf. *Nawād.*, 95^8; Wall., 48^{17}.

(16) Les déf. suiv. mnq. d. *Ibil* a, et *Ibil* b.— *ĞM*, الاطلاق.

(17) Voc. de *M*.

(18) *ĞM*, ابو عمر المكربات ; puis aj. عليها après البرد.

(19) Voc. de *KM*.— *M**, (et probablement *M*), فَتَدْفَأَ.

[N] [a] الإِبِلُ ٱلأُبَّلُ [1] المُهْمَلَةُ . [b] الجَرَاجِبُ [2] وَٱلعَلَاكِمُ وَٱلجِلَّةُ [3] وَٱلجَرَاجِرُ العِظَامُ وَاحِدَتُها جُرْجُورٌ [4] [c] وَٱلجُرْجُورُ جَمَاعَةٌ .

[d] فَإِنْ كَانَتْ كَثِيرَةً [5] [AZD] [6] فَٱلذَّوْدُ مَا بَيْنَ ٱلثَّلَثَةِ [7] إِلَى ٱلعَشَرَةِ [e] وَٱلصِّرْمَةُ مَا بَيْنَ ٱلعَشَرَةِ إِلَى ٱلأَرْبَعِينَ [f] وَٱلحَدَرَةُ وَٱلجَزْمَةُ [8] نَحْوُ ٱلصِّرْمَةِ وَمِثْلُهُ القَصْلَةُ [9] وَإِذَا بَلَغَتْ سِتِّينَ [10] فَهِيَ الصِّدْعَةُ [11] وَٱلعَكَرَةُ [12] [g] وَٱلعَرْجُ إِلَى مَا زَادَتْ [h] وَٱلهَجْمَةُ أَوَّلُهَا ٱلأَرْبَعُونَ إِلَى مَا زَادَتْ [i] وَهُنَيْدَةُ [13] الْمِائَةُ فَقَطْ [14] [j] فَإِذَا كَثُرَتْ فَهِيَ الدَّهْدَهَانُ [15] قَالَ

لَنِعْمَ سَاقِي ٱلدَّهْدَهَانِ ذِي ٱلعَدَدْ [16]

*[AZD, AŞ] [17] [k] وَٱلكَوْرُ [18] الكَثِيرَةُ ٱلعَظِيمَةُ [19] [FR] [l] وَمِثْلُهُ العَجَاجَةُ وَٱلعَكَنَانُ

a). = *KM*, VII, 86^{9}, (AʿOB); — b). cf. *ibid.*, $57_{9,7,9,8}$, (AʿOB); — c). cf. *ibid.*, 133^{10}, (AʿOB); — d). cf. *infra*, n. 7; — e). = *KM*, VII, 129^{11}, (AʿOB); — f). cf. *ibid.*, 129_{9}, (AʿOB); — g). cf. *ibid.*, 129_{4}, (AʿOB); — h). = *ibid.*, 129_{1}, (AʿOB); — i). = *ibid.*, 130^{4}, (AʿOB); — j). cf. *ibid.*, 130^{7}, (AʿOB); — k.) cf. *ibid.*, 130^{10}, (AʿOB); — l). cf. *ibid.*, 130^{11}, (AʿOB).

---

(1) Cf. *Etymon*. n° 52.

(2) *M*, الجواجب ; *ĞM*, والجواجب . Cf. *Kanz*, 117 b, l. 12 a. f.— *ĞM* continue ainsi : العظام والملاكر مثلها والجلة والجراجر العظام واحدها جرجور والجرجور جماعة الابل .

(3) Cf. *Nawâd.*, 132^{5}; *Tahḏ.*, 67^{5}.

(4) Cf. *Durrat*, 105^{3}; *Tahḏ.*, 67^{3}. Sur ces pluriels, cf. une note placée *infra*, (à propos de زهالق , p. 397_{1} de *M*).

(5) *ĞM*, اسماء الابل الكثيرة ; puis, ابو زيد الذود من الابل من الثلاثة الى العشرة والصرمة .

(6) Cf. *Nawâd.*, ... , ... , ... 17^{1} : *Kifây.*, 20_{4} seq.

(7) ISD cite pour ذود , d. *KM*, 128_{7}, des défin. d'ISK, (cf. *Tahḏ.*, 59), où on lit ثلاث , etc. La lecture ثلثة , de *KN*, est confirmée par *Tahḏ.*, 59^{11}, (AZD); etc.

(8) *M*, الجُزْمة ; mais *M**, infra, (p. 392 de *M*) : الجِزْمة . *ĞM*, والجرمة جميعا ; puis : نحو الصرمة والقصلة ايضا مثل ذلك فاذا .

(9) *M*, القُصْلة . Je vocalise القَصْلة parce que telle est la voc. de *M**, infra, (p. 392 d. *M*).

(10) *ĞM*, الستين ; mais *KM* = *M*.

(11) *M*, plutôt الصَّدْعة ; plus bas, (p. 392 de *M*), il porte : الصُّدْعة .

(12) Il semble, d'après *KM* ; *LʿA*, VI, 278^{10} ; etc., que la voc. de AʿOB était العَكْرَة . Je laisse العَكَرَة , (= *M*). qui est donnée par IDR, (cf. *KM*, VII, 129_{8} ; *TʿA*, III, 419^{21}) ; et se trouve d. *Adab*, 193^{3}.— Dans ce dernier passage, on peut douter que العَكَرَة soit la voc. de AʿOBA et d'AṢ : cf. *Tahḏ.*, 61^{2}, et les Dictionn. Un ms. de la F. Or. porte العَكَرَةُ.

(13) Il y a le *tanwin* d. *LʿA*, IV, 449^{11} ; *Fiq.* c, 221^{7} ; *Farq*, 250 = 18^{8}. Mais cf. *LʿA*, IV, 449_{8} ; Lane, *s. v.* ; *Adab*, 193^{4} ; *Ištiq.*, 241^{4} ; *Ibil* a, 116^{18} ; *Tahḏ.*, 62^{2} et 65^{3} ; *KM*, VII, 130^{4} ; *Mouzh.*, II, 85_{11} ; etc.— Ce mot prend l'article : cf. Lane, *s. v.* ; *Ibil* a, 157^{5}.

(14) *ĞM* et *KM*, قط .

(15) *M*, الدهدان . — *ĞM*, وانشد , au lieu de قال .

(16) *M**, ونعم , الدَّهْدان , العَدَدِ .— Cf. *KM*, VII, 130^{8} ; *Ṣaḥ.*, II, 424_{12}. Le *rağaz* est attribué à الاغرّ d. *LʿA*, XVII, 382_{1} ; *TʿA*, IX, 387^{8}, (AZD, d. le كتاب الخيل).

(17) Cf. *infra*, n. 19.— Cf. *Farq*, 250 = 18^{9}. La déf. mnq. d. *Ibil* a, et *Ibil* b.

(18) La voc. *koûr*, (= *Tahḏ.*, 62^{5}), est fautive : cf. *Tahḏ.*, 65^{3} ; etc.

(19) *ĞM*, الاصمعى فى الكور مثله الفراء العجاجة مثله وكذلك العَكَنان .— Cf. *Tahḏ.*, 67^{8}, (FR).

وَٱلعَكَنَانُ وَٱلجَلَمَدُ وَٱلخَطْرُ [1] ، وَجَمْعُهُ أَخْطَارٌ [qal] ^a فَإِذَا كَانَتِ ٱلإِبِلُ رِفَاقًا وَمَعَهَا أَهْلُهَا فَهِيَ الرِّطَانَةُ وَٱلرُّطُونُ [2] ، وَٱلطَّحَانَةُ وَٱلطَّحُونُ [ʿan AʿOBA] ^b الحَوْمُ الكَثِيرُ [3] ، [N] ^c وَٱلأَزْفَلَةُ الجَمَاعَةُ ^d وَكَذٰلِكَ البَرْكُ [4] . ، وَٱلبُرُوكُ .

وَمِنْ أَسْمَاءِ خَلْقِهَا [5] ^e العُجَاوَةُ وَٱلعُجَايَةُ [6] لُغَتَانِ وَهُمَا قَدْرُ مُضْغَةٍ [6] مِنْ لَحْمٍ تَكُونُ [7] مَوْصُولَةً بِعَصَبَةٍ [6] تَنْحَدِرُ مِنْ رُكْبَةِ ٱلبَعِيرِ إِلَى ٱلفِرْسِنِ [AʿAM] [8] وَيُقَالُ العُجَايَةُ عَصَبَةٌ فِي بَاطِنِ يَدِ ٱلنَّاقَةِ وَهِيَ مِنَ ٱلفَرَسِ [9] مَضِيغَةٌ [10] [N] ^f وَٱلحَصِيرَانِ [11] الجُنْبَانِ (٣٥٠) ^f وَٱلصُّقْلُ الجَنْبُ ^g وَٱلمُجْمِرَاتُ [12] الأَخْفَافُ ٱلشِّدَادُ [AṢ] [13] ^h وَٱلسُّلَامَى عِظَامُ ٱلفِرْسِنِ كُلُّهَا ^i وَٱلنحضة [14] لَحْمُ أَسْفَلِ خُفِّ ٱلبَعِيرِ ^j وَٱلأَظَلُّ [15] مَا تَحْتَ ٱلمَنَاسِمِ ^k وَٱلمَسَاعِرُ آبَاطُ ٱلإِبِلِ وَمَا رَقَّ مِنْهَا . ^l وَٱلحُرُودُ [16] مَبَاعِرُهَا وَاحِدُهَا حِرْدٌ . [FR] ^m القَطِنَةُ مِثْلُ ٱلرُّمَّانَةِ تَكُونُ عَلَى كِرْشِ ٱلبَعِيرِ . [17] [AʿAM]* ^n وَأَبْنَا [18] مِلَاطَيْهِ كَتِفَاهُ . [N] [19] ^o السَّحْرُ وَٱلسَّلَقُ أَثَرُ دَبَرَةٍ

a). = *KM*, VII, 131_8, (AʿOB); — b). cf. *ibid.*, 130_9, (AʿOB); — c). cf. *ibid.*, 131_8, (AʿOB); — d). cf. *ibid.*, 130_8, (AʿOB); — e). cf. *ibid.*, 53_5, (AʿOB); — f). = *ibid.*, 51_4, (AʿOB); — g). = *ibid.*, 54^9, (AʿOB); — h). = *ibid.*, 54_{12}, (AʿOB); — i). = *ibid.*, 54_{10}, (AʿOB); — j). = *ibid.*, 54_4, (AʿOB); — k). = *ibid.*, 50^9 (Ṯaʿlab); — l). cf. *ibid.*, 53^7, (AʿOB); — m). = *ibid.*, 52^{10}, (AʿOB); — n). = *ibid.*, 50_3, (AʿOB); — o). = *ibid.*, 169^4, (AʿOB).

---

(1) *M*, والخطر ; *KM*, والخِطر والخَطر .

(2) *ĞM*, وهى الرطون ; *M*, والرُطُون. — Cf. *TʿA*, IX, 217^6, (FR) : corrig. اصلها .

(3) *ĞM* aj. : من الابل غيره الصرصرانيات التى بين العراب والبخاتى وهى الفوالج والازفلة. — Cf. *supra*, p. 48^2.

(4) *Sic* d. *M*. La présence de ce point étonne; elle indique tout au moins l'hésitation de l'auteur de *KN*. De fait, sa lecture est fautive. Le texte primitif, (= *ĞM* et *KM*), est: والازفلة الجماعة من الابل والبرك جماعة الابل البروك .

(5) *ĞM*, اسماء ما فى الابل من خلقها. — Cf. Socin, I, 286.

(6) *M*, العِجاوة والعجاية ; puis, مَضغة ; et, (au lieu de بعصبة), مُضْغة. — Cf. *Bânat*, 148^6, (AṢ).

(7) Ce mot mnq. dans *ĞM*.

(8) *ĞM*, ابو عمرو العجاية .

(9) *M** et *ĞM*, الفرسن. — J'adopte la lect. de *KM*; *LʿA*, XIX, 256^7; etc.

(10) *ĞM*, مضيغة ; *KM*, مُضَيْغة ; *M**, مُضغة. — J'adopte la lect. de *LʿA*, XIX, 256^7; etc.

(11) *ĞM*, والحصيران .

(12) Voc. de *M*.

(13) Les déf. suiv. mnq. d. *Ibil* a, et *Ibil* b. — *ĞM*, السلامى

(14) *ĞM*, والبخصة , lecture certainement exacte: cf. *KM*; (*Ḫalq*, 227^7); *LʿA*, VIII, 269_3. Je laisse والنحضة , (= *m* et *M**), parce que le sens de ce mot, (cf. *supra*, p. 46^3; *LʿA*, IX, 103_9), a pu induire en erreur l'auteur de *KN*.

(15) *ĞM*, والاظل .

(16) *ĞM*, ... ما تحت المناسم والحرود مباعرها (fin de page) والحرود .

(17) C'est ici que *ĞM* place la phrase : ... والذيبان : cf. *infra*, p. 52^2. — *M**, جِرش.

(18) *M*, واما ملاطيه فكتفاه . Je corrige d'après *KM* et *ĞM*, (cf. *infra*, p. 52, n. 5).

(19) Cf. *infra*, p. 52, n. 5.

ٱلْبَعِيرِ إِذَا بَرَأَتْ وَٱبْيَضَّ مَوْضِعُهَا [a] وَٱلْعَسِيبُ عَظْمُ [1] ٱلذَّنَبِ [b] وَٱلشَّاكِلَةُ عِنْدَ ٱلْجَنْبِ . [2] [FR]* [c] وَٱلذِّيبَانُ [3] بَقِيَّةُ ٱلْوَبَرِ وَهُوَ وَاحِدٌ [A'AM] ، وَيُقَالُ ٱلذِّيبَانُ [4] ٱلشَّعَرُ عَلَى عُنُقِ ٱلْبَعِيرِ وَمِشْفَرِهِ [5] . [AṢ] [6] [d] وَفِي ٱلنُّوقِ ٱلْقَادِمَانِ وَهُمَا ٱلْخِلْفَانِ [7] [e] وَٱلضَّرَّةُ [8] وَهِيَ ٱلَّتِي لَا تَخْلُو مِنَ ٱللَّبَنِ [f] وَٱلتَّوَادِي وَاحِدَتُهَا [9] ٱلتَّوْدِيَةُ وَهِيَ ٱلْخَشَبَةُ ٱلَّتِي تُشَدُّ عَلَى خِلْفِهَا إِذَا صُرَّتْ [g] وَٱلصِّرَارُ ٱلْخَيْطُ ٱلَّذِي تُشَدُّ [10] بِهِ . [A'OBA] [h] وَٱلْمَهْبِلُ [11] أَقْصَى ٱلرَّحِمِ [N] [12] [i] وَٱلْخِيفُ ٱلضَّرْعُ [j] وَٱلْحَالِقُ ٱلضَّرْعُ وَجَمْعُهُ حُلُقٌ وَحَوَالِقُ قَالَ ٱلْحُطَيْئَةُ [13]

لَهَا حُلُقٌ ضَرَّاتُهَا شَكِرَاتُ [14]

يَعْنِي مُمْتَلِئَةً مِنَ ٱللَّبَنِ . [N] [k] ٱلرُّحْبِيَانِ مَرْجِعُ ٱلْمِرْفَقَيْنِ وَإِنَّمَا يَكُونُ ٱلنَّاحِزُ [15] فِي ٱلرُّحْبِيَيْنِ [15] . [A'AM] (٣٥١) [l] ٱلْعَوَاهِنُ [15] عُرُوقٌ فِي رَحِمِ ٱلنَّاقَةِ [16] . [N] [m] وَٱلْمَقَدُّ أَصْلُ ٱلْأُذُنِ . [n] وَٱلْقَيْنَانِ مَوْضِعُ ٱلْقَيْدَيْنِ مِنْهُ [17] .

a). = *KM*, VII, 53_{11}, (A'OB) : — b). cf. *ibid.*, 52^{5}, (A'OB) ; — c). cf. *ibid.*, 50_{5}, (A'OB) ; — d). = *ibid.*, 49^{2}, (A'OB); — e). cf. *infra*, n. 8 ; — f). cf. *KM*, VII, 34_{2}, (A'OB) ; — g). cf. *ibid.*, 34_{3}, (A'OB) ; — h). cf. *ibid.*, 53^{3}, (A'OB) ; — i). = *ibid.*, 49^{7}, (A'OB) ; — j). = *ibid.*, 49_{1}, (A'OB) ; — k). cf. *ibid.*, 51_{2}, (A'OB) ; — l). = *ibid.*, 58^{5}, (A'OB) ; — m). = *ibid.*, 47_{2}, (A'OB) ; — n). cf. *ibid.*, 54^{8}, (A'OB).

(1) *M*, والعسيبُ عسيبُ ; *ǦM*, ... والعسب عسيب . Ailleurs, (*KM* ; *L'A*, II, 88_{7} ; etc.), عظم الذنب .

(2) Cf. *supra*, p. 51, n. 17 .— *ǦM* continue ici : ... قال الاصمعي وفي النوق .

(3) *M*, d'abord الذيبان ; puis, الذُّبيان , (cf. *Fiq*. D, 54^{10}; *Fiq*. C, 93, n. 5). *ǦM*, النيبان . — Les Dictionn. donnent : ذيبان ، ذوبان ، ذلبان , (cf. Lane, 987 b, *s. v.*) . J'aurais pu écrire الذلبان , car *L'A*, I, 365^{15}, (A'AM et FR !), reproduit nos deux définit. *s. rad.* ذلب . J'écris ذيبان à cause de *L'A*, I, 383^{8}, (A'OB) .

(4) *ǦM*, أبو عمرو الذيبان .

(5) *ǦM* continue ainsi : وابنا ملاحاته عقالة غير السحر . Cf. *supra*, p. 51^{10}.

(6) Cf. *supra*, n. 2 .— Cf. *Ibil* a, 86^{16},..., 84^{13},... .

(7) On aj. d'ordinaire : المتقدمان , etc., (*L'A*, XV, 368^{11} ; etc.) . Mais *M* = *ǦM* et *KM*.

(8) Cf. *Nawâd.**, 245_{3}. On lit d. *KM*, VII, 49_{4}, (AZD) : الضَّرَّة الضَّرع كله ما خلا الأطباء .

(9) *ǦM*, واحدها تودية ; puis, وهى الخشبة التى تستعلى خلفها اذا صرت .

(10). *ǦM*, يشد به خلف الناقة .

(11) *ǦM*, المهبل . Dans *M*, déchirure .— Corriger المَهْبَل d. *Ḫalq*, 229^{5} .

(12) *ǦM*, غيره الخيف .

(13) *Sic* d. *M* ; et *item* infra, p. 355 et 391 de *M*. Cf. *Ištiq.*, 170^{9} ; *ZDMG*, XLVI, 34^{6}.

(14) *M** et *m*, شَكِرَاتُ ; *ǦM*, سعرات .— Cf. *supra*, p. 31, n. 12 .

(15) *ǦM*, الناخر ، الرحبين ، والعواهن .— Sur الناحز , cf. *infra*, p. 362 de *M*.

(16) *ǦM* aj. : قال ابن الرقاع . اوكت عليه مضيقا من عواهنها كما تضمن كشح الحرة الحبلا غيره المقد ... .— Cf. *KM*, VII, 58^{4} ; *L'A*, XVII, 171_{7} ; *T'A*, IX, 287^{7} .

(17) *ǦM* aj. : قال ذو الرمة . دانى له القيد فى ديمومة قذف قينيه وانحسرت عنه الاناعيم Cf. *KM*, VII, 54^{4} ; *L'A*, XVII, 232_{10} ; *ibid.*, XVI, 64_{11} ; XVIII, 300_{5} ; *Ṣaḥ.*, II, 403^{2}, 340^{6} ; *T'A*, IX, 317^{3}, et 80^{8} ; *ibid.*, X, 132_{12} ; Lane, 921 a ; *Ham.*, 558^{6} ; *Iṣlâḥ*, 210 r, l. 2, (av. قيديه et دانى) ; R. Geyer, *Zwei Gedichte von Al-'A'šâ*, I, 109_{2} ; *Diw. D. R.*, p. 26, (av. الأناعيز, faute de copiste ; et ويروى السفرت) ; *Asâs*, I, 187^{2} .

وَمِنْ نُعُوتِ صِغَارِهَا [1] [AṢ] [2] [a] الحَاشِيَةُ صِغَارُ ٱلْإِبِلِ [AH] [b] وَٱلدَّهْدَاهُ [3] [N] [4] وَٱلفَرْشُ وَٱلشَّوَى كُلُّهَا الصِّغَارُ . [c] وَٱلإِفَالُ [5] بَنَاتُ ٱلْمَخَاضِ مِنْهَا فَمَا فَوْقَهَا وَاحِدُهَا أَفِيلٌ وَٱلأُنْثَى أَفِيلَةٌ . [d] القَعُودُ [6] مَا ٱقْتَعِدَ فَرُكِبَ [FR] [e] جَوْلَانٌ [7] ٱلْمَالِ صِغَارُهُ وَرَدِيُّهُ [AZD] العَجِيُّ مِثَالُ فَعِيلٍ الفَصِيلُ تَمُوتُ [8] أُمُّهُ فَيُرْضِعُهُ صَاحِبُهُ وَيَقُومُ عَلَيْهِ قَالَ [9]

عَدَانِي أَنْ أَزُورَكَ أَنَّ بَهْمِي عَجَايَا كُلُّهَا إِلَّا قَلِيلَا [10]

[f] غَوِيَ ٱلفَصِيلُ يَغْوَى غَوًى إِذَا شَرِبَ ٱللَّبَنَ حَتَّى يَتَحَثَّرَ [11] [KS, AṢ*] [12] [g] وَمِثْلُهُ دَقِيَ دَقيا [13] [KS]* وَطَنِخَ طَنَخًا وَأَخِذَ [14] أَخَذًا إِذَا أَكْثَرَ حَتَّى يَفْسُدَ بَطْنُهُ وَيَبْشَمَ . [h] أَذْرَمَتِ ٱلْإِبِلُ لِلْإِجْذَاعِ إِذَا ذَهَبَتْ رَوَاضِعُهَا وَطَلَعَ غَيْرُهَا [15] [AĠR, AZD*] [i] وَأَفَرَّتْ لِلْإِثْنَاءِ إِفْرَارًا [j] وَأَهْضَمَتْ لِلْإِرْبَاعِ وَٱلْإِسْدَاسِ [16] جَمِيعًا [AZD] [17] [k] وَكَذَٰلِكَ ٱلنَّمُّ .

a). = *KM*, VII, 137_5, (A'OB); — b). cf. *ibid.*, 137_3, 138^4, et 138^6, (A'OB); — c). cf. *ibid.*, 20_7, (AS); — d). cf. *ibid.*, 136_1, (S'A ?); — e). cf. *ibid.*, 138^6, (A'OB); — f). cf. *ibid.*, 41_9, (A'OB); — g). cf. *ibid.*, 41_6, (A'OB); — h). cf. *ibid.*, 22^6, (A'OB); — i). cf. *ibid.*, 22_{11}, (A'OB); — j). cf. *ibid.*, 23^5, (A'OB); et 24_9, (A'OB); — k). cf. *ibid.*, 188_{11}, (AZD).

---

(1) *ĞM*, نعوت صغار الابل .
(2) Cette défin. mnq. d. *Ibil* a, et *Ibil* b. — Cf. *supra*, p. 48^6.
(3) *M*, والدهداة . — *ĞM*, الدهداه مثل ذلك ; puis il ajoute : وانشدنا .

قد رويت غير الدهيدهينا قليصات وابيكرينا

Cf. *KM*, VII, 137_3; *L'A*, XVII, 383^3. Il y a الأ, (s. ال), d.: *Ṣaḥ.*, II, 424_{11}; *T'A*, IX, 387^7; Lane, 922 c; *Istidr.*, 33^{22}; et شربت الأ d. : *KM*, VII. 22_7, (s. ال); *Ṣaḥ.*, I, 288_5; *T'A*, III, 58^{12}; *L'A*, V, 146^{10}; Sîb., II, 145^{14}, (s. ال). Cf. Jahn, II^2, 244, n. 4.

(4) *ĞM*, ... غيره الفرش صغارها ايضا من قوله عز وجل حمولة وفرشا والشوى مثله والآفال . Cf. *KM*, VII, 138^4; *Qour'ân*, S. 6, v. 143.

(5) *ĞM*, والآفال, lecture fautive : cf. *L'A*, XIII, 18_6, (A'OB), et 18_{10}; *Miṣb.*, I, 14^9. — Cf. *Mo'all.*, III, 29; *Nawâd.*, 125_5 et 124_3; *Amṯâl*, 2_{13}.

(6) *ĞM*, av. و . — Cf. *Ṣaḥ.*, I, 253_2, (A'OB).
(7) *M*, حولات . — Cf. *Ṣaḥ.*, II, 168_{11}, ('an FR).
(8) *m*, نصوت ; *M*, à peu près نصوتُ ou تصوتُ . J'adopte la lecture de *ĞM*; *KM*; *L'A*, XIX, 255^7.
(9) *ĞM*, قال الشاعر .
(10) Cf. *KM*, VII, 138^6; *Ṣaḥ.*, II, 513^4; *L'A*, XIX, 255^{10}, et 269_3; *ibid.*, XIV, 322_5; *T'A*, X, 234_{11}; *ibid.*, VIII, 206_1. — *ĞM*, قليل .
(11) Cf. *Ibil* a, 122^{21}; *Ibil* b, 154^{14}; Wall., 92^{11}, (FR). — *ĞM*, يحثر .
(12) *ĞM*, الكسائي دقي الفصيل دقًى وطنخ طنخا واخذ اخذا وهذا كله اذا اكثر من اللبن حتى يفسد بطنه ويبشم . الاصمعي في الدقي مثله ابو الجراح العقيلي اذا رمت الابل — Cf. *Ibil* a, 122^{10}; *Ibil* b, 154^{13}.
(13) *M*, دَقْيًا . Partout ailleurs, دقًى . Cf. *supra*, p. 39, n. 8.
(14) *M*, اخَذَ ; mais av. اخذا .
(15) Cf. *infra*, n. 17. — Cf. *L'A*, XV, 88^2, (AĠR, AZD*). — *ĞM*, وطلعت وافرّت .
(16) *ĞM*, للارباع للاسداس . — Cf. *Verbi*, 14^{16}. (lire الرباعيات , s. šadda : cf. *Ḏ. Faṣ.*, 22^3; etc.)
(17) *ĞM*, ... ابو زيد مثل جميع قول ابي الجراح او نحوه زاد فيه قال وكذلك . Cf. *L'A*, XV, 88^4.

[N] [a] اَلْقِرْمِلُ الصَّغِيرُ مِنَ ٱلْإِبِلِ [b] وَمِثْلُهُ (٣٥٢) اَلْحَجَلُ الصِّغَارُ [1] . [c] رِجْلُ [2] ٱلْغُرَابِ ضَرْبٌ مِنْ صَرِّ ٱلْإِبِلِ لَا يَقْدِرُ ٱلْفَصِيلُ عَلَى أَنْ يَرْضَعَ مَعَهُ وَلَا يَنْحَلُّ [3] .

وَمِنْ أَصْوَاتِهَا [4] . [AZD] [d] غَطَّ ٱلْبَعِيرُ يَغِطُّ غَطِيطًا إِذَا هَدَرَ فِي ٱلشِّقْشِقَةِ [فَإِنْ لَمْ يَكُنْ فِي ٱلشِّقْشِقَةِ] [5] فَهُوَ هَدِيرٌ وَٱلنَّاقَةُ تَهْدِرُ وَلَا تَغِطُّ لِأَنَّهُ لَا شِقْشِقَةَ لَهَا [e] وَيُقَالُ [6] أَرْزَمَتِ ٱلنَّاقَةُ وَهُوَ صَوْتٌ تُخْرِجُهُ مِنْ حَلْقِهَا لَا تَفْتَحُ بِهِ فَاهَا وَٱلِٱسْمُ مِنْهُ [7] الرَّزَمَةُ وَذٰلِكَ عَلَى وَلَدِهَا حِينَ تَرْأَمُهُ [f] وَٱلْحَنِينُ أَشَدُّ مِنَ الرَّزَمَةِ [AH] [g] اَلْأَزْيَمُ وَٱلْأَسْجَمُ [8] . [A'AM] [9] [h] وَٱلصِّهْمِيمُ ٱلَّذِي لَا يَرْغُو . [N] [i] اَلتَّزَغُّمُ [j] وَٱلْبُغَامُ [k] وَٱلْكَشِيشُ مِنَ ٱلرُّغَاءِ . [l] وَٱلْجَرْجَرَةُ الصَّوْتُ وَقَدْ جَرْجَرَ . [AṢ] [10] [m] وَيُقَالُ لِكُلِّ ذِي خُفٍّ فِي صَوْتِهِ إِذَا بَدَأَ [11] اَلْبُغَامُ وَذٰلِكَ لِأَ[نَّهُ] [12] يُقَطِّعُهُ وَلَا يَمُدُّهُ وَقَدْ بَغَمَتِ [12] اَلنَّاقَةُ تَبْغَمُ [13] فَإِذَا ضَجَّتْ قِيلَ رَغَتْ تَرْغُو [n] فَإِنْ طَرَّبَتْ فِي أَثَرِ وَلَدِهَا قِيلَ حَنَّتْ تَحِنُّ [14] [o] فَإِنْ مَدَّتْ حَنِينَهَا قِيلَ سَجَرَتْ تَسْجُرُ سَجْرًا

a). = *KM*, VII, 138_{12}, (A'OB) ; — b). cf. *ibid.*, 138_{12}, (A'OB); — c). = *ibid.*, 35_{7}, (A'OB) ; — d). cf. *ibid.*, 79^{1}, (A'OB) ; — e). = *ibid.*, 79^{3}, (A'OB) ; — f). = *ibid.*, 79^{5}, (A'OB) ; — g). cf. *ibid.*, 79^{6}, (A'OB) ; — h). cf. *ibid.*, 79^{8}, (A'OB); — i). cf. *ibid.*, 79_{11}. (IDR) ; — j). cf. *infra*, ligne 8 ; — k). cf. *infra*, p. 55^{1} ; — l). cf. *KM*, VII, 78^{13}, (Ṣ'A) ; — m). cf. *ibid.*, 77^{3}, (A'OB) ; — n). cf. *ibid.*, 77^{6}, (A'OB); — o). = *ibid.*, 77^{8}, (A'OB).

---

(1) Cf. *Mouzh.*, II, 193_{4}.— *ĞM*, والحجر صغار الابل ; puis aj. : قال لبيد يصف الابل .
لها حجل قد قرّعت من رؤوسه لها فوقه مما تولّف واشل
Cf. *KM*, VII, 138_{11} ; *L'A*, XIII, 152^{7}, (av. la note judicieuse de l'éditeur). On trouve : ...رؤوسها. Il y a تحلب d. *Ṣaḥ.*, II, 170_{1} ; *L'A*, X, 135^{7} ; *T'A*, VII, 273_{1} ; *Dîw. LB* B, 30^{6} ; *Ši'r*, 154^{11}.

(2) *ĞM*, av. و .— Cf. *Ṣaḥ.*, II, 188^{14}.

(3) *ĞM* aj. : قال الكميت . صرّ رجل الغراب ملكك فى النا س على من اراد فيه الفجورا
Cf. *KM*, VII, 35_{8} ; *L'A*, XIII, 287^{13} ; *ibid.*, II, 138^{18} ; *Ṣaḥ.*, II, 188^{16}, *T'A*, I, 408_{5} ; *ibid.*, VII, 337^{10} ; *Asâs*, I, 212_{4} ; Lane, 1044 b.

(4) *ĞM*, اصوات الابل ; puis, ابو زيد غط البعير غطيطا .— Cf. *Mouzh.*, I, 210^{11}.

(5) Je complète le texte de *M* par celui de *ĞM* et *KM*.

(6) *ĞM*, وقال .— Cf. *Nawâd.*, 130^{3} ; *Ṣaḥ.*, II, 290^{6}, (AZD) ; *L'A*, XV, 129_{9}.

(7) *ĞM*, من الرزمة ; puis continue ainsi, (cf. ligne 6) : الاحمر بعير ازيم واسجم وهو الذى لا يرغو . ابو عمرو الصهميم الذى لا يرغو ايضا غيرة الترهم .

(8) Cf. *L'A*, XV, 171_{4}, (AḤ) ; et la remarque de ŠM d. *T'A*, VIII, 332^{3}, *s. v.* ازيم : الذى سمعته بعير أزجم بالزاى والجيم ... وليس بين الازيم والازجم الا تحويل الياء جيما وهى لغة بنى تميم معروفة .

(9) Cf. *Ištiq.*, 21^{31}, (A'AM).

(10) *ĞM*, ... الاصمعى ما كان من الخف فانه يقال لصوته اذا بدا ... .— Cf. *Ibil* a, 135-136 ; *Farq*, 250 = 18^{15} seq. ; *Ḥayaw.*, V, 151_{12}.

(11) *Sic* d. *M** et *m*. Ailleurs, (*KM* ; *L'A*, XIV, 318^{7} ; etc.), بدا.

(12) *M*, وذلك لا . J'avais d'abord complété ainsi : وذلك ان لا , (cf. *Ibil* a, 135^{17}). C'était un contresens : cf. *ĞM* ; *KM* ; *L'A*, XIV, 318^{1} et ^{8}.

(13) Voc. de *M*. Je la laisse, malgré *Iqt.*, 213_{2}.

(14) *ĞM* aj. : قال قال ابو زبيد الطائى . حنت الى برق فقلت لها قرى بعض الحنين فان سجرك شائقى ... قرى من الوقار فان مدت... .— Cf. *KM*, VII, 77^{8} ; *Ṣaḥ.*, I, 329_{14} ; *Asâs*, I, 277^{3}, (av. برك , au lieu de برق). Le vers est aussi attribué à الحزين الكنانى : cf. *L'A*, VI, 10^{5} ; *T'A*, III, 255_{1}.

[a] فَإِنْ مَدَّتِ ٱلْحَنِينَ عَلَى جِهَةٍ وَاحِدَةٍ قِيلَ سَجَعَتْ . وَإِذَا بَلَغَ ٱلذَّكَرُ مِنَ ٱلْإِبِلِ ٱلْهَدِيرَ فَأَوَّلُهُ ٱلْكَشِيشُ وَقَدْ كَشَّ [1] [b] فَإِذَا [2] ٱرْتَفَعَ قَلِيلًا قِيلَ كَتَّ يَكِتُّ [3] كَتِيتًا فَإِذَا أَفْصَحَ بِٱلْهَدْرِ [4] قِيلَ هَدَرَ يَهْدِرُ هَدِيرًا [c] فَإِذَا (٣٥٣) صَفَا [5] صَوْتُهُ وَرَجَّعَ قِيلَ قَرْقَرَ قَرْقَرَةً [6] . [d] فَإِذَا هَدَرَ [7] هَدِيرًا كَأَنَّهُ يَعْصِرُهُ [8] قِيلَ زَغَدَ يَزْغَدُ زَغْدًا [9] . [KS, AṢ] [10] [e] فَإِنْ زَجَرْتَ ٱلْبَعِيرَ قُلْتَ حَوْبْ حَوْبْ [11] [f] وَلِلنَّاقَةِ حَلْ جَزْمٌ [12] وَحَلٍ وَحَلِي لَا حَلِيتِ . [N] [13] [e] وَتَقُولُ حَوَّبْتُ بِٱلْإِبِلِ مِنَ ٱلْحَوْبِ [g] فَإِنْ دَعَوْتَهَا إِلَى ٱلْمَاءِ قُلْتَ

a). = *KM*, VII, 77^{10}, (A'OB); — b). cf. *ibid.*, 77_9, (A'OB); — c). cf. *ibid.*, 77_7, (A'OB); — d). cf. *ibid.*, 77_4. (A'OB); — e). cf. *ibid.*, 80^6, (A'OB); — f). cf. *ibid.*, 80^9, (A'OB); — g). cf. *ibid.*, 80_8, (A'OB).

---

(1) *Ǧ̄M* aj.: ... فاذا . هدرت هدرا ليس بالكشيش . قال روبة يعش . — Cf. *KM*, VII, 77_{12}; *T'A*, IV, 345^1; *Ibil* a, 136^1; *Diw. d. Regezdichters Rûba b. El'aǧǧâǧ*, (ed. W. Ahlwardt), p. 77, (XXVIII, 14); *Ṣaḥ.*, I, 496^8, et *L'A*. VIII, 233^6, où le صدر indiqué d. les notes marginales ne précède pas immédiatement notre *raǧaz* d. le *Diwân*.

(2) D'après *T'A*, IV, 345^1, on pourrait croire que ce qui suit est une addition de A'OB. Mais cf. *L'A*, VIII, 233^7; *T'A*, I, 576^3.

(3) *M*, يكِت. Partout ailleurs, *bi'l-kasr*.

(4) *Sic* d. *M**; *m*; *Ǧ̄M*. Il y a بالهدير d. *KM*; *Ibil* a, 136^2; etc.

(5) *Sic* d. *M*; *Ǧ̄M*; *KM*; *L'A*, VI, 399^6; *Ṣaḥ.*, I, 386_5; *Fiq.* c, 209_8; etc. La lecture جَنَا صَوْتُهُ, d. *Ibil* a, 136^3, semble fautive. — Quant au second جنا, d. *Ibil* a. 136^9, si on ne veut pas le remplacer par صفا, (cf. cependant *Ham.*, 465^4), on pourrait lire جَعَلَ صَوْتَهُ كَأَنَّهُ يَقْلَعُهُ: cf. *KM*, VII, 78^1; et aussi *L'A*, IV 17_{15}, (AṢ); *Fiq.* c, 209_5.

(6) *Ǧ̄M* aj.: قال الشاعر . فجاءَ بها الزراد يحجز بينها سدى بين قرقار الهدير واعجما
Lire الرداد, comme d. *Ibil* a, 136^5; ou plutôt الوراد, que l'on trouve partout ailleurs. v. g. d. *T'A*, III, 488_2, (s. ف). Cf. *L'A*, VI, 399^7, (جاءت بها); *KM*, VII, 77_5, (جاء بها et يَتْحَجَّر); *L'A*, XIX, 99^4, (av. يسمون حولها). Le poète est حميد بن ثور: cf. *Ibil* a, 136^4.

(7) *Ǧ̄M* et *KM*, فاذا جعل يهدر هديرا; *Ibil* a, 136^6, فَإِذَا جَعَلَ يَهْدِرُ هَدْرًا.

(8) Le mot semble bien appartenir au radical عصر d. *M*; (*m* = يَعْصِرُ; *Ǧ̄M*, يعصره; *Fiq.* c, 209_5, يَعْصُرُهُ). Mais il est d'une lecture incertaine. Pour la voc., c'est aussi bien يَعْصُرُهُ, (= *KM*), que يَعْصِرُهُ, (= *Ibil* a, 136^6; et les Dictionnaires, *s. v.* عصر); mais mieux encore: يَعْصُرُهُ, (= *L'A*, IV, 177_2).

(9) *Ǧ̄M*, زغد يزغد زغدا; puis aj.: قال الراجز . بخ وبخباخ الهدير الزغد. Cf. *KM*, VII, 77_2; *L'A*, III, 483_{12}. Le *Ṣaḥ.*, I, 231^8, donne une var. ... وبخباخ قلخا; mais IBR, (*L'A*, IV, 178^3), la corrige, et cite les deux *raǧaz* qui précèdent le nôtre. Le *râǧiz* est ابو نخيلة: cf. *Text.*, 136^7. — *Ǧ̄M* aj. ensuite: فاذا جعل كانه يقلعه قلعا قيل قلخ يقلخ قلخا وهو بعير قلاخ قال الراجز . قلخ الفحول الصيد في اشوالها. Cf. *KM*, VII, 78^1; *Ṣaḥ.*, I, 206_{18}; *L'A*, IV, 17_{14}; *Ibil* a, 136^{10}.

(10) *Ǧ̄M*, الكسائي والاصمعي يقال للبعير اذا زجرته; et: الصوت بالابل. — Ces déf. mnq. d. *Ibil* a, et *Ibil* b.

(11) Dans *M*, pas de voy. finale. Cf. d. *Šarḥ Mufaḍ.*, I, 537^{19}, les nombreuses لغات de ce mot. — *Ǧ̄M* (et *KM*), حَوْبِ وحوبِ وحوبِ; et *item* d. *L'A*, I, 330^3. Je conserve néanmoins le texte de *KN*, à cause de *T'A*, I, 226^{10} et ^{16}; *L'A*, I, 330^{15}; Lane, *s. v.*, d'après lequel on peut orthographier: حَوْبَ حَوْبَ, (cf. *L'A*, III, 159^{12}).

(12) *M* porte, semble-t-il, un *šadda* sur le م de جزم, et le ل de حلِ ، حلي ، حليت. Je vocalise جزمٌ av. *L'A*, I, 330^3. — Cf. *L'A*, XIII, 184_1, (AṢ); *Moush.*, I, 210_5; *Sib.*, II, 330^6; Jahn, II², 382, n. 33.

(13) *Ǧ̄M*, حوّبت بالابل من الحوب ويقال جوت جوت اذا دعوتها الى الماءِ قال الشاعر . غورة.

جَوْتَ جَوْتَ ، قَالَ

كَمَا زُعْتَ [2] بِٱلْجَوْتَ ، ٱلظِّمَاءَ ٱلصَّوَادِيَا [3]

وَكَانَ [4] ٱلْكِسَائِيُّ يُنْشِدُ هٰذَا ٱلْبَيْتَ مِنْ أَجْلِ نَصْبِ ٱلْجَوْتَ [qâl] فَإِنَّهُ [5] أَرَادَ بِهِ [6] ٱلْحِكَايَةَ مَعَ ٱلْأَلِفِ وَٱللَّامِ [.] [a] عَاجِ [وَ]جَاهِ . [b] وَيُقَالُ ، إِذَا دَعَوْتَ لَهَا بِٱلنُّهُوضِ مِنْ عَثْرَةٍ لَعًا [7] .

وَمِنْ سَيْرِهَا [8] [AṢ] [9] [c] الِاجْلِوَّاذُ وَٱلِاخْرِوَّاطُ وَهُوَ ٱلْمَضَاءُ وَٱلسُّرْعَةُ فِي ٱلسَّيْرِ [d] وَٱلتَّشْنِيعُ [10] ٱلتَّشْمِيرُ شَنَعَتِ [10] ٱلنَّاقَةُ [e] وَٱلْإِعْصَافُ ٱلْإِسْرَاعُ [f] وَٱلسَّدْوُ [11] رُكُوبُ ٱلرَّأْسِ فِي ٱلسَّيْرِ وَمِنْهُ زَدْوُ [12] ٱلصِّبْيَانِ بِٱلْجَوْزِ . [g] وَٱلِانْدِلَاثُ [13] مِثْلُهُ وَمِنْهُ نَاقَةٌ دِلَاثٌ [h] وَٱلتَّجْلِيحُ ٱلسَّيْرُ ٱلشَّدِيدُ . [AZD] [14] [i] وَٱلطَّرُّ ٱلطَّرْدُ طَرَرْتُ ٱلنَّاقَةَ أَطُرُّهَا . [FR] [j] وَٱلْأَلْبُ [15] ٱلطَّرْدُ

a). Cf. *KM*, VII, 80_{10}, (IDR) ; — b). cf. *ibid.*, 80_{8}, (A'OB) ; — c). cf. *ibid.*, 105^{8} et 105^{6}, (A'OB) ; — d). = *ibid.*, 105^{8}, (A'OB) ; — e). = *ibid.*, 105_{11}. (A'OB) ; — f). cf. *ibid.*, 105_{9}, (A'OB) ; — g). = *ibid.*, 105_{8}, (A'OB) ; — h). = *ibid.*, 105_{7}, (A'OB) ; — i). = *ibid.*, 112^{10}, (A'OB) ; — j). = *ibid.*, 112^{12}, (A'OB).

---

(1) Dans *M*, pas de voy. finale. Cf. *T'A*, I, 535_{15} ; *Šarḥ Mufaḍ.*, I, 538^{4} seq.

(2) *M*, زعتْ . Partout ailleurs, زُعْتَ , (ou زَعْتَ : cf. *infra*, n. 3).

(3) Cf. *Mufaḍ.*, 66^{11} ; *Šarḥ Mufaḍ.*, I, 584^{17} et 538^{5}. Il y a رعت d. *ǦM*; *KM*; *Ṣaḥ.*, I, 115^{8} ; *L'A*, II, 325_{11} ; *T'A*, I, 535_{16}. Le premier hémistiche du vers est : دعاهن ردفي فارعوين لصوته . D'après *Š. A. Mufaḍ.*, 166_{11}, le poète est عويف القوافي .

(4) *ǦM*, ... والاهابة الصوت بالابل ودعاؤهن قال انما كان الكسائى هذا البيت . Cf. *KM*, VII, 80_{8}, (A'OB).

(5) Ce mot mnq. d. *ǦM*. — Il y a فان ou وان d. *M*; وانما d. *KM*.

(6) *M*, واللام عاجٍ جاهٍ ; *ǦM*, ويقال عاج وجاه . — Cf. *Mouzh.*, I, 210_{7} ; *Šarḥ Mufaḍ.*, I, 539^{22} ; *T'A*, II, 79_{11}, (A'OB) ; *Ṣaḥ.*, II, 424^{7}, (AṢ).

(7) *ǦM*, ويقال لما اذا دعوت له بالنهوض قال الاعشى . فالتعش ادنى لها من ان اقول لها لعا . Lire فالتعس , et supprimer le second لها . — Cf. *KM*, VII, 80_{2} ; Beidhawii *Comment. in Coranum*, (ed. H. O. Fleischer), II, 261^{18}, (av. اولى بها) . Au lieu de اقول , il y a يقال d. *Ḫiz.*, IV, 373^{13}, et 550^{17} ; *L'A*, III, 6_{11} ; *Ṣaḥ.*, I, 138^{7} ; *T'A*, I, 648^{17} ; etc. ; (cf. la rem. d'IBR d. *T'A*, I, 648, n. marg.). L'hémistiche est précédé de celui-ci : بذات لوث عفرناة اذا عثرت : *L'A*, XX, 116^{12} ; *ibid.*, VII, 331^{4} ; *Ṣaḥ.*, II, 544^{13} ; *T'A*, X, 327_{6} ; *ibid.*, IV, 115_{4}, (corrig. عفرناة) ; *Tahḏ.*, 581^{3} ; *Durrat*, 82_{5} ; *Nawâd.*, 88^{1} ; *Iqt.*, 460^{8} ; etc.

(8) *ǦM*, سير الابل فى السرعة . — Cf. *Tahḏ.**, 679-685 ; *Kifây.*, 22 ; *Fiq.* c, 188-190.

(9) Ces définit. mnq. d. *Ibil* a, et *Ibil* b. — *ǦM*, الاصمعى الاجلواز والاخروّاط فى السير المضآء والسرعة .

(10) *M* et *ǦM*, av. un *sin mouhmala*. — *ǦM* aj. يقال après التشمير .

(11) *ǦM*, والسدود ركوب الفرس فى السير . — Lire [ركوب] الراس فى d. *Tahḏ.**, 683^{8}.

(12) Cf. *Ṣaḥ.*, II, 489^{8}, (A'OB) : الزدو لغة فى السدو وهو مدّ اليد نحو الشىء كما تسدو الابل فى سيرها بأيديها .

(13) *M*, peut-être av. un ذ . *ǦM* aj. قيل après منه . — Cf. *Qalb*, 62^{11}, (AZD !).

(14) *ǦM*, ابو زيد الاجواز السير الشديد والطر الطرد يقال طررت . Cf. *infra*, p. 57^{4}.

(15) *ǦM*, ... الالب الطرد ايضا . — La voc. de آلبها , d. *M*, est incertaine.

أَلَبْتُهَا آلِبُهَا أَلْبًا . [a] وَالذَّوْحُ السَّيْرُ العَنِيفُ [1] ذُحْتُهَا أَذُوحُهَا ذَوْحًا [b] وَمِثْلُهُ ، الطَّمْلُ طَمَلْتُهَا أَطْمُلُهَا طَمْلًا وَمِثْلُهُ ذَأَيْتُهَا أَذْآهَا وَأَذْؤُوهَا [c] وَالتَّمْتَمَةُ مِثْلُهُ وَالكَدْسُ الإِسْرَاعُ (٣٥٤) كَدَسَتِ الإِبِلُ تَكْدِسُ كَدْسًا وَمِثْلُهُ التَّهْوِيدُ [2] وَالبَزْبَزَةُ . وَالرَّهْوُ الخَفِيفُ رَهَتْ تَرْهُو . [AZD] [d] وَالحَوْذُ [3] وَالإِجْوَاذُ [e] وَالسَّنُّ [N] [f] وَالمُهَاوَاةُ مِنَ السُّرْعَةِ [4] . [A'AM] [g] وَالإِسْنَادُ أَنْ تَسِيرَ الإِبِلُ اللَّيْلَ مَعَ النَّهَارِ . [AZD] [h] الإِلْتِبَاطُ أَشَدُّ الحُضْرِ [5] وَيُقَالُ لَبَطَتْهُ لَبْطًا إِذَا صَرَعَتْهُ . [AṢ] [6] [i] الأَلُّ السُّرْعَةُ أَلَّ يَؤُلُّ [7] وَمِثْلُهُ أَجَّ يَأُجُّ أَجًّا [j] وَئِلَ [8] مَلًا وَيَهْزَعُ [9] وَيَمْزَعُ وَيَمْصَعُ ، كُلُّهُ السَّيْرُ السَّرِيعُ . [AWL,FR*] [10] [k] وَالنَّبْلُ السَّيْرُ الشَّدِيدُ قَالَ

لَا تَأْوِيَا لِلْعِيسِ وَٱنْبُلَاهَا [11] لَبِئْسَ مَا بُطْءٌ وَلَا تَرْعَاهَا [11]

[FR] [12] [l] القَبْضُ مِثْلُهُ قَبَضْتُهَا . [AM] [m] العُقْبَةُ الزُّمُوخُ البَعِيدَةُ [12] . [ʿan A'AM] [n] القَنُّ

a). Cf. *KM*, VII, 110_1, (A'OB) ; — b). cf. *ibid.*, 105_5, (A'OB); — c). cf. *ibid.*, 106^4, (A'OB) ; — d). cf. *ibid.*, 105_6, (A'OB) ; — e). cf. *ibid.*, 106^8, (A'OB) ; — f). cf. *ibid.*, 106^{10}, (A'OB) ; — g). = *ibid.*, 106_{13}, (A'OB); — h). cf. *ibid.*, 115_7, (A'OB) ; — i). = *ibid.*, 107^3, (A'OB); — j). cf. *ibid.*, 107^6, (A'OB) ; — k). cf. *ibid.*, 107_{11}, (A'OB); — l). = *ibid.*, 107_9, (A'OB) ; — m). = *ibid.*, 119_1, (A'OB); — n). cf. *ibid.*, 112_{10}, (A'OB).

---

(1) *ĞM*, سير عنيف , (et *item* d. *KM*) ; puis, والطمل مثله .

(2) *M*, التهويك ; *ĞM*, والتهويد مثله وكذلك البزبزة والرهو سير خفيف .

(3) *ĞM*, الحوذ مثل الاجواز حذتها والسن مثله سننتها غيره المهاواة شدة السير . Les deux verbes حاز et حاذ ont le sens indiqué ici : cf. *L'A*, V, 19^8. — Cf. *supra*, p. 56, n. 14 ; *Nawâd.*, 191_3, et 104^1.

(4) *ĞM* aj. d'abord : والملق السير , (cf. *infra*, p. 58^6) ; puis : قال الشاعر .

فلم تستطع ميّ مهاواتنا السرى ولا ليل عيس في البرين خواضم

ابو عمرو الاساد ... — Cf. *KM*, VII, 106^{11} ; *Ṣaḥ.*, II. 569^5. Le vers est attribué à Ḏou'r-Roumma d. *L'A*, XX, 248_2 ; mais il mnq. d. *Dîw. Ḏ. R.*, soit avec la finale خواضم , soit av. سوادم , (= *T'A*, X, 416^{19}). Ce *Dîwân* du poète me paraît fort incomplet. On rencontre ailleurs, sous le nom de Ḏou'r-Roumma, des vers de même mètre et de même rime que celui qui est cité ici : cf. *Ḫalq*, 209^3, (et *Text.*, 65^5) ; *L'A*, XV, 202^8.

(5) *ĞM*, الخطرة يقال ; *m*, الخضر , (= *KM*), av. un signe indiq. une lect. incertaine.

(6) Cf. *Ibil* a, 126^3,..., 126^1, (cf. *infra*, n. 8) ,...,... ; *Ibil* b, 149^3,..., 149^2, (cf. *infra*, n. 8),...,... .

(7) *ĞM*, يقال ال يؤل , (et يؤوّ) . — *Ibil* b, يئل ; mais *Ibil* a, يؤال .

(8) *Sic* d. *M* ; *KM* ; et le *Mouḥkam* d'ISD : cf. *L'A*, XIV, 155^1. Il y a la VIIIe forme d. *Ibil* a ; *Ibil* b ; *L'A*, XIV, 155^1, (AṢ) ; *Ṣaḥ.*, II, 240_4 ; et *KN* (!), *infra*, p. 61^9, (AṢ).

(9) *ĞM*, ويهرع , au lieu de ويهزع . — *M*, ويمرو , au lieu de ويمصع .

(10) Cf. *infra*, n. 12. — *ĞM*, النبل ; puis, والشد au lieu de قال .

(11) *M*, وابتلا , au lieu de وانبلاها ; لبس ما , (cf. *Adab*, 260^2 et ^{4}) ; et, (au commencement d'une ligne), ما بطؤ . *ĞM*, لبئسما , ترعاها . — Le second *raǧaz* est parfois omis, (*Ṣaḥ.*, II, 242^9 ; *KM*, VII, 107_{10} ; *Tahḏ.*, 294^3, = *Iṣlaḥ*, 124 v, l. 9) ; ou plutôt mal placé. (*T'A*, VIII, 125_{15}) ; mais cf. la note marg. de *L'A*, XIV, 167^5. D'après les passages cités, le *râǧiz* est زفر بن الخيار المحاربي . — Cf. *infra*, p. 58^8.

(12) *ĞM*, ... الزموخ ... والقبض مثله القراء . — *M*, البعيد .

الطَّرْدُ فَنَّهَا يَفُنُّهَا طَرْدَهَا . [N] [a] المُوَاعَسَةُ الإِقْدَامُ فِي السَّيْرِ . [b] وَالنَّصُّ [3] السَّيْرُ الشَّدِيدُ [AṢ] [1] حَتَّى تَسْتَخْرِجَ [2] مَا عِنْدَهَا [qdl] وَلِهٰذَا قِيلَ نَصَصْتُ الإِنْسَانَ إِذَا سَأَلْتَهُ عَنِ الشَّيْءِ [3] . [c] وَالنَّجْرُ السَّيْرُ الشَّدِيدُ نَجَرَ يَنْجُرُ وَهُوَ رَجُلٌ مِنْجَرٌ [4] . [FR] [d] خَرَجْتُ أَنْقُثُ [5] وَأَنْتَقِثُ . أَيْ أُسْرِعُ .

وَمِنْ سَيْرِهَا فِي اللِّينِ وَالرِّفْقِ [6] . [AṢ] [7] [e] التَّهْوِيدُ ، الرَّفِيقُ . وَالمَلْخُ السَّيْرُ السَّهْلُ وَمِنْهُ قِيلَ امْتَلَخْتُ الشَّيْءَ ، إِذَا سَلَلْتَهُ وَمِثْلُهُ المَلْقُ [8] . [AZD] وَالحَوْزُ ، الرُّوَيْدُ [A'AM] وَيُقَالُ الخَبْزُ حِزْتُهَا ، أَحِيزُهَا [9] . [FR] [f] وَالدَّلْوُ [10] الرُّوَيْدُ (٣٥٥) دَلَوْتُهَا دَلْوًا . [N] [10]

لَا تَعْجَلَا بِالسَّيْرِ وَادْلُوَاهَا   لَبِئْسَمَا بُطْءٌ وَلَا تَرْعَاهَا [11]

وَالتَّطْفِيلُ [10] الرُّوَيْدُ طَفَّلْتُهَا وَذٰلِكَ إِذَا كَانَ مَعَهَا أَطْفَالُهَا فَرَفَقُوا بِهَا حَتَّى يَلْحَقَهَا الأَطْفَالُ . [A'AM] [g] الذَّمِيلُ اللَّيِّنُ [12] . [AZD] [h] البَسُّ وَالبَشْكُ [12] بَسَسْتُ أَبُسُّ وَبَشَكْتُ أَبْشُكُ [13]

لَا تَخْبِزَا خَبْزًا وَبُسَّا بَسًّا [13]

a). = *KM*, VII, 107_7, (A'OB); — b). cf. *ibid.*, 108^3, (A'OB); — c). cf. *ibid.*, 108_{13}, (A'OB); — d). cf. *ibid.*, 108_{10}, (A'OB); — e). cf. *ibid.*, 103_9, (A'OB); — f). cf. *ibid.*, 103_1, (A'OB); — g). cf. *infra*, p. 61^1; — h). cf. *KM*, VII, 104^5, 104^4 et 104^6, (A'OB).

---

(1) *ǦM*, قال الاصمعى. — Cf. *Ibil* a, 126^{12}; *Ibil* b, 149^{11}.

(2) *M*; (*L'A*, VIII, 367^3, (A'OB ?) : تستخرج ; *ǦM*, يستخرج ; *KM*, يستخرج .

(3) *ǦM*, والنض ; et نضضت , (puis : ... الانسان اذا ساله عن الشئ حتى تستقصى ما عنده والنجر ...) .

(4) *M*, toujours av. un *ḏâl* ou un *zây*. — *ǦM* aj. : قال الشماخ . جواب ارض منجر المشيات . Cf. *KM*, VII, 108^{12}; *L'A*, VII, 47^{10}. La *riwâyat* ordinaire est : ... جواب ليل : cf. *L'A*, loc. cit. ; *T'A*, III, 557_{15}; *Dîw. ŠM*, (av. منجر) ; *Ši'r*, 179^9.

(5) *M*, av. un *tâ' moutannât*. — *ǦM*, (et *KM*), aj. السير .

(6) *ǦM*, باب سير الابل فى اللين والرفق ; puis : الاصمعى التهويد السير الرفيق , (cf. *supra*, p. 57^3).

(7) Les défin. suiv. mnq. d. *Ibil* a, et *Ibil* b. — Cf. *Fiq*. c, 188_5, (AṢ ; A'AM).

(8) *M*, المَلَق . Ailleurs, المَلْق . — *ǦM*, اذا سلكته رويدا والملق نحو الملخ . Cf. *Tahḏ.**, 683^{10}.

(9) *ǦM*, ... الحوذ السوق الرويد ابو عمرو وهو الحوز السير الرويد حزتها ... . Cf. *supra*, p. 57^4. — *M*, حزتها .

(10) *ǦM*, الدلو السير الرويد دلوتها دلوا والشد غيره ... التطفيل السير الرويد ايضا طفّلتها .

(11) *ǦM*, زعاها . Cf. *L'A*, XVIII, 293^1, (av. زعاها) ; *T'A*, X, 129_3; *Ṣaḥ*. II, 475^9. Nous avons déjà rencontré, (p. 57^8), le second *raǵaz*, mais accompagné d'un autre contexte. Le *KM* ne reproduit, chaque fois, que le premier des deux *raǵaz* cités d. *ǦM* (et *KN*), nouvel indice que la place du second n'est pas sûre : cf. *supra*, p. 57, n. 11.

(12) *ǦM*, اللين من السير ... والبشك جميعا السير بسست ابسّ وبشكت ابشك والشدنا .

(13) C'est là une *riwâyat* de AZD : cf. *Fiq*. c, 34^5; *L'A*, VII, 210_9; *T'A*, IV, 32^{12}; etc. D'après *L'A* et *T'A*, loc. cit., AZD donnait une seconde explication des mots بسّ et خبز . Cf. aussi celles données par IDR, (*L'A*, VII, 326_1); par A'OBA, (*Ṣaḥ*., I, 443^6; *T'A*, IV, 108^{21}; etc.) ; par ISK, (*Tahḏ*., 636); et التبريزي , (*ibid.*). Une autre lecture, لا تخبزا خبزا ولتّا لتّا , est mentionnée par la plupart des Dictionnaires, aux endroits précités. — *ǦM*, تخبزا , au lieu de لا تخبزا .

[a] وَٱلْخَبْزُ السَّوقُ ٱلشَّدِيدُ وَٱلضَّرْبُ . [N] [b] السَّهْوَةُ ، اللَّيِّنَةُ ٱلسَّيْرِ وَٱلْمُكَرِّي اللَّيِّنُ ٱلْبَطِي [1] . قَالَ ٱلْقُطَامِيُّ [2]

مِنْهَا ٱلْمُكَرِّي وَمِنْهَا ٱللَّيِّنُ ٱلسَّادِي [3]

[c] وَٱلدَّفِيفُ [3] اللَّيِّنُ دَفَّ يَدِفُّ دَفًّا وَدَفِيفًا [AṢ] [4] [d] قَالَ ٱلْحُطَيْئَةُ

طَالَ بِهَا حَوْزِي وَتَنْسَاسِي [5]

الْحَوْزُ اللَّيِّنُ وَٱلتَّنْسَاسُ ، السَّيْرُ ٱلشَّدِيدُ .

وَمِنْ مُخْتَلِفِ سَيْرِهَا [6] [AṢ] [e] الْأَزَابِيُّ [7] ضُرُوبٌ مُخْتَلِفَةٌ مِنَ ٱلسَّيْرِ وَلِحِدُهَا أُزْبِيٌّ [7] [N] وَمِثْلُهُ [7] الأَسَاهِيُّ وَٱلْأَسَاهِيجُ . [AṢ] [8] [f] وَٱلتَّبْغِيلُ مَشْيٌ مُخْتَلِطٌ بَيْنَ ٱلْهَمْلَجَةِ وَٱلْعَنَقِ . [A'AM] [9] [g] وَٱلْإِجْفَادُ دُونَ ٱلْخَبَبِ [10] . [h] التَّأْوِيبُ أَنْ تَسِيرَ ٱلنَّهَارَ وَتَنْزِلَ ٱللَّيْلَ . [AṢ] [11] [i] الْمُوَاضَخَةُ أَنْ تَسِيرَ مِثْلَ سَيْرِ صَاحِبِكَ وَلَيْسَ هُوَ بِٱلشَّدِيدِ وَكَذٰلِكَ هُوَ فِي ٱلْإِسْتِقَاءِ يُقَالُ مِنْهُ أَوْضَخْتُ [12] لَهُ أَيِ ٱسْتَقَيْتُ لَهُ شَيْئًا قَلِيلًا . وَٱسْمُ ذٰلِكَ ٱلشَّيْءِ ٱلَّذِي يُسْتَقَى

a). = *KM*, VII, 104^{10}, (A'OB) ; — b). = *ibid.*, 127_1, (A'OB); et cf. *ibid.*, 104_4, (A'OB); — c). = *ibid.*, 104_{18}, (A'OB) ; — d). cf. *ibid.*, 103_7, et 109_7, (A'OB) : — e). = *ibid.*, 113^3, (A'OB) ; — f). cf. *ibid.*, 113^5, (A'OB) ; — g). = *ibid.*, 115^{10}, (IDR) ; — h). = *ibid.*, 113^7, (A'OB) ; — i). = *ibid.*, 113^{10}, (A'OB).

---

(1) *ĞM*, السهو اللين من السير ; puis, البطئ .

(2) Cf. *KM*, VII, 128^3 ; *Ṣaḥ.*, II, 539_4 ; *Text*, 38_9. La finale est الزالج السادي d. *Ibil* a, 107^1 ; et اللين (و)الهادي d. *Dîw. QṬ* m, 42_1, où une note marginale signale la *riwâyat* ordinaire. L'hémistiche est précédé de celui-ci : وكل ذلك منها كلما رفعت , (*L'A*, XX, 86^{13} ; *Dîw. QṬ* B, p. 9, (II, 18); *Dîw. QṬ* m, 42_1) ; ou دفعت , (*T'A*, X, 313_{16}) ; ou رفقت , (*L'A*, XIX, 96^{11}). — Cf. aussi *ZA*, XVII, 101.

(3) *m*, والذفيف ; *M*, والدقيف , ou والدفيف . — *ĞM*, ... والدفيف اللين يقال دفّ .

(4) *ĞM*, الاصمعى الحوز السير اللين وهو قول الحطيئة . طال بها حوزى وتنساسى . التنساس السير الشديد . — *M*, وتبساسى , (et والتبساسُ) . — Cf. *Ibil* a, 107^{15-16}.

(5) Le premier hémist. du vers est : وقد نظرتكم إعشاء صادرة , et le second commence par للخمس طال ... , d. *Dîw. ḤṬ*, (*ZDMG*, 1892), 497_1. Cf. *ibid.*, 499, *s. v.* 6, (et d. *Ibil* a, 107^{16}), les nombreuses var. du vers. Au lieu de حوزي (!), il y a : حبسى d. *Dîw. ḤṬ* ; حوذى d. *Mouḥtâr.*, 117^3, (mais non d. *T'A*). Ailleurs, حوزي . — Noter, en passant, la lect. أعشاء d'Al-Azharî, av. le commentaire de ŚM, d. *L'A*, XIX, 292^5. Il y a عشاء d. l'édit. égyptienne du *Dîwân*, (1323 H.), p. 53^9.

(6) *ĞM*, باب ضروب مختلفة من سير الابل . — La déf. suiv. mnq. d. *Ibil* a, et *Ibil* b.

(7) *ĞM*, الازابى et ازبى ; puis : غيره الاساهىّ والاساهيج مثله .

(8) Cf. *Ibil* a, 126^{14} ; *Fiq.* c, 189^2, ('an FR, KS). — *ĞM*, ... التبغيل مشى فيه اختلاط .

(9) *ĞM* aj. : السبت العنق , = *KM*, VII, 114_{11}, (A'OB).

(10) Cf. *infra*, p. 61^2 ; *L'A*, IV, 180_6, (A'OB). — *ĞM* : والتاويب ان يسير وينزل .

(11) Les défin. suiv. mnq. d. *Ibil* a, et *Ibil* b. — *M*, المواضخة , etc. ; *ĞM*, المراصخة , etc.

(12) *ĞM*, ... ارضخته له اى اسقيت .

الوَضُوحُ [1] . *[AṢ, A'AM] [2] a وَالْمُوَاغَدَةُ [3] مِثْلُ الْمُوَاضَحَةِ وَقَدْ تَكُونُ الْمُوَاغَدَةُ [4] لِلنَّاقَةِ الْوَاحِدَةِ لِأَنَّ إِحْدَى رِجْلَيْهَا وَيَدَيْهَا [2] تُوَاغِدُ [3] الْأُخْرَى . [N] b الْهَرْجَلَةُ الِاخْتِلَاطُ (٣٥٦) فِي الْمَشْيِ وَقَدْ هَرْجَلَتْ . [A'AM] [4] c الْمُوَاهَقَةُ كَالْمُوَاغَدَةِ [5] . [AM] b الْهَيْسُ السَّيْرُ أَيَّ ضَرْبٍ كَانَ [5] . [AṢ] [6] d اسْتَوْأَرَتِ [7] الْإِبِلُ إِذَا تَتَابَعَتْ عَلَى نِفَارِهَا [6] . e اسْتَوْدَهَتِ الْإِبِلُ وَاسْتَيْدَهَتْ إِذَا اجْتَمَعَتْ وَانْسَاقَتْ وَمِنْهُ اسْتِيدَاهُ الْخَصْمِ [8] إِذَا غُلِبَ وَانْقَادَ يُقَالُ اسْتَوْدَهَ وَاسْتَيْدَهَ [8] . [AṢ] [9] f الِانْتِحَاءُ فِي السَّيْرِ الِاعْتِمَادُ عَلَى الْجَانِبِ الْأَيْسَرِ ثُمَّ صَارَ الِاعْتِمَادُ [9] فِي كُلِّ وَجْهٍ . ['an AṢ] [10] g الْهِرْبِذَى مِشْيَةٌ تُشْبِهُ مِشْيَةَ الْهَرَابِذَةِ . ['an NN] [11] h الِارْمِدَادُ وَالِارْقِدَادُ السُّرْعَةُ . i وَالِانْجِذَابُ سُرْعَةُ السَّيْرِ وَالِاغْذَاذُ مِثْلُهُ . ['an AṢ] [12] j الْعَنَقُ

a). Cf. *KM*, VII, 118_{11}, (A'OB) ; — b). = *ibid.*, 113_{3}, (A'OB) ; — c). cf. *ibid.*, 113_{3}, (A'OB) ; — d). cf. *ibid.*, 118^{6}, (A'OB) ; — e). cf. *ibid.*, 114^{4}, (A'OB) ; — f). cf. *ibid.*, 114^{8}, (A'OB); — g). = *ibid.*, 114^{12}, (A'OB); — h). cf. *ibid.*, 109_{3}, (A'OB) ; — i). cf. *ibid.*, 109_{1}, (A'OB) ; — j). = *ibid.*, 114_{13}, (A'OB).

---

(1) *M.* الوَضُوحِ ; *ĞM*, الوصوخ ; *Wuḥûš*, 359 = 9^{1}, الوُضُوخ . Il faut الوَضُوخ , (= *KM*, etc.).

(2) Cf. *infra*, n. 4. — Cf. *Ibil* a, 126^{10}. — *ĞM*, (et *KM*), يديها ورجليها .

(3) *M*, av. un *'ayn* ; *ĞM*, av. un *'ayn* et un *ḏâl*.

(4) *ĞM*, ... ابو عمرو فى المواغدة مثل قول الاصمعى او نحوه قال وكذلك المواهقة الاموى الهيس ... .

(5) *ĞM* aj. : وانشد . احدى لياليك فهيسى هيسى لا تنعمى الليلة بالتعريس
Cf. *KM*, VII, 113_{3}; *L'A*, VIII, 139_{11}; *Ṣaḥ.*, I, 484^{1}; *Prov.* I, 45 ; *Muḫt.*, 12^{20}; *Ṣoubḥ*, I, 148_{1}; *aḥḏ.**, 683_{8}, av. لا تطمعي ... في au second *raǵaz*, qui devient le premier : cf. la var. لا تطعمى عندى بالتعريس , « in libro Scharaf-Aldini », (*Prov.* I, 45_{8}). Le *râǵiz* est الاسود بن قنار d'après *T'A*, IV, 276^{18}; et ابَاق d'après *Tahḏ.**, loc. cit.

(6) Ces déf. mnq. d. *Ibil* a, et *Ibil* b. — *ĞM*, ... اذا تتابعت على نفار ومنه استيداه الخصم .

(7) *Sic* d. *M*; *KM*; *Ṣaḥ.*, I, 411_{12}, (A'OB 'an AṢ); *L'A*, VII, 132^{10}; *ibid.*, V, 96^{7}, (AṢ) : etc. — Il y a استودأت d. *ĞM*; et استورأت d. *L'A*, I, 189^{9}, (AṢ); *T'A*, I, 188_{12} : lectures qui semblent n'être que des تصحيفات , aussi bien que تتابعت pour تتابعت .

(8) *M*, (= *ĞM*!), استيداء ; puis, استوادَهُ واستناده , (*ĞM*, استودا واستيدا) . Cf. *L'A*, XVII, 458_{7}; etc.

(9) La déf. mnq. d. *Ibil* a, et *Ibil* b. Cf. *L'A*, XX, 182_{6}, (AṢ). — *M*, الاعتماذ .

(10) La déf. mnq. d. *Ibil* a, et *Ibil* b. — *M*, الهربذى ; *ĞM*, الهربذى . Cf. Wall., 182^{5}; *Mu'ar.*, 154^{5}. La voc. *hirbadâ*, (= *Mu'ar.*, loc. cit.; Sîb., II, 370^{16}; *Istidr.*, 34^{15}), me paraît moins sûre : cf. *KM*, XV, 98^{12}; *L'A*, s. v.

(11) *ĞM*, عن غير واحد . — *M* a un ا d. الارمداد et الارقداد . — *ĞM*, والاغذاذ .

(12) Cf. *Ibil* a. 123-126 ; *Ibil* b, 147-149; *Fiq.* c, 190, ('an AṢ). Remarquer la présence. d *KN* et *Fiq.* c, du mot ادرنفاق , (*infra*, p. 61^{5}), lequel mnq. d. *Ibil* a, et *Ibil* b. Tous les autres mots réunis ici sont définis, dans le même ordre, et à peu près de la même manière, d. *Ibil* a, et *Ibil* b. Mais ils ne représentent que les trois cinquièmes du chapitre consacré au سير الابل par les deux *Kitâbs*. Ce chapitre appartient-il vraiment au كتاب الابل d'AṢ ? Si oui, il contient probablement des interpolations. En dehors des définitions reproduites d. le *Mouṣan.*, je n'ai rien trouvé d. les Dictionnaires, (*KM*, *Ṣaḥ.*, *L'A*, *T'A*), qui me parût lui avoir été emprunté. Cf. *Text.*, p. IX.

مِنَ ٱلسَّيْرِ ٱلْمُنْبَطِرُ [a] فَإِنِ ارْتَفَعَ عَنِ ٱلْعَنَقِ، فَهُوَ ٱلتَّزَيُّدُ [b] فَإِذَا ارْتَفَعَ، فَهُوَ ٱلذَّمِيلُ. [c] وَإِذَا دَارَكَ ٱلْمَشْيَ وَفِيهِ قَرْمَطَةٌ فَهُوَ ٱلْحَفْدُ، وَقَدْ حَفَدَ يَحْفِدُ [d] فَإِذَا ارْتَفَعَ عَنْ ذٰلِكَ[3] قِيلَ دَأْدَأَ[2] يُدَأْدِئُ. [e] فَإِذَا ارْتَفَعَ عَنْ ذٰلِكَ[4]، فَضَرَبَ بِقَوَائِمِهِ كُلِّهَا قِيلَ مَرَّ يَرْتَبِعُ ارْتِبَاعًا وَرَبَعَةً وَٱلرَّبَعَةُ الِاسْمُ. [f] فَإِذَا ضَرَبَ بِقَوَائِمِهِ كُلِّهَا فَتِلْكَ ٱللَّبْطَةُ وَمَرَّ يَلْتَبِطُ. [g] فَإِذَا لَمْ يَدَعْ جُهْدًا قِيلَ تَشَغَّرَ تَشَغُّرًا[5]. [h] وَٱلِادْرِنْفَاقُ السَّيْرُ ٱلشَّدِيدُ[6]. [i] وَمَلَعَ يَمْلَعُ. [j] وَٱلزَّلِيجُ وَٱلزَّلَجَانُ السَّيْرُ ٱلسَّرِيعُ. (٣٥٧) [k] وَٱلنَّصْبُ[7] أَنْ يَسِيرَ ٱلْقَوْمُ يَوْمَهُمْ وَهُوَ سَيْرٌ لَيِّنٌ وَقَدْ نَصَبُوا[7]. [l] وَٱلزَّفِيفُ[8] مِثْلُ ٱلذَّمِيلِ. [m] وَٱلْهَزَّةُ أَنْ تَهْتَزَّ ٱلْمَوَاكِبُ[9]. [n] وَٱلْوَخَدَانُ أَنْ يَرْمِيَ بِقَوَائِمِهِ كَمَشْيِ ٱلنَّعَامِ. [o] وَٱلتَّخْوِيدُ أَنْ يَهْتَزَّ كَأَنَّهُ يَضْطَرِبُ. [p] وَٱلتَّهَوُّسُ[10] مَشْيُ ٱلْمُثْقَلِ فِي ٱلْأَرْضِ[10]. [q] وَٱلْوَسِيمُ فَوْقَ ٱلذَّمِيلِ. [r] وَٱلنَّعْبُ وَٱلْعَسْجُ وَٱلْوَسِيجُ[11] كُلُّهُ مِنَ ٱلسَّيْرِ. [s] مَرَّ يَمْتَلُّ[12] وَٱلِامْتِلَالُ مَرٌّ سَهْلٌ سَرِيعٌ وَمَرَّ يَتَعَيَّفُ[13].

a). Cf. *KM*, VII, 114_{7}, (A'OB) ; — b). cf. *ibid.*, 114_{8}, (A'OB) ; — c). = *ibid.*, 115^{9}, (A'OB) ; — d). cf. *infra*, n. 3 ; — e). cf. *KM*, VII, 115^{12}, (A'OB) ; — f). cf. *ibid.*, 115_{9}, (A'OB) ; — g). cf. *ibid.*, 115_{1}, (A'OB) ; — h). cf. *ibid.*, 110^{1}, (A'OB) ; — i). cf. *ibid.*, 110^{8}, (A'OB) ; — j). = *ibid.*, 110_{8}, (A'OB) ; — k). = *ibid.*, 113^{9}, (A'OB) ; — l). cf. *ibid.*, 114_{1}, (A'OB) ; — m). cf. *ibid.*, 116_{2}, (A'OB) ; — n). = *ibid.*, 117^{2}, (A'OB) ; — o). = *ibid.*, 117^{4}, (A'OB) ; — p) = *ibid.*, 117^{6}, (A'OB) ; — q). = *ibid.*, 115^{9}, (A'OB) ; — r). cf. *ibid.*, 116^{2}, ^{4}, et ^{8}, (A'OB) ; — s). cf. *ibid.*, 104_{8}, (A'OB).

---

(1) *ĞM* et *KM*, ... فاذا ... عن العنق قليلا .. فاذا ارتفع عن ذلك ... فاذا دارك . Cf. *L'A*, XIII, 275^{21}, (A'OB).

(2) *Sic*, (forme *fa'l*), d. *M* ; *KM* ; *L'A* ; etc. La forme *fa'al*, qui se trouve d. *Fiq.* c, 190^{7}, et *Text.*, passim, paraît moins ancienne ; mais est signalée d. *T'A*. — Cf. *supra*, p. 59^{9}.

(3) *ĞM*, ... عن ذاك قيل داداى . La déf. mnq. d. *KM*, VII, par suite d'un oubli : cf. 115_{12}.

(4) *ĞM*, عن ذاك . — Cf. *Aḍdâd*, 235^{11}.

(5) *M* et *ĞM*, تقمر تقمرا . — *ĞM*, ensuite, وملع يملع . Cf. *supra*, p. 43^{3}.

(6) *ĞM* ; *KM* ; etc. : السريع . — Corrig. الادرنفاق d. *Fiq.* c, 190^{8}. Cf. *supra*, p. 60, n. 12.

(7) *M*, النصبُ ; puis, نصَبوا . — Cf. *L'A*, II, 257^{13}, (AṢ).

(8) *ĞM*, والذفيف والدفيف جميعا مثل الزميل . Cf. *L'A*, XI, 36^{5} ; etc. ; et *KN*, supra, p. 59^{4}. — D'après *KM*, III, 103_{8}, خصّ أبو عبيد بالزَّفيف الابل .

(9) *ĞM* et *KM*, يهتز الموكب ; *M*, المؤاكب .

(10) *M* et *ĞM*, والتوقّس . — Il y a في الارض اللينة d. *L'A*, VIII, 139^{8} ; *Ibil* a, 125^{16} ; *Ibil* b, 148^{16}. Mais *M* = *ĞM* et *KM*.

(11) *ĞM*, والعسج والوسج ; *L'A*, III, 221_{8}, (AṢ), او العَسْجُ والوَسْجُ ; *KM*, الوَسِيجُ كالعَسِيج ; *Ibil* a, 126^{2}, عسيجا ... وَسيجا ; *Ibil* b, 149^{1}, عَسْجا ... وَسِيجا وَوَسْجا ; etc. Je garde les lectures de *M*, qui sont les seules formes données par *Ṣaḥ.*, I, 157_{7} et 166_{9}.

(12) *ĞM*, ... ويقال مر يمشل وهو مر سهل . — Cf. *supra*, p. 57^{6}.

(13) *ĞM* aj : نحوه . — Cf. *KM*, III, 100_{7} : ... مرّ [الرجل] يتعيّف (ISK) ; puis : قال أبو عبيد فخصّ بالتعيّف الابل .

وَيُقَالُ فِي شَدِّ أَدَاتِهَا [1] [AZD] [a] أَبْطَنْتُ [2] النَّاقَةَ إِبْطَانًا إِذَا شَدَدْتَ بِطَانَهَا . [AZD, AṢ]* وَالْإِحْقَابُ [. . .] مِثْلُهُ [3] [KS] وَأَلْبَبْتُهَا بِاللَّبَبِ [4] [*waqāl*] أَقْتَبْتُهَا مِنَ الْقَتَبِ . وَأَغْرَضْتُهَا بِالْغَرْضِ [5] . وَأَعْذَرْتُهَا بِالْعِذَارِ [KS, AṢ]* [6] وَعَذَرْتُهَا [7] . [*waqāl*] [b] أَسْنَفْتُ الْبَعِيرَ إِذَا جَعَلْتَ لَهُ سِنَافًا ، وَذَلِكَ إِذَا خَمُصَ [8] بَطْنُهُ وَاضْطَرَبَ تَصْدِيرُهُ وَهُوَ الْحِزَامُ شَدَدْتَ [9] حَبْلًا مِنَ التَّصْدِيرِ ثُمَّ تُقَدِّمُهُ حَتَّى تَجْعَلَهُ مِنْ [10] وَرَاءِ الْكِرْكِرَةِ فَيَثْبُتُ [9] التَّصْدِيرُ فِي مَوْضِعِهِ فَذَلِكَ الْحَبْلُ هُوَ [9] السِّنَافُ . [c] وَأَخْلَفْتُ عَنِ الْبَعِيرِ وَذَلِكَ إِذَا أَصَابَ حَقَبُهُ [11] ثِيلَهُ فَيَحْقَبُ [11] حَقَبًا وَهُوَ احْتِبَاسُ الْبَوْلِ [12] وَلَا يُقَالُ ذَلِكَ فِي النَّاقَةِ لِأَنَّ بَوْلَ النَّاقَةِ مِنْ حَيَائِهَا وَلَا يَبْلُغُ الْحَقَبُ الْحَيَاءَ فَالْإِخْلَافُ [12] عَنْهُ أَنْ يُحَوَّلَ الْحَقَبُ فَيُجْعَلَ مِمَّا يَلِي خُصْيَتَيِ الْبَعِيرِ [d] وَيُقَالُ [12] شَكَلْتُ عَنِ الْبَعِيرِ وَهُوَ أَنْ تَجْعَلَ [13] بَيْنَ الْحَقَبِ وَالتَّصْدِيرِ خَيْطًا ثُمَّ [13] تَشُدَّهُ لِكَيْلَا يَدْنُوَ الْحَقَبُ مِنَ الثِّيلِ (٣٥٨) وَاسْمُ ذَلِكَ الْخَيْطِ الشِّكَالُ [AʿAM] [e] وَهُوَ [14] الزِّوَارُ

a). Cf. *KM*, VII, 148^{2} seq., (A'OB) ; — b). cf. *ibid.*, 148^{4}, (A'OB) ; — c). cf. *ibid.*, 148^{8}, et 102_{1}, (A'OB) ; — d). cf. *ibid.*, 148_{11}, (A'OB) ; — e). cf. *ibid.*, 140_{10}, (A'OB).

---

(1) *ĞM*, باب شدّ اداة الابل عليها ; (*M*, آداتها). — Cf. Socin, I, 287 ; *Or. St.*, 393.

(2) *Sic*, (la IVe forme seule), d. *M* ; *Ibil* a, 108^{10} ; *Ṣaḥ.*, II, 357^{5}. Il y a la Ire forme, (av. la IVe), d. *KM* ; *ĞM*, (cf. *infra*, n. 3, où elle est attribuée à AṢ) ; *Verbi*, 133^{14} ; etc. Remarquer que la Ire forme est déclarée incorrecte par IAʿ, (*LʿA*, XVI, 202^{9}), et Abou'l-Hayṯam. (*ibid.*, 202_{12}).

(3) Erreur. Voici le texte de *ĞM*: ... بطانها واحقبتها من الحقب الاصمعي بطنته ابطنــه اذا شددت بطانه وفى الاحقاب مثله العضالى وكذلك اللبب وقال. — Cf. *Ibil* a, 108^{10} et 108^{19}.

(4) Dans *M*, ce mot se trouve en marge. — Cf. *supra*, n. 3 ; *infra*, n. 5 ; (et p. 47, n. 15).

(5) *ĞM* aj. : ولببتها باللبب. L'auteur de *KN* a placé ces mots ailleurs : cf. *supra*, l. 2, et n. 3, 4.

(6) *ĞM*, وعذرتها الاصمعى عذرتها وقال اسنفت ... له اسنافا. — Cf. *Ibil* a, 108^{20}, 109^{5} seq. ; *Nawād.*, 131^{6}.

(7) *Sic* d. *M* ; *Ibil* a, 108^{20} ; *LʿA*, VI, 224^{5} ; etc. — *KM*, VII, 148^{4}, a la Ire forme, (= *Verbi*, 23^{4} ; etc.) ; mais il y a la IIe, (av. la Ire), d. *KM*, VI, 189^{4}, (*Kitāb al-Ḫayl*).

(8) Voc. de *M* : cf. *LʿA*, VIII, 296^{8} ; *Ḫalq*, 221^{21} ; etc. — *Verbi*, 212^{19} : خمِص et خمَص.

(9) *M* a un *ḍamma* sur le ت de شددت et فيثبت ; et من au lieu de هو.

(10) *ĞM*, ... تجعله وراء ; et *item* d. *Ṣaḥ.*, II, 33_{8}, (AṢ). Mais *M* = *KM*.

(11) *M*, plutôt خَفَبُهُ ; (*infra*, l. 9 : حَقَب). Les mots فيحقب حقبا sont en marge. — Cf. *Mouzh.*, I, 210^{9}.

(12) *ĞM*, بوله, (= *KM*) ; puis, والاخلاف ; et وقد شكلت.

(13) *M*, تجعل ; *M**, يُجْعَل ... خطام ; (le passage mnq. d. *m*) ; *ĞM*, يجعل ... خيطا ثم. J'adopte la lect. de *KM*. — Cf. *infra*, l. 10 : واسم ذلك الخيط ; (*ĞM* et *KM* : ذلك الحبل).

(14) *ĞM*, هو ... ازورة. — *M**, ازور ; mais *m*, 102^{11}, (d. le ... باب الرحل), ازْوَرَةٌ.

وَجَمْعُهُ أَزْوِرَةٌ . [AṢ] [1] [a] وَٱلتَّصْدِيرُ هُوَ ٱلْحِزَامُ يُقَالُ صَدَّرْتُ عَنْهُ [2] [waqâl] [b] وَسَفَرْتُ
ٱلْبَعِيرَ بِٱلسِّنَارِ . [3] [c] وَأَحْلَسْتُهُ بِٱلْحِلْسِ [4] وَهُوَ ٱلْكِسَاءُ ٱلَّذِي تَحْتَ ٱلْبَرْذَعَةِ [5] . [d] وَحَدَجْتُهُ إِذَا
شَدَدْتَ عَلَيْهِ حِمْلَهُ وَهُوَ ٱلْحِدْجُ وَجَمْعُهُ حُدُوجٌ وَأَحْدَاجٌ . [e] وَرَوَيْتُ عَلَى ٱلْبَعِيرِ فَأَنَا أَرْوِي عَلَيْهِ
رَيًّا وَذٰلِكَ ٱلْحَبْلُ هُوَ ٱلرِّوَاءُ [6] . [f] وَعَكَمْتُهُ شَدَدْتُ عَلَيْهِ ٱلْعِكْمَ [7] وَأَعْكَمْتُ غَيْرِي أَعَنْتُهُ عَلَيْهِ .
[N] [g] وَٱلظِّمَانُ [8] ٱلْحَبْلُ ٱلَّذِي يُشَدُّ بِهِ [8] ٱلْحِمْلُ . [AṢ] [9] [h] وَٱلْبِطَانُ ٱلَّذِي يُشَدُّ [9] بِهِ ٱلْقَتَبُ .
وَٱلْغَرْضُ وَٱلْغُرْضَةُ [10] وَٱلسَّنِيفُ وَٱلتَّصْدِيرُ [10] كُلُّهُ لِلرَّحْلِ . وَٱلْحِزَامُ لِلسَّرْجِ [10] . وَٱلْوَضِينُ
لِلْهَوْدَجِ . [AZD] [i] رَفَدْتُ عَلَى ٱلْبَعِيرِ أَرْفِدُ عَلَيْهِ [10] رَفْدًا إِذَا عَمِلْتَ لَهُ رِفَادَةً . [FR] [j] ٱلْحِجَامُ
وَٱلْكِمَامُ ٱلَّذِي يُشَدُّ بِهِ فَمُ ٱلْبَعِيرِ . [N] [k] ٱلْأَرْبَاضُ حِبَالُ ٱلرَّحْلِ [11] . [l] ٱلْأَخْرَاتُ
ٱلْحِلَقُ فِي رُؤُوسِ ٱلنُّسُوعِ .

وَمِنْ خُطُمِهَا وَأَزِمَّتِهَا [12] [AṢ, A'OBA*] [13] [m] ٱلْخِشَاشُ ٱلَّذِي يُجْعَلُ فِي عَظْمِ أَنْفِ

a). Cf. *KM*, VII, 148_8, (A'OB) ; — b). cf. *ibid.*, 150_{10}, (A'OB) ; — c). = *ibid.*, 148_7, (A'OB) ; — d). cf. *ibid.*, 146_2, (Ṣ'A) ; et 146_4, (A'OB) ; — e). cf. *ibid.*, 148_5, (A'OB) ; — f). = *ibid.*, 148_2, (A'OB) ; — g). = *ibid.*, 149^4, (A'OB) ; — h). mnq. d. *KM*, VII. Les définit. qui se trouvent *ibid.*, p. 140, sont empruntées à un autre chapitre du *Mouṣan.*, auquel correspond, d. *M*, le *Bâb ar-raḥl* ..., (= *m*, 101_1 seq.). — i). Cf. *KM*, VII, 149^6, (A'OB) ; — j). cf. *ibid.*, 149^9, (A'OB) ; — k). = *ibid.*, 143_8, (A'OB) ; — l). = *ibid.*, 144^1, (A'OB) ; — m). = *ibid.*, 149_3, (A'OB).

---

(1) *ĞM*, قال الاصمعى . — Cf. *Ibil* a, 108^{14}, ^{13}, et 109^{18}.

(2) *M*, صدرته · عنه , av. un trait, (= أت ?) au-dessus de ته . Il y a صدّر بعيرَهُ d. *Ibil* a, 108^{13}; *Qdm.*, II, 80^4, (= *T'A*, III, 329^{19}). Cf. *Text.*, 38_2; Lane, *s. v.*

(3) Cf. *Ibil* a, 110^2, ^{5}, ^{6}, ..., ... — *ĞM*, سفرت , (s. و). *Ibil* a, 110^2, a la IIe forme, que cite *L'A*, VI, 84^{10}, *'an Kourâ'*.

(4) *M*, بالحِلس . Ailleurs, *ḥils* et *ḥalas* : cf. *T'A*, IV, 130^{14}; *Mouzh.*, II, 47^{11}, (A'OB).

(5) *ĞM*, البردعة , (cf. *L'A*, IX, 355^3). — Cf. *Adab*, 229^7; *Mouzh.*, I, 207_3.

(6) *Sic*, (la Ire forme seule), d. *M*; *ĞM*; *Ṣaḥ.*, I, 145^4. (Peut-être faut-il corriger أحدوه d. *Ibil* a, 110^6). Il y a la IVe (et la Ire) forme d. *KM*, (Ṣ'A); *Verbi*, 40^6; *L'A*, III, 54^8; etc.

(7) *M** et *m*, العَكَمَ . Je corrige d'après *KM*; Lane; etc.

(8) *ĞM*, الطمان . — *M*, يُشدُّ الحملَ .

(9) Cf. *Ibil* a, 108^{16}, 109^{12}, ^{18}, ..., 109^{19} (والوضين ... حزام الرحل) . — *ĞM*, البطان . — *M*, تُشد . . . القتبُ .

(10) *M**, الغرضة . — *ĞM*, ... والسنيف التصدير ; puis, السرج ; et ارفدا رفدا .

(11) *ĞM* aj. : قال ذو الرمة . اذا مطونا متنون العيس مصعدة يسلكن آخرات ارباض المداريج . Lire : متون ; الاخرات . — Cf. *KM*, VII, 144^2, qui ne cite que le second hémistiche ... والآخرات . On trouve : نسوع الرحل مصعدة , d. *L'A*, IX, 11^{12}; *T'A*, V, 29_{18}; نسوع الميس مصعدة , d. *L'A*, II, 333_2; et : حبال الميس مصعدة , d. *L'A*, III, 94_1. Le vers mnq. d. *Diw. Ḏ. R.*

(12) *ĞM*, باب خطم الابل وازمتها . — *M*, خَطمها .

(13) *ĞM*, ... الاصمعى الخشاش هو الذى . Cf. *infra*, p. 64, n. 3. — Cf. *Ibil* a, 110^4, ^{11}, ^{5} (والبرة ما كان في الوترة).

ٱلْبَعِيرِ . [a] وَٱلْعِرَانُ أَنْ [1] يُجْعَلَ فِي ٱلْوَتَرَةِ وَهُوَ مَا بَيْنَ ٱلْمَنْخِرَيْنِ وَهُوَ ٱلَّذِي يَكُونُ لِلْبَخَاتِيِّ . [b] وَٱلْبُرَةُ [2] مِنْ صُفْرٍ يُجْعَلُ فِي أَحَدِ جَانِبَيِ ٱلْمَنْخِرَيْنِ [3] [qal] [c] وَرُبَّمَا كَانَتِ ٱلْبُرَةُ مِنْ شَعَرٍ فَإِذَا كَانَتْ مِنْ شَعَرٍ فَهِيَ ٱلْخِزَامَةُ . (٣٠٩) [KS, AṢ*] [4] تَقُولُ [5] [d] خَشَشْتُ ٱلنَّاقَةَ [KS]* [e] وَعَرَنْتُهَا [c] وَخَزَمْتُهَا [f] وَزَمَمْتُهَا [g] وَخَطَمْتُهَا [KS, AṢ]* [6] [f] وَأَبْرَيْتُهَا بِٱلْبُرَةِ هٰذَا [7] وَحْدَهُ بِٱلْأَلِفِ [7] . [AZD] [h] عَنَجْتُ [8] ٱلْبَعِيرَ أَعْنُجُهُ عَنْجًا ، وَشَنَقْتُهُ أَشْنُقُهُ شَنْقًا إِذَا جَذَبْتَ خِطَامَهُ إِلَيْكَ وَأَنْتَ رَاكِبُهُ [AṢ] . [i] وَأَكْمَحْتُ [9] ٱلدَّابَّةَ حَتَّى يَنْتَصِبَ رَأْسُهُ [10] وَمِنْهُ قَوْلُهُ

وَٱلرَّأْسُ مُكْمَحُ [11]

وَأَكْفَحْتُهَا إِذَا تَلَقَّيْتَ فَاهَا بِٱللِّجَامِ تَضْرِبُهُ بِهِ مِنْ قَوْلِهِمْ [12] لَقِيتُهُ كِفَاحًا أَيِ ٱسْتَقْبَلْتُهُ كَفَّةَ كَفَّةَ [13] . وَكَبَحْتُهَا هٰذِهِ وَحْدَهَا بِغَيْرِ أَلِفٍ وَهُوَ أَنْ تَجْذِبَهَا إِلَيْكَ بِٱللِّجَامِ [14] . [A'AM]

a). Cf. *KM*, VII, 150^{1}, (A'OB) ; — b). cf. *ibid.*, 150^{5}, (A'OBA) ; — c). cf. *ibid.*, 150^{7}, (A'OB) ; — d). cf. *ibid.*, 149_{2}, (AṢ ?) ; — e). cf. *ibid.*, 150^{3}, (A'OB) ; — f). cf. *ibid.*, 150^{9}, (A'OB) ; — g). cf. *ibid.*, 149_{5}, (A'OB) ; — h). cf. *ibid.*, 151_{10}, et 151^{13}, (A'OB) ; — i). cf. *ibid.*, 151_{2}, (AZD) ; et cf. *infra*, n. 9.

---

(1) *Sic*, (والعران ان) , d. *ĞM* (!). — *KM*, العِرَان الذى . Cf. *L'A*, XVII, 153^{9}.

(2) *ĞM* et *KM*, والبرة التى تجعل فى احد جانبى المنخرين وهى من صفر . — Cf. Wall., 16^{6}.

(3) *ĞM* aj. : ابو عبيدة مثل ذلك كله غير انه قال صفر بالكسر قال . Il faudrait donc lire من صِفْر , (cf. Lane, *s. v.* صُفْر) , au lieu de من صُفْر , d. *KM*, VII, 150^{5}, (A'OBA); ou bien changer ابو عبيد en ابو عبيدة .

(4) Cf. *infra*, n. 7. — Cf. *Ibil* a, 110^{3}.

(5) *M*, يقول . — *ĞM*, الكسائى خششت الناقة بالخشاش وعرنتها بالعران وخزمتها بالخزامة وزممتها وخطمتها وابريتها .

(6) Cf. *infra*, n. 7. — Cf. *Ibil* a, 110^{2}; *Adab*, 230^{2}; *Iqt.*, 162^{2}; Wall., 16^{7}.

(7) *ĞM*, وهذه وحدها بالالف ; puis il aj. : الاصمعى فى البرة والخشاش مثل قول الكسائى .

(8) *ĞM*, عنجت , اعنجه , عنجا . أ

(9) Ces déf. mnq. d. *Ibil* a, et *Ibil* b; et d. *KM*, VII, 149-152. — *M*, كَمحتُ ; *ĞM*, اكمحت الدابة اذا جذبت عنانه حتى ينتصب ... — Cf. *Qalb*, 15^{12} seq. ; *L'A*, III, 410_{8}; *KM*, XIII, 285^{15} seq., où il faut corriger كَمَحْتُها de la ligne 9 a. f. en كَفَحْتُها .

(10) *Sic* d. *M* : et *Ṣaḥ.*, I, 192^{10}. Cf. un cas analogue d. *L'A*, XIII, 490^{10}; *Qâm.*, IV, 22^{5}.

(11) Cf. *KM*, XIII, 285_{6}; *Ṣaḥ.*, I, 192^{10}. Ces mots terminent un vers dont le début est : حذارا من الايعاد تمور بضبعيها وترمى بحوزها , (*L'A*, III, 410_{5}; *T'A*, II, 213_{9}; *KM*, XIII, 285, n. marginale, où حوز est devenu جوز) ; ou : ... تموج ذراعاها , (*L'A*, III, 410_{5}; *T'A*, II, 213_{8}); ou : ... تموج ذراعها وترمى بجوزها (un *Diwan* ms. de Ḏou'r-Roumma, (d'après *Text.*, 9^{7}), d'autres *Diw.* mss. portant تحت ou تخب) ; ou : تعالى ذراعاها وتمطو بصدرها , (*Qalb*, 15^{15}). Le vers est ordinairement attribué à Ḏou'r-Roumma. Il mnq. d. *Diw. Ḏ. R.*, (cf. *supra*, p. 57, n. 4); mais cf. *Text.*, loc. cit. D'après *L'A*, III, 410_{5}, (= *T'A*, II, 213_{8}), A'OB l'a attribué à Ibn Mouqbil.

(12) *ĞM*, تضرب به ومن هذا قولهم ; *Qalb*, 15^{16}, وَمِنْهُ لَقِيتُهُ . Je maintiens la lect. de *M*, (s. correction ومنه ; etc.), à cause de *L'A*, III, 409^{4}; *Ṣaḥ.*, I, 192^{5}; *T'A*, II, 212_{7}.

(13) *M*, كَفَّةً كَفَّةً ; mais cf. : *Tahḏ.*, 598^{3}; *KM*, XIV, 99^{9}; *L'A*, XI, 213_{9}; Sîb., II, 49^{22}; etc.

(14) *ĞM* aj. : لمعنى تقف ولا تجرى واقرعتها اذا كبحتها باللجام ايضا .

[a] اَلْجَرِيرُ وَٱلْجَدِيلُ حَبْلَانِ مَفْتُولَانِ مِنْ أَدَمٍ [1] فِي ٱلرَّأْسِ وَٱلْعُنُقِ [b] وَٱلزِّمَامُ لَا يَكُونُ إِلَّا فِي ٱلْأَنْفِ خَاصَّةً . [AZD] [c] رَسَنْتُ ٱلْبَعِيرَ أَرْسُنُهُ ، بِٱلرَّسَنِ .

وَمِنْ عَقْلِهَا وَشَدِّهَا [AṢ] [2] [d] هَجَرْتُ ٱلْبَعِيرَ أَهْجُرُهُ هَجْرًا وَهُوَ أَنْ يُشَدَّ [3] ٱلرُّسْغُ إِلَى ٱلْحَقْوِ إِنْ كَانَ عُرْيًا فَإِنْ كَانَ مَرْحُولًا [3] شَدَّهُ بِٱلْحَقَبِ [3] . [e] وَعَقَلْتُهُ أَعْقِلُهُ عَقْلًا [4] تَثْنِي [5] وَظِيفَهُ مَعَ ذِرَاعِهِ فَتَشُدُّهُمَا [5] جَمِيعًا فِي وَسَطِ ٱلذِّرَاعِ [6] . [AṢ, AM]* [7] [f] وَحَجَزْتُهُ إِذَا [7] أَخَذْتَهُ ثُمَّ شَدَدْتَ حَبْلًا فِي أَصْلِ [8] خُفَّيْهِ جَمِيعًا مِنْ رِجْلَيْهِ ثُمَّ تَرْفَعُ [7] ٱلْحَبْلَ مِنْ تَحْتِهِ حَتَّى [7] تَشُدَّهُ عَلَى حَقْوَيْهِ وَذٰلِكَ إِذَا أَرَادَ أَنْ يَرْتَفِعَ خُفُّهُ [9] . [AṢ, AZD] [10] [g] أَبَضْتُهُ آبُضُهُ [11] أَبْضًا وَهُوَ أَنْ يُشَدَّ رُسْغُ [10] ٱلْبَعِيرِ إِلَى عَضُدِهِ . [AḤ] [h] وَعَرَسْتُهُ [12] أَعْرُسُهُ عَرْسًا وَهُوَ أَنْ تَشُدَّ [12] عُنُقَهُ مَعَ يَدَيْهِ جَمِيعًا وَهُوَ بَارِكٌ . [i] وَعَكَسْتُهُ [13] (٣٦٠) شَدَدْتُ إِحْدَى يَدَيْهِ إِلَى عُنُقِهِ وَهُوَ بَارِكٌ . [A'AM] [j] عَكَلْتُهُ أَعْكُلُهُ عَكْلًا وَهُوَ أَنْ يُعْقَلَ بِرِجْلٍ [14] . [g] وَٱسْمُ ٱلْحَبْلِ ٱلَّذِي

a). Cf. *KM*, VII, 150_4, et $_1$, (A'OB) ; — b). = *ibid.*, 150^8, (A'OB) ; — c). cf. *ibid.*, 151^1, (A'OB) ; — d). cf. *ibid.*, 152^9, (A'OB) ; — e). cf. *ibid.*, 152_7, (A'OB) ; — f). cf. *ibid.*, 152_6, (A'OB) ; — g). cf. *ibid.*, 152_1, (A'OB) ; — h). = *ibid.*, 153^1, (A'OB) ; — i). cf. *ibid.*, 153^3, (A'OB) ; — j). = *ibid.*, 153^4, (A'OB).

---

(1) *ĞM*, ... يكونان فى أعناق الابل وربما كانا فى الراس واما الزمام فلا ; puis, (= *KM*) : ... ارسنه رسنا .

(2) *ĞM*, باب عقل الابل وشدها ; — puis : ... الاصمعى هجرت . Cf. *Ibil* a, 109^{13}, ^{12}.

(3) *ĞM*. ان يشد حبل فى رسغ رجله ثم يشد الى حقوه ان كان عريا ... مرحولا ... فى الحقب .

(4) *ĞM*, عقلته , (s. و) ; puis : ... عقلا وهو ان , (= *Ṣaḥ.*, II, 217_{10}, (AṢ).

(5) *ĞM* et *KM*, فيشدهما , يثنى ; *M*, تَثنى , et فتشدهما . J'adopte la lect. de *T'A*, VIII, 26_{19}, (AṢ) ; (= *Ṣaḥ.*, II, 217_{10}).

(6) *ĞM* aj. ونحره , (= ونحوه (!) d. *KM*, VII, 152_8 ; etc.). Cf. *Dial.*, I, 95_{10}.

(7) Cf. *infra*, n. 9. — *ĞM*, وحجزته احجزه حجزا وهو ان ينيخه ثم يشد ... ثم يرفع ... ثم يشده . — Cf. *Ibil* a, 109^{14} seq.

(8) Lect. de *ĞM* (?) ; *KM* ; *L'A*, VII, 198_{11}. — *M* porte : اسفل , qui est un contresens.

(9) *ĞM* aj. : ومنه قول ذى الرمة . فهن من بين محجوز بنافذة . — Cf. *KM*, VII, 152_3. L'hémistiche est suivi de celui-ci : وقائظ وكلا روقيه مختضب : *L'A*, VII, 198_{12} ; *T'A*, IV, 23_{13}. On trouve : ... وزاهقا وكلا حتى اذا كُنّ محجوزا بنافذة , d. R. Smend, *De Dsu r'Rumma poeta arabico et carmine ejus* ما بال عينك منها الماء ينسكب , v. 103 ; *Diw. Ḏ. R.*, 17_3, (av. أكرّ) ; *Ġamh.*, 184_2, (av. ورا•ها وكلا , et محجورا , كرّ) . — *ĞM* aj. ensuite : ... الاموى فى الحجز مثله او نحوه الاصمعى .

(10) Cf. *Ibil* a, 109^{11}. — *ĞM*, ... وهو ان يشد رسغى يده الى ; *KM*, ... أن تَشُدّ رُسْغ يده .

(11) Voc. de *M* : cf. *T'A*, V, 2_{12}, $_{10}$; *Ṣaḥ.*, I, 518, n. 1. — *Ibil* a, 109^{11}, et *KM* : av. *kasr* de la sec. rad.

(12) *ĞM*, عرسته , (s. و) ; puis : ان يشد عنقه .

(13) *ĞM* aj., (= *KM*) : اعكسه عكسا ; puis contin. ainsi : وهو ان يشد عنقه الى احدى يديه وهو .

(14) *ĞM*, برجله ; et ensuite : واسم الحبل الذى يعقل به هذا كله الهجار والعقال والحجار والاباس والفراس ... .

يُعْقَلُ بِهِ الجِعازُ [a] وَٱلمِجارُ [b] وَٱلعِقالُ [c] وَٱلإِباضُ [d] وَٱلعِراسُ [e] وَٱلعِكاسُ . [A'AM] [f] الرِّفاقُ أَنْ يُشَدَّ حَبْلٌ مِنْ عُنُقِ ٱلبَعِيرِ إِلَى رُسْغِهِ يُقَالُ رَفَقْتُ ٱلبَعِيرَ أَرْفُقُهُ ، رَفْقًا [2] . [AZD] [g] عَقَلْتُ ٱلبَعِيرَ بِثِنَايَيْنِ غَيْرَ مَهْمُوزِ ٱلأَلِفِ وَذٰلِكَ لِأَنَّكَ تُثَنِّيهِ عَلَى غَيْرِ [3] تَثْنِيَةِ ٱلوَاحِدِ وَذٰلِكَ إِذَا عَقَلْتَ يَدَيْهِ جَمِيعًا بِحَبْلٍ أَوْ بِطَرَفَيْ حَبْلٍ [h] وَعَقَلْتُهُ [4] بِثِنْيَيْنِ إِذَا عَقَلْتَ يَدًا وَاحِدَةً بِعُقْدَتَيْنِ . [AṢ] [5] [i] الرِّفَاقُ أَنْ يُخْشَى عَلَى ٱلنَّاقَةِ أَنْ تَنْزِعَ إِلَى وَطَنِهَا فَيُشَدَّ عَضُدَاهَا [6] شَدًّا شَدِيدًا لِتُخْبَلَ [7] عَنْ أَنْ تَنْزِعَ . [j] وَيَكُونُ [8] الرِّفَاقُ أَيْضًا أَنْ [8] تَظْلَعَ مِنْ إِحْدَى يَدَيْهَا فَيَخْشَوْا أَنْ تَبْطِرَ ٱلْيَدُ ٱلصَّحِيحَةُ ٱلسَّقِيمَةَ ذَرْعَهَا [9] فَيَصِيرَ ٱلظَّلْعُ [9] كَسْرًا فَتُحَزُّ [10] عَضُدُ ٱلْيَدِ ٱلصَّحِيحَةِ لِكَيْ تَضْعُفَ فَيَكُونَ سَدْوُهُمَا [10] وَاحِدًا . [KS] [k] فَإِنْ شَدَدْتَ قَوَائِمَهُ كُلَّهَا وَجَمَعْتَهَا قُلْتَ ظَفَّفْتُهَا أَظُفُّهَا [11] وَكَذٰلِكَ غَيْرُ ٱلْبَعِيرِ . [AZD] [l] عَلَطْتُ ٱلْبَعِيرَ تَعْلِيطًا إِذَا نَزَعْتَ عِلَاطَهُ مِنْ عُنُقِهِ وَهُوَ ٱلْحَبْلُ .

وَمِنْ أَمْرَاضِهَا [AṢ] [12] [m] الغُدَّةُ وَهُوَ طَاعُونُهَا يُقَالُ مِنْهُ بَعِيرٌ مُغِدٌّ *[AṢ, A'AM, KS] [13] [n] فَإِنْ كَانَ (٣٦١) مَعَ ٱلْغُدَّةِ وَرَمٌ فِي ظَهْرِهِ [13] فَهُوَ دَارِئٌ وَقَدْ دَرَأَ ٱلْبَعِيرُ يَدْرَأُ [A'AM, KS] [14]

a). Cf. *KM*, VII. 152^{11}, (A'OB) ; — b). cf. *ibid.*, 152_{6}, (A'OB) ; — c). cf. *ibid.*, 152_{1}, (A'OB) ; — d). cf. *ibid.*, 153^{2}, (A'OB) ; — e). cf. *ibid.*, 153^{3}, (A'OB) ; — f). = *ibid.*, 153^{4}, (A'OB) ; — g). cf. *ibid.*, 153^{10}, (A'OB) ; — h). cf. *ibid.*, 153^{13}, (A'OB) ; — i). = *ibid.*, 153^{7}, (A'OB) ; — j). cf. *ibid.*, 153^{8}, (A'OB) ; — k). cf. *ibid.*, 153_{12}, (A'OB) ; — l). cf. *ibid.*, 154^{4}, (A'OB); et *ibid.*, 151^{12}, (A'OB) ; — m). cf. *ibid.*, 166_{10}, (A'OB) ; — n). cf. *ibid.*, 166_{6}, (A'OB).

---

(1) Voc. de *M*: cf. Lane, 1125 c, l. 11 a. f.

(2) *ĞM* aj. : ومنه قول بشر . كذات الضغن يمشى فى الرفاق . Lire تمشى . — Cf. *KM*, VII, 153^{5}. Le premier hémist. du vers est : فانك والشكاة من آل لام , av. une var. فانى . Cf. *Bišr*, p. 289, n. 2.

(3) *ĞM*, تغنيه على تثنية الواحد منه ; *KM*, تُثَنّيه غير تثنية الواحد . — Cf. *Adab*, 302^{3}.

(4) *ĞM*. ويقال عقلته .

(5) Cf. *Ibil* a, …, 110^{15} ; *L'A*, XI, 410^{10} seq., (AṢ). — Cf. *supra*, l. 1.

(6) *Sic* d. *M* ; *KM* ; *ĞM*. — *L'A*, XI, 410^{11}, عضُدُها : cf. *Fiq.* o, 260_{1} ; *Ṣaḥ.*, II, 85_{15} ; *Qdm.*, III, 272^{11} ; etc.

(7) *M*, لتُخيَل ; *ĞM*, لتحيل . Je corrige d'après *KM* ; *L'A*, XI, 410^{11} ; *Ṣaḥ.*, II, 85_{15}.

(8) *ĞM*, وقد يكون ; — *m*, ويكون الرفاق ايضا مراز تظلم ; *M**, ايضا من ان تظلم .

(9) *ĞM*, درعها … الظلم . — *M*, الظلّم : cf. *infra*, p. 68, n. 6.

(10) *ĞM*, فتحز … شدهما ; *m*, فيحذ … شدودهما ; *M*, فيحز … سدوهما ; *KM*, فتُحَزّ … .

(11) *Sic* d. *ĞM* ; *L'A*, XI, 136_{4}, (KS) ; *Verbi*, 284^{2}. — *M**, طفقتها اظلفها ; *KM*, ضَفَفْتها أضُفُّها , qui, bien qu'il ne soit pas incorrect, ne se trouve peut-être ici que par erreur.

(12) *ĞM*, باب امراض الابل وادوائها ; puis : اخبرنا الاصمعى قال من ادواء الابل الغدة وهى طاعونها … . Cf. *Ibil* a, 117^{6}.

(13) Cf. *infra*, note 14. — *ĞM*, ورم فى ظاهر فهو . — Cf. *Ibil* a, 117^{7}.

(14) *ĞM*, … ابو عمرو والكسائى فى الدارئ مثله والمصدر درو وقال عمد … . Je garde درءا , (= *M** et *m*).

وَٱلْمَصْدَرُ دُرُوءٌ [1] [*waqâl*] [a] وَعَمِدَ عَمَدًا مِثْلُهُ . [ᶜ*an* KS] [1] [b] خَزِبَتِ ٱلنَّاقَةُ خَزَبًا وَرِمَ ضَرْعُهَا . [AṢ] [2] [c] فَإِنْ عَاجَلَتْهُ ٱلْغُدَّةُ فَهُوَ مَقْلُوبٌ وَقَدْ قُلِبَ قِلَابًا [3] [d] فَإِنْ أَشْرَفَ عَلَى ٱلْمَوْتِ مِنَ ٱلْغُدَّةِ قِيلَ عَسَفَ يَعْسِفُ وَهُوَ بَعِيرٌ عَاسِفٌ [وَنَاقَةٌ عَاسِفٌ] [4] أَيْضًا [e] وَكَذٰلِكَ نَاقَةٌ دَارِئٌ [f] وَٱلْعَسْفُ أَنْ يَتَنَفَّسَ حَتَّى تَقْمِصَ [5] حَنْجَرَتُهُ [g] وَمِنْ أَدْوَائِهَا ٱلسُّوَافُ [6] وَهُوَ ٱلْمَوْتُ . [h] وَمِنْهَا ٱلْبَغَرُ وَهُوَ عَطَشٌ يَأْخُذُهَا فَتَشْرَبُ فَلَا تَرْوَى فَتَمْرَضُ [7] عَنْهُ فَتَمُوتُ [8] . [i] وَمِنْهَا ٱلنَّجَرُ [9] وَهُوَ مِثْلُ ٱلْبَغَرِ إِلَّا أَنَّهُ أَهْوَنُ مِنْهُ شَيْئًا يُقَالُ نَجِرَ يَنْجَرُ [9] . [j] وَمِنْهَا ٱلْغَلَّةُ [10] وَهُوَ أَنْ تَأْكُلَ ٱلتُّرَابَ مَعَ ٱلْبَقْلِ [10] فَتَمْرَضَ [10] يُقَالُ

a). Cf. *KM*, VII, 166_4 seq., (ISK; Ṣ'A); — b). cf. *ibid.*, 167^6, (A'OB); — c). = *ibid.*, 167_9, (A'OB); — d). cf. *ibid.*, 167_3, (A'OB); — e). cf. *ibid.*, 166_5, (A'OB); — f). = *ibid.*, 167_1, (A'OB); — g). = *ibid.*, 171_{10}, (A'OB); — h). cf. *ibid.*, 168^2, (A'OB); — i). cf. *ibid.*, 168^5, (A'OB); — j). cf. *ibid.*, 173^8, (A'OB).

---

(1) *Ǧ M*, ... عن العسالى وحده ويقال خزبت خزبا ورم .

(2) Cf. *Ibil* a, 117^{16}, ^{19}, ^{8}, ^{19}, ..., ..., ..., 120^3, ^{4}, 118^{14}; *Ibil* b, ..., ..., ..., ..., ..., ..., ..., 152^{18}, ^{19}, 153^9.

(3) *M*, قلاى ; *ǦM*, فلان . Je corrige d'après *KM*; *L'A*, II, 181_4, (AṢ); etc. Le *maṣdar* de ce verbe est bien قِلاب, et non قُلاب, (= *Verbi*, 62^{12}), qui est le nom de la maladie, (cf. *T'A*, I, 439^{12}). A côté de la forme *fou'âl*, (cf. Barth, 76; *Beitr.*, 31; *KM*, XIV, 135^{12} seq.; *Adab*, 604^{12} seq.; etc.), on trouve, pour désigner les maladies, quelques doublets de forme *fi'âl*: v. g., هُيام et هِيام , أُطام et إطام : cf. *Adab*, 571^4, ^{7}; *KM*, VII, 170_7, 171^{11}, (ISK: cf. *Iṣlâḥ*, 63^v, l. 3 et 2 a. f.); etc. Quant à النُّحاز والنِّحاز , (*KM*, VII, 169^8), la rem. d'ISD vient mal à propos (?). Le texte du *Iṣlâḥ*, 54^r, 1re l., est: وَالْنُّحاس لعرِيه النُّحاس والنِّحاس والنُّجار والنِّجار اى الاصل , (cf. *Adab*, 571^8; *KM*, XV, 86_2; etc.). Un doublet *fa'âl* bien connu est سَوَاف : cf. *infra*, n. 6.

(4) Je complète *M* d'après *ǦM*, (qui a, plus haut: قيل قد عسف); *KM*; etc.

(5) D'après *ǦM*; *KM*; *L'A*, XI, 151_8; *Ibil* a, 117^{19}.. — *M*, يَقْبِضَ ; *T'A*, VI, 198^{17}: فترجف .

(6) *M*, الشُّواق ; *ǦM*, السوّاف . — D'après *KM*, XIV, 135_{10}; *L'A*, XI, 66_4; *Adab*, 605^7; *Bânat*, 197^6; etc., AṢ lisait: الشُّواف ; et A'AM, السَّواف .

(7) Il y a وتمرض d. *ǦM*; *KM*; *T'A*, III, 53_8, (AṢ); etc.

(8) *ǦM* aj.: قال الشاعر . فقلت ما هو الا الشام تركبه كانما الموت فى اجناده البغر الشام خمسة اجناد فدمشق وحمص وقنسرين والاردن وفلسطين يقال لكل مدينة منها جند . — Cf. *KM*, VII, 168^3; *L'A*, V, 139^1, (corrig. الشّامُ); *Ṣaḥ.*, I, 220_{12}, (corrig. البحر). Il y a تركبه d. *Ṣaḥ.*, I, 287_5; *L'A*, IV, 106_5; *T'A*, III, 53_7, (corrig. السام). Le poète est Al-Farazdaq: cf. Yâq., I, 41^{16}, et 136^{17}; *Šarḥ Mufaṣ.*, 568^{10}; *Dîw. FRZ* B, 17^9.

(9) *M* et *ǦM*, نحز ينحز , النحز . On pourrait lire بحر , etc., (av. *KM*; *L'A*, V, 109_9, et 139^3; *T'A*, III, 53_9 et $_8$); ou même مجر , (cf. *Verbi*, 159^{15}; *Tahḏ.**, 674_6; *L'A*, V, 139^3, (... الزبيدى), av. *T'A*, III, 53_9). Je préfère lire نجر , etc.: cf. *T'A*, III, 556^2; *Verbi*, 117^{12}; *Zaǧǧ.*, 79^{14}; etc. Cette lect., paléographiquement très acceptable, semble confirmée par *Tahḏ.*, 463^{11}, où le ms. de Paris, (d'après *ibid.*, notes *e* et *f*), aj. .. وَنَجَرَ après ... نَجِرَ ; et par *Tahḏ.**, 674_7. — Corrig. المجر والنحر en المجر والنجر d. *Mouzh.*, I, 225_{11}, (A'OB): cf. *Qalb*, 19^{10}, (= *KM*, XIII, 284^3).

(10) *ǦM*, الغلة . — *M* a deux fois: مع البقل ; puis: فيمرض .

مَغِلَتْ تَمْغَلُ مَغْلَةً . [a] وَمِنْهَا الحَقْلَةُ يُقَالُ حَقِلَتْ تَحْقَلُ [1] حَقْلَةً [2] . [b] وَمِنْهَا الجَنَبُ وَهُوَ أَنْ يَشْتَدَّ عَطَشُهَا حَتَّى تَلْصَقَ [3] الرِّئَةُ بِالجَنْبِ يُقَالُ جَنِبَ يَجْنَبُ [4] . [qal] [5] [c] الشَّكَكُ أَيْسَرُ مِنَ الظَّلَعِ [6] يُقَالُ بَعِيرٌ شَاكٌّ وَقَدْ شَكَّ يَشُكُّ . [d] وَمِنْهَا الطَّنَأُ [7] وَهُوَ لُزُوقُ [8] الطِّحَالِ بِالجَنْبِ [9] . وَالمُطَنِّي [10] الَّذِي يُطَنِّي البَعِيرَ إِذَا طَنِيَ [10] . [e] وَالرَّجَزُ [11] أَنْ يَضْطَرِبَ [11] رِجْلَا البَعِيرِ سَاعَةَ إِذَا أَرَادَ القِيَامَ ثُمَّ يَنْبَسِطُ [12] . وَالحَقَجُ أَنْ يُعْجِلَ رِجْلَيْهِ [13] قَبْلَ رَفْعِهِ إِيَّاهُمَا كَأَنَّ بِهِ رِعْدَةً . يُقَالُ

a). Cf. *KM*, VII, 173[10], (A'OB); — b). cf. *ibid.*, 168[8], (A'OB); — c). cf. *ibid.*, 168[11], (A'OB); — d). cf. *ibid.*, 168_{12}, (A'OB); — e). cf. *infra*, p. 366[1] seq. de *M*.

---

(1) *M*, forme *fa'ala yaf'ilou*. Ailleurs, (*KM*; *Qâm.*, III, 413_9; etc.): *ḥaqila*. — Cf. *T'A*, VII, 281, (marge): حَقِلَ .

(2) *ĞM* aj. : قال العجاج . ذاك وتشفى حقلة الامراض . — Cf. *KM*, 173[11]; *Dîw.* *'AĞ*, p. 80, (Fragments, 27[1]): *Ṣaḥ.*, II, 172_7, (av. وتشفى). Le *raǵaz* est attribué à Rou'ba d. *L'A*, XIII, 170_6; *Ibil* b, 152_1, (av. وتشفى); *Ibil* a, 120[5].

(3) *ĞM*, تلتصق , (= *Ṣaḥ.*, I, 39_{11}, (AṢ); etc.); *KM* et *Ibil* a, 118[14]: تلزق ; (*Ibil* b, 153[9], فلزقت).

(4) *ĞM* aj.: قال والشك . قال ذو الرمة . كان مستبان الشك او جنب . Lire كانه . — Cf. *KM*, VII, 168[9]; *Ṣaḥ.*, I, 39_9. L'hémistiche est précédé de celui-ci : وكب المسحج من عانات معقلة , = *Ṣaḥ.*, II, 138[15]; *L'A*, I, 272_9; *ibid.*, XII, 338_5; *T'A*, I, 191[9]; *ibid.*, VII, 150_{12}; Yâq., IV, 577[19], (av. المُسَحَّج); R. Smend, *op. cit.*, (*supra*, p. 65, n. 9), v. 40; *Dîw. Ḏ. R.*, 7_3: *Ibil* a, 118[16]; *Ibil* b, 153[12]; *Arâǵîz*, 38_9; *Ǧamh.*, 179[12]. Cf. *Text.*, 41[1].

(5) Cf. *Ibil* a, 118[17], [7], [11], 98[18] et 121[16], 121[20]; *Ibil* b, 153[13], [14],..., 153[20], 154[1].

(6) *M*, ici et ailleurs, (cf. *supra*, p. 66[7]) : الظلم . Les Dictionn. donnent, *s. rad.* ظلع : الظلع . Je trouve cependant la voc. ظَلَم d. *KM*, VI, 164[10], [11], (mais cf. *L'A*, XIII, 490[11]); *L'A*, I, 272_5; *ibid.*, IX, 433[5]; *ibid.*, XI, 203[12]. Peut-être peut-on appliquer à ce mot la rem. faite à propos de ضَلَم (cf. *infra*, p. 71, n. 5), d. *L'A*, X, 96_2 seq. : والضَّلَمُ بالتحريك الاعوجاجُ خِلقةً يكون في المشي من المَيْل... فان لم يكن خلقة فهو الضَّلْمُ بسكون اللام تقول منه ضَلِمَ بالكسر يَضْلَمُ ضَلَمًا وهو ضَلِمٌ . Quoi qu'il en soit, la voc. ظَلَم peut être admise : cf. le sens métaphorique de ce mot, et aussi les voc. رَجَز , خَقَج , etc.

(7) *M** et *m*, الطناة ; (*M*, الطناً (?)). — Il y a الطنى d. *KM*; *ĞM*: *Ibil* a, 118[7]; *Ibil* b, 153[14]; *Maqṣ.*, 26_2; *KM*, XV, 167_1; الطَنىّ d. *m*, 107_2, (d. le باب ... الدور); et الطناً d. Wall., 77[15]; *KM*, XVI, 12_3. (av. la rem. suiv. : وأكثر اللغويين على ترك الهمز).

(8) *M*, وهو وهو لزوق ; *m*, وهوَ لصوق : cf. *supra*, n. 3.

(9) *ĞM* aj. : قال الحارث بن مصرّف . اكويه اما اراد الكى معترضا كيّ المطنى من النحر الطنى الطحلا . Lire : النحز . — Cf. *KM*, VII, 168[14]; *L'A*, XIII, 423_3; *Ṣaḥ.*, I, 438[9]; *ibid.*, II, 511[13]; *Ibil* a, 118[10]; *Ibil* b, 153[17]; *Ḫalq*, 219[7]; Wall., 78, note; *KM*, XV, 168[2]. Le poète est appelé : الحرث بن d. *T'A*, VII, 415_{11}; الحرث بن مصرف بن اصمم d. *T'A*, X, 228_{10}; الحرث بن مضرب الباهلى مصرّف وهو ابو مزاحم العقيلى d. *L'A*, XIX, 240[3]; *ibid.*, VII, 282_3; et الحارث بن مصرّف d. *Ibil* a, *Ibil* b, *Ḫalq*, aux endroits précités; *L'A*, XIII, 423_4, (IBR).

(10) *KM*, ... وطَنَّيته ; mais remarquer qu'ISD a placé cette déf. avant le vers cité plus haut d. *ĞM* (*supra*, n. 9), lequel contient المُطَنِّي . — *ĞM*, اذا طنى .

(11) *M* et *m*, والرَّجَز . Cf. *infra*, p. 366[2] de *M*. — *ĞM*, ان تضطرب ; *m*, ان يُضطرِبَ .

(12) *Sic*, au masc., d. *m* et probablement *M*. Cf. *infra*, p. 366[2] de *M*. Ailleurs, (*ĞM*, etc.), on trouve le fém. Mais cf. les passages suivants : *KM*, VI, 164[11]; *L'A*, XIII, 490[10]; *Qâm.*, IV, 22_3.

(13) *ĞM*, تعجل رجلاه (= *Ibil* a, 121[21]; *Ibil* b, 154[3]). Cf. *infra*, p. 366[3] de *M*.

خَفِجَ (٣٦٢) ٱلْبَعِيرُ خَفَجًا. [qāl]، [a] وَيُقَالُ لِلْبَعِيرِ إِذَا وَرِمَ نَحْرُهُ وَأَرْفَاغُهُ قَدْ نِيطَ [2]، نَوْطَةٌ [3] [b] فَإِنْ، كَانَتْ بِهِ دَبْرَةٌ فَبَرَأَتْ [4]، وَهِيَ تَنْدَى، قِيلَ بِهِ غَاذٌّ [5] وَتَرَكْتُ جُرْحَهُ يَغِذُّ [c] وَإِذَا كَانَ بِهِ سُعَالٌ قِيلَ بِهِ [6] نَاحِزٌ. [d] فَإِنْ كَانَ سُعَالُهُ جَافًّا [7] قِيلَ هُوَ مَجْشُورٌ [7] [e] [وَٱلْبَعِيرُ ٱلنَّطِيفُ ٱلَّذِي قَدْ أَشْرَفَتْ دَبْرَتُهُ عَلَى ٱلْجَوْفِ] [8] يُقَالُ نَطِفَ [9] يَنْطَفُ نَطَفًا [9] وَكَذٰلِكَ ٱلَّذِي أَشْرَفَتْ [9] شَجَّتُهُ عَلَى ٱلدِّمَاغِ. [f] وَبَعِيرٌ مَذْبُوبٌ إِذَا أَصَابَهُ ٱلذُّبَابُ. *[AṢ, KS] [10] [g] وَبَعِيرٌ مَهْيُومٌ أَصَابَهُ [10] ٱلْهُيَامُ وَهُوَ دَاءٌ يَأْخُذُ ٱلْإِبِلَ مِثْلُ ٱلْحُمَّى. [KS] [h] نَاقَةٌ مُنْحَزَةٌ وَنَحِزَةٌ [11] مِنَ ٱلنُّحَازِ [waqāl] [11] [i] وَمِنْ أَدْوَائِهَا *[KS, AM] [12] ٱلْهُرَارُ *[KS] [12] وَٱلْخُرَاعُ [j] وَٱلنُّكَافُ [k] وَٱلْقُلَابُ وَهِيَ إِبِلٌ [13] مَقْلُوبَةٌ [l] وَمَنْكُوفَةٌ *[KS, AM] [12] [i] وَمَهْرُورَةٌ *[KS] [13] وَمَخْرُوعَةٌ [i] وَٱلْخُرَاعُ جُنُونُهَا. [AM] [m] وَمِنَ ٱلسُّهَامِ مَسْهُومٌ وَهُوَ دَاءٌ [14]. [qāl] [n] نَاقَةٌ

a). Cf. *KM*, VII, 167_{12}, (A'OB) ; — b). = *ibid.*, 168_{1}, (A'OB) ; — c). cf. *ibid.*, 169^{9}, (A'OB); — d). cf. *ibid.*, 169_{9}, (A'OB); — e). cf. *ibid.*, 168_{3}, (A'OB) ; — f). cf. *KM*, VIII, 183^{3}, (A'OB) ; — g). = *KM*. VII, 170_{9}, (A'OB) ; — h). cf. *ibid.*, 169^{9}, (A'OB) ; — i). cf. *ibid.*, 170_{5}, (A'OB); — j). cf. *ibid.*, 170_{1}, (A'OB) ; — k). cf. *supra*, p. 67^{2} ; — l). cf. *KM*, VII, 171^{1}, (A'OB) ; — m). cf. *ibid.*, 173_{6}, (ISK) ; — n). = *ibid.*, 170^{3}, (A'OB).

---

(1) Cf. *Ibil* a, 117^{9}, 120^{14}, 118^{5}, 121^{1}, 120^{17},...; *Ibil* b, 154^{19}, 155^{16},..., 155^{19}, ^{17},... .

(2) *Sic* d. *M*. Il y a نيط له d. *ĠM* ; *KM*; (*Ibil* a, 117^{9}) ; *Ibil* b, 154^{20}; *L'A*, IX, 298^{6}; etc. Je garde la lect. de *M* à cause de *Ṣaḥ*., I, 567_{5}; *T'A*, V, 236^{4}; *L'A*, loc. cit. ; *Verbi*, 280^{3}.

(3) *ĠM* aj. : قال ابن احمر . ولا علم لى ما نوطة مستكنّة ولا اى من فارقت اسقى سقاليا Cf. *L'A*, IX, 298^{5}; *ibid.*, XIX, 118^{1} ; *Ibil* a, 117^{12}, (av. أيّ ما) . Au lieu de فارقت , il y a : قارفت d. *KM*, VII, 167_{10}; et d. le Cod. de *Ibil* a, (117^{12}): cf. *Text.*, 40_{2}; — et : عاديت d. *Ṣaḥ*., I, 567_{4} ; *ibid.*, II, 494_{1} ; *T'A*, X, 180^{15} ; *KM*, XII, 171^{6}, (A'OB) . A propos du sens donné par A'OB à اسقى سقاليا , (*KM*, XII, 171^{6}), cf. la rem. de ŚM, d. *L'A*, XIX, 118^{2}, (cf. *T'A*, X, 180^{16} : d'après le *Tahḏīb*?) : لا أعرف قول أبي عبيد أسقى سِقاليا بمعنى اختبئه ... وسمعت ابن الإعرابي يقول معناه لا أدرى مَن أوعَى في الداء .

(4) *ĠM*, فاذا ; puis : وهى تندّى , (*M*, تندا ; *KM*, تُندّى) ; et يغر .

(5) *Sic* d. *M*, ici et *supra*, p. 52^{1} . Cf. *Faṣ*., 5^{1} ; Vollers, 17_{8} .

(6) *Sic* d. *M*. Il y a بعير ناحز d. *ĠM*; *KM*; *L'A*, VII, 282_{4} ; etc. Mais cf. *supra*, p. 52^{8}; *Ṣaḥ*., I, 438^{11} : ايضا [والناحز] . Sur la lect. به ناحز de *L'A*, VII, 238^{6}, cf. *infra*, p. 71, n. 3.

(7) *m*, (et *M*?) , حافًا ; *ĠM*, جافا فهو , (= *KM*); et محشور , (= *M*!) . Cf. *L'A*, V, 208_{1}, (AṢ) .

(8) D'après *ĠM* et *KM*. L'auteur a laissé, d. *M*, un espace blanc d'environ 5 centim.

(9) *M*, نطفَ ينطفُ , et نطفا . Ailleurs, نطِف . — *ĠM*, الذى قد اشرفت .

(10) Cf. *infra*, note 11 ; et p. 70^{6} . — *ĠM*, اذا اصابه .

(11) *ĠM*, ونحزة ايضا وهو من النحاز ; puis aj. : ... ومن قال ايضا مثله في الهيام الكسائى . — Les mots قال ايضا se rapportent à KS : cf. *L'A*, VII, 123^{11}; *ibid.*, IX, 421_{6} .

(12) Cf. *supra*, n. 11; et *infra*, n. 13 .

(13) *ĠM*, قال ومن ادوائها الهرار مثله الاموى الهرار هو حبوبها والخراع ومقلوبة ومنكوفة ومخروعة ومهرورة وهى السهام يقال بعير مهرور ومسهوم قال ويقال ناقة صبّاء .

(14) Cf. *Ṣaḥ*., II, 800_{7} , (AM) ; *KM*, XIV, 135^{13} ; *Nabāt*, 37^{1} .

ضَبَّا [1]، وَبَعِيرٌ أَضَبُّ بَيِّنُ ٱلضَّبَبِ، وَهُوَ وَجَعٌ يَأْخُذُ فِي ٱلفِرْسِنِ. [A'AM] [a] نَاقَةٌ سَرَّاءُ وَبَعِيرٌ أَسَرُّ بَيِّنُ ٱلسَّرَرِ وَهُوَ دَاءٌ [2]، يَأْخُذُ فِي ٱلكِرْكِرَةِ. [AZD] [b] نَاقَةٌ سَعْفَاءُ وَقَدْ سَعِفَتْ [2] سَعَفًا وَهُوَ دَاءٌ يَتَمَعَّطُ مِنْهُ خُرْطُومُهَا وَهُوَ ٱلأَنْفُ وَيَسْقُطُ مِنْهُ [3] شَعَرُ ٱلعَيْنِ [3] قَالَ وَهُوَ فِي ٱلنُّوقِ خَاصَّةً دُونَ [3] ٱلذُّكُورِ. [c] قَالَ وَمِثْلُهُ فِي ٱلغَنَمِ ٱلغَرَبُ [4]. [d] بَعِيرٌ [5] مُحِبٌّ قَدْ أَحَبَّ (٣٦٣) إِحْبَابًا وَهُوَ أَنْ يُصِيبَهُ مَرَضٌ أَوْ كَسْرٌ [5] فَلَا يَبْرَحَ مَكَانَهُ حَتَّى يَبْرَأَ أَوْ يَمُوتَ. وَٱلإِحْبَابُ هُوَ ٱلبُرُوكُ. وَبَعِيرٌ مَأْطُومٌ قَدْ [6] أُطِمَ وَذَاكَ [6] إِذَا لَمْ يَبُلْ [6] مِنْ دَاءٍ يَكُونُ بِهِ. أَبُو ٱلجَرَّاحِ [7] [e] الهُيَامُ دَاءٌ يُصِيبُ ٱلإِبِلَ مِنْ مَاءٍ تَشْرَبُهُ مُسْتَنْقِعًا يُقَالُ بَعِيرٌ هَيْمَانُ وَنَاقَةٌ هَيْمَى وَجَمْعُهَا هِيَامٌ [7]. قَالَ ٱلأَصْمَعِيُّ [8] [f] الهَيْمَانُ العَطْشَانُ قَالَ وَمِنَ ٱلدَّاءِ مَهْيُومٌ. [AZD] [g] القُحَابُ [9] وَٱلنُّحَابُ وَٱلنُّحَازُ [10] وَٱلدُّكَاعُ كُلٌّ [9] هٰذَا مِنَ ٱلسُّعَالِ قَحَبَ [9] يَقْحُبُ [10] قَحْبًا وَنَحَبَ يَنْحِبُ [9] نَحْبًا وَنَحَزَ يَنْحَزُ وَدَكَعَ يَدْكَعُ [11]. [N] [h] وَمِنْ أَدْوَائِهَا [12] الحُمَالُ. [i] وَٱلجَارِزُ [12] مِنَ ٱلسُّعَالِ. قَالَ ٱلشَّمَّاخُ [12]

لَهَا بِٱلرُّغَامَى وَٱلخَيَاشِيمِ جَارِزُ [13]

a). Cf. *KM*. VII, 170^{8}, (A'OB) ; — b). cf. *ibid.*, 171^{3}, (A'OB) ; — c). cf. *infra*, n. 4 ; — d). cf. *KM*, VII, 171^{3}, (A'OB) ; — e). cf. *ibid.*, 170_{8}, (A'OB) ; — f). cf. *infra*, n. 8 ; — g). cf. *KM*, VII, 169^{5} et ^{6}, (A'OB); — h). cf. *infra*, p. 71^{7} ; — i). cf. *KM*, VII, 169_{8}, (A'OB).

---

(1) *ĞM*, اصبّ : صبّا , الصبب ; puis : وجم , au lieu de داء .

(2) *M*, سَعَفت . Ailleurs, سعِفت . — Le second منه mnq. d. *ĞM*.

(3) Corrig. البعير en العين , d. *KM*, VII, 171^{4}: cf. *Ṣaḥ*., II, 32^{5}. (ISK); *ibid*., I, 88^{5}; *L'A*, XI, 52_{11}; *KM*, XVI, 53_{9}. — *ĞM*: ومن , au lieu de دون .

(4) Cette rem. mnq. d. *KM*, VII, (et VIII ?). Cf. *Ṣaḥ*., II, 32^{6}, (ISK) ; *ibid*., I, 88^{4}; *L'A*, II, 186^{12}.

(5) *ĞM*, ... ويقال بعير محب وقد ; puis, مرض او كبر .

(6) *KM*, وقد أُطِمَ , (= *ĞM*) ; وذلك , (= *m* !) ; — *M*, يَبُلْ ou يَبَلْ . — Cf. *T'A*, VIII, 187_{1}, (AZD), = *Ṣaḥ*., II, 259^{7}.

(7) *M*, والجراح (!) ; et الهُيام , (cf. *supra*, p. 67, n. 3). — *ĞM*, وجمعهم اهيام .

(8) La déf. mnq. d. *KM*, VII. Cf. *supra*, p. 69^{6} ; *Ibil* a, 118^{19} ; *KM*, V, 37_{11}, (ISK ?).

(9) *ĞM*, ... ومن امراضها القحاب ... وكل هذا ... يقال قحب ... ونحب ينحب ونحز .

(10) *M*, والنحاذ ; et قحب يقحُبُ . — Un vers du *Diw. QṬ*, (p. 38^{10}), a pour finale : نُحازًا أو دُكاعا .

(11) *M*, دكِع يَدكَع . Ailleurs, دُكِعَ يُدكَعُ ; ou دَكَعَ يَدْكَعُ , (= *L'A*, IX, 445^{5}; *KM*, VII, 169^{5}, (A'OB ?), et 171_{4}, (A'AL); *Diw. QṬ*, 38_{8}; etc.). Cf. cependant: *Verbi*, 290^{3}, ^{4}.

(12) *ĞM*, الحمال من ادوائها ; et قال الشماخ يصف الحمر . — *M*, والجارذ ; et السماح .

(13) Cf. *KM*, VII, 169_{6}; *Ṣaḥ*., II, 291^{15}. Le premier hémist. du vers est : يحشرجها طورا وطورا كانما , (*L'A*, XV, 139_{10}; *T'A*, VIII, 315^{19}) ; ou : ... كانها , (*L'A*, VII, 182^{14}; *Ṣaḥ*., I, 423^{2} ; *T'A*, IV, 13_{3}; *Diw. ŠM*, (av. يحشرجها = , يحشرجها), où il précède le vers ... ولا دعاها الجرامز..., (= *Ğamh*., 157_{18}).

[ʿAD] [1] [a] العَرَكُ [2] وَٱلحَازُّ [3] وَاحِدٌ وَهُوَ أَنْ تَحُزَّ [4] فِي ٱلذِّرَاعِ حَتَّى تَخْلُصَ إِلَى ٱللَّحْمِ وَيُقْطَعَ ٱلجِلْدُ بِحَدِّ ٱلكِرْكِرَةِ . [qal] [b] السَّخَا [5] مَقْصُورٌ وَهُوَ ظَلَعٌ [5] يَكُونُ مِنْ أَنْ يَثِبَ ٱلبَعِيرُ بِثِقْلِ ٱلحِمْلِ [6] فَيَعْتَرِضَ ٱلرِّيحُ بَيْنَ ٱلجِلْدِ وَٱلكَتِفِ يُقَالُ [7] هُوَ بَعِيرٌ سَخٍ [7] مَقْصُورٌ مِثْلُ عَمٍ . [c] وَيُقَالُ هٰذَا بَعِيرٌ خَالِعٌ [8] وَهُوَ ٱلَّذِي لَا يَقْدِرُ عَلَى أَنْ يَثُورَ إِذَا جَلَسَ ٱلرَّجُلُ [9] عَلَى غُرَابِ [9] وَرِكِهِ [10] [ʿAD] [d] النَّاكِتُ أَنْ يَنْحَرِفَ ٱلمِرْفَقُ [11] حَتَّى يَقَعَ فِي ٱلجَنْبِ فَيَخْرِقَهُ [12] . [e] وَٱلضَّاغِطُ [12] وَٱلضَّبُّ (٣٦٤) كِلَاهُمَا ٱنْفِتَاقٌ [13] مِنَ ٱلإِبْطِ وَكَثْرَةٌ مِنَ ٱللَّحْمِ [14] . [FR] [15] [f] وَمِنْ أَدْوَائِهَا ٱلكُبَانُ بَعِيرٌ مَكْبُونٌ [N] [g] وَٱلخُمَالُ [16] ظَلَعٌ فِي ٱلقَوَائِمِ [16] .

a). Cf. *KM*, VII, 170^{5}, (Aʿ OB) ; — b). cf. *ibid.*, 161^{7}, (Aʿ OB) ; — c). cf. *ibid.*, 161^{8}, (Aʿ OB) ; — d). = *ibid.*, 170^{1}, (Aʿ OB) ; — e). cf. *ibid.*, 170^{2}, (Aʿ OB) ; — f). cf. *ibid.*, 171^{12}, (Aʿ OB) ; — g). cf. *ibid.*, 161^{9}, (Aʿ OB) ; et *KM*, VIII, 20^{6}, (AʿAL).

---

(1) *Ǧ M*, العدبّس الكنانى الناكت ان ينحرف المرفق حتى يقع فى الجنب فيخرقه والداغط والضب هما شئ واحد وهما انفتاق فى الابط وكثرة من اللحم , (cf. *infra*, l. 5) ; puis continue : ... قال العرك العدبّس الكنانى .

(2) *Sic* d. *M*, et les Lexiques. Corriger العَرَك d. *Lʿ A*. VII, 201$_{8}$, (ʿAD).

(3) *Ǧ M*, والحاز هما واحد وهو ان ; *KM*, والحازُّ واحد وهما أن . AZ, (*Lʿ A*, VII, 283^{6}), signale une lect. به ناحِزٌ , d'Al-Layṯ, qu'il considère comme fautive. Cf. *Lʿ A*, VII. 201^{6}.

(4) *Sic* d. *M*. Partout ailleurs : يحز , يخلص , (= *Ǧ M* ; *KM* ; *Lʿ A*, XII, 352$_{1}$: *ibid.*, VII, 201$_{8}$, (ʿAD) ; *Tʿ A*, IV, 26^{5}, (ʿAD) ; *ibid.*, VII, 160^{16}, (ʿAD) ; etc.).

(5) *Ǧ M*, ... والسخا مقصور هو ضلع . Cf. Wall., 61^{16} ; *Maqṣ.*, 12^{10}. — Sur ظَلَعٌ , (= *m*), cf. *supra*, p. 68, n. 6.

(6) *Sic* d. *M*. Ailleurs, (*Ǧ M* ; *KM*, *Lʿ A*, XIX, 95$_{8}$; etc.) : فتعترض بالحمل الثقيل , (*Ǧ M*, فتعرض).

(7) *Ǧ M*, (= *KM*) , يقال منه بعير ; puis : سخ مثل عم .

(8) *Sic* d. *M* ; *Lʿ A*, IX, 431$_{1}$; *Qdm.*, III, 21$^{7,\ 8}$; *Tʿ A*, V, 321$_{18}$. — *Ǧ M*, ويقال بعير به ضالع وهو الذى ... ; *KM*, ... بعيرٌ به خالعٌ وهو الذى ; et *item* d. *Ṣaḥ.*, I, 585$_{2}$. Je crois cette dern. lect. plus correcte.

(9) *Ǧ M*, ... جلس الرحل على غراب ; *M*, (?) , عراب .

(10) Les deux lign. suiv. sont placées ailleurs d. *Ǧ M* : cf. *supra*, n. 1. *Ǧ M* contin. : ... الفراء , (cf. *infra*, l. 6).

(11) *M*, p. v. ; *KM*, المَرْفِق ; *Lʿ A*, II, 406^{11}, (ʿAD) : المِرْفَقُ .

(12) *M*, فيُخرِقه . Cf. *Lʿ A*, II, 406^{11}, (ʿAD) ; *Ibil* a, 99$^{14-16}$. — *Ǧ M*, والداغط .

(13) *M**, انفتاق ; *m*, الإفتاقُ . Je corrige d'après *KM*, *Ǧ M*, (cf. *supra*, n. 1) ; *Lʿ A*, IX, 217^{1}. — Cf. *Ibil* a, 99^{10} seq., et 119^{4}.

(14) *M*, ... وكثرةٍ من ; *Ǧ M*, ... وكثرة من ; *KM*, وكثرة اللحم . J'adopte la lect. de *Lʿ A*, II, 30$_{10}$, (ʿAD), et 30$_{12}$. Cf. *Ṣaḥ.*, I, 73$_{15}$. — *Ǧ M* continue : ... العدبس الكنانى قال العرك . Cf. *supra*, n. 10.

(15) *Ǧ M*, الفراء الكباب داء ياخذ الابل يقال بعير مكبون ; *KM*, ابو عبيد الكُبَانُ داء يأخذ الابلَ بعيرٌ مَكْبُون .

(16) *Ǧ M*, ومن ادوائها الحمال وهو ظلع يكون فى القوائم ; puis aj. : قال الاعشى

لم تعطف على حوار ولم يقـــطع عبيد عروقها من حمال

Lire خمال . — Cf. *KM*, VII, 161^{10} ; R. Geyer, *Zwei Gedichte von Al-ʾAʿšâ*, I, p. 20, (v. 20), et 104.

وَمِنْ أَمْرَاضِهَا [1] [AZD, AṢ*] [2] [a] رَمِثَتِ ٱلْإِبِلُ رَمَثًا إِذَا أَكَلَتِ ٱلرِّمْثَ فَٱشْتَكَتْ بُطُونَهَا [3] . [b] وَحَبِجَتْ [4] حَبَجًا إِذَا أَكَلَتِ ٱلْعَرْفَجَ [5] فَعَجِرَ [6] فِي بُطُونِهَا فَٱشْتَكَتْ مِنْهُ . [c] فَإِنْ لَمْ يَخْرُجْ مِنْ بُطُونِهَا [7] وَٱنْتَفَخَتْ قِيلَ حَبِطَتْ حَبَطًا . [KS] [d] وَأَرِكَتْ [8] مِنَ ٱلْأَرَاكِ [e] وَهِيَ إِبِلٌ أَرَاكَى [9] وَأَرِكَةٌ [10] [a] وَكَذَٰلِكَ رَمَاثَى وَرَمِثَةٌ [f] وَطَلَاحَى وَطَلِحَةٌ [11] وَعَضَايَا وَعَضِيَةٌ مِنَ ٱلْعِضَا [12] . وَقَتَادَى وَقَتِدَةٌ مِنَ ٱلْقَتَادِ [13] إِذَا ٱشْتَكَتْ . [AM] [14] [g] وَسَلِجَتْ [15] تَسْلَجُ إِذَا ٱسْتَطْلَقَتْ بُطُونُهَا مِنَ ٱلسُّلَّجِ وَهُوَ نَبْتٌ . [AṢ, AZD*] [16] [h] وَنَاقَةٌ عَاضِهٌ

a). Cf. *KM*, VII, 172^{11}, (AʿOB) ; — b). cf. *ibid.*, 172_{13}, (AʿOB) ; — c). cf. *ibid.*, 172_{9}, (AʿOB) ; — d). cf. *ibid.*, 172_{4}, (AʿOB) ; — e). cf. *infra*, n. 9 ; — f). cf. *ibid.*, 172_{3}, (AʿOB) : — g). cf. *ibid.*, 172_{2}, (AʿOB) ; — h). cf. *KM*, XI, 176^{6}, (AḤN).

---

(1) *Ǧ M*, باب امراض الابل من الشيء تاكله .

(2) Cf. *infra*, n. 6. — Cf. *Ibil* a, $120^{9, 10}$; *Ibil* b, $153^{4, 5}$. — *M*, (?), رمثت .

(3) *M*, p. v. — Sur le رمث , cf. *Nabât*, 25^{2}, 35_{4} ; *KM*, XI, 151^{9}, 152^{8} seq.

(4) *Ǧ M*, فان اكلت العرفج فاجتمع فى بطونها عجر حتى تشتكى منه قيل خجت خجا . *Item* d. *KM*, (av. حَبِجَتْ حَبَجًا ; عَجَرًا).

(5) Cf. *Nabât*, 23^{6}, 26^{5}, 39_{3} ; *KM*, XI, 151^{9}, (AʿOB), et 152_{5} seq., (AḤN). — *M**, فعجر . Cf. *supra*, n. 4.

(6) *Ǧ M*, ... الاصمعى الحبج والرمث مثله قال فان ... — Cf. *Ibil* a, 120^{12} ; *Ibil* b, 153^{7} ; *Šdʾ*, 188-191.

(7) Remarquer la modification (volontaire ?) apportée par l'auteur du *KN* au texte primitif, (= *Ǧ M* et *KM*) : فان لم يخرج عنها ما فى بطونها .

(8) Voc. de *M** et *m*. — *Ǧ M*, ... اركت ارعا اذا اشتعت من اكل الاراك وهى ; *KM*, أَرِكَتْ أَرَكًا وأَرَكَتْ أَرْكًا .

(9) *m*. أَرَاكِيٌّ ; *M**, أَرَاكِيٌّ ; (mnq. d. *KM*, VII). Cf. *Lʿ A*, XII, 268_{6} ; *Ištiq.*, 183_{5}.

(10) *Ǧ M* aj. : مقصور . — Sur le اراك , cf. *Nabât*, 41^{1} ; *KM*, XI, 181_{8}, 186_{11} seq., (AḤN).

(11) *Ǧ M*, وطلحة وعضايا وعضية وقتادى وقتدة اذا اشتكت من الطلح والعضا والقتاد . On voit pourquoi les mots من الطلح ont été oubliés par l'auteur du *KN*.

(12) *Sic* d. *M*. — Cf. *Nabât*, 31^{5}, 37_{3} ; *KM*, XI, 163^{7}, (AʿOB : corrig. الغضة d. *Fiq.** c, 358^{3}), et 163_{5} seq., (AḤN).

(13) Cf. *Dial.*, I, 350; *Nabât*, 34^{1} ; *KM*, XI, 181_{11}, (AʿOB), 185_{5} seq., (AḤN); *Adab*, 71^{6}.

(14) *Ǧ M*, الاموى فان اكلت السلج على وزن فعّل وهو نبت واستطلقت عنه بطونها قيل سلجت تسلج ; *KM*, s. على وزن فعّل . — Cf. *KM*, XI, 171_{4}, et 174^{11} seq., (AḤN).

(15) Voc. de *m*, (av. تَسْلَجُ), et de *M**. C'était celle de AḤN, (cf. *KM*, VII, 172_{1} ; *Lʿ A*, III, 124^{4}); et ŠM la dit préférable, (*Lʿ A*, ibid.). La voc. de AʿOB est سلجت تسلج , d'après *KM*, VII, 172_{2} ; (cf. *Lʿ A*, III, 124^{3} ; etc.).

(16) *Ǧ M*, الاصمعى فان كانت تاكل العضاة قيل ناقة عاضه ابو زيد مثله قال ويقال عضه . Le texte du *KN* diffère sensiblement, on le voit, de *Ǧ M* ; (cf. *Adab*, 354^{5} ; *Ibil* b, 145^{7} ; *KM*, XVI, 126_{9} ; *ibid.*, XI, 181^{10}, (ISK) ; *Verbi*, 21^{13} ; etc.). Mais il est conforme à la déf. d'IBR, empruntée par celui-ci à علي بن حمزة , et citée d. *Lʿ A*, XVII, 413_{3} ; *Tʿ A*, IX, 399_{3}. Le changement serait-il dû à l'influence, directe ou indirecte, du *Kitâb at-Tanbihât* de علي ?

إِذَا ٱشْتَكَتْ مِنْ أَكْلِ ٱلعِضَاهِ [1] . [AZD] [2] وَعَضِهَ ٱلبَعِيرُ يَعْضَهُ عَضَهًا . [a] وَبَعِيرٌ [3] عَاضٍ مِنْ أَكْلِ ٱلعَضَا . [b] وَمَأْرُوطٌ [4] ، وَأَرْطَوِيٌّ وَأَرْطَاوِيٌّ ، مِنْ أَكْلِ ٱلأَرْطَا [5] . [c] فَإِنْ أَكَلَتِ [6] ٱلشَّوْكَ فَغَلُظَتْ مَشَافِرُهَا فَهُوَ شَنِثٌ [7] . [d] وَحَمَضَتْ [8] تَحْمُضُ حُمُوضًا [8] فَهِيَ حَامِضَةٌ مِنْ أَكْلِ ٱلحَمْضِ [9] .

وَمِنْ أَمْرَاضِ صِغَارِهَا [10] . [AṢ] [11] [e] ٱلعُرُّ وَهُوَ قَرْحٌ مِثْلُ ٱلقُوَبَاءِ [12] يَخْرُجُ [12] فِي أَعْنَاقِ ٱلإِبِلِ وَأَكْثَرُ مَا يُصِيبُ ٱلفُصْلَانَ فِي [12] أَعْنَاقِهَا (٣٦٥) [*qal*] [13] وَٱلعَرَنُ قَرْحٌ [13] يَخْرُجُ [12] فِي قَوَائِمِ ٱلفُصْلَانِ وَأَعْنَاقِهَا . [f] وَٱلقَرَعُ [14] بَثْرٌ يَكُونُ فِي قَوَائِمِ ٱلفُصْلَانِ أَيْضًا وَأَعْنَاقِهَا فَإِذَا أَرَادُوا أَنْ يُعَالِجُوهَا نَضَحُوهَا بِٱلمَاءِ وَجَرُّوهَا [15] فِي ٱلتُّرَابِ يُقَالُ مِنْ ذَلِكَ [15] قَرَّعْتُ ٱلفَصِيلَ تَقْرِيعًا [16] يُقَالُ [17] فِي ٱلمَثَلِ ٱسْتَنَّتِ ٱلفُصْلَانُ [18] حَتَّى ٱلقَرْعَى وَهُوَ مِنْ قَوْلِ ٱلنَّاسِ أَحَرُّ مِنَ

a) Cf. *KM*, XI, 176^{8}, (A'OB); — b). cf. *ibid.*, 176^{13}, (A'OB); — c). cf. *KM*, VII, 172_{1}, (A'OB); — d). cf. *KM*, XI, 175_{7}, (A'OB); — e). cf. *KM*, VII, 174^{3}, (A'OB); — f). cf. *ibid.*, 174^{10}, (A'OB).

---

(1) Cf. *Nabât*, 33^{3}; *KM*, XI, 181 seq., (A'OB, AḤN, ...).
(2) Cf. *supra*, p. 72, n. 16; *infra*, n. 9; et *Ṣaḥ*., I, 544^{12}.
(3) *ĞM*, فان كان ياكل العضا قيل بعير عاض . Cf. *supra*, p. 72^{5}.
(4) *ĞM*, فاذا كان ياكل الأرطى قيل بعير مَأْرُوط وأَرْطَوِيٌّ ; *KM*, واذا كان ياكل الارطى قيل بعير مأروط وارطوى فاذا وأرطاوِيّ ; puis aj. : لم شكّ فى الأخيرة . L'absence de ارطاوِيّ , d. *ĞM*, résulterait donc, semble-t-il, d'une omission volontaire. Cf. la rem. du *T'A*, V, 102^{6} : والذى حكاه أبو زيد بعير مأروط وارطوى والارطاوى نقله الصاغانى عن ابن عباد وهو فى اللسان ايضا . L'auteur de cette rem. ne connaissait probablement la *ḥikâyat* de AZD que par *Ṣaḥ*., I, 544^{12}.
(5) *Sic* d. *M* (!). — Cf. *Nabât*, 31^{5}, 37_{3}, 38^{3}; *KM*, XI, 163^{7}, (A'OB), et 168_{1} seq., (AḤN).
(6) فاذا اكل الشوك فغلظت مشافره قيل شنثت مشافره فهو شنث .
(7) *M*, (ou شنب) فهو شنب . Je corrige d'après *KM*, (وهى شَنِثَةٌ) ; *ĞM*, (cf. *supra*, n.6).
(8) Voc. de *KM*; etc. La voc. de *M* est incertaine; celle de *m*, حَمُضَت , (av. تَحمَضُ). — *ĞM*, فاذا اكلت الابل الحمض قيل حمضت تحمض حموضا ; *KM*, ... اذا رَعَتِ الابلُ ... — *M** et *m*, حموضَةٌ (!).
(9) Cf. *Nabât*, 24^{3}, 25^{1} seq.; *KM*, XI, 170; *Adab*, 102^{7}. — *ĞM* aj. : الاصمعى مثله او نحوه .
(10) *ĞM*, باب امراض صغار الابل ; puis : الاصمعى العرّ قرح .
(11) La déf. manq. d. *Ibil* a, et *Ibil* b. Cf. *Adab*, 386^{4}; *Nawâd*., 178_{4}, (AṢ, A'OBA).
(12) *ĞM*, القوبا , (cf. Wall., 105^{4}); تخرج ; et يصيب الفصلان قال والعرن .
(13) Cf. *Ibil* a,..., 122^{1} seq.,... ; *Ibil* b,..., 154^{3} seq.,... ; *Nawâd*., 132^{5} et $135^{7,9}$. — *M*, قُرحٌ .
(14) *ĞM*, ... والقرع وهو جدرىّ الفصال فاذا ارادوا ان يعالجوها ... ; mais *KM* : ... بَثْرٌ يكون .
(15) *ĞM*, ثم جروها , (= *KM*); et يقال منه .
(16) *ĞM* aj. : قال اوس بن حجر يذكر الخيل. لدى كل اخدود يغادرن فارسا يجرّ كما جرّ الفصيل المقرّع
Cf. *KM*, VII, 174^{12}; *Ibil* a, 122^{5}; *Ibil* b, 154^{5}. Au lieu de فارسا , il y a دارعا d. *Ṣaḥ*., I, 614^{16}; *L'A*, X, 134_{3}; *T'A*, V, 465^{3}; *Dîw. AW*, p. 11, (XVII, 11); *Iṣlâḥ*, 25^{r}, l. 9 a. f.
(17) *ĞM*, ومنه قولهم اجرّ من القرع ومثل من الامثال استنّت الفصال حتى القرعى وخلت... لئلا يرقم .
(18) *Sic* d. *M*. Il y a الفصال d. *ĞM*; *KM*; *L'A*, X, 134_{7}; *Ibil* a, 122^{6}; *Ibil* b, 154^{9}; *Prov*., I, 609; *Amṯâl*, 3^{2}; etc.

ٱلقَرَعِ [1] . a خَلَلْتُ ، ٱلفَصِيلَ إِذَا جَعَلْتَ فِي لِسَانِهِ عُودًا لِئَلَّا يَرْضَعَ ، .

وَمِنْ عُيُوبِ ذُكُورِهَا وَنُوقِهَا [2] [AṢ] [3] b ٱلعَرَرُ وَهُوَ قِصَرُ ٱلسَّنَامِ [4] بَعِيرٌ أَعَرُّ وَنَاقَةٌ عَرَّاءُ . وَٱلجَبَبُ [5] أَنْ يُقْطَعَ ٱلسَّنَامُ [5] بَعِيرٌ أَجَبُّ وَنَاقَةٌ جَبَّاءُ [5] . c وَٱلجَزَلُ [5] أَنْ يُصِيبَ ٱلغَارِبَ دَبَرَةٌ فَيَخْرُجَ [6] مِنْهُ عَظْمٌ فَيَطْمَئِنَّ مَوْضِعُهُ [7] . d وَٱلخَلَفُ [8] أَنْ يَكُونَ [11] مَائِلًا عَلَى شِقٍّ [8] بَعِيرٌ أَخْلَفُ . وَٱلصَّدَفُ أَنْ يَمِيلَ خُفُّهُ مِنَ ٱليَدِ أَوِ ٱلرِّجْلِ إِلَى ٱلجَانِبِ [8] ٱلوَحْشِيِّ وَقَدْ صَدِفَ صَدَفًا وَهُوَ أَصْدَفُ فَإِنْ مَالَ إِلَى ٱلجَانِبِ الوحشي وَٱلإِنْسِيِّ جميعا [9] فَهُوَ أَقْفَدُ وَقَدْ قَفِدَ قَفَدًا . e فَإِنْ أَصَابَهُ ظَلَعٌ [10] فَمَشَى مُنْحَرِفًا فَهُوَ أَنْكَبُ وَقَدْ نَكِبَ نَكَبًا [11] f فَإِنْ كَانَ يَابِسَ ٱلرِّجْلَيْنِ مِنْ خِلْقَةٍ [12] فَهُوَ أَقْسَطُ وَقَدْ قَسِطَ قَسَطًا g فَإِنْ كَانَ فِي رُكْبَتَيْهِ ٱسْتِرْخَاءٌ فَهُوَ أَطْرَقُ وَقَدْ طَرِقَ طَرَقًا h فَإِنْ كَانَتْ إِحْدَى رُكْبَتَيْهِ أَعْظَمَ مِنَ ٱلأُخْرَى (٣٦٦) فَهُوَ أَلْخَى وَنَاقَةٌ لَخْوَاءُ وَقَدْ لَخِيَ لَخًا i فَإِنْ كَانَ يُصِيبُهُ [13] ٱضْطِرَابٌ فِي فَخِذَيْهِ إِذَا أَرَادَ ٱلقِيَامَ سَاعَةً ثُمَّ يَنْبَسِطُ [13] فَهُوَ أَرْجَزُ

a). Cf. *KM*, VII, 32_3, (A'OB) ; — b). cf. *ibid.*, 159_{13}, (A'OB) ; — c). = *ibid.*, 159_{11}, (ISK ?) ; — d). = *ibid.*, 159_9, (A'OB) ; — e). = *ibid.*, 160^4, (A'OB) ; — f). = *ibid.*, 160^5, (A'OB); — g). = *ibid.*, 160^{12}, (A'OB) ; — h). = *ibid.*, 160_{11}, (A'OB); — i). = *ibid.*, 160_{10}, (A'OB).

---

(1) *Sic* d. *M*; *KM*: cf. *Prov.*, I, 408, n° 191 ; *Faṣ.*, 41^9. On dit aussi, av. un sens différent : احرّ من القَرَع : cf. *Prov.*, I, 408, n° 192. Cf. *Zaǧǧ.*, 119^2. — Cf. *supra*, p. 75, n. 17.

(2) *ǦM*, عيوب الابل الذكور ; *m*, ومن عيوبه ذكورها . *M* aj., au-dessus de la ligne, ونومها (?). La lect. ونوقها me paraît justifiée par le contenu du chapitre.

(3) *ǦM*, ... الاصمعي من عيوب الابل العرر وهو ... . Cf. *Ibil* a, 119^{20}, ^{21}, 120^1,..., 122^{13}, ^{14}, ^{20}, 98^{15} et 122^{18}, 98^{10} et 122^{17}, 122^8, 98^{18} et 121^{16}, 121^{20},...; *Ibil* b, 155^{10}, ^{11}, ^{12},..., 154^{16}, ^{17}, 155^5, 154^{21}, 155^1, 154^{11}, 153^{20}, 154^2,... .

(4) *ǦM*, (= *KM*) : قصر فى السنام ; puis aj. : يقال منه .

(5) *ǦM*, والجبب وهو ان ... قيل منه بعير اجبّ , (mais *M* = *KM*) ; puis : ... والجزل هو ان .

(6) Voc. de *Ibil* a, 104^5. Elle est préférable à la voc. فيُخرِجَ , de *KM*. Cf. *Qâm.*, III, 401^6; Lane, 420, *s. v.* ; *Ibil* a, 120^1; *Ibil* b, 155^{12}; etc.; et *Le Livre de l'Agriculture* d'Ibn-al-Awam, trad. par J.-J. Clément-Mullet, T. II, 2ème Partie, p. 142.

(7) *ǦM* aj. : قال ابو النجم . يُغادر الصمد كظهر الاجزل . — Cf. *Ibil* b, 155^{15}; *Ṣaḥ.*, II, 165^{15}; *T'A*, VII, 256_{16}. Il y a تغادر d. *KM*, VII, 159_9; *Ibil* a, 104^5; *L'A*, XIII, 116^7.

(8) *ǦM*, ... والخلف وهو ان ... يقال بعير , (mais *M* = *KM*) ; et : الى جانب الوحشى — Cf. *Chall*, 191.

(9) *Sic* d. *M*. Je n'ai trouvé cette déf. nulle part ailleurs. Partout, le قَفَد est opposé au صَدَف : cf. *KM*, VII, 159_1 seq.; *Ibil* a, 122^{13-15}; *Ibil* b, 154^{16-19}; *L'A*, IV, 366^{14}, et *ibid.*, XI, 89^{15}; *T'A*, II, 474^3, et VI, 162^8 ; *Ṣaḥ.*, I, 254_4, et II, 87_{13}; etc. L'origine de l'erreur est indiquée par le texte de *ǦM*: الى الجانب الانسى والانسى جميعا , qu'il faut lire : ... *al-insiyyi wa'l-anasiyyi*... . La sec. forme mnq. d. les Dictionnaires, (av. cette signification); mais cf. *KM*, VI, 148^3, (A'OB), = *m*, p. 190^9, (ويقال الانسيّ والانَسيّ).

(10) Voc. de *m* : cf. *supra*, p. 68, n. 6. — *ǦM*, خلع .

(11) La rem. de *KM*, ... ولا يكون , se trouve *infra*, p. 75^5.

(12) *m* et *M**, من خلقه . Cf. *L'A*, IX, 254^4, ^{11}, (A'OB 'an 'AD).

(13) *M*, يصيبة . — Cf. *supra*, p. 68^4; (et le sens de ينبسط d. *L'A*, VII, 117_{11}).

وَقَدْ رَجِزَ رَجَزًا [a] فَإِنْ كَانَتْ رِجْلَاهُ تَسْجَلَانِ بِالْقِيَامِ قَبْلَ أَنْ يَرْفَعَهُمَا كَأَنَّ بِهِ رِعْدَةً فَهُوَ أَخْفَجُ وَقَدْ خَفِجَ خَفَجًا [1] . [b] فَإِنْ كَانَ فِي عُرْقُوبَيْهِ ضَعْفٌ [2] فَهُوَ أَحَلُّ بَيِّنُ الْحَلَلِ . [qāl] [3] [c] وَالطَّرَقُ الضَّعْفُ [4] فِي الرُّكْبَةِ . [AM] [d] بَعِيرٌ أَذٍ مِثَالُ عَمٍ وَنَاقَةٌ أَذِيَةٌ إِذَا كَانَ لَا يَقِرُّ فِي مَكَانٍ مِنْ غَيْرِ وَجَعٍ وَلَكِنْ خِلْقَةً . [N] [e] الثِّقَالُ [5] الْبَطِيءُ [6] الثَّقِيلُ . [ʿAD] [f] الْأَرْكَبُ [7] الَّذِي إِحْدَى رُكْبَتَيْهِ أَعْظَمُ مِنَ الْأُخْرَى [ʿAD] [8] [g] وَلَا يَكُونُ النَّكَبُ إِلَّا فِي الْكَتِفِ .

وَمِنْ عُيُوبِ إِنَاثِهَا [9] [AṢ] [10] [h] نَاقَةٌ رَقْفَاءُ [10] وَهُوَ أَنْ يَنْتَدَّ [10] إِحْلِيلُ خِلْفِهَا [qāl] [11] [i] وَالْمُوَقَّدَةُ [11] الَّتِي قَدْ أَثَّرَ الصِّرَارُ فِي أَخْلَافِهَا [j] وَالْمُوَذَّمَةُ [12] الَّتِي يَخْرُجُ [12] فِي حَيَائِهَا لَحْمٌ مِثْلُ الثَّآلِيلِ [12] فَيُقْطَعُ ذَاكَ [12] مِنْهَا فَيُقَالُ وَذَّمْتُهَا [k] وَالْخَانِصُ [13] الَّتِي لَا يَجُوزُ فِيهَا قَضِيبُ الْفَحْلِ كَأَنَّهَا رَتْقَاءُ [13] . [ʿAD] [14] [l] وَالْمُوَقَّدَةُ الَّتِي يَرْغَثُهَا الْوَلَدُ وَلَا [14] يَخْرُجُ لَبَنُهَا إِلَّا نَزْرًا [14] لِعِظَمِ الضَّرْعِ فَيُوَقِّدُهَا [15] ذَلِكَ وَيَأْخُذُهَا لَهُ دَاءٌ وَوَرَمٌ فِي الضَّرْعِ . [FR] [16] [m] وَيُقَالُ الْخَانِصُ مِنَ النِّسَاءِ

a). = *KM*, VII, 160_{8}, (AʿOB); — b). = *ibid.*, 160_{6}, (AʿOB); — c). cf. *supra*, p. 74^{5}; — d). cf. *ibid.*, 160_{5}, (AʿOB); — e). cf. *ibid.*, 162^{7}, (AʿOB); — f). cf. *ibid.*, 160^{12}, (AʿOB); — g). = *ibid.*, 160^{5}, (AʿOB); — h). = *ibid.*, 161_{12}, (AʿOB); — i). = *ibid.*, 161_{9}, (AʿOB); — j). cf. *ibid.*, 161_{6}, (AʿOB); — k). cf. *ibid.*, 161_{2}, (AʿOB); — l). cf. *ibid.*, 161_{3}, (AʿOB); — m). cf. *infra*, n. 16.

---

(1) Les trois mots qui précèdent mnq. d. *Ğ M*, mais sont d. *KM*.

(2) *m*, ضُمفٌ ; *KM*, ضَعْفٌ ; (cf. *infra*, n. 4). — Cf. *Ṣaḥ.*, II, 174_{3}, = *LʿA*, XIII, 181_{11}, (FR).

(3) Cf. *Ṣaḥ.*, II, 100_{16}, (FR !); *LʿA*, XII, 87_{4}, (FR); *TʿA*, VI, 419^{18}, (FR).

(4) Voc. de *M*, (cf. cependant *supra*, n. 2). Cf. *LʿA*, XI, 106^{9}.

(5) *Ğ M*, النقال . Cf. *supra*, p. 48^{4}. — Voici un *šâhid* pour ce mot: وانشد لابن مقبل ايضا .

سُرُحُ اليدين اذا تَرَقَّت الضحى　　هَدْيَ الثِّقالِ يحلو المثاقل

Telle est la lecture du *Š. A. Iḍdâḥ*, 78 v, l. 6 a. f. — *KM*, XVII, 8_{4}: av. هَدْيَ الثِّقالِ .

(6) *Sic* d. *M*. Il y a البطىء d. *Ğ M*; البطىء d. *KM*.

(7) *Ğ M* et *KM*, بعير اركب اذا كانت احدى ركبتيه اعظم من الاخرى .

(8) *Ğ M*, ... العدبس قال لا يكون . Cf. *supra*, p. 74^{7}.

(9) *Ğ M*, عيوب اناث الابل .

(10) Cf. *Ibil* a, 88^{10}. — *Ğ M*, رتقاء . — *M**, يُنْقَدّ .

(11) Cf. *Ibil* a,..., 100^{19} et 112^{10},.... — *Ğ M*, والموقدة .

(12) *Ğ M*, التآليل ... والمؤذمة . — *M*, يخرج . — *KM*, ذلك . Cf. *LʿA*, XVI, 118^{4}, (AṢ).

(13) *Ğ M*: والعابص ; et كان بها رتقا , (= *KM*; *Moush.*, II, 113^{11}, (AʿOB); etc.).

(14) *Ğ M*, ... قال العدبس الموقدة ... فلا . — *M*, لبنها * والانزر العظيم الضرع .

(15) Voc. de *M**; *m*, (فيوقّدها); *Ğ M*, (فيوقد); *KM*. — Il y a فيُوقِدها d. *LʿA*, V, 57^{4}; *Qdm.*, I, 424_{1}.

(16) *Ğ M*, قال الفرّاء العابص مثل الرتقاء في النساء . Le texte de *KN* paraît inexact, si on le compare av. *Ğ M*; *KM*, IV, 12_{8}; *ibid.*, 11^{4}, (IDR); *LʿA*, VIII, 284^{13}, (FR), et 286^{5}; etc. Mais cf. *KM*, XVI, 128_{10}.

الرِّتْقَاءُ [a] وَٱلْبَلِيَّةُ ٱلنَّاقَةُ [1] (٣٦٧) يَمُوتُ رَبُّهَا فَتُشَدُّ عِنْدَ قَبْرِهِ حَتَّى تَمُوتَ . [b] وَٱلْخِلَاءُ [2] مَمْدُودٌ ٱلْحِرَانُ [2] فِي ٱلنَّاقَةِ يُقَالُ مِنْهُ قَدْ خَلَأَتْ [3] .

وَمِنْ جَرَبِهَا [4] [AM] [c] ٱلْعَرُّ [5] هُوَ ٱلْجَرَبُ عَرَّتِ ٱلْإِبِلُ تَعِرُّ [6] فَهِيَ عَارَّةٌ وَمِنْ [7] ٱلْعُرِّ [8] أَيْضًا وَهُوَ قَرْحٌ [8] يَكُونُ فِي أَعْنَاقِ ٱلْإِبِلِ وَأَكْثَرُ مَا [9] يُصِيبُ ٱلْفُصْلَانَ وَقَدْ عُرَّتْ فَهِيَ مَعْرُورَةٌ . [AṢ] [10] [d] وَيُقَالُ [11] لِلْجَرَبِ أَوَّلَ مَا يُقَارِفُ ٱلْبَعِيرَ شَيْءٌ [10] مِنْهُ [11] إِنَّ بِهِ لَوَقْسًا [12] . فَإِنْ [13] كَانَ بِهِ شَيْءٌ [13] خَفِيفٌ قِيلَ بِهِ شَيْءٌ مِنْ دَرَسٍ [e] فَإِنْ [13] كَانَتْ بِهِ قُوبَةٌ [13] مِنْ قِبَلِ ٱلذَّنَبِ قِيلَ بِهِ نَاخِسٌ فَإِنْ [14] كَانَ فِي مَسَاعِرِهِ [14] قِيلَ دُسَّ وَهُوَ مَدْسُوسٌ [15] [f] فَإِنْ كَانَ ٱلْجَرَبُ

a). Cf. *KM*, VII, 158$_{6}$, (A'OB); — b). cf. *ibid.*, 162^{7}, (A'OB); — c). cf. *ibid.*, 162$_{7}$, (A'OB); — d). cf. *ibid.*, 162$_{3}$, (A'OB); — e). cf. *ibid.*, 163^{3}, (A'OB); — f). cf. *ibid.*, 163^{9}, (A'OB).

---

(1) *ĞM*, والبليّة التي يموت ; mais *KM*: ... البليّةُ الناقة يموت .

(2) Voc. de *M*. C'était celle de plusieurs lexicographes: cf. Sib., II, 227^{22}; *T'A*, I, 62$_{12}$; Lyall, 128$_{4}$. La voc. ordinaire est الخِلاء : cf. *Fiq.* c, 12$_{5}$; *Adab*, 227^{4}; Wall., 45^{3}; *Maqṣ.*, 22^{10}; *Divans*, 76^{4}; *KM*, XVI, 27$_{8}$; etc. — Corrig. الحراض d. *Primeurs*, 154^{5}, et 201 *s. v.*; *ŠN*, 558, n. 5.

(3) *ĞM*, منه خلأت ; puis aj.: قال زهير . بارزة الفقارة لم يخنها قطاف في الركاب ولا خلاءُ
Lire: الفقارة . — Cf. *KM*, VII, 162^{6}; *Primeurs*, 153$_{2}$; *Divans*, p. 76^{4}, (I, 14); *Ibil* a, 106^{6}; *ŠN*, 558^{5}; Wall., 45^{5}; *Ṣaḥ.*, I, 9$_{4}$, 421^{6}; *ibid.*, II, 54^{3}; *L'A*, I, 62^{5}; *ibid.*, VII, 169^{3}; *ibid.*, XI, 194^{1}; *T'A*, I, 62$_{13}$, (corriger بآزرة); *ibid.*, IV, 3$_{14}$; *ibid.*, VI, 223^{21}; etc.

(4) *ĞM*, باب جرب الابل .

(5) Cf. *supra*, p. 73^{5}; *Adab*, 336^{4}; *Nawâd.*, 178$_{4}$, (AṢ, A'OBA).

(6) Voc. de *M*; *KM*. — *ĞM*, يقال منه عرّت الابل فهي .

(7) *ĞM* et *KM*, ... والعرّ قرح يكون . Remarquer le changement maladroit fait par l'auteur.

(8) *Sic* d. *KM*. D. *M*, il y aurait plutôt قُرحٍ , (*m* = قُرحٌ), av. يكون , يصيب .

(9) *M*, واكثرما , (les deux mots unis). — *ĞM*, واكثر ما يكون في الفصلان .

(10) Les déf. suiv. mnq. d. *Ibil* a, et *Ibil* b. — *M*, يمارفُ , et شيا .

(11) *ĞM*, ... الاصمعي العرّ الجرب فاذا قارف البعير... قيل ان به .

(12) *ĞM* aj.: قال العجاج . تصفر لليبس اصفرار الورس من عرق النضح عصيم الدرس من الاذى من قراف الوقس
Lire: يصفر ; من عرق النضح ; ومن قراف . — Cf. *KM*, VII, 162$_{2}$; *L'A*, VII, 383^{7}; *T'A*, IV, 149$_{19}$, (av. عظيم الدرس); *Ṣaḥ.*, I, 452^{11}. L'ordre des *rağaz* est parfois différent. D. le *Diw.* 'AĞ, p.78 et 79, (Fragm. XXII), $a = 9$, $b = 10$, $c = 43$. Les deux premiers, *a* et *b*, se suiv. d. *L'A*, XV, 301^{6}; *T'A*, VIII, 399^{6}; *Arâğiz*, 110^{11}. Le troisième, *c*, est cité après le n° 38 du *Diw.* 'AĞ, loc. cit., d.: *Ṣaḥ.*, I, 482^{14}; *L'A*, VIII, 144^{1}, (av. ... عن ... عن); *ibid.*, XVI, 275$_{2}$; *T'A*, IV, 269^{20}; *ibid.*, IX, 179$_{19}$; *Arâğiz*, 112$_{5}$.

(13) *ĞM*, ... فاذا كان به شيء منه ... فاذا كانت به قوبة منه من .

(14) *ĞM*, واذا ... دش فهو مدشوش . — *M*, مشاعرة .

(15) *ĞM* aj.: قال ذو الرمة . قريع هجان دسّ منه المساعر . Lire دس . — Cf. *KM*, VII, 163^{4}; *Ṣaḥ.*, I, 333^{11}; *L'A*, VI, 31$_{8}$; *T'A*, III, 269^{3}. L'hémist. est précédé de celui-ci: تبيّن براق السراة كانه , (*Ṣaḥ.*, I, 452$_{12}$; *L'A*, VII, 386^{6}); ou plutôt: ... فنيق هجان , (*T'A*, IV, 151^{21}), suivant la rem. d'IBR, (*L'A*, VII, 386^{7}).

قِطَعًا مُتَفَرِّقَةً فِي جِلْدِهِ قِيلَ بِهِ نُقَبٌ [1]، وَنُقْبٌ بِجَزْمِ ٱلْقَافِ وَٱلْوَاحِدَةُ نُقْبَةٌ [2]. [a] فَإِنْ [3] جَرِبَ ٱلْبَعِيرُ أَجْمَعَ [3] فَهُوَ [3] أَجْرَبُ أَخْشَفُ. [AM] بَعِيرٌ [3] أَحْوَقُ وَنَاقَةٌ حَوْقَاءُ [3] بَيِّنُ ٱلْحَوَقِ [qal] وَهُوَ مِثْلُ ٱلْجَرَبِ. [A'AM] فَإِذَا سَقَطَ ٱلْوَبَرُ [4] مِنَ ٱلْجِلْدِ وَتَغَيَّرَ قِيلَ تَوَسَّفَ [4]. [FR] [b] بَعِيرٌ قُرْحَانٌ [5] إِذَا لَمْ يَكُنْ جَرِبَ قَطُّ وَكَذٰلِكَ ٱلصَّبِيُّ إِذَا لَمْ يُجْدَرْ وَٱلْجَمِيعُ [6] وَٱلْمُؤَنَّثُ وَٱلِاثْنَانِ فِي ذٰلِكَ سَوَاءٌ [6].

وَمِنْ مُعَالَجَتِهَا بِٱلْهِنَاءِ [7] [c] وَهُوَ ٱلْقَطِرَانُ. [AṢ] [7] [d] وَٱلْكُحَيْلُ ٱلَّذِي تُطْلَى بِهِ ٱلْإِبِلُ لِلْجَرَبِ وَهُوَ [7] ٱلنِّفْطُ وَٱلنَّفْطُ [qal] [8] وَٱلْقَطِرَانُ [8] إِنَّمَا يُطْلَى بِهِ لِلدَّبَرَةِ [9] وَٱلْقِرْدَانِ وَأَشْبَاهِ ذٰلِكَ. (٣٦٨) [e] ٱلْعَنِيَّةُ [10] ٱلْبَوْلُ يُؤْخَذُ وَأَخْلَاطٌ [10] فَيُخْلَطُ ثُمَّ يُحْبَسُ [10] زَمَانًا فِي شَيْءٍ ثُمَّ يُعَالَجُ بِهِ ٱلْإِبِلُ وَإِنَّمَا سُمِّيَ بِذٰلِكَ [11] لِلتَّعْنِيَةِ وَهِيَ ٱلْحَبْسُ. [A'AM] وَيُقَالُ [11] ٱلْعَنِيَّةُ ٱلْبَوْلُ يُوضَعُ فِي ٱلشَّمْسِ حَتَّى يَخْثُرَ. [qal] [f] وَٱلْعَصِيمُ بَقِيَّةُ كُلِّ شَيْءٍ وَأَثَرُهُ مِنَ ٱلْقَطِرَانِ وَٱلْخِضَابِ وَنَحْوِهِ.

a). Cf. *KM*, VII, 163^{12}, (A'OB); — b). cf. *ibid.*, 163_{9}, (A'OB); — c). cf. *KM*, VII, 164^{4}, (Ṣ'A); et *ibid.*, XVI, 27^{9}; — d). cf. *KM*, VII, 164^{7}, (A'OB); — e). cf. *ibid.*, 165^{6}, (A'OB); — f). = *ibid.*, 165^{13}, (A'OB).

---

(1) *M*, ضَبٌّ. La déf. attribuée à AṢ d. *Fiq.* c, 20^{2}; *L'A*, II, 264^{4}, est différente.

(2) *ĞM*, الواحدة نقبة ; puis aj. : قال دريد بن الصمة . يضع الهناء مواضع النقب . Cf. *KM*, VII, 163^{10}. L'hémist. est précédé de celui-ci : متبذلا تبدو محاسنه , = *Ṣaḥ.*, I, 105_{8}; *L'A*, II, 263_{1}; *T'A*, I, 491^{2}; *ŚN*, 766^{12}, (lire : النقب) ; *Aǧânî*, IX, 11^{14}; *Iṣlâḥ*, 72 v ; *Ši'r*, 197^{13}; *Š. Š. Mouǧ.*, 823^{7}, (corr. متبدلا et الهناة) ; *Šarḥ Mufaṣ.*, 1182^{1}.

(3) *ĞM*, فاذا ... قيل هو ... الاموى ناقة خوقاء وبعير اخوق بيّن الخوق ; *m* et *M**, اجمَعَ.

(4) *ĞM* et *KM* aj. والشعر . — *ĞM*, توشف ; puis : الفراء فان لم تكن الابل جربت قط قيل بعير قرحان وكذلك ...

(5) *m* et *M**, قرحانٌ. Il y a قُرْحَانٌ d. *Fiq.* c, 59^{4}; *Fiq.* H, 34^{14}; *Fiq.* M, 54^{4}; et ŚM permet cette voc., (*L'A*, III, 393_{9}). Mais cf. la voc. قُرْحانٌ d. *KM*, VII, 163_{5}, (= قرحان d. *Nihây.*, III, 240^{3}; *L'A*, III, $393_{10, 8}$; mais cf. *infra*, n. 6).

(6) *ĞM*, والجمع والمؤنث فى ذلك سواء قرحان , (cf. *Mouzh.*, II, 115_{2}, (A'OB); *Adab*, 642^{6}); puis : قال ابو عبيد ويروى فى الحديث ان اصحاب النبى صلى الله عليه وعلى آله قدموا مع عمر بن الخطاب الشام وبها الطاعون فقيل له ان من معك من اصحاب النبى قرحان فلا تدخلهم على هذا الطاعون ويروى من حديث آخر ان اصحاب النبى صلى الله عليه وعلى اصحابه قدموا المدينة وهم قرحان اى لم يكن اصابهم قبل ذلك داء فاستوبلوا المدينة يعنى استوخموها قال وهذا لا يوافق ابدانهم وان احبوها وما احبوها فهم كرهوها وان كانت موافقة لابدانهم. Cf. *KM*, VII, 163_{7}; *Nihây.*, III, 240.

(7) *ĞM*, باب الهناء لجرب الابل ومعالجته ; puis : هو ... الاصمعى الكحيل الذى يطلى , (mnq. d. *Ibil* a, b).

(8) Les déf. suiv. mnq. d. *Ibil* a, b, (cf. *infra*, n. 9 !). — *M*, والقطران , (= *KM*; *Ṣaḥ.*, I, 889^{15}).

(9) *Sic* d. *M*. Partout ailleurs, للدبر . — Cette déf. mnq. d. les Dict. *s. v.* قطران , sans doute à cause de la rem. suiv. de على بن حمزة , (*L'A*, XIV, 105_{9}) : هذا من مشهور غلط الاصمعي لان النِّفطَ لا يطلى به للجرب وانما يطلى بالقطران وليس القطران مخصوصا بالدَّبَر والقِرْدان كما ذكر .

(10) *ĞM*, والعنيّة . — *ĞM*, واخلاط معه ; *KM*, هو واخلاط معه ; d. *KN*, faute de grammaire résultant du changement de construction. — *KM*, فتخلط ثم تُحبس ... ثم تعالج .

(11) *M**, ذلك ; (la déf. mnq. d. *m*). *ĞM*, (= *KM*), بذلك ; puis : ... ابو عمرو العنيّة .

[N] [a] المُدَجَّلُ [1] ، المَهْنُوءُ بِالقَطِرَانِ . [AṢ] [1] ، [b] وَعَصِيمُ الحِنَّاءِ مَا بَقِيَ مِنْهُ [qal] [2] ، [c] فَإِذَا هُنِئَ جَسَدُ البَعِيرِ أَجْمَعُ فَذٰلِكَ التَّدْجِيلُ يُقَالُ دَجَّلْتُهُ [d] فَإِذَا جَعَلْتَهُ فِي المَسَاعِرِ [2] فَذٰلِكَ الدَّسُّ وَقَدْ دَسَسْتُهُ وَمَثَلٌ مِنَ الأَمْثَالِ لَيْسَ الهِنَاءُ بِالدَّسِّ [3] . [KS] [e] الخِرْقَةُ ، الَّتِي تُهْنَأُ بِهَا الإِبِلُ الرِّبْذَةُ . *[KS, AM] [4] ، [f] يُقَالُ لِلقَطِرَانِ ، وَالرُّبِّ وَنَحْوِهِ أَعْقَدْتُهُ حَتَّى عَقَدَ وَهُوَ يَعْقِدُ [5] . [N] [g] البَعِيرُ المُعَبَّدُ المَطْلِيُّ بِالقَطِرَانِ [ʿan AʿOBA] [6] [h] وَالسَّفِينَةُ المُعَبَّدَةُ المَطْلِيَّةُ بِالشَّحْمِ وَالدُّهْنِ وَالقَارِ [6] .

وَمِنْ سِمَاتِهَا [7] *[AḤ] [8] [i] قَيْدُ الفَرَسِ وَهُوَ [9] سِمَةٌ فِي أَعْنَاقِهَا مِثْلُ قَيْدِ الفَرَسِ [9] . [qāl] [10] [j] وَالعُذْرُ [11] فِي مَوْضِعِ العِذَارِ [k] وَالدُّمْعُ فِي مَجْرَى [12] الدَّمْعِ *[AḤ, AZD] [13] [l] وَالعِلَاطُ فِي العُنُقِ بِالعَرْضِ [14] [AZD] [15] [m] عَلَطْتُهَا أَعْلِطُهَا [15] عَلْطًا [15] [n] وَالسِّطَاعُ بِالطُّولِ .

a). Mnq. d. *KM*; — b). cf. *infra*, n. 1; — c). cf. *KM*, VII, 165_{12}, (AʿOB); — d). cf. *ibid.*, 165_{8}, (AʿOB); — e). cf. *ibid.*, 165_{8}, (AʿOB); — f). cf. *KM*, VII, 165^{4}, (AʿOB); et V, 18_{7}, (AʿOB); — g). cf. *KM*, VII, 165_{3}, (AʿOB); — h). cf. *ibid.*, 165_{3} et 166^{1}, (AʿOB); — i). cf. *ibid.*, 155^{3}, (AʿOB); — j). = *ibid.*, 154_{7}, (AʿOB); — k). cf. *ibid.*, 154_{6}, (AʿOB); — l). = *ibid.*, 155^{4}, (AʿOB); — m). cf. *ibid.*, 155^{5}, (ṢʿA); — n). = *ibid.*, 155^{6}, (AʿOB).

---

(1) *ĞM*, البعير المدجّل ... الاصمعي فى العصيم مثل قول ابى عمرو وقال سمعت امراة تقول لامرأة اعطيق عصيم حنّالك تعق ما بقى منه قال فاذا هنى ... . Cf. *KM*, VII, 165^{12}. — La déf. mnq. d. *Ibtl* a, b. — Il y a *ʿouṣm* d. *KM*; *Ṣaḥ.*, II, 313_{9}; etc. Mais *ʿaṣim* n'est pas *incorrect*: cf. Lane, *s. v.*

(2) Les déf. suiv. mnq. d. *Ibtl* a, et *Ibtl* b. — *M**, الشاعر; *ĞM* et *KM*, على المساعر .

(3) Cf. *Prov.*, II, 428, (av. الهِنَا , et la var. الهناء). Le prov. mnq. d. *Amṯāl*.

(4) *ĞM*, الكسائى ويقال للخرقة التى يهنأ بها الربذة ويقال للقطران ونحوه . Cf. *infra*, n. 5. — *M*, للعطران .

(5) *M*, عَقَدَ, يَنْقِدُ . Il y a حتى تُعَقِّد d. *LʿA*, IV, 290_{2}, (KS); etc. Mais cf. *KM*; *Verbt*, 19^{19}; etc. — *ĞM* aj.: ... الاموى فى الاعقاد مثله والعقد مثله ايضا غيره .

(6) Voici le texte de *ĞM* : وقالوا عن ابى عبيدة فى قول بشر يصف السفينة

معبّدة السقايف ذات دسر مضبّرة جوانبها رداس

المعبّدة المطلية بالشحم او الدهن او القار والسقايف الواح السفينة كل لوح سقيفة . Cf. *KM*, VII, 165_{2}; *Bišr*, p. 299, (V, 22). — *KM* a aussi ... او الدهن او .

(7) *ĞM*, سمات الابل . Cf. *Fiq.* c, 80, (mnq. d. *Strr*); *KM*, XIV, 137_{7}; *Sib.*, II, 228^{10}.

(8) *ĞM*, ... من سمات الابل قيد الفرس وهى Le contexte me fait croire qu'il faut intercaler [AḤ]. Cf. *LʿA*, IV, 375_{4}; *TʿA*, II, 479_{13}, av. *infra*, n. 9; etc.

(9) *ĞM* aj.: كوم على اعناقها قيد الفرس تنجو اذا الليل تدانى والتبس والشدنا .
Cf. *KM*, VII, 155^{3}; *Ṣaḥ.*, I, 256^{3}; *LʿA*, IV, 375_{3}; *TʿA*, II, 479_{13}.

(10) Peut-être AḤ: cf. *LʿA*, VI, 225^{1}; *Ṣaḥ.*, I, 588^{1}; — et *supra*, n. 8.

(11) *M** et *m*, العُذُرُ ; *KM* et les Lexiq.: *ʿouḏr*. — *ĞM*, ... ومنها العذر وهى سمة فى .

(12) *Sic* d. *M*; *ĞM*; *Ṣaḥ.*, I, 588^{1}, (AḤ); etc. — *KM* et le *Fiqh*: مجارى .

(13) Cf. *supra*, n. 10; et *infra*, n. 15. — Cf. *Ṣaḥ.*, I, 557_{5}, (AZD).

(14) Voc. de *M*; *KM*; *Fiq.* c, 80^{5}; etc. Elle est préférable à la voc. عُرْض , (cf. *LʿA*, IX, 227_{1}; *Ham.*, 605_{6}; etc.): cf. *KM*, VII, 155 *passim*; Anb., I, 46^{7}, (IAʿ): والسطاع يكون فى العنق طولا والعلاط يكون فى العنق عرضا .

(15) *ĞM*, ابو زيد مثله يقال منه علطتها اعلطها والسطاع . — *M*, اعلطها .

[a] وَٱلصِّدَارُ فِي ٱلصَّدْرِ وَٱلذِّرَاعُ فِي ٱلأَذْرُعِ (٣٦٩) [b] وَٱلْفِقَاءَةُ [1] كَٱلأَفْعَى وَٱلْمِثْنَاةُ ، كَٱلأَثَافِي
[c] وَٱلْهَنَعَةُ [2] فِي مُنْخَفَضِ [2] ٱلْعُنُقِ . [d] وَمِنْهَا ٱلْفِرْتَاجُ وَٱلصَّلِيبُ [e] وَٱلشِّجَارُ وَٱلْخِبَاطُ وَٱلْمِشْيَطَنَةُ
[A‘AM] [f] وَٱلصَّيْعَرِيَّةُ [3] فِي ٱلْعُنُقِ وَٱلصَّيْعَرِيَّةُ ٱعْتِرَاضٌ فِي ٱلسَّيْرِ . [AḤ] [g] وَمِنَ ٱلسِّمَاتِ
فِي قَطْعِ ٱلْجِلْدِ ٱلرَّعْلَةُ وَهُوَ أَنْ يُشَقَّ ، مِنَ ٱلأُذُنِ شَيْءٌ [4] ، وَيُتْرَكَ مُعَلَّقًا . [h] وَمِنْهَا ٱلزَّنَمَةُ وَهِيَ
أَنْ تَبِينَ تِلْكَ ٱلْقِطْعَةُ مِنَ ٱلأُذُنِ [i] وَٱلْقَصَاةُ [5] مِثْلُهَا [6] *[AḤ, A‘AM] ، [j] ٱلْقُرْمَةُ [7] أَنْ
تُقْطَعَ جِلْدَةٌ مِنْ أَنْفِ ٱلْبَعِيرِ لَا تَبِينُ ثُمَّ تُجْمَعَ عَلَى أَنْفِهِ *[AḤ] [8] [k] وَمِثْلُهُ فِي ٱلْفَخِذِ ٱلْجُرْفَةُ [8]
[A‘AM] [9] [l] وَيُقَالُ لِلْقُرْمَةِ [9] أَيْضًا ٱلْقِرَامُ بَعِيرٌ مَقْرُومٌ [m] فَأَمَّا ٱلْمُقْرَمُ فَهُوَ ٱلْمُكَرَّمُ [10] ٱلْمُعَظَّمُ .
[AZD] [11] [n] وَٱلْجُرْفَةُ [11] فِي ٱلْجَسَدِ أَيْضًا . [AṢ] [12] [o] ٱلْفَقْرُ أَنْ يُحَزَّ [12] أَنْفُ ٱلْبَعِيرِ حَتَّى
يَخْلُصَ [12] إِلَى ٱلْعَظْمِ أَوْ قَرِيبٍ [13] مِنْهُ ثُمَّ يُلْوَى عَلَيْهِ جَرِيرٌ [13] يُذَلَّلُ بِهِ [13] ٱلصَّعْبُ وَمِنْهُ قِيلَ

a). = *KM*, VII, 155^{11}, (A‘OB) ; — b). cf. *ibid.*, 155^{12}, (A‘OB) ; — c). = *ibid.*, 155^{9}, (A‘OB) ; — d). = *ibid.*, 155^{13}, (A‘OB) ; — e). cf. *ibid.*, 155_{12}, (A‘OB) ; — f). cf. *ibid.*, 155^{10}, (A‘OB) ; — g). cf. *ibid.*, 156_{12}, (A‘OB) ; — h). cf. *ibid.*, 157^{6}, (A‘OB) ; — i). cf. *ibid.*, 157^{11}, (probablement A‘OB) ; — j). cf. *ibid.*, 157_{3}, (A‘OB) ; — k). = *ibid.*, 157_{3}, (A‘OB) ; — l). cf. *ibid.*, 157_{1}, (A‘OB) ; — m). cf. *KM*, VII, 86_{7}, (ISK) ; 86_{5}, (AZD) ; et II, 159^{6}, (Ṣ‘A) ; — n). mnq. d. *KM*, VII ; — o). cf. *KM*, VII, 158^{2}, (A‘OB).

---

(1) *Sic* d. *M* ; *KM* ; *ĞM* ; *Fiq.* c, 80_{2} ; — non الوِقَاة (= *Fiq.* M, 70_{3}). Cf. Lane, *s. v.*

(2) Voc. de *M** ; *Fiq.* c, 80^{5} ; etc. — *KM*, (et *m* !) , والهَنَعة ; *ĞM*, والهنبعة .

(3) Voc. de *M*. — *ĞM*, الصيعرية . Cf. *Ši‘r*, 88^{3}.

(4) *m*, ان يشق بين الاذنين ويترك ; *M*, تُشَقّ ... ويترك ; *ĞM*, ان تُشَقَّ من الاذنين ثم يترك . Je corrige d'après *infra*, l. 5 ; *KM* ; *L‘A*, XIII, 306^{18}, (AḤ) ; etc.

(5) *M*, والبقصاة ; *ĞM*, والقصاة ; (cf. la lect. fautive المُنضاة d. *L‘A*, XV, 167_{7}, (AḤ) ; *T‘A*, VIII, 329_{12}, (AḤ). Je corrige d'après *KM* ; *L‘A*, XX, 45_{3}, (AḤ) ; etc.

(6) *KM*, كالمُزَنَّمة , (cf. *infra*, p. 80^{2}) ; mais *KN* = *ĞM* ; *L‘A*, XV, 167_{7}, (AḤ).

(7) Cf. *infra*, n. 9. — *ĞM*, والقرمة ; *M* et *KM*, القُرْمة , non القَرَمة, (=Sîb., II, 228^{13} ; etc.). Cf. Anb., II, 487_{6} : مقروم محزز معلم والحزة يقال لها القَرَمة والقُرْمة .

(8) Cf. *infra*, n. 9. — *M*, الجُرفة ; non الجَرفة , (= *KM* ; *T‘A*, VI, 56^{4}, (A‘OB) ; Sîb., II, 228^{13}, (cf. *KM*, XIV, 137_{1} !) ; etc.). Cf. Anb., I, 45_{3}, (IA‘) : والجَرفة والجُرفة فى لهزمة البعير ; *T‘A*, loc. cit., (A‘AL).

(9) *ĞM*, ... ابو عمرو فى القرمة مثله ويقال للقرمة القرام ايضا وبعير . — *M*, للقُرْمَةِ : cf. *supra*, n. 7.

(10) *Sic* d. *M*. — *ĞM*, فاما المقرم والمكرم المعظم . (Cf. *Nawâd.*, 102^{2}). A cause de المعظم , je garde la lect. de *M*, (où il n'est pas *certain*, d'ailleurs, que l'épithète se rapporte au بعير). La déf. ord., (*L‘A*, XV, 378^{4} : A‘OB *‘an* A‘AM), est : ... المُقْرَم ... هو البعير المُكَرَّم : ce qui a fait voir d. ces deux mots, (*Sirr al-Layâlî*, 5^{11} ; = *Dial.*, I, 131^{7} ; = C. Brockelmann, *Grundr. d. vergl. Gramm. d. semit. Sprachen*, I, 122^{3}), un exemple de permutation entre le ق et le ك . Je doute que l'exemple soit bien choisi. Cf. *Mo‘all.*, II, 36.

(11) *ĞM*, ابو زيد يقال من المقروم قرمته القرمه قرما وهى القرمة , (cf. *Nawâd.*, 102^{4}) ; puis : قال ومثله فى الجسد الجرمة . — *M*, والجُرْفَةُ : cf. *supra*, n. 8.

(12) La déf. mnq. d. *Ibil* a, et *Ibil* b. — *ĞM*, ... والفقر ان يحز ; *m*, يصل ... يُجَذ ; *M**, يُحَزّ (?) ... يخلص ; *KM*, يُحَزّ ... يخلص . Cf. *L‘A*, VI, 371^{8}. — *M*, قريبٌ .

(13) *ĞM*, حرير يذلل الصعب ; *KM*, ... جَرِيرٌ يُذَلَّل بذلك .

عَمِلَتْ بِهِ ٱلْفَاقِرَةُ [1] [A'AM] [a] ٱلْيَسَرَةُ [2] وَسْمٌ فِي ٱلْفَخِذَيْنِ وَجَمْعُهُ [2] أَيْسَارٌ [3]. [N] [b] ٱلتَّحْجِينُ [4]
سِمَةٌ مُعْوَجَّةٌ [4]. [c] الْمُزَنَّمُ وَٱلْمُزَلَّمُ [5] ٱلَّذِي تُقْطَعُ أُذُنُهُ وَتُتْرَكُ [6] لَهُ زَنَمَةٌ وَيُقَالُ ٱلْمُزَنَّمُ
إِنَّمَا يُفْعَلُ لِكِرَامِ [6].

وَمِنْ عِلَاجِهَا وَمِنْحَتِهَا [7] [A'OBA, KS] [d] أَكْفَأْتُ إِبِلِي فُلَانًا إِذَا جَعَلْتَ لَهُ أَوْبَارَهَا [8]
[e] وَأَكْفَأْتُ إِبِلِي [9] جَعَلْتُهَا كُفْأَتَيْنِ [9] بِغَيْرِ تَصْغِيرٍ وَيُقَالُ كُفْأَتَيْنِ وَبِضَمِّ ٱلْكَافِ أَحَبُّ إِلَى أَبِي
عُبَيْدٍ عَلَى أَنْ يَنْتَجَ [10] كُلَّ عَامٍ نِصْفًا وَيَدَعَ نِصْفًا كَمَا يُصْنَعُ فِي ٱلْأَرْضِ لِلزِّرَاعَةِ. (٣٧٠) [AM]
[f] ٱلدِّفْءُ عِنْدَ ٱلْعَرَبِ نِتَاجُ ٱلْإِبِلِ وَأَلْبَانُهَا وَٱلِٱنْتِفَاعُ بِهَا وَمِنْهُ [11] قَوْلُ ٱللهِ جَلَّ وَعَزَّ [11] لَكُمْ
فِيهَا دِفْءٌ وَمَنَافِعُ [12]. [*waqdl*] [g] وَإِذَا [13] أُدْخِلَ شَيْءٌ فِي حَيَاءِ ٱلنَّاقَةِ لِتَحْسِبَهُ [14] وَلَدَهَا
إِذَا أُخْرِجَ وَتَرْأَمَهُ يُقَالُ لِذَلِكَ ٱلشَّيْءِ ٱلْجُزْمُ وَٱلدُّرْجَةُ. [AZD] [h] تَذَاءَبَتْ [15] لِلنَّاقَةِ تَذَاؤُبًا [15]

a). = *KM*, VII, 155_4, (A'OB) ; — b). = *ibid.*, 156^3, (A'OB) ; — c). cf. *ibid.*, 157^7, (A'OB) ; — d). cf. *ibid.*, 158_1, (A'OB) ; — e). cf. *ibid.*, 9^5, (A'OB) ; — f). cf. *ibid.*, 159^6, (A'OB) ; — g). cf. *infra*, p. 375 de *M* ; — h). cf. *KM*, VII, 31_2, et $_5$, (A'OB).

---

(1) *Sic* d. *ǦM* ; *KM*. — *M*, عَزَلَتْ به الفاقرة . On trouve عمل به الفاقرة d. *L'A*, VI, 369^{12}, (371^{10}) ; *Asds*, II, 138^{10}, (av. عملت به الفواقر) ; — فقرته الفاقرة d. *Ṣaḥ.*, I, 382_2.

(2) *m*, البَسَرَةُ et ابسارٌ ; *M*, av. un *bd'*. — Cf. *L'A*, VII. 163^{12}, (A'AM) : av. وجمعها .

(3) *ǦM* aj. : ومنه قول ابن مقبل على ذات اليسار . D'après le *L'A*, VII, 163, les mots cités appart. au passage suiv. :

فقطعت اذا لم يستطع قسوة السرى ولا السير راعي الثلة المتصبح
على ذات ايسار كان ضلوعها واحناءها العليا السقيف المشبح

Cf. *T'A*, III, 628, (av. قطعت) ; *Ṣaḥ.*, I, 419_{12}, (av. والواحها العليا السقيف المشبج) .

(4) *M*, التحجيرُ , et مُعَوَّجَةٌ ; *ǦM*, التمحجين . Cf. *L'A*, XVI, 262_8 ; *Fiq.* c, 80_1 ; etc.

(5) *ǦM*, والمزلم الذى ... ; *KM*, والمُزَنَّم والمُزَلَّم . Cf. la permutation signalée d. *KM*, XIII, 282^{13}, (A'OB) ; *ibid.*, (ISK), = *Qalb*, 8^5, (KS). — Cf. *Nawdd.*, 55^7 seq.

(6) *ǦM*, ويترك ... ويقال المزلم للكرام ; *KM*, وقيل انما يفعل هذا بالكرام منها ; *L'A*, XV, 167_9, (A'OB) : وانما يفعل ذلك بالكرام منها .

(7) *ǦM*, باب عارية الابل والانتفاع بها ; *KM*, اعراء الابل .

(8) C'est inexact : *ǦM* et *KM* aj. والبانها ; et souvent on ajoute encore les اولاد .

(9) *ǦM*, ابلى ايضا ... كفأتين وبعضهم يقول كفأتين وقول ابي عبيدة احب الىّ يعنى نصفين ينتج كل عام نصفا كما يصنع بالارض فى الزراعة . — Cf. *KM*, XV, 91_{12}, (ISK : = *Iṣlâḥ*, 66 v) ; *Adab*, 566^6.

(10) *M*, يَنْتِج ; *KM*, يُنْتِج ; (*L'A*, I, 138_5, يُنْتِجها) . Cf. *Verbi*, 114^{17}.

(11) *ǦM*, وهو ; et, (= *KM*), عز وجل , (= *infra*, p. 407 de *M*).

(12) Ce mot mnq. d. *ǦM* et *KM* ; mais appart. au texte coranique, S. 16, v. 5.

(13) *ǦM*, الشيء الذى يدخل فى حياء الناقة او دبرها لتحسبه اذا وضعت ولدها فترامه يقال له الجزم .

(14) Voc. de *M*, (= اجود اللغتين d'après AZ : cf. *L'A*, I, 305, n. marg.). *KM*, فتحسبُه .

(15) *M*, تذاءبت ... تذاؤبا على تفاعلت والتذؤب ان تلبس لها لباسا يشبه بالذئب وتهوّلت ; تذاءبتُ ... تذاءبا ; *ǦM*, لها تهوّلا وهو أن تستخفى . Je doute que la Ve f., (Lane, 949 a ; *L'A*, I, 364^{12}), soit correcte : cf. *Ṣaḥ.*, I, 51^{14}.

وَتَهَوَّلَتْ لَهَا تَهَوُّلًا فَهُوَ ، أَنْ تَسْتَخْفِيَ لَهَا إِذَا ظَأَرْتَهَا عَلَى وَلَدٍ ، فَتَشَبَّهَتْ لَهَا بِٱلسَّبُعِ فَيَكُونُ [2]
أَرْأَمَ لَهَا عَلَيْهِ . [N] [a] مَرَنَتِ ٱلنَّاقَةُ [1] ، مَرْنًا إِذَا دَهَنْتَ أَسْفَلَ خُفِّهَا بِدُهْنٍ مِنْ حَفَاءٍ [3] . [N]
[b] ٱلإِخْبَالُ مِثْلُ ٱلإِكْفَاءِ [4] ، [c] وَنَحْوُهُ [5] ٱلإِخْوَالُ وَهِيَ مِنَ ٱلْمَنِيحَةِ بِٱللَّبَنِ وَٱلْوَبَرِ . [FR] [d] سَوَّدْتُ
ٱلإِبِلَ تَسْوِيدًا وَهُوَ أَنْ يُدَقَّ ٱلْمِسْحُ ٱلْبَالِي مِنْ شَعَرٍ فَتُدَاوَى بِهِ [6] أَدْبَارُهَا جَمْعُ دَبَرٍ [7] .
وَمِنْ أَبْوَالِهَا [8] [AṢ] [8] [e] أَشَاعَتِ ٱلنَّاقَةُ بِبَوْلِهَا وَأَوْزَغَتْ [9] وَأَزْغَلَتْ [10] إِذَا رَمَتْ بِهِ
رَمْيًا [11] وَقَطَّعَتْهُ وَلَا يَكُونُ ذٰلِكَ إِلَّا إِذَا أَضْرَبَهَا [12] ٱلْفَحْلُ . [f] وَيُقَالُ لِلْبَعِيرِ [13] هَوْذَلَ بِبَوْلِهِ [13]
إِذَا ٱهْتَزَّ بَوْلُهُ وَتَحَرَّكَ [g] وَغَذَّى [13] بِبَوْلِهِ تَغْذِيَةً إِذَا قَطَّعَهُ وَغَذَا [13] ٱلْبَوْلُ نَفْسُهُ يَغْذُو [13] .
[AZD, KS*] [14] [h] ضَرَبَ [14] ٱلْفَحْلُ بَوْلَهُ يَضْرِبُهُ [14] وَحَقَنَهُ يَحْقُنُهُ [14] سَوَاءٌ [14] . [AṢ] [15]
[i] ٱلزُّغْرُبُ ٱلْبَوْلُ ٱلْكَثِيرُ .

a). Cf. *KM*, VII, 166^{7}, (A'OB); — b). cf. *ibid.*, 159^{1}, (A'OB); — c). cf. *ibid.*, 159^{4-6}, (A'OBA); — d). cf. *ibid.*, 166^{8}, (A'OB); — e). cf. *ibid.*, 102^{7}, ^{9}, et ^{11}, (A'OB); — f). cf. *ibid.*, 102_{11}, (A'OB); — g). cf. *ibid.*, 102_{10}, (A'OB); — h). = *ibid.*, 102_{6}, (A'OB); — i) = *ibid.*, 102_{5}, (A'OB).

---

(1) *ĞM*, وهو ; غير ولدها ; … مرنت الناقة امرنها مرنا .

(2) *Sic* d. *ĞM*; *KM*; et *M*, (فيكون). Cette construction est à noter. (Elle a disparu d. *Ṣaḥ.*, I, 51^{15}; *L'A*, I, 364^{12}). Autres exemples: *infra*, p. 86^{4}; p. 386_{2} de *M*; *KM*, VII, 87^{2}, (= *L'A*, III, 59_{6}; *T'A*, II, 20_{4}; etc.); *KM*, XVI, 115^{13}; *Ḥayaw.*, II, 26_{8}.

(3) *M**. حفاء ; *m*, حَفَاء ; *ĞM*, حناء . Il y a حَفًى d. *KM*; *L'A*, XVII, 291^{6}; *Ṣaḥ.*, II, 410_{4}; (mais حفا *ibid.*, s. rad. حفا : cf. Wall., 32^{7}). S'il faut en croire les Dict., la forme *maqsoûra* aurait seule le sens qui convient bien à ce passage.

(4) *ĞM* aj.: وهو منه قول زهير . هنالك ان يستخبلوا المال يخبلوا . — Cf. *KM*, VII, 159^{2}, (av. ومنه قول زهير). Le sec. hémist. du vers est: وان يسألوا يعطوا وان ييسروا يغلوا : cf. *Š. Š. Kaʿb.*, 112^{12}, (av. يستبخلوا ، يبخلوا ، ييسروا); *Mouḥt.*, 62_{2}; *ŠN*, 573^{5}; *L'A*, XIII, 211^{3}; *T'A*, VII, 299_{16}; *Ṣaḥ.*, II, 178, l. 5 et n. marg.; *Tahḏ.*, 519. n. *e*, (av. ييسروا); *Divans*, 91^{4}.

(5) *ĞM*, كان ابو عبيد يرويها هنالك ان يستخولوا المال يخولوا اخذه من الخول هو اعجب الى الفراء ... . Lire: ابو عبيدة . — Cf. *KM*, VII, 159^{4}; *Ṣaḥ.*, II, 181_{7}; *L'A*, XIII, 237_{2}; *T'A*, VII, 313^{3}; *Mouḥt.*, 62, n. 6; *Divans*, p. 43_{8} des Notes, (mais cf. *Š. Š. Mouğ.*, 108^{5}).

(6) *ĞM*, ... المسح ... فيداوى به ادبارها يعنى جمع ... ; *KM* = *M*. Cf. *Ṣaḥ.*, I, 236_{6}, (FR).

(7) *Sic*, non دبرة , (= les Dict. *s. v.* دبر), d. *M*; *ĞM*, (av. ال , = *KM*); *L'A*, IV, 213^{3}, ('*an* A'OB).

(8) *ĞM*, باب ابوال الابل ; — puis: ... الاصمعى ... . Cf. *Ibil* a, ..., 115^{3}, ^{4},...,...; *Nawâd.**, 243_{2}.

(9) *Sic* d. *M*; *KM*; *Nawâd.**, 243_{2}. — *ĞM*, اوزعت , probabl. fautif: *T'A*, V, 541^{3}.

(10) *ĞM*, وارغلت , (= *Nawâd.**, 243_{2}); puis aj.: كل هذا .

(11) *ĞM*, et *Ṣaḥ.*, I, 602_{1}: رمت به وقطعته ; *KM*, رمت به رَمْيًا خفيفا وقطّعته ; *KN* = *Ṣaḥ.*, I, 630^{6}.

(12) *M**, أضرَبَهَا ; *M*, peut-être p. v., mais av. le *hamza*, (dittographie ?); *ĞM*, (= *KM*, et *L'A*, X, 271_{1}), ضربها . — Corrig. وأَضْرَبَهَا ٱلْفَحْلُ d. *Text.*, 66^{4}, 138^{8}: cf. *KM*, VII, 4_{4}, (AṢ).

(13) *ĞM*, ... ويقال للذكر هَوْذَل بِبَوْله يهوذل اذا ... وقد غذّى ... وغذّى ... يغذو مخفف .

(14) *ĞM*, ابو زيد ضرب بوله يضربه ... سواء الكسائى مثله وانعفر احقنت البول . *M*, ضرب ، يضرب — Pour حقن يحقن , (*M*, p. v.), j'adopte la voc. de *KM*; (*Ṣaḥ.*, II, 367_{6}).

(15) La déf. mnq. d. *Ibil* a, et *Ibil* b. — *ĞM*, الزعرب .

وَمِنْ وُرُودِهَا ٱلْمَاءَ[1] ، [AṢ, A'OBA*] ، [a] فَأَقْصَرُ ٱلْوِرْدِ وَأَسْرَعُهُ ٱلرِّفْهُ ، وَهُوَ أَنْ (٣٧١) تَشْرَبَ ٱلْإِبِلُ ، كُلَّ يَوْمٍ *[AṢ] ، فَإِذَا وَرَدَتْ يَوْمًا نِصْفَ ٱلنَّهَارِ وَيَوْمًا غُدْوَةً فَتِلْكَ ٱلْعُرَيْجَاءُ *[AṢ, A'OBA, AZD] ، فَإِنْ وَرَدَتْ يَوْمًا وَتَرَكَتْ[3] يَوْمًا فَذٰلِكَ ٱلْغِبُّ[2] ، [b] وَٱلظِّمْءُ[4] ، ٱلرِّبْعُ *[AṢ, AZD] ، وَلَيْسَ فِي ٱلْوِرْدِ ثِلْثٌ[5] ، *[AṢ, A'OBA, AZD] ، وَٱلْإِبِلُ رَوَابِعُ [c] ثُمَّ ، ٱلْخِمْسُ فَهِيَ ، خَوَامِسُ وَصَاحِبُهَا مُخْمِسٌ[7] ، [d] ثُمَّ كَذٰلِكَ ، إِلَى ٱلْعِشْرِ *[AṢ, A'OBA] ، فَإِذَا زَادَتْ فَلَيْسَ لَهَا تَسْمِيَةُ وِرْدٍ وَلٰكِنْ يُقَالُ هِيَ تَرْعَى ، عِشْرًا وَغِبًّا وَعِشْرًا[8] ، وَرِبْعًا ثُمَّ كَذٰلِكَ إِلَى ٱلْعِشْرَيْنِ[10] فَيُقَالُ[10] حِينَئِذٍ ظِمْؤُهَا عِشْرَانِ فَإِذَا جَاوَزَتِ[11] ٱلْعِشْرَيْنِ[10] فَهِيَ جَوَازِئُ[11] [AZD] [e] فَإِنْ أَرْسَلَهَا عَلَى ٱلْمَاءِ كُلَّمَا شَاءَتْ وَرَدَتْ بِلَا وَقْتٍ

a). Cf. *infra*, n. 1. — b). cf. *KM*, VII, 96^{1}, (A'OB) ; — c). cf. *ibid.*, 96^{4}, ^{5}, (A'OB) ; — d). cf. *ibid.*, 96^{9}, (A'OB !) ; — e). cf. *ibid.*, 95^{11}, (A'OB).

---

(1) *ĞM*, باب ورد الابل ; puis : ... قال الاصمعي اقصر الورد واسرعه . Cf. *Ibil* a, 128 seq. ; *Ibil* b, 151 seq. D. ces *Kitâbs*, ce n'est pas le رفه , mais le رغرغة , (cf. *infra*, p. 83^{2}), qui est le اول الاظماء واقصرها . Et leur déf. est reproduite d. le *KM*, VII, 95^{9} (!) ; car, pour le début de ce chapitre, ISD a utilisé, (au lieu du *Mouṣan.*), le *Kitâb al-Ibil* d'AṢ, (cf. *KM*, I, 11_{2}). — D. Anb., I, 108, l'ordre des أظماء est le même qu'ici, (s. *al-'ourayğâ'*).

(2) Voc. de *M*. — *ĞM*, الرفه ... تشرب كل يوم فاذا وردت يوما وتركته يوما فذلك الغبّ يقال ابل بني فلان ... فالظمو ... غابّة وغوابّ فاذا ارتفع عن الغبّ . Cf. Wall., 90^{3}. — Cf. *infra*, n. 11.

(3) *m* et *M**. تركت ; *ĞM*, وتركته . Il y a غبّت d. *KM* ; *Ibil* a, 129^{3} ; *Ibil* b, 151^{15} ; *L'A*, II, 126_{2}, (AṢ). Cf. Anb., I, 108_{7} : فاذا شربت يوما وتركت يوما فذلك الظِّمْءُ الغِبُّ .

(4) *M*, والظمى . — Cf. *L'A*, VI, 247^{12}, (AṢ) ; *ibid.*, II, 430_{5}, (AṢ).

(5) Cf. *infra*, n. 11. — *KM*, VII, 96^{1}, (Ṣ'A) : لم يستعمل انما يخرجه في القياس على الأظماء . C'est le *ğibb* qui serait appelé *ṯilṯ*. On compte ici le jour du *ṣadar*, contrairement à l'opinion d'AZ, (*L'A*, VII, 370_{7}). — *ĞM*, ثلاث .

(6) Cf. *infra*, n. 11. — *M*, يومَ الخمس فهي . Je corr. d'après *ĞM*, (av. ... ثم كذلك ... وهي) ; etc.

(7) *ĞM* aj. : قال الاصمعي واخبرني ابو عمرو بن العلاء عن رؤبة قال سمعت ابي يتعجب من قول القائل .
يثير ويذرى تربها ويهيله   اثارة نباب الهواجر مخمس

Lire : نبّاث . — Cf. *KM*, VII, 96^{6} ; *L'A*, VII, 370_{10} ; *T'A*, IV, 141^{7} ; *Ibil* a, 129^{12} ; *Ibil* b, 152^{3} . Le premier hémist. est : يهيل ويذرى تربها ويثيره d. *Divans*, 135_{5} ; *Diw. IMQ*, 84^{1} ; 'Aṣim, 131^{3} ; *ŠN*, 49^{11} ; *Maqâlât 'Ilmi'l-Adab*, II, 296^{3} ; etc. Corr. يبدى d. *T'A*, *L'A*, loc. cit.

(8) Cf. *infra*, n. 11. — *ĞM*, (= *Ibil* b, 152^{13}) : عشرا وغبا وربعا ; *KM*, ... ثم عِشْرًا وغِبًّا . Mais *M* = *L'A*, VI, 247^{12}, (AṢ) ; *Ibil* a, 130^{4} .

(9) Il y a ترد d. *KM* ; *L'A*, VI, 247^{13}, (AṢ) ; etc. Mais *KN* = *ĞM* ; *L'A*, II, 126_{1} ; (*Ibil* a, 130^{4}) ; (*Ibil* b, 152^{13}). Notre lect. semble appartenir aux textes primitifs non encore arrangés par les lexicographes postérieurs . Il est tout naturel que, pour les اظماء plus longs, les phrases citées se rapportent, non pas au moment du *wird*, (*Ibil* a, 129^{3} : جاءت إبلُ بني فلانٍ غابّةً ; etc.), mais aux *nombreux* jours pendant lesquels تجتزئ الابل بالرطب عن الماء , (cf. *KM*, VII, 94).

(10) *m*, (et probablement *M*), p. v. ; *M**, العشرين , (= *Ibil* a , 130^{4} ; *Ibil* b, 152^{13} ; — cf. *L'A*, VI, 247_{3}) . Notre lect., (= *KM* ; *L'A*, VI, 247^{14}, (AṢ) , 247_{3} ; etc.) , n'est pas contredite par *Qdm*., II, 105^{5} . — *ĞM*, ويقال .

(11) *ĞM*, جازت , (= *KM* ; mais *M* = *Ṣaḥ*., I, 364^{12}) ; — جوازى ; et aj. : ابو عبيدة مثل جميع قول الاصمعي او نحوه غيره العريجاء والثلاث فانه لم يذكرهما وابو زيد من الغبّ الى العشر مثله ايضا او نحوه ابو زيد فان ارسلها .

فَذٰلِكَ ٱلْإِرْبَاعُ [1] يُقَالُ تَرَكْتُ [2] إِبِلَهُمْ هَمَلًا مُرْبِعًا *[AṢ] [3] [a] فَإِنْ رَدَّهَا عَلَى [4] ٱلْمَاءِ فِي ٱلْيَوْمِ مِرَارًا فَذٰلِكَ ٱلرَّغْرَغَةُ [b] فَإِذَا [5] أَوْرَدَهَا فَٱلسَّقْيَةُ [5] ٱلْأُولَى ٱلنَّهَلُ [c] وَٱلثَّانِيَةُ ٱلْعَلَلُ . [d] فَإِنْ أَدْخَلَ بَعِيرًا قَدْ شَرِبَ بَيْنَ بَعِيرَيْنِ لَمْ يَشْرَبَا فَذٰلِكَ ٱلدِّخَالُ وَإِنَّمَا يُفْعَلُ هٰذَا فِي قِلَّةِ ٱلْمَاءِ [e] فَإِذَا رَوِيَتْ ثُمَّ بَرَكَتْ فَهِيَ عَوَاطِنُ [6] فِي ٱلْعَطَنِ ٱلْمَوْضِعِ وَقَدْ عَطَنَتْ عُطُونًا [6] . *[AṢ, AʿAM] [7] [f] فَإِذَا [7] أَوْرَدَهَا حَتَّى تَشْرَبَ قَلِيلًا ثُمَّ تَحَّى [8] بِهَا سَاعَةً ثُمَّ يَرُدُّهَا [9] إِلَى ٱلْمَاءِ فَذٰلِكَ ٱلتَّنْدِيَةُ [9] فِي ٱلْإِبِلِ وَٱلْخَيْلِ أَيْضًا [10] . [AʿAM] [11] [g] وَنَدَتِ ٱلْإِبِلُ نَفْسُهَا تَنْدُو فَهِيَ نَادِيَةٌ . [AZD] [h] فَإِنْ رَعَتِ ٱلْحَمْضَ حَوْلَ ٱلْمَاءِ وَلَمْ تَبْرَحْ قِيلَ [11] وَضَعَتْ تَضَعُ وَضِيعَةً فَهِيَ وَاضِعَةٌ [12] وَكَذٰلِكَ

a). Cf. *infra*, n. 4; — b). = *KM*, VII, 97_{6}, (AS); — c). = *ibid.*, 98^{3}, (AʿOB); — d). = *ibid.*, 99^{4}, (AʿOB); — e). cf. *ibid.*, 99^{13}, (AʿOB); — f). cf. *ibid.*, 99_{8}, (AʿOB); — g). cf. *ibid.*, 99_{4}, (AʿOB); — h). cf. *ibid.*, $90_{7, 8}$, (AʿOB).

---

(1) *Sic* d. *M*; *ǦM*; *KM*; *Ṣaḥ.*, II, 4^{5}, *Nihây.*, II, 62^{12}; etc. Mais cf. *LʿA*, X, 308^{6}: والإرباغ ... هكذا رواه أبو عبيد والصحيح الإرباغ بالغين المعجمة . Cf. Lane, 1016 b, l. 12-14, (d'après *TʿA*, V, 345^{5}, = *LʿA*, IX, 466^{8}).

(2) Voc. de *M*, (تَرَكْتُ ابلهم). Ailleurs, تُرِكَتْ, voc. plus naturelle.

(3) J'intercale [AṢ], qui mnq. d. *ǦM*, à cause de: *LʿA*, X, 310_{4}; *ibid.*, XIII, 495_{6}, (et *KM*, VII, 97_{6}); *LʿA*, XIV, 206^{9}; (*ibid.*, XIII, 258^{12}); ...; *ibid.*, XX, 189_{4}; *Ṣaḥ.*, II, 554_{11}, et *Fiq.* c, 191^{2}. Les mots qui suiv. mnq., ou sont définis différemment, d. *Ibil* a, (128^{15}, 82^{1}, ^{3}, 131^{1}, ^{5},...,...), et *Ibil* b, (151^{8},...,...,...,...,...,...).

(4) *ǦM*, الى . La déf. mnq. d. *KM*, (cf. *supra*, p. 82, n. 1); mais cf. *LʿA*, X, 310_{4}, (AṢ): ... اذا رَدَّدَها على . Cf. la déf. du رفه d. *Fiq.* c, 190_{3}; *LʿA*, XVII, 385_{8}!

(5) *ǦM*, فان . *M*, فالسَّقِيَّة . Ailleurs, فالسَّقْية . — Cf. *Nawâd.*, 17^{5}.

(6) *ǦM*, ... عواطن واسم الموضع العطن وقد ... , (cf. *Verbi*, 19^{7}; *Aḍdâd*, 76^{10}; *Ibil* a, 131^{6}, (lire: ʿ*ouṭoûn*); puis aj.: قال عمرو بن لحا . تمشى الى رواء عاطناتها تحبّس العانس فى ربطاتها . Lire ربطاتها ; تحبّس ; عمر بن لجا . Cf. *LʿA*, XVII, 159_{3}; *ibid.*, VII, 333^{10}; *Ṣaḥ.*, I, 444^{16}; *TʿA*, IV, 117_{13}; *KM*, III, 110^{12}. D'après *Tahḏ.*, 283^{4}, les deux *raǵaz* ont été trouvés فى شعر عمرو ابن خصاف الهجيمي .

(7) Cf. *supra*, n. 3; et *infra*, n. 11. — *ǦM*, فان .

(8) *ǦM*, ثم تجيئ بها ترعى ساعة ; *KM*, et *LʿA*, XX, 189_{3}, (AṢ): ... ثم يجئ . Cf. *LʿA*, IV, 268^{6}.

(9) *Sic* d. *ǦM*; *KM*; etc. — *m*, يوردها ; *M*, (?): يورّدها . — *ǦM*, الشدية .

(10) *ǦM* aj.: قال واختصم حيان من العرب فى موضع فقال احد الحيين مركز رماحنا ومخرج نسائنا ومسرح بهمنا ومندى خيلنا . قال الراجز . قريبة ندوته من محمضه . Lire محمضه . — Cf. *Fiq.* c, 191^{2}; *Nihây.*, IV, 135_{3}; puis: *KM*, VII, 99_{7}; *Ṣaḥ.*, II, 554_{9}, 428_{3}; *TʿA*, IX, 400^{6}; *LʿA*, VIII, 409^{1}; *ibid.*, XIII, 132_{1}; *Iṣlâḥ.*, 192 v, l. 15. Au lieu de نُدْوته et مَحْمَضه , AʿOB vocalisait نَدوته et مُحْمِضه : cf. *Ṣaḥ.*, I, 522_{5}; *LʿA*, XX, 190_{10}; *TʿA*, X, 362_{2}; *ibid.*, V, 22^{16}, (corr. AʿOBA). Il faut donc corriger la lect. de *KM*. D'après *LʿA*, XVII, 418^{5}; etc., le *râǵiz* est هميان بن قحافة السعدى .

(11) *ǦM*, ... تندو نفسها ندت وزاد مثله التندية فى عمرو ابو ; et: ... قد قيل وضعت .

(12) *Sic* d. *M** et *m*. Il y a الوَاضِعُ d. *KN*, supra, 38^{6}; *KM*, VII, $90_{8, 6}$; *ibid.*, XVI, 126_{3}; *Moukh.*, II, 113^{3}, (AʿOB). Mais la forme واضعة se trouve d. *ǦM*; *Ṣaḥ.*, I, 631^{12}, (AZD); *LʿA*, X, 282^{9}, (av. والخم), 282^{12}; *TʿA*, V, 543_{5}, (AZD). — Quelques-uns des adjectifs féminins à forme masculine cités d. *KM*, XVI, 120 seq., me paraissent incertains, ou du moins fort rares: v. g., ناقة مُهْجِر . (*ibid.*, 132_{5}): cf. *supra*, p. 44^{3}; (= *KM* et *ǦM*); *LʿA*, VII, 112^{12}; *Ṣaḥ.*, I, 416_{11}; *TʿA*, III, 611_{1}.

وَضَعْتُهَا أَنَا فَهِيَ مَوْضُوعَةٌ . (٣٧٢) [a] فَإِنْ سَارَتْ بَعْدَ ٱلْوِرْدِ لَيْلَةً أَوْ أَكْثَرَ قِيلَ زَهَتْ ، تَزْهُو زَهْوًا وَكَذٰلِكَ زَهْوَتُهَا ، أَنَا بِغَيْرِ أَلِفٍ أَيْضًا . [AṢ] [1] [b] فَإِنْ كَانَتْ بَعِيدَةَ ٱلْمَرْعَى مِنَ ٱلْمَاءِ فَأَوَّلُ لَيْلَةٍ يُوَجِّهُهَا إِلَى ٱلْمَاءِ لَيْلَةُ ٱلْحَوْزِ [3] وَقَدْ حَوَّزَهَا [3] . [c] فَإِنْ خَلَّى وُجُوهَهَا إِلَى ٱلْمَاءِ وَتَرَكَهَا فِي ذَاكَ [2] تَرْعَى لَيْلَتَئِذٍ فَهِيَ لَيْلَةُ ٱلطَّلَقِ [d] فَإِذَا [2] كَانَتِ ٱللَّيْلَةُ ٱلثَّانِيَةُ فَهِيَ لَيْلَةُ ٱلْقَرَبِ وَهُوَ ٱلسَّوْقُ ٱلشَّدِيدُ [e] فَإِذَا وَرَدَتْ فَمَا ٱمْتَنَعَ [4] مِنْهَا ، مِنَ ٱلشُّرْبِ فَهُوَ قَاصِبٌ وَكَذٰلِكَ ٱلنَّاقَةُ قَاصِبٌ وَقَدْ قَصَبَ يَقْصِبُ [5] [f] فَإِذَا رَفَعَتْ رَأْسَهَا عَنِ ٱلْحَوْضِ وَلَمْ تَشْرَبْ قِيلَ بَعِيرٌ مُقَامِحٌ وَكَذٰلِكَ ٱلنَّاقَةُ بِغَيْرِ هَاءٍ وَجَمْعُهُ قِمَاحٌ [6] [g] فَإِنْ كَانَت [7] عَلَى ٱلْحَوْضِ وَلَمْ تَقْدِرْ عَلَى ٱلْمَاءِ لِكَثْرَةِ ٱلزِّحَامِ فَذٰلِكَ ٱللَّوْبُ وَقَدْ [8] تَرَكْتُهَا لَوَائِبَ حَوْلَ ٱلْحَوْضِ [h] وَٱلْحُوَّمُ ٱلْعِطَاشُ ٱلَّتِي تَحُومُ حَوْلَ ٱلْمَاءِ . [AZD] فَإِنِ [8] ٱزْدَحَمَتْ فِي ٱلْوِرْدِ وَٱعْتَرَكَتْ فَتِلْكَ ٱلْوَعْكَةُ وَقَدْ أَوْعَكَتِ ٱلْإِبِلُ [i] وَقَالَ مِنَ ٱلشُّرْبِ [9] أَشْرَبْتُهَا [j] وَأَعْلَلْتُهَا [10] إِذَا أَصْدَرْتَهَا وَلَمْ تُرْوِهَا [11] فَهِيَ عَالَّةٌ [10] [k] وَأَنْصَحْتُهَا [11] حَتَّى نَصَعَتْ [11] نُصُوحًا [11] إِذَا رَوِيَتْ [12] [l] وَأَغْبَيْتُهَا حَتَّى غَبَتْ تَغِبُ

a). Cf. *KM*, VII, 101^{9}, (A'OB) ; — b). cf. *ibid.*, 96^{12}, (A'OB); — c). cf. *ibid.*, 96_{11}, (A'OB) ; — d). = *ibid* 96_{10}, (A'OB) ; — e). cf. *ibid.*, 100^{7}, (A'OB) ; — f). = *ibid.*, 100^{11}, (A'OB) ; — g). cf. *ibid.*, 100_{8}, (A'OB) ; — h). cf. *ibid.*, 100_{4}, (A'OB) ; — i). cf. *ibid.*, 98^{9}, (A'OB) ; — j). cf. *ibid.*, 98^{2}, (A'OB) ; — k). cf. *ibid.*, 98_{9}, (A'OB); — l). = *ibid.*, 95_{2}, (A'OB).

---

(1) *ĞM*, رهت ترهو رهوا ... رهوتها . — Cf. *Ṣaḥ.*, II, 490_{11}, (A'OB).

(2) Cf. *Ibil* a,..., 130^{18}, ^{19}, 132^{12},..., 100^{7}, ^{8}. — *ĞM*, ف ذلك , (= *KM*); الطلق ثان .

(3) *ĞM*, الجوز ... جوّزتها ; puis aj. : والشدنا جوّزها من برق الغمير اهدأ يمشى مشية الظليم Lire حوّزها , حوّزتها , الحوز : *Ṣaḥ.*, I, 427^{6}, (AṢ). — Cf. *KM*, VII, 96^{13} ; *L'A*, VII, 205_{2}; *ibid.*, XV, 340_{6}; *Ṣaḥ.*, I, 427^{8}; *T'A*, IV, 30_{17} ; *ibid.*, IX, 6^{21}. Les *raǵaz* sont attribués à عُمَر بن لجا d. *L'A*, XV, 263_{1} ; *T'A*, VIII, 381^{20}.

(4) Voc. de *M*. Corr. امتنع d. *Ibil* a, 132^{12}, ^{13}. — *ĞM*, امتنع فيها . — Cf. *KM*, XVI, 127^{2}.

(5) *Sic* d. *M**; *m* ; *ĞM* ; *KM*; *L'A*, II, 170_{3}, $_{4}$; etc. Corr. (?) يقصِب , d. *Ibil* a, 132^{13}.

(6) *ĞM* aj. : قال بشر بن ابى حازم . ونحن على جوانبها قعود نغض الطرف كالابل القماح

Cf. *KM*, VII, 100^{13} ; *Bišr*, 299, (V, 25) ; *ZDMG*, XVIII, 801; *Zağğ.*, 79^{7}; Anb., II, 522^{2}.

(7) *M** et *m*, كانت : lect. incertaine, car la graphie ordinaire du ط , d. *M*, ressemble, à s'y méprendre, à celle du ك ; et je trouve طافت d. *KM* ; *ĞM* ; *Ṣaḥ.*, I, 102_{10}, (AṢ); etc.

(8) *ĞM*, اللوب يقال تركتها , (= *KM*); et فاذا ازدحمت .

(9) Voc. de *M**, (*m* p. v.), = *M* supra, l. 5. (*KM*, الشُّرب). — *ĞM*, *KM* : اشربتها حتى شربت .

(10) *Sic* d. *M*; *KM*; *ĞM*; *L'A*, XIII, 495_{4}, (A'OB 'an AṢ!) ; *ibid.*, XIV, 12^{4}, (A'OB 'an AZD); *Verbi*, 18^{2}. C'est la lect. de A'OB, déclarée fautive par AZ, (*L'A*, XIV, 12^{5}).

(11) *ĞM*, تروها ; — et : وانضحتها حتى نضحت تنضح نضوحا . Cf. *L'A*, III, 457^{8}, 458^{14}.

(12) *ĞM* aj. : قال الشاعر . هذا مقامى لك حتى تنضحى ريّا وتختازى بلاط الابطح
Ailleurs : تجتازى . Il y a تنضحى , (cf. *supra*, n. 11), d. *KM*, VII, 98_{8}; *Ṣaḥ.*, I, 197_{4}; *L'A*, III, 457^{4}, *T'A*, II, 237_{8}; — تنضحى d. *L'A*, III, 457^{5} ; *ibid.*, IX, 132_{6}; *Ṣaḥ.*, I, 197_{3}, 545^{7}; *T'A*, II, 237_{7} ; *ibid.*, V, 111^{4}. — Le شاعر est un *rāǵiz*, (= *Ṣaḥ.*, I, 545^{7})! Cf. Goldziher, *Abhandl. z. arab. Philol.*, I, 78, n. 2.

غبًّا [1]، [a] وَأَرْفَهْتُهَا حَتَّى رَفَهَتْ تَرْفَهُ رِفْهًا، وَرُفُوهًا [2] [b] وَأَطْلَقْتُهَا حَتَّى طَلَقَتْ طَلْقًا [3]، وَطُلُوقًا وَٱلِاسْمُ الطَّلَقُ *[AZD, AʿAM] [4]، [c] وَأَقْرَبْتُهَا (٣٧٣) حَتَّى قَرِبَتْ تَقْرَبُ [5]، مِنَ ٱلْقَرَبِ [4] . قَالَ لَبِيدٌ

إِحْدَى بَنِي جَعْفَرٍ كَلِفْتُ [6] بِهَا   لَمْ تُمْسِ نَوْبًا [6] مِنِّي وَلَا قَرَبَا [6]

النَّوْبُ [6] مَا كَانَ مِنْكَ مَسِيرَةَ يَوْمٍ وَلَيْلَةٍ . [N] [d] فَإِنْ مُنِعَتِ [7] ٱلْوِرْدَ فَذٰلِكَ ٱلتَّحْلِئَةُ [7] وَقَدْ حَلَّأْتُهَا [7] . [AṢ] [8] [e] يُقَالُ خِمْسٌ قَسْقَاسٌ وَحَثْحَاثٌ [8]، وَقَعْقَاعٌ وَحَذْحَاذٌ وَبَصْبَاصٌ [8]، وَصَبْصَابٌ وَحَضْحَاضٌ كُلُّهُ [8] السَّيْرُ ٱلَّذِي لَيْسَتْ فِيهِ وَتِيرَةٌ [8]، وَهِيَ ٱلِاضْطِرَابُ وَٱلْفُتُورُ . [N] [f] التَّنْحِيبُ [9] شِدَّةُ ٱلْقَرَبِ لِلْمَاءِ [9] وَٱلْمُنَحِّبُ ٱلرَّجُلُ [9] . [g] ٱلْمُصَرِّدُ [10] ٱلَّذِي يُسْقَى قَلِيلًا قَلِيلًا [11] .

وَمِنْ رَعْيِهَا وَتَرْكِهَا عَلَفَهَا [12]

[AZD] [h] يُقَالُ [12] أَسْدَيْتُ إِبِلِي إِسْدَاءً أَهْمَلْتُهَا وَٱلِاسْمُ السُّدَى [13] [N] [i] وَعَبَهْلْتُهَا [14] وَٱلْجَمِيعُ عَبَاهِلُ [15] . [ʿan AṢ] [j] ٱلْعُضُّ ٱلْقَتُّ وَٱلنَّوَى وَهُوَ

a). Cf. *KM*, VII, 95_{10}, (AʿOB); — b). cf. *ibid.*, 96_{11}, (AʿOB); — c). cf. *ibid.*, 96_9, (AʿOB); — d). cf. *ibid.*, 101^6, (AʿOB); — e). cf. *ibid.*, 97^9, (AʿOB); — f). cf. *ibid.*, $97_{11, 8}$, (AʿOB); — g). = *ibid.*, 101^9, (AʿOB); — h). cf. *ibid.*, 84_8, (AʿOB); — i). cf. *ibid.*, 84_7, (AʿOB); — j). cf. *ibid.*, 87_7, (AʿOB).

---

(1) *M**, غِبًّا, (cf. *LʿA*, II, 126_2); mais *m* : غبًّا, (p. v.). Ailleurs, غَبًّا. Cf. *infra*, n. 2.

(2) Voc. de *M*; *KM*, (رِفْهًا ورَفْهًا ورُفُوهًا); *Qdm.*, IV, 330_1 : paraît correcte, malgré la rem. de Lane, *s. v.*

(3) *M*, طَلَقَتْ طَلْقًا. Je corr. d'après *KM*; *LʿA*, XII, 98^1, (AʿOB ʿ*an* AZD); etc.

(4) *ĞM*, ... والاسم الطلق واقربتها حتى قربت تقرب ابو عمرو فى الاقراب والقراب مثله قال.

(5) *M**, [تَقْرُبُ] قَرَبَتْ, (= *KM*; etc.); *M*, تَقْرَبُ; *m*, قَرِبَتْ تَقْرَبُ. Cf. *LʿA*, II, $160^{9, 18, 20}$.

(6) *M*, كَلِفْتُ; نَوْبًا; et الثوب; *ĞM*, لم تمش نوبا نوبا ولا قربا. — Cf. *KM*, VII, 96_8; *LʿA*, II, 272_8. Il y a منى نوبا d. *LʿA*, II, 160_8; *Ṣaḥ.*, I, 107^5; *TʿA*, I, 495_9; Lane, 2863; *Dîw. LB* c, p. 136, (XIX, 2), (av. بارضهم, au lieu de كلفت بها; et قُرُبَا).

(7) *ĞM*, منعت الابل; et : التحلئة, حلأتها. Cf. *KM*, XIV, 3_4.

(8) Cf. *Ibil* a, 136^{11}, (حَثْحَاث ne doit pas être d'AṢ); *Qalb*, 39^{18}, (AṢ); *KM*, XIII, 280^8, (AṢ); *Mouzh.*, I, 224^{14}, (AʿOB). — *ĞM*, بضباض, et وكل هذا; *M*, وتيرة.

(9) *ĞM*, التنحيب شدة القرب للماء قال ذو الرمة . ورب مفازة قذف جموح تغول منحب القرب اغتيالا Cf. *KM*, VII, 97_{10}; *Ṣaḥ.*, I, 103_{14}; *LʿA*, XIV, 22^{13}; *ibid.*, II, 247_8; *TʿA*, I, 479^{22}; *Dîw. D. R.*, 73^3, (av. ... منحب; puis : والمنحبُ الناذر اى كأنّ عليه نذرًا لا يفتر حتى يبلغ قال الاصمعى ورب مفاوز وهو الذى شدّد فى النذر).

(10) *ĞM* aj., après le vers : المحلاء الممنوع من الشرب والورد والمصرّد. Cf. *supra*, l. 4.

(11) *ĞM*, يسقى قليلا, = *Ṣaḥ.*, I, 239_{13}; *LʿA*, IV, 236^4; etc. Mais *M* = *KM*.

(12) *M**, وَمِنْ رَعْيِهَا وتركها علفها; *ĞM*, باب رعى الابل وتركها وعلفها, — puis : ابو زيد اسديت. Cf. *TʿA*, X, 172^{20}, (AZD).

(13) Voc. de *M**, *m*, préférable à السَّدَى, (*KM*): cf. *LʿA*, XIX, $98_{6, 8}$; *Nihây.*, II, 155_{12}.

(14) *ĞM*, عبهلت الابل اهملتها والجمع; *M*, وعَيْهَلْتُهَا, ou وعَبْهَلْتُهَا. Je lis ʿ*ab*..., (malgré *LʿA*, XIII, 510^2, (IBR), = *TʿA*, VIII, 40^{12}): cf. *ĞM*; *KM*; *LʿA*, XIII, $449^{3, 7}$; *TʿA*, VIII, 4_{12}; *Ṣaḥ.*, II, 211^{14}; *Qdm.*, IV, 13^6; *Nihây.*, III, 63_2; *Ištiq.*, 325^5. — Si la lect. d'IBR est fausse, il faut supprimer le paragraphe: Q. Q. 1 عَيْهَلَتْ الإبلُ, d. Lane, 2184 c.

(15) *ĞM* aj. : والشد. عباهل عبهلها الوراد. — Cf. *KM*, VII, 84_8; *Ṣaḥ.*, II, 211^{15}; *LʿA*, XIII, 449^6. Il y a عرامس عبهلها الذوّاد d. *LʿA*, XIII, 449, n. marg.; عرانس عبهلها الوراد d. *TʿA*, VIII, 4_{12}, (lire عرامس). Sur ... عباهل, cf. *supra*, n. 14. Le *râğiz* est ابو وجزة, d'après *TʿA*, VIII, 4_{13}.

عَلَفُ ٱلرِّيفِ [1] [A'AM] [a] أَسَعْتُ ٱلإِبِلَ أُسِيعُهَا إِسَاعَةً أَهْمَلْتُهَا [2] وَسَاعَتْ هِيَ [3] تَسُوعُ [4] وَمِنْهُ قِيلَ ضَائِعٌ سَائِعٌ [3] وَنَاقَةٌ [3] مِسْيَاعٌ ذَاهِبَةٌ فِي ٱلرِّعْيِ [4] . [b] نَاقَةٌ [3] تَاجِرٌ [5] نَافِقَةٌ فِي ٱلتِّجَارَةِ وَٱلسُّوقِ [c] ٱلعَزَاهِيلُ وَٱلوَاحِدُ [3] عُزْهُولٌ وَهِيَ ٱلْمُهْمَلَةُ . [AD'] [d] ٱلتَّصْوِيَةُ لِلفُحُولِ مِنَ ٱلإِبِلِ أَنْ لَا يُحْمَلَ عَلَيْهِ وَلَا يُعْقَدَ فِيهِ حَبْلٌ لِيَسْكُنَ [6] أَنْشَطَ لَهُ فِي [6] ٱلضِّرَابِ وَأَقْوَى قَالَ ،

صَوَّى لَهَا ذَا كُدْنَةٍ [7] جُلَاعِدَا لَمْ يَرْعَ بِٱلأَصْيَافِ إِلَّا فَارِدَا [8]

[A'AM, AṢ] [e] ٱلْمُسْبَعُ ٱلْمُهْمَلُ [9] . [FR] [f] رفض [10] ٱلقَوْمُ إِبِلَهُمْ إِذَا [10] أَرْسَلُوهَا بِلَا رِعَاءٍ [g] وَقَدْ رَفَضَتِ ٱلإِبِلُ تَفَرَّقَتْ . (٣٧٤)

وَمِنْ فِطَامِهَا [11] [AṢ] [12] [h] جَذَبْتُ ٱلدَّابَّةَ أَجْذِبُهَا جَذْبًا فَطَمْتُهَا عَنِ ٱلرَّضَاعِ [ʿan AṢ] [12]

a). Cf. *KM*, VII, 84_4, (A'OB) ; — b). cf. *infra*, n. 5 ; — c). cf. *KM*, VII, 84_1, (A'OBA); — d). cf. *ibid.*, 86_2, (A'OB) ; — e). cf. *ibid.*, 85^1, (A'OB) ; — f). cf. *ibid.*, 85^4, (A'OB) ; — g). cf. *ibid.*. $85^{4, 6}$, (ISK) ; — h). cf. *ibid.*, 32^7, (A'OB).

---

(1) Mnq. d. *Ibil* a, b. — *ĞM*, اهل الريف ; *KM*, أهل الامصار : cf. *L'A*, IX, 52_7, et 52^{11} ! *M* = *KM*, VII, 88^1. — Cf. R. Geyer, *Zw. Ged. v. Al-'A'šâ*, I, p. 102.

(2) *ĞM*, ... اذا اهملتها وساعت فهى ... ضايع سايع وناقة تاجر ... والعزاهيل واحدها عزهول . On trouve aussi تسيم , conformément à la *riw.* de ŚM, (*L'A*, X, 35_3) : cf. Lane, *s. v.* ; *Tahd.*, 537_6.

(3) Cf. *Itbâ'*, 16^4, n° 369 ; et *KM*, XIV, 81_3, (الزجاج) ! — *M** et *m*, الذاهبة .

(4) Voc. de *KM*, VII, 84_3, préférable à الرَّعْي , qui est d. *M**, (mais *m* p. v.) ; *L'A*, X, 35_3 ; *KM*, XVI, 136^{13} ; etc. Cf. *Ṣaḥ.*, I, 600^6 : تذهب فى المرعى .

(5) *Sic* d. *M* ; *ĞM* ; *Ṣaḥ.*, I, 291^4, (A'OBA, — ou plutôt A'OB : cf. Lane, 298 a, l. 8). Il y a تاجرة d. *Adab*, 228^1. Cf. Lane, *s. v.* — Je ne trouve pas la déf. d. *KM*.

(6) Cf. *supra*, p. 81, n. 2. — *ĞM*, من الضراب واقوى وانشدنا لابى محمد الفقعسى يصف الراعى والابل .

(7) Voc. de *M*. Il y a كِدنة d. *KM* ; etc. Cf. *L'A*, XVII, 236^5 ; *KN*, supra, p. 39^7.

(8) Cf. *KM*, VII, 87^1 ; *Ibil* a, 102^4, (av. un sec. *rağaz* différent) ; *Ṣaḥ.*, I, 220^3, (av. بالاضياف) ; *L'A*, IV, 102^5 ; *Kanz*, 120 a, (av. ضَوَّى et بالاضياف) ; *T'A*, II, 324_{13}, qui aj. : وههنا أنشده أبو عبيد فى المصنف . Cette dernière rem. est peut-être motivée par ce fait qu'on trouve, d. *Ṣaḥ.*, *L'A*, *T'A*, etc., *s. rad.* صوى , les deux *rağaz* suiv., introduits de la même manière : قال الفقعسى ... صوى لها ذا كدنة جلذيا اخيف كانت امه صفيا (cf. *Ṣaḥ.*, *T'A*, s. r. جلذ ; *L'A*, s. r. جلذ et خيف ; *Iṣlâḥ*, 42ʳ, l. 12). Mais cf. *KM*, VII, 49^9.

(9) Mnq. d. *Ibil* a, b. — *ĞM*, المسم المهمل ; puis aj. : وهو قول ابى ذؤيب . عبد لآل ابى ربيعة مسبع . Lire مسبع . Le prem. hémist. du vers est : صخب الشوارب لا يزال كانه : = *KM*, VII, 85^3 ; *L'A*, X, 12^3 ; *Ṣaḥ.*, I, 597^3 ; *T'A*, V, 374_{15} ; *Ağânî*, I, 31_{14} ; *Ğamh.*, 129_9 ; *Mouzh.*, I, 35^{13} ; Anb., II, 539_5 ; *Iṣlâḥ*, 134ʳ, l. 4, (av. الشوارب = السوارب). Un ms. d. la Fac. Or., (المجموع الرائق فى الشعر القديم), 45^5, porte : صخب الشواطب et متتبع . — Nous avons ici, pour المسبَع , l'interprétation d'AṢ. Il y en a beaucoup d'autres : cf. *T'A* et *Mouzh.*, loc. cit.

(10) Il y a la IVᵉ f. d. *ĞM*, (s. اذا) ; *KM* ; *L'A*, IX, 17_8, (FR) ; *Verbi*, 105^2 ; etc.

(11) Pour la première fois jusqu'ici, le *KN* abandonne l'ordre du *ĞM*, (باب رعى الابل وتركها وعلفها . باب لحوم الابل وغيرها . باب الوان الابل . باب البهائم . لصوت الابل فى الرأم على اولادها . باب فطام الدواب . كتاب الغنم ...).

(12) Mnq. d. *Ibil* a, b. — *ĞM* aj., après الرضاع : قال ابو عبيد يلحق عن الاصمعى فى المهر فلوته عن امه ... . Cf. *Farq*, 247 = 15^3 ; *Chalî*, 45. (Mnq. d. *Ibil* a, b).

[a] وَفَلَوْتُ ٱلْمُهْرَ عَنْ أُمِّهِ فَهُوَ فَلُوٌّ ، . [A'AM] [b] وَٱلتَّفْلِيكُ ، أَنْ يَجْعَلَ ٱلرَّاعِي مِنَ ٱلْهُلْبِ مِثْلَ فَلْكَةِ ، ٱلْمِغْزَلِ ثُمَّ يَثْقُبُ لِسَانَ ٱلْفَصِيلِ فَيَجْعَلُهُ فِيهِ لِئَلَّا يَرْضَعَ ، [N] وَٱلْإِجْرَارُ ، مِثْلُ ٱلتَّفْلِيكِ وَيُقَالُ هُوَ ٱلْقَطْعُ قَطْعُ ، ٱللِّسَانِ قَالَ ،

كَمَا خَلَّ ظَهْرَ ٱللِّسَانِ ٱلْمُجِرّ ،

[ʿAD] [c] بَذَحْتُ لِسَانَهُ بَذْحًا فَلَقْتُهُ .

وَمِنَ ٱللُّحُومِ ، [d] ٱلنَّحْضُ ٱللَّحْمُ وَمِنْهُ ، ٱلْمَنْحُوضُ ٱلَّذِي قَدْ ذَهَبَ لَحْمُهُ وَٱللَّكِيكُ ، ٱلصُّلْبُ مِنَ ٱللَّحْمِ وَٱلدَّخِيسُ مِثْلُهُ وَٱلرَّبَالَةُ ، كَثْرَةُ ٱللَّحْمِ وَهُوَ رَبِلٌ .

وَمِنْ أَلْوَانِهَا ، [AṢ] ، [e] بَعِيرٌ أَحْمَرُ إِذَا لَمْ يُخَالِطْ حُمْرَتَهُ شَيْءٌ فَإِنْ خَالَطَ حُمْرَتَهُ قُنُوءٌ فَهُوَ كُمَيْتٌ وَٱلنَّاقَةُ كُمَيْتٌ ، فَإِنْ خَالَطَ ٱلْحُمْرَةَ صَفَاءٌ ، فَهُوَ مُدَمًّى فَإِنِ ٱشْتَدَّتِ ٱلْكُمْتَةُ ، حَتَّى يَدْخُلَهَا

a). Cf. *KM*, VI, 137_{10} seq. ; — b). cf. *KM*, VII, 32_7, 32^{11} (A'OB), 32_7 ; — c). = *ibid.*, 32_5, (A'OB) ; — d). cf. *supra*, p. 46[2], [3] ; — e). cf. *KM*, VII, 55[3], (A'OB).

---

(1) Voc. de *M**; *m* ; *ĞM*, (فلوّ) . Il n'est pas sûr que la voc. فِلو , (FR-A'OB), ait été lue d. ce passage-ci du *Mouṣan.*, (*Iqt.*, 195_{11}) . Cf. cependant *KM*, VI, 137_{12} .

(2) *ĞM*, التمليك . — *ĞM*, مثل الفلكة لم : = *Ṣaḥ.*, II, 142_6, (A'AM). Mais *KN* = *KM*; *L'A*, XII, 367[10], (A'AM) ; *ibid.*, V, 196_{10} . Remarquer, d. *KM*, la confusion résultant de l'interversion des deux déf.

(3) Voc. de *KM* et *M**; (*m*, et *M* (?), p. v.). C'est la voc. de قيس et تميم , d'après *Ibil* a, 82[15]; (mais cf. Vollers, 18[5]) . Cf. *KM*, XV, 59_5, (AṢ), = *KM*, I, 25, n. marg., l. 16, (AṢ-A'OB) . — *ĞM* aj. : قال ابن مقبل .

ربيب لم تقلعه الرعاء ولم يقصر بحومل ادنى شربه ورم

يمق الظبى ودعته كقفته غيره الاجرار . — Cf. *KM*, VII, 32_7; *L'A*, XII, 367[9] ; *T'A*, VII, 170[1] .

(4) *Sic* d. *M*; et *ĞM* ! Cf. *infra*, p. 88[1].— *ĞM*, قال امرؤ القيس .

(5) *ĞM*, المجز . Le prem. hémist. du vers est : فعز اليه بمبراته : cf. *KM*, VII, 32_{10}; *Divans*, 127, (XIX, 23); *Diw. IMQ*, 43[16]; 'Aṣim, 11[4]; *ŠN*, 43[7]; *L'A*, V, 196_8, 199[12]; *ibid.*, XIII, 227[7]; *Ṣaḥ.*, I, 296_{13}; *ibid.*, II, 180_3; *T'A*, III, 93[1]; *ibid.*, VII, 307_9; *Aḍdâd*, 193[3] .

(6) *ĞM*, باب لحوم الابل وغيرها , (cf. *supra*, p. 86, n. 11) ; ومنه قيل ; واللكيل . *M*, والربالة (?) . — Cf. *supra*, p. 46[3] .

(7) *ĞM*, باب الوان الابل , (cf. *supra*, p. 86, n. 11). — Cf. *Ibil* a, 127 seq. ; *Ibil* b, 149 seq.; *Fiq.* c, 71; *Ṣoubḥ*, I, 304_3; Jacob, 67; etc. Le texte de *Ibil* a, b, se rapproche beaucoup de celui-ci .

(8) Cf. *Mouzh.*, II, 115_1, (A'OB) . — *ĞM*, الغلمتة من الاصل .

(9) *Sic* d. *M* . On trouve صُفرة d. *Ibil* a, 127[4], (cf. *L'A*, XVIII, 295_4); et le Dr Haffner a corrigé la leçon صفاء des Cod. de *Ibil* b, (*Text.*, 46[14]), en صفار , (*Ibil* b, 149[18]). Néanmoins, il faut lire صفاء . Telle est, en effet, la lect. de *ĞM*, (= صفا); et *KM*. Cf. *L'A*, XIV, 277[1]: فان خالطت الحُمرة صَفاء , = *T'A*, VIII, 182[3] . Le mot صفاء signifie ici صفاء اللون , c'est-à-dire صفاء الحمرة . Dès lors, notre déf. est exacte . C'est ce qui est prouvé par *Ṣoubḥ*, I, 305[3], (فان صفت حمرته) ; *JRAS*, 1907, p. 841[4] ; *KM*, VI, 150_9, (AṢ) ; etc. Enfin, voici un texte décisif, (*L'A*, I, 380_5): ويقال كُمَيْتٌ مُذْهَب للذى تَعلو حُمرتَه صُفرةٌ فاذا اشتدّت حُمرتُه ولم تَعلُه صُفرةٌ فهو المُدَمَّى . Quant à la difficulté d'accoupler les deux mots صفاء et خالط , elle est peu embarrassante si on admet le sens de صفاء indiqué plus haut.—Cf., du reste, l'expression مشرب صفاء , (*L'A*, VIII, 30[10]; *KM*, VII, 56[14]) .

سَوَادٌ فَتِلْكَ الرُّمْكَةُ وَبَعِيرٌ أَرْمَكُ [a] فَإِنْ خَالَطَ الكُمْتَةَ مِثْلُ الصدى [1] صدى [1] ٱلْحَدِيدِ فَهِيَ [2] الْجُؤْوَةُ [3] مِثْلُ ٱلْجُؤْوَةِ [3] [b] فَإِنْ خَالَطَ ٱلْحُمْرَةَ صُفْرَةٌ كَالوَرْسِ قِيلَ أَحْمَرُ رَادِنِيٌّ [4] وَنَاقَةٌ رَادِنِيَّةٌ [4] [c] فَإِنْ كَانَ أَسْوَدَ يُخَالِطُ سَوَادَهُ بَيَاضٌ كَدُخَانِ ٱلرِّمْثِ [5] فَتِلْكَ الوُرْقَةُ [d] فَإِنِ ٱشْتَدَّتْ وُرْقَتُهُ حَتَّى يَنْهَبَ ٱلبَيَاضُ ٱلَّذِي فِيهِ فَهُوَ أَدْهَمُ وَنَاقَةٌ دَهْمَاءُ (٣٧٥) [e] فَإِنِ [6] ٱشْتَدَّ ٱلسَّوَادُ عَنْ ذٰلِكَ فَهُوَ جَوْنٌ [6] [f] وَٱلآدَمُ مِنَ ٱلإِبِلِ الأَبْيَضُ [7] فَإِنْ خَالَطَتْهُ حُمْرَةٌ فَهُوَ أَصْهَبُ [7] [g] فَإِنْ خَالَطَ بَيَاضَهُ شُقْرَةٌ فَهُوَ أَعْيَسُ [h] فَإِنِ ٱغْبَرَّ ذٰلِكَ [8] حَتَّى يَضْرِبَ إِلَى ٱلْخُضْرَةِ فَهُوَ أَخْضَرُ فَإِذَا خَالَطَ خُضْرَتَهُ سَوَادٌ وَصُفْرَةٌ فَهُوَ أَحْوَى [8] [i] فَإِنْ كَانَ شَدِيدَ ٱلْحُمْرَةِ يَخْلِطُ حُمْرَتَهُ سَوَادٌ لَيْسَ بِخَالِصٍ فَتِلْكَ الكُلْفَةُ وَهُوَ أَكْلَفُ وَنَاقَةٌ كَلْفَاءُ .

وَمِنَ ٱلْبَهَائِمِ [9] [ʿan AṢ] [j] مَا كَانَ مِنَ ٱلْخُفِّ فَلَهُ مِشْفَرٌ وَمِنَ ٱلظِّلْفِ مِرَمَّةٌ [9] وَمِقَمَّةٌ [9] وَمِنَ ٱلْحَافِرِ جَحْفَلَةٌ .

وَمِنْ نُعُوتِ ٱلإِبِلِ فِي إِرْآمِهَا عَلَى غَيْرِ أَوْلَادِهَا [10] . [AZY] [11] [k] إِذَا أَرَادُوا أَنْ تَرْأَمَ ٱلنَّاقَةُ عَلَى غَيْرِ وَلَدِهَا [10] شَدُّوا أَنْفَهَا وَعَيْنَيْهَا [12] ثُمَّ حَشَوْا حَيَاءَهَا مُشَاقَةً وَخِرَقًا وَغَيْرَ ذٰلِكَ وَشَدُّوهُ وَتَرَكُوهُ [12] أَيَّامًا فَيَأْخُذُهَا لِذٰلِكَ غَمٌّ مِثْلُ غَمِّ ٱلْمَخَاضِ ثُمَّ يَحُلُّونَ ٱلرِّبَاطَ عَنْهَا

a). Cf. *KM*, VII, 55^{9}, (AʿOB); — b). cf. *ibid.*, 55^{10}, (AʿOB); — c). = *ibid.*, 55_{11}, (AʿOB); — d). = *ibid.*, 55_{9}, (AʿOB); — e). cf. *ibid.*, 55_{7}, (AʿOB); — f). = *ibid.*, $56^{10, 11}$, (AʿOB); — g). = *ibid.*, 56^{12}, (AʿOB); — h). cf. *ibid.*, 56_{5}, (AʿOB); — i). = *ibid.*, 56_{4}, (AʿOB); — j). cf. *KM*, VI, 139_{10}, (AṢ ?); — k). cf. *KM*, VII, 30_{2}, 31^{4}, (AʿOB).

---

(1) Graphie de *M*, (fautive: Wall., 72^{13}; etc.).— *ĞM*, مثل صدا الحديد . Cf. *supra*, p. 87^{3}.

(2) *ĞM* et *KM*, فهو . — R. Geyer, (*WZKM*, XV, 277_{7}), a tort de corriger Wall., 32^{8}.

(3) *M*, الجُؤْوَةُ ; *ĞM*, الجوة مثل جوعة : cf. la lect. fautive الحُوَّةُ d. *LʿA*, I, 108^{12}, (AṢ), = *TʿA*, I, 88^{10}.

(4) *M*, رُدَانِيٌّ , et رُدَانِيَّةٌ . Cf. *LʿA*, XVII, 37^{14}, (AṢ, N).

(5) Cf. *Nabât*, 25^{2}, 35_{4}; *KM*, XI, 151^{9}, (AʿOB), 152^{8}, (AḤN).— Cf. *LʿA*, XII, 256^{6}, (AṢ).

(6) *KM*, فاذا . — Cf. *Adab*, 230^{7}; *Aḍdâd*, 72_{1}; *KM*, XIII, 261_{10}, (AʿOB).

(7) *ĞM*, الابيض من الابل . Cf. *infra*, p. 395^{2} de *M*; *Moʿall.*, I, 35^{4}. — Sur الاصهب , cf. *Moʿall.*, II, 72.

(8) *ĞM*, *KM*: فان اغبر حتى . — Sur اخضر , cf. *Dial.*, I, 21; sur احوى , *WZKM*, XIX, 339.

(9) *ĞM*, باب البهائم , (cf. *supra*, p. 86, n. 11). Cf. *Farq*, 238 = 6^{13}; *Adab*, 166^{12}; *Faṣ.*, 48^{11}; *Fiq.* c, 102; *Ḥayaw.*, V, 151^{7}; etc. — Le mot مقمّة mnq. d. *ĞM* et *KM* ! Corriger المَرَمَّةُ d. *Adab*, 166^{12}, (= *Qâm.*, IV, 148^{9}): cf. *TʿA*, VIII, 318_{3}. Le ms. de la Fac. Or. porte : المِرَمَّةُ .

(10) *ĞM*, نعوت الابل في الرأم على اولادها , (cf. *supra*, p. 86, n. 11); et, (= *KM*) : على ولد غيرها .

(11) *ĞM*, ابو زيد الكلابي . Je lis ابو زياد , (*item* d. *KM*, XIII, 274_{1}) : cf. *Ṣaḥ.*, I, 150^{6}.

(12) *M*, عينها . — *ĞM*, تركوها .

فَيَخْرُجُ ذٰلِكَ فَهِيَ ، تُرَى [أَنَّهُ وَلَدُهَا فَإِذَا أَلْقَتْهُ حَلُّوا عَيْنَيْهَا وَقَدْ هَيَّئُوا لَهَا حُوَارًا] ، فَيُدْنُونَهُ إِلَيْهَا فَتَحْسِبُهُ ، وَلَدَهَا فَتَرْأَمُهُ [AM, N] وَيُقَالُ ، لِذٰلِكَ ٱلَّذِي يُحْشَى بِهِ الدُّرْجَةُ [N] ، وَيُقَالُ لِلَّذِي يُشَدُّ ، بِهِ عَيْنَاهَا الغِمَامَةُ وَجَمْعُهَا غَمَائِمُ وَٱلَّذِي يُشَدُّ بِهِ أَنْفُهَا الصِّقَاعُ ، .

قَالَ ٱلْجَاحِظُ فِي كِتَابِ ٱلْحَيَـوَانِ [a] رُبَّمَا أَغَدَّ ٱلْبَعِيرُ فَلَا يَعْرِفُ ٱلْجَمَّالُ ذٰلِكَ حَتَّى يَرَى ٱلذِّبَّانَ تُطَالِبُهُ . [b] وَهُوَ عِنْدَ ٱلِاغْتِلَامِ يَتْرُكُ ٱلْأَكْلَ وَٱلشُّرْبَ أَيَّامًا فَلَا يُقَاوِمُهُ شَيْءٌ مِنْ فَتَايَا ٱلْإِبِلِ وَلَا مَسَانِّهَا وَلَا [يُوَقِّفُ] ، مِنْهَا . [c] وَٱلْجَمَلُ لَا يَطْرُقُ أُنْثَاهُ إِلَّا وَهِيَ بَارِكَةٌ . (٣٧٦)

وَمِنَ ٱلْحَيَوَانِ

ٱلَّذِي لَا يُعَدُّ فِي ٱلْبَهَائِمِ وَلَا ٱلْوَحْشِ وَلَا ٱلسِّبَاعِ ،

ٱلْحَرِيشُ وَهُوَ بِٱلْفَارِسِيَّةِ ، كَرْكَدَن ، [d] وَهُوَ أَقَلُّ ٱلْخَلْقِ عَدَدًا وَذَرْءًا وَأَيَّامُ

* L'auteur du *KN* abandonne ici momentanément le *Mouṣan*. Les descriptions d'animaux qui suivent mnq. par conséquent d. *KM* et les ouvrages lexicographiques.
Je crois qu'elles ont été empruntées en majeure partie au *Kit. al-Ḥayawân* d'Al-Ǧâḥiẓ, soit directement, soit indirectement : cf. *infra*, p. 89⁴, 91², 94³, 95¹³. Je renvoie donc aux passages du *Ḥayaw.* se rapprochant du *KN*, à ceux du moins qu'une lecture hâtive m'a permis de remarquer.

a). Cf. (*Ḥayaw.*, III, 95^{10}); — b). cf. (*ibid.*, V, 96^{4}; VII, 58^{11}); — c). cf. (*ibid.*, VII, 77^{9}); — d). cf. *ibid.*, 22^{2}.

---

(1) *ǦM*, وهي ; يقال لذلك ; وقال غيره يقال ; تشد به عيناها , (= *KM*). — Cf. *supra*, p. 80^{3}.

(2) Je complète d'après *ǦM*; *KM*; *L'A*, III, 94^{7}. — *KM*, فتحسبه : cf. *supra*, p. 80, n. 14.

(3) *ǦM*, الصفاع ; et aj. : قال القطامي . اذا راس رايت بـه طماحا شددت له الغمائم والصقاعا
Lire : الصقاعا . — Cf. *KM*, VII, 31^{5}; *L'A*, X, 69_{2} ; *ibid.*, XV, 339_{12}; *Ṣaḥ.*, I, 604_{1}; *T'A*, IX, 7^{9}; *ibid.*, V, 415_{11}; *Dîw. QṬ* B, 45, (XIII, 71); *Dîw. QṬ*^{m}, 21^{2}, (av. الغمائم).

(4) Lect. incertaine : *M** porte يوقوه , ou (?) يوقف .

(5) Si le rhinocéros, la girafe et l'éléphant sont exclus ici de ces trois catégories d'animaux, c'est peut-être parce qu'ils sont considérés comme *extraordinaires*. Ailleurs, on les range parmi les سباع ou les بهائم (ou نمر) : cf. *Ḥayaw.*, VII, 43^{4}, $_{3}$; Qazw., 402, 383, 400; Homm. ; etc. — D'ordinaire, les *sibâ'* sont opposés aux *bahâ'im* : cf. *Ḥayaw.*, I, 14^{9}, 14_{3}, 23^{11}, 88^{1} et ^{3}, 105^{4}, ^{18}; III, 122^{15}; VII, 43_{3}, 48^{10}, 76_{10}; *ǦM*, infra, (لعوت البهائم والسباع مع اولادها) ; etc. Mais les *waḥš*, peuvent être des *bahâ'im*: cf. *Ḥayaw.*, IV, 134_{3}, 136_{1}; VI, 187^{2}.

(6) L'hypothèse d'une origine africaine de ce mot, (Homm., 328), me paraît peu probable. En tout cas, les formes arabes, (cf. *infra*, n. 7), ne peuvent toutes provenir de la forme éthiopienne *karkand*.

(7) *M** a un *šadda* sur le *noûn* ; mais *m*, p. v. — La première voc. donnée par les Lexiques arabes est *karkaddan* : cf. *KM*, VIII, 58^{3}; *L'A*, XVII, 238_{2}, (IA') ; *ibid.*, VIII, 135^{4}, 169_{2} ; etc. La voc. *karkadann* est attribué aux عامة d. *Qâm.*, IV, 306^{8}; mais le *T'A* signale son emploi par Al-Moutanabbî, (=... شرح التبيان للعكبري , 1287 H., I, 34^{3}; Dieterici, p. 703, v. 32; etc.). On la trouve aussi chez Ibn Ar-Roûmî : cf. نزهة الجليس ومنية الاديب الانيس , 1293 H., I, 342_{5}. De plus, c'est la seule indiquée d. *Ṣoubḥ*, I, 307. Il existe une 3me forme, *karkand* : Dam., II, 298 ; مختصر حياة الحيوان d'As-Souyoûṭî, (نزهة الجليس , I, 342^{13}); المستطرف في كل فن مستظرف . (1285 H.), II, 149; Golius; Freyt.; نسيم الصبا لابن حبيب الحلبي , (Alexandrie, 1289 H.), 71; *Al-Machriq*, X, 775_{6}; *Libri Psalmorum Versio* à R. Yapheth ben Heli..., (éd. Bargès, 1861), p. 40^{1}, 53^{3}. (On rencontre d'autres formes moins correctes).

حَمْلِهَا ، كَثِيرَةٌ جِدًّا وَهِيَ مِنَ ٱلْحَيَوَانِ ٱلَّتِي ، لَا تَلِدُ ، إِلَّا وَاحِدًا وَكَذٰلِكَ عِظَامُ ٱلْحَيَوَانِ وَهِيَ مَعَ ذٰلِكَ تَأْكُلُ وَلَدَهَا ، وَلَا يَكَادُ يَسْلَمُ إِلَّا ٱلْقَلِيلُ مِنْهَا لِأَنَّ ٱلْوَلَدَ يَخْرُجُ قَوِيًّا ، نَابِتَ ٱلْأَسْنَانِ وَٱلْقَرْنِ شَدِيدَ ٱلْحَافِرِ [a] وَقَدْ ذَكَرَهُ دَاوُدُ عَلَيْهِ ٱلسَّلَامُ فِي ٱلزَّبُورِ حَتَّى سَمَّاهُ ، وَيُسَمِّيهِ صَاحِبُ ٱلْمَنْطِقِ ، ٱلْحِمَارَ ٱلْهِنْدِيَّ وَلَهُ قَرْنٌ وَاحِدٌ فِي جَبْهَتِهِ [b] يَحْتَمِلُ ٱلْفِيلَ فَلَا يَزَالُ عَلَيْهِ حَتَّى يَعْفَنَ ، وَيَتَسَاقَطَ وَلَا يُثْقِلُهُ ذٰلِكَ [c] وَأَيَّامُ حَمْلِهِ نَحْوُ حَمْلِ ٱلْفِيلَةِ سَبْعُ سِنِينَ [d] وَلَا يَقْرُبُ بِلَادَهُ شَيْءٌ مِنَ ٱلسِّبَاعِ وَغَيْرِهَا عَلَى مِائَةِ فَرْسَخٍ هَيْبَةً لَهُ كَذَى قَالَتِ ٱلْهِنْدُ [e] وَقَالُوا فِي وَلَدِهِ إِذَا كَانَ أَيَّامُ حَمْلِهَا ، وَكَادَتْ تَتِمُّ وَدَنَا وَقْتُ وِلَادِهَا فَرُبَّمَا أَخْرَجَ ٱلْوَلَدُ رَأْسَهُ مِنْ ظَبْيَتِهَا ، فَأَكَلَ مِنْ أَطْرَافِ ٱلشَّجَرِ فَإِذَا شَبِعَ أَدْخَلَ رَأْسَهُ حَتَّى إِذَا تَمَّتْ أَيَّامُهُ وَضَاقَ بِهِ مَكَانُهُ وَضَعَتْهُ قَوِيًّا عَلَى ٱلْكَسْبِ مُمْتَنِعًا مِنَ ٱلْعَدُوِّ [f] وَيُقَالُ (٣٧٧) سَعَةُ أَصْلِ قَرْنِهِ تَكُونُ نَحْوًا مِنْ شِبْرَيْنِ وَلَيْسَ طُولُهُ عَلَى قَدْرِ ثِخْنِهِ وَهُوَ مُحَدَّدُ ٱلرَّأْسِ شَدِيدُ ٱلْمَلَاسَةِ مَلْمُومُ ٱلْأَجْزَاءِ مُدَمَّجٌ ، ذُو لُدُونَةٍ وَعُلُوكَةٍ ، فِي صَلَابَةٍ [g] فَإِذَا قَطَعُوهُ ، ظَهَرَتْ فِي مَقَاطِعِهِ صُوَرٌ عَجِيبَةٌ وَفِيهِ خِصَالٌ غَيْرُ ذٰلِكَ لَمَا يُطْلَبُ .

وَمِنْهَا ٱلزُّرَافَةُ (10) [h] تَكُونُ بِأَرْضِ ٱلنُّوبَةِ فَقَطْ وَٱلْفُرْسُ تُسَمِّيهِ

a). Cf. *Ḥayaw.*, VII, 40⁷; — b). cf. *ibid.*, 42⁸; — c). cf. *ibid.*, 40¹¹; — d). cf. *ibid.*, 40¹²; — e). cf. *ibid.*, 40₁₀; — f). cf. *ibid.*, 42¹²; — g). cf. *ibid.*, 42₁₀; — h). cf. *ibid.*, 76⁹.

(1) *M**, وغرزا وايام حملها ; *m*, ... حملها كثيرة * وفرزًا وايامًا . La phrase de *KN* paraît incomplète ou incorrecte; et le texte de *Ḥayaw.*, (وفرءا ... لان الانثى تكون نزورًا وأيام حملها), nous en montre la raison. Je ne complète pas, à cause de *Ḥayaw.*, VII, 40[10]: والما صار الشك يعرض في أمر من قبل أن الانثى منها ما يكون نزورا ... — *Ḥayaw.*, الذى لا يلد , (cf. *supra*, p. 89[8]).

(2) *M**, زلدها ; *m*, وَلَدِها ; *Ḥayaw.*, أولادها . — *Ḥayaw.*, سويا .

(3) *Ḥayaw.*, حين سماه . — C'est à l'animal nommé ראם, (Ps. 92[11], 22[22], 29[6]), qu'il est fait ici allusion. De fait, plusieurs anciennes versions arabes l'appellent كركدن : par ex., deux versions du Xe siècle, celle de Yapheth ben Heli. (cf. *supra*, p. 89 n. 7); et celle de Saadia, (d'après M. Schwarzstein. d. les *Actes du XIe Congrès Intern. des Orient.*, III, 168; — mais cf. Gesenius, *Thes. ling. hebr.*, s. v.). — Cf. *Mandf.*, 49[2]: الكركدن والعرب تسميه الحرلش (العربش .l) والسريانيون يسمونه ريما ; Lag., 58, n. 3; Payne Smith, 3897, *s. v.* ܪܐܡܐ ; etc.

(4) Cf. *Aristot. Opera*. (éd. Didot, 1862), III, 20[25-28], (*Anim. Hist.*, II, 1); *ibid.*, 254[38,42], (*Part. Anim.*, III, 2).

(5) Lect. incertaine. (= *m*), autorisée par *Ḥayaw.*: لا يحس به حتى ينقطع .

(6) *M*, ولادها . Je corrige d'après *Ḥayaw.*: يزعمون أن أيام حملها اذا كادت أن تتم واذا نضجت وشحنت وجرى وقت الولادة فربما ... .

(7) *M*, ... ظ ; *m*, ... راسه فاكل ; *Ḥayaw.*, من باطنها . — Cf. Maçoudi, *Les Prairies d'or*, I, 387.

(8) *M*, مُدمَّجٌ فى لدونهٍ وعُلوكهٍ فى صلابهٍ (ou مُدبَّجٌ) ; *Ḥayaw.*, مدبج ذو لدونة وعلوكة فى صلابة .

(9) *Ḥayaw.*, فاذا ظهر ; puis : لا يطلب .

(10) Voc. de *M** et *m* ici; et de *M*, infra, p. 91[5]. Il y a plutôt un *ḏdl* d. *M*. — Cf. Maçoudi, *op. cit.*, III, 3 seq.; Quatremère, *Hist. des Sultans Mamlouks*, I[2], 106, 273.

اُشْتُرْكَاوِبَلَنْق[1]، كَأَنَّهُ قَالَ جَمَلٌ بَقَرٌ نَمِرٌ[2]. [a] قَالَ ٱلْخَلِيلُ هُوَ أَقْرَبُ ٱلْبَهَائِمِ إِلَى أَهْلِهِ وَٱلْجُهَّالُ يَكْرَهُونَهُ [b] قَالَ ٱلْجَاحِظُ يُقَالُ هُوَ وَلَدُ ٱلنَّمِرِ مِنَ ٱلْجَمَلِ وَهٰذَا لَا حَقِيقَةَ لَهُ [c] وَفِي أَعَالِي بِلَادِ ٱلنُّوبَةِ تَجْتَمِعُ سِبَاعٌ وَوُحُوشٌ وَدَوَابُّ كَثِيرَةٌ فِي حَمَارَّةِ ٱلْقَيْظِ إِلَى شَرَائِعِ ٱلْمِيَاهِ فَتَتَسَافَدُ[3] هُنَاكَ فَيَلْقَحُ مِنْهَا مَا يَلْقَحُ وَيَمْتَنِعُ مِنْهَا مَا يَمْتَنِعُ فَيَجِيءُ مِنْ ذٰلِكَ خَلْقٌ كَثِيرٌ مُخْتَلِفُ ٱلصُّورَةِ وَٱلشَّكْلِ وَٱلْقَدْرِ مِنْهَا ٱلزُّرَافَةُ وَلَهُ خَطْمٌ كَخَطْمِ ٱلْجَمَلِ[4] وَجِلْدُ ٱلنَّمِرِ[5] وَٱلرَّأْسُ وَٱلْأَظْلَافُ لِلْبَقَرِ[6] وَٱلذَّنَبُ لِلظَّبْيِ وَٱلْأَسْنَانُ لِلْبَقَرَةِ [d] وَهِيَ طَوِيلَةُ ٱلْيَدَيْنِ[7] مُنْحَنِيَةٌ إِلَى مَآخِيرِهَا وَلَيْسَ لِرِجْلَيْهَا رُكْبَتَانِ وَإِنَّمَا ٱلرُّكْبَتَانِ لِيَدَيْهَا وَكَذٰلِكَ (٣٧٨) ٱلْبَهَائِمُ كُلُّهَا وَرُكْبَتَا ٱلْإِنْسَانِ فِي رِجْلَيْهِ. [e] وَيُقَالُ تَضَعُ أُمُّ ٱلزُّرَافَةِ وَلَدَهَا مِنْ بَعْضِ ٱلسِّبَاعِ وَلَا يَشْعُرُ ٱلنَّاسُ بِذٰلِكَ ٱلذَّكَرِ [f] وَقَدْ قَالُوا اُشْتُرْمُرْك[8] عَلَى ٱلتَّشْبِيهِ بِٱلْبَعِيرِ وَٱلطَّائِرِ لَا عَلَى ٱلْوِلَادَةِ كَمَا قَالُوا جَامُوسٌ گَاومِيش[9] أَيْ بَقَرٌ وَضَأْنٌ وَلَيْسَ بَيْنَ ٱلْبَقَرِ وَٱلضَّأْنِ سِفَادٌ. وَٱلتَّفْلِيسُ ٱلَّذِي فِي ٱلزُّرَافَةِ لَا يُشْبِهُ ٱلنَّمِرَ[10] وَهُوَ بِٱلْبَبْرِ[11] أَشْبَهُ.

وَمِنْهَا ٱلْفِيلُ [g] وَٱلذَّكَرُ ٱلْعَظِيمُ يُسَمَّى ٱلزَّنْدَبِيلَ[12] وَٱلْأُنْثَى أَيْضًا قَدْ تُسَمَّى زَنْدَبِيلًا [h] وَهِيَ تَضَعُ فِي سَبْعِ سِنِينَ فَيَخْرُجُ ٱلْوَلَدُ مُسْتَوِيَ ٱلْأَسْنَانِ فَإِذَا أُخِذَ ذٰلِكَ ٱلْوَلَدُ مِنَ ٱلْوَحْشِيَّةِ عَاشَ فِي أَيْدِيهِمْ مَا بَيْنَ ٱلثَّمَانِينَ سَنَةً إِلَى ٱلْمِائَةِ وَٱلْمَوْتُ بِٱلْعِرَاقِ إِلَى ٱلذُّكُورِ أَسْرَعُ [i] لِأَنَّ أَعْمَارَهُمْ بِهَا لَا تَطُولُ مِنْ أَجْلِ ٱلْهَوَاءِ وَٱلتُّرْبَةِ [j] وَيُتَّخَذُ مِنْ جُلُودِهَا تِرَسَةٌ أَجْوَدُ

a). ... ; — b). cf. *Ḥayaw.*, VII, 76^{10} seq. ; — c). cf. *ibid.*, 76_{6} ; — d). cf. *ibid.*, 76_{1} ; — e). cf. *ibid.*, 76 *passim* ; — f). cf. *ibid.*, 77^{3} ; — g). cf. *ibid.*, 27^{4}, $52_{10}, _{3}$; — h). cf. *ibid.*, 22^{1}, 27^{5} ; — i). cf. (*ibid.*, 55_{2}) ; — j). cf. *ibid.*, 27^{9}.

---

(1) Il y a اشتركاوبلنك d. *Ḥayaw.*, I, 65_{6} ; Dam., II, 6_{3} ; *ibid.*, 7^{13}, (Ṣ'A) ; شتركاوبلنك d. *Ḥayaw.*, VII, 76^{9} ; اشتركاوبلنك d. *Mouḥâḍ.*, II, 406_{15} ; اشتركاوبلنك d. Qazw., 383_{12} ; *L'A*, XI, 33_{9} ; et اشتركاوبَلَنق d. *M*.

(2) D'après *Ḥayaw.*, I, 65_{5} ; *ibid.*, VII, 76^{10} ; Dam., II, 6_{7}, بلنك = ضبع . Mais cf. Quatremère, *Hist. des Mongols*, I, p. 161, note.

(3) Il y a la 1re forme d. *M* ; la VIIIe d. *Hayaw.*, VII, 76_{5} ; Dam., II, 6_{6} ; etc. — *M** et *m*, الصور .

(4) *M*, الحمَل, av. un *ḥâ'*. Bien que cette lect. ne fasse pas absolument un contresens, il est vraisemblable qu'elle n'est due qu'à une erreur de copie. Je corrige d'après *Ḥayaw.*, (وللزرافة خطم الجمل والجلد للنمر) ; *Ṣoubḥ*, I, 308^{7} ; etc.

(5) *M*, الثمر ; mais *supra*, l. 1, 2 : *namir*. Cf. Homm., 295, 297 ; *Istiq.*, 113^{13} seq.

(6) *Ḥayaw.*, والاظلاف والقرن للايل . Cf. *infra*, p. 95, n. 13.

(7) *Hayaw.*, الرجلين (!). Cette édition égyptienne est faite avec une incurie déplorable.

(8) *Sic*, av. un *kâf*, d. *M* ; *Ṣoubḥ*, I, 325_{9} ; *Ḥayaw.*, IV, 106_{1}.

(9) *Ḥayaw.*, كاوماس . Cf. *infra*, p. 95, n. 1.

(10) *M*, p. v. Cf. *supra*, n. 5. — *Ḥayaw.*, لا يشبه الذى فى النمر .

(11) Voc. de *L'A*, *T'A*, Lane. (*M*, p. v. ; Dam., I, 128^{3}, *babir*). — *Ḥayaw.*, بالليث .

(12) Cf. *Mu'ar.*, 79^{1}, (et *ZDMG*, 1879, p. 222_{4}).

وَيَغْتَصِبُهَا نَفْسَهَا فَلَا تَمْتَنِعُ عَلَيْهِ وَهِيَ مِثْلُ خَيْلِ ٱلْبَرِّ وَلَيْسَ لِلتِّمْسَاحِ[1] وَسْطَ ٱلْمَاءِ سُلْطَانٌ شَدِيدٌ إِلَّا عَلَى مَا ٱحْتَمَلَهُ بِذَنَبِهِ مِنَ ٱلشَّرِيعَةِ كَذَى رَوَى ٱلْجَاحِظُ عَنْ عَمْرِو بْنِ سَعِيدٍ قَالَ وَفَرَسُ ٱلْمَاءِ يُؤْذِنُ بِطُلُوعِ ٱلنِّيلِ بِأَثَرِ وَطْءِ حَافِرِهِ وَإِذَا وَجَدَ أَهْلُ مِصْرَ ذٰلِكَ ٱلْأَثَرَ فِي رِعْيِهِ[1] عَلِمُوا أَنَّ مَاءَ ٱلنِّيلِ إِلَى ذٰلِكَ ٱلْحَدِّ سَيَنْتَهِي فِي طُلُوعِهِ وَرُبَّمَا رَعَى هٰذَا ٱلْفَرَسُ (٣٨٢) ٱلزَّرْعَ فَيَجُوزُهَا ثُمَّ يَبْدَأُ فِي رَعْيِهَا مِنَ ٱلْجَانِبِ ٱلْأَقْصَى فَيَرْعَاهَا مُقْبِلًا إِلَى ٱلنِّيلِ وَرُبَّمَا شَرِبَ ٱلْمَاءَ بَعْدَ ٱلرَّعْيِ ثُمَّ قَاءَهُ[2] فِي ٱلْمَكَانِ ٱلَّذِي رَعَى فِيهِ فَيَنْبُتُ أَيْضًا. وَإِذَا أَصَابُوا مِنْ هٰذِهِ ٱلْخَيْلِ فَلُوًّا رَبَّوْهُ مَعَ صِبْيَانِهِمْ وَنِسَائِهِمْ فِي ٱلْبُيُوتِ. وَفِي سِنٍّ مِنْ أَسْنَانِهِ شِفَاءٌ مِنْ وَجَعِ ٱلْمِعْدَةِ. ٱلنُّوبَةُ[3] وَنَاسٌ مِنَ ٱلْحَبَشَةِ يَأْكُلُونَ ٱلْحِيتَانَ نِيَّةً بِغَيْرِ نَارٍ وَيَشْرَبُونَ ٱلْمَاءَ ٱلْعَكِرَ[4] فَيَمْرَضُونَ عَنْهُ فَإِذَا عَلَّقُوا سِنَّ هٰذَا ٱلْفَرَسِ أَفَاقُوا. أَعْفَاجُ[5] هٰذَا ٱلْفَرَسِ تُبْرِئُ مِنَ ٱلْجُنُونِ وَٱلصَّرْعِ ٱلَّذِي يَعْتَرِي مَعَ ٱلْأَهِلَّةِ وَكَذٰلِكَ لُحُومُ بَنَاتِ عِرْسٍ صَالِحَةٌ لِمَنْ بِهِ هٰذِهِ ٱلْعِلَّةُ[a]. يُقَالُ[6] فَرَسُ ٱلْبَرِّ يَضْرِبُ بِيَدَيْهِ فِي ٱلْمَاءِ ٱلصَّافِي لِأَنَّهُ يَرَى فِيهِ شَخْصَهُ وَشَخْصَ غَيْرِهِ فَيُفْزِعُهُ ذٰلِكَ وَيُقَالُ بَلْ هُوَ بِٱلْكَدِرِ أَشَدُّ عَجَبًا مِنْهُ بِٱلصَّافِي كَمَا أَنَّ ٱلْإِبِلَ لَا يُعْجِبُهَا مِنَ ٱلْمَاءِ إِلَّا ٱلْغَلِيظُ[7] وَهِيَ تَصْلُحُ عَلَى[8] ٱلْمَاءِ ٱلَّذِي يَصْلُحُ عَلَيْهِ ٱلنَّخْلُ.

ٱلْجَوَامِيسُ وَٱلْبَقَرُ وَٱلْإِيَّلُ وَٱلْحِمَارُ وَٱلْغَنَمُ وَٱلْوَحْشُ وَٱلسِّبَاعُ

(٣٨٣) ٱلثَّوْرُ[b] يُكْنَى أَبَا مُزَاحِمٍ[9] وَٱلْفَرَسُ أَبُو ٱلْمَضَاءِ[10] وَٱلْجَمَلُ أَبُو أَيُّوبَ.

وَٱلْجَامُوسُ مِنْ بَقَرِ ٱلْمَاءِ بَحْرِيٌّ إِذَا ضَغَطَهُ ٱلْبَقُّ عِنْدَ مُتُوعِ ٱلنَّهَارِ دَخَلَ ٱلْمَاءَ فَلَمْ يُرَ

a). Cf. (*Ḥayaw.*, V, 47_8; VII, 45_8); — b). cf. (*ibid.*, VII, *passim*: ...; 43_2, 38_4; 77^2; 58^7; ...; 43^3, 47^6, 78_7; ...).

---

(1) *M*, للتماسيح. Cf. *Ḥayaw.*, VI, 124_8. — *M** et *m*, رَعيه. Cf. *supra*, p. 86, n. 4.

(2) *m*, قَاءَه; (*M*, plutôt قَسَاءَه); *Ḥayaw.*, ـه.

(3) *Ḥayaw.*: والنوبة; الحية نية, (cf. IV, 15^4); البطن. Cf. *ibid.*, VII, 45_8; Dam., II, 242^3; *Manâf.*, 32_8: سن فرس النهر يعلق لوجوع المعدة شديدًا والتخمة والامتلا.

(4) *Manâf.*, 32_7: من اعاجيب الفرس النهري وهو احد السباع للجنون براس الشهر تعليقا او تسعيطًا.

(5) *Manaf.*, 45^8: لحمه يوضع على الدرس يقلعه بغير وجع واكلا لوجع الكبد والصرع ومحرق بخل لوجع المفاصل.

(6) *Ḥayaw.* cite Aristote: cf. *Anim. Hist.*, VIII, 23, (éd. Didot, T. III, 167^{40}).

(7) *M** et *m*, العليط. Je corr. d'après *Ḥayaw.*, V, 47_8; *ibid.*, VII, 45_7. — *Ḥayaw.*, الغيل.

(8) La rem. de De Goeje, (Tab. *Gloss.*, s. v. صلح), à propos d'une construction semblable, ne me paraît pas fondée. Cf. *Aġâni*, IV, 160_{10}; et l'emploi de على av. سلم *ibid.*, II, 24^{14}.

(9) D. *Kunja*, 12_2, ابو مُزاحِم = العصفور والفيل; mais ailleurs: ... والثور ... الفيل. Cf. *KM*, XIII, 180^8.

(10) *Sic* d. *M*; *L'A*, XX, 153^9; *T'A*, X, 344^6; etc. — *Kunja*, 12_1, et Dam., II, 229_{15}: s. article.

منه إلا رأسه وهو بالفارسية كاوميش [1] معناه بقر شاة أي يشبه الثور والضأن . يقال لولا سعة عين الثور لما خطأ مع قصر عنقه [2] ويقال للجلد المسترخي من عنقه إلى الأرض الجران . والجاموسة [3] تحتمي من الأسد وتحمي ولدها والسارحة من غير الجواميس ولها قرون غلاظ معقفة تتعاود السبع بالنطاح حتى تقتله أو يفلت هربا .

والثور الوحشي وهو الإيل [4] ᵃ أعرف [5] عند العرب من سائر أجناس البقر فهم يسمون الإيل القرهب والفرد [6] واللياح [7] وينعت بنعوت كثيرة والأنثى من الأيايل مهاة وخنساء [8] لخنس أنفها [5] . والعجل الجوذر [9] والفرير والذرع والبرغز [10] والغز ᵇ قال داود عليه السلام في الزبور [11] شوقي إلى المسيح مثل [10] الإيل الذي إذا أكل الحيات فأعتراه العطش الشديد تراه كيف يدور حول الماء . (٣٨٤) ويحجزه من الشرب [10] علمه بأن في ذلك عطبه لأن السموم حينئذ تجري مع الماء وتدخل مداخل لم تكن لتبلغها وليس علم الإيل [12] بهذا عن تجربة ولكن هكذا [10] يوجد [12] وقد يصاد ورؤس الحيات والأفاعي ناشبة في عنقه وجلده ووجهه [12] ومغمته [10] وذلك إذا أراد أكلها فبدرته بالعض وهو يأكلها . ᶜ وليس شيء من الحيوان ينصل قرنه كل عام إلا الوعل كذى قال الجاحظ [13] وإنما هو الإيل الذي ينصل قرنه .

a). Cf. *infra*, n. 5; — b). cf. *Ḥayaw.*, VII, 12^{11}; — c). cf. *ibid.*, 15_4.

---

(1) Il y a ڪاوميش d. *M*; *T'A*, IV, 122_4; *KM*, XIV, 43_1, (كاوميش); etc.; et كاوماش d. *Ḥayaw.*, V, 136_6; I, 69_2; VII, 77^3, (كاوماس). Cf. *supra*, p. 91^{10}; Homm., 229; *Mu'ar.*, 46^6.

(2) Cf. *supra*, p. 92^5.

(3) D'après Lane, c'est le nom d'unité. Mais cf. *Qdm.*; *T'A*; *Ḥayaw.*, VII, 43^8.

(4) La voc. de *M* est constante: *iyyal*. Cf. *infra*, p. 398_2 de *M*; *OLZ*, IV, 221.

(5) Ce passage n'est probablement pas rédigé d'après le *Kit. al-Ḥayawân*.

(6) *Sic* d. *M*. Il y a مفرد d. *L'A*, IV, 327_3; *T'A*, II, 450_4; (cf. *Dîw. ṬR*, 20_6); mais cf. *Bânat*, 120^{11} seq. av. *ibid.*, 121^2: *L'A*, IV, 327_2, 328_{10}; *T'A*, II, 451^4; *KM*, VIII, 40_4.

(7) *M*, والتلساء, ou والتليماء, etc. (Cf. *supra*, p. 92, n. 11). Notre lect. semble confirmée par le vers كالفرد اللياح ... cité d. *KM*, VIII, 40_4.

(8) A la fin de la ligne, d. *M*, il reste ici un espace blanc de 25 millimètres. Les mots qui suivent seront rencontrés de nouveau, *infra*, p. 396 de *M*.

(9) Voc. de *M*, (=*KM*, XVI, 112^7), ici et *infra*, p. 396 de *M*: cf. *Š. Durrat*, 169^{10}, =*Šarḥ Mufaṣ.*, 1840^{11}; Anb., I, 307_4: جوذر وجوذر. La voc. ord. est جُؤْذَر, = *KM*, VIII, 34^{13}, (A'OB). Cf. *Durrat*, 128^3; *Mu'ar.*, 46^9.

(10) Voc. de *M*.

(11) Allusion à Ps. 42^2. Cf. une note de Mr A. Boissier sur « Les Cerfs mangeurs de serpents » d. la *Rev. Archéol.*, 1907^1, p. 224. — Cf. *Ḥayaw.*, III, 157^{12}, 156_8; IV, 55^3.

(12) *Ḥayaw.*, علمي (!); يوجد في أول ما يأكل الحيات وفي آخرها; et: في عنقه وجلد وجهه.

(13) Cette rem. est intéressante pour l'identification du ايل, (cf. Homm., 253; *OLZ*, III, 208; *ibid.*, IV, 221; V, 394; etc.); mais je ne sais à qui il faut l'attribuer, car c'est le ايل et non le وعل qui est nommé d. *Ḥayaw.*, VII, 15_4; III, 71_{10}; IV, 36_1, 75_7, 76^9. Ne pas oublier, en tout cas, que les passages du *KN* où il est parlé du *iyyal* sont empruntés à des sources différentes: cf. *supra*, p. 91, n. 6; (et p. 93, n. 2); p. 95, n. 4, 5; *infra*, p. 398_2 de *M*.

[a] وَٱلعَرَبُ تُسَمِّي ٱلثَّوْرَ شَاةً [1] ، وَرُبَّمَا سَمَّتِ ٱلبَقَرَةَ نَعْجَةً . وَٱلبَقَرُ وَٱلغَنَمُ وَٱلوَحْشُ وَٱلظِّبَاءُ [2] أَعْنِي نِعَاجَ ٱلوَحْشِ [2] ، هِيَ ذَوَاتُ أَظْلَافٍ يُقَالُ فِي ٱلمَثَلِ [3] ، إِنَّ ٱلظِّلْفَ لَا يُرَى مَعَ ٱلخُفِّ مَعْنَاهُ أَنَّ ٱلسُّوقَةَ لَا تُعَدُّ مَعَ ٱلرُّؤَسَاءِ . [b] وَٱلحَافِرُ لِلدَّوَابِّ وَٱلحَمِيرِ وَفِي أَيْدِي ٱلبَقَرِ وَٱلغَنَمِ ٱلظِّلْفُ ثُمَّ ٱلرُّسْغُ ثُمَّ ٱلكُرَاعُ ثُمَّ ٱلذِّرَاعُ ثُمَّ ٱلعَضُدُ ثُمَّ ٱلكَتِفُ وَفِي ٱلرِّجْلِ [4] ، كَذٰلِكَ ثُمَّ فَوْقَ ٱلكُرَاعِ ٱلسَّاقُ ثُمَّ ٱلفَخِذُ [5] وَيُقَالُ ٱلضَّرْعُ لِكُلِّ ذَاتِ ظِلْفٍ . وَٱلحَيَاءُ [6] لِكُلِّ ظِلْفٍ وَخُفٍّ مِثْلُ ٱلرَّحِمِ لِلْمَرْأَةِ وَٱلقَضِيبُ لِذَكَرِ ٱلثَّوْرِ وَٱلتَّيْسِ . وَخِثْيُ ٱلثَّوْرِ وَجَمْعُهُ أَخْثَاءٌ (٣٨٥) وَهُوَ ٱلسِّرْجِينُ وَهُوَ مِنَ ٱلغَنَمِ وَٱلإِبِلِ ٱلبَعَرُ فَإِذَا دَقَّ مِنَ ٱلإِبِلِ فَهُوَ ٱلثَّلْطُ [6] .*

[AM] [7] [d] يُقَالُ لِلضَّائِنَةِ إِذَا أَرَادَتِ ٱلفَحْلَ قَدِ ٱسْتَوْبَلَتِ ٱسْتِيبَالًا وَبِهَا وَبْلَةٌ [8] شَدِيدَةٌ وَلِلْمِعْزَى [7] ٱسْتَدَرَّتِ ٱسْتِدْرَارًا [e] وَلِلْبَقَرَةِ [7] ٱسْتَقْرَعَتْ [8] [f] وَلِلْكَلْبَةِ ٱسْتَخْرَمَتْ [7] [NN] [7] [e] وَٱلِٱسْتِخْرَامُ لِكُلِّ ذَاتِ ظِلْفٍ خَاصَّةً . [AṢ] [9] [g] وَيُقَالُ [10] لِلشَّاةِ إِذَا أَرَادَتِ ٱلفَحْلَ هِيَ حَانٍ [10] وَقَدْ حَنَتْ تَحْنُو [h] فَإِذَا عَلِقَتْ وَدَنَا نِتَاجُهَا فَهِيَ مُقْرِبٌ [i] فَإِذَا وَلَدَتْ فَهِيَ رُبَّى [11] وَإِنْ مَاتَ وَلَدُهَا أَيْضًا بَيِّنَةُ ٱلرِّبَابِ [12] [ʿAD] [h] وَجَمْعُ [13] ٱلمُقْرِبِ مَقَارِيبُ وَهِيَ ٱلمَحَادِيثُ [13]

a) Cf. *supra*, p. 95, n. 5; — b). cf. *infra*, n. 4; — c). cf. *infra*, n. 5.
* *KN* suit de nouveau le *Mouṣan*. — d). Cf. *KM*, VII, 176_1, (AʿOB); — e). cf. *KM*, VIII, 32_3, (AʿOB); — f). cf. *ibid.*, 78^7, (AʿOB); — g). cf. *KM*, VII, 177^{12}, (AʿOB); — h). cf. *ibid.*, 178^3, (AʿOB); — i). cf. *ibid.*, 178_3, (AʿOB).

---

(1) Cf. *Moʿall.*, II, 43_{14}.

(2) Je ne corr. pas, (malgré *infra*, p. 396_3 de *M*), en plaçant ces mots avant والظباء : à cause de (*Ḥayaw.*, I, 9^{12}); Dam., II, 393_{13}; *LʿA*, III, 208^3.

(3) Ce proverbe mnq. d. *Amṯâl*, *Prov.*, etc.

(4) *M*, الرحل . — Cette énumération paraît empruntée à un ouvrage lexicographique.

(5) Les mots qui suiv. sont définis plus bas d. *ĞM*, d. des chapitres dont la plupart *sont omis* par *KN*, (ou du moins mnq. d. *M*). Cf. *infra*, p. 401-3 de *M*.

(6) Il y a ici, d. *M*, un espace blanc, (= une ligne et deux interlignes).

(7) *ĞM*, كتاب الغنم . حمل الغنم ونتاجها . سمعت ابا محمد الاموى يقول فى الغنم اذا ارادت الفحل قيل للضأن منهـا قد استوبلت الغنم استيبالا وبها ... وللمعز ... وللبقر ... استحرمت وروى هذا عبد بنى الحارث بن كعب وقال غير واحد الاستحرام ... .

(8) *M*, وَبَلَةٌ , (= A. de Biberstein Kazimirski, *s. v.*). Mais il n'y a que la forme *wabalat* d. *KM*; *Qdm.*, IV, 74^4; *LʿA*, XIV, 247_8; etc. — *M*, استفرعت .

(9) Cf. *Farq*. $245 = 13^4$, $246 = 14^5$, ^{17}; *Šd'*, 29, 42, 66. — Cf. le début de *Šd'* d. *Ḥayaw.*, V, 150_3.

(10) *ĞM*, ... الاصمعى اذا ارادت الشاة الفحل فهى حان . Cf. *Ḥayaw.*, V, 151^5, (AʿOB ?); *KM*, XVI, 127^8; *Mouzh.*, II, 110^4; *Faṣ.*, 49^{10}. — Sur حانية , (*Adab*, 171^1; etc.), cf. *Iqt.*, 147_9.

(11) Corr. رُبَّى d. *Šd*, l. 58, 66, et p. 23; *Adab*, 195^7. — Cf. *KM*, XV, 194^4, (AʿOB); *Ḥayaw.*, V, 145^{12}.

(12) *ĞM*, بيّنة ; puis aj. : قال وانشد منتجع بن نبهان . حنين ام البوّ فى ربابها . Cf. *KM*, VII, 178_8; *LʿA*, I, 389_9; *Ṣaḥ.*, I, 54^{13}; *TʿA*, I, 263^{10}, (av. ... قال الاصمعى أنشد).

(13) *ĞM*, ... جمع ... وهى المحادث ايضا . Cf. *Mouzh.*, II, 113^{13}, (AʿOB).

وَاحِدُهَا مُحْدِثٌ [AM] [a] وَهِيَ [1] رُبَّى مَا بَيْنَهَا وَبَيْنَ شَهْرَيْنِ [AZD] [b] وَمِثْلُهَا [1] مِنَ ٱلْمَعْزِ ٱلرَّغُوثُ [2] . [AM] [c] فَإِذَا وَلَدَتِ ٱلْغَنَمُ بَعْضُهَا بَعْدَ بَعْضٍ قِيلَ [3] وَلَدْتُهَا ٱلرُّجَيْلَاءَ [3] مَمْدُودٌ وَوَلَدْتُهَا [3] طَبَقًا [4] وَطَبَقَةً . [AṢ] [5] فَإِنْ وَلَدَتْ وَاحِدًا فَهِيَ مُوحِدٌ وَمُفْرِدٌ *[AḤ] [6] وَمُفِذٌّ [6] *[AṢ] [6] وَإِنْ وَلَدَتِ ٱثْنَيْنِ فَهِيَ مُتْئِمٌ [6] [FR] فَإِنْ مَاتَ وَلَدُهَا فَهِيَ شَاةٌ جَلَدٌ [6] وَجَلَدَةٌ أَيْضًا [6] . [AṢ] [d] وَيُقَالُ [6] ٱلرَّغُوثُ ٱلَّتِي تُرْضِعُ وَجَمْعُهَا رِغَاثٌ [AZD] [e] فَإِذَا [6] ٱسْتَبَانَ حَمْلُ ٱلشَّاةِ مِنَ ٱلْمَعْزِ وَٱلضَّأْنِ وَعَظُمَ ضَرْعُهَا قِيلَ أَرْأَتْ وَرَمَّدَتْ تَرْمِيدًا وَأَعْزَّتْ إِعْزَازًا (٣٨٦) وَأَضْرَعَتْ [6] .

وَمِنْ رَضَاعِهَا وَأَلْبَانِهَا [7] [YZ] [f] يُقَالُ لِلشَّاةِ إِذَا صَارَتْ ذَاتَ لَبَنٍ شَاةٌ لَبِنَةٌ وَلَبُونٌ وَمُلْبِنٌ [7] [KS] [g] وَيُقَالُ كَمْ لِبْنُ [8] شَاتِكَ [8] أَيْ كَمْ مِنْهَا ذَاتُ لَبَنٍ [*qâl*] [h] فَإِذَا كَثُرَ لَبَنُهَا وَنَسْلُهَا قِيلَ قَدْ [7] يَسَرَتِ [7] ٱلْغَنَمُ [9] [AZD] [i] وَٱللَّبُونُ [10] مِنْهَا ذَاتُ ٱللَّبَنِ غَزِيرَةً كَانَتْ أَمْ بَكِيئَةً وَجَمْعُهَا لِبْنٌ [11] فَإِذَا قَصَدُوا قَصْدَ ٱلْغَزِيرَةِ قَالُوا لَبِنَةٌ وَقَدْ لَبِنَتْ لَبَنًا [10] . [FR] [j] ٱلْغَزِيرَةُ [10] هِيَ ٱلْمُرْشَّحَةُ [AM] [k] وَٱلضَّرِيعَةُ [10] ٱلْعَظِيمَةُ ٱلضَّرْعِ [l] وَٱلرَّضُوعَةُ ٱلَّتِي تُرْضِعُ [11]

a). Cf. *KM*, VII, 178_{3}, (A'OB); — b). cf. *ibid.*, 178_{3}, (A'OB); — c). cf. *ibid.*, $179^{7, 8, 10}$, (A'OB); — d). cf. *ibid.*, 180^{3} et 178_{2}, (A'OB); — e). cf. *ibid.*, 178^{1}, (A'OB); — f). cf. *ibid.*, 180_{4}, (A'OB); — g). cf. *ibid.*, 181^{1}, (ISK); — h). cf. *ibid.*, 181^{3}, (A'OB); — i). cf. *ibid.*, $180_{2, 3}$, (A'OB); — j). cf. *ibid.*, 181^{7}, (A'OB); — k). = *ibid.*, 180^{11}, (A'OB); — l). cf. *ibid.*, 180^{8}, (A'OB).

---

(1) *ĞM*, الاموى قال ربى ; et, (= *KM*) : الربى من المعز ومثلها من الضأن الرغوث . Le texte de *M* n'est pas absolument inexact. Cf. *L'A*, I, 389_{12-10} ; etc.

(2) *ĞM* aj. : والقد طرفة . ليت لنا مكان الملك عمرو رغوثا حول قبتنا تخور

Lire قبتنا . — Cf. *Diw. ṬR*, 96_{2}, (IX, 1); *Divans*, 64, (VII, 1); *Śi'r*, 89^{10} ; *L'A*, V, 345_{5}; *BA*, V, 174^{1}. Il y a فليت d. *KM*, VII, 178_{1} ; *L'A*, II, 458_{10} ; *Ṣaḥ*., I, 134^{8}; *T'A*, I, 624^{13}; *Asâs*, I, 229^{11}; *ŚN*, 305^{10}; *Ham*., 683_{4}; *Ḫiz*., I, 412_{4}; *Tahḏ*., 71^{10}; *Târîḫ*... Al-Ya'qoûbî, (ed. Houtsma), I, 239^{13}, (av. حجرتنا au lieu de قبتنا); *Ḥayaw*., V, 145_{7}; — et وليت d. *Śi'r*, 91^{9}, (av. تدور, = Rasmussen, *Additamenta*, 52^{7} ; *Târîḫ*, loc. cit., n. *e*).

(3) *ĞM*, قيل قد ... الرجيلاء وولدتها . Cf. Wall., 57^{16}. — Corr. Lane, 1046 b, l. 2 a. f. ; 1827 a, l. 12, 13 : cf. *Qâm*., III, 440_{1}; *L'A*, XII, 81^{12} ; (*Ḥayaw*., V, 145^{9}) ; etc.

(4) *Sic* d. *ĞM* ; *L'A*, XII, 81^{12}, (AM) ; etc. — *KM*, طَبَقَةً بعد طَبَقَةٍ .

(5) Cf. *Śd'* 51 ; *Adab*, 173^{8} ; *Mouzh*., II, 113^{14}, (A'OB) ; *KM*, XVI, 133^{1}.

(6) *ĞM*, ومفرد وان ولدت ... متيم ... جلد ويقال لها ايضا جلدة وجماع هذه جلد مثقلة الاحمر هي مقسد ايضا . اذا ولدت واحدا الاصمعي الرغوث هي التي ترضع ... ابو زيد اذا ... واضرعت . Les mots ومفذ , dont la place a été changée, sont, d. *M*, écrits d. l'interligne supérieur, (et aussi en marge).

(7) *ĞM*, باب رضاع الغنم والبانها ; — et : قال الكسائي ... قيل يسرت .

(8) *M* a la forme *fi'l* : cf. *KM* ; *L'A*, XVII, 256_{4}, (KS). — *M** et *m*, شاتك .

(9) *ĞM* aj. : وانشدنا . هما سيدانا يزعمان وانما يسوداننا ان يسرت غنماهما

Lire يسرت . — Cf. *KM*, VII, 181^{3} ; *Ṣaḥ*., I, 419^{13} ; *L'A*, XV, 341^{13}; *T'A*, IX, 7_{8} ; *Asâs*, II, 117^{5}. Le poète est ابو اسيدة الدُّبَيْري : *L'A*, VII, 159^{8}; *T'A*, III, 626_{16}; *Tahḏ*., 135^{7}.

(10) *ĞM*, ... اللبون ... الغزيرة منها ايضا ... الضريعة ... — *M**, لبِنَتْ [لبنت] , (ailleurs : لَبَنًا) ; et ترضع .

(11) *M**, لِبْن , fautif d'après علي , (*KM*) ; *ĞM*, لبن ولبن ; *KM*, لِبْنٌ ولُبْنٌ .

[AṢ] ، وَهِيَ الرَّغُوثُ [qdl][1] ، a فَإِذَا أَتَى عَلَى الشَّاةِ[1] بَعْدَ نِتَاجِهَا أَرْبَعَةُ أَشْهُرٍ فَجَفَّ[2] لَبَنُهَا وَقَلَّ فَهِيَ اللَّجْبَةُ وَجَمْعُهَا لِجَابٌ[3] [AZD] وَيُقَالُ[4] اللَّجْبَةُ مِنَ الْمَعْزِ خَاصَّةً [KS] يُقَالُ مِنْهُ لَجُبَتْ[5] b وَمِنَ الْمَصُورِ مَصَرَتْ [AZD, ʿAD*] ، وَيُقَالُ الْمَصُورُ فِي الْمَعْزِ خَاصَّةً *[AZD][4] وَجَمْعُهَا مَصَائِرُ *[AZD, AD] وَهِيَ الَّتِي قَدْ غَرَزَتْ[6] [إِلَّا][7] قَلِيلًا وَهِيَ[8] مِنَ الضَّأْنِ الْجَدُودُ وَجَمْعُهَا جَدَائِدُ *[ʿAD][9] وَيُقَالُ جَمْعُ الْمَصُورِ مَصَارٌ . [KS][8] c فَإِذَا ذَهَبَ لَبَنُهَا كُلُّهُ فَهِيَ شَخَصٌ[10] وَهُنَّ[8] شَخَصٌ[10] الْوَاحِدُ وَالْجَمِيعُ سَوَاءٌ[11] . [AṢ] d فَإِنْ كَانَ[8] أَصْحَابُهَا يَبَّسُوا أَلْبَانَهَا عَمْدًا فَذَلِكَ التَّصْرِيَةُ وَقَدْ صَرَّيْتُهَا [qdl][8] لِيَكُونَ أَسْمَنَ لَهَا[11] . [AZD] فَإِنْ يَبِسَ ضَرْعُهَا فَهِيَ جَدَّاءُ[11] فَإِنْ[8] يَبِسَ أَحَدُ خِلْفَيْهَا فَهِيَ شَطُورٌ[12] (٣٨٧) [ʿAD][13] e وَيُقَالُ الشَّخَصُ[10] لِلَّتِي لَمْ يُنْزَ عَلَيْهَا قَطُّ وَالْعَائِطُ الَّتِي أُنْزِيَ عَلَيْهَا فَلَمْ تَحْمِلْ[13] .

وَمِنْ أَسْنَانِ الْغَنَمِ[14] [AZD, AṢ*][14] f وَلَدُهَا سَاعَةَ تَلِدُ[14] مِنَ الضَّأْنِ وَالْمَعْزِ ذَكَرًا

a). Cf. *KM*, VII, 182^{12}, 183^{3}, (AʿOB) ; — b). cf. *ibid.*, 183^{3}-^{6}, (AʿOB) ; — c). cf. *ibid.*, 183^{12}, (AʿOB) ; — d). cf. *ibid.*, 183_{11}, (AʿOB) ; — e). cf. *ibid.*, 177_{3}, (AʿOB) ; — f). cf. *ibid.*, 185_{1}, (AʿOB).

---

(1) *Ǧ̄M*, ... الاصمعي الرغوث مثله ... على الشاه ... . — Cf. *Šd'*, ..., 105.

(2) Il y a لَحَفَ d. *KM*, VII, 182^{13} ; *Ṣaḥ.*, I, 101^{1} ; etc. Mais فجف = *Ǧ̄M* ; *LʿA*, II, 231_{3} ; etc. Cf. *supra*, p. 21, n. 15 ; (et *Dîw. ṬR*, 12^{6}, 59^{3}, 126_{1} ; *Naqâ'iḍ*, éd. Bevan, I, 521^{7}, (AʿOBA) ; — *Bayân*, I, 87^{7}).

(3) *Sic* d. *Ǧ̄M*, (av. بكسر اللام) ; *Šd'*, 106 ; etc. — *M**, الجاب ; mais cf. Vern., I, 301^{4}.

(4) *Ǧ̄M*, ... ابو زيد اللجبة ... ابو زيد المصور من المعز خاصة وجمعها ... . Cf. *infra*, n. 13.

(5) *M*, لجبت . — *KM* ; *LʿA*, II, 232^{8}, 231_{3} ; etc. : لَجَبَتْ , لَجُبَتْ .

(6) *Sic* d. *LʿA*, VII, 23^{7}, (AZD). — *M*, غرزت ; *Ǧ̄M*, غرّزت ; *KM*, غَرَزَتْ , (cf. XVI, 126^{8}).

(7) J'intercale ce mot à cause du sens du verbe, (cf. *supra*, p. 30^{4} ; *Ǧamh.*, 154_{3}) ; et d'après *Ǧ̄M* ; *LʿA*, VII, 23^{7} ; *Ṣaḥ.*, I, 399_{3} ; *TʿA*, III, 542_{9}. — Cf. *Mouzh.*, II, 113^{15}, (AʿOB).

(8) *Ǧ̄M*, ومثلها من الضأن ... جدائد الكسائي فاذا ... فهي شخص والواحد والجمع في ذلك سوآء هن شخص الاصمعي فان كانت البانها يبسها صاحبها عمدا ... قال وانما يفعل ذلك ليكون ... فان كان يبس ... .

(9) Cf. *supra*, n. 8 ; et *infra*, n. 13. — Cf. *Ṣaḥ.*, I, 508^{10}, (ʿAD).

(10) Il y a un *ḫd'* d. *M* ; *Ǧ̄M*, (cf. n. 9 et 13) ; *Mouzh.*, II, 113^{15}, (AʿOB). La forme *faʿal*, (= *M*), est attribuée à AṢ, non à KS, (= *šaḫṣ*), d. *LʿA*, VIII, 311^{12}, ^{13} ; etc.

(11) Cf. *supra*, p. 81, n. 2 ; (et aj. : *Dîw. ṬR*, 49_{4}). Comp. les expressions analogues, (*Dîw. ṬR*, 48_{7}, 53^{9} ; *Naqâ'iḍ*, I, 480^{4} ; Tab., I, 3235^{14}, ^{15} ; *LʿA*, III, 134_{10} ; *ibid.*, IV, 268^{7}), où le sujet est un pronom *neutre*.

(12) *Ǧ̄M* aj. : وهي من الابل التي قد يبس خلفان من اخلافها لان لها اربعة اخلاف فان كان قد يبس ثلاثة منها فهي ثلوث . Cf. *KM*, VII, 183_{9}, (AʿOB) ; *Mouzh.*, II, 113^{16}, ^{12}, (AʿOB) ; *Adab*, 195^{9}.

(13) *Ǧ̄M*, المدلس الكنانى فى الجدود والمصور فى الضأن والمعز مثل قول ابى زيد غير انه قال جمع المصور مصار قال والشخص التي ... تحبل . Cf. *supra*, n. 8 et l. 5.

(14) *Ǧ̄M*, باب اسنان الغنم واولادها . ابو زيد يقال لاولاد الغنم ساعة تضعه من الضان والمعز جميعا ذكرا كان ام انثى سخلة وجمعها اسخال ... . Cf. *infra*, p 99, n. 8. — Cf. *Šd'*, 54, 68, 75, 77, 76, 54, 55, ... ; *Farq*, 245 = 15^{7} ; *Fiq.* c, 88 ; Dam., I, 178^{12}, (AZ), et II, 19^{7} (AZD) ; *Ḥayaw.*, V, 145_{3}, (AZD) ; *KM*, XVI, 115_{9} ; *Adab*, 164^{11}, 168^{1} ; *Aḍdâd*, 205^{5} ; Socin, I, 300 ; etc. — *M*, يلدُ .

كَانَ أَوْ أُنْثَى سَخْلَةٌ وَجَمْعُهَا سِخَالٌ [a] ثُمَّ هِيَ [1] بَهْمَةٌ [2] لِلذَّكَرِ وَٱلْأُنْثَى [2] وَجَمْعُهَا بَهْمٌ [b] فَإِذَا بَلَغَتْ [أَرْبَعَةَ] [3] أَشْهُرٍ وَفُصِلَ [3] عَنْ أُمِّهِ فَوَلَدُ ٱلْمَعَزِ جَفْرٌ وَجَمْعُهُ جِفَارٌ وَٱلْأُنْثَى جَفْرَةٌ [c] فَإِذَا رَعَى وَقَوِيَ فَهُوَ عَرِيضٌ وَجَمْعُهُ عِرْضَانٌ [3] [d] وَٱلْعَتُودُ نَحْوٌ مِنْهُ وَجَمْعُهُ أَعْتِدَةٌ وَعِدَّانٌ [4] وَأَصْلُهُ عِتْدَانٌ وَهُوَ فِي هٰذَا كُلِّهِ جَدْيٌ [e] وَٱلْأُنْثَى عَنَاقٌ [f] فَإِذَا أَتَى عَلَيْهِ [5] حَوْلٌ [5] فَٱلذَّكَرُ تَيْسٌ [g] وَٱلْأُنْثَى عَنْزٌ [5] *[AZD, AṢ, AFQ, ʿAD] [6] [h] ثُمَّ يَكُونُ جَذَعًا فِي ٱلسَّنَةِ ٱلثَّانِيَةِ وَٱلْأُنْثَى جَذَعَةٌ ثُمَّ ثَنِيًّا فِي ٱلثَّالِثَةِ [7] وَٱلْأُنْثَى ثَنِيَّةٌ ثُمَّ يَكُونُ رَبَاعِيًا [7] فِي ٱلرَّابِعَةِ وَٱلْأُنْثَى رَبَاعِيَةٌ [7] ثُمَّ هُوَ سَدِيسٌ فِي ٱلْخَامِسَةِ وَٱلْأُنْثَى سَدِيسٌ [7] أَيْضًا *[AZD, AFQ, ʿAD] [6] [i] ثُمَّ سَالِغٌ [7] فِي ٱلسَّنَةِ ٱلسَّادِسَةِ وَٱلْأُنْثَى سَالِغٌ [8] أَيْضًا [AʿOB] [9] ثُمَّ لَيْسَ بَعْدَ ٱلسَّالِغِ شَيْءٌ [8] *[AṢ] [10] وَيُقَالُ صَالِغٌ بِٱلصَّادِ *[AʿOB] [9] وَكَذٰلِكَ ٱلْبَقَرَةُ [11] . [KS] [12] [j] وَقَدْ يُقَالُ فِي مَوْضِعِ ٱلْعَرِيضِ وَٱلْعَتُودِ لِلْمَعَزِ [12] مِنَ ٱلضَّأْنِ حَمَلٌ وَخَرُوفٌ وَٱلْأُنْثَى خَرُوفَةٌ [k] وَٱلْأُنْثَى مِنَ ٱلْحُمْلَانِ رِخْلَةٌ [13] وَجَمْعُهُ رِخَالٌ [13] [N] [l] ٱلْجِلَامُ ٱلْجِدَاءُ [14] [N] [14] وَٱلْيَعَرُ

a). = *KM*, VII, 186^{3}, (AʿOB); — b). cf. *ibid.*, 186^{11}, (AʿOB); — c). = *ibid.*, 186_{12}, (AʿOB!); — d). = *ibid.*, 186_{7}, 186_{3}, (AʿOB); — e). cf. *ibid.*, 186_{1} (AʿOB); — f). cf. *ibid.*, 187_{7}, (AZD ?); — g). = *ibid.*, 187_{5}, (AʿOB); — h). cf. *ibid.*, 188^{12}, (AʿOB); — i). cf. *ibid.*, $188_{9.5}$, (AʿOB); — j). cf. *ibid.*, 188_{3}, (AʿOB); 189^{1}, (ISK); — k). cf. *ibid.*, $189^{6,7}$, (AʿOB); — l). = *ibid.*, $187^{3,5}$, (AʿOB).

---

(1) Ce passage est passablement incorrect; on voit pourquoi: cf. *supra*, p. 98, n. 14.

(2) *ĞM*, البهمة للذكر والانثى جميعا. — Cf. cependant *Nihây.*, I, 102^{15}.

(3) *M*, s. اربعة ; mais av. اشهر, s. *alif* final. — Remarquer les incorrections de *M* d. ce passage. Le texte primitif, (*ĞM* et *KM*), porte: فاذا بلغت اربعة اشهر وفصلت عن امهاتها فما كان من اولاد المعز فهي الجفار واحدها جفر. Cf. *supra*, n. 1, et p. 98, n. 14. — La voc. ʿ*irdân* est de *m.*

(4) Cette forme n'est pas particulière aux Tamîm, comme le dit Vollers, 29^{16}.

(5) *ĞM*, عليها الحول ... والانثى عنز. Cf. *Ḥayaw.*, V, 146^{7}: av. عنزة, (= Freyt., Lane), qui est fautif: cf. *Aḍdâd*, 205, n. 2; *KM*, XVI, 105^{1}.

(6) Cf. *infra*, n. 8, 11. — Cf. *Šâʾ*, 77-85, (cf. *KM*, VII, 188_{11}); *Fiq.* c, 89^{4}; etc.

(7) *ĞM*, في السنة الثالثة ... ثم سالغ بالغين معجمة. — Sur ces noms, cf. *supra*, p. 25; etc.

(8) *ĞM*, والانثى سالغ الاصمعي مثل هذا كله الا انه قال صالغ بالصاد وقال تصلغ الشاة في الخامس قال ابو عبيد ليس بعد الصالغ سن وكذلك البقرة . Cf. *infra*, p. 396 de *M.*

(9) Cf. *supra*, n. 8. Cette lect. est confirmée par *LʿA*, X, 324^{5}; *TʿA*, VI, 22^{17}.

(10) Cf. *supra*, n. 8. — Cf. *Šâʾ*, 86 seq.; *KM*, XVI, 127^{10}, (AṢ); *ibid.*, XIII, 278^{2}; *Qalb*, 42^{17}; *Fiq.* c, 89^{6}; *Šarḥ Mufaṣ.*, 1391^{6}; *Ḥayaw.*, V, 146^{9}. Plus bas, p. 396 de *M*, on trouve صالغ d. une phrase attribuée à AFQ.

(11) *ĞM* aj., (cf. *KM*, VII, 188_{3}): قال واما الحافر كله فمنتهاه الرابع ; puis: قال ابو فقعس الاعرابي والعدبس الكناني في الضأن من حين تجذع الى آخر الاسنان مثل ذلك .

(12) *ĞM*, هو من الضأن في موضع العريض ; *KM*, وقال الكسائي في موضع العريض والعتود من المعز والضأن والعتود من المعز . Cf. *Ḥayaw.*, V, 146_{9}, (KS).

(13) *M*, رَخله ; *ĞM*, رخل ; *KM*, رَخِلٌ . La lect. رِخْلَة, (cf. *Durrat*, 97_{8}; *Faṣ.*, 38^{4}), est préférable à رَخِلَة, (*LʿA*, XIII, 298^{1}): cf *Š. Durrat*, 189_{1}; etc. — *M** et *m*, رخال ; *KM*, رُخال.

(14) *ĞM* ajoute, après الجداء : قال الاعشى يصف الخيل .

الجَدْيُ ، *[AṢ] ، a وَهُوَ الحُلَّامُ ، وَالحُلَّانُ ، *[N] ، b البَذَجُ ، مِنْ أَوْلَادِ الضَّأْنِ . (٣٨٨) *[AṢ] ، c وَالذَّبِيحُ الكَبِيرُ الَّذِي قَدْ أَدْرَكَ أَنْ يُضَحَّى بِهِ . [N] d العُمْرُوسُ ، الحَمَلُ .

وَمِنْ شِيَاتِ الضَّأْنِ ، [AZD] ، e نَعْجَةٌ رَقْطَاءُ فِيهَا سَوَادٌ وَبَيَاضٌ f وَالأَرْثَاءُ ، وَالبَغْثَاءُ ، وَالنَّمْرَاءُ كُلُّهَا مِثْلُ الرَّقْطَاءِ . وَالعَيْنَاءُ ، الَّتِي اسْوَدَّتْ ، عِينَتُهَا ، g وَهُوَ ، مَوْضِعُ المَحْجِرِ مِنَ الإِنْسَانِ h فَإِنِ اسْوَدَّ رَأْسُهَا فَهِيَ رَأْسَاءُ فَإِنِ ابْيَضَّ رَأْسُهَا مِنْ بَيْنِ جَسَدِهَا فَهِيَ رَخْمَاءُ وَمُخَمَّرَةٌ ، i فَإِنِ ، اسْوَدَّ ، نُخْرَتُهَا [10] g وَهِيَ الأَرْنَبَةُ i وَحَنَكُهَا j وَهِيَ الذَّقَنُ [10] i فَهِيَ دَغْمَاءُ [11] . k فَإِنِ اسْوَدَّتْ إِحْدَى العَيْنَيْنِ [12] وَابْيَضَّتِ الأُخْرَى فَهِيَ خَوْصَاءُ l فَإِنِ اسْوَدَّتِ العُنُقُ فَهِيَ دَرْعَاءُ فَإِنْ كَانَ بِعُرْضٍ [10] عُنُقِهَا سَوَادٌ فَهِيَ لَطْعَاءُ m فَإِنِ ابْيَضَّتْ خَاصِرَتَاهَا فَهِيَ

a). Cf. *KM*, VII, 187[10], (A'OB); — b). cf. *ibid.*, 189[11], (IA'); — c). = *ibid.*, 187_{12}, (A'OB); — d). = *ibid.*, 189[3], (A'OB); — e). = *ibid.*, 192_5, (IDR); — f). cf. *ibid.*, 192_{3-1}, (A'OB); — g). cf. *ibid.*, $190_{5,4}$, (A'OB); — h). cf. *ibid.*, 193[8, 9, 11], (A'OB); — i). cf. *ibid.*, 193[5], (A'OB); — j). = *ibid.*, 190_2, (A'OB); — k). = *ibid.*, 193[4, 5], (A'OB); — l). = *ibid.*, $193_{9,8}$, (A'OB); — m). = *ibid.*, 193_1, (A'OB).

سواهم جذعانهم كالجلام قد اقرح القود منها النسورا

ويروى اقرح منها القياد والنسور باطن الحافر وغيره اليعر الجدى . Cf. *KM*, VII, 187[3]; *ibid.*, VI, 143_7; *L'A*, VII, 60[3]; *ibid.*, XIV, 370[1]; *T'A*, VIII, 231[1]. La seconde *riwâyat* est donnée d. *Ṣaḥ.*, II, 271[14], (corr. اقرح); et signalée d. *L'A*, VII, 60[4]; *ibid.*, XIV, 370[2]; *KM*, VII, 187[5]. Le *Dîw. A'Š*, 14[5], porte: تراهم جذعانها في الغدام قد اقرح منها الجياد النسورا . Le *T'A*, VIII, 231[2], attribue à A'OB un *inšâd*: شواسف مثل الجلام قب . Cf. encore *Ḥayaw.*, V, 146_4.

(1) *ĞM* aj.: قال البريق الهذلي . مقيم باملاح كما ربط اليعر . — Lire باملاح , مقيما et اليعر . Cf. *KM*, VII, 187[6]; *Ḥayaw.*, V, 146_2. Le premier hémist. du vers est اسائل عنهم كلما جاء راكب , = *Ṣaḥ.*, I, 420[17]; *L'A*, VII, 165[9]; *T'A*, III, 631[8]; Yâq., I, 364[13]; *KM*, VII, 187[9].

(2) *ĞM* aj., après le vers cité *supra*, n. 1: والطلوبالة النعجة , (= *KM*, VII, 189_2, (A'OB); Dam., II, 106); — et contin.: والبذج من ارلاد الضان الاصمعي ولد المعز حلام وحلان . Cf. *Šd'*,..., 75.

(3) Cf. *Qalb*, 18[17], (*KM*, XIII, 283_2); Dam., I, 308_{15}, (AṢ); *Ḥayaw.*, V, 146[11], (AṢ).

(4) *ĞM* aj.: قال ابن احمر . تهدى اليه ذراع البكر تكرمة اما ذبيحا واما كان حلانا ... والذبيح . — Cf. *L'A*, III, 264[1], (av. حُلاما et: ويروى حلانا); *T'A*, II, 138[4]; *Ṣaḥ.*, I, 173_{11}. Au lieu de البكر, il y a souvent الجدي: *L'A*, XVI, 283[7]; *KM*, VII, 187[13]; *ibid.*, XIII, 284[1]; *Qalb*, 18[19]; *Ḥayaw.*, VI, 42_2. On lit aussi ذكيًا au lieu de ذبيحا: *Ṣaḥ.*, II, 368[4]; *Ḥayaw.*, V, 146[13], (av. ويروى ذبيحا , et جلاما); *L'A*, XVI, 283[8].

(5) *M*, البَذَج , lect. probablement fautive, malgré *Fiq.* M, 21[2]; *Fiq.* H, 15_4. Cf. *Mu'ar.*, 25[3]; *Fiq.* C, 11_1: etc. — Corrig. البذج d. *Ḥayaw.*, V, 147[1]; *Fiq.* D, 13_6.

(6) Mnq. d. *Šd'*. — Ces mots suivent, d. *ĞM*, le vers cité plus haut, n. 4. Cf. *supra*, n. 2.

(7) Cf. Tab., II, 820, l. 5 et n. *b*; *Šd'*, (!), 235; *KM*, XIV, 43_5; etc.

(8) *ĞM*, نعوت الضأن في شياتها . Cf. *Fiq.* M, 64, ('*an* AZD!); *Adab*, 196, (AZD); etc.— *ĞM* continue: ابو زيد من شيات الضأن نعجة رقطاء وهي التي فيها ... والارثاء والبغثاء ... ومنها العيناء وهي التي قد اسودت عينها بكسر العين وهي ... فهي رخماء وان اسودت ...

(9) *Sic* d. *KM*, VII, 192_1; *ibid.*, XVI, 57[10]; *L'A*, XVII, 177_{11}.—*M** et *m*, عيناها . Cf. n. 8.

(10) *m*, نخرتها ; *M*, ? — *M*, الذَّقَن ; بعُرض .

(11) *M**, رَغثاء , (cf. *KM*, XVI, 61_8); mais *m*: دغماء , = *KM*; *ĞM*, (دعماء); *Fiq.* C, 71_3; etc.

(12) *Sic* d. *M**; *m*; *ĞM*; *KM*, VII, 193[4]; (*ibid.*, XVI, 58[5]); *L'A*, VIII, 298[8]; (*Verbi*, 37[20]). La lect. العينتين , d. *Adab*, 196[4], ne me paraît pas sûre: cf. *ibid.*, n. *b*.

خصفاء. فإن ابيضت شاكلتها فهي شكلاء [a]. فإن ابيضت رجلاها، مع الخاصرتين فهي خرجاء [1]. فإن ابيضت إحدى رجليها فهي رجلاء. فإن ابيضت أرظفتها، فهي حجلاء وخدماء [2]. فإن اسودت قوائمها كلها فهي رملاء [b]. فإن ابيض وسطها فهي جوزاء [c]. فإن ابيض طولها غير موضع الراكب منها فهي رحلاء. فإن ابيض طرف الذنب، منها فهي صبغاء [3]، [d] فإن اسودت أطراف أذنيها [4]، فهي (٣٨٩) مطرقة [5]، [e] وهذا كله إذا كانت هذه، المواضع مخالفة لسائر الجسد من سواد وبياض. [qal] والدهماء الحمراء الخالصة الحمرة هذا، كله من الضأن.

فأما المعز ونعوتها [6]، [AZD]. [f] فالذرآء وهي الرقشاء الأذنين وسائرها أسود [g] والزبداء السوداء [h] والمنطقة، الموسومة موضع النطاق بحمرة. [g] والخلساء بين السواد والحمرة ولون [7]، بطنها كلون ظهرها [i] والصدءاء [8]، السوداء المشربة حمرة [qal] والدهساء أقل منها حمرة [h] والنبطاء البيضاء الجنب والوشحاء الموشحة، ببياض والغرباء [9]، البيضاء العينين والغشواء التي قد تغشى وجهها بياض [j] والعصماء البيضاء اليدين [k] والقصماء [10] المكسورة القرن الخارج والعضباء [11] المكسورة القرن الداخل وهو المشاش [l] والعقصاء التي قد [12] التوى قرناها على أذنيها من خلفها [m] والنصباء المنتصبة [12] القرنين والدفواء [12] التي

a). Cf. *KM*, VII, 194 [8, 9, 5, 8]. (A'OB); — b). = *ibid.*, 193₃, (A'OB); — c). cf. *ibid.*, 194[2], (A'OB); — d). = *ibid.*, 193[13], (A'OB); — e). = *ibid.*, 194[10], (A'OB); — f). = *ibid.*, 195[2], (A'OB); — g). = *ibid.*, 195[9, 8], (A'OB); — h). cf. *ibid.*, 195[5, 6, 4], (A'OB); — i). cf. *ibid.*, 195[11], (A'OB); — j). = *ibid.*, 195₁₀; (A'OB); — k). = *ibid.*, 195₇, (A'OB); — l). cf. *ibid.*, 195₁, (A'OB); — m). cf. *ibid.*, 196[5, 7], (A'OB).

---

(1) *ĞM*, خاصرتاها مع رجليها. Mais *M* = *KM*; Wall., 44[7]; (*Adab*, 196[6]); etc.

(2) *Sic* d. *M*; *ĞM*; *Adab*, 196[8]; Wall., 38[19], 44[8]; *L'A*, XV, 58[6], (AZD); etc. Le texte de *KM*, VII, 194[5], est peut-être fautif: cf. *ibid.*, XVI, 58[10], = *L'A*, XV, 58[6].

(3) *ĞM*, ذنبها فهي ضبغآء; *M*, ضبغاء. Cf. *L'A*, X, 321[5], (AZD); *Fiq.* c, 72[3]; etc.

(4) *Sic* d. *KM*; et *T'A*, VI, 180[17, 18], signale cette lect. Il y a ذنبها d. *ĞM*; *Ṣaḥ.*, II, 43[13]; *T'A*, VI, 180[17]; *L'A*, XI, 120₃; *Adab*, 196[10]; etc. Cf. Lane, *s. v.*

(5) *M*, مُطرَّقة. Ailleurs, (*KM*, *L'A*, etc.), مُطرَّقة. — *ĞM*, كانت المواضع ... وهذا كله.

(6) *ĞM*, باب شيات المعز. ابو زيد من شيات المعز الذرآء ... السودآء المنطقة ... والوشحآء الموشحة ....

(7) *ĞM*, لون: = *KM*, VII, 195[8]; *ibid.*, XVI, 57₁₂, Wall., 38[20], (corr. من).

(8) *M*, والصَّداْ. Je ne vois pas sur quel texte s'appuie ISD pour dire, d. *KM*, VI, 153[3]; (XVI, 12₁₁): فأما أبو عبيد فخصّ به الابل. Nous n'avons pas rencontré الصدءاء *supra*, p. 87-88.

(9) *Sic* d. *M*; *KM*, VII, 195[4]; *Fiq.* D, 44[5]; *Fiq.* c, 72[7]. Lane ne donne pas اغرب، غرباء; mais cf. غَرَبٌ، أغرب، إغراب, etc. — *ĞM*, والغرآء.

(10) *M** et *m*, القصواء. Je corr. d'après *KM*; *Fiq.* c, 161₁; Wall., 104[7]; etc.

(11) Corrig. العصباء d. Wall., 88[10]: cf. *T'A*, I, 386₁; *Fiq.* c, 162[1]; etc.

(12) *ĞM*, الى التوى; et المنصّبة, (mais *M* = *KM*; etc.). — *M*, plutôt والدقوا.

أنصبَ قرناها إلى أطرافِ [1] علباويها والقبلاء التي أقبل قرناها على وجهها . [a] والشرقاء [2] التي انشقّ [2] أذنها [2] طولا والخذماء [3] التي (٣٩٠) شُقّت [3] أذنها [3] عرضا ولم تبِن والقصواء [4] المقطوعة [4] طرفِ [4] الأذن [AḤ, AWL] [b] والشعرة [5] التي ينبت الشعر بين ظلفيها [5] فتدمى .

ومن نعوت الغنم في شحومها [6] [AṢ] [7] [c] السحوف التي لها سحفة [d] وهي الشحمة التي على ظهرها [e] والزعوم التي لا يدرى أبها شحم أم لا ومنه قيل في قول فلان مزاعم [8] وهو الذي لا يوثق به . [ʿan AʿOBA] [f] العفل شحم خصيتي الكبش وما حوله [9] . [KS] [g] والعفل [10] الموضع الذي يجس من الشاء [10] ليعلموا [10] سمنها من غيره [10] [AZD] [h] والرعوم [10] بالراء التي يسيل مخاطها [11] من الهزال وقد أرعمت إرعاما إذا سال رعامها [12] وهو المخاط [AŚB] [i] ويقال ارمعلّ [13] الصبي ارمعلالا [13] إذا سال لعابه وهو مخاطه [14] [FR] [h] ويقال للمخاط النفجة أيضا [15] الزخرط وكذلك الإبل . [AM] [j] والزؤوم [15] التي تلحس [15] من مر

a). Cf. *KM*, VII, $196_{11, 10}$, (AʿOB); — b). = *KM*, VIII, 18_{5}, (AʿOB); — c). cf. *ibid.*, 3^{6}, (AʿOB); — d). cf. *KM*, VII, 191^{4} et ^{5}, (AʿOB); — e). cf. *KM*, VIII, 3^{11}, (AZDI); — f). cf. *KM*, VII, 191_{3}, (AʿOB); — g). cf. *KM*, VIII, 4_{1}, (AʿOB); — h). cf. *ibid.*, 4^{3} et 12_{1}, 4^{7} et 12_{4}, (AʿOB); — i). cf. *infra*, n. 14; — j). cf. *KM*, VIII, 7^{9}, (AʿOB).

---

(1) *ĞM*, طرفى , = *KM*; *LʿA*, XVIII, 289^{10}, (AZD); etc.

(2) *ĞM*, (= *Fiq.* c, 162^{5}; etc.), الشقت اذناها ; *KM*, (= Wall., 70^{12}; etc.), انشقت أذنها .

(3) *ĞM*, والحذماء ; et الشقت اذناها , (= *Adab*, 197^{7}); *KM*, انشقت أذنها , (= Wall., 44^{11}). *M* = *LʿA*, XV, 59_{6}.

(4) *ĞM*, المقطوع طرف اذنها , (= *KM*; Wall., 104^{6}); *M*, طرفو , (= *KM*, XVI, 53^{12}).

(5) *ĞM*: الشعرة . . . ظلفها , (s. فتدمى). — *M*, فيدمى . Je corr. d'après *KM*.

(6) *ĞM*, نعوت الغنم فى شحومها وغيره .

(7) Mnq. d. *Śdʾ*; *Ibil* a, b. Cf. *Mouzh.*, II, 113_{11}, (AʿOB); *Aḍdād*, 230^{7}, 259^{10}; etc.

(8) *M*, مُزاعِمُ , voc. très intéressante. La lect. ordinaire est فى قول فلان مَزَاعِمُ , (*KM*, VIII, 3^{11}; *ibid.*, XVI, 146_{5}; *Fiq.* c, 161_{4}; etc.); et c'est la plus naturelle: cf. *Ṣaḥ.*, II, 294^{17}; *TʿA*, VIII, 325^{12}; Lane, 1234 a, l. 13. Mais on trouve des traces d'une voc. مُزَاعِمُ d. *LʿA*, XV, 158^{7}, (AṢ); *TʿA*, VIII, 325_{15}; Lane, 1234 a, l. 30; *Fiq* H, 79_{6}.

(9) *ĞM* aj.: ومنه قول بشر . وارم العفل معبر . Cf. *infra*, n. 10.

(10) *ĞM*, العفل ... من الشاة اذا ارادوا ان يعرفوا ... من غيره , (= *KM*); puis aj.: وهو قول بشر . حديث الخصاة وارم العفل ابجر . ويروى معبر ايضا وهو اجود ابو زيد الرعوم ... Cf. *supra*, n. 9; *KM*, VII, 191_{3}. Le premier hémist. du vers est: جزيز القفا شبعان يربض حجرة , = *LʿA*, XIII, 485^{7}; *ibid.*, VI, 206_{3}; *Ṣaḥ.*, I, 357_{3}; *ibid.*, II, 216_{18}; *TʿA*, III, 377^{17}; *ibid.*, VIII, 25^{1}. D. les Lex., le vers mnq. *s. v.* ابجر .

(11) *M*, plutôt مخاطمها ; (*Śdʾ*, 192: إذا سال أنفا). Je lis, (av. *m*): مخاطها , = *ĞM*; *KM*, VIII, 4^{3}; *ibid.*, XVI, 146_{4}; *LʿA*, XV, 136_{12}; *Nawād.*, 215_{4}; *Mouzh.*, II, 113_{10}, (AʿOB); etc.

(12) *Sic* d. *M*; *ĞM*; *KM*; *Śdʾ*, 193. Je doute que الرُّعام soit la vraie lect. d. *Farq*, 10^{12}.

(13) *M*, a. *šadda* sur ارمعل , (av. ارمعلالا). *ĞM*, ابو شبل ازمعل ... ازمعلالا .

(14) C'est un contresens: cf. *Farq*, 242 = 10^{11} et ^{17}; etc. Il y a ازمعل ... ازمعلالا اذا سال مخاط ولعابه d. *ĞM*; سال لعابه d. *Ṣaḥ.*, *LʿA*, *TʿA*, etc. Je ne trouve pas la déf. d. *KM*.

(15) *ĞM*, النفجة الزخرط ... الزوم التى تلحس ثياب من . Cf. *Fiq.* c, 161_{3}.

بِهَا . وَٱلْحَزُونُ [1] السَّيِّئَةُ [1] ٱلْخُلُقِ [1] . وَٱلتَّمُومُ [1] ٱلَّتِي تَقْلَعُ ٱلشَّيْءَ بِفِيهَا يُقَالُ [1] تَمَمْتُ [1] فَأَنَا [1] أَتِمُّ [2] تَمًّا [1] . [FR] [a] شَاةٌ مُعْبَرَةٌ [1] ٱلَّتِي تُتْرَكُ سَنَةً لَا يُجَزُّ صُوفُهَا . [AZD] [b] عَنْزٌ مَحْلُوقَةٌ إِذَا جُزَّ شَعَرُهَا [*qal*] وَٱلْجَزُّ لَا يَكُونُ [3] إِلَّا فِي ٱلضَّأْنِ (٣٩١) [ʿAD ou AḪS] [3] [c] ٱلْعَوَالِكُ [4] عِرْقٌ فِي رَحِمِ ٱلشَّاةِ . [AṢ] [5] [d] ٱلنَّافِرُ وَٱلنَّاثِرُ ٱلشَّاةُ تَسْعُلُ فَيَنْتَثِرُ مِنْ أَنْفِهَا شَيْءٌ . [N] [e] ٱلزَّمَعُ [6] ٱلزِّيَادَةُ ٱلنَّاتِئَةُ [6] فَوْقَ ظِلْفِ ٱلشَّاةِ [AṢ] [7] [f] ٱلرُّوَالُ [7] وَٱلرُّاوُولُ [7] جَمِيعًا لُعَابُ ٱلدَّوَابِّ [g] وَأَنْكَرَ ٱلْأَصْمَعِيُّ [8] أَنْ يَكُونَ زِيَادَةً فِي ٱلْأَسْنَانِ . [AZD] [h] ٱلتَّيِّمَةُ ٱلشَّاةُ [9] تَكُونُ لِلْمَرْأَةِ تَحْتَلِبُهَا قَالَ ٱلْحُطَيْئَةُ [9]

فَمَا تَتَّامُ جَارَةُ آلِ لَأْيٍ   وَلَكِنْ يَضْمَنُونَ لَهَا قِرَاهَا [10]

وَٱلْإِتْيَامُ [9] أَنْ تُذْبَحَ ٱلتَّيِّمَةُ يَقُولُ فَهُمْ يُغْنُونَهَا عَنْ ذَبْحِهَا [ʿAD] [11] [i] وَيُقَالُ [11] ٱلْعَوَالِكُ [12] عِرْقٌ [12] فِي ٱلْخَيْلِ وَٱلْحَمِيرِ [11] وَٱلْغَنَمِ يَكُونُ [11] فِي ٱلْبَظَارَةِ غَامِضًا دَاخِلًا فِيهَا وَٱلْبَظَارَةُ مَا بَيْنَ ٱلْإِسْكَتَيْنِ [13] وَهُمَا جَانِبَا ٱلْحَيَا [13] [*qal*] وَهُمَا قُذَّتَاهُ [14] . ٱلْوَاحِدُ عَوْلَكٌ [15] . [FR] [j] ٱلْهَرْطَةُ ٱلنَّعْجَةُ ٱلْكَبِيرَةُ وَجَمْعُهَا هِرَطٌ .

a). Cf. *KM*. VIII, 5_4, (AʿOB); — b). cf. *ibid.*, 6^1, (ISK); — c). cf. *KM*, VII, 192^2, (AʿOB); — d). cf. *KM*, VII, 190_3, et VIII, 18_2, (AʿOB); — e). = *KM*, VII, 192^9, (AʿOB); — f). cf. *KM*, VIII, 12_3, (AʿOB); — g). cf. *infra*, n. 8; — h). cf. *KM*, VIII, 16^{11}, (AʿOB); — i). cf. *KM*, VII 192^3, (AʿOB); — j). cf. *KM*, VIII, 4_7, (AʿOB).

(1) *Ǧ̆M*, للسيه الخلق ... والحزوق ... والتموم ... يقال منه تممت وانا اتم تما ... معبرة — *M**, .
(2) *M*, av. *kasr* du *tā'*. Ailleurs, (*KM*; *LʿA*, XIV, 347^{12}, (AM); etc.), av. le *ḍamm*.
(3) *Ǧ̆M*, ولا يكون الجزّ . . العدبّس الكنانى قال حفظى انه ابو الحسن الاعرابى العولك .
(4) *M*, ici et *infra*, l. 9, العوالك. Partout ailleurs, العولك .
(5) Cf. *Šā'*. 116; *KM*. XVI, 127^{10}. (Mnq. d. *Qalb*; *KM*. XIII. 286).
(6) *M*, القَرَمَ. Cf. *infra*, p. 399 de *M*. — *Ǧ̆M*, s. الناتئة, qui est d. *KM*.
(7) Mnq. d. *Šā'*. Cf. *LʿA*, XIII, 319^6, (AṢ); etc. — *Ǧ̆M*, الاصمعى الروال· والروال والرول ... لعاب. Je ne mets pas de *hamza*, (mnq. d. *M** et *m*), malgré *KM* (et *Farq*, 242 = 10^{12}), parce que nous avons ici une *riwāyat* de AʿOB : cf. Lane, 997 a, 1192 c; etc.
(8) *Ǧ̆M*, وانكر ان. Cette rem. mnq. d. *KM*; mais cf. *LʿA*, XIII, 319^7; *Ṣaḥ*., II, 193^6.— *Ḫalq*, 194^4, donne la déf. rejetée par AṢ !
(9) *Ǧ̆M*, شاة : وقال الحطيئة, (cf. *supra*, p. 52^6); والايتام, (*M* : والإتّيام).
(10) Cf. *KM*, VIII, 16^{12}; *Dīw*. *ḤṬ*, IX, 10, (*ZDMG*, 1892, p. 218); *LʿA*, XIV, 342_1; etc.
(11) *Ǧ̆M*, تكون ... الحمر ... العدبّس الكنانى العولك. Corr. ابو العدبس d. *TʿA*, VII, 164_{15}.
(12) Il y a عولك d. *Ǧ̆M*; *KM*; *Ṣaḥ*., II, 141_{13}, (ʿAD); etc. Je garde la lect. de *M*, (العوالك عرق), à cause de *supra*, l. 8, et *infra*, l. 11.
(13) Voc. de *KM*, VII, 192^3; II, 38^{13}; *Ṣaḥ*., II, 128_{12}.— *Ǧ̆M*, الحياء, qui se rencontre d. *M*.
(14) *Ǧ̆M*, قذتاه ايضا ; puis ajoute : والقذتا .

يا صاح ما اصبر ظهر غنّام   خشية ان تظهر فيه اورام   من عولكين غلبا بالابلام

وذلك ان امرأتين كانتا ركبتا هذا البعير الذى اسمه غنّام . Lire : خشيت , et من عولكين. — Cf. *LʿA*, XV, 342_1; *ibid*., XII, 358_9; *Ṣaḥ*., II, 141_{11}, 319_3; *TʿA*, VII, 164_{13}; *ibid*., IX, 8^3; *KM*, II, 39_{10}.
(15) Ces deux mots mnq. d. *Ǧ̆M*; *KM*. Cf. *supra*, n. 12.

[A'OBA] [a] الوَذَحُ مَا تَعَلَّقَ ، بِالأَصْوَافِ مِنْ أَبْعَارِهَا فَتَجِفَّ ، عَلَيْهِ ، [qāl] [b] وَالْمَذَحُ أَنْ تَمْذَحَ خُصْيَتَاهُ ، وَهُوَ أَنْ تُصِيبَهُ مَشَقَّةٌ وَهُوَ أَنْ يَحْتَكَّ الشَّيْءُ بِالشَّيْءِ فَيَتَشَقَّقَ .

وَمِنْ خَصْيِهَا ، [AZD] [c] خَصَيْتُ التَّيْسَ خَصْياً ، وَهُوَ أَنْ تَسُلَّ خُصْيَتَيْهِ ، وَمِثْلُهُ ، مَلَسْتُ خُصْيَتَيْهِ ، أَمْلُسُهُمَا فَإِنْ شَقَقْتَ الصَّفَنَ ، وَهُوَ الجِلْدَةُ فَأَخْرَجْتَهُمَا بِعُرُوقِهِمَا فَذَلِكَ الْمَتْنُ يُقَالُ مَتَنْتُهُمَا أَمْتُنُهُمَا ، فَإِنْ وَجَأْتَ الْعُرُوقَ حَتَّى تَرُضَّهُمَا ، مِنْ غَيْرِ إِخْرَاجِ الْخُصْيَتَيْنِ ، فَذَلِكَ الوِجَاءُ يُقَالُ ، وَجَأْتُهُ أَجَأُهُ ، وِجَاءً ، فَإِنْ شَدَدْتَ خُصْيَتَيْهِ ، (٣٩٤) حَتَّى تَسْقُطَا ، مِنْ غَيْرِ أَنْ تَنْزِعَهُمَا فَذَلِكَ الْعَصْبُ يُقَالُ عَصَبْتُهُ أَعْصِبُهُ فَهُوَ مَعْصُوبٌ . [A'AM] [d] مَعَلْتُ الْحِمَارَ وَغَيْرَهُ مَعْلاً فَهُوَ مَمْعُولٌ إِذَا اسْتَلَلْتَ خُصْيَتَاهُ .

وَمِنْ عَلَامَاتِهَا وَجَسِّهَا ، [AZD] [e] ذَرَّيْتُ الشَّاةَ تَذْرِيَةً وَهُوَ أَنْ تَجُزَّ صُوفَهَا وَتَدَعَ فَوْقَ ظَهْرِهَا مِنْهُ ، شَيْئًا [10] تُعْرَفُ ، بِهِ وَذَلِكَ فِي الضَّأْنِ خَاصَّةً وَفِي الْإِبِلِ . [AḤ] عَذَقْتُ الْعَنْزَ عَذْقاً إِذَا جَعَلْتَ لَهَا عَلَامَةً بِسَوَادٍ أَوْ غَيْرِهِ وَهِيَ الْعَذَقَةُ [11] . [f] الْأَحْمَرُ [12] غَبَطْتُ الشَّاةَ أَغْبِطُهَا إِذَا جَسَسْتَ مَوْضِعَ الْعَقْلِ ، مِنْهَا لِتَنْظُرَ ، أَسَمِينَةٌ [هِيَ] ، أَمْ لَا .

a). Cf. *KM*, VIII, 12_{11}, (A'OB) ; — b). cf. *ibid.*, 20^{2}, (A'OB) ; — c). cf. *ibid.*, 15^{7}, (A'OB) ; — d). cf. *ibid.*, 15_{7}, (A'OB) ; — e). cf. *ibid.*, 14_{3}, (A'OB) ; — f). cf. *ibid.*, 4_{4}, (A'OB).

---

(1) *ĞM*, يتعلق ... فيجف عليه ; *KM*, يتعلّق بأصواف [ا]لغنم من أبعارها فيجفّ عليها ; *L'A*, III, 472^{11}, (A'OBA) : يتعلق بالاصواف من أبعار الغنم فيجفّ عليه . On voit l'origine du texte plus ou moins incorrect de *M*. — *M*, خصيتا

(2) *ĞM* aj. : وهو قول الاعشى . فترى الاعداء حولى شزّرا خاضعى الاعناق امثال الوذح

Cf. *KM*, VIII, 12_{10}. Il y a شزّرا d. *L'A*, III, 472^{12} ; *T'A*, II, 245_{6}; *ŚN*, 395_{3}. Le vers mnq. d. *Dîw. A'Ś*.

(3) *ĞM*, باب خصاء البهائم وغيرها . Cf. *Ḥayaw.*, I, 59_{6}, (AZD). — Au lieu de خصي, (= *M**), on trouve d'ordinaire خصاء , = *ĞM* ; *KM* ; Kis., 44_{1}; etc. Cf. Lane, *s. v.*

(4) *ĞM*, خصييه et الخصيين : cf. Wright, I, 188^{3} ; Vern., I, n° 285; *Adab*, 437^{4}, (AZD!); *Faṣ.*, 42^{5}; etc. Il y a le *tâ'* d. *KM* ; *KN*, supra, p. 102^{6} ; *ĞM*, pour *KN*, p. 106^{3}, [5].

(5) *ĞM*, ومثله الملس يقال ملست ... ترضيها ... يقال منه ... تسقط .

(6) Voc. de *M* ; *Mouq.* ; *Ṣaḥ.* ; etc. Elle est préférable à la voc. de *KM*, الصُّفن , qui est attribuée à ŚM d. *T'A*, IX, 340^{15} : cf. *ibid.*, 260^{11}.

(7) Voc. de *M*, (av. *ṯâ'* ?). *KM*, أمْتِنها وأمْتُنها . Cf. *T'A*, IX, 340^{14}, (AZD) ; *Verbi*, 311^{11}.

(8) *M*, أجاره ; *ĞM* et *KM*, اجوءه . — *ĞM*, وجا ; *M*, plutôt وجاء , = *KM* ; *Verbi*, 319^{7}; etc. Cette dernière forme est parfois appelée *ism* : *L'A*, I, 186^{3} ; *Maqṣ.*, 21_{3}.

(9) *ĞM*, ظهرها شيئا يعرف ... العقل اسمينة هى ام لا : et : — علامات الغنم التى يعرف بها وجسّها .

(10) *M**, *m* : تتينا . J'adopte la lect. de *ĞM* ; *KM* ; *L'A*, XVIII, 311^{11}.

(11) *M*, التذقة , ou المذقة ; *KM*, *L'A*, etc. : العذقة et العذقة .

(12) *Sic* d. *M* (!). Dans *ĞM*, ce nom mnq. ici, (= رقد) ; mais se trouve *supra*, l. 10.

وَمِنْ حَلَبِهَا [1] [AM] a أَصْفَقْتُ الْغَنَمَ إِصْفَاقًا إِذَا لَمْ تَحْلُبْهَا فِي الْيَوْمِ ، إِلَّا مَرَّةً [2] . [KS] الهَيْشُ [3] الحَلَبُ الرُّوَيْدُ . [qal] b وَإِذَا خَرَجَ مِنْ ضَرْعِ الْعَنْزِ ، شَيْءٌ مِنَ اللَّبَنِ قَبْلَ أَنْ يَنْزُوَ عَلَيْهَا التَّيْسُ قِيلَ عَنْزٌ تَحْلَبَةٌ ، وَتِحِلَّبَةٌ [4] .

وَمَوَاضِعُهَا [5] [KS] c الزَّرِيبَةُ ، حَظِيرَةٌ مِنْ خَشَبٍ تُعْمَلُ لِلْغَنَمِ يُقَالُ مِنْهُ زَرَبْتُهَا ، أَزْرُبُهَا زَرْبًا . [AZD] [6] d وَالثُّوِيَّةُ ، مَأْوَى الْغَنَمِ وَمِثْلُهَا ، الثَّايَةُ ، غَيْرُ مَهْمُوزٍ [qal] وَالثَّايَةُ ، أَيْضًا حِجَارَةٌ تُرْفَعُ فَتَكُونُ عَلَمًا بِاللَّيْلِ لِلرَّاعِي إِذَا رَجَعَ إِلَيْهِ . [AʿAM] e الزَّرْبُ الْمَدْخَلُ (٣٩٥) وَمِنْهُ زَرْبُ الْغَنَمِ . f غَيْرُهُ الصِّيرَةُ حَظِيرَةُ الْغَنَمِ وَجَمْعُهَا صِيَرٌ [7] . g الحَبَلَّقُ صِغَارُ الْغَنَمِ .

وَمِنَ الظِّبَاءِ [8] [AṢ, AZY*] [9] h الأُدْمُ [10] وَهِيَ بِيضٌ يَعْلُوهُنَّ [10] جُدَدٌ فِيهِنَّ غُبْرَةٌ [AZD, AZY*] [11] i وَمِنْهَا الأَرْآمُ [11] وَهِيَ الْبِيضُ الْخَالِصَةُ الْبَيَاضِ [AṢ, AZD, AZY]* [12] تَسْكُنُ الرَّمْلَ h وَالأُدْمُ تَسْكُنُ الْجِبَالَ وَهِيَ عَلَى لَوْنِ [12] الْجِبَالِ . j وَمِنْهَا الْعُفْرُ وَهِيَ الَّتِي تَسْكُنُ الْقِفَافَ [13] وَصَلَابَةَ الأَرْضِ وَهِيَ حُمْرٌ [14] . [AṢ] [15] k الأَعْصَمُ مِنْهَا [15] وَمِنَ الْوُعُولِ

a). Cf. *KM*, VII, 184^{13}, (AʿOB) ; — b). cf. *ibid.*, 182^{5}, (AʿOB) ; — c). cf. *KM*, VIII, 10_{3}, (AʿOB) ; — d). cf. *ibid.*, 11_{10}, (AʿOB) ; — e). = *ibid.*, 10_{1}, (AʿOB) ; — f). cf. *ibid.*, 11^{3}, (AʿOB) ; — g). cf. *ibid.*, 18^{3}, (AʿOB) ; — h). cf. *ibid.*, 25^{7}, (AʿOB) ; — i). cf. *ibid.*, 25^{10}, (AʿOB) ; — j). = *ibid.*, 25^{11}, (AʿOB) ; — k). cf. *ibid.*, 26^{1}, 30^{7}, ^{8}, (AʿOB).

---

(1) *Ǧ̈M*, باب حلب الغنم ; — et ... من ضرع الغنم . — Cf. *supra*, p. 31, n. 17.

(2) *ĞM*, لم تحلبها الا مرّة ; puis aj. : اودى بنو غنم بالبان الصهر بالمصفقات ورضوعات البهم Lire بنو غنم , = *KM*, VII, 184_{11}; *LʿA*, XII, 73_{8}; *TʿA*, VI, 411^{11}.

(3) *ĞM*, الهيس . Lire والهَيْش d. *KM*. Cf. *LʿA*, VIII, 256^{11}, (AʿOB), 260_{3}.

(4) *M*, تُحلبه وتحلبة ; *ĞM*, تُحلُبة وتحلبة ; *KM*, تُحلُبة وتِحلَبة . Le *TʿA*, I, 221^{7}, compte neuf voc. Celle de KS était تِحلَبة ou تُحلُبة d'après Lane, *s. v.* Cf. Sîb., II, 356^{13-15}.

(5) *ĞM*, باب مواضع الغنم حيث تكون . الكسائى الذريبة ... ذربته والثاية اذربها ذربا . Cf. *Dîal.*, II, 28.

(6) *ĞM*, ابو زيد الثوية ... والثاية غير مهموز مثلها قال ايضا حجارة ... غنم صغار . Cf. *Nawâd.*, $195_{6,5}$.

(7) *ĞM* aj. : وقال الاخطل. فاذكر عدانة عدانا مزنّمة من الحبلّق تبنى حوله الصير Lire عدانة , حولها . — Cf. *KM*, VIII, 11^{4}, 18^{3}, et *Dîw. AḪ*, 111^{3} : av. واذكر .

(8) *ĞM*, كتاب الوحش نعوت الظباء . Cf. *Ṣoubḥ*, I, 311_{2}; *Fiq.* c, 72, (ʿan AṢ, N); *Adab*, 190^{9}.

(9) *ĞM*, سمعت الاصمعى يقول من الظباء الادم . Cf. n. 12, 14. — Cf. *Wuḥûš*, 192, 230; 212, 227.

(10) Cf. *supra*, p. 88^{5}; et *Fiq.* c, 327_{2}. — *KM*, تَعلوهُنّ . *M** = *ĞM* ; *TʿA*, VIII, 182^{3}.

(11) *ĞM*, الآرام ; mais *M* = *KM*. Cf. *Fiq.* c, 72, n. 4. — Cf. Tab. *Gloss.*, s. v ; *Dîw. ṬR*, 115_{2}.

(12) *ĞM*, ابو زيد فى الآرام مثله قال وهى تسكن ; — et على الوان , (= *KM* ; *LʿA*, XIV, 277^{13}). Cf. Jacob, 119.

(13) *ĞM*, القنار . Mais *M* = *KM* ; *LʿA*, VI, 261^{5}, (AZD) ; etc.

(14) *ĞM* aj. : ابو زياد الكلابى فى الالوان الثلاثة مثل ذلك او نحوه .

(15) Cf. *Wuḥûš*, 236, 240 ; *Ṣaḥ.*, II, 314^{1}, (AṢ). — *ĞM*, ... من الظباء والوعول .

الَّذِي فِي ذِرَاعَيْهِ بَيَاضٌ وَٱلصَّدَعُ الوَسَطُ [1] فِي خَلْقِهِ [1] . [A'AM] [a] العَوْهَجُ ، الطَّوِيلَةُ ٱلْعُنُقِ [ʿan A'OBA] [b] الجَابَةُ ٱلْمِدْرَى ، حِينَ طَلَعَ قَرْنُهُ ، وَيُقَالُ ٱلْمَلْسَاءُ ٱللَّيِّنَةُ ٱلْقَرْنِ [c] وَٱلْجَأْبُ مَهْمُوزٌ هُوَ ٱلْحِمَارُ ٱلْغَلِيظُ .

[AṢ] [2] [d] وَأَوَّلُ مَا يُولَدُ [3] ٱلظَّبْيُ فَهُوَ طَلًا [3] ثُمَّ خِشْفٌ [3] [e] فَإِذَا طَلَعَ قَرْنَاهُ فَهُوَ شَادِنٌ فَإِذَا قَوِيَ وَتَحَرَّكَ ، فَهُوَ شَصَرٌ وَٱلْأُنْثَى شَصَرَةٌ [f] ثُمَّ جَذَعٌ ثُمَّ ثَنِيٌّ وَلَا ، يَزَالُ ثَنِيًّا حَتَّى يَمُوتَ [4] . [N] [g] وَٱلرَّشَأُ الَّذِي قَدْ تَحَرَّكَ وَمَشَى ، [f] وَٱلْجِدَايَةُ ، وَلَدُهَا ٱلْأُنْثَى وَٱلذَّكَرُ فِيهِ سَوَاءٌ [4] .

وَيُقَالُ فِي عَدْوِهَا [5] [h] نَقَزَ [6] ٱلظَّبْيُ يَنْقِزُ [6] وَأَبَزَ يَأْبِزُ وَأَفَزَ [6] يَأْفِزُ [6] وَوَكَرَ يَكِرُ كُلُّهُ [7] إِذَا نَزَا [7] (٣٩٦) [i] وَيُقَالُ مَرَّ ٱلظَّبْيُ يَمْزَعُ [7] وَيَمْزَعُ [7] كُلُّ هَذَا إِذَا عَدَا عَدْوًا شَدِيدًا [j] فَإِذَا خَفَّ عَلَى ٱلْأَرْضِ وَٱشْتَدَّ عَدْوُهُ قِيلَ مَرَّ يَهْفُو وَيَذْرُو وَيَطْفُو [k] فَإِذَا تَخَلَّفَ عَنِ ٱلْقَطِيعِ قُلْتَ [8] خَذَلَ [8] وَخَذَرَ [9] . [AZD] [10] وَٱلنَّقْزُ [10] [l] أَنْ يَجْمَعَ قَوَائِمَهُ ثُمَّ يَثِبَ [10] [m] فَإِنْ وَثَبَ مِنْ شَيْءٍ [10] عَالٍ إِلَى أَسْفَلَ فَهُوَ الطُّمُورُ وَقَدْ طَمَرَ يَطْمِرُ [10] وَكَذَلِكَ ٱلْإِنْسَانُ فِي ٱلْوُثُوبِ مِنْ فَوْقُ إِلَى أَسْفَلُ . [N] [n] نَزَّ [10] ٱلظَّبْيُ يَنِزُّ نَزِيزًا إِذَا عَدَا .

وَمِنْ نُعُوتِ ٱلْبَقَرِ وَأَسْنَانِهَا [11] [AFQ] [o] فَوَلَدُهَا [11] أَوَّلَ سَنَةٍ تَبِيعٌ ثُمَّ جَذَعٌ ثُمَّ ثَنِيٌّ

a). Cf. *KM*, VIII, 24_{3}, (A'OB); — b). cf. *ibid.*, 26_{12}, $_{9}$, (A'OB); — c). cf. *ibid.*, 46_{11}, (A'OB); — d). cf. *ibid.*, 21^{7}, (A'OB); — e). = *ibid.*, 21_{9}, $_{1}$, (A'OB); — f). cf. *ibid.*, 22_{10}, $_{8}$, (A'OB); — g). cf. *infra*, n. 4; — h). cf. *KM*, VIII, 27_{2}, $_{8}$, (A'OB); — i). cf. *ibid.*, 28^{5} et ^{10}, (A'OB); — j). cf. *ibid.*, 28^{12}, (A'OB); — k). cf. *ibid.*, 28_{6}, $_{1}$, (A'OB); — l). = *ibid.*, 27_{2}, (A'OB); — m). cf. *KM*, VIII, 28^{1}, (A'OB), et III, 104^{4}, (AZD); — n). cf. *KM*, VIII, 27_{3}, (A'OB); — o). cf. *ibid.*, 33^{6}, ^{8}, (A'OB).

---

(1) *M*, الوَسْط . — *ĞM*, حلقه ... الموهج الظبية الطويلة ... الجابة المدرى غير مهموز ... قرنه من الظباء ... .

(2) *ĞM*, باب اسنان الظباء ; puis : الاصمعي اول ما ... . Cf. *Farq*, 249 = 17^{2}; *Wuḥûš*, 152 et 228, 219—227, 214; 223; *Adab*, 165^{7}; etc. — Le *tartîb* de AZD est différent : cf. *KM*, VIII, 22_{8}.

(3) Cf. *infra*, p. 109, n. 8. *ĞM*, طلى وقال غير واحد من الاعراب هو طلى ثم خشف ثم اذا طلع ; *M*, خِشْف .

(4) *ĞM*, تحرك ومشى ... فلا يزال ... حتى يموت لا يزيد عليه غيره والرشأ الذى قد تحرك ومشى والشادن الذى قد قوى وطلع قرناه والجداية الذكر والانثى وهى اولادها . La déf. de الرشأ mnq. d. *KM*, (?); mais est d. *Ṣaḥ.*, etc. La voc. *ğadâyat* est de *m*. Cf. *Adab*, 315^{8}. — Cf. *L'A*, VI, 78_{12}, (A'OB).

(5) *ĞM*, باب عدو الظباء — ; puis : نفر الظبى ينفر . Cf. *Fiq.* c, 186^{4}, = *Sirr.*

(6) *ĞM*, وأفز يأفز ,= *Ṣaḥ.*; *Tahḏ.*, 302^{8}; etc. *M* = *KM*; *Verbi*, 185^{1}. Cf. *T'A*, IV, 5^{8}.

(7) *ĞM*, كل هذا . Cf. *KM*, XV, 199^{10}. — *ĞM*, يمزع ويفزع ويهزع ويمحص . (*KM*, وَيَكْزَعُ وَيَمْحَصُ).

(8) *ĞM*, قيل خذل ; mais cf. *KM*; *L'A*, XIII, 215^{3}, (A'OB ʿan AṢ!).

(9) *M** et *m*, av. un *ḏâl*. Ailleurs, (*ĞM*; *KM*; *L'A*, XIII, 215^{3}; etc.): خذر .

(10) *ĞM*, ابو زيد النقز ... طمر وكذلك ... قد نزّ . *M*, يثبُ . — Cf. *Fiq.* c, 186^{7}, (et *KM*).

(11) *ĞM*, نعوت البقر واسنانها واولادها ; puis : ابو فقعس الاسدى قال ولد البقرة اول ... . — Cf. *Fiq.* c, 87, 88; *Adab*, 165^{5}; et la rem. de M. Grünert, *ibid.*, n. *g*.

ثُمَّ رَبَاعٌ [1] ثُمَّ سَدَسٌ [2] ثُمَّ صَالِغٌ وَهُوَ أَقْصَى أَسْنَانِهِ [3] وَصَالِغُ سَنَةٍ وَصَالِغُ سَنَتَيْنِ [3] إِلَى مَا زَادَ [KS, AĠR] [a] وَوَلَدُهَا [3] عِجْلٌ وَٱلْأُنْثَى عِجْلَةٌ [b] وَعِجَّوْلٌ [4] [AṢ] [5] [c] وَهُوَ [3] الحَسِيلُ أَيْضًا [3] وَٱلْأُنْثَى حَسِيلَةٌ [6] [d] وَٱلْبُرْغُزُ [7] [e] وَٱلطَّلَى [8] مِنْهَا [3] وَمِنَ ٱلظِّبَاءِ . [N] [3] [f] وَٱلْيُعْفُورُ [9] لِلْبَقَرِ [3] وَٱلْجُؤْذُرُ [10] وَٱلْبَحْزَجُ [11] وَٱلذَّرَعُ وَأُمُّهُ مُذْرِعٌ . [g] وَنِعَاجُ [12] ٱلرَّمْلِ هِيَ ٱلْبَقَرُ [12] وَاحِدَتُهَا نَعْجَةٌ وَلَا يُقَالُ لِغَيْرِ ٱلْبَقَرِ مِنَ ٱلْوَحْشِ نِعَاجٌ . [h] وَٱلْعِينُ ٱلْبَقَرُ [12] وَاحِدَتُهَا عَيْنَاءُ [12] [i] وَٱلشَّاةُ ٱلثَّوْرُ [13] [j] وَٱلْفَرِيرُ وَلَدُهَا [14] (٣٩٧) وَجَمْعُهُ فُرَارٌ [14] وَهُوَ ٱلْفَرْقَدُ وَٱلْفُزُّ [14] وَجَمْعُهُ أَفْزَازٌ [15] .

a). Cf. *KM*, VIII, 33_{5}, (A'OB); — b). cf. *ibid.*, 33_{4}, (ISK); — c). cf. *ibid.*, 33_{3}, (A'OB); — d). cf. *ibid.*, 34^{5}, (A'OB); — e). cf. *ibid.*, 33^{3}, (ISK); — f). cf. *ibid.*, $34^{6, 12, 4, 3}$, (A'OB); — g). cf. *ibid.*, 37^{5}, (A'OB); — h). cf. *ibid.*, 38_{3}, (Ṣ'A); — i). cf. *ibid.*, 39^{9}, (A'OB); — j). cf. *ibid.*, 34_{3}, $35^{2, 3}$, (A'OB).

---

(1) Cf. *supra*, p. 25^{3}, 99^{6}, etc.; *Nihây.*, II, 61_{11}, où رباعية = fém. de رباع.

(2) Il y a سديس d. *ǦM*; *Fiq.* C, 88^{7}, (AFQ), = *Fiq.* D, H, M, *Sirr*; et d. *Mouq.*; *T'A*, V, 286_{5}, (AFQ); etc. Mais *M* = *KM*; *L'A*, IX, 377_{8} et 465_{1}, (AFQ); *T'A*, V, 344_{5}, (AFQ); etc. — Cf. *supra*, p. 99^{9}, etc.

(3) *ǦM*, اسنانه فيقال صالغ ... سنتين وكذلك ما زاد الكسائى وابو الجراح ولد البقرة ... عجلة الاصمعى وهو ايضا حسيل والانثى ... وهو البرغز والطلى من اولادها واولاد الظباء غيره اليعفور ولد البقرة والجوذر والنحرج ... .

(4) Ce mot mnq. d. *ǦM*; (cf. *KM*). Cf. *Wuḥûš*, 135, (corr. العجلة); *Adab*, 167^{10}.

(5) Cf. *Wuḥûš*, 136, 122, 152. — Plusieurs autres mots de ce *Bâb* sont d. *Wuḥûš*.

(6) Dam., I, 264, aj.: والصواب الحسيل اولاد البقر واحده حسيلة. Il y a d. *Wuḥûš*, 136, (cf. *Kif.*, 36^{4}): ويقال لها الحَسِيلةُ والجميع الحَسِيلُ. Mais cf. *KM*, (A'OB; IDR).

(7) Voc. de *M*. (*KM* = *M*. supra, p. 95^{7}). Cf. *KM*, XVI, 112^{7}. — Corr. البُرْغُن d. Dam.

(8) *Sic* d. *M*, (الطَلَى). Plus haut, nous avons trouvé طَلًا, (AṢ). Les deux graphies sont fréquentes: cf. *KM*, VIII, 21^{7}, (A'OB). av. 33^{3}, (ISK), et XV, 127^{9}, (ابن جنى). Je pourrais multiplier les exemples de divergences pareilles d. un même ouvrage: cf. *supra*, p. 81, n. 3; p. 105, n. 6; etc. Pour beaucoup de mots, surtout les mots tant soit peu *ġarîba*, l'orthographe varie suivant les auteurs (ou les copistes). A cela rien d'étonnant, les règles données par les grammairiens, (*Adab*, 279^{7}; etc.), prenant d'abord pour base l'étymologie. Quel arabisant a jamais connu la soi-disant troisième radicale primitive de tous les mots *maqṣoûra*? De là des diversités d'opinions: cf. *KM*, XV, 122_{10}; Yâq., III, 466^{21}; Wall., 6^{15} - 7^{3}; etc. De là aussi beaucoup d'hésitations: cf. *KM*, XV, 165_{7}, 123_{6}. Dans ce dernier cas, on consulte l'analogie, (*KM*, XV, 168^{10}); mais surtout la prononciation: cf. *Adab*, 280^{6} seq.; Wall., 6^{14}; etc. On voit dès lors l'intérêt que peuvent avoir, prises en masse, telles façons d'écrire. En tout cas, on ne saurait être assez réservé d. la *correction* des fautes *d'orthographe* des textes *anciens*.

(9) *M**, *m*: اليُعفورُ; *KM*, اليَعْفور. Cf. *KM*, VIII, 34^{6}; *ibid.*, XVI, 112^{8}.

(10) Voc. de *M*. Cf. *supra*, p. 95, n. 9.

(11) *Sic* d. *KM*, VIII, 34_{4}; etc. La lect. de *M* est incertaine. (*m*, والبَحزَج). Cf. *supra*, n. 3.

(12) *ǦM*, ... ونعاج الرمل هى البقرة واحدتها ولا يقال لغير ... والعين البقر ايضا والشاة ... . — Cf. *Ḥayaw.*, II, 67^{2}; *Primeurs*, 151^{11}; *Faṣ.*, 49^{18}; *T'A*, II, 107_{8}, (A'OB); etc.; — et *KN*, supra, p. $96^{1, 2}$.

(13) *ǦM* aj. من الوحش, et: قال الاعشى. فلما اضاء الصبح قام مبادرا وحان الطلاق الشاة من حيث خيّما. Cf. *KM*, VIII, 39^{10}, 43^{6}; *L'A*, XVII, 404^{10}; *T'A*, IX, 395_{9}; *ŠN*, 879^{9}; *Dîw.* A'Š, 10^{8}; *Ḥayaw.*, V, 149_{4}, (av. الشاء, يمما). Il y a وكان d. *L'A*, XV, 84^{18}; *Ṣaḥ.*, II, 283^{10}; *T'A*, VIII, 285_{9}; *Adab*, 191^{6}, 315^{7}. Mais cf. *Iqt.*, 350^{8}.

(14) *ǦM*, ... والفرير ولد البقرة ... والفزّ ولد البقرة ... . Cf. *supra*, p. 95^{7}. — Lire الفُرار d. *Farq*, 248 = 16^{14}: cf. *Adab*, 574^{1}; *Zaǧǧ.*, 82_{3}; *Durrat*, 98^{3}.

(15) *ǦM* aj.: قال زهير. كما استغاث بشئ فزّ غيطلة. Lire: بسى. — Cf. *supra*, p. 34, n. 5.

وَيُقَالُ لِجَمَاعَةِ ٱلْبَقَرِ وَٱلظِّبَاءِ [1] [A'AM] [a] الرَّبْرَبُ ، وَٱلإِجْلُ [2] [AZD] [b] وَٱلأَمْعُوزُ الثَّلٰثُونَ [3] إِلَى مَا زَادَتْ . [A'AM] [c] وَٱلصِّوَارُ [4] جَمَاعَةُ ٱلْبَقَرِ وَجَمْعُهُ صِيرَانٌ [d] وَٱلْفَنَاةُ [5] البَقَرَةُ وَجَمْعُهَا فَنَوَاتٌ [5] [N] [e] وَبِلُغَةِ [6] هُذَيْلٍ هِيَ ٱلْخَزُومَةُ [6] . وَٱلْمَهَاةُ ٱلْبَقَرَةُ . [AṢ] [7] [f] وَيُقَالُ لِلذَّكَرِ مِنْ حُمُرِ ٱلْوَحْشِ [7] ٱلْفَرَأُ [7] عَلَى مِثَالِ ٱلْخَطَإِ وَجَمْعُهُ فِرَاءٌ [8] [g] وَٱلْمِسْحَلُ [9] وَٱلْوَأْيُ [10] . [f] وَٱلْجَأْبُ [11] ٱلْغَلِيظُ [h] وَٱلأَخْطَبُ [9] فِيهِ خُضْرَةٌ . وَٱلأَحْقَبُ ٱلأَبْيَضُ مَوْضِعَ ٱلْحَقَبِ [i] وَٱلْكُنْدُرُ وَٱلْكُنَادِرُ [9] ٱلْعَظِيمُ . [j] وَٱلأَخْدَرِيُّ مَنْسُوبٌ إِلَى ٱلْعِرَاقِ [12] . [k] وَٱلطُّرْمَانِ [13] مِنَ ٱلْحِمَارِ وَغَيْرِهِ مَخَطُّ ٱلْجَبِينَيْنِ [13] . [N] [l] ٱلْفِلْوُ [9] ٱلْخَفِيفُ [9] وَٱلْمِسْحَجُ

a). Cf. *KM*, VIII, 41_{2}, (A'OB); — b). cf. *ibid.*, 29_{11}, (A'OB); — c). cf. *ibid.*, 42^{2}, (A'OB); — d). = *ibid.*, 37^{5}, (A'OB); — e). cf. *ibid.*, 36^{11}, $_{9}$, (A'OB); — f). cf. *ibid.*, 46^{9}, $_{11}$, (A'OB); — g). cf. *ibid.*, 47_{10}, (A'OB); — h). cf. *ibid.*, 48_{9}, $_{8}$, (A'OB); — i). = *ibid.*, 46_{7}, (A'OB); — j). = *ibid.*, 47^{4}, (A'AL); — k). cf. *infra*, n. 13; — l). cf. *KM*, VIII, 47_{12}, $_{8}$, $_{1}$, (A'OB).

---

(1) *ǦM*, باب جماعة البقر والظباء ; — puis : ابو عمرو الربرب جماعة البقر وذلك الاجل . Cf. *Mouzh.*, II, 106^{4}, (A'OB?).

(2) Il faut probablement corriger la voc. *aǧl*, (= Freyt. ; etc.), d. *Farq*, 250^{4}, et 277 *s. v.*; *Wuḥûš*, 171 ; Quṭr., 611. — Cf. *Adab*, 192^{5} ; *Ḥayaw.*, IV, 112_{7}.

(3) *ǦM* et *KM*, الامعوز الثلاثون من الظباء الى . Cf. *Nawâd.*, 78^{4}.

(4) Voc. de *M*. Il y a الصوار والصوار بالضم والكسر d. *ǦM*; (*KM*). Cf. *Farq*, 250 = 18^{11}.

(5) *ǦM*, والقرهب من الثيران المسن والشبوب الشاب غيره اللأى مثل اللعا الثور ; puis aj. : الفناة ... فنوات ... والخزومة . Le mot القرهب se trouve *supra*, p. 95^{6}. Mais on ne peut en conclure que l'omission est volontaire : cf. *supra*, p. 109^{3-4}, av. 95^{7}. — Cf. *KM*, VIII, 39^{13}, (A'OB); *L'A*, I, 463_{7}, (A'AM); *KM*, VIII, 38_{2}, (A'OB).

(6) *ǦM*, والخزومة البقرة فى لغة هذيل . Cf. *Huḏ.*, p. 89^{14}, n° 125, 3^{2}; *Wuḥûš*, 164, et p. 400.

(7) *ǦM*, باب حمر الوحش الذكور منها ; puis : الاصمعي يقال لحمار الوحش الفرآء على مثال الخطأ ... — Cf. *Wuḥûš*, ..., 3, ..., 10, ..., 56, 14, 4, ...; *Kit.*, 37 ; Dam., I, 286_{12}, (av. فرّاء : cf. *infra*, n. 8).

(8) *ǦM* aj. : وانفدنا لمالك بن زعة . بضرب كآذان الفرآء فضوله وطعن كايزاغ المخاض سورها
Lire زغبة , كايزاغ , تبورها . — Cf. *Ṣaḥ.*, I, 289_{2}, (corr. فضوله); *ibid.*, II, 8_{4}; *T'A*, III, 61_{10}; *ibid.*, VI, 35_{20}. D'après *KM*, XV, 144^{2} seq., il existait deux *riwâya*: *firâ'*, (plur.), et *fara'*, (sing.). La première, (AṢ), est la meilleure, (cf. *ibid.*), et la plus fréquente: cf. *KM*, VIII, 46^{11}; *Ṣaḥ.*, I, 18^{7}; *L'A*, I, 116^{13}; *ibid.*, V, 154_{9}; *ibid.*, X, 343^{6}; *T'A*, I, 96_{19}, (av. وضرب , = *Mouzh.*, II, 183_{1}, où كايزاغ est à corr.?); *Ištiq.*, 129^{6}; *Kâmil*, I, 187_{2}; *Ibil* a, 69^{6}; Wall., 96, n. *c*; *Asâs*, II, 126^{10}. Cf. encore, sur le prem. hémist. : *L'A*, I, 116_{11}; *T'A*, I, 96_{18}; *Mouzh.*, II, 190_{6}; etc. — Sur *izâǧ*, cf. *supra*, p. 81, n. 9.

(9) *ǦM* continue ainsi, après le vers cité *supra*, n. 8 ; حمار اخطب فيه ... والكندر والكنادر جميعا ... غيره الفلو الخفيف والمسحل الذكر والوأى الحمار ; puis il aj. : قال ذو الرمة .
اذا انشقت الظلماء اضحت كانها وأيا منطو باقى الثميلة قارح
Lire وأى . Cf. *KM*, VIII, 47_{10}; *Ṣaḥ.*, II, 560^{6}; *L'A*, III, 394_{11}; *T'A*, X, 383^{20}; *Dîw. Ḏ. R.*, 118^{8}; Wall., 128, n. *f*, (d'après le *Mouṣan.* !). Il y a اذا انجابت d. *L'A*, XX, 255^{2}.

(10) *Sic* d. *M*. (Ailleurs, الوأى : cf. Wall., 128^{10}, 5^{12}, 6^{11}). Cf. *supra*, p. 109, n. 8.

(11) Cf. *supra*, p. 108^{2}; *Ḥayaw.*, VI, 98_{3}; *Nawâd.*, 236_{5}.

(12) *Sic* d. *ǦM*; *KM*; etc. Cf. Dam., I, 287^{6}; Qazw., 449_{13}; *KM*, VIII, 47^{4}, (AḤT).

(13) *M*, والطرّثان ; et الجبينين . Cf. *L'A*, VI, 171_{6}. Je ne trouve pas la déf. d. *KM*.

ٱلَّذِي [1] بِـهِ آثَارٌ مِنْ عِضَاضِ ٱلْحُمُرِ وَيُقَالُ كَرَفَ ٱلْحِمَارُ يَكْرِفُ وَيَكْرُفُ ، إِذَا شَمَّ [2] أَبْوَالَ ٱلْأُتُنِ ثُمَّ رَفَعَ رَأْسَهُ .

وَمِنْ إِنَاثِ ٱلْحُمُرِ ٱلْوَحْشِيَّةِ [3] [AṢ] [a] أَوَّلَ مَا تَحْمِلُ [4] فَهِيَ ، أَتَانٌ ، جَامِعٌ فَإِذَا ٱسْتَبَانَ حَمْلُهَا وَصَارَ [5] فِي ضَرْعِهَا لُمَعُ سَوَادٍ فَهِيَ مُلْمِعٌ . [b] وَٱلْعَانِطُ [6] وَٱلنَّجُودُ [6] ٱلَّتِي لَا تَحْمِلُ [7] . [ʿan AṢ] [8] [c] فَإِذَا مَكَثَتْ سَبْعَةَ أَيَّامٍ بَعْدَ حَمْلِهَا فَهِيَ فَرِيشٌ [8] [AṢ] [8] [d] وَٱلْحُمُرُ إِذَا ٱسْتَوَتْ مُتُونُهَا مِنَ ٱلشَّحْمِ قِيلَ [9] حُمُرٌ زَهَالِقُ [9] . [e] وَٱلسَّمْحَجُ ٱلطَّوِيلَةُ ٱلظَّهْرِ وَجَمْعُهَا [10] سَمَاحِيجُ [10]

a). Cf. *KM*, VIII, $43_{7, 8}$, (AʿOB) ; — b). cf. *ibid.*, $45^{5, 4}$, (AʿOB) ; — c). = *ibid.*, 48_4, (AʿOB) ; — d). cf. *ibid.*, 46_2, (ṢʿA ?) ; — e). = *ibid.*, 45^9, (AʿOB) .

---

(1) *ǦM*, والمتحنّج به اثار . — Cf. *Moʿall.*, II, 73 ; et le vers cité *supra*, p. 68, n. 4.

(2) *ǦM*, كرف الحمار يعرف اذا ; *M**, سِرٌ ; (la déf. mnq. d. *m*). — Cf. *Nawâd.*, 236_2.

(3) *ǦM*, ... باب اناث حمر الوحش واولادها . الاصمعي . Cf. *Wuḥûš*,...,...., 40,... ; *Chatl*, 37.

(4) *ǦM*, ... اول ما تحمل الاتان فهو اتان فاذا . La rem. de Noeldeke, (*WZKM*, II, 257^5), sur la présence de أَتَانَة d. *Wuḥûš*, 30, est fort juste. Cf. Kis., 39^3 ; Dam., I, 20_5 ; *Faṣ.*, 38^4 ; *Š. Durrat*, 111^5 ; *KM*, XVI, 105^2 ; Lane, *s. v.* Je doute même que جِمَارَة doive être attribué à AS : cf. *Ṣaḥ.*, I, 309^{15} ; *KM*, loc. cit. ; *Miṣb.*, I, 103_{10} ; *Ṣoubḥ*, I, 311_9 ; etc. — Le passage de Kis. cité, (39^3), me paraît incomplet ou corrompu .

(5) *ǦM*, ... فاذا استبان حملها وما فى ضرعها لمع ... . Cf. *Moush.*, I, 286_8.

(6) *ǦM*, والنجود التى لا تحمل والعايط مثلها ... قريس . Corr. الْعَائِط d. *KM*. Le *LʿA*, Lane, etc., ne mentionnent pas l'emploi de عائط pour l'ânesse ; mais cf. *Wuḥûš*, 40, (av. un *šâhid*).

(7) ŚM déclare cette déf. fautive, (*LʿA*, IV, 425_2), et préfère ما روى فى الاجناس عنه النَّجُودُ الطويلة من الحُمُر , [= d. le *Kitâb al-Aǧnâs* (?) : cf. Brock., I, 105^{13} ; *Fihrist*, 55^{20} ; etc.].

(8) Cf. *Wuḥûš*,...;..., 38,31.— *ǦM*, ... قال الاصمعى يقال للحمر اذا ... الشحم حمر ... .

(9) Le singulier serait زُهْلُوق d'après Freyt. ; *Mouḥîṭ al-Mouḥîṭ* ; *Aqrab al-Mawârid* ; etc : sans doute à cause de *Qâm.*, III, 280_{10}, où il faut bien lire زهالق , (cf. Freyt.), mais où il n'est pas dit expressément que زهالق est le plur. de زهلوق . Le sing. est زِهْلِق d'après *LʿA*, XII, 14_6, (IBR) ; *Istidr.*, 28^{22}, qui aj., après la déf., (AṢ) : واحدها زهلق ; (*KM*, VIII, 46_2) ; etc. Cette dernière opinion est conforme au *qiyâs* (!) — Barth, 483 ; Vern. ; Wright ; Houd. ; etc., ne signalent pas de forme plurielle *faʿâlil*, (av. *i* bref), correspondant à des singuliers *fiʿlâl*, *fouʿloûl*, etc. La théorie traditionnelle est que l'allongement de la voy. *i*, (ou l'addition d'un *tâ' marboûṭa*) est obligatoire : cf. *KM*, XVI, 104_{10} seq. S'il fait défaut, c'est que le *yâ'* est retranché للضرورة ou للتخفيف : cf. *LʿA*, VI, 243^4 ; *KM*, VII, 61_4 ; *Šarḥ Mufaṣ.*, 667^{18} ; Wright, I, 229^{14} . Il est difficile cependant d'admettre cette explication pour tous les cas : cf. *KN*, supra, p. 49^6, (دراوس) ; *ibid.*, 50^4, (جراجر) ; *LʿA*, VIII, 25_6, (عمارس) ; Wright, I, 229^{14}, (مقاصر , plur. de مقصورة ; اعاصر , pl. de إعصار) ; *TʿA*, III, 498_{11}, (مقاصر, pl. de مقصور) ; etc. L'usage ne semble pas avoir été partout et toujours conforme de tout point à la règle actuelle. Celle-ci est trop absolue. Remarquer, d'ailleurs, que, d'après *Š. A. Iḍâḥ*, 102 ᵛ, FR permettait اسقاط الياء فى غير الضرورة : . Malgré tout, il serait inexact de dire, av. M. Mayer Lambert, (*J. Asiat.*, 1893^1, p. 284_3) que « très souvent... les écrivains mettent un *i* bref au lieu d'un *i* long » .

(10) *ǦM*, وجمعه سماحيج . Mais *samâḥîǵ*, (= *M* et *KM*), est la lect. de AʿOB : cf. *LʿA*, III, 124_7 , etc., où on déclare *samâḥîǵ* plur. de *simḥâǵ* ou *soumḥoûǵ*, non de *samḥaǵ* .

(٣٩٨) [a] وَٱلنَّحُوصُ[1] ٱلَّتِي لَا لَبَنَ، لَهَا مِنَ ٱلْأُتُنِ خَاصَّةً . [AZD] [b] ٱلْحَقُوقُ[2] ٱلَّتِي يُصَوِّتُ حَيَاؤُهَا[2]، يُقَالُ خَقَّتْ[2] تَخِقُّ[2]، وَيَكُونُ[2] ذَلِكَ مِنَ[2] ٱلْهُزَالِ. [AṢ][3] [c] هُوَ[3] ٱلْجَحْشُ مِنْ حِينِ تَضَعُهُ أُمُّهُ إِلَى أَنْ يُفْصَلَ[3] مِنَ ٱلرَّضَاعِ فَإِذَا ٱسْتَكْمَلَ ٱلْحَوْلَ فَهُوَ تَوْلَبٌ[4]. [d] وَٱلْعِفْوُ[5] ٱلْجَحْشُ أَيْضًا وَٱلْأُنْثَى عِفْوَةٌ[5]. [N]، وَجَمْعُهُ أَعْفَاءٌ وَٱلْكَثِيرُ عِفَاءٌ . [AʿAM] [e] ٱلْهِنْبِرُ[7] ٱلْجَحْشُ[6]. [c] وَٱلتَّوْلَبُ [N] [e] وَٱلْأُنْثَى[6] جَحْشَةٌ . [f] ٱلْقَيَادِيدُ[6] ٱلطِّوَالُ مِنَ ٱلْأُتُنِ ٱلْوَاحِدَةُ[6] قَيْدُودٌ قَالَ ذُو ٱلرُّمَّةِ[8] .

رَاحَتْ يُقَحِّمُهَا[9] ذُو أَزْمَلٍ وَسَقَتْ (حملت)[9] … لَهُ ٱلْفَرَائِشُ[10] وَٱلْقُبُّ ٱلْقَيَادِيدُ[9]

[g] ٱلْفَرَائِشُ[10] جَمْعُ فَرِيشٍ[10] . [h] وَٱلْأَزْمَلُ ٱلَّذِي كَأَنَّهُ يَظْلَعُ[10] مِنْ نَشَاطِهِ [i] وَٱلْعِقَاقُ[11] ٱلْحَوَامِلُ مِنْهَا وَمِنْ كُلِّ حَافِرٍ ٱلْوَاحِدَةُ عَقُوقٌ[11] . [j] ٱلْأَخْطَبُ[12] وَٱلْخَطْبَاءُ[12] ٱلَّتِي لَهَا خَطٌّ أَسْوَدُ عَلَى مَتْنِهَا[12] [k] ٱلْبَيْدَانَةُ ٱسْمُهَا[13] .

a). Cf. *KM*, VIII, 45^{4} et ^{5}, (AʿOB) ; — b). cf. *ibid.*, 46^{2}, (AʿOB) ; — c). cf. *ibid.*, 44^{1}, ^{7}, (AʿOB) ; — d). cf. *ibid.*, 44^{11}, ^{13}, (AʿOB) ; — e). cf. *ibid.*, 44_{7}, ^{6}, (AʿOB) ; — f). cf. *ibid.*, 45^{13}, (AʿOB) ; — g). cf. *supra*, p. 111^{5} ; — h). = *KM*, VIII, 48^{3}, (AʿOB) ; — i). = *ibid.*, 43_{5}, (AʿOB) ; — j). cf. *ibid.*, 48_{9}, (AʿOB) ; — k). cf. *ibid.*, 46^{5}, (AʿOB) .

---

(1) *Wuḥûš*, 31 : والنَّحُوصُ الحائل . (Cf. *KM*; *BA*, V, 185^{6} ; etc). C'est peut-être la déf. du *Mouṣan*. qui est d. *LʿA*, VIII, 364_{12}, (= *TʿA*, IV, 438_{17}) : AZD ʿ*an* AṢ (!?).

(2) *ĞM*, الحقوق … حياؤها ويكون ذلك فى الهزال وقد حقّت تحق .

(3) *ĞM*, … الاصمعى الجحش من … . Cf. *Wuḥûš*, 70-71 ; *Farq*, 247 = 15^{5} . — *M**, ينفصل .

(4) *M*, قد تَوْلَبَ . Je corr. d'après *KM* ; *ĞM* ; Dam., I, 187 ; etc.

(5) Voc. de *M* et *KM* ; et de *Adab*, 167^{9}. — Cf. Wall., 90^{8}, (et 82^{10}).

(6) *ĞM*, وقال غيره وجمعه … الجحش ايضا ومنه قيل للاتان ام الهنبر غيره الانثى من الجحاش جحشة والقياديد … واحدتها … .

(7) *M* porte un trait, (*fatḥa* ?), au-dessus de نبر . Je lis *hinbir* d'après *KM*, VIII, 44_{7}, (AʿOB) ; *ibid.*, XIII, 188_{8}, (AʿOB) ; *LʿA*, VII, 128_{9}, comp. av. *Ṣaḥ*., I, 416^{4}. (AʿOB).

(8) Le vers est attribué à الشماخ d. *TʿA*, IV, 333^{16} ; *LʿA*, VIII, 218_{12}. Mais ailleurs on l'attribue à Ḏou 'r-Roumma. Il mnq. d. *Dîw. Ḏ. R.*; mais cf. *supra*, p. 57, n. 4: Un vers de même mètre et de même rime est d. *Ibil* b, 156^{21}, et d. certains *Dîwâns*, (cf. *Text.*, 47^{7}).

(9) *M*, (*ĞM*) : يقحمها ; *KM*, يَتَزَمُّها . Cf. *Ṣaḥ*., I, 255_{6} ; *TʿA*, II, 478^{11}, (av. القرانس) ; etc. — *M*, وسقت ; et, d. l'interligne inférieur, (cf. *infra*, n. 13) : حملت . Je lis donc وَسَقَتْ , (= *KM*, VIII, 45_{11} ; *ibid.*, VI, 135_{2}, (corr. وُسِقَتْ d. *Chail*, 31 : cf. *ibid.*, p. 30^{16}); *LʿA*, VIII, 218_{12}. (Il y a encore وُسِقَت d. *LʿA*, IV, 374^{8} ; *ibid.*, XIII, 329^{1}). — Une finale والسلب القياديد se trouve d. *Chail*, 31, (av. باتت , = *KM*, VI, 135_{2}); *LʿA*, VIII, 218_{12} ; *ibid.*, XIII, 329^{1} ; *TʿA*, IV, 333^{16} .

(10) *ĞM*, القرائش ، القرايش ، قريش ; et يظلع .

(11) *ĞM*, والعقاق et عقوق . Cf. *Adab*, 172^{4} ; *Aḍdâd*, 119_{8} . Corr. Schwarz., 86^{10} (!).

(12) *ĞM*, والواحدة عقوق والعانة جماعة الحمر والخطباء … على متنها والعقباء التى فى بطنها بياض والقيدود … الطويل والبيدانة … . Cf. *KM*, VIII, 50_{2}, 48_{7}, (AʿOB) ; *Nawâd*., 237_{6} ; Dam., I, 22^{3}, (FR) ; — et *KN*, supra, p. 112^{5}.

(13) *ĞM* aj. : يقال وقد وسقت اذا حملت . Cf. *KM*, VIII, 43_{4}, (AʿOB) ; — et *KN*, supra, l. 7 ! Le texte du *Mouṣan*. paraît dérangé : cf. la présence de القيدود *supra*, n. 6 .

وَمِنْ مَشْيِ ٱلدَّوَابِّ [1] [AZD] [a] دَرَمَتِ ٱلدَّابَّةُ تَدْرِمُ دَرْمًا إِذَا دَبَّتْ دَبِيبًا [AHS] [2] [b] وَٱهْتَشَمَتْ [3] دَبَّتْ وَٱهْتَمَشَتْ [4] . شَكَّ عَلِيُّ [5] بْنُ عَبْدِ ٱلْعَزِيزِ بِهٰذَا . [6]

[N ?]* [7] [c] وَيُقَالُ [8] إِيَّلٌ بِٱلْكَسْرِ وَبَعْضُهُمْ هُوَ ٱلْأُيَّلُ بِٱلضَّمِّ وَٱلْوَجْهُ بِٱلْكَسْرِ [7] [KS ou N] [9] [d] وَٱلْقِنْعَانُ [9] ٱلْعَظِيمُ مِنَ ٱلْوُعُولِ [e] وَٱلْعَتَبَانُ [10] ٱلتَّيْسُ مِنَ ٱلظِّبَاءِ . (٣٩٩)

[AṢ] [11] [d] ٱلْعَيْثَلُ ٱلذَّيَّالُ بِذَنَبِهِ . [11] [AḤ] [f] ٱلْأُرْوِيَّةُ [12] ٱلْأُنْثَى مِنَ ٱلْوُعُولِ وَثَلَاثُ أَرَاوِيٍّ إِلَى ٱلْعَشْرِ فَإِذَا كَثُرَتْ فَهِيَ ٱلْأَرْوَى [g] وَٱلْأَعْصَمُ مِنَ ٱلْوُعُولِ ٱلَّذِي [13] فِي يَدَيْهِ بَيَاضٌ وَٱلصَّدَعُ ٱلْمَرْبُوعُ ٱلْخَلْقِ .

a). Cf. *KM*, VIII, 94_2, (A'OB); — b). cf. *ibid.*, 123_7, (A'OB); — c). cf. *ibid.*, 32^3, (A'OB); — d). = *ibid.*, 31^5, (A'OB); — e). = *ibid.*, 23^9, (A'OB); — f). cf. *ibid.*, 29_3, (A'OB); — g). cf. *supra*, p. 107^{11}; et *KM*, VIII, 30^7, (A'OB).

---

(1) *ǦM*, ... ابو زيد . باب مشى الدابة . Entre ce chapitre et le باب اناث حمر الوحش واولادها ، (cf. *supra*, p. 111, n. 3), se trouve le باب النعام . Le *na'âm* est, de fait, classé parmi les *wouḥoûš* chez la plupart des anciens auteurs : cf. *Wuḥûš* ; Quṭr. : *KM*, VIII, 51 ; (*Ḥayaw.*, I, 15_4; Dam., II, 390_{11}); etc. Mais d. *KN* (!) il est placé parmi les *Ṭayr*, comme d. *Ṣoubḥ*, I, 325_{10} ; Qazw., 425 ; *Manâf.*, 59 ; etc.

(2) *ǦM*, ابو الحسن الاعرابى العدوى اهتشمت . Cela permet d'identifier ابو الحسن العدوى nommé *supra*, p. 37^4, av. ابو الحسن الاعرابى nommé *supra*, p. 103^3.

(3) *M*, واهتفشت , verbe qui mnq. d. tous les Dict., et n'est dû, semble-t-il, qu'à une mauvaise lect. Je corrige d'après *KM*. — *ǦM*, ... اهتشمت الدابة اذا دبّت فى ظنه .

(4) Cf. *supra*, n. 3; *T'A*, IV, 368^{18}, (A'OB *'an* AHS).

(5) Ces mots indiquent, semble-t-il, que le *KN* dérive de la *riwâyat* du *Mouṣan*. faite par على بن عبد العزيز . († 287 H. d'après Abou 'l-Fidâ'): cf. Yâq., IV, 223^{20}, 389^{22}; *Fihrist*, 72^1; Al-Anbârî, 279^3, (corr. ابو عبيدة) ; An-Nawawî, 745^4; (Zaǧǧ., 87^{10}); etc. — Il y a d. *ǦM*: فى ظنه يعنى ظن ابى عبيد . Ce ms. est une copie faite à Médine en 1882, (d'après une communication écrite du Dr Moritz). C'est à La Mecque que mourut 'Alî, (*Hist.* de Abou 'l-Fidâ', *s. a.* 287), après y avoir enseigné, (Yâq., I, 205^6, 300^{14}; IV, 389^{21}).— Pour *KM*, ?.

(6) A partir d'ici, le *KN* ne suit pas l'ordre des chapitres de *ǦM*, que voici : كتاب السباع اسماء الاسد — باب الذئاب — باب الثعالب — باب الضباع — باب الضباب والقنافذ — باب الارانب — باب الظربان والهر والايل والوعل — باب الكلاب — اناث السباع وغيرها من البهائم — باب ارادة اناث السباع الفحل — باب حمل السباع وغيرها من البهائم — باب القضيب والحياء من السباع — باب رحيم السباع وغيرها — باب الزجر بالسباع وغيرها ودعائها — باب اولاد السباع — اصوات السباع وغيرها من البهائم — باب جعرة السباع — نعوت البهائم والسباع مع اولادها — باب موضع الصائد .

(7) Cf. *infra*, n. 8; p. 121, n. 6; Lane, *s. v.*, (A'OB).—*ǦM*, والكسر الوجه . Cf. *supra*, p. 95, n. 4.

(8) Les 4 lignes suiv. terminent, d. *ǦM*, le ... باب الظربان . Cf. *supra*, n. 6; *infra*, p. 121, n. 6.

(9) *ǦM*, ... الكسائى او غيره القنعان . La voc. de *M* est incertaine. Cf. *T'A*, V, 489^9, (KS).

(10) Voc. de *KM*, etc. Ce serait, d'après *T'A*, I, 400_2, un *maṣdar* employé adjectivement. Cf. *Istidr.*, 13^{10}; Barth, 338.— *ǦM*, والعتبان . Cf. la rem. de A'AL, (*KM*) : وأرى أنه حُكِي لى العَتْبان بالتاء .

(11) Mnq. d. *Wuḥûš*. Cf. *L'A*, XIII, 506^8, (AS). — *ǦM*, ... بذنبه والاحمر .

(12) Cf. *KM*, XV, 210_{13}, (A'OB); *Ḥayaw.*, VI, 98_8 seq.; et *Iqt.*, 132^2 seq., qui corrige cette déf., (d. *Adab*, 108^{10}).

(13) *ǦM*, a. الذي .

[A'OBA] [a] الوَدَحُ مَا تَعَلَّقَ [1] بِالأَصوَافِ مِنْ أَبعَارِهَا فَتَجِفُّ [1] عَلَيهِ [1] [qal] [b] وَالمَذَحُ أَنْ تَمذَحَ خُصيَتَاهُ [2] وَهُوَ أَنْ تُصِيبَهُ مَشَقَّةٌ وَهُوَ أَنْ يَحتَكَّ الشَّيْءُ بِالشَّيْءِ فَيَتَشَقَّقَ.

وَمِنْ خَصيِهَا [3] [AZD] [c] خَصَيتُ التَّيسَ خَصيًا [3] وَهُوَ أَنْ تَسُلَّ خُصيَتَيهِ [4] وَمِثلُهُ [5] مَلَسْتُ خُصيَتَيهِ [4] أَملُسُهُمَا فَإِنْ شَقَقتَ الصَّفَنَ [6] وَهُوَ الجِلدَةُ فَأَخرَجتَهُمَا بِعُرُوقِهِمَا فَذَلِكَ المَتْنُ يُقَالُ مَتَنتُهُمَا أَمتُنُهُمَا [7] فَإِنْ وَجَأتَ العُرُوقَ حَتَّى تَرُضَّهُمَا [5] مِنْ غَيرِ إِخرَاجِ الخُصيَتَينِ [4] فَذَلِكَ الوِجَاءُ يُقَالُ [5] وَجَأتُهُ أَجَأُهُ [8] وِجَاءً [8] فَإِنْ شَدَدتَ خُصيَتَيهِ [4] (٣٩٤) حَتَّى تَسقُطَا [5] مِنْ غَيرِ أَنْ تَنزِعَهُمَا فَذَلِكَ العَصْبُ يُقَالُ عَصَبتُهُ أَعصِبُهُ فَهُوَ مَعصُوبٌ. [A'AM] [d] مَعَلتُ الحِمَارَ وَغَيرَهُ مَعلًا فَهُوَ مَمعُولٌ إِذَا استَلَلتَ خُصيَتَاهُ.

وَمِنْ عَلَامَاتِهَا وَجَسِّهَا [9] [AZD] [e] ذَرَّيتُ الشَّاةَ تَذرِيَةً وَهُوَ أَنْ تَجُزَّ صُوفَهَا وَتَدَعَ فَوقَ ظَهرِهَا مِنهُ [9] شَيئًا [10] تُعرَفُ [9] بِهِ وَذَلِكَ فِي الضَّأنِ خَاصَّةً وَفِي الإِبِلِ. [AH] عَذَقتُ العَنزَ عَذقًا إِذَا جَعَلتَ لَهَا عَلَامَةً بِسَوَادٍ أَوْ غَيرِهِ وَهِيَ العَذَقَةُ [11]. [f] الأَحمَرُ [12] غَبَطتُ الشَّاةَ أَغبِطُهَا إِذَا جَسَستَ مَوضِعَ العَقلِ [9] مِنهَا لِتَنظُرَ [9] أَسَمِينَةٌ [هِيَ] [9] أَمْ لَا.

a). Cf. *KM*, VIII, 12_{11}, (A'OB) ; — b). cf. *ibid.*, 20^{2}, (A'OB) ; — c). cf. *ibid.*, 15^{7}, (A'OB) ; — d). cf. *ibid.*, 15_{7}, (A'OB) ; — e). cf. *ibid.*, 14_{3}, (A'OB) ; — f). cf. *ibid.*, 4_{4}, (A'OB).

---

(1) *ĞM*, يتعلق ... فيجف عليه ; *KM*, يتعلق بأصواف [ا]لغنم من أبعارها فيَجِفُّ عليها ; *L'A*, III, 472^{11}, (A'OBA) : يتعلق بالاصواف من أبعار الغنم فيَجِفّ عليه . On voit l'origine du texte plus ou moins incorrect de *M*. — *M*, خصيتا

(2) *ĞM* aj. : وهو قول الاعشى . فترى الاعداء حولى شزّرا خاضعى الاعناق امثال الوذح

Cf. *KM*, VIII, 12_{10}. Il y a شزرا d. *L'A*, III, 472^{12} ; *T'A*, II, 245_{6} ; *ŚN*, 395_{3}. Le vers mnq. d. *Dîw. A'Ś*.

(3) *ĞM*, باب خصاء البهائم وغيرها . Cf. *Ḥayaw.*, I, 59_{6}, (AZD). — Au lieu de خصي, (= *M**), on trouve d'ordinaire خصاء, = *ĞM* ; *KM* ; Kis., 44_{1} ; etc. Cf. Lane, *s. v.*

(4) *ĞM*, خصييه et الخصيين : cf. Wright, I, 188^{3} ; Vern., I, n° 285 ; *Adab*, 437^{4}, (AZD!) ; *Faṣ.*, 42^{8} ; etc. Il y a le *tâ'* d. *KM* ; *KN*, supra, p. 102^{6} ; *ĞM*, pour *KN*, p. 106^{2}, ^{8}.

(5) *ĞM*, ومثله الملس يقال ملست ... ترضيها ... يقال منه ... تسقط .

(6) Voc. de *M* ; *Mouq.* ; *Ṣaḥ.* ; etc. Elle est préférable à la voc. de *KM*, الصُّفْن , qui est attribuée à ŚM d. *T'A*, IX, 340^{15} : cf. *ibid.*, 260^{11}.

(7) Voc. de *M*, (av. *td'* ?). *KM*, أمْتِنها وأمتُنها . Cf. *T'A*, IX, 340^{14}, (AZD) ; *Verbi*, 311^{11}.

(8) *M*, أجاره ; *ĞM* et *KM*, اجؤه . — *ĞM*, وجا ; *M*, plutôt وجاء , = *KM* ; *Verbi*, 319^{7} ; etc. Cette dernière forme est parfois appelée *ism* : *L'A*, I, 186^{3} ; *Maqṣ.*, 21_{3}.

(9) *ĞM*, علامات الغنم التى يعرف بها وجسّها ; — et : ظهرها شيئا يعرف ... العقل اسمينة هى ام لا .

(10) *M**, *m* : نتينا . J'adopte la lect. de *ĞM* ; *KM* ; *L'A*, XVIII, 311^{11}.

(11) *M*, العذقة , ou المذقة ; *KM*, *L'A*, etc. : العذقة et العذقة .

(12) *Sic* d. *M* (!). Dans *ĞM*, ce nom mnq. ici, (= وقد) ; mais se trouve *supra*, l. 10.

وَمِنْ حَلَبِهَا [1] [AM] [a] أَصْفَقْتُ ٱلْغَنَمَ إِصْفَاقًا إِذَا لَمْ تَحْلُبْهَا فِي ٱلْيَوْمِ إِلَّا مَرَّةً [2] . [KS] الْهَيْشُ [3] الْحَلَبُ ٱلرُّوَيْدُ . [qal] [b] وَإِذَا خَرَجَ مِنْ ضَرْعِ ٱلْعَنْزِ ، شَيْءٌ مِنَ ٱللَّبَنِ قَبْلَ أَنْ يَنْزُوَ عَلَيْهَا ٱلتَّيْسُ قِيلَ عَنْزٌ تَحْلِبَةٌ ، وَتِحْلِبَةٌ [4] .

وَمَوَاضِعُهَا [5] [KS] [c] الزَّرِيبَةُ [5] حَظِيرَةٌ مِنْ خَشَبٍ تُعْمَلُ لِلْغَنَمِ يُقَالُ مِنْهُ زَرَبْتُهَا [5] أَزْرُبُهَا زَرْبًا [5] . [AZD] [6] [d] وَٱلثَّوِيَّةُ [6] مَأْوَى ٱلْغَنَمِ وَمِثْلُهَا [6] الثَّايَةُ [6] غَيْرُ مَهْمُوزٍ [qal] وَٱلثَّايَةُ [6] أَيْضًا حِجَارَةٌ تُرْفَعُ فَتَكُونُ عَلَمًا بِٱللَّيْلِ لِلرَّاعِي إِذَا رَجَعَ إِلَيْهِ . [A'AM] [e] الزَّرْبُ ٱلْمَدْخَلُ (٣٩٥) وَمِنْهُ زَرْبُ ٱلْغَنَمِ . [f] غَيْرُهُ ٱلصِّيرَةُ حَظِيرَةُ ٱلْغَنَمِ وَجَمْعُهَا صِيَرٌ [7] . [g] الْحَبَلَّقُ صِغَارُ ٱلْغَنَمِ [8] .

وَمِنَ ٱلظِّبَاءِ [8] [AṢ, AZY*] [9] [h] الْأُدْمُ [10] وَهِيَ بِيضٌ يَعْلُوهُنَّ [10] جُدَدٌ فِيهِنَّ غُبْرَةٌ [AṢ, AZD, AZY*] [9] [i] وَمِنْهَا ٱلْأَرْآمُ [11] وَهِيَ ٱلْبِيضُ ٱلْخَالِصَةُ ٱلْبَيَاضِ [AZD, AZY*] [12] تَسْكُنُ ٱلرَّمْلَ [h] وَٱلْأُدْمُ تَسْكُنُ ٱلْجِبَالَ وَهِيَ عَلَى لَوْنِ [12] ٱلْجِبَالِ . [j] وَمِنْهَا ٱلْعُفْرُ وَهِيَ ٱلَّتِي تَسْكُنُ ٱلْقِفَافَ [13] وَصَلَابَةَ ٱلْأَرْضِ وَهِيَ حُمْرٌ [14] . [AṢ] [15] [k] الْأَعْصَمُ مِنْهَا [15] وَمِنَ ٱلْوُعُولِ

a). Cf. *KM*, VII, 184^{12}, (A'OB) ; — b). cf. *ibid.*, 182^{5}, (A'OB) ; — c). cf. *KM*, VIII, 10_{2}, (A'OB) ; — d). cf. *ibid.*, 11_{10}, (A'OB) ; — e). = *ibid.*, 10_{4}, (A'OB) ; — f). cf. *ibid.*, 11^{8}, (A'OB) ; — g). cf. *ibid.*, 18^{2}, (A'OB) ; — h). cf. *ibid.*, 25^{7}, (A'OB); — i). cf. *ibid.*, 25^{10}, (A'OB); — j). = *ibid.*, 25^{11}, (A'OB) ; — k). cf. *ibid.*, 26^{1}, $30^{7, 8}$, (A'OB).

---

(1) *ĞM*, باب حلب الغنم ; — et ... من ضرع الغنم . — Cf. *supra*, p. 81, n. 17.

(2) *ĞM*, لم تحلبها الا مرة ; puis aj. : اودى بنو غنم بالبان العصم بالمصفقات ورضوعات البهم Lire بنو غنم , = *KM*, VII, 184_{11}; *L'A*, XII, 73_{9}; *T'A*, VI, 411^{14}.

(3) *ĞM*, الهيس . Lire والهَيْشُ d. *KM*. Cf. *L'A*, VIII, 256^{11}, (A'OB), 260_{3}.

(4) *M*, تحلب وتحلبة ; *ĞM*, تُحَلِّبَة وتحلبة ; *KM*, تُحَلِّبَة وتِحْلِبة . Le *T'A*, I, 221^{7}, compte neuf voc. Celle de KS était تِحْلِبَة ou تُحْلِبَة d'après Lane, *s. v.* Cf. Sib., II, 356^{13-15}.

(5) *ĞM*, باب مواضع الغنم حيث تكون . الكسائى الزريبة ... ذربته والثاية اذربها ذربا . Cf. *Dial.*, II, 28.

(6) *ĞM*, ابو زيد الثوية ... والثاية غير مهموز مثلها قال ايضا حجارة ...غير صغار . Cf. *Nawâd.*, $195_{6, 8}$.

(7) *ĞM* aj. : وقال الاخطل. فاذكر عدانة عدانا مزنّمة من الحبلّق تبنى حوله الصير Lire عدانة , حولها . — Cf. *KM*, VIII, 11^{4}, 18^{3}, et *Dîw. AḪ*, 111^{2} : av. واذكر .

(8) *ĞM*, كتاب الوحش نعوت الظباء . Cf. *Ṣoubḥ*, I, 311_{2}; *Fiq.* c, 72, ('an AṢ, N); *Adab*, 190^{9}.

(9) *ĞM*, سمعت الاصمعي يقول من الظباء الادم . Cf. n. 12, 14. — Cf. *Wuḥûš*, 192, 230; 212, 227.

(10) Cf. *supra*, p. 88^{5}; et *Fiq.* c, 327_{2}. — *KM*, تَعْلُوهُنَّ . *M** = *ĞM*; *T'A*, VIII, 182^{3}.

(11) *ĞM*, الآرام ; mais *M* = *KM*. Cf. *Fiq.* c, 72, n. 4. — Cf. Tab. *Gloss.*, s. v; *Dîw. ṬR*, 115_{2}.

(12) *ĞM*, ابو زيد فى الآرام مثله قال وهى تسكن ; — et على الوان , (= *KM*; *L'A*, XIV, 277^{13}). Cf. Jacob, 119.

(13) *ĞM*, القفار . Mais *M* = *KM*; *L'A*, VI, 261^{5}, (AZD) ; etc.

(14) *ĞM* aj. : ابو زياد الكلابى فى الالوان الثلاثة مثل ذلك او نحوه .

(15) Cf. *Wuḥûš*, 236, 240; *Ṣaḥ.*, II, 314^{1}, (AṢ). — *ĞM*, ... من الظباء والوعول .

أَلضِّبَاعِ هُوَ ٱلذِّيخُ [1] ، *[AZD] ، [a] وَٱلْأُنْثَى جَعَارِ [b] وَجَيْئَلُ [2] [qdl] [c] وَأُمُّ ٱلْهِنْبِرِ [3] فِي لُغَةِ بَنِي فَزَارَةَ . [KS] [b] وَيُقَالُ ، جَيْئَلَةُ [4] ، [AM] [d] وَأُمُّ ، خنور [5] [N] وَهِيَ ٱلْعَيْثُومُ [N] ، [e] وَٱلْعَثْوَاءُ ٱلْكَثِيرَةُ ٱلشَّعَرِ [f] وَمِنْ أَسْمَائِهَا حَضَاجِرُ [AM] ، [d] وَعِثْيَانٌ [6] لِذَكَرِ ٱلضِّبَاعِ . [g] وَٱلثُّعْلُبَانُ [7] ذَكَرُ ٱلثَّعَالِبِ [h] وَتَتْفُلٌ [8] [AṢ] [g] وَٱلْأُنْثَى ثُعَالَةُ [9] [i] وَثُرْمُلَةٌ [10] [N]

a). Cf. *KM*, VIII, 69_2, (A'OB) ; — b). cf. *ibid.*, 70^2, (A'OB) ; — c). cf. *ibid.*, 70^5, (A'OB) ; — d). cf. *ibid.*, $70_{11, 10}$, (A'OB) ; — e). = *ibid.*, 71^4. (A'OB) ; — f). = *ibid.*, 70^6, (A'OB) ; — g). cf. *ibid.*, $75_{8, 9}$, (ISK) ; — h). cf. *ibid.*, 76^5, (ISK) ; — i). cf. *ibid.*, 76^1, (A'OB).

العيثوم الاموى يقال للذكر ضبعان وعيثان الاحمر هو النيهم ايضا الفرآء وهو العيلام مثل الذيخ غيره الضبع العثوآء العثيرة الشعر ومن اسمائها حضاجر . Cf. *KM*, VIII, 69^4, (ISK), et 70_8, (A'OB) ; *ibid.*, XVI, 110.

(1) Pour le texte de *ǦM*, cf. *supra*, p. 115, n. 11.

(2) *M*, جَيْئَل . Je l'écris s. *tanwin*, (malgré Homm., 309^3 ; *Wuḥûš*, 410 ; Quṭr., 562 ; *KM*, XVI, 108_{10}, 109^8 ; *ibid.*, XIII, 214^{13} ; etc.) : cf. *KM*, VIII, 70^2 ; Lane, 370 b, *s. v.* ; *Bânat*, 139^{18} ; Vern., I, n° 359, 8°, = Sîb., I, 224^{19} ; etc. — Corriger (?) *ǵiydl* d. Dam., I, 254 : cf. *KM*, XVI, 108_{10} seq. ; (Vern. I, 357^8, = Houd., II, 315_5).

(3) Voc. de *M* ; *KM* ; *Prov.*, I, 410 ; *Amṯâl*... Al-Maydânî, éd. d'Egypte, (1284 H.), I, 201_7 ; *Kunja*, 14^1 ; etc. Cf. cependant la voc. *hinabr* d. *KM*, XIII, 188_8, (A'OB). — Cf. *supra*, p. 112, n. 6.

(4) *M*, جيئلة . Cf. *T'A*, VII, 249^{13}, (KS) ; *Ṣaḥ.*, II, 163^7, (KS) ; — et *supra*, n. 2.

(5) *M*, خِنَّوْرٍ ; mais, d'après *Istidr.*, 25^3, ليس في الكلام فِعَّوْل . On pourrait lire خِنَّوْر , (cf. *Kunja*, 8^7 ; *L'A*, V, 343_4 ; etc.) ; ou خَنُّوْر (?) : cf. *KM*, XVI, 110_9. — *KM*, (A'OB) : أمُّ خَنُّوْر , وأم خَنُّوز بالزاى , (cf. *T'A*, III, 191^3, (IDR) ; Bekrî, 321^4 ; *KM*, XIII, 187_4, (A'OB) ; etc.) ; *ǦM*, p. v. Il n'y a que la forme خَنُّور d. *Ṣaḥ*. Cf. Yâq., I, 359, *s. v.*

(6) *ǦM*, وعيثان ; *KM*, عِثْيَانٌ , (cf. *KM*, VIII. 69_3 ; *ibid.*, XVI, 110^5 ; *L'A*, II, 68_9, (*'an* KR !) ; etc. Mais *M* = *L'A*, XIX, 253_1, (A'OB ; ISD) ; *Ṣaḥ.*, II, 513^1 ; etc.

(7) *ǦM*, باب الثعالب , (cf. *supra*, p. 113, n. 6) ; puis : التتفل الثعلب يقال تَتْفُل وتُتْفُل وتُتْفَل وتَتْفَل ايضا الاصمعي والانثى من الثعالب ثُرملة غيره الهجرس الثعلب . Cf. *Farq*, $249 = 17^6$; *Wuḥûš*, 419, 423, 416, 483 ; *L'A*, XIII, 87^{13}, (AṢ) : *KM*. XVI, 110_8 ; *Beitr.*, 80 ; etc.

(8) Voc. de *M*. Cf. *supra*, p. 115, n. 11 ; *Ṣaḥ.*, s. v., (YZ ; — *Ṣaḥ.*^{m} : التُّتْفُلُ وَالتَّتْفَلُ) ; *Farq*, 269 = 37 ; Sîb., II, 382^6 ; Jahn, II^2, 471 ; *Šarḥ Mufaṣ.*, I, 870^{10} ; etc. (Je laisse le *tanwin* malgré 'Aṣim, 36^4 : cf. Lyall, 23^{13}). — La lect. *toutfoul*, تُتْفُل , d. Dam., I, 184, me paraît fautive. (Cet ouvrage ne peut faire autorité pour les mots *ǧarîba* : cf. *supra*, p. 109, n. 7 ; p. 116, n. 2 ; etc.) J'en dis autant de la lect. تَتْفُل , *tatfoul*, d. *Ši'r*, 41^3. On rencontre aussi fréquemment une lect. تنفل , av. *noûn* : Freyt., I, 194 b ; etc. Je la crois incorrecte. C'est تتفل , en effet, (av. *tâ'*), qu'il faut lire d. *Divans*, 149^6, (XLVIII, 54) ; *Ši'r*, 41^3 ; etc., ainsi que le suggère D. H. Müller d. *Farq*, 269 = 37 ; et ainsi que le montre la comparaison des autres édit. du *Dîwân*, (et des mss. de la Fac. Or.), et de plusieurs des passages cités d. cette note. Quant à sa présence d. Sîb., II, 347^{23} ; Jahn, II^2, 409, n. 57 ; *Istidr.*, 4^{26}, 16^{34} ; etc., elle est due, je crois, à une faute de copiste, occasionnée par le voisinage de تنصب : cf. *T'A*, VII, 240_{13} ; (*L'A*, XIII, 81_5) : et Sîb., II, 382^{13} ; *Istidr.*, 23^4 ; etc. Cf. aussi : *Ḥayaw.*, I, 133^7 ; III, 15_2 ; VI, 99^6, 100_2 ; *L'A*, XIX, 30^3 ; III, 311^2 ; *KM*, XVI, 110_8 ; *Mouḫ.*, (en marge : الأُتْفُل) ; *Wuḥûš*, 419 ; Quṭr., 552, (et p. 416_2) ; *Kifây.*, 34^5, (mais deux mss. de la Fac. Or. portent التفل) ; etc. — On définit souvent le تتفل : ولد الثعلب , etc., (= *Ṣaḥ.* ; etc.) ; mais cf. *L'A*, XIII, 81_8 ; etc.

(9) *M**, ثُعَالَة . Je l'écris s. *tanwin*, (malgré *Wuḥûš*, 416 ; Quṭr., 551 ; *L'A*, I. 230_1 ; etc.) : cf. Vern., I, n° 359, 8°, (= Sîb., I, 224^{16}) ; Dam., I, 197 ; *KM*, XVI, 111^9 ; *ibid.*, XIII, 214_8 ; etc.

(10) Cf. *KM*, XVI, 110_8 ; *Adab*, 108^9.

[a] وَوَلَدُهَا الْهِجْرِسُ ، [b] وَجَمْعُهَا ، ثَعَالِبُ . وَرُبَّمَا رَخَّمَتِ الْعَرَبُ فَتَقُولُ ثَعَالٍ ، (٤٠١) كَمَا قَالَ سُوَيْدُ بْنُ أَبِي كَاهِلٍ ،

لَهَا أَشَارِيرُ مِنْ لَحْمٍ مُتَمَّرَةٌ ، مِنَ الثَّعَالِي وَوَخْزٌ مِنْ أَرَانِيهَا ،

أَرَادَ الثَّعَالِبَ وَالْأَرَانِبَ . *[KS] [c] وَالْأُنْثَى ، ثَعْلَبَةٌ أَيْضًا .

وَالْإِنَاثُ ، [AZD, KS*] ، [d] مِنَ الْأَسَدِ أَسَدَةٌ وَلَبُؤَةٌ ، [e] وَمِنَ الذِّئَابِ ذِئْبَةٌ *[N] ، [f] وَسِلْقَةٌ *[KS ?] ، وَسِرْحَانَةٌ وَسِيدَةٌ . [g] وَمِنَ الضِّبَاعِ ذِيخَةٌ . [KS] ، [h] وَمِنَ النُّمُورِ نَمِرَةٌ وَذَكَرُ النَّمِرِ السَّبَنْتَا .

a). Cf. *KM*, VIII, 75_{8}, (IDR); — b). cf. *infra*, n. 1; — c). cf. *KM*, VIII, 75_{10}, (A'OB); — d). cf. *ibid.*, 59_{8}, (ISK); — e). cf. *ibid.*, 65_{1}, (ISK); — f). cf. *ibid.*, 66^{3}, $_{8}$, $_{4}$, (A'OB); — g). cf. *ibid.*, 70_{8}, (ISK); — h). cf. *ibid.*, 65^{7}, (ISK).

---

(1) Sur الهجرس, cf. Homm., 318. — Les trois lignes qui suiv. mnq. d. *Ğ M.*

(2) Cf. Sîb., I, 300^{4}; Jahn, II^{2}, 32, n. 7 et 8; Wright, II, 381^{7}; *Šarḥ Mufaṣ.*, 1873^{10}.

(3) *m*, قال كاهل ; *M*, سُوَيْد بن ابى كاهل . Le vers est attribué : à un شاعر d. *Ṣaḥ.*, I, 59^{1}, 291_{8}, 439^{12}; à un رجل من يشكر d. Sîb.; *L'A*, I. 231; *T'A*, I, 164; à ابو كاهل اليشكرى d. *Tahḏ.*, 606^{10}; *L'A*, V, 160_{1}; *ibid.*, VII, 295^{3}; *ibid.*, I, 418_{4}; *T'A*, I, 279_{11}; *ibid.*, III, 69^{3}; *ibid.*, IV, 89_{6}; *Kitâb aṣ-Ṣinâ'atayn*, (Constantinople, 1320 H.), 113, n. 3; (et ce dernier est appelé النمر بن تولب (!) d. 'Aynî, IV, 583_{15}; *Š. A. Mufaṣ.*, 365^{6}: cf. *Tahḏ.*, 606, n. *c*). Il semble que c'est ابو كاهل, et non son fils سويد qui est l'auteur du vers. D. la notice consacrée à Souwayd, *Aġânî*, (XI, 171^{13}), attribue expressément à Aboû Kâhil un vers que nous trouvons ailleurs, (*L'A*, I, 418_{3}; *T'A*, I, 279_{10}; etc.), cité av. le nôtre.

(4) *Sic* d. *M*; *Mufaṣ.*, 174^{7}; *Šarḥ Mufaṣ.*, II, 1870^{14}. D'ordinaire, on lit تتمره, (= *Š. A. Mufaṣ*, 365): cf. *L'A*, *Ṣaḥ.*, et *T'A*, s. rad. تمر; etc., (cf. *supra*, n. 3). Mais cf. *T'A*, I, 279, note margin. 4: قال فى التكملة والرواية متمرة وتتمره تصحيف. — *M*, ازانيها; *T'A*, I, 164, وخز.

(5) Ces trois mots appartiennent, d. *Ğ M*, au chapitre des ... اناث السباع, (cf. *infra*, n. 6).

(6) *Ğ M*, اناث السباع وغيرها من البهائم, (cf. *supra*, p. 113, n. 6); puis : ابو زيد الانثى من الاسد اسدة ومن الذئاب ذئبة الكسائى مثله وسرحانة وسيدة ومن الضباع ذيخة الكسائى من النمور نمرة والثعالب ثعلبة والفراخ فرخة والضفادع ضفدعة غيره من القنافذ قنفذة وشيهم والاناث من القرود قفة والذكر رباح غيره ويقال للذئبة سلقة ايضا وقال بعضهم اللة ايضا وجمعها اللى الكسائى الانثى من البراذين برذونة وانشدنا

ارايت اذا جالت بك الخيل جولة وانت على برذونة غير طائل

Cf. *KM*, XVI, 110 seq., où plusieurs lect. sont empruntées à A'OB; *Ḥayaw.*, II, 104^{4} seq.; *Šarḥ Mufaṣ.*, 692^{17}, (اسدة : AZD), et 692^{18}, (برذونة : KS); etc. Remarquer que l'auteur de *KN* a choisi, d. ce *Bâb*, les mots se rapportant aux *sibâ'*, (cf. *supra*, p. 114^{4}). (Cf. encore *supra*, n. 5; *infra*, p. 122). Sur les autres, (à partir de فرخة), cf. : *KM*, VIII, 127_{1}, (A'OB); X, 22_{8}, (A'OB); VIII, 94_{12} (A'OB), 94_{11} (AḤT), 75^{9} (A'OB), 75^{10} (A'OB), 66^{5} (A'OB); VI, 138^{10}, (A'OB). — Le début du vers est اريت اذا d. *KM*, VI, 138^{11}; *Ṣaḥ.*, II, 356_{14}; *Ḥayaw.*, II, 104^{5}, (av. اذا ما جالت الخيل); *Šarḥ Mufaṣ.*, 692; رايتك اذ d. *L'A*, XVI, 195; *T'A*, IX, 138.

(7) Cf. *supra*, n. 6. — Cf. *L'A*, III, 311^{12}, (سِرْحانة : KS).

(8) *Sic* d. *M*. Ailleurs, av. ى. Mais cf. *supra*, p. 109, n. 8; — et des graphies telles que سلحفا d. *KM*, XVI, 17^{3}; Dam., II, 26_{8}; *L'A*, XI, 62_{6}; etc. (Remarquer cependant que la forme *mamdoûda* est rare: mais cf. Dam., II, 18^{10}). Ajouter le *tanwîn* ou l'article d. *Qalb*, 54^{2}, (malgré *KM*, XIII, 280_{4}; *L'A*, IV, 187^{5}; etc.) : cf. *KM*, XV, 97_{8}; etc. — Les trois derniers mots mnq. d. *Ğ M*.

وَمِنْ سِفَادِ ٱلسِّبَاعِ ، [AM] [a] ٱسْتَحْرَمَتِ ٱلذِّئْبَةُ [b] وَٱلْكَلْبَةُ ، إِذَا أَرَادَتِ ٱلْفَحْلَ
[N] ، وَصَرَفَتْ ، وَٱسْتَجْعَلَتْ ، وَكَذٰلِكَ كُلُّ ذِي نَابٍ ، [*AṢ, AZD] ، وَيُقَالُ لِلسِّبَاعِ
كُلِّهَا سَفِدَ سِفَادًا .

*[N] ، [c] وَيُقَالُ لِمِثْلِ ذٰلِكَ ، مِنَ ٱلْحَافِرِ ، قَدِ ٱسْتَوْدَقَتْ وَوَدَقَتْ تَدِقُ وَدْقًا ، وَوُدُوقًا .
[AṢ] ، وَيُقَالُ بَاكَ ٱلْحِمَارُ يَبُوكُهَا بَوْكًا وَعَفَقَهَا إِذَا أَتَاهَا مَرَّةً [بَعْدَ مَرَّةٍ] ، . [d] وَٱلْفَرَسُ
كَامَهَا يَكُومُهَا كَوْمًا . [e] وَٱلطَّائِرُ قَمَطَهَا وَقَفَطَهَا يَقْفِطُهَا وَيَقْفُطُهَا ، بِٱلْكَسْرِ وَٱلضَّمِّ قَفْطًا
وَيُقَالُ [AZD] ، دقط ، الطَّائِرُ يدقط ، دقطا ، فَأَمَّا ٱلْقَفْطُ ، فَلِذَوَاتِ ٱلظِّلْفِ [f] وَيُقَالُ لِهٰذَا ،
كُلِّهِ ، مِنْ ذَوَاتِ ٱلْحَافِرِ ، وَٱلظِّلْفِ ، وَٱلسِّبَاعِ نَزَا يَنْزُو ، [g] فَأَمَّا ٱلظَّلِيمُ فَهُوَ ٱلْقَمْوُ ، مِثْلَ ،
ٱلْبَعِيرِ . (٤٠٢)

وَمِنَ ٱلْحَمْلِ [10] [AZD] [h] تَقُولُ قَيْسٌ لِكُلِّ سَبُعَةٍ إِذَا حَمَلَتْ فَأَقْرَبَتْ وَعَظُمَ بَطْنُهَا قَدْ

a). Cf. *KM*, VIII, 65_8, (AʿOB); — b). cf. *ibid.*, 78^7 et 58^9, (AʿOB); — c). cf. *ibid.*, 43_{10}, $_9$, (AʿOB); — d). cf. *KM*, VI, 136^5, (AʿOB); — e). cf. *KM*, VIII, 124^5, ^{6}, ^{7}, (AʿOB); — f). cf. *ibid.*, 58_9, (AʿOB); — g). cf. *ibid.*, 55^4, (AʿOB); — h). cf. *ibid.*, 58_8, $_6$, (AʿOB).

---

(1) *ĞM*, باب ارادة اناث السباع الفحل, (cf. *supra*, p. 113, n. 6); — et : ... والكلبة جميعا .

(2) *ĞM*, ... غيره صرفت الكلبة تصرف صروفا واستجعلت ايضا ... — Corr. أصرفت d. Kis., 32^6 : cf. *Faṣ.*, 49^{11}; *Ḥayaw.*, II, 103_1; *ibid.*, V, 151^6; *Iqt.*, 182_5; *Mouzh.*, I, 147^1, ^{3}; *ibid.*, II, 110^3.

(3) *ĞM*; *KM*; *LʿA*, XIII, 118_9; *Adab*, 171^8; etc. : مخلب . Cf. les déf. du سبع d. *LʿA*, X, 10^{10}, (ما له ناب ...) ; *ibid.*, 10_{11}, (... ما كان ذا مخلب) ; *Ḥayaw.*, I, 159^3, (لكل ذي ناب ومخلب).

(4) Cf. p. 118, n. 5.

(5) *M**, ليل . — Ce qui suit appart., d. *ĞM*, au ... باب ارادة اناث, (cf. *supra*, p. 118, n. 1), lequel continue ainsi, après ذى مخلب , (cf. *supra*, n. 8) : فاما كل ذوات حافر فاستودقت ودقت تدق ودقا ودوقا الاصمعي يقال للسباع كلها سفدها يسفدها سفادا والتيس والثور مثله ابو زيد مثل ذلك او نحوه الاصمعي والحمار باكها يبوكها وعفقها عفقا اذا ... مرّة بعد مرّة ... يقفطها يقفطها ... قفطا ابو زيد ... فاما القفط ... لهذا كله من السباع والظلف والحافر نزا ينزو نزاء واما ... القمو مثل البعير . Ce chapitre est nommé avec raison par ISD, (ou un *râwî* du *Mouṣan.*) : باب ارادة إناث السباع وغيرها الفحل , (*KM*, XV, 196_8). — Cf. *Farq*, 245; *Ḥayaw.*, V, 151^4, (AʿOB); *ibid.*, II, 126^{10}, 127_{11}; IV, 112^1; *Adab*, 171.

(6) Voc. de *M* : cf. *TʿA*, VII, 84_{19}. — Cf. *Faṣ.*, 49^8.

(7) Cf. *supra*, n. 5. — Cf. *Farq*, ..., 245^{13}, ^{16}; *Muğt.*, 18^{22}, (الاتان !); *Ḥayaw.*, V, 151_{10} seq. — Il y a [باك] الحمارة d. *KM*, (cf. *supra*, p. 111, n. 4) : mais الاتان d. *Ṣaḥ.*, s. v.: etc.

(8) *M*, دقط ... يدقط دقطا . La lect de AZD, (ou de AZD - AʿOB), était ذقط , (av. *ḏdl* et *qdf*), d'après *ĞM*; *Ṣaḥ.*, I, 550^3, (où il faut corriger ذفط , (av. *fd'*) : cf. *Ṣaḥ.*[m], et *TʿA*, V, 140_{13}, $_{15}$). Il faut corr. ضقط d. *KM*, VIII, 124^7, ainsi que le prouve l'expression أبو عبيد مرة : cf. *ibid.*, 186^{10}, (AʿOB) ; *LʿA*, IX, 172_4, (AʿOB) ; *ĞM*, 82^4. (d. un *Bâb* qui mnq. d. *M* : cf. *infra*, p. 119, n. 6). Sur la lect. de *M*, cf. *TʿA*, V, 139^7, (دقط). - KR a lu *ḏafaṭ* : *LʿA*, s. v.

(9) *Sic* d. *ĞM*. — *M*, لهذا كله (؟) ; الخلف (؟) ; التفوت سل .

(10) *ĞM*, باب حمل السباع وغيرها من البهائم , (cf. *supra*, p. 113, n. 6); puis : ابو زيد قال قيس كلها تقول لكل ... ; — *M*, تقول . — Cf. *Aḍdâd*, 120^1; *Ḥayaw.*, V, 151^7; *KM*, XVI, 133^8.

أَجَحَتْ فَهِيَ مُجِحٌّ [AṢ]، فَإِذَا أَشْرَقَتْ [2] ضُرُوعُهَا [3] لِلْحَمْلِ وَاسْوَدَّتْ حَلَمَتُهَا قِيلَ أَلْمَعَتْ فَهِيَ مُلْمِعٌ وَذَوَاتُ الْحَافِرِ [1] مِثْلُ السِّبَاعِ فِي هٰذَا.

وَيُقَالُ لِحِيَا [4] [. . .] [5] السِّبَاعِ كُلِّهَا [a] طُبْيٌ وَأَطْبَاءٌ وَهِيَ الضُّرُوعُ وَكَذٰلِكَ ذَوَاتُ الْحَافِرِ كُلِّهَا. وَلِلْخُفِّ وَالظِّلْفِ خِلْفٌ وَأَخْلَافٌ. [ʿan AṢ] [b] وَيُقَالُ لِلْحَافِرِ خَاصَّةً إِذَا كَانَتْ حَامِلًا تَتُوجُ.

وَيُقَالُ فِي الْأَوْلَادِ [7] [AʿAM] [c] وَلَدُ [7] الْأَرْوَى الْغُفْرُ [7] وَجَمْعُهُ أَغْفَارٌ [8] وَهِيَ أَرْوَى [9] مُغْفِرٌ إِذَا كَانَ لَهَا وَلَدٌ. [AṢ] [10] [d] وَوَلَدُ [10] الضَّبُعِ الْفُرْعُلُ وَالْأُنْثَى فُرْعُلَةٌ. [N] [11] [e] وَالسِّمْعُ وَلَدُ الضَّبُعِ [11] مِنَ الذِّئْبِ [12]. [QN?]* [13] [f] الْعِسْبَارُ [14] وَلَدُ الضَّبُعِ مِنَ الذِّئْبِ وَجَمْعُهُ

a). Cf. *KM*, VII, 49^{10}, (AḤT; AṢ); — b). cf. *KM*, VI, 136_7, (AʿOB); — c). cf. *KM*, VIII, 81_3, (AʿOB); — d). cf. *ibid.*, 72^4, (ISK); — e). cf. *ibid.*, 72^6, (ṢʿA?); — f). cf. *ibid.*, 72^9, (AʿOB).

---

(1) Cf. *Chatt*, 34-37; *Aḍdâd*, 119_2; *Ḥayaw.*, V, 151_{11}; *KM*, XVI, 181_3.— *ĞM*, الحافر كلها.

(2) *Sic* d. *M*; *KM*; *ĞM*; *Ḥayaw.*, V, 151_{10}; etc. Sur اشرف, (*Śd'*, 40; *Ibil* b, 141^{20}; *Qdm.*, III, 95^9; des mss. de *Adab*, 172^5; etc.), cf. *TʿA*, V, 504_1; *Ġdsoûs*, 457^6.

(3) *Sic* d. *KM*; *ĞM*; etc. — *M*, ضرعها; (mais cf. *Ġdsoûs*, 516^9, 517_4; etc.).

(4) *M*, لحيا (ou لحياء). C'est inexact: cf. *Ḥayaw.*, II, 102 seq.; etc. Remarquer la lacune signalée *infra*, n. 6. — Voici le texte de *ĞM*, appartenant au même *Bâb* que ce qui précède : ويقال للسباع طبي واطباء وذوات الحافر كلها مثلها ... وللظلف ... يقال لذات الحافر .

(5) Cf. *supra*, n. 4.

(6) Entre le ... باب حمل السباع et le باب اولاد السباع, (cf. *infra*, n. 7), existent, d. *ĞM*, trois chapitres (= 45 lignes), qui mnq. d. *M*: cf. *supra*, p. 113, n. 6. Peut-être l'omission est-elle volontaire, (cf. *supra*, p. 96, n. 5; et p. 119, n. 4). Peut-être aussi l'auteur du *KN* a-t-il utilisé un ms. du *Mouṣan.* défectueux. Cf. *infra*, p. 120, n. 5.

(7) *ĞM*, باب اولاد السباع ; puis : ابو عمرو الغفر ولد الاروى وهو واحد وجمعه . — Corr. غُفر d. *Fiq.* H, 45_4; *Fiq.* M, 74^3; Schwarz., 86_{11}. Cf. *Adab*, 168^{10}.

(8) *ĞM* aj. وغفرة : mnq. d. *Ṣaḥ.*, I, 377^{12}, (av. مغفرة : cf. *Iṣlâḥ E*, I, 206_2 : ومُغْفِر أجود).

(9) Cf. la rem. d'ISD, (*TʿA*, III, 452^7; etc.) : والصواب أروية مغفر لان الاروى جمع أو اسم جمع .

(10) Cf. *Farq*, $249 = 17^6$; *Wuḥûš*, 404. — *ĞM*, الفرعل ولد الضبع .

(11) *ĞM*, ... غيرهم السمع . — Le *simʿ* est ordinairement défini ولد الذئب من الضبع, (= *Ḏ. Faṣ.*, 25^{13}; *Zaǧǧ.*, 135_1; *Ḥayaw.*, I, 84^3; Dam., II, 29_2; *Iṣlâḥ E*, I, 16_4; etc.). Mais *M* = *ĞM*. Cf. *KM*, VIII, 72^3: والسِّمْع بَيْنَ الذِّئب والضَّبُع أحدُ أبوَيْهِ ذِئبٌ والآخر ضَبُع ; et *Ḥayaw.*, VI, 45^{10}.

(12) Voici le texte de *ĞM* pour cette fin de chapitre : من الذئب والخنانيص ولد الخنازير والادراص اولاد الفار الواحدة درص ابو زيد والفراء فتح الجرو وجصص اذا فتح عينيه وزاد ابو زيد بصّص مثل حصّص غيره صأصأ اذا لم يفتح عينيه القنافى وبص الجراد اذا فتح عينيه والعسبار ولد الضبع من الذئب وجمعه عسابر قال الكميت... عن الكسائي يقال لولد الكلبة والذئبة والهرة والجرز والبربوع كله درص وجمعه ادراص ... (cf. *infra*, p. 120, n. 8).

(13) Cf. *supra*, n. 12. — Les deux lignes qui suiv. sont, d. *M*, écrites en marge. Or, d. *ĞM*, elles se trouvent à la fin du *Bâb*. — Plusieurs fois déjà, (cf. *supra*, p. 47, n. 15; p. 62, n. 4; p. 97, n. 6; p. 112, n. 9; etc.), nous avons fait des constatations semblables. Cela prouve, semble-t-il, que *M* a été rédigé immédiatement d'après le *Mouṣan.*, et est ainsi l'autographe de l'auteur du *KN*. Je n'ai rencontré aucun indice du contraire.

(14) Il y a عسبارة d. *Ṣaḥ.*, I, 868_6; *Adab*, 815^3; etc. Mais *M* = *ĞM*; *KM*; *Zaǧǧ.*,

عَسَابِرُ ، [ʿan KS] ، a وَوَلَدُ ٱلْكَلْبَةِ وَٱلذِّئْبَةِ وَٱلْهِرَّةِ وَٱلْجُرَذِ وَٱلْيَرْبُوعِ ، دِرْصٌ ، وَجَمْعُهُ أَدْرَاصٌ b وَجَمْعُ ٱلسِّبَاعِ عَسَابِرُ ، *[N] c وَٱلْخِنَّوْصُ وَلَدُ ٱلْخِنْزِيرِ وَجَمْعُهُ خَنَانِيصُ [AZD, FR]

d وَيُقَالُ ، فَقَّحَ ٱلْجِرْوُ ، وَجَصَّصَ ، إِذَا فَتَحَ عَيْنَيْهِ [AZD] ، وَنَصَّصَ ، مِثْلُهُ . [N] ، فَإِذَا لَمْ يَفْتَحْ قِيلَ صَأْصَأَ . [QN] ، e وَنَصَّ ، ٱلْجَرَادُ وَفَقَّحَ ، أَيْ فَتَحَ .

وَمِنَ ٱلْأَصْوَاتِ ، [AǴR, KS] f تَرَبَ ، ٱلظَّبْيُ يَتْرُبُ تَرِيبًا وَتَزَّ يَتِزُّ تَزِيزًا وَنَقَطَ يَنْقِطُ نَقِيطًا ، [. . .] ، g وَصَأَ [10] مِثْلُ صَمَا [11] إِذَا صَوَّتَ . [12] (٤٠٣)

[N] [13] h ٱلْمُدَمِّرُ [13] بِٱلدَّالِ ٱلصَّائِدُ يُدَخِّنُ فِي قُتْرَتِهِ لِلصَّيْدِ بِأَوْبَارِ ٱلْإِبِلِ لِكَيْلَا يَجِدَ [13] ٱلْوَحْشُ رِيحَهُ [14] .

a). Cf. *KM*, VIII, 78_{1}, $85^{6,7}$, 98_{10}, 92^{5}, (Aʿ OB, AḤT, etc.); — b). cf. *ibid.*, 72^{9}. (Aʿ OB); — c). cf. *ibid.*, 74_{10}, (Aʿ OB; N); — d). cf. *ibid.*, $78_{5, 3}$. (Aʿ OB); — e). cf. *infra*, n. 7; — f). cf. *KM*, VIII, 27^{7}, (Aʿ OB); — g). cf. *infra*, n. 10; — h). cf. *KM*, VIII, 88_{3}, (Aʿ OB).

135_{1}; *Ḥayaw.*, I, 72^{4}, 85_{8}, etc.

(1) *Ǧ M* aj., (cf. *supra*, p. 119, n. 12): قال الكميت . وتجمع المتفرقون من القراعل والعسابر . — Cf. *KM*, VIII, 72^{10}; *Ṣaḥ.*, I, 363_{5}; *Lʿ A*, VI, 242_{1}; *Tʿ A*, III, 398_{16}.

(2) Cf. *supra*, p. 119, n. 12.

(3) Voc. de *M*. — Cf. *Ḥayaw.*, V, 85_{7}, 92_{4}.

(4) *Sic* d. *M*. (Cf. p. 119, n. 12, 13). D'après *Lʿ A*, VI, 243^{1}; etc., ce pluriel serait formé للضرورة. Cf. *supra*, p. 111, n. 9; — et le vers cité d. *KM*, XIII, 188^{9}!

(5) Voc. de *M* et de *KM*, (= *Faṣ.*, 27^{3}).

(6) *Sic*, av. un *noûn*, d. *M*. Il faudrait un *bâʾ*, (= *Ǧ M*; *KM*; etc.); ou un *yâʾ*, (= *KM*; *Nawâd.*, 136^{9}; *Mouḫ.*, I, 72_{12}; etc.). Cf. *Lʿ A*. VIII, 368^{2}.

(7) Ce mot mnq. d. *Ǧ M*, (et *KM*?). Cf. *supra*, p. 119, n. 12.

(8) *Ǧ M*, اصوات السباء وغيرها من البهائم . — *M*, نزب . (Ailleurs, نَزَب).

(9) Cf. *infra*, n. 10.

(10) *M*, صاء, (cf. *supra*, p. 110, n. 10). — Ce verbe ne se dit pas des ظباء. Voici le texte de *Ǧ M*: ونقط ينقط نقيطا كل هذا اذا صوت وصأى الفرخ والفيل والخنزير والفأرة كلها يصي صَئِيًّا وصِئِيًّا بالفتح والكسر.

(11) Le même mot est écrit صمى d. un autre passage de *M*, (p. 412); mais صما d. le passage correspondant de *Ǧ M*. Cf. Lane, 1637 c; (et *supra*, p. 109, n. 8).

(12) La fin du *bâb* correspondant du *Mouḫan.*, (douzaine de lignes), mnq. ici, aussi bien que les deux *bâbs* suivants, (cf. *supra*, p. 113, n. 6), et le début du troisième, (cf. *infra*, n. 13). L'ensemble équivaut à une trentaine de lignes, c'est-à-dire la valeur de deux pages de *M*. Pour dire que *M* est ici incomplet, il suffirait d'admettre qu'un feuillet a été déchiré ou déplacé, (choses que je n'ai pas remarquées), mais cela avant l'établissement de la pagination. Cf. *supra*, p. 119, n. 6; et *infra*, n. 13.

(13) Cette déf. termine, d. *Ǧ M*, le باب موضع الصائد, (cf. *supra*, n. 12). Des 3 autres lignes du *bâb*, 2 se rapportant au صياد السمك, l'omission a pu être volontaire. — *Ǧ M*, قال غيره الدمر ; *KM*, تجد.

(14) *Ǧ M* aj.: قال اوس بن حجر. تلاق عليها من صباح مدمّر لناموسه من الصفيح سقايف

On lit d'ordinaire فلاق, مدمّرا : *KM*, VIII, 88_{1}; Abcar., *Tazyîn Nihâyat* ... *fî Aḫbâr al-ʿArab*, 130^{6}, (corr. مذمرًا); *Asâs*, I, 184_{2}; *Lʿ A*, V, 377^{14}; VIII, 130^{7}; XI, 56_{12}; *Ṣaḥ.*, I, 320^{14}, (av. بين الصفيح); *Tʿ A*, IV, 264_{20}; VI, 141_{14}. Il y a عليه d. *Diw. A W*, p. 16, (XXIII, 41); et فواق عليه d. *Š. Š. Mouǧnî*, 42^{12}.

ª وَالْحِبَالَةُ ، وَالشَّرَكُ مِمَّا يَصِيدُ بِهِ الصَّائِدُ . ᵇ النَّجِيثُ ، الْهَدَفُ . ᶜ الزَّرِيبَةُ ، وَالزُّبْيَةُ ، وَالْقُتْرَةُ كُلُّهَا الْبِئْرُ يَحْتَفِرُهَا الصَّائِدُ يَكْمُنُ فِيهَا ، وَالنَّامُوسُ قُتْرَةُ الصَّائِدِ . ᵈ وَيُقَالُ ، قَدِ [ازْدَرَبَ] ، دَخَلَ فِي الزَّرِيبَةِ وَإِنَّمَا ، الْأَصْلُ فِي هٰذَا لِلْغَنَمِ فَاسْتُعِيرَ . ،

[AZD] ، ᵉ الظَّرِبَاءُ ، دُوَيْبَّةٌ ، مِثْلُ ، الْقِرْدِ عَلَى مِثَالِ فِعَلَاءَ ، [AᶜAM, IKL] ، وَيُقَالُ ، الظِّرِبَانُ بِالنُّونِ ، وَهُوَ ، عَلَى قَدْرِ الْهِرَّةِ ، وَنَحْوُهَا .

[AZD] ᶠ وَالْهِرُّ يُسَمَّى الضَّيْوَنُ وَجَمْعُهُ ضَيَاوِنُ وَهِرٌّ ، وَهِرَّةٌ ، [N] ، وَالْقِطُّ . ،

a). Cf. *KM*, VIII, 89^{3}, ^{5}, (A'OB); — b). cf. *KM*, VI, 68_{3}, (A'OB); — c). cf. *KM*, VIII, 88_{9}, $_{13}$, $_{11}$, $_{7}$, (A'OB); — d), cf. *ibid.*, 88_{9}, $_{7}$, (A'OB); — e). cf. *ibid.*, 84_{7}, (A'OB); — f). cf. *ibid.*, 85^{1}, 84_{3}, 85^{3}, (A'OB).

---

(1) *ĞM*, باب الحبالة والشرك مما يصيد به الصائد . Ce chapitre mnq. d. *ĞM.* Voici le texte du ms. du Caire, d'après la copie que le P. Lammens a eu l'obligeance de m'envoyer: النجيث الهدف والزريبة والزبية والقترة كلها البئر يحتفرها الصائد يكون فيها قال ذو الرمة . رذل الثياب خفي الشخص منزرب . اي قد دخل في الزريبة والناموس قترة الصائد (cf. *infra*, n. 4). Suit le باب التقدم في السير .

(2) Pour le texte du *Mouṣan.**, cf. *supra*, n. 1. — Cf. *KM*!

(3) *M*, الزريبة والذئبة , (*item* l. 3). Cf. *supra*, n. 1; — et *Opusc.*, 20_{2}; *Ham.*, I, 195_{18}.

(4) Sur le *šâhid* intercalé ici, (cf. *supra*, n. 1), cf. *KM*, VIII, 88_{9}. Le premier hémist. du vers est : وبالشمائل من جلان مقتنص , = *Diw. D. R.*, 10_{9}, (av. حُلاّن ; mais le comment. a جلان); R. Smend, *op. cit.*, (*supra*, p. 65, n. 9), p. 12^{1}, v. 57; *Ṣaḥ.*, I, 60^{12}, (av. النحص , = *T'A*, I, 286^{21}); *L'A*, I, 431^{3}; Abcar., 198^{7}, (av. حلان). Il y a رث الثياب d. *Ğamh.*, 180_{3}; *Asâs*, I, 259_{2}; Yâq., III, 318^{7}, (av. وبالشماليل).

(5) Sur la place du *Bâb* suivant d. *ĞM*, cf. *supra*, p. 113, n. 6. L'auteur ayant peut-être voulu séparer ces déf. de ce qui concerne les *sibâ'*, je laisse ici un intervalle.

(6) *ĞM*, باب الظربان والهر والايل والوعل , (cf. *supra*, p. 113, n. 10); puis : ابو زيد الظرباء على مثال فعلاء دابة شبه القرد ابو عمرو وابن الكلبي هو الظربان بالنون وانشد ابن الكلبي ... (cf. *infra*, n. 10) ... والظربان على قدر الهر ونحوه ابو زيد الضيون الهر وجمعه ضياون وجمع الهر هررة وجمع الهرة هرر غيرهم هو القط ويقال ايل بالعصر ... , (cf. *supra*, p. 113, n. 8).

(7) *M*, الظرباء et فِعلاء ; *KM*, الظَّرِباء et فَعِلاء . La forme ordinaire est *fa'ilâ'* : *KM*, XVI, 67^{5}; etc. Il n'est pas absolument sûr que *fi'lâ'* soit *incorrect* : cf. Wall., 80^{14}, (AZD); Lane, *s. v.*; — et *infra*, n. 9.

(8) Pour le texte de *ĞM*, cf. *supra*, n. 6.

(9) *M*, الظِّرْبان ; *KM*, الظَّرِبان ; *ĞM*, p. v., mais le vers cité, (cf. *infra*, n. 10), doit être lu av. *Ẓaribâni.* Cette dernière forme est la plus commune : *Šarḥ Mufaḍ.*, 1372_{1}; *Mouq.*; Wall., 80^{15}, (A'AM); etc. Mais la lect. de *M* n'est pas incorrecte: cf. Houḍ., II, 230_{10}; Lane, *s. v.*; etc.; (et *supra*, n. 7). Remarquer que les deux formes *fa'il* et *fi'l* vont souvent de pair. (Cf. Homm., 295, n. 2). — Cf. Lag., 196; *Ḥayaw.*, VI, 123^{7} seq.

(10) *ĞM* aj. : وانشد ابن الكلبي لعبد الله بن الحجاج .

الا ابلغا قيسا وخندف انني ضربت كثيرا مضرب الظربان

يعني كثير بن شهاب والظربان على ... . Cf. *KM*, VIII, 84_{6}; *L'A*, II, 59_{1}; *Ṣaḥ.*, I, 77^{17}; *T'A*, I, 361^{14}; *Ağânî*, XII, 29^{16}, (av. من مبلغ); Homm., 335_{1}; Lane, 1910 a; Dam., II, 119^{8}, (av. وجندب). Le poète est appelé عبد الله بن حجاج الزبيدى التغلبي d. *Ṣaḥ.*, *L'A*, *T'A*, Lane, Homm.; mais عبد الله ابن الحجاج [التغلبي] d. *Ağânî*. (Comp., pour les noms de ce dernier, la lect. ابن حجّاج d. Yâq., I, 105^{9}; et la lect. التغلبي d. les mss. de Tab., II, 134^{8}, 1176^{7}).

(11) Cf. *supra*, n. 6. — Cf. Homm., 316; Jacob, 18; *Mo'all.*, II, 34; et *Or. St.*, I, 57-70.

[AZD] ، a يُقَالُ لِفَرْخِ ٱلضَّبِّ حِينَ ، يَخْرُجُ مِنْ بَيْضَتِهِ ، حِسْلٌ ثُمَّ غَيْدَاقٌ ثُمَّ مُطَبِّخٌ ، ثُمَّ يَكُونُ ضَبًّا مُدْرِكًا [qal] وَٱلْغَيْدَاقُ أَيْضًا ٱلصَّبِيُّ ، ٱلَّذِي لَمْ يَبْلُغْ . [AḤ] وَيُقَالُ ، حِسْلٌ ثُمَّ مُطَبِّخٌ ، ثُمَّ خُضَرِمٌ ، ثُمَّ ضَبٌّ . [KS, AZD*] ، b ٱلضَّبَّةُ ، ٱلْمَكُونُ ٱلَّتِي قَدْ جَمَعَتْ بَيْضَهَا فِي بَطْنِهَا يُقَالُ ، قَدْ أَمْكَنَتْ [AZD] ، فَهِيَ مُمْكِنٌ c وَٱلْجَرَادَةُ مِثْلُهَا ، d وَٱسْمُ ٱلْبَيْضِ ٱلْمَكْنُ e فَإِذَا بَاضَتْ قِيلَ سَرَأَتْ تَسْرَأُ ، . f وَلِلضَّبِّ ، أَيْرَانِ (٤٠٤) يُقَالُ لَهُمَا نِزْكَانِ ، وَلَمْ يَذْكُرْهُمَا ٱلْخَلِيلُ [7] وَلَا أَبُو عُبَيْدٍ عَنْ أَحَدٍ مِنَ ، ٱلسَّلَفِ وَقَدْ رَوَى ٱبْنُ قُتَيْبَةَ ،

سِبَحْلٌ لَهُ نِزْكَانِ ، كَانَا فَضِيلَةً   عَلَى كُلِّ حَافٍ فِي ٱلْبِلَادِ وَنَاعِلِ ،

[N] [10] g ٱلشَّيْهَمُ ٱلذَّكَرُ مِنَ ٱلْقَنَافِذِ [11] [12] .

a). Cf. *KM*, VIII, 96^{11-13}, (A'OB); et I, 34_{10}, (A'OB); — b). cf. *KM*, VIII, 95_{8}, (A'OB); — c). cf. *ibid.*, 173^{14}, (AḤN); — d). cf. *ibid.*, 95_{8}, (AḤT); — e). = *ibid.*, 96^{5}, (A'OB); — f). cf. *infra*, n. 5; — g). cf. *KM*, VIII, 94_{11}, (AḤT).

---

(1) *ĞM*, باب الضباب والقنافذ , (cf. *supra*, p. 118, n. 6); puis : ابو زيد يقال لفرخ الضب يخرج من بيضه ... مطبخ ... الاحمر وهو حسل ثم مطبخ ثم خضرم ... الغساني الضبة ... يقال منه ... ابو زيد مثله فهي ممكن ... والجرادة عليها ... تسرأ غيره الشيهم ... — Cf. *L'A*, XII, $157^{1, 2}$, (AZD; AH); *Ṣaḥ.*, II, 111^{15}, (AZD; AḤ); etc.: confirment l'exactitude de notre texte, (contre *KM*).

(2) Pour le texte de *ĞM*, cf. *supra*, n. 1.

(3) *Sic* d. *ĞM*; *KM*; *Nawâd.*, 92^{9}; *Istidr.*, 18^{12}, (AZD); *Ḥayaw.*, VI, 41^{18}. (*M**, *m* : الظبي).

(4) *Sic* d. *ĞM*; *KM*; *L'A*, XVII, 299_{10}, (KS); *Ḥayaw.*, VI, 37_{2}; etc. — *M**, *m* : الضبُّ .

(5) Les trois lignes suiv. mnq. d. *ĞM*. Cf. *infra*, n. 8. — *M*, من السلف ou للسلف.

(6) *M**, نَزْكان , [= *L'A*, XII, 388_{8}, (ابن القطاع)]; puis : نزكان , (p. v.).

(7) Al-Ḫalîl a été cité *supra*, p. 91^{1}. L'auteur du *KN* aurait-il (au moins indirectement) utilisé le *Kitâb al-'Ayn*? Rien ne me permet de l'affirmer. Parmi les six ou sept déf. ou rem. attribuées à Al-Ḫalîl d. *m*, j'en trouve une attribuée au Ṣ'A d. *KM*. Par contre, il y en a une qui doit être empruntée au *Mouṣan.*, (= à peu près *L'A*, II, 227^{10}: A'OB *'an* Al-Ḫalîl!). — Il est certain pour moi que A'OB n'a pas pris cette dern. rem. d. le *Kitâb al-'Ayn*. On la retrouve ailleurs : *Tahḏ.*, 447^{1}; *KM*, XII, 63^{3}; etc.

(8) *Sic* d. *M*! (Le passage mnq. d. *m*). Il est donc inexact d'attribuer le *Kitâb al-Ġarâṯîm* à Ibn Qoutayba, (cf. *supra*, p. 1). Il se peut que l'auteur de *KN* ait utilisé *Adab*. On trouve d. ce dernier ouvrage plusieurs des déf. de *KN* qui mnq. d. *ĞM*.

(9) Cf. *Adab*, 219^{2}; *'Iqd*, III, 358^{6}; *Mouḥâḍ.*, II, 400_{10}, (corr.!); *Ṣaḥ.*, II, 146^{7}; *T'A*, VII, 369^{7}; *L'A*, XIII, 344^{5}. Il y a في الانام d. *L'A*, XII, 388_{9}; *T'A*, VII, 186_{19}; *Ḥayaw.*, IV, 54^{12}. Cf. *Dîw. ḤṬ*, (d. *ZDMG*, 1893, p. 186_{1}). Le poète est ابو الحجاج d'après *L'A*, XII, 388^{12}; et حمران ذو الغصة d'après IBR, (*L'A*, ibid.); *Iqt.*, 355_{8}; *T'A*, VII, 186_{19}. Quant à Al-Fazârî, (*Ḥayaw.*, VI, 22_{7}: corr. le vers!), ce n'est peut-être qu'un *râwî*: cf. *ibid.*, 22_{1}; etc.

(10) Cf. *supra*, n. 1; p. 117, n. 6; *L'A*, XV, 221^{13}, (AZD!).

(11) *ĞM* aj. : قال الاعشى . لترتحلن مني على ظهر شيهم . ويروى يوما على ظهر شيهم . — Cf. *KM*, XVI, 112^{12}; Lane, 1614 a, l. 20. Le prem. hémist. du vers est لئن جدّ اسباب العداوة بيننا d. *Ṣaḥ.*, II, 308_{14}; *L'A*, XV, 221^{11}; *T'A*, VIII, 361_{7}; *Adab*, 108^{5}; *Iqt.*, 322^{6}; Dam., II, 62_{5}; et ... لئن شبّ نيران , (av. ليرتحلن), d. *Dîw. A'Š*, 7_{8}; *ŠN*, 377_{7}.

(12) A partir d'ici, le *KN* correspond, d. *ĞM*, à une nouvelle série de chapitres dont voici l'ordre : كتاب الطير اسماء الطير وضروبها — باب عش الطير وفراخها — باب طيران الطائر — باب اصوات

[a] القِرْدُ يُكْنَى ،

[b] القُرَادُ ، [AṢ] ، أوَّلَ ما يَكُونُ صَغِيرًا لَا يَكَادُ يُرَى مِنْ صِغَرِهِ يُقَالُ لَهُ قَمَامَةٌ ثُمَّ يَصِيرُ حَمْنَانَةً ثُمَّ يَصِيرُ ، قُرَادًا ، ثُمَّ حَلَمَةً . [c] وَيُقَالُ لِلْقُرَادِ العَلُّ [FR] ، وَهُوَ الطِّلْحُ وَالقَتِينُ وَالبُرَامُ [d] وَجَمْعُهُ بُرُمٌ ، . [AḪS] ، [e] القُمَّلُ دَوَابُّ صِغَارٌ مِنْ جِنْسِ القِرْدَانِ إِلَّا أَنَّهَا أَصْغَرُ مِنْهَا وَاحِدُهَا ، قُمَّلَةٌ .

وَالسَّلَاحِفُ ، [FR] [f] الذَّكَرُ مِنْهَا ، الغَيْلَمُ وَالأُنْثَى فِي لُغَةِ بَنِي أَسَدٍ سُلَحْفَاةٌ بِتَحْرِيكِ ، اللَّامِ وَجَزْمِ الحَاءِ [qal] ، وَيُقَالُ سُلَحْفِيَةٌ مِثَالُ ، بُلَهْنِيَةٍ [NN] ، وَيُقَالُ ، لِلْعَظِيمِ ، مِنْهَا رَقٌّ وَجَمْعُهُ رُقُوقٌ ، .

[g] العُلْجُومُ ، الضِّفْدِعُ ، . [h] وَالدُّعْمُوصُ ٧ عَلَى خِلْقَةِ المِغْرَفَةِ ، فِي المَاءِ (١٠٥) الرَّاكِدِ

a). Cf. *infra*, n. 1; — b). = *KM*, VIII, 122_{9}, $_{3}$, $_{4}$, (A'OB); — c). cf. *ibid.*, 123^{3}, ^{4}, ^{5}, ^{6}, (A'OB); — d). cf. *infra*, n. 4; — e). cf. *KM*, VIII, 119^{12}, (AḪT; A'OB?); — f). cf. *KM*, X, 22^{6}, ^{3}, ^{5}, ^{11}, (A'OB); — g). = *ibid.*, 22_{9}, (A'OB); — h). cf. *infra*, n. 7.

الطير — باب بيض الطير — باب نعت البيض — باب ما يصيد من الطير — باب صغار الطير والهوام والنحل — باب الجراد — باب اليعاسيب والجنادب واشباهه — باب العظاء والحرباء واشباهه — باب الحيات ونعوتها — باب العقارب — باب لدغ العقرب والحية — باب النمل والقمل — باب الذباب — باب القردان والحلم والسلاحف والضفادع . — On voit que le titre général du *KN*, (qui ne correspond pas exactement à son contenu), suit à peu près l'ordre du *Mouṣan*. C'est sans doute au moment de la rédaction de la dernière moitié de son *Kitâb*, (cf. *supra*, p. 113, n. 1; etc.), que l'auteur a songé à faire quelques changements à cet ordre, v. g., à mettre les *Ṭayr* à part, (cf. *infra*, p. 128[4]).

(1) Ces deux mots occupent, d. *M*, le commencement d'une ligne dont le reste est laissé en blanc. Ils ne correspondent à aucun *Bâb* de *ĞM*. L'auteur de *KN*, ayant écrit le mot قِرْد, (qui lui était rappelé par le mot قراد; ou par le mot شيهم : cf. *supra*, p. 117, n. 6), pensait, sans doute, compléter ensuite la phrase commencée. — Cf. Homm., 329; Jacob, 16; etc.; — et les vers cités d. *Š. A. Iḍâḥ*, 78ᵛ, (= *KM*, XVII, 16_{6}); *Ḥayaw.*, IV, 25; *ibid.*, II, 104_{4}; *Bayân*, I, 15^{1}, ^{2}; *ZA*, XIX, 39_{1}; etc.

(2) *ĞM*, باب القردان والحلم والسلاحف والضفادع . Cf. *supra*, p. 122, n. 12.

(3) *ĞM*, الاصمعي القردان اول ما ... ثم قرادة ... الفراء قال وهو . — Cf. *Beitr.*, 90, 123; Jacob, 72; *Ḥayaw.*, V, 132^{1} seq.; Dam., I, 268_{9}, (AṢ); *Kifây.*, 42_{4}; etc.

(4) *Sic* d. *M*, (بُرُم) . Ces deux mots mnq. d. *ĞM*. — *T'A*, VIII, 198_{17}, n'indiq., ('*an* KR), que le pl. أبرمة; mais بُرُم peut être justifié par l'analogie : cf. Vern., I, p. 261, n° 310, 2°; *L'A*, IV, 348^{5}; etc.

(5) *ĞM* continue, après والبرام : ابو الحسن الاعرابي العدوي القمل دواب ... واحدتها قملة الفراء الذكر من السلاحف الغيلم ... بحركة اللام ... قال وحكى الرؤاسي سلحفية مثل بلهنية وقال غير واحد يقال للعظيم ... رقوق والعلجوم... Cf. *Adab*, 108^{3}. — Sur Ar-Rou'âsî, cf. Flüg., 118-119.

(6) Cf. *infra*, p. 124, n. 1. — *ĞM* aj. : قال لبيد . يسن فوق سراته العلجوم . Cf. *KM*, X, 22_{8}. Le premier hémist. est فتضيّفا ماء بدحل ساكنا d. *Diw. LB* c, 101_{7}, (av. var. فتاوّيا عينا بدحل رويّة).

(7) Ces quatre lignes mnq. d. *ĞM*, dont le *Bâb* se termine par le vers cité d. la n. 6. J'en ignore la provenance. (Cf. *infra*, p. 124, n. 2).

(8) *M*, الجلرقو , (av. un *qâf*).

ٱلْقَلِيلِ غَيْرَ أَنَّهُ يَصِيدُ ضِفْدِعًا [1] ، وَقَدْ رَأَيْتُ دُعْمُوصَةً قَدْ صَارَ نِصْفُهَا ٱلْأَعْلَى ٱلْمُدَوَّرُ ضِفْدِعًا وَبَقِيَ ذَنَبُهُ ٱلدَّقِيقُ انس [2] قَالَهُ . قَالَ وَٱلزَّازِيَا [3] شَيْءٌ [4] طَوِيلٌ يَكُونُ فِي ٱلْمَاءِ تَحْتَ ٱلْعَرْمَضِ وَٱلطِّلَّخَامِ ، مِثْلُ مُصْرَانِ ٱلْغَنَمِ وَأَدَقُّ وَهُوَ ٱلَّذِي يُصَوِّتُ بِٱللَّيْلِ مَعَ ٱلضَّفَادِعِ وَهُوَ أَعْلَى صَوْتًا مِنْهَا.

ٱلْقَمْلُ [5] [AZD] [a] ٱلْحَمَكَةُ ٱلْقَمْلَةُ وَجَمْعُهَا حَمَكٌ [5] وَهِيَ [6] ٱلْقَرَعَةُ [7] .

ٱلنَّمْلُ [5] [b] صِغَارُهُ ٱلذَّرُّ [5] [A'OBA] [5] [c] وَقَرْيَتُهَا مُجْتَمَعُهَا وَحُفَرُهَا [8] [b] وَهِيَ ٱلْبَلْدَةُ [5] [c] وَهِيَ جُرْثُومَةُ ٱلنَّمْلِ [5] [AʿAM] [5] وَٱلزُّبَالُ مَا حَمَلَتْهُ ٱلنَّمْلَةُ بِفِيهَا [9] .

وَٱلْعَظَاءُ [10] [AZD, AǴR] [d] ٱلذَّكَرُ [10] مِنْهُ يُقَالُ لَهُ ٱلْعَضْرَفُوطُ [ʿAD] وَيُقَالُ [10] هُوَ ضَرْبٌ

a). Cf. *KM*, VIII, 119_8, $_{12}$, (A'OB) ; — b). cf. *infra*, n. 6 ; — c). cf. *KM*, VIII, 120_9, $_7$, (A'OB) ; — d). cf. *ibid.*, 100_1 ; 101^1, (A'OB).

---

(1) Voc. de *M*, ici et p. 123^9 : la meilleure d'après *Adab*, 416^2. Il y a الضِّفْدَع d. *KM*, (A'OB). Mais cette voc., reconnue par AḤT, (*Iqt.*, 206_8), et Ibn Ǵinnî, (*KM*), est rejetée indirectement par Al-Ḫalîl [ou S'A ?] : *Ṣaḥ.*, I, 607_7. Elle aurait été cependant très employée par les عامة : Dam., II, 93^{17}. — Sur les *ḍafâdiʿ*, cf. *Ḥayaw.*, V, 152 seq.

(2) *m* : (من قول انسير) الرقيق : *M*, à peu près : الدقيق أُنَسٌ قال . Peut-être faut-il lire *Ounays*. Cependant je retrouve la graphie de *m* d. des phrases où il faut lire presque sûrement انس : p. 1^2, 34_8, (et *supra*, p. 92^{14}). — C'est probablement le même personnage qui est nommé, (av. la même graphie), d. quatre ou cinq autres passages de *m*, (p. 60^6, 74_9, 191^1, 191^3) : une fois *ʿan* AṢ ; une autre fois av. une citation de Ǵarîr.

(3) *Sic* d. *M*. Je n'ai trouvé ce mot nulle part ; et je ne sais quelle chose il désigne. — Mon compositeur Ḥannâ vient de me dire, (sans que je l'interroge !) que la description convient exactement à ce qu'il appelle *ḥabl el-qorr*, حَبْل القرّ . Et il me cite le proverbe vulgaire suivant : مقطّع موصّل متل حبل القرّ , (c'est-à-dire fin, rusé), lequel fait allusion à ce fait que, si on coupe le *ḥabl el-qorr*, les parties coupées se réunissent de nouveau. Les informations que j'ai recueillies de divers côtés confirment les dires de Ḥannâ. D'où il résulte qu'il existe une chose, répondant *plus ou moins* à la description du *KN*, à laquelle *certaines gens attribuent* un cri semblable à celui du *ḍifdiʿ*. — Le *habl el-qorr* n'est, je crois, autre chose que le frai de grenouille. Peut-être en est-il de même du *râziyâ*, [= وُومًا ??].

(4) Ce mot, (qui, d'après *m*, est coordonné à العرمض), est à rapprocher du radical طلخ .

(5) *Ǧ́M*, باب النمل والقمل , (cf. *supra*, p. 122, n. 12) ; puis : ابو زيد الحمكة ... حمك قال ويقتاس ذلك للذرة ابو عبيدة قرية النمل ما يجمع النمل من التراب وهي جرثومة النمل ايضا غيره المازن بيض النمل ابو عمرو الزبال ... . Cf. *Ḥayaw.*, IV, 4_{10}, (AZD; A'OBA; AʿAM!) ; *Malâḥin*, 13^{18}.

(6) Ces deux mots mnq. d. *Ǧ́M*. Cf. *supra*, n. 5.

(7) Voc. de *M* ; *KM* ; *Fiq.* c, d, h, m, (V, 3, *ʿan* AṢ) ; etc. Il y a القَرْعَة d. *Adab*, 75^2, (cf. *Qdm.*, III, 71^{10}). Cf. *Zaǵǵ.*, 101^1.

(8) Ce dernier mot mnq. d. *Ǧ́M*. — *M*, وحطرها , (p. v.).

(9) *Ǧ́M* aj. : قال ابن مقبل . كريم النجار حمى ظهره فلم يرتزأ بركوب زبالا
Cf. *KM*, VIII, 120_7 ; *Ṣaḥ.*, II, 193^{16} ; *L'A*, XIII, 320^{16} ; *ibid.*, I, 79^4 ; *T'A*, VII, 354^9 ; *ibid.*, I, 70_{16} ; *Ḥayaw.*, IV, 4_8, (corr. !). Cf. var. بركوب , etc., d. *L'A*, I, 79^5 ; (= *T'A*, I, 70_{15}). Le vers est attribué à ابن احمر (!?) d. *Asds*, I, 257^6.

(10) *Ǧ́M*, باب العظاء والحرباء واشباهه , (cf. *supra*, p. 122, n. 12) ; puis : ابو زيد وابو الجراح العضرفوط الذكر من العظاء المدنّبس الكنانى قال هو ضرب من العظاء وليس بذكر العظاء وهو اكبر ... قال يقال ... والجُخدُب دابة نحو ذلك ايضا يقال للواحد جخادب وجمعه جخادب وحكى الكسائى هذا ... والوحرة نحوها الاصمعى دويبّة حمراء كالعظاءة وجمعها وحر ... وسامّ ... الميم قال ولا ادرى لم سمى بهذا قال ابو زيد جمعه ... الى اسم وكذلك بنات آوى آوى ... قال ابو زيد وهو الصداد فى كلام قيس المدنّبس يقال لام حبين حبينة وهى ... العقراء الحجل الحرباء ...

مِنَ ، ٱلْعَظَاءِ ، وَهُوَ ، أَكْبَرُ مِنَ ٱلْعَظَاءِ . [a] وَٱلْحِرْبَاءُ ، شَبِيهٌ بِهِ [b] يَسْتَقْبِلُ ٱلشَّمْسَ بِرَأْسِهِ أَبَدًا [qdl] وَيُقَالُ ، إِنَّمَا يَفْعَلُ ذٰلِكَ لِيَقِيَ جَسَدَهُ بِرَأْسِهِ . [c] وَٱلْجُنْدُبُ ، دَابَّةٌ نَحْوُ ذٰلِكَ ، وَيُقَالُ لَهُ ، جُخَادِبٌ وَجَمْعُهُ جَخَادِبُ [KS] ، وَيُقَالُ لَهُ ، هٰذَا أَبُو جُخَادِبٍ ، قَدْ جَاءَ . وَٱلْوَحَرَةُ نَحْوُهَا (٤٠٦) الاحمر ، هِيَ دُوَيْبَّةٌ كَٱلْعَظَايَةِ وَعَظَاءَةٌ ، أَكْبَرُ ، وَجَمْعُهَا وَحَرٌ وَبِهِ شُبِّهَ وَحَرُ ٱلصَّدْرِ . [qdl] [d] وَسَامٌّ أَبْرَصَ بِتَشْدِيدِ ٱلْمِيمِ ، [AZD] ، وَجَمْعُهُ ، سَوَامُّ أَبْرَصَ وَلَا يُثَنَّى أَبْرَصُ وَلَا يُجْمَعُ لِأَنَّهُ مُضَافٌ إِلَى ٱسْمٍ مَعْرِفَةٍ ، وَكَذٰلِكَ بَنَاتُ آوَى وَأُمَّهَاتُ حُبَيْنٍ وَأَشْبَاهُهَا [AZD] ، [e] وَقَيْسٌ ، تُسَمِّيهِ الصُّدَادَ يَعْنِي سَامَّ أَبْرَصَ . [ʿAD] ، [f] قَالَ ، وَأُمُّ حُبَيْنٍ ، تُسَمَّى حُبَيْنَةُ ، وَهِيَ دَابَّةٌ قَدْرَ كَفِّ ٱلْإِنْسَانِ . [FR ?] ، [g] الْجُعَلُ ، الْحِرْبَاءُ وَهُوَ الشَّقَذَانُ ، أَيْضًا [N] ، وَيُقَالُ الشَّقِذُ ، وَجَمْعُهُ شِقْذَانٌ . [h] وَٱلْمُشْقَذُ ، ٱلْمَطْرُودُ ٱلْمُبْعَدُ . أَشْقَذْتُهُ طَرَدْتُهُ . [i] الْجُدْجُدُ ، الَّذِي يَصِرُّ بِٱللَّيْلِ . [QN] [j] الصَّيْدَنَانِيُّ دَابَّةٌ تَعْمَلُ لِنَفْسِهَا ، بَيْتًا فِي جَوْفِ ٱلْأَرْضِ وَتُعَمِّيهِ . [YZ] [k] وَٱلسُّرْفَةُ دُوَيْبَّةٌ تَبْنِي بَيْتًا

a). Cf. *KM*, VIII, 102^{14}, (AḤT) ; — b). cf. *ibid.*, 102_{11}, (AʿOB) ; — c). cf. *ibid.*, 101_{13}, (AʿOB), 101_{12}, [et 101_{11}, (AʿOB)] ; — d). cf. *ibid.*, 101_{8} (AḤT) et 101_{7} (AʿOB), et 101_{4}; — e). cf. *ibid.*, 102^{3}, (AʿOB) ; — f). cf. *ibid.*, 103^{12}, (AʿOB) ; — g). cf. *ibid.*, $102_{10,8}$, (AʿOB) ; — h). cf. *infra*, n. 13 ; — i). cf. *KM*, VIII, 176^{10}, (AʿOB) ; — j). = *ibid.*, 122^{12}, (AʿOB) ; — k). cf. *ibid.*, 122^{10}, (AʿOB), et 122^{3}, (AḤN).

غيره الشقذان وهو الحرباء وجمعه شقذان والجدجد هو الذى يصر بالليل وقال العدبّس هو الصدي والجندب غيره القنانى الصيدنانيّ دابة تعمل لها ... الوزيدى السرافة تبق بيتا حسنا تكون فيه الاموى المث دابة تاكل الجلود ابو الحسن الاعرابى مثله فى المث الاصمعى الشبث ... وجمعه شبثان والنغف دود يسقط ... نغفة ابو عبيدة وابو زيد مثله ابو الحسن الاعرابى العدوى الليث هو الذى ياخذ النباب وهو اصغر من العنكبوت عن الاصمعى ... بيض صغار .

(1) Pour le texte de *Ğ M*, cf. *supra*, p. 124, n. 10.

(2) Voc. de *M*, ici et *supra*, p. 124^{7}; et de *KM*. — Cf. *Ḥayaw.*, I, 66_{5}.

(3) Cf. *Muʿar.*, 52_{1}; *Ḥayaw.*, VI, 120^{11} seq ; *Šarḥ Mufaḍ.*, 708^{13}.

(4) Voc. de *M* ; etc. Cf. *Moush.*, II, 33_{3}; — et *supra*, p. 124, n. 10, l. 3.

(5) *M*, جَخادِبَ , (ou جُخادِبَ ?), voc. que je ne trouve que d. Freyt., I, 7. Il y a ابو جُخادِب d. (Sîb., I, 226^{14}); *Qâm.*, I, 53^{1}; *LʿA*, I, 247^{11}, $_{11,3}$; etc. Cf. *Kunja*, 7^{3}; Wall., 27^{5}; (*KM*, XIII, 178_{6}); *ibid.*, XVI, 15_{1}; — Socin, I, 132, n. 40d.

(6) *Sic* d. *M* ! Mais *Ğ M* : الاصمعى دويبّة حمراء كالعظاءة . Cf. *Adab*, 216^{7}; *Ḥayaw.*, VI, 127_{6}.

(7) Cf. *KM*, XVI, 20_{3}; *Šarḥ Mufaḍ.*, 694^{9}; Vern., I, 350_{1}; (Sîb., II, 175); *TʿA*, X, 247^{11}.

(8) *M*, وعظاءة اكبرُ . Cf. *LʿA*, VII, 143^{6}: الوَحَرَةُ . . . أصغرُ من العظاءةِ .

(9) Cf. *Nawâd.*, 227_{6} seq. ; *LʿA*, VIII, 270_{3}, (AṢ !) ; — et la correct. de على d. *KM*.

(10) *Sic* d. *M*. Il y a الى اسم معروف d. *KM* ; *LʿA*, VIII, 270_{9}; etc; et seulement الى اسم d. *Ğ M*.

(11) *Sic* d. *M*. — Cf. *supra*, p. 124, n. 10; *Kunja*, 7_{3}; *KM*, XIII, 188_{1}, (AʿOB); *Ḥayaw.*, I, 66_{3}, (AZD); *ibid.*, VI, 128^{6}. Corr. بَناتُ حُبَيْن d. *KM*, VIII, 108^{12}, (AʿOB) ; حُبَيْنَة d. *Adab*, 216^{8}; et ام حبين d. *Šarḥ Mufaḍ.*, I, 42^{9} seq. ; Jahn, I^{2}, 273, n. 21.

(12) Voc. de *M* ; *KM* ; etc. Corrig. القَنْذان d. *Fiq.** c, 343_{6}; *Kifây.*, 43^{5}: cf. Lane ; Vern., I, p. 301, nᵒˢ 180 et 182 ; *Ḥayaw.*, VI, 38^{12} (!) ; *ibid.*, VI, 121_{4}; *ibid.*, V, 74^{3}, (corr. شقران ; et *item* d. *Dîw. ṬR*, 98^{6}).

(13) Ces cinq derniers mots mnq. d. *Ğ M* et *m*. (D. *M*, ils sont écrits en marge). *M**, av. *dâl*.

حسنا تكون فيه [1] ، a يقال ، في المثل أصنع من سرفة [2] . [AM, AHS*] ، b العث دابة
تأكل الجلود ، . [AṢ, AʿOBA*, AZD*] ، c الشبث ، دويبة كثيرة الأرجل
عظيمة الرأس وجمعها ، شبثان ، d تكون ، في الرمل إذا دب عليها شيء تعلقت به [3] .
e النغف ، دويبة ، تسقط ، من أنوف الغنم (٤٠٧) والإبل واحدته نغفة [4] .
[AHS] ، f الليث ، عنكبوت طويل الأرجل يأخذ الذباب ، . [ʿan AṢ] g الأساريع
دود بيض صغار h يكون ، في الرمل تشبه به أصابع النساء [5] .

ومن الحيات وأسمائها [6] ، [AṢ] i الحباب الذكر [7] ، منها يسمى [8] ، بذلك لأن الحباب
هو اسم الشيطان [9] ، والحية يقال لها شيطان ، j ومنه [10] قول الله عز وجل إنها شجرة
تخرج في أصل الجحيم طلعها كأنه رؤوس الشياطين فسر أنه تشبيه برؤوس الحيات . [AʿAM]
k الحنش [11] ، والحنش أيضا كل شيء يصاد من الضب [11] ، والطير والهوام وغيره [11] . يقال [11]
حنشت الصيد أحنشه إذا صدته [AṢ] الحية العرماء التي فيها نقط سود وبيض [11] [qdl]
l وكبش أعرم مثله [11] . [N] m الأفعوان الذكر من الأفاعي [12] . والشجاع مخطط بحمرة وبياض

a). Cf. *infra*, n. 2; — b). = *KM*, VIII, 121_3, (AʿOB); — c). cf. *ibid.*, 103_8, (AʿOB); — d). cf. *infra*, n. 3; — e). cf. *KM*, VIII, 121_3, (AʿOB); — f). cf. *ibid.*, 118^{12}, (AʿOB); — g). = *ibid.*, 121^4, (AʿOB); — h). cf. *infra*. n. 5; — i). cf. *KM*, VIII, $110_{6,3}$, et 109_{10}, (AʿOB); — j). cf. *infra*, n. 10. — k). cf. *KM*, VIII, 110^5 et 87_2, et 111_4, (AʿOB); — l). cf. *KM*, VII, 194_{12}, (AʿOB); — m). cf. *KM*, VIII, $108^{1,7}$, 107^{13}, (AḤT; N); 108_{11}, (AʿOB).

---

(1) Pour le texte de *Ǧ M*, cf. *supra*, p. 124, n. 10.

(2) Les six dern. mots mnq. d. *Ǧ M*. — Cf. *Adab*, 215^6; *Amṯâl*, 5_6; *Prov.*, I, 740; etc.

(3) Cf. *Beitr.*, 89; *Al-Machriq*, X, 135. — La dern. rem. mnq. d. *Ǧ M*. Cf. *Adab*, 74^5.

(4) *Ǧ M*; *KM*; *Mouḥkam* d'ISD, (*TʿA*, VI, 260^8): دود يسقط .

(5) *M*, بعثون . (Cf. *Iṣlâḥ E*, I, 141^9). — Cette rem. mnq. d. *Ǧ M*. Cf. *Adab*, 218^1; etc.

(6) *Ǧ M*, باب الحيات ولعوتها , (cf. *supra*, p. 122, n. 12). Cf. Jacob, 24; *Al-Machriq*, VIII, 983.

(7) *Ǧ M*, الحباب الحية وانما . Mais cf. *Ḥayaw.*, I, 70^{13}; IV, 45_1; etc. — Cf. *Beitr.*, 87, n. 4.

(8) *Ǧ M* (!): وانما قيل الحباب اسم شيطان لان الحية يقال لها شيطان , = *LʿA*, I, 287^6, (AʿOB); *KM*, (av. اسمُ الشيطان لأن الشيطان من أسماء الحيّة); etc. Mais cf. Dam., I, 254_8, (d'après le *Ṣaḥ* !!).

(9) *Ǧ M* aj.: وانشد . تلاعب مثق حضرمي كأنه تعمج شيطان بذى خروع قفر
Lire مثق . Cf. *KM*, VIII, 109_9; *Ṣaḥ.*, I, 158^{17}, 585^1; II, 386_{12}; *LʿA*, I, 287^6; III, 158^6; IX, 420^5; XVII, 105^3; XVIII, 130^{11}; *TʿA*, I, 199^{21}; V, 316_2; X, 63_4. Le poète est nommé طرفة d. *Ḥayaw.*, IV, 45_5. (Mnq. d. *Dîw. ṬR*).

(10) Ces 2 lignes mnq. d. *Ǧ M*. Cf. *Qourʾân*, S. 37, v. 62, 63; *Adab*, 221^5; *Ḥayaw.*, IV, 18^{11}.

(11) *Ǧ M*, الحنش ايضا الحية والحنش كل شيء يصاد من الطير والهوام يقال منه ... وبيض قال ويروى عن معاذ انه ضحى بكبش اعرم وانشدنا الاصمعي في الاعرم الهذلي
ابا معقل لا توطئنك بغاضتي رؤس الافاعي في مراصدها العرم
غيره ...
Cf. *KM*, VII, 194; VIII, 111, (av. في مرابضها ; mais cf. *LʿA*, IV, 159). Le poète est معقل الهذلي : *LʿA*, XV, 289; VIII, 390; *TʿA*, VIII, 394; *Huḏ.*, n° 58^3; *Ḥayaw.*, IV, 71, (corr. V, 166).

(12) *Ǧ M* aj.: وانشدنا الاحمر . لقد سالم الحيات منه القدما الافعوان والشجاع الشجعما

وَثَّابٌ سَرِيعٌ مُحَارِبٌ [1] . وَٱلْأَسْوَدُ ٱلْعَظِيمُ وَفِيهِ سَوَادٌ وَإِنَّمَا قِيلَ [1] أَسْوَدُ سَالِخٌ [1] لِأَنَّهُ يَسْلَخُ جِلْدَهُ فِي كُلِّ عَامٍ . وَٱلْأَرْقَمُ ٱلَّذِي فِيهِ بَيَاضٌ [2] وَسَوَادٌ . [a] وَذُو ٱلطُّفْيَتَيْنِ ٱلَّذِي لَهُ خَطَّانِ أَسْوَدَانِ . ٱلْأَبْتَرُ [2] ٱلْقَصِيرُ ٱلذَّنَبِ . (١٠٨) [b] ٱلْخَشَاشُ [3] ٱلْحَيَّةُ [2] . [A'OBA] ٱلْحَيَّةُ ٱلْعَاضِهُ وَٱلْعَاضِهَةُ ٱلَّتِي تَقْتُلُ إِذَا نَهَشَتْ [4] [c] وَنَهَسَتْ بِٱلسِّينِ أَكَلَتْ . [N] [2] [b] ٱلصِّلُّ مِثْلُهَا أَوْ نَحْوُهَا . [d] وَٱلنَّضْنَاضُ [2] ٱلْخَفِيفَةُ ٱلَّتِي لَا تَقِرُّ [3] فِي مَكَانٍ [2] . [c] وَيُقَالُ [5] ٱلَّتِي تُحَرِّكُ لِسَانَهَا [5] . [e] ٱلثُّعْبَانُ [2] ٱلْعَظِيمُ . ٱلْأَيْمُ [2] وَٱلْأَيْنُ [2] ٱلْحَيَّةُ [AṢ] [f] فَإِذَا [2] ضُرِبَتِ ٱلْحَيَّةُ فَلَوَتْ بِذَنَبِهَا قِيلَ [2] ٱرْتَمَصَتْ [2] وَيُقَالُ [2] تَبَعْصَصَ [2] [ʿan KS] وَيُقَالُ [2] لِلْحَيَّةِ تَتَحَيَّزُ وَتَتَحَوَّزُ أَيْ [2] تَتَلَوَّى . [c] وَبَعْضُ ٱلْعَرَبِ تُسَمِّي ٱلذَّكَرَ ٱلْحَيُّوتَ قَالَ

قَدْ أَقْتُلُ [2] ٱلْحَيَّةَ وَٱلْحَيُّوتَا

يُقَالُ حَيَّةٌ ذَكَرٌ وَلَا يُقَالُ حَيٌّ [6] .

وَمِنْ أَسْمَاءِ ٱلْعَقَارِبِ [7] [AʿAM, AḤ*] [7] [g] ٱلشَّبَادِعُ [7] [qdl] [7] وَاحِدَتُهَا شِبْدِعَةٌ [IKL] وَٱلْعُقْرُبَانُ [7] ٱلذَّكَرُ [7] . [N] شَبْوَةُ هِيَ ٱلْعَقْرَبُ [8] غَيْرُ مُجْرَاةٍ [8] .
[KS, AǴR*] [9] [h] وَهِيَ [9] تَأْبِرُ [3] بِإِبْرَتِهَا [9] وَتَلْسِبُ [3] وَتَوْكَعُ [9] وَتَكْوِي [9] . وَٱلْحَيَّةُ [9] تَعَضُّ

a). Cf. *KM*, VIII, 109_{2}, $_{12}$, (AḤT); — b). cf. *ibid.*, 111_{12}, 113^{11}, (A'OB); — c). mnq. d. *KM*, (A'OB): cf. *infra*, n. 2; — d). cf. *KM*, VIII, 111^{1}, (A'OB); — e). cf. *ibid.*, 109^{13}, (A'OB), et 109^{9}, (AḤT ?); — f). cf. *ibid.*, 111_{1}, 112^{3}, (A'OB); — g). cf. *ibid.*, 105_{7}, ^{1}, ^{9}, (A'OB; AḤT; N); — h). cf. *ibid.*, 112_{5}, $_{12}$, $_{8}$, 113^{6}, 112_{5}, (A'OB; AḤT).

Lire قد . — Cf. *L'A*, XV, 211_{7}; X, 40^{4}; *T'A*, V, 394^{15}; VIII, 356^{19}; *KM*, XVI, 106^{1}; Jahn, I^{2}, 191, n. 28; *Ham.*, 392^{3}; *Ṣaḥ.*, II, 307^{11}; *Ḥizân.*, IV, 570^{5}.

(1) *ĞM*, والقفعاء نوع منها , (cf. *Ḥayaw.*, IV, 71_{1}); puis : والاسود...قيل له , (cf. *ib.*, 15_{8}, 80 seq.).

(2) *ĞM*: سواد وبياض ...والابتر... والخشاش الصغير الراس ابو... نهشت من ساعتها غيره الصل...والنضناض نحوها ويقال هي التي لا تقر في مكان والثعبان ... والايم والاين جميعا الحية الاصمعي يقال للحية اذا ضربت فلوت ذنبها قد ارتمصت قال العجاج . الى لا اسعى الى داعيته الا ارتماصا كارتماص الحيّة . Suit le باب العقارب . On voit les additions ويقال لها ايضا هي تبعصص عن الكسائي يقال ... وتتحوز تتلوى de *KN*. — Sur les *raǵaz*, (lire : الحيّه , داعيّه), cf. *KM*, VIII, 112^{1}; *L'A*, VIII, 308^{1}; *Ṣaḥ.*, I, 507_{10}. Entre eux on lit فى رغبة أو رهبة مخشيه : *T'A*, IV, 398, n.; (*Diw.* 'AǴ, XLI, 4: رَهْبَةٍ أَوْ رَغْبَة).

(3) Voc. de *M*; (ou de *M** et *m* pour الخشاش et تلسب). Corr. *talsoub* d. *KM*, 112_{12}.

(4) *ĞM* aj. : من ساعتها , = *KM*; *Fiq* c, 163_{4}; *Verbi*, 21^{19}; etc. Cf. cependant *Ham.*, 527_{6}.

(5) D. *M*: en marge et d. l'interl. supér. Cf. *supra*, n. 2; *Adab*, 175^{10}; *Ḥayaw.*, IV, 72^{12}.

(6) *KM*, VIII, 106_{10}; XVI, 107_{3}; *Ṣaḥ.*, *L'A*, *T'A*, s. v. حيّ ; Dam., I, 310^{14}: ويا كل .

(7) *ĞM*, باب العقارب ; puis : ابو عمرو الشبادع العقارب الاحمر مثله قال واحدتها ... العقربان الذكر منها وانشد كان مرعى امكم اذ غدت عقربة يكومها عقربان Cf. *Adab*, 316^{7}; Dam., II, 148_{1}; *Ḥayaw.*, II, 104_{7}; *KM*, VIII, 105^{8}; XVI, 111^{5}, 105_{6}. Le poète est اياس بن الارت : *Ṣaḥ.*, *L'A*, *T'A*, s. v. عقرب , (av. ويروى اذ بدت); *Ham.*, 648_{5}.

(8) *ĞM* aj. : ايضا وانشد . قد جعلت شبوة تزبئر تكسو استها لحما وتقمطر . يقال شبوة غير ... — Cf. *L'A* et *T'A*, s. v. قمطر ; *L'A* et *T'A* (av. وتقشعر), et *Ṣaḥ.* : s. v. شبا .

(9) *ĞM*, باب لدغ العقرب والحية ; puis : الكسائي لدغته العقرب ولسبته وابرته تابره ووكعته وكوته ويقال للحية

وَتَحَدَّبُ ، وَتَنْهَشُ ، وَتَنْهَسُ ،⁽¹⁾ [qdl] ، وَيُقَالُ لِلدَّسَّاسَةِ وَحْدَهَا نَكَزَتْهُ ، وَالدَّسَّاسَةُ ، تَكُونُ فِي الرَّمْلِ تَنْدَسُّ فِيهِ [AZD] ، وَالنَّكْزُ ، بِالْأَنْفِ ، فَإِذَا عَضَّتْهُ بِأَنْيَابِهَا ، قِيلَ نَشَطَتْهُ تَنْشِطُهُ ، نَشْطًا وَلَدَغَتْهُ ،⁽²⁾ .

Suit le كتاب الطير, qui commence par ces mots : ومنها النعام, (cf. *supra*, p. 113, n. 1). Bien que le titre du *KN* annonce les *Ṭayr*, je considère ce nouveau *Kitâb* comme indépendant du précédent : cf. *supra*, p. 122, n. 12.

Conclusion

Nous avons dit, au début de cette publication, que le *Kitâb an-Na'am* est rédigé d'après le *Mouṣan*. (3). Cela est incontestable. Nous y avons bien rencontré çà et là, surtout dans la seconde partie, des descriptions et des définitions empruntées à d'autres ouvrages fort anciens, tels que le fameux *Kitâb al-Ḥayawân* d'Al-Ǧâḥiẓ (4); et peut-être aussi des remarques personnelles de l'auteur (5). Néanmoins, ce qui constitue le grand intérêt qu'il a pour nous, c'est le texte du *Mouṣan*. que nous y trouvons reproduit. Quelques mots sur l'histoire de ce dernier, et le rôle important qu'il a joué dans la Lexicographie arabe, ne seront donc pas déplacés ici. Ils feront ressortir la valeur du *KN*, et seront mon excuse d'avoir persisté à le publier après avoir reconnu son peu d'originalité.

عضت تعض وخدبت تخدب ونهشت ونهست وقال ابو الجراح مثلة قال ويقال . . . نكزته ولا يقال لغيرها ابو زيد النكز بالانف ومنه يقال نكزته الحية وانكزته وهي الدساسة فاذا عضته بنابها ... نشطا وقال عروة بن مرة الهذلي . ورمى نبال مثل وكم الاساود . On voit les addit. de *KN*. — Le prem. hém. du vers, (cf. *Ṣaḥ*., I, 633[3]), est ودافع اخرى القوم ضرب خرادل, (*L'A*, X, 290[9]); ou ... ضربا خرادلا, (*T'A*, V, 551$_2$). Cf. *Hud*., n° 135[5]. Il a été attribué à ابو ذؤيب : *T'A*, loc. cit.

(1) *M* a le *kasr* pour تحدب, [= *KM*; etc.; (corr. Lane; etc.)], et تنغط —; *m*, تَنْهَشُ.

(2) Pour le texte de *ǦM*, cf. *supra*, p. 127, n. 9. Pour *KM*, cf. *ibid*., note h. (et n. 9!).

(3) On peut en dire autant de l'ensemble du *Kitâb al-Ǧarâṯîm*, ainsi que j'ai pu m'en convaincre par une comparaison rapide de *m* avec les citations du *Mouṣan*. rencontrées çà et là : *KM*, passim; *Moush*., I, 116[1,9], 212[14], 214[10]; Cte de Landberg, *Crit. ar*., III, 36[12], 64$_7$; *ibid*., IV, 64, n. 2; *Dial*., I, 58[1]; etc. (Cf. *infra*). Mais je crois que *M*, (ou du moins *m*), ne contient pas tout le *Mouṣan*. Il est juste de dire encore que le *Kitâb al-Ǧarâṯîm* ne renferme pas que des extraits du *Mouṣan*. On y trouve, par exemple, un كتاب الكرم عن ابي حاتم السجستاني, (cf. Flüg., 88$_9$), publié dans le *Machriq*, V, 976, où il a été attribué à AṢ. Quant au كتاب النخل, publié également d. le *Machriq*, V, 883 seq., et attribué à AṢ, il provient du *Mouṣan*., ainsi que le montre sa comparaison av. *KM*, XI, 102 seq.

(4) Cf. *supra*, p. 89-95; — et p. 93, n. g; p. 96, n. 4; p. 122, n. 7, 8; p. 124, n. 2; etc.

(5) Je n'en vois aucune preuve positive, même d. ce passage de *m*, (p. 182[6], d. le *Kitâb al-Ḫayl*) : أمرُ القردانِ بين الثنةِ والحافرِ والعامّةُ تُسمّيها السُكُرّجة .

Le Ǧarîb al-Mouṣannaf, son titre l'indique, appartient à la nombreuse littérature de ce *ǧarîb* qui le premier provoqua et longtemps retint sur lui seul l'attention des lexicographes. Ce n'est donc pas un répertoire complet de la langue arabe (1) ; mais un recueil de mots *étranges* rencontrés dans les ouvrages profanes. Indépendant des غريب القرآن et des غريب الحديث, il fut le résultat de l'étude des anciennes poésies (2), comme ceux-ci le furent de l'étude du *Qour'ân* et du *Ḥadîṯ* (3).

Aboû 'Oubayd (4) ne fut pas le premier à tenter une œuvre de ce genre. — Il ne fut initiateur en rien (5). — Avant lui, plusieurs grammairiens, soit de Koûfa, soit de Baṣra, avaient composé des travaux d'ensemble sur la langue, parfois portant le même titre (6). Mais Aboû 'Oubayd fit oublier ses devanciers (7).

Ce qui étonne le plus, dans un ouvrage aussi ancien que le *Mouṣan.*, c'est la brièveté des définitions et leur grand nombre. On voit bien qu'elles ne sont pas, dans la pensée de l'auteur, des commentaires aux vers cités

---

(1) On n'y voit pas *définis* des mots d'un usage courant, tels que: قلوص, ناب, جزور, راحلة.

(2) Je crois qu'on trouverait dans les poésies bédouines, soit de la période antéislamique, soit du premier siècle de l'H., des *šâhid* à presque tous les mots du *Mouṣan.*

(3) Ces derniers sont très rarement cités d. *ǦM*.

(4) Sur A'OB, (environ 157 H. - 224 H.), cf. Brock., I, 106, et *Goett. gel. Anzeigen*, 1899, p. 459, (Goldziher) ; Huart, *Littérature arabe*, 144; *ZDMG*, XVIII, 781 seq., (De Goeje); Flüg, 85-87; طبقات الشافعية الكبرى لشيخ الاسلام ... السبكى, (Le Caire, 1324 H.), I, 270-274 ; etc.

(5) An-Nawawî, 745_3 : وقد سبقه غيره الى جميع مصنّفاته فمن ذلك الغريب المصنّف وهو من اجل كُتُبه في اللغة سبقه اليه النّظر بن شُمَيْل . . . .

(6) On connaissait déjà le *Ǧarîb al-Mouṣannaf* de Aboû 'Abdallâh al-Qâsim ibn Ma'n, grammairien koûfite mort vers la fin du second siècle : Flüg., 127. Le baṣrien Qouṭroub († 206) avait aussi composé un *Kitâb al-Ǧarîb al-Mouṣannaf fi'l-Louǧa* : Flüg., 67^{14}. Enfin, un autre contemporain de Aboû 'Oubayd, 'Amr ibn Abî 'Amr, est l'auteur d'un *Ǧarîb al-Mouṣannaf*, [attribué à son père Aboû 'Amr aš-Šaybânî par As-Souyoûṭî, (*Mouzh.*, I, 48_3), et Ḥ. Ḫalfa, (IV, 332^{10}, n° 8622)] : cf. Flüg., 140; *Fihrist*, 68^{9}. — Al-Mazroûrî composa, sur le modèle du *Mouṣan.* de A'OB, *Al-Mouṣannaf fi'l-Louǧa* : Flüg., 201.

(7) Parmi les ouvrages énumérés ci-dessus, le *Mouṣan.* de A'OB est le seul qui nous ait été conservé. (Cf. Brock., *loc. cit.*). C'est aussi le seul dont j'aie, jusqu'ici, rencontré des citations dans les auteurs postérieurs. (Cf. cependant *supra*, p. 13^{11}). — Il ne faut pas tenir compte de la rem. de P. de Gayangos, (*Hist. of the Mohammedan Dynasties in Spain*, I, 422), d'après laquelle il serait question du *Ǧarîb al-Mouṣannaf* de Aboû 'Amr aš-Šaybânî, (cf. *supra*, n. 6), d. un passage de cette *Histoire*, (I, 146^{12}). Il suffit de lire le n° 8622 de Ḥ. Ḫalfa, (IV, 332), pour voir l'origine de l'erreur. Disons-en autant de la rem. de Seligmann d. *Fiq.* s, 4.

çà et là, mais que ceux-ci sont des exemples destinés à les illustrer. Ajoutons à cela l'ordre méthodique adopté, et aussi une certaine préoccupation d'être complet. En somme, le *Mouṣan.* était déjà un lexique, et c'est là, j'en suis persuadé, ce qui fit son succès (1). Parlant du fameux *Kitâb aṣ-Ṣifât* d'An-Naḍr ibn Śoumayl, Ibn Ḫallikân (2) le définit : على مثال الغريب !

Le *Mouṣan.* eut une large diffusion, comme d'ailleurs tous les ouvrages de A'OB (3). Il fut beaucoup lu (4). Quelques lexicographes le savaient par cœur (5). Ses *riwâyât* étaient nombreuses (6), et faites, la plupart, par des *rouwât* fidèles et renommés (7). Bien plus, il devint l'objet de toute une littérature. Il fut commenté (8), réfuté (9), contrôlé (10), comparé avec les œuvres analogues (11), en un mot étudié sous tous ses aspects : preuve irrécusable de la réputation dont il jouit.

Il ne pouvait cependant régner longtemps. Trop incommode et trop spécial pour être ou rester lexique-manuel de la langue, trop considérable pour avoir les préférences des étudiants de *ġarîb*, il fut peu à peu relégué dans l'oubli, repoussé, d'un côté par les dictionnaires alphabétiques, sur-

---

(1) On était étonné d'y trouver tant de choses. C'est ainsi qu'on nous indique le nombre de ses chapitres: mille *Bâb*, (*Fihrist*, 72^{4}); le nombre de ses citations poétiques: douze cents *Bayt*, (*Fihrist*, 72^{5}), ou exactement 1168, (Goldz., *Abhandl. z. arab. Philol.*, I, 78, n. 2); enfin, le nombre des mots expliqués : 17700, (*ZDMG*, XVIII, 783_{3}).

(2) Edition d'Egypte des وفيات الاعيان, (1299 H.), II, p. 214_{10}.

(3) Nawawî, 745^{12}; Al-Anbârî, 190^{3} : وكتبه مستحسنة مطلوبة في كل بلد.

(4) Cf. *Fiq.* c, 301 ; *T'A*, IV, 370^{14}; *Mouzh.*, II, 197^{13}; Yâq., IV, 223^{21}; *L'A*, VI, 412^{8}.

(5) Cf. I. Ḫallikân, I, 431^{11}; Flüg., 222^{5}.

(6) Nommons celles de علي بن عبد العزيز, (cf. *supra*, p. 113, n. 5); de محمد بن محمد بن الحسين ابن الحارث الكارزي, d'après la précédente, (Yâq., IV, 223^{20}); de ثابت بن عمرو بن حبيب, (*Fihrist*, 72^{2}); et (?) de علي بن محمد, (*ibid.*, 72^{3}). — Peut-être le *Mouṣan.* eut-il encore des *riwâyât*, au moins partielles, faites par ŚM, (cf. *L'A*, I, 27^{2}; *T'A*, I, 364^{13}), qui entendit A'OB, (Yâq., IV, 589^{20} : lire ابا عبيد ; *L'A*, IV, 417^{1}; XVII, 285^{14}), et paraît le citer souvent d. ses ouvrages; par أبو علي, (*L'A*, I, 368^{11}); par علي بن حمزة, (*L'A*, I, 368^{11}) ; et par ابن جبلة, (*L'A*, VI, 412^{8}; XVII, 285^{14}). Mais ce ne sont là que des conjectures.

(7) Nawawî, 745^{12} : ثقات مشهورون.

(8) Un *Śarḥ* est attribué à ابو العباس احمد بن محمد par Ḥ. Ḫalfa, IV, 333^{4}. Un *Śarḥ* des *Śawâhid* fut composé par يوسف بن الحسن بن السيرافي : Flüg., 243^{1} : Ḥ. Ḫalfa, *loc. cit.* ; *Ḫiz.*, I, 9^{15}.

(9) Ḥ. Ḫalfa, (IV, 333^{3}), cite un *radd* composé par ابو نعيم احمد بن عبد الله الاصفهاني. De plus, 'Alî ibn Ḥamza a consacré au *Mouṣan.* un chapitre de son *Kitâb at-Tanbîhât* : cf. Ḥ. Ḫalfa, *loc. cit.* ; *Ḫiz.*, I, 12^{2}; Rieu, *Supplem. to the Catal. of the Arab. Manuscripts in the Brit. Museum*, n° 841, 6° ; Cte de Landberg, *Arabica*, III, 64-65 ; (Wall., p. VIII).

(10) Cf. Flüg., 164, 178^{23}.

(11) Le célèbre البطليوسي composa الجمع بين صحاح الجوهري وغريب المصنّف, (Flüg., 60).

tout le *Ṣaḥâḥ*, de l'autre par les recueils de mots rares moins volumineux. Le fait n'a rien que de naturel et ne doit pas nous surprendre. N'avons-nous pas perdu le *Kitâb al-'Ayn*? Félicitons-nous de posséder quelques rares exemplaires du *Mouṣan.*, et gardons-nous de mesurer à leur nombre l'influence qu'il exerça.

Cette influence fut très grande. Longtemps, en effet, le *Mouṣan.* fut étudié et consulté par les savants, grammairiens, commentateurs, philologues, ainsi que le montrent les nombreuses citations faites par les plus anciens et les plus remarquables d'entre eux (1). Les lexicographes surtout le mirent à profit, — c'est-à-dire le copièrent, et cela dans des proportions telles que le fait mérite qu'on y insiste.

Nous en avons un exemple remarquable dans le *Kitâb al-Mouḥaṣṣaṣ*: Ibn Sîda, énumérant les nombreux ouvrages dont il a compilé les matériaux, nomme en premier lieu le *Mouṣan.* Et ce n'est que justice, car il l'a reproduit à peu près en entier.

Connaissant la manière d'Ibn Sîda, son estime pour le *Mouṣan.*, on n'hésitera pas à affirmer qu'il l'inséra également dans le *Mouḥkam*. Avant lui, les auteurs du *Tahḏîb al-Louǧa* et du *Ṣaḥâḥ* l'avaient déjà mis à contribution. Il en fut de même dans la suite: Ibn Barrî, Aṣ-Ṣâġânî, Al-Fayyoûmî, pour ne citer que les auteurs des Lexiques les plus fameux ou les plus originaux, utilisent le *Mouṣan.* (1).

Tous ceux qui connaissent le *Lisân al-'Arab* et le *Tâǧ al-'Aroûs* ont déjà conclu que nous devons retrouver le *Mouṣan.* dans ces immenses compilations. On l'y retrouve, de fait; mais, pour cela, il faut être averti.

Très rarement le *L'A* — ou le *T'A* — mentionne expressément notre ouvrage. Parfois il donne, avec le nom de A'OB, soit l'autorité alléguée par celui-ci, soit le titre du *Bâb* d'où est extrait le passage. Et ces indications sont assez claires pour qui connaît le *Mouṣan.* Mais le plus souvent il se contente de nommer A'OB, ou bien — et cette constatation est particulièrement intéressante (2), le savant cité par lui. Nombreuses enfin sont les définitions du *Mouṣan.* devenues anonymes (1).

Les remarques précédentes valent, dans une certaine mesure, pour le

---

(1) La place me manque malheureusement pour citer ici les nombreuses références que j'ai relevées, et qui justifient chacune de ces assertions.

(2) En tenir compte pour l'identification des textes !

Ṣaḥâḥ et les autres ouvrages énumérés plus haut. De là plusieurs conséquences. Le *Mouṣan.* étant reproduit, de la façon que l'on sait, par les générations successives de lexicographes, tantôt d'après une *riwâya* tantôt d'après une autre, tantôt d'après des manuscrits anciens tantôt d'après des copies moins sûres, tantôt directement tantôt indirectement, son texte est entré dans le *L'A* et le *T'A* une, deux, trois fois, et plus encore, sous des formes qui ne sont pas toujours identiques, et à l'insu même de l'auteur de ces recueils (1).

On voit donc quels multiples services rendra le *Mouṣan.* pour contrôler, *abréger*, comprendre les Dictionnaires arabes. Sans doute son histoire est celle de plusieurs textes lexicographiques anciens. Nous en possédons peu cependant où il faille chercher l'origine d'un aussi grand nombre de définitions, exactes ou non, devenues classiques : définitions que A'OB a prises directement soit dans les œuvres des savants du second siècle, soit dans leurs leçons orales, qu'il nous a transmises fidèlement, et que nous rencontrons aujourd'hui dans les *Mouhîṭ al-Mouhîṭ* et les *Aqrab al-Mawârid*, — mais qu'il est toujours utile de replacer dans leur premier contexte, et de revoir dans les anciens manuscrits (2).

Le *Kitâb an-Na'am* n'est pas une simple copie du *Mouṣan.* Mais, parce qu'il a été rédigé immédiatement (3) d'après un exemplaire de ce dernier certainement fort ancien, et en grande partie vocalisé (4), parce que le texte de A'OB mérite qu'on ne néglige rien pour l'établir avec une précision scrupuleuse, j'ai cru utile de le faire connaître. Puissé-je avoir contribué à la solution de quelques-uns des multiples problèmes dont se compose l'Histoire de la Lexicographie arabe.

---

(1) Les citations du *Mouṣan.* n'étant pas faciles à reconnaître et donnant lieu à beaucoup de confusions, nous savons pourquoi, l'auteur du *T'A* (du *L'A*, etc.) juxtapose souvent des déf. qui ne sont autre chose qu'un seul et même texte qui a passé d. des ouvrages différents.

(2) Le *Mouṣan.* ne contenant guère que des mots *ġarîba*, rangés d. un ordre qui n'est d'aucun secours pour en retrouver l'orthographe, consonnantique ou vocalique, on comprend que les lect. fautives ont dû être nombreuses. J'en ai signalé quelques-unes.

(3) Cf. *supra*, p. 119, n. 13. J'ai donc respecté le plus possible les lect. de *M* : tâche parfois bien ingrate ! — Sur l'auteur, cf. *supra*, p. 122, n. 8.

(4) Ainsi s'explique pour moi ce fait que, à côté de lect. excellentes, on rencontre d. *M* des fautes grossières.

Index Alphabétiques

I. noms propres.

* L'astérisque indique les poètes auxquels sont attribués les vers cités dans *ḠM* et *K.N.*

II. rimes des vers cités.

مُكْنَةٌ 64[7]	وقيرها 104[5]	الرقس 76[73]	العثك 34[11]	زبالا 124[9]	حلانا 100[17]
المشبح 80[19]	تبورها 110[16]	بالتعريس 60[24]	109[1]	المرور 126[4]	ونونا 93[13]
قارب 110[7]	وأَقْرَارُها 40[1]	ميمى 60[24]	يقلوا 81[19]	راعجما 55[9]	الارسالى 114[4]
رداء 78[15]	البعر 67[13]	القرس 31[5]	يَتَلَقَلَ 31[5]	شَيْمُر 109[7]	وابيكرينا
القماح 84[4]	صير 107[11]	زُهْوَلُ 78[10]	49[3]	122[6]	الدهيدحينا et
تَصْحى 84[5]	تخور 97[30]	والتبس 78[10]	جَيْثَلُ 115[7]	الانّاعير 52[7]	53[23]
الابطح 84[5]	ماصر 34[3]	هراس 17[5]	شَمْلالي 42[1]	عدموم 41[17]	بِيْحَن 44[3]
الرذم 106[17]	والمساي 120[30]	نَنا نَثا 58[11]	قرابلا 27[10]	بعصيم 48[30]	رَمَّن 44[7]
الاسارد 128[17]	أعَارَزا 105[3]	بالكثيش	المفاصل 27[31]	الملجوم 123[5]	عقربان 127[1]
السّادى 59[3]	زَقَارَا 68[35]	55[35]	معاطل 27[32]	طعامها 34[8]	أزاليها 117[7]
القَيَادِيدُ 112[7]	منثير 47[1]	امراض 68[35]	الاسافل 48[4]	الفنر 115[4]	غنماها 97[3]
مفرد 44[10]	مُنَثِّير 47[1]	محطط 83[8]	واشل 54[24]	عمر 115[11]	قِرَاها 103[8]
ذى النَّندَ 50[7]	نَنَز 127[3]	القرء 73[8]	زناعل 122[7]	الشجما 126[6]	وأَنْلاهَا 57[3]
جُلاعِدّا 86[5]	تَلَمّطر 127[3]	خواضم 57[30]	طائل 117[14]	القدعا 126[6]	لَوْ تَرْعاهَا 57[3]
فَايِدَا 86[5]	جمر 35[11]	بالاصابع 49[15]	عيالها 115[24]	العصر 107[18]	58[1]
الزغد 55[14]	الفجورا 54[20]	لعا 56[16]	الطعلا 68[31]	البهر 107[18]	وأَدْلِرَاهَا 57[3]
الرواد 85[3]	النسرا 100[6]	روى 87[1]	الجلا 52[1]	غنام 103[1]	الضَّرَادِى 56[3]
الذراد 85[3]	المجر 87[4]	رضاعا 34[37]	اثيلا 85[10]	اورام 103[1]	غوالى 19[17]
اليمر 100[33]	جازر 70[11]	والصناعة 89[23]	قليلا 53[5]	ابلام 103[1]	سكاليا 69[22]
قنر 126[11]	معمش 82[17]	مقطر 18[9]	الظليم 23[6]	القصير 84[30]	جلدنا 86[14]
ابجر 102[11]	رَثَنَاسِى 59[5]	مسبر 86[12]	الاجرل 74[13]	الظليم 84[30]	صنبنا 86[14]
معر 102[13,11]	الورس 76[14]	سكالف 120[5]	اطوالها 55[10]	الطرهبان 121[1]	داعته 127[15]
المساعر 76[4]	الدرس 76[14]	شاتقى 54[3]	خمال 71[3]	حينها 32[4]	الحَيّ 127[15]

III. DÉFINITIONS.

١	أبُو مُزَاحِم 94[15]	الارطى 73[8]	أبر 108[7]	أبِيهَة 105[9]	بَغَى 45[1]
	أبُو المَطَهاء	أرطوى 73[8]	القز 108[7]	مأمُوره 105[9]	بخصة 51[1]
أبِز 127[18]	94[15]	أرطاوِيَّ 73[8]	القل 53[8]	البعى 74[7]	بَيْدَانَة 112[10]
اوبة 127[13]	أبِي 105[8]	غارُوط 73[8]	أبل 53[8]	مُوّلة 48[6]	بَدَبَ 100[1]
أبَر 108[7]	أبّا 105[7,8]	أرك 72[4]	أيلة 53[8]	مُوِنة 48[6]	بَدَبَ 87[6]
أبَن 65[7]	آبي 105[8]	أرك 72[4]	أقن 32[11]	تأديب 59[9]	البرد 49[9]
إباض 66[1]	أبْوا 105[8]	أراضى 72[4]	اكلت 21[8]	أرس 115[3]	93[2]
أبط 51[8],71[8]	الأبّى 30[7]	أرنبة 100[6]	اكول 38[8]	أريس 115[9]	برذعة 63[2]
الابل 17–89	أبى 114	الأرانب 114	أل 57[6]	122[5]	برذرة 117[15]
22[6],91[1]	أتن 111, 112	117	الل 57[6]	أبور 92[13]	براذان 117[15]
91[5],92[1,7]	أبّ 111[8]	الأسد 114	ألب 57[1]	أبل 91	بَزَغَر 95[7]
93[4], 94[12]	118[9]	115[8],117[5]	56[8],57[1]	94[14], 95[3]	أزَت 109[3]
94[15], 96[7]	انشأت 17[8]	أسدة 117[5]	الق 117[15]	105[9],113[3]	أزَت 22[1]
98[8],101[6]	أثرة 40[9]	إسك 103[11]	الق 117[15]	أبل 113[8]	موبل 22[1]
102[4],104	أب 43[8],57[6]	أسامة 114[7]		أبم 127[6]	بَزَك 51[8]
105,106[10]	أبّ 43[8]	انْثُرْكَارْبَاتَق	حُبَيْنِين	أبم 127[6]	بُزُوة 51[8]
118[9],120[7]	أجل 110[1]	91[1]	125[7]	أَنَ 127[6]	البروة 34[6]
126[4],103[5]	أخت 53[7]	انْثَرْمُرَكَ	أمَهَت حُبَيْنِين		37 sq.,65[9]
50[1]	أذم 107[8,10]	91[8]	125[1]	ب	70 sq, 83[4]
أبل 48[7]	آذم 88[5]	أغبر 47[1]	أم خنور 116[8]		89[6]
مُؤَبَّل	اداة الابل	منحير 37[5]	أم عامر 115[8]	البشر 121[1]	برك 34[6]
أبُو أيوب 94[15]	62 sq.	أضت 37[5]	ام القردان	البير 91[11]	123[4]
أبُو جُهَادِب	أدية 49[25]	أصص 37[5]	128[1]	أبقر 127[3]	برذم 123[4]
125[3]	أذ 75[3]	أصوص 37[5]	أم الهنى	بَغَزُم 67[6]	أبرى 64[4]
أبُو جَعْدَة 115[3]	أذية 75[3]	أنطل 92[7]	112[20],116	بَحَانَئ 48[8]	بُرّة 64[3,4]
أبُو الخرك 115[3]	أزن 100[3]	أبل 70[6]	امون 37[1]	51[21], 64[1]	بُرّانة 40[10]
		مَأْظُوم 70[6]	أمية 105[9]		

خ

غطرون 51³	128⁴ .	قنطريس 37⁴	عرفطة و 43⁴	عقار 27⁸	تثوير 34⁴
تغطان 51³	طائر 91⁹,	القثّ 126¹	المرقم 72²	غفار 22¹,	ينثور 109³
غطّ 56⁸	118⁶, ⁷.	عثمور 116²	القرق 93³	27¹.	غظل 118⁵
غطّ 56⁷	خاط 48³	خثنغم 48³	المروق 103⁴,	عضّ 106⁷	غظل 102⁷,
غطّ ثان 110⁷	خاط 46⁸	غفواء 116³	103¹⁰,106.	عضّ 106⁷	106¹¹.
غطزت 54¹⁰	ظ	غفّان 116³	المرقوب 75³	غضوب 32¹	غفر 112³
غثرلة 38¹		عجانجة 50⁸	غثرّة 36⁸	منضوب 106⁷	غثرة 112⁴
مغطّرة 101⁵	ظائر 81¹	عجزيّة 43³	غثّ 71¹	غضوف 42⁸	غثاء 112⁴
بطراف 38⁵	الظئّ 87₂₁,	عجماء 35⁸	غثّ 36³	أعضاف 56⁶	أغثاء 112⁴
طرق 89⁶	91⁸,92¹³	عجل 95⁷,	غثرّوك 36⁴	غضر 78₂₂	غثاق 112³
طرق 74⁸	96,107 sq.,	عثلة 109³	غرّابك 36⁴	غصيب 77¹⁰	غثوق 112³
غثرق 74⁹,	109³,113⁴,	عثلة 109²	غثرّم 126¹¹	غثا 78¹.	الثقبة 57⁷
75³.	120⁵.	عجول 28⁵	غرس 37⁴	أغصر 107¹¹	غثد 78⁴
أغثرق 74⁸	90⁷	عجول 109²	عرمض 124²	غضاء 113⁶.	غثد 78⁴
غثفور 39⁶	الظرباء 121	غنجمة 41⁸	غرن 64⁸	غضاء 101¹²	أغثد 78⁴
الطاعون 66¹¹,	ظربان 121⁵	عجثت 40⁴	غثرن 73⁸	غثّ 127¹³	التقارب 127
77₁₃.	غثان 63⁵	غثاء 40⁴	عران 64₁₁	غفران 128³;111¹.	127¹³
غثثل 58⁶	غفون 47⁵	غثى 53⁴	غثامر 46⁵.	غثن 85⁹	غضاء 101¹³
مغطّل 27⁴	ظثت 66⁸	غثاوة 51⁴	غثون 48³	غثوض 28⁶	عقل 65⁴,66³
تغثيل 58³	أغثل 51⁸	عثثة 51⁴, ⁵	غراهن 48³	غثثاء 101¹³	عقل الابل
غثّ 108⁸	الظم 66⁶,	(عدان) 99³	عارية الابل 80,	غثد 65³,	65 sq.
ذُر الظثيثن	68 ³, 71	غثثّس 46⁸	81.	غثد 66⁸,96⁴.	غثل 49⁶
127³.	74⁷, 112⁸.	غثثن 38⁶	أغثرت 31³	غثد 124¹	غثل 66¹
غثثة 45⁴	الظلف 88⁹,	الثثو 108,	97⁶.	مغثل 22₃	المنصوبت 126²
طثح 72₁₆	91⁶,96³,³,	114⁸,³.	غثززت 31³	منغثل 22¹¹	غثضرة 50⁵
طثح 123³	102⁸,103⁵,	غثر 62³	غثزوز 31³	غثثة 73¹	عكرفة 114⁴
غثثة 72⁴	114⁸,119⁴.	أغثر 62³	غثزم 26₁₄	غاثم 72⁶;	عكثن 65⁹
غثثى 72⁴³.	ذرات أثثلاف	غثر 78²	غثرور 26³,	127³.	عكاس 66¹
طثخام 124³	96³, ⁵, ¹⁰	غثار 62³,	غثثهول 86³	غثضمة 127⁴	غثطل 65¹⁰
أغثب 115⁵,⁶	118⁷,119⁴.	غثثة 78⁸.	غثثثيل 86³	المضاء 73¹	عكثر 63⁴
غثلق 85¹	118⁸	غثاثرة 41⁸	غثن 38³,	المطش 38¹⁰	أنكثر 63⁴
أغثلق 85¹	غثثر 106¹⁰	عنثى 115³.	115³.	67⁵,68,70,	عكر 63⁴
غثثق 84⁴,85³	الاغثاء 106¹¹	عنثة 32²,	غثوس 32²,	84⁴, 95⁵.	عكثان 50⁵
غثّ 38⁷	الظهير 82	غثّ 76¹	38².	غثطت 27⁸	عكثنان 51¹
أغثثى 49⁸	الظثر 35⁷,	غثر 76⁴	غثثثس 115³	عثلات 40⁸	أعل 84¹⁰
غثلا 33⁶,	44⁵,66¹²,	غثر 76³	غثثب 52¹	أغثال 49¹	غل 123³
108⁴,109³.	101¹⁰,102,	غثر 73⁸,76³	يثثوب 93⁴	غثطروس 35⁵	غال 83³
الطثى 77, 78	106¹⁰,111.	غثر 74⁸	غثثر 120⁴,³	غثطن 84³	غال 84¹¹
غثثر 108⁴	ظثور 36⁹	غثرة 76³	عنثار 119³,	غثطن 84³	العباوات 102⁴
غثثر 108¹¹	ظثيرة 36⁹	أغثر 74²	120³.	عثثاطين 84³	حثطة 104¹⁰
غثثل 57¹	ع	غثرا 74³	غثج 61⁹	الثثظ 124⁷,	علاب الابل
غثثل 57¹		غثرورة 76⁵	غثثثجور 36⁷,	125¹, ⁴.	80 sq.
غثثى 68⁴	مغثّد 46⁶;	غثثض 46⁵	37⁸.	غثاة 125⁴	مصالحة الابل
غثثى 68⁸	78⁵.	غثثاض 46⁴	غثثرت 21¹⁰	غثثة 125⁴	بالمنا 77 sq.
غثثخ 53⁷	مغثّرة 103²	غثثج 21¹⁰	21¹⁰	المطار 63¹⁰	الثثخور 123³
غثى 68₁₇	غثثس 115¹	غثثجاء 82³	عايثر 41⁹	74⁴, 93³.	غثظ 78⁹
غثثن 68⁴	غثثور 37²	غثثثت 37⁶	غثثر 67³	المطير 34 sq.,	غثظ 66⁶
الطثثل 34	غثثل 85⁹	غثثس 65⁸	غثف 67⁴	41³, 46,47,	علاط 66⁹;
seq., 41³,	غثثثل 85⁹	غثاس 66¹	غثثف 67⁸	48,49,50¹,	78⁹.
111¹,112⁵.	غثثان 113₆	غثثض 99³,¹⁰	غثثف 40¹⁰	50⁸, 114⁹.	الملك 85,86
91³, الطثثر	غثثد 99³,¹⁰	غثثثة 43⁵	غثثن 22³	غثثة 34¹, ⁵	علت 201¹
113₃₃,118,	غثثان 99³	الاغثثراض 43⁴	غثر 82⁵,⁷	غثثج 94⁹	96¹¹.
122,126¹⁰,	أغثثة 99³	79³.	غثثان 827³,⁸	غثثر 107¹⁰	

ÉTUDES SUR LE RÈGNE

DU

CALIFE OMAIYADE MO'AWIA Ier

Troisième Série

LA JEUNESSE DU CALIFE YAZID Ier (*)

PAR LE P. HENRI LAMMENS, S. J.

XV

BAHDAL IBN ONAIF ; LA TRIBU DE KALB AU 7e SIÈCLE ; MAISOÛN LA MÈRE DE YAZÎD, FUT-ELLE CHRÉTIENNE ? LE « HÂL » CHEZ LES ARABES LE HAREM DE MO'ÂWIA ; LA FEMME AU DÉBUT DE L'ISLAM

Mo'âwia mort, il était à prévoir que la réaction, si longtemps comprimée par ce puissant génie, relèverait la tête. Les Hâšimites se prétendaient dépossédés par les Omaiyades. Humiliés de se voir depuis un demi-siècle tenus à l'écart, les Anṣâriens se trouvaient fréquemment provoqués par les Qoraišites. Même Mo'âwia se laissait parfois aller à les railler sur

(*) Ces pages, reproduisant une partie du Cours, professé en 1905-06, ont été revues pour l'impression en Egypte. Le lecteur s'en apercevra au sigle Ms. B. Kh., renvoi aux manuscrits de la Bibliothèque Khédiviale. La plupart n'étant pas paginés, j'ai dû me contenter d'une référence générale au manuscrit cité. Je tiens à remercier spécialement le Dr B. Moritz, directeur de cet important établissement, de sa bienveillance marquée à faciliter mes recherches. Comme précédemment, la lettre E renvoie à des éditions égyptiennes.

(*Caire*, 15 *Novembre* 1907.)

leur faiblesse numérique et sur leur appel incessant (1) à la « waṣiya » de Mahomet (2) ; aveu indirect de leur impuissance ! Avec une parcimonie calculée, le pouvoir qoraišite leur abandonnait les fonctions administratives, sources de lucre et d'influence (3). Enfin les provinces, c'est à dire l'Iraq et le Ḥiǧâz (4), lésées par l'hégémonie de la Syrie, tenteraient un suprême effort pour secouer le joug.

A la suites des ʿAlides, des ʿAbbâsides, des fils d'Aboû Bakr, de certains ʿOmarides (5), s'essayant tous au rôle de prétendants (6), l'idée dynastique — étrangère à l'islam primitif et si amèrement reprochée aux Sofiânides — y avait fait invasion de toutes parts. Ibn Zobair l'adopta pour son compte et se montra disposé à laisser à l'un de ses fils le pouvoir après lui (7). En dernière analyse tous ces politiques voulaient recueillir l'héritage d'un ancêtre ou d'un parent et fixer le califat dans leur famille, à l'instar des Omaiyades (4). A cette réunion de prétendants, et nous n'avons énuméré que les plus en vue (9), il faut adjoindre les Zobairides, plus isolés, moins sympathiques (10), mais résolus à précipiter la marche

---

(1) Cf. *Aǧ.*, S., I, 129 et XIX, 39 en bas ; voir *MFO*, I, p. 65, n. 1.

(2) Sur cette waṣiya — sorte de prophétie ironique *ex eventu* — cf. Boḫârî, II, 411, 9 ; I. S., *Ṭabaq.*, Ms. B. Kh. : والانصار لا تُريد على هيئتها التي هي عليه اليوم , aurait dit Mahomet.

(3) Comp. réflexion d'un Anṣârien, destitué du gouvernement de Médine : هذا شيء لا تُملكهُ قريشُ الانصارَ . Ṭab., II, 1373, 4. Rapprochez A. Fischer, *Gewaehrsmaenner*, p. 89.

(4) Les autres, comme l'Egypte, n'ont pas d'histoire politique pendant cette période.

(5) Comme le pieux Ibn ʿOmar ; la tradition fait de son mieux pour voiler cette faiblesse chez l'insignifiant personnage.

(6) Le *Tamhîd*, Ms. B. Kh., p. 80, prête clairement cette intention au léger Moḥammad fils d'Aboû Bakr, le مُذَمَّم de ʿAiša. Celle-ci ne cesse d'intriguer contre tous les successeurs de ʿOmar, inconsolable de se voir réduite au rôle ingrat de « mère des croyants ».

(7) Ils mirent sans doute en circulation les légendes, relatives à un descendant de ʿOmar, destiné à « remplir la terre de justice », et à ramener l'âge d'or. Cf. ʿAinî, Ms. B. Kh., XI, p. 145.

(8) Cf. A. Fischer, *Gewaehrsmaenner*, p. 23, 5.

(9) Comp. A. Fischer, *Gewaehrsmaenner des Ibn Isḥâq*, p. 59, 4, 15. Il s'agit d'un obscur Qoraišite : وكانوا يتحدّثون بالمدينة في حياتو ان الخلافة تُفضي اليو لهيئتو ومروّتو وعقلو وكمالو. A Médine on veut à tout prix ramener le califat au Ḥiǧâz.

(10) Les poètes s'abstinrent de les célébrer à l'exception du chevaleresque Moṣʿab.

des évènements au gré de leurs visées ambitieuses, à provoquer au besoin une révolution.

L'entente de toutes ces ambitions, la coalition de ces partis, divisés entre eux, mais unis par des passions communes ; la soif du pouvoir et la haine du Syrien, constitueraient une opposition d'autant plus redoutable qu'elle avait été plus longtemps et plus vigoureusement contenue. Celle-ci se rendait compte qu'en retardant indéfiniment l'époque de ses revendications, elle en rendait plus difficile la réalisation. Au pouvoir omaiyade c'était permettre de pousser de plus profondes racines et de bénéficier d'une sorte de prescription ; aux sujets de méditer le sens profond, énoncé dans ces vers de Qais ibn ar-Roqaiyât :

« Aux Omaiyades on peut seulement reprocher de savoir dompter leur colère.

« Souverains incomparables ! Personne, comme eux, ne sait gouverner les Arabes.

ما نقموا من بني أميّة إلّا ... أنّهم يحلمون إن غضبوا
وأنّهم سادة الملوك فما ... تصلح إلّا عليهم العرب (1)

Pour tenir tête à la réaction, pour saisir d'une main ferme le gouvernement du vaste empire, il eût fallu un Ziâd ou un second Mo'âwia. Or « c'est toujours par un hasard surprenant qu'il se rencontre en une famille deux ou trois hommes, capables de se succéder dans un emploi aussi difficile. C'est à peine si l'homme le plus distingué par son génie peut se flatter que son héritier sache exercer avec honneur l'humble profession de rentier ». (G. d'Avenel). La dynastie des Sofiânides ne devait pas tarder à en faire l'expérience. Le successeur de Mo'âwia I, malgré les illusions, nourries par son père, ne fut pas un aiglon (2). Yazîd, frère lui-même de l'imbécile 'Abdallah, rappellera de loin seulement son illustre père. En mourant il abandonnera le pouvoir à l'insignifiant Mo'âwia II, le calife valétudinaire, l'Aboû Lailâ des Arabes. Ainsi la Providence aime à se jouer de cette sorte d'immortalité que l'homme se flatte de pouvoir assurer aux créations de son génie. Par moments Mo'âwia paraît avoir

(1) *Aġ.*, IV, 160.
(2) *Aġ.*, XII, 73, 3 a. d. l.

entrevu cet avenir. « Comment feras-tu, demanda-t-il un jour à son fils, quand tu seras monté sur le trône ? — Je me proposerai, répondit Yazîd, comme modèles Aboû Bakr et 'Omar—Ce sera bien assez, répondit le vieux monarque, si tu ne fais pas plus mal que je n'ai fait moi-même » (1).

Pendant la durée exceptionnelle du règne de Mo'âwia, la mort avait moissonné les plus remarquables de ses auxiliaires étrangers et omaiyades. Nous avons précédemment (2) étudié ces disparus : Aboû'l A'war, 'Abdarraḥmân fils de Ḫâlid, Ḥamza ibn Mâlik, Śoraḥbîl ibn as-Simṭ. Ḥabîb ibn Maslama, si populaire en Syrie, compté parmi les مجاب الدعوة, aurait succombé (3), à peine âgé de 50 ans, vers 42 de l'hégire, au début du règne de Mo'âwia (4). Ainsi l'affirme Ibn al-Aṯîr. Mais cet auteur nous le montre intercédant pour les compagnons de Ḥoǵr ibn 'Adî, exécutés dix ans plus tard (5). Aboû'l A'war, Ḥamza ibn Mâlik font la même démarche : ils étaient donc encore en vie dans la seconde moitié du règne de Mo'âwia ! A partir de l'an 50, où il commanda une *ṣâifa*, l'exécuteur des hautes-œuvres du calife, tour à tour général, amiral, le remuant Bosr ibn Abi Arṭaa disparaît de la scène. D'après le *Taṣḥîf al-moḥaddiṯîn* (6) il serait pourtant demeuré à la cour de Mo'âwia jusqu'à la mort du souverain. Nous le verrons reparaître sous les Marwânides. Dans l'intervalle il se retira sans doute à Médine, où Ṣaǵânî (7) le fait mourir.

L'intelligent et énergique (8) 'Otba, si dévoué à la politique de son

(1) Cf. Al-Bayâsî, الاعلام بالحروب الواقعة بصدر الاسلام, Ms. B. Kh., II, 6 recto.

(2) Cf. *MFO*, I, p. 42-66.

(3) En Arménie ; cf. Ṣaǵânî, درّ السحابة في بيان مواضع وفيات الصحابة ; Ms. B. Kh., (V, *Târîḫ*, n° 38 *).

(4) Ibn al-Aṯîr, III, 183 ; *Osd*, I, 374-75.

(5) Ibn al-Aṯîr, III, 208.

(6) Ms. B. Kh. : صحب معاوية الى ان مات .

(7) Ms. cité plus haut. La qualité de Ṣaḥâbî a été à tort contestée à Bosr par l'école adverse. Son *Mosnad* est dans Ibn Ǵauzî, جامع المسانيد, Ms. B. Kh. ; cf. Tirmiḏî, *Ṣaḥîḥ* (éd. du Caire), I, 274,

(8) Cf. *MFO*, I, p. 38. Par méprise sans doute, Ibn Qotaiba, *Ma'ârif*, 118, 5, le proclame ضعيف ; toute sa carrière proteste contre cette qualification. Malgré son jeune âge, 'Omar I lui avait confié le gouvernement de Ṭâif. Wellhausen, *Kæmpfe*, 14, n. 1, conteste à tort, croyons-nous, qu'il ait administré l'Egypte. Cf. *Osd*, III, 361 ; '*Iqd*, I, 20 ; *Maǵmoû'a*

frère, était mort prématurément (1). A l'heure critique d'un changement de règne, nous verrons son fils, l'inexpérimenté Walîd occuper le poste difficile de gouverneur du Ḥiǵâz ; « un garçon, ne comptant pas 20 ans, au menton glabre, comme une feuille du Qoran ! » (2) Ainsi le dépeignait le malicieux Ibn 'Abbâs. Marwân vivait à Médine, humilié et diminué par la politique défiante de son cousin. Cette mesure avait été provoquée par les plaintes des Marwânides et des 'Oṯmânides contre l'exclusivisme de Mo'âwia. « S'il occupe le trône — ainsi parlaient-ils dans leurs conventicules — il le doit au nom et au prestige du martyr 'Oṯmân ; et puis ne l'emportons-nous pas par le nombre ? » Cette dernière allusion aux mécomptes paternels de Mo'âwia possédait le don d'exaspérer le calife (3). Ramla, mariée à un fils de 'Oṯmân, prit soin d'informer son père de ces propos séditieux (4); il y répondit par un acte de vigueur.

Parmi les anciens ministres de Mo'âwia, on retrouvera seulement Ibn Sarǵoûn, Ḍaḥḥâk ibn Qais, Moslim ibn 'Oqba, aux côtés de Yazîd (5). Encore ce dernier paraît-il s'être retiré dans ses terres de Palestine, disposé d'ailleurs, nous le verrons (6), à accourir au premier appel du souverain.

La mission de tenir tête à la redoutable coalition, qui se ruait à l'assaut du pouvoir omaiyade, allait échoir à un jeune prince. Mais avant de voir comment il s'en acquitta, si nous voulons avoir l'intelligence des catastrophes imminentes, il faut étudier le caractère, l'éducation, les antécédents de l'homme, appelé à recueillir la lourde succession de Mo'â-

---

anonyme, Ms. B. Kh., (V, *Târîḫ*, n° 349), lequel ajoute : لم يكن اخطب منه في بني امية ; Ṭoûǵân al-Moḥammadî, المقدمة السلطانية ; Ms. B. Kh., (*Târîḫ*, n° 502).

(1) Cf. *Osd*, III, 361 en haut.

(2) كان وجهه ورقة من ورق المصحف . Bayâsî, II, p. 2 *recto*. Aug. Müller, *Der Islam*, I, 363, parle de l'énergie de Walîd ; il en fera preuve, mais plus tard, instruit sans doute par la catastrophe de Karbalâ, qu'il ne sut pas prévenir.

(3) Cf. *Aǵ*, XIII, 73 en bas.

(4) Ibn 'Asâkir, XIX, notice de Ramla ; Maqrîzî, النزاع والتخاصم فيما بين بني امية وبني هاشم , éd. G. Vos, p. 38-39.

(5) On peut leur adjoindre l'Anṣârien No'mân ibn Baśîr. Comme l'événement le montrera, Yazîd ne pouvait pas compter sur son dévoûment.

(6) Il sera le vainqueur de la Ḥarra.

wia. Ce sujet est demeuré trop longtemps négligé par les orientalistes, entraînés, à la suite des annalistes arabes, à détailler les désastres, qui remplirent le règne du second calife sofiânide.

*
* *

Dans la première moitié du septième siècle on distinguait parmi les Kalbites de Syrie un personnage (1), nommé Baḥdal ibn Onaif (2). Il appartenait au clan aristocratique « البَيت » des Banoû Ḥâriṯa ibn Ǵanâb (3), celui de Zohair ibn Ǵanâb, le saiyd à vie des Kalbites (4). Baḥdal était chrétien, comme la grande majorité de sa tribu. Son clan menait la vie nomade (5) et habitait vraisemblablement au midi de la Palmyrène, là où Maisoûn conduira plus tard son jeune fils Yazîd. Si l'histoire a conservé le nom de Baḥdal, c'est principalement pour avoir été père de cette princesse (6). A cette circonstance sa famille et les Kalbites en général devront leur prodigieuse fortune pendant toute la période omaiyade (7).

Nous ignorons si Baḥdal prit part au siège de Damas. Sa croyance ne doit pas à priori faire écarter cette hypothèse: les chrétiens arabes de Syrie n'ayant pas tous adopté une attitude uniforme en face des conquérants. Mais à la suite de ce fait d'armes, nous le voyons posséder dans cette métropole des propriétés, abandonnées par les anciens maîtres. Cette qaṭî'a—

---

(1) Cf. Ṭab., II, 204, 428 ; '*Iqd*, II, 310 ; Qalqaśandî, نهاية الأرب في معرفة قبائل العرب, Ms. B. Kh, (*Târîḫ*, n° 374). L'auteur du *Nihâia*, محمد بن عبد الله القلقشندي, doit être distingué de l'auteur du صبح الاعشى, avec lequel on continue à le confondre. Cf. Brockelmann, *Geschichte der arab. Litteratur*, II, 134.

(2) Rapprochez le nom de femme *Onaifa*. I S., *Ṭabaq*., passim ; *Anf al-Kalb*, *Ḥamâsa* 116, 8 ; le clan des *Anf an-Nâqa*, Ḥoṣrî, I, 20 ; le nom ṣafaitique *Onaif*.

(3) Ibn Doraid, *Ištiqâq* 316 ; Qalqaśandî, *Nihâia*, Ms. B. Kh.

(4) Cf. *Aǧ*., XXI, 93-94 ; Yâqoût, المقتضب من كتاب جمهرة النسب, Ms. B. Kh., (*Târîḫ*., n° 105*), p. 93 : رأس عشرين ومائة سنة ووَافَى في العرب مالقِيَ وقعة وهو بطنٌ عظيم.

(5) Cf. *Ḥamâsa*, 318.

(6) Le Dr A. Musil, *Quṣeir 'Amra*, p. 151, fait « Maisoûn fille du chef Kalbite Mâlik Ibn Baḥdal ». Ce Mâlik était frère de Maisoûn.

(7) بحدل بن أنيف كانت رياسة الاسلام في كلب لبنيه . Qalqaśandi, *Nihâia*, Ms. B. Kh.

c'est le terme employé (1) — doit avoir été la récompense de services rendus à cette occasion (2). A partir de ce moment il ne paraît pas avoir joué de rôle politique de nature à le mettre en vue. A l'époque de la bataille de Ṣiffîn, il n'était plus de ce monde. Dans le camp de Mo'âwia ses fils le remplacèrent à la tête des Qoḍâ'a de Damas (3). Il a dû mourir dans un âge avancé (4), et demeura vraisemblablement chrétien (5) jusqu'à la fin de sa vie. Autrement comment aurait-on pu porter cette accusation contre ses descendants, et cela à la fin du califat de Yazîd I (6) ? Parmi les Kalbites nomades, beaucoup, nous le savons, gardèrent l'ancienne religion (7).

Ses enfants, lui succèderont et deviendront en peu de temps les premiers personnages de l'état. Dans la suite les partisans des Omaiyades seront même qualifiés de Baḥdaliya (8). Son petit-fils Ḥassân, tuteur des fils de Yazîd I, pourra, après la mort de Mo'âwia II, caresser le projet de remplacer ce neveu. Pendant 40 jours, ses Kalbites le salueront du titre califien de commandeur des croyants.

Telle était la famille paternelle de Maisoûn. Sa mère appartenait, elle aussi à la grandesse kalbite, au clan de son mari (9). Maisoûn vint donc au monde, « en tenant les deux cordons de la noblesse », comme auraient dit les Arabes (10). Sur l'illustration de sa maison, nous possédons

---

(1) Cf. Ibn 'Asâkir, I, 172-73.

(2) C'était la récompense ordinaire, comme une participation à la « ġanima », des membres d'une expédition.

(3) Dînawarî, 184, 5.

(4) Son petit-fils remplit déjà les fonctions de gouverneur sous Mo'âwia I. Ṭab., II, 468, 471, 577.

(5) Par cette considération Mo'âwia a pu être amené à lui céder à Damas une église abandonnée. Cf. Ibn 'Asâkir, *loc. cit.*

(6) Mas'oûdî, *Tanbîh*, 305 ; Dînawarî, 275.

(7) اسلمت كلب غير مدره كانوا نصارى . Yâqoût , المقتضب , p. 96 *recto.*

(8) *Ḥamâsa*, 319 ; 659, l. 2. Yâqoût, I, 208, 1-10.

(9) Voici sa généalogie : صعبة بنت معقل بن عديّ بن حارثة بن جناب . L'aïeule maternelle se rattachait directement au clan de Zohair ibn Ġanâb. Cf. 'Ainî, عقد الجمان , Ms. B. Kh., XI, p. 46. Sur le nom de Maisoûn, cf. E. Gratzl, *Altarabische Frauennamen*, p. 49.

(10) آخذ بطرفي الشرف ou آخذ في اطراف الشرف , ou شريف من كلا الطرفين , *Aġ.*, XI, 86, 3 ; XIII, 64 d. l. ; XXI, 260, 12. Comp. *Aġ.*, V, 174, 17.

déjà le témoignage de Mo'âwia lui-même (1). Nous aurions pu la conclure du soin, mis par les Omaiyades, à choisir des épouses dans les grandes familles du désert ; tradition conservée parmi eux, jusqu'au temps de leur plus grande splendeur, et par des califes, comme 'Abdalmalik et Walîd I. Rappelons la famille de 'Aqîl ibn 'Ollafa. Cette originale personnalité nous occupera plus tard (2), quand nous aurons à énumérer les beaux-pères bédouins des Omaiyades.

La tribu de Kalb formait en réalité une puissante confédération de tribus syriennes, se rattachant à la branche de Qodâ'a. Sans remonter plus haut que les Sofiânides, à cette époque 2000 Kalbites touchaient le شَرَف العطاء, ou la pension de 2000 dirhems. Comme cette distinction se trouvait être réservée aux *Aśrâf*, ce chiffre donne une idée de la double importance numérique et politique des Kalbites (3). Mi-sédentaires (4), mi-nomades, ils parcouraient avec leurs immenses troupeaux (5) — car c'étaient de grands éleveurs — le vaste désert (6), séparant la Syrie de l'Iraq et du Ḥigâz, et à ce titre souvent appelé désert de Kalb (7). Ils étaient principalement groupés autour de Salamia et de Palmyre, villes leur appartenant (8). A cette époque, cette dernière aurait encore possédé des palmeraies, des olivettes et des eaux courantes (9). Ḥomṣ et d'autres

(1) *Aǧ.*, XVII, 55, 19.

(2) Cf. '*Iqd*, II, 92 ; au lieu de يصير اليو lisez يصهر اليه : le calife le choisissait comme gendre.

(3) Sur leur nombre, cf. *Aǧ.*, XIX, 45, 3 ; Sprenger, *Alte Geographie*, p. 34-35. Dans *Aǧ.*, VII 174, 6, au lieu de نفرض لك في الفي lisez في ألفين : tu recevras 2000 dirhems.

(4) *Aǧ.*, X, 161, 10 ; XIX, 107.

(5) Comp. le proverbe : اكثر من شَعَر كَلب, *Zeits. f. Assyriol.*, VII, 295 ; on vantait surtout les chamelles de Kalb à la prunelle noire. '*Iqd*, I, 151, 11 a. d. l. Tirmiḏî, *Ṣaḥîḥ*, I, 143,5.

(6) Le *Samâwa* (Yâqoût, III, 131), pour cette raison appelé fréquemment سماوة كلب. Cf. Yâqoût, IV, 371; III, 827 et passim. بادية كلب بالسماوة ou ارض كلب من السماوة. Cf. Yâqoût, I, 405, 20 et 738 ; II, 119, 21 ; Bakrî, 17 d. l., 97, 7 a. d. l.

(7) *Aǧ.*, passim. H. Grimme, *Palmyra sive Tadmor urbis fata*, p. 17.

(8) *Aǧ.*, XX, 120, 121, 126.

(9) Voir références des auteurs arabes dans H. Grimme, *op. cit.*, p. 30.

villes (1) de la riche vallée ou du bassin de l'Oronte, se trouvaient également englobées dans leur territoire (2).

On verra par le récit du soulèvement contre le calife Walîd II, combien la Palmyrène elle-même se trouvait encore relativement peuplée. Autour des postes, actuellement abandonnés, de l'ancien *limes*, postes protégeant au Sud les abords de Palmyre et assurant la sécurité des voies commerciales, des centres humains s'étaient maintenus (3). Cela permet de comprendre les regrets des Kalbites obligés, au début de la période marwânite, d'évacuer le Samâwa devant les incursions des Qaisites, désireux, ces derniers, de venger Marǵ Râhiṭ. Retirés sur la côte méditerranéenne, les Kalbites s'y considèreront comme en exil (4).

Kalbites, Qoḍâ'ites, Yéménites, Arabes syriens : autant d'appellations, tendant dès lors à devenir synonymes. Jusque sous les 'Abbâsides, les poètes hostiles aux Omaiyades (5) englobent sous la dénomination de Tadmor non seulement les Kalbites, mais tous les Syriens (6). Ainsi sous l'influence de causes politiques se formait parmi les tribus syriennes un nouveau groupement, dont la seule ethnographie ne pourrait fournir l'explication (7). Kalb reconstituait à son profit l'ancienne hégémonie de Ǵassân.

Cette hégémonie ne fut pas, comme on pourrait se l'imaginer, une pure combinaison politique, due au génie romain, mais un fait, basé sur la nature des choses et dont ne pouvaient se passer les régions désertiques de la Syrie orientale. Pendant de longs siècles, cette police suprême de la *bâdia* passe d'un groupe arabe à l'autre, et à l'occasion de ce passage

---

(1) Qalqaśandî, I, 195, 5. A la l. 6, au lieu de الناظر nous proposons de lire خناصرة, localité bien connue entre autres par le séjour de 'Omar II. Ce toponyme se trouve fréquemment défiguré dans les recueils manuscrits et imprimés.

(2) Ya'qoûbî, *Géogr.*, p. 324. Hamdânî, *Ǵazîrat*, 129, 17, etc. ; 132, 15-20 ; 205 ; 206, 16.

(3) Cf. Ṭab., II, 1795-96.

(4) *Aǧ.*, XX, 124 en bas. M. Hartmann, *ZDPV*, XXII, 148-49; Qoṭâmî, XIII, 36.

(5) Comp. *Aǧ.*, VII, 23, 9 a. d. l., تباشر اهل تدمر ; ici Tadmor = Kalb = Syriens.

(6) Chez Aḫṭal, *Dîvan*, 16, 5, Qoḍâ'î = Kalbî.

(7) Comp. Wellhausen, *Reich*, 45.

on entend les écrivains orientaux rappeler le souvenir de Gassân (1).

Cette situation, la possession d'une partie de la Ĝoûṭa (2), de la Ḥarra à l'Orient et au Sud du Ĝabal Ḥaurân, des oasis de Doumât al-Ĝandal (3), de Taboûk (4), et de plusieurs autres, échelonnées dans la dépression du Wâdi'l-Qorâ (5), les rendaient maîtres des points d'eau, des reposoirs, des principales routes commerciales, jalonnant ces solitudes. Du vivant même de Mahomet, les Kalbites ne s'avisèrent-ils pas d'intercepter les communications entre Médine et la Syrie (6) ? En dehors de ces courtes périodes d'hostilité, la *sîra* prophétique (7) nous les montre visitant les marchés du Ḥiĝâz et les fournissant d'esclaves (8) ; ils auraient même, assure-t-on, appris l'écriture aux Qoraišites (9) ; une présomption en faveur de leur développement intellectuel. Parmi les tribus qoḍâ'ites, les Kalb tenaient incontestablement le premier rang pour le courage (10).

Malgré la décadence de Tadmor, héritière déchue de Palmyre, l'empressement mis par les habiles commerçants, qu'étaient les Omaiyades, à rechercher l'alliance de Kalb, nous donne le droit de supposer que

---

(1) Comp. réflexion de Qalqašandî, *Nihâia*, Ms. B. Kh., au sujet d'une tribu de Ṭaiy sous les Mamloûks : ورثوا ارض غسان وملكهم على العرب . Ailleurs il dit des Kalbites: كان لهم ملك يتداولونه مع السكون من كندة وكان لهم الجندل = Doûmat al-Ĝandal.

(2) Qoṭâmî, *Divan*, XIII, 36 : d'après ce passage les Kalbites habitaient également la Bqâ' de Syrie ; Ibn Šiahî, اوضح المسالك , Ms. B. Kh., l'appelle même بقاع كلب .

(3) Cf. I. S., *Ṭabaq.*, III^1 91 ; Ṭab., I, 2056 ; Ya'qoûbî, II, 80 et autres, mentionnant l'expédition de 'Abdarraḥmân ibn 'Auf contre Doûma. D'après I. S., *Ṭabaq.*, III^2, 143, 16 ; VIII. 218, 21 et 330, Mahomet y aurait pris part ; assertion peu vraisemblable. Sur l'importance commerciale de Doûma, cf. de Goeje, *Mémoire sur la conquête de Syrie*, p. 10 ; *Ṭabaq.*, III^2, 13, l. 18 ; on y tenait une foire : Qalqašandî, I, 296 en bas.

(4) Ibn Ḥaldoûn, *Histoire*, II, 249 ; Farazdaq, *Divan*, 48.

(5) Balâḏorî, 261, 5. Sur le Wâdi'l-Qorâ cf. Doughty, *Travels in Arabia Deserta*, I, p. 145-46.

(6) Ibn Hišâm, 668 ; Ṭab., I, 1462 d. l. ; Balâḏorî, 63.

(7) A propos de Zaid, le fils adoptif de Mahomet.

(8) *Osd*, III, 31, 3 ; I. S., *Ṭabaq.*, III^1, 161, 16 ; Ibn Ĝauzî, *Ṣifat aṣ-Ṣafwa*, Ms. B. Kh., I, 138.

(9) Ibn Doraid, *Ištiqâq*, 223.

(10) Qotaiba, *'Oyoûn* 343. Rappelons Marĝ Râhiṭ et les succès des armées syriennes, sous les Omaiyades, en grande partie composées de Kalbites.

l'active et intelligente tribu syrienne (1) a su exploiter au mieux de ses intérêts le passage des nombreuses caravanes, utilisant ce trajet, encore bien fréquenté à cette époque. Ce passage permettait l'exercice d'industries multiples et lucratives : droits de péage, de خفارة ou de conduite (2), celui de fournir des guides ou *dalîl* (3), l'eau, le fourrage et les vivres nécessaires au personnel humain, aux animaux fort nombreux, qu'exige le transit par caravanes. Nous l'avons montré en étudiant le commerce de la Mecque au temps de Mahomet (4). Le nom de Kalb évoque également le souvenir de la mère de Mo'âwia, la malheureuse Hind, répudiée par son mari et allant au pays des Kalbites tenter les chances du commerce (5).

A l'époque de l'invasion musulmane, les Kalbites, comme les autres tribus de la Syrie, professaient la religion chrétienne : au témoignage d'Ibn 'Asâkir (6), tous auraient été chrétiens: on parle même d'un évêque, fixé à Doûmat al-Ǵandal (7). Des groupes païens (8) continuaient peut-

(1) Elle visite les marchés de l'Iraq. Sur l'intelligence des Kalbites, cf. *Aǧ.*, XIX, 45, 3.

(2) Ou, si l'on aime mieux, de protection, de sécurité.

(3) Indispensables pour le parcours le mieux connu, comme de la Mecque à Médine. Ibn Ḥaǧar, II, 180, 4 ; 474, 5 a. d. l. ; III 8, 5 ; I. S., *Ṭabaq.*, V, 46, 20 ; même pour une course aux environs de Koûfa. Ṭab., II, 302, 6. Un des plus célèbres fut Forât. Ibn Doraid, *Ištiqâq*, 208. Le *dalîl*, est parfois doublé d'un *'â'if*, auspice, augure. *Naqâ'iḍ Ǧarîr*, 190 en bas ; 234. De nos jours encore il est dangereux de s'en passer. Doughty ; *Travels*, I, 230. Aussi se font-ils payer en conséquence! Ceux de Moslim ibn 'Aqîl s'égarent et meurent de soif. *Aǧ.*, VIII, 192 ; Ṭab., II, 228, 237 ; d'autres, en cette occurrence, abandonnent leurs compagnons. *Aǧ.*, XIV, 46 en haut.

(4) Leçon encore inédite.

(5) Ṭab., I, 2766-67.

(6) XIX, notice de Nâ'ila bint al-Forâfiṣa. Yâqoût, المقتضب , cité plus haut.

(7) D'après une liste épiscopale, dressée par le patriarche Macarios d'Alep (Ms. de l'Université S. Joseph). Okaidir, prince de Doûma, mourut chrétien. Cf. Nawawî, 162. L'expédition contre Doûma sous Aboû Bakr fut motivée non par une apostasie, mais par le refus de la *ǵizia*.

(8) Yâqoût, المقتضب , Ms. B. Kh., p. 93-96, cite parmi eux d'assez nombreux exemples du نكاح المقت , qu'on hésite à mettre sur le compte de chrétiens ; exemples antérieurs, il est vrai, à la période en question.

être à exister, isolés au milieu de la masse chrétienne (1). Jacobites, comme leurs parents de Ḥîra (2), comme leurs voisins, et futurs alliés contre les Qaisites, de Ġassân, de Tanoûḫ et de Taġlib (3), ils ne paraissent pas avoir montré le même attachement à leurs croyances (4).

Leurs relations intimes avec la dynastie, le *śaraf al-ʿaṭâʾ*, accordé à 2000 de leurs contribules ont dû faire fléchir leurs résistances aux avances de l'islam. Un groupe des leurs aurait même envoyé une députation à Mahomet pour traiter avec lui ; alliance purement politique, croyons-nous ; encore l'authenticité du renseignement n'est-elle pas au-dessus de tout soupçon (5). Quand la prépondérance de l'islam se trouva solidement établie, quand il eut définitivement fusionné avec l'*arabisme*, les tribus syriennes ne voulurent pas passer pour avoir été les dernières à donner des gages à la bonne cause ; elles se firent inscrire dans le *Kitâb al-wofoûd*. Comme des deux côtés on se trouvait intéressé à faire passer la légende, l'inscription ne souffrit pas de difficulté.

Il était certainement Kalbite le mystérieux Daḥia ibn Ḫalîfa, chargé des missions secrètes de Mahomet, lequel le présentait parfois comme l'archange Gabriel (6). Peu après la mort du Prophète, on vit aussi arriver à Médine un śaiḫ kalbite, empressé d'embrasser la foi nouvelle ; le

---

(1) Cf. de Goeje, *Mémoire*, loc. cit.; Ibn Ḥagar, III, 45 ; I. S., *Ṭabaq.*, III[1], 28: les parents de Zaid الحب seraient venus à la Mecque vénérer la Kaʿba ; ce détail n'exclut pas nécessairement leur christianisme. Nous connaissons le latitudinarisme de celui des Arabes. Voir plus bas.

(2) Kalbites fixés à Ḥira. Balâḏorî, 244, 4 ; 286, 5.

(3) Sur le voisinage de Kalb et de Taġlib, cf. Aḫṭal, *Dîvan*, 269, 13 . Wellhausen, *Reich*, 113, n., déduit du scolion de *Ḥamâsa*, 71, v. 3, que les Taġlib étaient aussi nommés Kalb. Il s'agit du clan qoḍâʿite des «Wabara ibn Taġlib», (Balâḏorî, 111. 8 a. d. l. ; cf. Wüstenfeld, *Tabellen*, p. 2). Le scoliaste de Ḥamâsa exclut formellement les « Taġlib Wâʾil », *ibid.* ; avec raison d'ailleurs ! les Taġlib ayant d'abord fait cause commune avec Zofar et les Qaisites contre Kalb. Cf. *Chantre*, p. 132, etc.; Ibn al-Aṯîr, IV, 129. Aḫṭal leur demeura longtemps hostile. Cf. *Dîvan*, 16, 5.

(4) Qalqaśandî, *Nihâta*, parle pourtant de Kalbites établis (sic) على خليج القسطنطينية منهم مسلمون ونصارى .

(5) Cf. Ibn Saʿd (Wellhausen), p. 173.

(6) Cf. I. S., *Ṭabaq.*, III[2], 3, d. l. ; VIII 46, 21. Nawawî, etc. Sa bonne mine, son élégance ont pu lui valoir cet honneur, comme aussi d'avoir été peu connu au Ḥiġâz. Les

chef sans doute d'une minorité remuante, désireux de s'assurer l'appui de la jeune puissance islamite (1) ; avances toujours favorablement accueillies par les duumvirs Aboû Bakr et 'Omar. 'Alî, veuf de Fâṭima, demanda au noble saiyd la main de ses filles pour ses deux fils et pour lui-même. Cela fit trois mariages kalbites, conclus en une minute (2) !

Lorsque, à l'exemple de son jeune parent, Sa'îd ibn al-'Aṣi (3), le septuagénaire calife 'Oṯmân manifesta le désir de se donner une épouse kalbite, il ne craignit pas de la choisir dans une famille, notoirement chrétienne (4). Peut-être ce choix atteste-t-il à la fois la tolérance du calife et le peu de diffusion pour lors de l'islam au sein de Kalb. Les meilleures familles y demeuraient encore fidèles au culte des aïeux, malgré les primes accordées à l'apostasie par les premiers califes (5), soucieux de gagner l'influente tribu. Aucun moyen n'était plus propre à raffermir les récentes conquêtes en Syrie. *Tu felix Austria, nube* ! On raisonna de même dans les conseils de Médine ! Ce furent les premières de ces alliances matrimoniales avec la tribu de Kalb, devenues depuis si fréquentes dans la dynastie omaiyade (6).

En entrant dans le palais de 'Oṯmân, Nâ'ila la nouvelle épousée devint musulmane. Plus exactement elle cessa les pratiques chrétiennes, sans y substituer les musulmanes. A cette époque l'exercice de l'islam se réduisait presque à rien, même pour les hommes. D'après la notice de Nâ'ila dans Ibn 'Asâkir (XIXe vol.), elle aurait d'abord gardé sa

---

généalogistes paraissent embarrassés pour lui trouver des ancêtres. Il aurait laissé des descendants ; il a donc existé ! Cf. *Journ. Asiat.*, 1907[1], p. 405 ; *Ṭabaq.*, III[1], 173, 4 ; VIII, 114, 26 ; 115, 5 ; Ṭab. II, 1836, 10. La question de la descendance de Daḥia a pourtant été contestée par certains érudits musulmans. Cf. Goldziher, *Ẓâhiriten*, p. 178-79.

(1) Voilà pourquoi il obtient un étendard, but principal de cette démarche.

(2) *Aġ.*, XIV, 164.

(3) *Aġ.*, XV, 70. Autres explications dans *'Iqd*, III, 272, 13.

(4) Celle d'al-Forâfiṣa ; sur son illustration cf. *'Iqd*, II, 72, 2 ; Yâqoût, المقتضب , Ms. B. Kh., p. 93 verso.

(5) Cf. *Aġ.*, XIV, 164.

(6) Rappelons les mariages kalbites de Mo'âwia, de Yazîd etc. Quand les Kalb ont une difficulté, ils s'adressent « aux fils de leurs sœurs parmi les Banoû Omaiya ». *Aġ.*, XI, 96, 2, etc. — 'Abdarraḥmân ibn 'Auf, le premier dans Qoraiš, aurait épousé une kalbite. I. S., *Ṭabaq.*, III[1], 90, 17.

religion, même après son mariage. Son père et sa famille (1) y demeurèrent fidèles (2). Nâ'ila fut une femme de tête et de cœur (3). A sa fille elle s'empressa de donner le nom de Mariam (4), affectionné par les chrétiens et commun à Médine (5). En prévision de poursuites, elle résolut de se défigurer pour demeurer fidèle à la mémoire de son infortuné mari (6). Touchant exemple, trop rare (7) à cette époque (8), pour ne pas nous voir tenté d'y retrouver l'influence d'une éducation chrétienne.

Quand le moment sera venu d'étudier la situation des chrétiens arabes pendant le premier siècle de l'islam, nous rencontrerons de nombreuses chrétiennes arabes, entrées par le mariage ou par la captivité dans des harems musulmans. A cette époque de transition, où l'impérialisme achevait d'ébranler les convictions, si peu solides, des chrétiens de

---

(1) A l'exception de son frère, dont seul l'islam est expressément affirmé. *Aġ.*, XV, 70, 5 a. d. l. ; '*Iqd*, III, 272, 15.

(2) Cf. *Mowaššá*, 83. Le père de Nâ'ila mourut, peu après le mariage de sa fille, chrétien, « ne sachant pas même accomplir l'ablution ». Nous croyons devoir interpréter en ce sens le reproche de Marwân à Nâ'ila.

(3) I. S., *Ṭabaq.*, III[1], 40, 3. Comp. Ṭab., I, 2974, et son attitude pendant et après l'assassinat de 'Otmân ; surtout '*Iqd*, III, 272.

(4) I. S., *Ṭabaq.*, III[1], 37, 15 ; Ṭab., I, 3056, 16.

(5) I. S., *Ṭabaq.*, III[1], 90, 19 : fille d'une captive de Bahrâ', ancienne chrétienne ou demeurée telle. *Ibid.*, III[1], 152 en bas ; fille de Ṭalḥa, lequel avait la manie des noms bibliques ; cf. *ibid.*, III[1], 70, 23. Autre Mariam, fille de 'Otmân. Ṭab., I, 3056, 8. On ne rencontre que deux fois dans l'*Aġânî* le nom de Mariam ; il est également rare dans Ṭabarî. *Aġ.*, XIII, 13, il est certainement porté par une étrangère. *Omm Mariam* : I. S., *Ṭabaq.* VIII, 352, 23 ; une Mariam paraît avoir vu son nom changé en 'Aiša. *Ṭabaq.*, VIII, 278, 10 ; nom très fréquent à Médine, comme le montrent ces exemples. Ajoutez : *Ṭabaq.*, III[2], 56, 8 ; V, 194, 22 ; 192, 17 ; VIII, 278, 10 ; *Osd*, V, 543-45. Aboû Mariam, nom de plusieurs Ṣaḥâbîs. *Osd*, V, 295-96.

(6) Cf. '*Iqd*, II, 9.

(7) Le jour de la mort du poète Hodba, sa femme se défigure tapageusement et ne tarde pas à se remarier. *Aġ.*, XXI, 273-74.

(8) Où les femmes passent d'un mari à l'autre. Citons 'Aiša bint Ṭalḥa, la fameuse Sokaina, fille de 'Alî, la Kalbite, divorcée par Mo'âwia. Ibn Ḫallikân, I, 265. I. S., *Ṭabaq.* VIII, 339 ; Ḥamîda, fille de No'mân ibn Bašîr. *Aġ.*, VIII, 138, 140 ; XIV, 129, 138, 140-41. La célèbre 'Atika a quatre maris, tous assassinés ; elle épouse le calife 'Omar I. *Osd*, V, 499.

race arabe, le cas, malheureusement fréquent (1), de pères, abandonnant leurs filles à des musulmans, ne paraît pas avoir causé d'étonnement. On n'y regardait pas de si près, si toutefois le mari se trouvait être *kofou'*.

En supposant pour lors au fanatisme — et le contraire nous paraît prouvé — le degré d'intensité, qu'il atteindra plus tard sous les 'Abbâsides, il faut se garder de mettre sur le même pied les captives des nations étrangères : *walîda, omm walad* et les chrétiennes de Ǧassân et de Tanoûḫ p. ex. Au sort de ces dernières la tribu-mère continuait à s'intéresser (2). « On n'ose enlever nos femmes », dit fièrement Aḫṭal (3). La *da'wa*, poussée par elles, était sûre de rencontrer un écho, même chez les contribules musulmans , quand le coupable se fût appelé Ḥasan fils de 'Alî (4), ou aurait joui de toute l'illustration du grand poète A'šâ (5). Parfois elles ne prenaient conseil que de leur courage. Ainsi la femme de 'Abbâs ibn Mirdâs quitte son mari, en apprenant sa conversion à l'islam (6) ; conduite imitée par une autre chrétienne de Bakr (7). La femme du fameux Qais ibn 'Aṣim se voit forcée par ses parents de l'abandonner (8), lorsqu'il embrassa la nouvelle religion (9).

Nous connaissons la longue et héroïque fidélité (10) des Taḡlibites à

---

(1) Aux exemples, cités plus haut, ajoutez celui de la chrétienne bakrite, épousée par Farazdaq. *Aḡ.*, XIII, 192 ; XIX, 18.

(2) Cf. Wellhausen, *Ehe*, p. 450, 456. Dans certains cas, le mari devait suivre la femme dans sa tribu. Quand le poète Śammâḫ bat sa femme, les Solaim viennent lui en demander compte. *Aḡ.*, VIII, 108. Autres exemples, *Aḡ.*, II, 99 en bas ; VIII, 196 en bas.

(3) Cf. *Machriq*, 1904, p. 482.

(4) Comme le prouva le chef fazârite Mânẓoûr ibn Zabbân. *Aḡ.*, XXI, 262. La crainte de l'intervention des Anṣâriens dans ses affaires intérieures empêcha Mahomet d'introduire des Médinoises dans son harem : lui-même met en avant leur jalousie et leur répugnance contre la présence de rivales.

(5) Les parents de sa femme, appartenant à une tribu différente de la sienne (cf. *Aḡ.*, VIII, 83 en bas), le fustigent jusqu'à ce qu'il la renvoie. *Aḡ.*, VIII, 84, 3.

(6) *Aḡ.*, XIII, 65.

(7) Ibn Ḥaǵar, II, 474 d. l.

(8) *Aḡ.*, XII, 155, etc. ; on pourrait voir dans cette conduite la preuve d'une conversion chez Qais, et non d'une simple adhésion au régime politique de Médine.

(9) De là encore l'intérêt, témoigné par le ḫâl, — voir plus bas — aux neveux, nés dans des tribus étrangères. Ils ont droit à la protection de la tribu maternelle.

(10) كانت النصرانية غالبة عليهم . Qalqaśandî, *Nihâia*, Ms. B. Kh.

la religion chrétienne (1) ; fidélité où la fierté nationale eut autant de part que la conviction. Parmi les Banoû Taġlib, ceux-là même, que la politique avait amenés à l'islam, affectaient une grande indépendance vis-à-vis du Qoran, quand ils ne le tournaient pas ouvertement en ridicule (2). Cela étant, nous ne nous croyons pas le droit de supposer à priori l'apostasie comme habituelle chez les femmes taġlibites, entrées avant ou après les dragonnades (3) de Ḫâlid ibn al-Walîd, dans les familles musulmanes (4).

Dans ce cas, remarque Wellhausen (*Ehe* p. 438), la femme embrassait la religion du mari ; disons plutôt : elle s'abstenait de pratiquer en public sa propre religion. Nous ne manquons pas pourtant d'exemples contraires, comme on verra.

La tradition musulmane oublie, il est vrai, de nous informer si les deux épouses taġlibites de Sa'd ibn Abi Waqqâṣ demeurèrent chrétiennes; aveu pénible, auquel seul l'esprit de parti et de tendance l'amène d'ordinaire (5). Le caractère élevé de Sa'd, son éducation, confiée à un chrétien de Ḥîra, son père nourricier, qu'il emmena avec lui à Médine (6), parlent en faveur de sa tolérance. L'histoire de la famille des Omaiyades nous montre d'ailleurs la latitude, laissée aux femmes en matière de religion. Avant d'entrer dans le harem du Prophète, la sœur de Mo'âwia, Omm Ḥabîba avait épousé un chrétien, ḥalîf des Banoû Omaiya. Ce dernier

---

(1) Cf. *Chantre*, p. 3-4, 187-208 ; *Aġ.*, XX, 127, 24 ; Ṭab., I, 1912, 5-6 ; *Kâmil*, 83 et 485, 5 ; '*Iqd*, III, 355 : il s'agit de Taġlib, puisque le Ḫaboûr est nommé ; comp. '*Iqd*, III, 357, 7 ; Iṣṭaḫrî, 14, 7; Wellhausen, *Skizzen*, IV, 156, n. 5 ; *M. S.*, I, p. 12, n. 3; *Naqd'iḍ Ġarîr*, 510.

(2) *Aġ.*, XIX, 62, 63 ; Ṭab., II, 134, 8. Ziâd récuse ici le témoignage d'un Taġlibite, parce qu'il lui manquait صلاح في دينه , non comme chrétien, puisqu'il admet (Ṭab., II, 133) le témoignage du chrétien Ḥaǵǵâr ibn Abǵar. Voir dans *Aġ.*, XIX, 62-63, réflexion de l'ami taġlibite de Ḫâlid al-Qasrî sur le Qoran.

(3) Balâḏorî, 110, 248, 249.

(4) Cf. I. S., *Ṭabaq.*, III[1], 153, 1 et 278, 9 ; Ṭab., I, 2071-72.

(5) Comme par ex. dans le cas de Ḫâlid al-Qasrî, lorsqu'il s'agit de décrier un fonctionnaire antipathique.

(6) I. S. *Ṭabaq.*, III[1], 97-98 ; 258. 21, etc ; Ṭab., I, 2797.

après s'être fait musulman (1), revint au christianisme et y mourut (2) ; sans que sa femme se soit vue forcée de le suivre dans ses diverses évolutions religieuses. Voilà pourquoi nous nous croyons autorisé à examiner si Maisoûn, la mère de Yazîd, a trouvé plus commode de suivre l'exemple de sa contribule Nâ'ila (3). En cette matière commençons par étudier l'état de l'opinion publique à cette époque.

Sous le califat de 'Omar, la mère d'un noble Maḫzoûmite mourut à Médine dans la profession de la foi chrétienne, une croix suspendue au cou. Quand sur le cadavre on voulut faire la prière musulmane, le fils, islamite convaincu, quoique frère du trop fameux 'Omar ibn Abi Rabî'a, le fils s'y opposa et toute l'assistance s'empressa d'approuver sa conduite (4). Il alla plus loin : il fit présider les funérailles par les coreligionnaires de la défunte (5) et suivit le cortège, accompagné de ses connaissances et amis (6).

La tolérance des Omaiyades et de leur entourage peut hardiment soutenir la comparaison avec celle de 'Omar (7) et du Ḥiġâz. Pour le premier siècle de l'islam, Ibn Rosteh (8) cite toute une liste de membres de la haute aristocratie musulmane dont les mères demeurèrent chrétien-

---

(1) La tradition le prétend du moins : son *émigration* en Abyssinie n'en est pas une preuve convaincante.

(2) I. S., *Ṭabaq.*, VIII, 68.

(3) L'empressement de Maisoûn à se voiler devant un eunuque (?) n'est pas nécessairement une preuve d'islamisme, mais implique seulement un scrupule de pudeur, comme Mo'âwia le lui fait observer. Baihaqî 612, 7. Le ḥadîṯ dispense les musulmanes de se voiler devant les esclaves mâles (I. S., *Ṭabaq.*, VIII, 127-128), à fortiori devant les eunuques. La présence d'eunuques à la cour de Mo'âwia est un détail justement suspect.

(4) *Aǧ.*, I, 32 en bas ; Ibn Rosteh, 213 ; Qotaiba, *Poesis*, 349,3.

(5) Les نصارى بلحب, dont Ḥassân ibn Ṯâbit signale la joie à la mort de Mahomet. Cf. Nöldeke, *Delectus*, p. 74, 4.

(6) D'après I. S., *Ṭabaq.*, V, 19 en haut, le fait aurait pu se passer à Baṣra, dont le Maḫzoûmite fut gouverneur.

(7) Il menace Ǵoḥaiya ibn al-Moḍarrib, accouru à Médine pour ramener sa femme, transfuge du christianisme. *Aǧ.*, XXI, 16.

(8) Cf. *Al-A'lâq*, p. 213.

nes (1). Nous y rencontrons les noms de princes omaiyades (2), celui d'un des principaux lieutenants de Mo'âwia, le Solaimite Aboû'l A'war et celui d'un autre Kalbite, Ḥanẓala ibn Ṣafwân, général du calife Hiśâm (3). La mère de ce dernier se rendait publiquement et en grand cortège aux offices chrétiens. Le plus éminent successeur des Ziâd et des Ḥaǵǵâǵ dans le gouvernement de l'Iraq, Ḫâlid al-Qasrî, n'hésita pas en pleine ville de Koûfa à bâtir une église, où sa mère pût accomplir ses dévotions (4). Cette attitude ne paraît pas leur avoir fait tort dans l'esprit des régents omaiyades (5). Comme il appert de ces exemples, les femmes arabes, et spécialement dans la tribu de Kalb, paraissent avoir montré plus d'attachement à leur religion que les hommes, plus accessibles aux calculs de l'ambition, à l'entraînement de l'impérialisme.

Parmi ces derniers une exception doit sans doute être faite en faveur des vieillards. Les pères de Nâ'ila et de Maisoûn ont pu raisonner, comme le poète kindite, Ǵoḥaiya ibn al-Moḍarrib, au sujet de sa femme Zainab, devenue musulmane par dépit :

« Le regret de Zainab te conduira-t-il jusqu'à l'islam ? (6) Quel moyen de devenir musulman pour un homme, couvert de cheveux blancs ? » (7)

Ce raisonnement si naturel, quand on connaît le sens aristocratique

---

(1) Jusqu'à la mort, comme la Maḫzoûmite, nommée plus haut et la mère de Ḫâlid al-Qasrî, p. ex. Sans quoi Ibn Rosteh aurait pu allonger indéfiniment sa liste.

(2) Comme Maslama fils de 'Abdalmalik et 'Abbâs fils de Walîd I. Voir leurs notices dans Ibn 'Asâkir.

(3) Sur ce personnage, cf. Ṭab., II, 1871.

(4) *Aǧ.*, I, 59-61, 166 ; *Kâmil*, 481-82. A Koûfa on montrait plus tard l'emplacement de cette église. Ibn al-Faqîh, 183, 16 ; Balâḏorî, 286.

(5) Elle aurait passé inaperçue sans la rancune de poètes, comme Farazdaq (cf. *Aǧ.*, XIX, 18), et du clan qaisite. La chute du grand Yéménite leur fournit l'occasion de s'exhaler librement.

(6) تصابى . Sur « Ṣâbi » dans le sens de musulman, cf. Boḫârî, II, 387, 2 a. d. l., 388 ; I. S., *Ṭabaq.*, III[1], 191, 25 ; 192, 8, etc. Ce vers de l'Aǧâni comporte, j'en conviens, une autre traduction pour le moins aussi plausible : « comment songer à l'amour, quand on a des cheveux blancs ? »

(7) *Aǧ.*, XXI, 14, 2 ; 15-16. Cf. *Ḥamâsa*, 522-523.

et conservateur des Arabes d'alors (1), le père de Maisoûn paraît l'avoir fait (2), et à l'avènement de Yazîd sa famille maternelle serait encore demeurée chrétienne. Nous nous croyons autorisé à le conclure d'un curieux distique, dirigé contre le nouveau calife par un poète Anṣârien. Voici comment il apostrophe Yazîd :

« Tu n'es pas des nôtres, pas plus que ton oncle maternel, toi qui sacrifies la prière à tes passions ! Déclare-nous donc la guerre, fais-toi chrétien (3), bois du vin, abandonne nos assemblées (4). »

Or cet oncle maternel n'était autre que le fils de Baḥdal ibn Onaif le propre frère de Maisoûn (5). Le trait eût manqué de force, si ce personnage n'avait été qu'un musulman de fraîche date. Les poètes d'alors ne pouvaient être embarrassés pour trouver dans la vie de leur nouveau souverain d'autres motifs satiriques. Mais ils croyaient se faire spécialement désagréables en le présentant comme le neveu d'un infidèle; moyen infaillible, pensaient-ils, de rendre suspecte la foi de l'émir des croyants.

L'ensemble de ces indices ne suffit pas, nous en convenons, pour appuyer une conclusion ferme. Un fait pourtant permettra d'en mieux saisir la signification : c'est la situation du « ḫâl » au sein de la famille arabe.

---

(1) Même Zobair ibn al-'Awwâm, l'hôte de Ǵoḥaiya à Médine, trouve naturel que le chef kindite prétende ramener la fugitive non seulement sous sa tente, mais à sa religion. Cf. *Aǧ.*, XXI, 16, 10-18. La législation contre les *mortadd* ou n'existait pas encore, ou ne s'appliquait pas aux femmes.

(2) Et aussi le père de Ḥadrâ', la femme de Farazdaq, demeuré chrétien. *Aǧ.*, XIII, 192 ; XIX, 18 d. l.

(3) Comme ton oncle !

(4) *Tanbîh*, 305, 6-7 ; Dînawarî, 275.

(5) Mâlik, le père de ce Ḥassân, devenu vers la fin du règne de Yazîd, le véritable maire du palais. *Ḥamâsa*, 261 , 318-319. Comp. tableau suivant :

Baḥdal

Maisoûn	Mâlik
Yazîd 1er	Ḥassân

Le Dr Musil fait à Mâlik l'honneur d'avoir fait nommer califes Mo'âwia I et Mo'âwia II. Cf. *Quṣeir 'Amra*. Pour Mo'âwia I une référence eût été désirable.

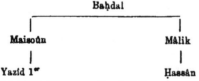

Nous aurons plus tard à examiner la valeur des généalogies bédouines. A l'époque, où nous a conduit la suite des événements, les Arabes s'étaient déjà habitués à prendre au sérieux les ingénieuses fictions de leurs premiers *nassâba* ; au point d'en avoir longtemps imposé aux orientalistes. Pour nous, ces longues listes d'ancêtres doivent nous laisser sceptiques ; nous croyons pouvoir affirmer que vers le milieu du premier siècle de l'hégire peu de grandes familles auraient pu avec certitude fournir le nom de leur trisaïeul (1).

Cette déplorable incertitude faisait d'autant mieux resssortir le mérite d'une généalogie, dûment établie. On s'efforçait de la poursuivre dans les deux lignes, paternelle et maternelle, ou dans les deux bouts طرفان, comme s'exprimaient les Arabes (2). Alors seulement on pouvait se vanter de « tenir les cordons de l'aristocratie » (3). La noblesse du père se trouvait suffisamment mise en relief par le patronymique et le *nisbat* de la tribu : ils protégeaient contre l'injure courante : لا ابالك (4) ou لا ابا لغيرك. Mais celui, qui incarnait la noblesse maternelle (5), c'était le « ḫâl », c'est-à-dire le frère de la mère (6), représentant en cette qualité la famille et la tribu dont elle était originaire. En vantant ses propres

(1) Comp. Farazdaq : بلادٌ لا يَمُدّ بها غُلامٌ له أَبَوَيْن, *ZDMG*, 1905, 599, v. 12. La remarque convenait à toute l'Arabie. Les puissants du jour flattent les *nassâba* et sont heureux d'apprendre le nom de leur trisaïeul. Cf. *Aǧ.*, XIX, 58. Pour les aïeules la situation était encore pire. Rappelons le cas des deux familles les plus célèbres de l'histoire Omaiyade : celles de Hâśim et d'Omaiya. Nous reviendrons sur l'argument, en traitant de l'éducation de Yazîd. ʿAmir ibn aṭ-Ṭoʿail pouvait se glorifier d'avoir quatre aïeules maternelles connues, et parmi elles pas une seule *sabîya*. *Aǧ.*, XV, 53, 1-4.

(2) Cf. *Aǧ.*, IV, 53 ; XI, 86, 3. On disait encore فرعان, *Aǧ.*, IV, 80 d. l.

(3) Voir plus haut. Farazdaq, *Dîvan*, 86, 6 ; 130, 11.

(4) Locutions souvent explétives et employées dans des panégyriques. *Aǧ.*, XIV, 98, 10 ; *Osd*, II, 16, 5 ; Boḫârî, II, 263, 6 ; Ṭab., II, 479, 13 ; 483, 4 (le poète l'adresse ici à sa femme). Masʿoûdî, V, 203, 6 ; Maidânî, *Proverbes*, I, 116 en haut ; Aboû Zaid, *Nawâdir*, 24. On trouve aussi : لا اباك, ʿ*Iqd*, I, 296 ; لا ابا لشريك, Ṭab., I, 3409, 16 ; Masʿoûdî, IV, 319, 2 ; plus rarement لا أبايك. A. Fischer, *Gewaehrsmaenner*, p. 72, 2 a. d. l.

(5) Qui écartait l'imputation d'être فرتنى ou ابن فرتنا *Aǧ.*, IV, 44-45 ; Qotaiba *Poets*, 236, 5 ; *Naqâ'iḍ Ǧarîr*, 40 d. l., 63 d. v., 121, 9 ; *Aǧ.*, XIV 171, 16, 23 : كلُّ أمةٍ يقال لها فرتنى ; *Aǧ.*, IV, 45, 2.

(6) Mahomet met sur le même pied la خالة et la mère, Tirmidî, *Ṣaḥîḥ*, I, 347.

ancêtres, au lieu de mon père ou ma mère, on disait : mon père et mon ḫâl (1), ou l'on se contentait de mentionner ce dernier (2). Ainsi fait le poète Aḥwaṣ, le petit-fils du « protégé des guêpes » ; le neveu de ce Ḥanẓala, martyr de Oḥod, « lavé par les anges » :

فانا ابنُ الذي حَمَتْ لحمَهُ الدبــــر قتيل اللحيان يومَ الرّجيع
غسّلتْ خالي الملائكةُ الابـــرارُ ميتاً طوبَى لهُ من صريع (3)

Le poète Ǵamîl ne consentit jamais à louer que ses oncles. Leur ressembler c'était rappeler sa mère : l'usage de la langue avait rendu synonymes les deux expressions (4) ! C'était surtout le cas dans les tribus, où l'on pratiquait l'exogamie (5). Pour avoir le droit de figurer au Gotha de la Péninsule, il fallait être « mo'imm » et « moḫwil » (6), en d'autres termes, pourvu d'oncles irréprochables dans les deux lignes (7). Désireux d'établir sa supériorité sur les Arabes, un poète nègre fait l'énumération de ses ḫâl (8). A la formule banale فداك ابي وأمّي on substituait couramment la suivante فداك عمّي وخالي (9). Comme preuve de courage on n'en croyait pouvoir apporter de plus concluante que l'exemple du Bédouin, n'hésitant pas à tuer son oncle pour venger son père. Sa tribu gardait précieusement le souvenir de ce héros : قاتِلُ خالهِ بأبيهِ منّا (10). On redoutait tout particulière-

(1) Comp. *Aǧ.*, VIII, 77, ; et مُفَدِّياً وَجدتُ ابي وخالي . Qalqaśandî, I, 200, 7.

(2) Aboû Zaid, *Nawâdir*, 24, 7-8 ; comp. vers cité, *Aǧ.*, VII, 101, 4.

(3) *Aǧ.*, IV, 43, en bas.

(4) *Aǧ.*, VII, 99 ; Moslim, *Ṣaḥiḥ* (éd. du Caire), I, 99, 1.

(5) Cf. Wilken, *Matriarchat*, p. 52, etc. A l'époque dont nous parlons, l'exogamie tendait à se généraliser, surtout dans les grandes familles.

(6) Cf. Wellhausen, *Ehe*, p. 440 ; *'Iqd*, II, 179, 19 ; *Aǧ.*, XIX, 49 ; *Naqâ'iḍ Ǵarîr*, 141, 5 et 188, 8 ; Ibn Doraid, *Ištiqâq*, 226, 3 ; Qotaiba, *Poesis*, 102, 14 et 133, 8. S'éloignant peu à peu de son origine, l'expression مُعِمّ ومُخوِل avait fini par signifier *éminent* : مُعِمّ في الكلام ومُخوِل . Ǵâḥiẓ, *Bayân*, I, 3, l. 4, en bas.

(7) Même la femme devait être كريمة الخال . *Aǧ.*, II, 29, 4 a. d. l. Comp. le vers de Nâbiġa Ǵa'dî, *Aǧ.*, IV, 133, 11 :

إذ تستحطُون عند الخذل انّ لكم من آل جَعْدَةَ أعماما وأخوالا

(8) Ǵâḥiẓ, *Opuscula*, 65, 9 ; comp. Ǵâḥiẓ, *Bayân*, II, 37, 18 ; trois vers, où toute la noblesse est prouvée par les ḫâl.

(9) Ṭab., II, 233, 1.

(10) Vers de Miskîn. *Aǧ.*, XVIII, 69.

ment les satires contre les ḫâl et les ḫâlas ; le ḫâl étant pour les neveux une occasion de honte ou de gloire (1). Au palais des califes, les jours de réception, les oncles bédouins figuraient à la gauche du souverain et tenaient la place de sa mère absente (2).

Garant de la noblesse maternelle ! Voilà, selon nous, le motif de l'intérêt, attaché par les Arabes au ḫâl (3). Nous ne croyons pas pouvoir y retrouver avec Wilken (4) un argument en faveur de l'ancien matriarcat arabe (5). Cette réserve faite, l'on exagèrera difficilement l'importance de la place, occupée par le frère de l'épouse dans la littérature et l'histoire des Arabes. Elle amènera même une réaction (6). Cette réaction se trouvera favorisée par la position prééminente, accordée au mari dans la famille musulmane, par l'abaissement de la femme islamite et par l'impérialisme arabe : les vainqueurs ne voulant avoir rien de commun avec les races vaincues, où ils allaient fréquemment choisir des épouses. Ainsi 'Obaidallah, fils du célèbre Ziâd, prétend exclusivement ressembler à son père et n'avoir rien à démêler avec son oncle (7). Mais la réaction même attestait à sa façon l'importance du ḫâl.

Les plus puissants califes aiment à mentionner leurs oncles maternels, « aḫwâl (8), et sous cette forme du pluriel, le terme comprend tous les contribules de la mère (9). Au palais des Omaiyades, c'est un thème favori que la noblesse et la valeur respectives des aḫwâl. Pour leur plaire,

---

(1) *Aǧ.*, II, 91 et 100.

(2) Cf. *Aǧ.*, IV, 80 en bas ; Ibn al-Aṯîr, V, 15 ;*Naqâ'iḍ Ǵarîr*, 384-85.

(3) Pendant la dernière guerre russo-turque, les Anglais, favorables à la Turquie, passaient aux yeux des Bédouins pour les « aḫwâl » du Sultan. Doughty, *Travels*, I, 275.

(4) *Das Matriarchat bei den alten Arabern*, p. 44.

(5) Nous reconnaissons d'ailleurs la valeur d'autres arguments pour prouver son existence.

(6) Comp. Qotaiba, *'Oyoûn*, 269, 13 ; *Dîvan* de Ḥoṭai'a, XL, 11 : nous sommes assez forts du côté paternel, pour n'avoir pas besoin de compter sur les « aḫwâl ».

(7) ولم ينزعني شبهُ خالٍ . Ṭab., II, 241, 21. Ressembler à son père ou à son oncle, cette question préoccupait les Arabes. Cf. Boḫârî, II, 331, en bas.

(8) Comp. l'incident de 'Otba, frère de Mo'âwia, à la mosquée de la Mecque. *'Iqd*, II, 197.

(9) Comp. *Aǧ.*, IV, 53 : بشيخ من هُذَيل كان خالاً للفرزدق من بعض اطرافه.

le plus sûr moyen était de vanter leur « ḫo'oûla ». (1). Eux-mêmes prirent les devants. Par une de ses aïeules maternelles, le mécréant Walîd II se rattachait aux Hâšimites. Cela lui suffit pour se proclamer le neveu de Mahomet (2) :

نبيّ الهدى خالي ومن يكُ خالَهُ　　　نبيَّ الهدى يقهرْ به من يُفاخر

L'écho de ces discussions, parvenant au dehors, arrive à troubler la paix non seulement du désert mais parfois de l'empire (3). A un autre degré de l'échelle sociale, dans une tribu, dont une fille est entrée au palais, le plus humble Bédouin se proclame l'oncle des Omaiyades (4). Voulez-vous mettre en fureur ce va-nu-pieds ? Il suffit de le déclarer « la'îm' al-ḫâl » (5). Le pieux 'Omar II, reprochant un jour à un Qoraišite sa dureté, prétendit qu'il ressemblait à son ḫâl. Or cet oncle se trouvait être le fameux 'Aqîl ibn 'Ollafa. Ce dernier, qui ne se dérangeait pas même pour les califes, fit aussitôt le voyage de Syrie et entrant au palais : « N'as-tu pas, dit-il au souverain, trouvé autre chose à reprendre chez mon parent que d'être mon neveu ? Dieu maudisse celui de vous deux, qui se trouve le moins favorisé sous ce rapport ! » (6) — « Quel homme tu serais, dit un jour le calife à un courtisan, si tes aḫwâl n'étaient de Saloûl » (7)! Cette question du ḫâl ne présentait pas moins d'intérêt pour les anciens Bédouins que de nos jours celle d'un oncle d'Amérique, dont on convoite l'héritage. Un illustre Taġlibite, ayant offert sa sœur en mariage au calife Manṣoûr, le souverain se trouva embarrassé du cadeau. Il n'avait rien à objecter contre la noblesse du saiyd taġlibite, mais il se souvenait

---

(1) Ainsi Aḫṭal, *Divân* B., 68, 8-9, quoique pour lors hostile aux Kalbites (Cf. B., 117, 14 ; 118, 1), loue les oncles Kalbites de Yazîd I. Dans les derniers passages, en célébrant un Omaiyade, il observe qu'il compte des ḫâl parmi Taġlib. (Le sigle B. renvoie à l'édit. de Aḫṭal d'après le Ms. de Bagdad).

(2) *Aġ.*, VI, 101. En réalité il s'agit d'une aïeule de son père ; les aḫwâl de Walîd étaient de Ṯaqîf ; il s'en glorifie également. Cf. *Aġ.*, VI, 108 en bas.

(3) *Ḥamâsa*, 260-63.

(4) *Aġ.*, VII, 175, 10 a. d. l. ; Aḫṭal B., 117, 12-13.

(5) *'Iqd*, et les *Nawadir*, passim.

(6) *Aġ.*, XI, 89. 1, etc.

(7) *'Iqd*, II, 156, 3. Sur Saloûl cf. Wüstenfeld, *Tabellen*, s. v.

d'un vers méchant de Ğarîr sur la « ḫo'oûla » de cette tribu (1). Et cette conception du ḫâl était commune à toutes les fractions de la famille arabe, malgré l'opposition de leurs croyances religieuses. Lorsqu'à la mort de Mahomet, la Bédouine Saǵâḥ se sentit la vocation prophétique (2), les Taḡlibites n'hésitèrent pas à la suivre. Il n'abjurèrent pas le christianisme pour autant, mais leur qualité d'aḫwâl de la Sybille ne leur permit pas de l'abandonner (3). Des motifs analogues dépréciaient les mariages avec une esclave ou même avec une femme arabe de haute naissance (4), mais prisonnière de guerre. C'était d'avance exposer les enfants à n'avoir pas de ḫâl reconnus, ou les empêcher d'entretenir avec eux des relations cordiales, c'est-à-dire : les condamner à une situation humiliée.

Sur cet ensemble s'était greffée une théorie atavique, proclamant l'influence prédominante du ḫâl pour le bien comme pour le mal (5). L'homme, disaient les Arabes, ressemble surtout à son oncle maternel; الخال انزع شيء (6) . le ḫâl tire tout à lui ; et encore الخالة والدة , la tante maternelle est une véritable mère (7). Farazdaq aurait hérité son talent poétique de ses aḫwâl (8). Comme l'on n'attribuait pas la même influence aux parents paternels (9), cela revenait en somme à attester le rôle prépon-

---

(1) *Chantre*, p. 188-89 ; Ǵâḥiẓ, *Opuscula*, 64, 15 ; 69, 13.

(2) Nous parlons ici avec la tradition. Vraisemblablement le mouvement de Saǵâḥ fut purement politique.

(3) Devenus par le mariage de Nâ'ila oncles du calife 'Oṯmân, les Kalbites suivent tous Mo'âwia, vengeur du calife. D'après un texte de Ṭab., I, 1916, 5, etc., Saǵâḥ aurait été chrétienne ; cela expliquerait l'appui, prêté par les Taḡlibites, à une réaction politique contre l'envahissement de Médine. Après son échec Saǵâḥ se retire chez les Taḡlibites. Cf. Ibn Śiḥna, روض المناظر , Ms. B. Kh.

(4) Tu as les défauts de ton ḫâl. *Aǵ.*, XIII, 63, 16.

(5) Voir références dans Wilken, *Matriarchat*, p. 45, etc. Comp. Wellhausen, *Ehe*, p. 475-76.

(6) Voilà pourquoi Ibn 'Omar était noir. I. S., *Ṭabaq.* III[1], 235, 3, 5. En réalité son père avait un teint de nègre, mais la tradition hésite à en convenir.

(7) I. S., *Ṭabaq.*, VIII, 114, 12.

(8) Cf. *Aǵ.*, XIX, 49 5.

(9) Les qualités opposées ont été héritées du خال et du عم . *Aǵ.* S., I, 105. Comp. *M. S.*, I, 41-43. Pourtant M. Nallino est d'avis que les Arabes employaient indifféremment les termes de خال et de عم . Cf. *Sulla costituzione delle tribu arabe* p. 636, *Nuova antologia* 15 Oct. 1893.

dèrent de la mère dans l'éducation physique et morale de l'enfant : conclusion à laquelle nous pouvons souscrire sans difficulté. Religion d'hommes, l'islam devait à ce titre combattre cette tendance ; il finira, en faisant prévaloir le parti favorable à l'oncle paternel (1), par ramener tout du côté masculin.

Nous n'avons pas à discuter la valeur de ces théories ; mais elles montrent la portée de l'insinuation, dirigée contre Yazîd I par les poètes anṣâriens. Lui rappeler les attaches anciennes ou actuelles de son ḫâl avec le christianisme, cela équivalait presque à déclarer le prince affilié à la religion de l'Evangile. Avec les concepts arabes sur la matière, c'était du moins la conclusion que pouvaient tirer les malveillants ; et cela suffisait aux réactionnaires de Médine, préoccupés de frapper fort plutôt que juste (2).

Sans aller aussi loin, il nous sera permis de chercher dans le sang (3) des aïeux chrétiens, coulant dans les veines de Yazîd, comme une explication des sympathies, manifestées par le fils de Maisoûn aux coreligionnaires de ses parents kalbites, et aussi le motif du souvenir, gardé à sa mémoire par les populations chrétiennes ; nous en retrouverons des traces (4) jusqu'en Espagne à l'autre extrémité de l'empire arabe. Ces sympathies — est-il téméraire de le supposer ? — ont pu être inspirées par sa mère. Tout en cessant d'appartenir officiellement à la communauté chrétienne (5), — et c'est là encore un trait du caractère arabe — la fière Kalbite, fort attachée aux siens et aux souvenirs de son enfance (6), a pu continuer à affectionner la religion de ses pères. Après leur mariage, les Bédouines persistaient à préférer leur ancienne tribu et, en cas de conflit,

---

(1) Wellhausen, *Ehe*, p. 476-77.

(2) Comme fait Farazdaq dans sa polémique contre les Mohallabides : « Les Azd de Baṣrâ (sic) ne se prosternent pas devant Allah, mais devant le premier feu venu ». Cf. *Dîwan* (Boucher), 85, etc. *ZDMG*, 1905, p. 600, v. 15 ; *MFO*, II, 401-407.

(3) « 'Oroûq », veines, comme les Arabes s'expriment de préférence. Références dans *M. S.*, I, 42.

(4) Sous la plume d'Isidore de Béja.

(5) Cette supposition nous paraît la plus vraisemblable.

(6) Voir plus loin une de ses élucubrations poétiques.

à prendre parti pour elle, fût-ce contre leur propre mari (1). Même chez les femmes, le particularisme arabe n'abdiquait jamais complètement. Elles se considéraient fréquemment comme des *sabiya*, arrachées à leur tribu.

Dans cette première génération, celle de Mo'âwia, envisagée par l'islam, comme sa période héroïque, la période des *Mobaššara* et des Ṣaḥâbîs, objets des complaisances d'Allah (2), une constatation s'impose : « on s'y mariait beaucoup, énormément » (3). A la majorité des *Compagnons* convenait la caractéristique de ce héros, chanté par le poète: منا انكح الناس (4). C'était leur façon à eux de comprendre la virilité. L'entourage de Mahomet se conformait dans la pratique au principe, si énergiquement affirmé par le Maître : « pas de monachisme, pas de célibat dans l'islam ! » (5) Dans ce milieu, demeurer célibataire, c'était s'exposer au soupçon d'hérésie et d'infidélité (6). La vigueur maritale passait pour un privilège, propre aux prophètes (7) ; à fortiori comme une perfection de l'individualité virile. Parmi les signes, désignant les envoyés d'Allah, Mahomet place en première ligne le mariage ; viennent ensuite le goût des parfums et l'usage du سواك (8). La crudité des documents arabes nous permet seulement d'indiquer ce thème (9).

Dans la *sîra* prophétique un chapitre porte cet en-tête suggestif : ما حُبّب الى رسول الله صلعم من النساء والطيب , et le contenu développe ce sujet. Parmi les ḥadîṯ, cités à l'appui, nous relevons cette parole de Mahomet : « J'aime par dessus tout les femmes, les parfums et les repas الطعام ». Un Ṣaḥâbî

(1) Cf. Wellhausen, *Ehe* p. 450, n. 2 ; *Ḥamâsa*, 233, 7 ; *Aġ.*, XIII, 124 ; XIX, 104 en haut ; XXI, 265, 13 ; *Chroniken* (Wüstenf.), II, 138, 10.

(2) Ce doit être le sens de l'eulogie رضي الله عنهم , si toutefois elle en a un.

(3) Ed. Sachau, dans l'Introduction (p. XXXII) à I. S., *Ṭabaq.*, III[1].

(4) *Aġ.*, XV, 97 d. l.

(5) Voir p. ex. I. S., *Ṭabaq.*, III[1], 287. Comp. Boḫârî E, III, 198, 7.

(6) Ṭab., I, 2924, 18. Comp. '*Iqd*, III, 167.

(7) A ce titre Salomon est cité. Boḫârî, II, 366 en haut.

(8) Tirmiḏî, *Ṣaḥîḥ*, I, 200, 5 a. d. l.

(9) Cf. *Aġ.*, II, 155, 10 : explication de la supériorité politique des Syriens ; comp. V, 147, 15 et l'argument qu'en tirent pour la mission de Mahomet les auteurs de la *Sîra* prophétique.

s'étant oublié jusqu'à nommer les chevaux, comme l'objet des préférences du Maître, il se corrige aussitôt en ces termes. « Pardon, ô mon Dieu, je veux dire, les femmes ! » (1)

Si l'on se mariait assidûment dans l'entourage du Prophète, on y divorçait dans les mêmes proportions (2). Sous ce rapport Moġîra et Ḥasan ne se laissèrent pas distancer. Le père de ce dernier, 'Alî, nous le savons aussi, entretenait un harem respectable (3). Plusieurs des divorces de Mahomet cachent vraisemblablement une application de la mot'a (4). Pourquoi le Maître aurait-il renoncé à user d'un privilège, concédé aux disciples ? La tradition, on le conçoit, à tout mis en œuvre pour voiler ce détail odieux ; elle a parlé de lèpre, a mentionné les rebuts, essuyés par le Prophète. Toutes les explications ont paru bonnes, à condition d'écarter de sa mémoire la promiscuité de la mot'a. La mort le prévint de contracter un nouveau mariage ; la fiancée s'étant mise trop tard en route (5). Vraisemblablement des excès génésiaques précipitèrent la fin (6) du sensuel réformateur.

Les biographies d'Ibn Sa'd, récemment éditées, illustrent toute cette situation au moyen d'exemples appropriés. Le moins instructif n'est pas celui de 'Otmân ibn Maz'oûn, si vertement tancé par Mahomet pour sa pudeur et ses tendances ascétiques, rappelant trop l'idéal chrétien (7). L'austère 'Omar évita de donner dans cet excès. Il déclara illicite l'engagement, pris par une femme de ne pas se remarier, parce qu'il la convoitait pour lui-même (8). Lui qui avait tout fait pour déconsidérer les parents du Prophète, se rappela soudain une déclaration de Mahomet : « au

(1) Cf. I. S., *Ṭabaq.*, Ms. Bibl. Khéd. non paginé : ثمّ قال : غفرًا اللّهمّ بل النساء

(2) En trois lignes on mentionne trois divorces de Zaid, le fils adoptif de Mahomet. Ibn Ḥaǵar, II, 46 en bas.

(3) Ṭab., I, 3470-73 ; I. S., *Ṭabaq*, III[1], 11-12 ; *MFO*, II, 39-40.

(4) Cf. Caetani, *Annali*, II, 478, n°s 17, 19, 20.

(5) I. S., *Ṭabaq.*, VIII, 105, 15.

(6) C'est l'opinion de Caetani, *Annali*, II, 522, où l'on trouvera les renvois aux sources originales.

(7) I. S., *Ṭabaq.*, III[1], 287.

(8) I. S., *Ṭabaq.*, VIII, 193, 23.

jour du jugement, seule ma parenté subsistera ». Dans un âge avancé il tint donc à épouser une fille de 'Alî (1), n'ayant pas encore sept ans révolus (2). On la lui amena pour l'apprivoiser avec l'idée du mariage et l'habituer à la compagnie du vieillard. La pauvre enfant commença par repousser les caresses du calife (3) ; elle s'enfuit épouvantée et vint se plaindre à son père de ce qu'il l'avait envoyée à un vieux débauché ! Les collègues de 'Omar dans le groupe incomparable des « Dix prédestinés » (4) ne se montrèrent pas moins entreprenants. On connaît leur attitude déplorable parmi les captives de Hawâzin après la débâcle de Ḥonain (5). Au moment de mourir, à l'âge d'au moins 63 ans (6), Aboû Bakr avait à son service une esclave, chargée de porter ses enfants en bas-âge ; un autre enfant était à la mamelle et un troisième en expectative (7).

Cette fureur matrimoniale ne peut nous surprendre chez 'Alî, si malheureux avec Fâṭima et condamné à la monogamie ; chez 'Abdarraḥmân ibn 'Auf — le premier argent gagné par lui à Médine, il le consacre à se marier (8) — chez Ṭalḥa, Zobair, Sa'îd ibn Zaid (9), retenus par les dé-

---

(1) جارية لم تبلغ . I. S., *Ṭabaq.*, VIII 339, 15. *Maśâriq al-Anwâr*, Ms. Bibl. Khéd.; Ibn al-Ǵauzî, *Manâqib 'Omar ibn al-Ḫaṭṭâb*, Ms. Bibl. Khéd.

(2) En Arabie, pour les femmes l'âge nubile était entre 6 et 7 ans. Le célèbre 'Amrou ibn al-'Âṣi s'était marié avant 12 ans. Cf. Qalqaśandî, I, 266, 6. — Ibn 'Amir, 'Alî, fils d'Ibn 'Abbâs, sont pères à 13 ans. I. S., *Ṭabaq.*, V, 31, 24 ; Qotaiba, *Ma'ârif*, 40. Chez les Juifs du Maroc on marie « des filles de 6 à 8 ans à des garçons de 12 ». Bonet-Maury, *Islamisme et christianisme en Afrique*, p. 18. Sur les mariages précoces chez les Coptes au moyen-âge, cf. *Mémoires instit. égyp.*, II, 297.

(3) Dans la narration du fait, Ibn al-Ǵauzî, *Manâqib 'Omar*, Ms., B. Kh., se montre d'une brutable franchise فقالت له ان تفعل هذا فلولا انك امير المؤمنين لكسرت انفك . De retour à la maison, elle dit à son père 'Alî : بعثتني الى شيخ سوء . L'orientalisme européen a tort de négliger la vaste littérature des *Manâqib-Faḍâ'il* ; elle a sauvé de l'oubli nombre de détails, délaissés par les chroniques officielles.

(4) Enumérés dans I. S., *Ṭabaq.*, III¹, 279, 11, etc.

(5) Cf. Caetani, *Annali*, II 182, le premier, je crois, à signaler ce détail suggestif.

(6) Chiffre conventionnel; il pouvait en avoir 73 ; je le crois plus âgé que Mahomet. Moslim, *Ṣaḥîḥ*, II, 219, 8 d.

(7) I. S., *Ṭabaq.*, III¹, 136 ; 138, 9, 14, 24 ; 149 d. l.

(8) I. S., *Ṭabaq.*, III¹, 87, 7-11.

(9) I. S., *Ṭabaq.*, III¹, 70, 90, 278-79.

fiances d'Aboû Bakr et de 'Omar dans une démoralisante oisiveté (1). Mais pour Sa'd (2), nous ne pouvons alléguer la même explication ; le loyal fils d'Aboû Waqqâṣ ayant trouvé un meilleur emploi de son activité sur les champs de bataille de l'Iraq et dans le gouvernement des anciennes provinces perses, d'où 'Omar finira par le rappeler.

Quoiqu'il faille penser de ces exemples contemporains, Mo'âwia échappa à leur contagion. Son harem, nous l'avons déjà dit, fut modeste. On peut se demander s'il renferma jamais le nombre de quatre épouses, autorisé par le Qoran, et si l'on y trouva une femme de condition servile : *omm walad*. On l'a prétendu (3). Ce fut peut-être le cas pour la mère de son aîné 'Abdarraḥmân (4). On est mal fixé sur le nom et la qualité des femmes, épousées par Mo'âwia, à l'exception des quatre, mentionnées par Ṭabarî (5). Le Pseudo-Balḫi (6) lui prête l'intention d'épouser Omm Dardâ'. Malheureusement pour cette assertion la célèbre Anṣârienne mourut avant son mari. A moins d'admettre une confusion (7) avec son homonyme ; femme célèbre par son *zohd*, par ses connaissances dans le *fiqh* et dans l'exégèse (*tafsîr*) qoraniques, et morte après l'an 80 de l'hégire (8). D'après certains auteurs, il s'agirait en effet de cette dernière. On l'appelait la jeune الصغرى, pour la distinguer de la grande Ṣaḥâbiya de même nom (9), contemporaine de Mo'âwia. Le mariage de Konoûd ou Katwa sœur de Fâḫita, et mère de Ramla, est mentionné par Ṭabarî et

---

(1) Aucun n'exerça un commandement civil ou militaire d'une certaine importance. Dans les combats, auxquels ils prennent part, ils sont toujours en sous-ordre. Voir l'explication peu satisfaisante de cette politique, donnée dans I. S., *Ṭabaq.* III[1], 203, 7, etc. Un instant 'Omar aurait songé à envoyer 'Alî en Perse. Balâḏorî, 255, 9.

(2) I. S., *Ṭabaq.*, III[1], 97-98.

(3) Qotaiba, *Ma'ârif*, 119, 10 d.

(4) Dans la notice de ce dernier, Ibn 'Asâkir ne parvient pas à décider si sa mère fut une esclave ou bien Fâḫita ; d'après Ṭab., II, 204, ce fut cette dernière.

(5) *Annales*, II, 204-05 ; *Aġ.*, XIV, 124.

(6) كتاب البدء, I, 180.

(7) Comme celle commise dans Moslim, *Ṣaḥîḥ*, II, 286 en bas.

(8) Cf. Wüstenfeld, Ḏahabî, طبقات الحفاظ, p. 5.

(9) Cf. 'Ainî, XI, p. 108, Ms. B. Kh.

Ibn ʻAsâkir (1). Nous ne savons que penser d'une autre union, contractée avec Molaika, fille d'Aboû Omaiya (2), d'abord femme divorcée du calife ʻOmar et mère de son fils ʻObaidallah (3). Ṭabarî (4) non seulement ignore cette particularité, mais il assigne à Molaika une autre généalogie et un mari différent. Ibn Saʻd (5) signale encore parmi les épouses de Moʻâwia la Maḫzoûmite ʻAiśa, fille de ʻAbdarrahmân ibn al-Aswad, par ailleurs complètement inconnue dans l'histoire des Omaiyades (6). A-t-il sérieusement songé à épouser une fille de ʻOṯmân, en même temps petite-fille du Prophète par sa mère Zainab ? La tradition l'insinue uniquement, croyons-nous, pour se donner l'occasion de signaler le prétendu échec de cette tentative (7).

Cette indifférence pour le sexe, attestée par de nombreux témoignages (8), nous autorise précisément à chercher une raison politique aux mariages kalbites du fils d'Aboû Sofiân. Qoraiśite lui-même, Moʻâwia, partageant en cette matière les préférences de Mahomet (9), n'hésitait pas à placer les Mecquoises au premier rang de l'aristocratie féminine, sans en excepter les filles de Kalb (10). Ses deux mariages qoraiśites ne furent pas heureux : le premier lui donna l'imbécile ʻAbdallah ; le second

---

(1) Vol. XIX, notice de Ramla. Le nom de cette sœur de Fâḫita n'est pas d'une lecture assurée. Voir les variantes dans Ṭab., II, 205. Ibn Ḥaǵar nomme une Kabśa bint Zohair et femme de Moʻâwia. Katwa était fille de قرظة , mais au lieu de كتوة on trouve aussi كثرة , كنوه , كيثرة . (Cf. Ṭab., *loc. cit.*) ; ces variantes ont pu amorcer la leçon Kabśa.

(2) Ibn ʻAsâkir, XIX, notice de Omm al-Ḥakam.

(3) I. S., *Ṭabaq.*, VIII, 7, l. 13 ; Boḫârî, II, 181, 3 a. d. l. ; 182, d. l.

(4) *Annales*, I, 2732, 15, etc.

(5) *Ṭabaq.*, V, 2, l. 11.

(6) Même remarque pour Kabśa bint Zohair, femme de Moʻâwia, d'après Ibn Ḥaǵar, II, 27, 13.

(7) I. S., *Ṭabaq.*, VIII, 27, 12, etc. Une fille de ʻOṯmân, princesse omaiyade, ne devait avoir aucune raison de repousser le vengeur de son père.

(8) Comp., Ṭab., I, 3465, 7 ; ʻ*Iqd*, II, 304, 15 ; Baihaqî, 294, 7. Voir dans ʻ*Iqd*, I, 338, 14 a. d. l. , son jugement sur les femmes.

(9) I. S., *Ṭabaq.*, VIII, 108-09.

(10) Voir sa réponse à un fils de ʻOṯmân. Ṭab., II, 178, 3.

se termina par une catastrophe pendant l'expédition de Chypre (1). Une troisième union (2) n'avait pu aboutir : la fiancée mecquoise ayant reculé devant la perspective d'épousér un jeune homme accompli, mais sans le sou, « ṣa'loûk » (3).

Mais le flair étonnant de l'homme d'état qoraiśite parait lui avoir fait deviner de bonne heure le prix d'une alliance avec Kalb; alliance destinée à devenir, moins de quatre ans après la mort de Mo'âwia, le palladium de sa dynastie (4). Pour le prouver, pas n'est besoin de mettre en avant son projet de mariage avec Nâ'ila, la veuve kalbite de 'Oṯmân (5) ; dessein cadrant trop bien avec l'attitude, adoptée par le « walî » officiel du malheureux calife, pour que la pensée ne lui en soit pas venue. C'était décidément entraîner à sa suite les Kalbites, c'est-à-dire l'immense majorité des Arabes de Syrie, tous brûlant de venger le mari de leur sœur, si lâchement assassiné par les Médinois. Mais faut-il attribuer au hasard ou au caprice que Mo'âwia, déjà époux de Maisoûn, ait voulu conclure un second mariage dans la tribu de Kalb ? (6). Issu de plusieurs générations de marchands, ce souverain demeura, sa vie durant, calculateur ; par tempérament et par habitude du pouvoir, peu enclin à consulter le sentiment (7) dans les actes importants de sa vie. Nous pensons donc devoir admettre que l'impérieuse raison d'état lui dicta ces alliances avec les Kalbites, dont lui et ses successeurs, après lui, devaient recueillir les plus précieux avantages. Ce deviendra d'ailleurs, comme une tradition de fa-

---

(1) Ṭab., II, 204-205. Au lieu de cette mort Balâḏorî mentionne celle de la femme de l'Anṣârien 'Obâda ibn aṣ-Ṣâmit. *Fotoûḥ*, 154, 5. Ibn 'Asâkir (XIX, notice de Fâḫita), confirme sa mort pendant l'expédition de Chypre. D'après Ṭab., II, 205, la femme de Mo'âwia, morte alors, serait la sœur de Fâḫita.

(2) I. S., *Ṭabaq.*, VIII, 200, 8.

(3) Avec la sœur de son futur ministre Ḍaḥḥâk ibn Qais.

(4) Cf. *Ḥamâsa*, 659, 2 : « Baḥdaliya » devient synonyme de partisans des Omaiyades.

(5) Cf. '*Iqd*, III, 272 ; Nawawî, 855 ; Ibn 'Asâkir, XIX, notice de Nâ'ila.

(6) *Aǧ.*, IV, 69, 70 ; XIV, 124 ; Ṭab., II, 205.

(7) Sur les mariages d'intérêt dans la famille d'Aboû Sofiân, voir une réponse de Mo'âwia lui-même à sa sœur (*Aǧ.*, XIII, 34, 4 a. d. l.), mariée à Ṭâif : « nous pouvons maintenant nous passer du zabîb de Ṭâif ». Cf. notre *Ṭâif, cité alpestre*, p. 4.

mille chez les Omaiyades, soucieux de veiller à la pureté de la race, d'aller chercher au désert des épouses et des oncles pour les héritiers de leur puissance (1).

Est-ce à dire que la sympathie et des considérations d'un ordre plus élevé y fussent étrangères ? Nous ignorerons sans doute toujours si Maisoûn fut une beauté professionnelle ou si elle reproduisait plutôt le type de la Bédouine contemporaine, outrageusement tatouée et traînant lourdement sur le pavé de nos villes la semelles de ses bottes, armées de fer ? Mais son intelligence est attestée (2) et aussi sa réputation d'éloquence (3). Ces qualités ont dû faire oublier à son royal mari le سواد الساقين, que reprocha à Maisoûn sa rivale Fâhita (4) dans un moment de dépit. La réputation des femmes kalbites était solidement établie, et sur son lit de mort, le poète Komait, šî'ite enragé et adversaire des Omaiyades (5), regrettera de les avoir attaquées (6). A en juger pourtant d'après certaine pièce, attribuée à Maisoûn, l'entente entre les deux époux aurait laissé à désirer. Parmi les Omaiyades aucun ne se montra, comme Mo'âwia, attaché à sa résidence de Damas. Sa femme kalbite ne partageait pas, semble-t-il, ces goûts. Même après de longues années, passées au sein d'une tribu étrangère, l'épouse bédouine soupire après les siens : ce sentiment la pousse parfois à trahir les serments les plus sacrés, à abandonner mari et enfants (7). Dans ses vers, Maisoûn, prise de la nostalgie du désert(8), aurait soupiré après la tente paternelle, que secouent les vents ; elle déclarait la préférer aux splendeurs du palais de Damas. Le dernier vers dépassa certainement sa pensée.

---

(1) '*Iqd*, II, 92 en bas ; d'autres preuves seront données plus loin.

(2) لبيبة ; sa notice dans Ibn 'Asâkir, X.

(3) *Kitâb al-Fâḍil*, p. 459.

(4) Cf. Ibn al-Aṯîr, IV, 53 en bas.

(5) En cette qualité il avait attaqué les Kalbites, leurs partisans.

(6) *Aǧ.*, XV, 130.

(7) Cf. *Aǧ.*, XIX, 158-59.

(8) Sentiment fréquemment signalé chez les Nomades. Cf. Ǵâḥiẓ, *Maḥâsin*, 119, 5, etc. ; Baihaqî, 327. Comp. *Aǧ.*, X, 167, 3 a. d. l.

« Je préfère un de mes pauvres contribules en haillons à un barbare emporté ! » (1). .

Le trait atteignait en plein son auguste époux ; l'étranger, le barbare « 'ilǵ » (2) c'était lui. Car il ne faut pas l'oublier, les Arabes de Syrie, se considérant comme les seuls indigènes, traitaient d'intrus étrangers, de Bédouins grossiers (3), tous les autres émigrés de la Péninsule, sans en excepter parfois les Omaiyades (4).

Le ḥilm de Mo'âwia, si indulgent pour les satires politiques, inspirées par la haine à ses adversaires, n'a pas dû s'émouvoir outre mesure à la récitation de ces rimes audacieuses ; et nous ne croyons pas, comme Aboûlfidâ' (5), à l'éclat provoqué par ce badinage. De bonne heure, Mo'âwia se montra ennemi de la violence. Il lui répugnait, nous le savons déjà, de livrer à la malignité du public les faits de sa vie privée. Cette attitude magnanime lui fut d'autant plus facile qu'il a pu ignorer les vers en question, lesquels pourraient bien avoir pour auteur une autre Maisoûn, une Fazârite, fille de Ǵandal (6). Le thème ne présentait rien de nouveau ; on en retrouve les éléments épars dans plusieurs compositions anciennes (7). Une de ces variations poétiques, circulant sous le nom de Maisoûn, a fait songer à la plus célèbre de toutes : à l'épouse de Mo'âwia ! Entre Ǵandal et Baḥdal, les différences paléographiques sont insignifian-

---

(1) Aboû'lfidâ, *Histoire*, I, 203 ; Ibn al-Faqîh, 238, 7-8. Tout en citant la tirade, la notice de Maisoûn dans Ibn 'Asâkir, XIX, ne mentionne pas ce vers compromettant ; il a pu être ajouté après coup.

(2) Comp. I. S., *Ṭabaq.*, VIII, 154, 27. علجٌ دَخل على علجة , réflexion des Médinois au sujet de l'eunuque Copte et de Marie, la favorite de Mahomet. 'Omar donne cette qualification aux musulmans non arabes. *Ibid.*, III[1], 244, 22 ; VIII, 267-68, il désigne des esclaves d'origine étrangère. Aux vers de Maisoûn, comparez ceux de l'Anṣârienne Ḥamîda, née en Syrie : « je préfère les jeunes Damasquins aux Arabes intrus ». *Aǵ.*, VIII, 138, 4-7.

(3) C'est la qualification, donnée par les compagnons syriens de Mo'âwia à un noble qoraišite de la Mecque. Cf. Ibn Ḥaǵar, II, 499, 5.

(4) *Ḥamâsa*, 659, v. 5.,

(5) *Loc. sup. cit.* Ibn Siḥna, روض المناظر , Ms. B. Kh.

(6) Cf. *J. R. A. S*, XVII (1886), p. 90, etc.; *ibid.* p. 294-322 : *The song of Meysoûn.*

(7) Cf. Balâḏorî, Ahlw. 150 en bas ; *Aǵ.*, XIX, 12, 11 et *Aǵ.*, VIII, 138, cité plus haut.

tes dans l'ancienne écriture arabe (1). De là sans doute la confusion entre les deux Maisoûn.

Mo'âwia nous est déjà connu comme un fils dévoué (2). Nous le verrons également se montrer bon père, mari (3) tendre et aimant, très sensible aux charmes de la vie familiale. Lorsque pour la première fois le jeune Mo'âwia, alors secrétaire du Prophète, voulut se marier, la Qoraišite, recherchée par lui, consulta ce dernier. Il ne trouva à lui reprocher que sa pauvreté (4). C'était le reconnaître pour le reste bien supérieur au second prétendant à la main de cette femme, au brutal, dont Mahomet ne put s'empêcher de stigmatiser les violences (5).

Ici encore Mo'âwia dut se mettre au dessus des préjugés, régnant parmi ses compatriotes, et consacrés par l'exemple des saints de l'islam, cette religion d'hommes, comme on l'a parfois qualifié. Si l'on entend par là le sans-gêne, l'égoïsme masculins, inspirés par le Qoran vis-à-vis du sexe faible, nous n'avons pas à y redire. Rien de plus exact ! Sous ce rapport les Mohâgir étaient bien les plus accomplis des musulmans. Comme 'Omar le déclare en leur nom, ils n'éprouvaient « aucune considération pour les femmes » (6).

En arrivant à Médine, ces Qoraišites ne furent pas médiocrement surpris d'y voir régner des mœurs différentes (7). 'Omar surtout craignit pour les Mecquoises la contagion de l'exemple. On explique de la sorte l'audace des épouses de Mahomet, ne se gênant pas pour lui donner la réplique (8). « Un mari obéissant à sa femme, signe de la fin des temps ! »

---

(1) Par ex. celle des papyrus aux rares points diacritiques.

(2) Leçon encore inédite.

(3) Cf. Ibn 'Asâkir, XIX, notice de Fâhita. D'après le manuscrit d'Ibn 'Asâkir, conservé à la mosquée Al-Azhar (Caire), notice de Yazîd I, Mo'âwia aurait divorcé d'avec Maisoûn وهي حامل بيزيد . L'exemplaire de Damas s'arrête avant la notice de Yazîd.

(4) صعلق من المال . Cf. *Taṣḥîf al-moḥaddiṯîn*, Ms. B. Kh.

(5) I. S., *Ṭabaq.*, VIII, 200, 8, etc.

(6) Tirmidî, *Ṣaḥîḥ* II, 33. Comp. le cas de la mère de Mo'âwia. *Aġ.*, VIII, 50.

(7) Boḫârî E, IV, 27, 12.

(8) On cite pourtant des Médinois, battant leurs femmes. I. S., *Ṭabaq.*, VIII, 326, 17; Ǵâḥiẓ, *Maḥâsin*, 236, 1-4.

Ainsi fait-on parler Mahomet (1). Les Anṣâriens se laissaient dominer par leurs femmes. Celles-ci se montraient tendrement dévouées à leurs maris (2). Cette entente, cette harmonie familiales étaient inconnues à la Mecque (3) et dans le reste de la Péninsule, où le sentiment intime des affections domestiques demeura toujours rudimentaire (4). Les Mohâǵir se montraient du doigt un Anṣârien, pleurant sur la mort de sa femme (5). L'Arabe trouve cette démonstration intempestive, la femme étant si facile à remplacer ! A un autre Anṣârien 'Aiśa adressa des reproches pour le même objet (6). Un troisième, ayant laissé un œil à Oḥod, se désole ; cet accident pouvant diminuer l'affection de sa femme, à laquelle il demeure sincèrement attaché. Pour le consoler le Prophète se voit obligé de réparer le dommage (7). A 'Omar II, le calife idéal, rêvé par l'école du Ḥiǵâz (8), on fait interdire les larmes sur la perte d'une femme (9).

Dans quelle inspiration Mahomet puisa-t-il le panégyrique, fait par lui, de la jalousie maritale ? (10) Lui-même se donne comme le type de ce sentiment, dont Allah, selon lui, présenterait l'idéal. Si Dieu a interdit les grands crimes الفواحش, c'est par jalousie, affirme-t-il (11). Il loue un mari ayant sous l'empire de cette passion tué sa femme (12). Après le Prophète, chez Aboû Bakr, chez 'Omar surtout (13), l'islam l'a célébrée comme

(1) Cf. Moslim. *Ṣaḥîḥ*, I, 428.

(2) I. S., *Ṭabaq.*, V, 54, 6.

(3) Bohârî, II, 104, 10 ; III, 448, 449 ; I. S., *Ṭabaq.*, VIII, 132, 23.

(4) Cf. Doughty, *Travels*, II, 296. Farazdaq (Hell), 110.

(5) I. S., *Ṭabaq.*, III², 12, l. 14 ; Ibn Ḥaǵar, II, 361, 3.

(6) *Osd*, II, 304 en bas. On engage Ǵamîl à oublier Boṯaina مع كثرة النساء. *Aǵ.*, VII, 107, 9.

(7) I. S., *Ṭabaq.*, III², 26, 10.

(8) La légende de ce souverain est en majeure partie d'origine médinoise ; nous le verrons à propos du règne de Walîd I.

(9) *'Iqd*, II, 43.

(10) Sans doute une protestation contre l'effroyable promiscuité de la ǵâhiliya, présentée parfois dans le ḥadîṯ comme une conséquence de l'absence du غيرة.

(11) Moslim, *Ṣaḥîḥ*, II, 326 ; *Tamyîz aṭ-ṭaiyb* (éd. Caire), p. 50.

(12) Bohârî E, IV, 150.

(13) Cf. I. S., *Ṭabaq.*, III¹, 125. Les poètes panégyristes la relèvent également chez Ḥaǵǵâǵ. Comp. Wellhausen, *Ehe*, p. 448; *Aǵ*, XXI, 215, 15.

une qualité, tout en refusant, comme le Maître, d'en reconnaître la légitimité chez la femme (1).

Mais une prétention révoltait par dessus tout les Qoraiśites : celle des Anṣâriennes à ne pas admettre des rivales (2) ضرات . Cette tendance à la monogamie empêcha le Prophète — comme il en manifesta d'abord l'intention (3) — d'accorder à des Médinoises le titre envié (4) de « mère des croyants » (5) Elle explique aussi en partie la rareté des mariages entre Mohâǵir et Anṣârs (6). Tout en la déplorant pour son propre compte, Mahomet obligea 'Alî à s'y conformer et lui défendit de prendre, du vivant de Fâṭima, une seconde femme (7).

Le féminisme, il faut bien en convenir, ne rencontrait pas à cette époque des partisans en Arabie, même dans les rangs du beau sexe. Les démarches en sens contraire, enregistrées par les recueils hagiographiques, ont surtout pour but d'amorcer une moralité édifiante sur les lèvres du Prophète et l'occasion de formuler les obligations de la vraie musulmane (8). Les femmes, habituées à une vie pénible et aux mauvais procédés sous la tente paternelle, aimaient à être surveillées de près par

---

(1) Moslim, *Ṣaḥîḥ*, I, 251 en bas ; *Tamyîz aṭ-ṭayib* (éd. Caire), p. 51.

(2) I. S., *Ṭabaq.*, VIII, 148, 21 ; 326. Omm Salama, femme du Prophète, afficha la même prétention. *Ṭabaq.*, VIII, 62-63. Comme le montre la section des *Ṭabaqât*, consacrée aux Anṣârs, on rencontrait parmi eux nombre de bigames et même de monogames. La stérilité habituelle des mariages médinois fait que les mères se trouvent seulement nommées lorsqu'elles ont laissé une descendance. *Ṭabaq.*, III^{2}, 102, 15, etc., cite un Anṣârien qui a quatre femmes et une *Omm walad* ; un autre a trois femmes libres et une esclave ; un troisième en a quatre ; on en nomme un, qui a épousé sept femmes. *Ṭabaq.*, III^{2}, 118-119 : 127 ; 130, 11 ; 132.

(3) I. S., *Ṭabaq.*, VIII, 326, 11, 26 ; *ibid.*, 107, 18 : une Anṣârienne s'offre comme femme au Prophète.

(4) Certaines femmes lui préférèrent l'indépendance. I. S., *Ṭabaq.*, VIII, 101 ; 103, 10.

(5) I. S., *Ṭabaq.*, VIII, 148, 326.

(6) Citons quelques cas : I. S., *Ṭabaq.*, III^{1}, 59, 13 ; 131 en bas ; V, 35, 15; VIII, 36, 1 ; Ibn Ḥaǵar, II, 49 ; Ǵâḥiẓ, *Maḥâsin*, 236, 2. 'Abdarraḥmân ibn 'Auf épousa deux Anṣâriennes. I. S., *Ṭabaq.*, III^{1}, 90.

(7) I. S., *Ṭabaq.*, VIII, 191, 15. Au moment de son mariage, Fâṭima était d'âge mûr; elle-même se prétend plus âgée que son mari. I. S., *Ṭabaq.*, VIII, 17, 4, etc.

(8) Cf. *Osd*, V, 398 en bas ; 605.

leurs maris. Elles voyaient dans cette rigueur non seulement une marque de jalousie (1), mais une preuve de leur propre valeur (2). La surveillance surtout ne leur déplaisait pas : elle les distinguait de leurs servantes ou esclaves.

Mais les Mecquois paraissent avoir dépassé la permission, octroyée par les coutumes du désert ; et parmi leurs prérogatives, ces rudes marchands mettaient en première ligne celle de maltraiter leurs compagnes. Parmi eux c'était devenu comme la mode, dit le spirituel polygraphe Ǵâḥiẓ (3). Ainsi agissaient 'Omar, Zobair et 'Abdarraḥmân fils d'Aboû Bakr (4), pour citer ces exemples d'hommes plus en vue. Dans un mouvement de colère, le trop célèbre ḥawârî de Mahomet cassa le poignet à sa femme ; son fils 'Abdallah dut l'arracher à sa brutalité (5). L'excellent Sa'd ibn abi Waqqâṣ, au demeurant plus correct, n'hésitait pas à souffleter sa femme (6). Fâṭima, la fille du Prophète, ne parait pas avoir été l'objet d'un traitement de faveur ; comme on peut le lire entre les lignes de l'édifiante littérature des *Faḍâ'il* et des *Ṭabaqât*. A ses plaintes Mahomet se contentait de répondre : « une femme doit s'accomoder à l'humeur de son mari » (7). La moralité ne fut pas comprise. Sans cesse il doit intervenir pour rétablir la paix dans ce ménage troublé (8). Après la mort de Mahomet, ce fut pis encore ; et l'on se demande pourquoi 'Alî — il garda pourtant la maison depuis la bai'a d'Aboû Bakr — n'assista pas à l'agonie de sa femme (9).

---

(1) Voir plus haut, Wellhausen, *Ehe*, p. 447.

(2) Wellhausen, *Ehe*, p. 452. Dans un même ordre d'idées, le *ḥadd* pour l'esclave était la moitié de celui, infligé à l'homme libre.

(3) *Maḥâsin*, 235, 15.

(4) Moslim, *Ṣaḥîḥ*, I, 425 ; Nawawî, 824, 3 a. d. l. ; I. S. *Ṭabaq.*, VIII, 167, 21 ; 183 ; 192, 6 ; même observation pour les Juifs arabes. Balâḏorî, 24, 3 a. d. l.

(5) Ǵâḥiẓ, *Maḥâsin*, 235, 15, etc.

(6) *Aǧ.*, XXI, 215, 14 ; Balâḏorî, 258, 7. Walîd ibn 'Oqba continue à battre sa femme, malgré l'intervention de Mahomet ; cet Omaiyade était d'ailleurs un galant homme. *Aǧ.*, IV, 185.

(7) I. S., *Ṭabaq.*, VIII, 16, l. 19-25.

(8) I. S., *Ṭabaq.*, VIII. 16-17.

(9) I. S., *Ṭabaq.*, VIII, 17-18. Naturellement on essaie de voiler ce détail choquant, en provoquant la confusion par l'entassement des *riwâia*.

'Omar se montra sans contredit le plus violent de tous. « Parmi les femmes, aurait-il dit, on ferait bien de se défier de toutes, même des meilleures (1). » La cravache, compagne ordinaire de l'inflexible calife (2), il n'oublia pas de l'employer au sein de sa famille. Passe encore qu'il ait donné les étrivières à ses ivrognes de fils, compromettant par leur inconduite le prestige du califat (3). Mais il maltraite ses belles-filles (4) ; il intervient à coups de cravache dans son harem turbulent (5), pour y maintenir l'ordre, que, chef d'état, il rêva d'établir au dehors à tour de bras (6). Aussi était-il devenu la terreur de toutes les femmes de Médine (7), redoutant l'honneur de devenir la compagne de sa vie (8). Dans son contrat de mariage, l'énergique 'Atika fit inscrire la condition de n'être pas battue par 'Omar (9).

Nature féminine (10), et, en même temps, antiféministe déclaré (11), Mahomet, il est vrai, protesta contre ces brutalités par son exemple d'abord. La tradition raconte à sa louange qu'il ne maltraita jamais une seule des mères des croyants (12) : éloge contesté par Wellhausen (13).

---

(1) Ǵâḥiẓ, *Maḥâsin*, 218, 9.

(2) Il cravache les femmes, I. S., *Ṭabaq.*, III[1], 290, 13 ; même la favorite 'Aiśa, *ibid.*, III[1], 148, 22, et Ḥafṣa. Moslim, *Ṣaḥîḥ*, I, 426.

(3) Nous y reviendrons plus bas, en parlant de la licence de Médine à cette époque.

(4) I. S., *Ṭabaq.*, VIII, 347, 8.

(5) Boḫârî, III, 448-49 ; *Aǧ.*, XIV, 144, 3 a. d. l. '*Iqd*, III, 280-81; I. S., *Ṭabaq.*, III[1], 222, 20.

(6) A défaut de cravache, il emploie une baguette de palmier. I. S., *Ṭabaq.*, III[1], 201, 16 ; Ibn Ḥaǵar, II, 449, 3.

(7) I. S., *Ṭabaq.*, VIII, 130-131 ; Baihaqî, 39 ; *Osd*, IV, 64 ; les femmes de Mahomet le traitent de bourreau عذاب . *Osd*, IV, 66, 7. A son arrivée les tambourins s'arrêtent, effet que ne peut obtenir la présence de Mahomet et d'Aboû Bakr. Tirmiḏî, *Ṣaḥîḥ*, II, 294.

(8) 'Alî aurait souhaité lui refuser la main de la petite Omm Kolṯoûm. Voir plus haut.

(9) Cf. *Osd*, V, 499, 9.

(10) Comp. le chapitre ذكر مشط رسول الله ومكحلته ومرآته . I. S., *Ṭabaq.*, Ms. B. Kh. Mahomet les emportait en voyage : voir les détails, quand nous parlerons des derniers moments de Mo'awia.

(11) Boḫârî, III, 184, 4; Tirmiḏî, *Ṣaḥîḥ* II, 33.

(12) I. S., *Ṭabaq.*, VIII, 147, 15 ; Moslim, *Ṣaḥîḥ*, II, 215.

(13) *Ehe*, p. 451, n. 1 : « Die Peitsche des Omar konnte er für seinen eigenen Harem nicht entbehren. »

D'après lui, « il ne put se passer pour son propre harem de la caravache de 'Omar ». Assertion vraisemblable assurément ! encore serait-il bon de pouvoir l'appuyer sur une référence. Mécontent de 'Aiša, Mahomet fait corriger la favorite par son père Aboû Bakr, et Ḥafṣa par 'Omar, mais il proteste n'avoir pas voulu une correction manuelle (1). A pied ou à chameau (2), Mahomet se séparait rarement de son bâton (3), ou plutôt de son sceptre, indice de son éminente dignité. Parfois même l'Abyssin Bilâl, son muezzin et son massier, les porte devant lui (4). De là la qualification de صاحب الهراوة, maître du bâton, accordée au Prophète dans certains documents à tournure apocalyptique (5). En a-t-il fait usage pour rétablir l'ordre au sein de son remuant harem ? (6) Rien ne le prouve.

Attitude vraiment méritoire ; étant donné le caractère de ces mères des croyants, attesté par le Qoran (7). Elles furent parfois assez osées pour consigner la porte à Mahomet (8). Non content de prêcher d'exemple, le Prophète prit d'autres mesures contre la brutalité de ses amis (9), ne laissant jamais le bâton en repos, comme il s'exprimait sur le compte de l'un d'entre eux (10). Malheureusement l'exemple, venu de si haut, ne fut pas suivi par les Mohâǵir. Certaines soirées, Mahomet dut écouter les doléances de 70 femmes, battues par leurs maris (11), et venant lui montrer

(1) Cf. I. S., *Ṭabaq.*, VIII, 56 ; Moslim, *Ṣaḥîḥ*, I, 426.

(2) I. S., *Ṭabaq.*, VIII, 223, 3 ; *Osd*, IV, 234, présentent le Prophète sur sa chamelle et tenant une cravache كدِرّة الكُتّاب, comme la verge des maîtres d'école (?).

(3) Appelé, عصا , مِحجن , عنزة . Cf. C. H. Becker, dans *Orient. Stud.*, I, 348 ; Ǵâḥiẓ, *Bayân*, II, 51, 60 ; *Aǧ.*, XIII, 166 en bas ; Boḫârî, I, 406, n° 58 ; comp. *ibid.*, I, 45, 4 ; 135-36 ; 166, 7.

(4) Boḫârî, II, 395, en haut.

(5) '*Iqd*, I, 134, 8.

(6) Comp. Maqrîzî: النزاع p. 18. Le Prophète se voit épié par Ḥakam, le père de Marwân : وهو في حجر بعض نسائه فخرج اليه بعنزة .

(7) *Qoran*, LXVI. De là d'interminables et scandaleuses querelles. Cf. I. S., *Ṭabaq.*, VIII, 56 ; 71, 8 ; 91 ; 94, 17 ; 122-124.

(8) I. S., *Ṭabaq.*, VIII, 98, 22.

(9) I. S., *Ṭabaq.*, VIII, 148 ; *Osd*, III, 164, 4 a. d. l.

(10) لا يَضَع عصاهُ عن عاتقه . I. S., *Ṭabaq.*, VIII, 200.

(11) *Osd*, I, 125 ; V, 478 ; 612. Comp. *Aǧ.*, IV, 185 ; *Ṭabaq.*, VIII. 326, 17.

les *bleus*, ou les *verts* (خضر), comme s'exprime le texte (1) : proportion énorme pour une petite ville, comme l'était alors Médine ! Mais sur ce point il dut se laisser arracher une dispense en faveur de 'Omar (2). A son pèlerinage d'adieu, Mahomet aurait étendu l'usage de cette permission, en recommandant toutefois d'en user avec modération (3). Comme il fallait s'y attendre, on trouve aussi des recommandations en sens contraire (4). Elles attestent les fluctuations de l'esprit chez Mahomet et la variété d'inspiration, ayant présidé à la formation du ḥadîṯ.

La question prenait un tout autre caractère de gravité, si on envisage la situation, créée dès lors à la femme par la pratique du divorce. Ici nous devons nous borner à quelques faits ; la matière étant infinie et devant être traitée à fond plus tard. Ces traits, nous aurons soin de les choisir dans la vie des plus illustres enfants de l'islam, contemporains de Mo'âwia : c'est dire que nous ne sortirons pas du groupe des « dix prédestinés » et du clan qoraiśite, lequel s'était fait du divorce une triste spécialité (5).

Mahomet s'en montra un partisan décidé. Non seulement il le sanctionna en épousant des femmes divorcées (6) mais il en usa largement pour son propre compte. Il renvoya une de ses épouses parce qu'elle était vieille, une autre en qualité de lépreuse ; d'autres parce qu'elles le repoussèrent (7). Fidèle imitateur du Maître, Aboû Bakr, au moment de fuir

---

(1) Boḫârî E, IV, 25, 9.

(2) I. S., *Ṭabaq.*, VIII, 148 ; *Osd*, I, 125 ; Maidânî, *Proverbes*, I, 170. On cite aussi quelques Anṣâriens, battant leur femme. I. S., *Ṭabaq.*, III², 123, 2 ; Ǵâḥiẓ, *Maḥâsin*, 236 en haut.

(3) Boḫârî E, III, 217 ; Ibn Hiśâm, 969 ; une variante ajoute qu'on peut les corriger بالسواك والنعل . Cf. Wâqidî (Wellhausen), 431.

(4) لا ترفع عصاك عن اهلك . *'Iqd*, I, 324, 13 ; اهل = femme ; cf. *'Iqd*, I, 325, où l'on interprète en adoucissant.

(5) Cf. *Aǧ.*, VIII, 50, 13, où l'on revendique pour Qoraiś l'introduction du ظهار . Voir pourtant remarque très juste de Wellhausen, *Ehe*, p. 453. Curieux exemple des embarras causés à Mahomet par cet usage de la ǵâhiliya, dans I. S., *Ṭabaq.*, VIII, 275-76.

(6) Les deux Zainab, Maimoûna.

(7) I. S., *Ṭabaq.*, VIII, 36-37 ; 58-59 ; 93, 13, 22 ; autres divorces : 101, 20 , 102, 8 ; 103 ; 106, 8, 8. Ibn Ḥaǵar, II, 62 ; à moins qu'il ne s'agisse ici de la *mot'a*, comme nous l'avons déjà observé.

la Mecque, en compagnie du Prophète, divorce d'avec sa femme (1) ; non pour incompatibilité d'humeur, mais comme un voyageur pressé se débarrasse de bagages, qui pourraient ralentir sa marche. Son successeur 'Omar (2) plaignait sincèrement son fils, le faible 'Abdallah (3), incapable de renvoyer sa femme. (4) Un tel homme lui paraissait peu propre à conduire les destinées de l'islam. Cette considération lui facilita sans doute le désintéressement avec lequel il lui enleva toute participation active à la *šoûrâ*. Les formalités, maintenues par nos législations les plus indulgentes, n'existent pas dans le divorce musulman. Auprès d'un ami, dont il avait renvoyé la sœur, Ma'n ibn Aus, le poète favori de Mo'âwia, s'excusait galamment : « Ne te fâche pas : une femme s'en va ; une autre prend sa place ; cela se fait (tous les jours) » (5). Aboû Bakr força son fils à divorcer : parce que trop préoccupé de sa femme il négligeait le commerce et la mosquée, comme se hâte d'ajouter une autre tradition, empressée de sauver les apparences (6). Les héritiers du premier calife n'avaient pas besoin d'être poussés dans cette voie. Son fils 'Abdarraḥmân, sévèrement jugé par Mo'âwia, comme nous verrons, avait dans son harem une épouse malade. On lui conseilla de la rendre à sa famille et il s'y décida, racontent nos chroniqueurs, avec un sang-froid déconcertant (7). Osâma fils de Zaid — ce dernier, fils adoptif de Mahomet et fameux « miṭlâq » (8) — divorça à l'âge de 14 ans (9).

'Omar fit venir un de ses administrés, affligé d'une haleine désagréable et l'obligea contre une indemnité de 500 dirhems à renvoyer sa femme ; combinaison, acceptée d'ailleurs sans difficulté (10). 'Abdarraḥmân

(1) Boḫârî, III, 45.

(2) Cf. I. S., *Ṭabaq.*, VIII, 7, l. 14, etc., où l'on mentionne deux divorces de 'Omar.

(3) On le voit constamment dominé par ses femmes et ses nombreux enfants : il en aurait perdu trente pendant une seule épidémie. Cf. Bayâsî, Ms. B. Kh., II, 162 recto.

(4) Boḫârî, III, 45.

(5) *Ḥamâsa*, 501, 4 a. d. l.

(6) *Mowaššâ* (éd. Brünnow), p. 79 ; *Aġ.*, XVI, 133 ; *Ḥamâsa*, 493 en bas.

(7) Balâḏorî, 63, 5.

(8) I. S., *Ṭabaq.*, III[1], 30 en bas.

(9) I. S., *Ṭabaq.*, IV[1], 50 en bas.

(10) *'Iqd*, I, 287 en bas.

ibn ʿAuf n'hésita pas à divorcer sur son lit de mort (1). La femme, renvoyée par lui, le fut bientôt une seconde fois, après sept jours de mariage avec Zubair (2). Le calife ʿOṯmân imita l'exemple d'Ibn ʿAuf : assiégé dans son palais de Médine, incapable de maîtriser la révolte, il voulut affirmer son autorité en renvoyant une de ses femmes (3). La tradition musulmane cite avec attendrissement l'offre de cet Anṣâr au même Ibn ʿAuf, arrivant à Médine à la suite de Mahomet : « J'ai deux femmes ; choisis celle qui te convient ! » (4). Avec les idées de l'islam sur le divorce (5), rien de plus aisé en effet. Naturellement tout se fût décidé sans consulter la principale intéressée en la matière.

De tels exemples aideront à comprendre la supériorité morale de Moʿâwia sur les saints de l'islam. Pendant sa longue carrière on ne signale chez lui qu'un seul divorce (6). Encore pour faire renvoyer du palais la fiancée kalbite fallut-il faire appel à la superstition (7). L'empire devait en être bien puissant sur les Arabes pour impressionner une aussi ferme intelligence (8) : si toutefois nous n'avons pas affaire à une de ces prophéties après coup, mises sous forme d'anecdote.

Le souverain désirait vivement perpétuer le pouvoir suprême dans sa descendance directe. De là ce nom de Yazîd, imposé à son second fils ; nom d'heureux augure, attestant les illusions paternelles de Moʿâwia ; à moins que le nouveau-né ne l'eût reçu en souvenir, et comme pour faire

---

(1) Nawawî, 829 ; I. S., *Ṭabaq.*, VIII, 219; *Tamhîd*, Ms.B. Kh., p. 81.

(2) I. S., *Ṭabaq.*, VIII, 219, 3, 26 ; 220, 1.

(3) Ibn al-Aṯîr, III, 78 ; Ṭab., I, 3057, 4.

(4) I. S., *Ṭabaq.*, III[1], 88, 89.

(5) Comp. chapitre de ʿ*Iqd*, III, 286, etc. Sous les ʿAbbâsides, un musulman obtint cinq divorces en moins de cinq minutes. Le poète Farazdaq divorce pour un vers. Ḥoṣrî, III, 168.

(6) Comp. trait de la vie de Mahomet. I. S., *Ṭabaq.*, VIII, 115, 9. Il s'agit également d'une fiancée kalbite : ʿAiša intervient au lieu de Maisoûn, mais le thème est identique. Moʿâwia compta plusieurs sœurs divorcées. I. S., *Ṭabaq.*, VIII; 7, 18 : c'était, semble-t-il, la règle. Dans *Aǧ.*, IV, 69. Fâḫita figure au lieu de Maisoûn. Nâ'ila, cette seconde femme kalbite de Moʿâwia, a dû passer quelque temps au palais d'al-Ḫaḍrâ', puisque dans sa garde-robe elle possède de nombreuses خلع, robes de cérémonies de son premier mari.

(7) Ṭab., II, 205, 1, etc. *Aǧ.*, loc. cit.

(8) Il redoutait l'effet des imprécations. Cf. *MFO*, II, 72-73.

revivre la brillante personnalité de son oncle Yazîd, mort sans laisser de postérité (1). Quoiqu'il en soit de ces calculs, Mo'âwia voyait tous ses projets dynastiques reposer sur la tête du seul Yazîd. Son aîné 'Abdarraḥmân était mort prématurément ; on ignore s'il eut des enfants (2). Cette perte a pu inspirer au monarque la réflexion, qu'on lui prête: إنّي لأكرهُ البكارة في البنين (3). Elle atteste chez les Arabes d'alors une terreur superstitieuse pour la primogéniture et aussi la cruelle déception du père, que la naissance de cet aîné paraît avoir vivement réjoui. Il est du moins permis de le conclure de la hâte, mise par lui, à prendre la konia d'Aboû 'Abdarraḥmân (4). D'autre part, la faiblesse intellectuelle (5) de 'Abdallah ne permettait pas de compter sur lui. La jeunesse frivole de Yazîd — comme nous le verrons — était également de nature à inspirer à son père des craintes sérieuses pour l'avenir de sa dynastie. La raison d'état aurait dû, semble-t-il, le pousser à élargir son harem et il faut lui faire un mérite d'avoir su garder à sa vie privée un caractère de dignité, manquant trop souvent aux intérieurs des plus fameux saints de l'islam. Cette attitude lui fut facilitée par la haute opinion que cet Arabe, si en avance sur ses contemporains, s'était formée du rôle social de la femme (6).

Jamais l'enivrement de la puissance suprême, la certitude d'être d'avance absous par l'opinion publique ne l'entraînèrent aux abus de pouvoir, dont se rendit coupable 'Omar, cet idéal de l'austérité islamite. Dans un élan de générosité, rare chez les femmes arabes, la jeune veuve de 'Abdallah, fils du calife Aboû Bakr, avait promis de ne pas se remarier après la

---

(1) Qotaiba, *Ma'ârif*, 118, 1. Son frère aîné Ḥanẓala avait péri de mort violente. Yazîd avait succombé à la peste. Ṭab., I, 2516, 12 ; 2520, 10. Certains documents lui accordent la konia Aboû Ḫâlid, (il aurait eu un fils ?) ; cf. *Journ. Asiat.* 1907², p. 251. Ne serait-ce pas le résultat d'une confusion avec son neveu Yazîd ?

(2) Ibn 'Asâkir, X, l'affirme dans la notice de 'Abdarraḥmân, petit-fils de Ḫâlid ibn Yazîd. Il est étrange qu'il n'en soit pas fait mention ailleurs ; cela confirmerait l'origine servile de la mère.

(3) Qotaiba, *'Oyoûn*, 271, 4. Le Prof. Goldziher a attiré mon attention sur ce texte.

(4) Il la porte déjà à Médine dans l'entourage de Mahomet.

(5) Qalqaśandî, I, 267 a dressé une liste des princes omaiyades imbéciles ; nous aurons à les signaler dans la suite de ces études.

(6) Baihaqî, 599. Réaction contre divorce, *Tamyîz aṭ-ṭayyb* (éd. Caire), 4, 56.

mort de son époux. ʻOmar dont elle avait attiré l'attention, lui fit dire qu'elle ne pouvait licitement prendre un tel engagement (1), lui proposant en même temps de devenir sa femme. Repoussé, il attendit la mort d'Aboû Bakr : alors calife, il l'introduisit de force dans son harem avec un luxe de circonstances (2), particulièrement odieuses (3), attestant la déformation du sens moral chez ces disciples, formés à l'école immédiate du Prophète.

Tel ne fut pas Moʻâwia. Soit horreur de la vulgarité, soit influence de son milieu syrien, encore imprégné d'idées et de tendances chrétiennes, sa conception du rôle de l'épouse dépasse celle de l'« omm walad ». Ce terme réaliste, l'usage l'avait dès lors réservé aux mères de condition servile ; il peint merveilleusement la situation de toutes les femmes musulmanes, sans distinction de rang social.

La plus tendre amitié unissait Moʻâwia à Fâḫita, une des premières (4) femmes épousées par lui (5); et il ne se défendait pas contre le reproche (6) — il eût fait bondir ses compatriotes (7) — de se laisser dominer par elle. A côté de qualités très réelles, la tradition représente les femmes de Kalb comme plus altières et moins résignées que leurs sœurs de Qoraiś (8). Ainsi nous apparaissent Nâ'ila, l'énergique compagne du calife ʻOṯmân, Tomâḍir, femme de ʻAbdarraḥmân ibn ʻAuf ; et autres anciennes chré-

---

(1) قد حرّمتِ عليكِ ما احلّ لكِ الله.

(2) La tradition musulmane croit pouvoir fermer les yeux ; mais nous comprenons moins l'orientalisme, persistant à présenter ʻOmar comme un caractère supérieur. Comme moralité, il ne dépassa pas la moyenne de ses contemporains.

(3) I. S., *Ṭabaq.*, VIII, 194, 6-20.

(4) Elle fut peut-être mère de ʻAbdarraḥmân, l'aîné des fils de Moʻâwia. Cf. Ṭab., II, 204. Voir plus haut.

(5) *Ṭabaq.*, VIII, 173, 6. On la fait survivre à Moʻâwia et épouser par ʻAbdallah ibn ʻAmir ibn Koraiz. Cette dernière affirmation doit être gratuite ; Ibn ʻAmir, mort avant Moʻâwia, fut le mari de Hind, fille de Moʻâwia. Ibn ʻAsâkir, XIX, notice de Hind ; de là la confusion de l'auteur des *Ṭabaqât*.

(6) Cf. ʻ*Iqd*, III, 280 en bas.

(7) Comp. le ḥadîṯ : « la fin du monde sera proche اذا اطاعَ الرجلُ زوجتَهُ ». Tirmiḏî, *Ṣaḥîḥ*, II, 33.

(8) Voir dans ʻ*Iqd*, II, 152, 8, réponse faite au calife Hiśâm : « il faut des Kalbites pour comprendre les femmes de Kalb ».

tiennes de Kalb, « femmes vaillantes, recherchées par Qoraiš au prix d'énormes douaires, لِنِسْوَة مَنَاجِيب تُغْلَى في قُرَيْش مُهُورُهَا »; (1). Sous ce rapport, Maisoûn, nous le savons déjà, ne démentait pas son origine kalbite. Nos annalistes, distraits par l'attention qu'ils accordent à tant d'insignifiantes personnalités féminines (2), contemporaines de Mahomet, se préoccupent peu des princesses de la cour de Damas, surtout lorsque, comme Maisoûn, elles n'appartiennent pas au cercle privilégié de Qoraiš. Kalbite, Syrienne, princesse omaiyade, autant de motifs à leurs yeux pour négliger la fille de Baḥdal. Malgré leur silence, nous n'avons pas le droit de supposer chez le calife pour la mère de son héritier présomptif une attitude différente de celle, adoptée par lui vis-à-vis de la mère de l'inoffensif 'Abdallah. S'il a peut-être témoigné à Fâḫita plus d'affection, il voulait sans doute lui faire oublier sa disgrâce maternelle. La malheureuse Qoraišite s'y montrait fort sensible et cette sensibilité l'entraîna parfois à des éclats regrettables (3).

XVI

Première enfance de Yazîd ; au désert de Kalb

La « bâdia » Omaiyade

Nous sommes fort mal renseignés sur l'enfance de Yazîd. Pour la date de sa naissance, les indications oscillent entre les années 22 et 27 de l'hégire (4). Il a pu naître à Damas, où son père résida habituellement depuis la mort de son frère, Yazîd ibn Abi Sofiân. Comme lieu de naissance on a indiqué d'autres localités : il en sera question plus bas.

---

(1) *Naqâ'iḍ Ğarîr*, 538, 8.

(2) Voir les innombrables notices réunies par Ibn Sa'd dans le VIIIe volume des *Ṭabaqât*. Dans l'*Encyclopædia Britannica*, XVI, 569, 2e col., une distraction attribue à Maisoûn la mort de Marwân I.

(3) Voir texte de Tabrîzî, cité dans Aḫṭal, *Divan*, 81, note a; Ibn al-Aṯîr, IV, 53-54 ; et surtout notice de Yazîd I dans Ibn 'Asâkir, Ms. d'Al-Azhar.

(4) 642-647 de J.-C. Ṭab., I, 2671, 2810 ; 'Ainî, Ms. B. Kh., XI, 46.

Le jeune prince passa la majeure partie de son enfance dans les déserts de la Palmyrène, au milieu des campements (1) de la tribu maternelle, parmi ses «aḫwâl» de Kalb; c'est-à-dire outre les fils de Baḥdal tous les Kalbites, devenus, par le mariage de leur contribule, les oncles du prince (2).

Ainsi se trouve expliquée, selon nous, la puissante attraction exercée par cette région sur le prince, même depuis son élévation au califat. Après la cérémonie de la bai'a, Yazîd s'empressera de quitter Damas, pour revenir aux lieux où s'était écoulée son enfance. Dans cette éducation au grand air, il contracta ce goût pour la chasse, pour les chevaux et les exercices sportifs (3), que nous retrouverons plus tard chez lui. Il en rapporta enfin cette conception de la vie, la « Moroû'a » (4) ou « Weltanschauung », véritablement bédouines, ce goût de la poésie (5), ce penchant pour le vin, pour le jeu et les distractions favorites des nomades, que lui reprocheront les puritains, comme contraires au Qoran. Les influences chrétiennes, vivaces chez beaucoup de Kalbites (6), demeurés chrétiens, ou musulmans de fraîche date, n'étaient pas de nature à contrebalancer les effets de cette éducation. L'usage du vin, nous l'avons montré ailleurs (7), demeurait chez beaucoup de chrétiens arabes d'alors, comme une protestation contre la révolution, causée par l'islam. Le Qoran l'ayant proscrit, ce fut pour ces derniers une nouvelle raison de s'y adonner et d'affirmer ainsi leur indépendance. Boisson chrétienne, شرابنا ! ainsi Aḫṭal affectera-t-il de qualifier le vin (8).

C'était l'habitude des grandes familles arabes d'envoyer leurs enfants passer quelques années au désert. Il voulaient par cette précaution

(1) D'après *Ḥamâsa*, 818, 10, où le frère de Maisoûn est qualifié de « a'râbî », le clan de Baḥdal a dû mener de préférence la vie nomade.

(2) ربي في بني كلب مع اخو ميسون . Ibn Śiḥna , روض المناظر , Ms. B. Kh.

(3) Aboû'lfidâ, *Hist.*, I, 208 ; Mas'oûdî, V, 157.

(4) Cf. *M. S.*, I, 1-40.

(5) Aussi est-il qualifié de شاعر فصيح عربي . Ibn Śiḥna, *op. sup. cit.*

(6) Voir plus haut.

(7) *Poète royal*, p. 36, etc.

(8) Cf. *Chantre*, p. 104 ; *Aġ.*, VII, 178, 186.

les soustraire aux épidémies de peste, venant périodiquement désoler les agglomérations urbaines. Et puis au désert se conservait la pureté de la langue arabe, menacée par le contact avec les populations araméennes. Quand arrivait le printemps, le monarque, ses parents et les principaux hommes d'état omaiyades aimaient à se retirer au désert pour y jouir des agréments de la saison, reprendre pour quelques semaines la vie des anciens saiyd arabes, des chefs de grande tente. Cette villégiature de printemps avait pris le nom de *bâdia*. Nous étudierons plus tard cette mode essentiellement omaiyade, sur laquelle les découvertes du Dr Musil (1) ont appelé l'attention. Dès lors on appelait la *bâdia* l'école des princes (2). Mo'âwia vit donc de bon œil l'éloignement de Yazîd.

Maisoûn voulut accompagner son fils au désert de Kalb. S'il fallait en croire Aboû'l Fidâ et d'autres, (3) elle aurait été répudiée par Mo'âwia, désireux de sévir contre les hardiesses poétiques de sa femme. Circonstance hautement invraisemblable : le fils d'Aboû Sofiân aurait pris cette grave décision, au moment où Maisoûn allait lui donner un héritier ! Ce ne fut pas non plus, comme l'insinue un recueil anglais (4), le dépit qui la retint momentanément hors de Damas ; mais bien plutôt le désir, très naturel chez une mère, de veiller sur la vie et l'éducation de son fils. Dans la suite nous la retrouverons fréquemment au palais d'al-Ḫaḍrâ', aux côtés de Mo'âwia (5).

En attendant nous la voyons envelopper Yazîd de cette sollicitude affectueuse des mères, s'occupant par elle-même aux détails de la toilette

(1) Voir *Quṣeir 'Amra*.

(2) 'Iqd, I, 293. Sous ce rapport 'Abdalmalik aurait fait une exception pour Walîd I. Ce dernier voulut y envoyer ses fils, surtout Rauḥ : وكان نشأ في البادية فكأنه أعرابي . *Sîra* de 'Omar II, 73 recto.

(3) Aboû'l Fidâ, *Hist.*, I, 203 ; Ibn Šiḥna, روض المناظر , Ms. B. Kh.; Ibn 'Asâkir, Ms. d'Al-Azhar, notice de Yazîd I.

(4) Beale, *Oriental biographical dictionary*, p. 234, l'appelle *Maisana* et prétend qu'elle revit Damas seulement après la mort de Mo'âwia. Nous ignorons si elle lui survécut ; dans ce cas, elle aurait dû paraître avec les filles du calife à ses derniers moments.

(5) Baihaqî, 612 ; Ṭab., II, 204-05 ; *Aǧ.*, XIV, 124 ; XVI, 33 ; Ibn al-Aṯîr, IV, 53 en bas.

du jeune prince, peignant, tressant ses cheveux (1), les inondant d'huiles et d'essences parfumées (2). C'était d'abord affaire de mode ; les élégants de l'époque tenaient beaucoup à leur chevelure, la leur couper était un châtiment redouté (3). Mode remontant à la plus haute antiquité : nous retrouvons sur les bas-reliefs assyriens le *tarǵîl*, les longues tresses ondulées des cavaliers arabes (4). L'hygiène et la propreté s'y trouvaient non moins intéressées. Tout comme de nos jours, la vermine dévorait les Arabes (5). Scènes familiales ! Elles se passaient sous les yeux ravis du calife (6), témoignant ainsi de son intimité avec Maisoûn.

Dépit ou non, l'influence de la mère chez les anciens Arabes (7) suffisait pour entraîner Yazîd à sa suite. A cette époque, l'action de l'islam, en réduisant, comme il le fera plus tard, l'épouse au rang d'esclave « omm walad », n'avait pas encore réussi à relâcher le plus puissant des liens, créés par la nature. Quand ils priaient Allah, les jeunes Bédouins son-

---

(1) Cf. *Poète royal*, p. 14 ; Wellhausen. *Ehe*, p. 471 ; Ǵâḥiẓ, *Maḥâsin*, 227, 5 ; *Aǧ.*, IV, 134, 141 ; VIII, 110 ; XXI, 81, 18 ; 134, 15 ; *Ḥamâsa*, 356, v. 2. Mahomet se fait nettoyer et peigner la tête par ses femmes. *Ḫamîs*, I, 493 ; Boḫârî, I, 509 ; I. S., *Ṭabaq.*, VIII, 203, 27 ; Ibn Ḥaǵar, II, 314, 8. *Sîra* de 'Omar II, p. 14 recto.

(2) Comme c'était l'usage. *Aǧ.*, VII, 112, 14. Le « tarǵîl », (cf. commentaire sur *Ḥamâsa*, 356, v. 2), était réservé aux femmes. Boḫârî E, IV, 173 ; *Ḥamâsa*. 491, commentaire sur v. 1. Quelquefois les hommes s'en chargeaient. *Aǧ.*, XI, 59, 2 ; *Kâmil*, 71, 10. جعلت فتيان قلقير ترجّل وتترجّل . *Aǧ.*, VII, 114. d. l.

(3) Cf. *Aǧ.*, VII, 114 d. l., 120, 121. 'Abdal'azîz la fait couper au jeune 'Omar, parce que le ترجيل lui a fait manquer la prière. Cf. *Sîra*, loc. cit.

(4) Voir reproduction dans Caetani, *Annali*, II, 840-41.

(5) *Ḫamîs*, II, 42 en bas ; *Aǧ.*, VIII, 63, 16 ; XXI, 195, 1, 19 ; Ǵâḥiẓ, *Maḥâsin*, 81, 13. 'Abdarraḥmân ibn 'Auf met en avant ce prétexte pour arracher à Mahomet la permission de revêtir la soie. I. S., *Ṭabaq.*, III[1], 92, 13, 17, 20. Les poux respectent le Prophète. *Ḫamîs*, I, 219, 11. Comme remède il conseille de raser les cheveux ; Boḫârî, I, 454 n°s 6 et 8. Défense de jeter les poux à la mosquée. *Osd*, V, 349, 4 ; *Taḥqîq An-Naṣra*, Ms. B. Kh. ; *MFO*, II, 59, n. 2 ; Boḫârî E, IV 10, 3 ; Moslim, *Ṣaḥîḥ*, I, 336. Entre Ṭâif et la Mecque seraient « morts 70 prophètes من الجوع والقمل». Cf. اهداء اللطائف في اخبار الطائف , Ms. B. Kh., p. 13 recto. Dans les textes nabatéens et ṣafaïtiques on souhaite à son ennemi la « vermine ». Cf. R. Dussaud, *Les Arabes en Syrie avant l'islam*, p. 168.

(6) *Aǧ.*, XVI, 33. Cf. Ḥoṣrî, II, 262 ; Ibn al-Aṯîr, IV, 53.

(7) Wellhausen, *Ehe*, p. 475.

geaient d'abord à leur mère (1). Par ses traditions de famille, ici encore diamétralement opposées à celles des 'Abbâsides, la dynastie omaiyade, en écartant du trône le fils de l'esclave, contribuera efficacement à retarder l'avènement des mœurs nouvelles, où devait fatalement sombrer tout le prestige de la femme. Parmi les Omaiyades on rencontrera toujours des princesses (2) de la trempe de Maisoûn, assez fières et indépendantes pour protester contre une tyrannie, devenue d'autant plus dure qu'elle s'autorisera de la religion. Ces héroïnes paraissent avoir possédé un sens moral plus affiné que les interprètes de la tradition islamite. Dans sa ḫoṭba d'adieu, voulant caractériser la nature des rapports entre les époux, Mahomet avait dit à ses fidèles : « vos femmes se trouvent à votre égard dans la situation de prisonnières de guerre » (3). A notre connaissance, il ne s'est trouvé aucun faqîh pour relever cette brutale comparaison.

XVII

UNE ÉDUCATION PRINCIÈRE

Les précepteurs et les programmes

poésie, éloquence, sciences qoraniques, histoire et « nasab »

la corporation des « qorrâ' »

Mo'âwia ne permit pas pourtant à la mère de Yazîd et à ses oncles de Kalb d'achever à eux seuls l'éducation de son fils. Cavalier accompli, prince éloquent, virtuose de la poésie (4), ces qualités ne constituaient pas à ses yeux l'idéal d'un héritier présomptif. Sous ce rapport il dut se montrer au moins aussi exigeant que ses ancêtres de Qoraiš.

---

(1) Cf. '*Iqd*, II, 124, 10. De nos jours encore le jeune Bédouin est tendrement attaché à sa mère. Cf. Doughty, *Travels*, I, 239 ; comp. pourtant p. 241.

(2) Comme 'Atika, la fille de Yazîd I, et épouse de 'Abdalmalik.

(3) Cf. Wellhausen, *Ehe*, p. 447.

(4) Comp. Ibn Šiḥna, *loc. cit.*, شاعر فصيح عرفي . Le ذخيرة الاعلام , Ms. B. Kh., le fera mourir à la chasse, d'une chute de cheval.

Or, pendant la ǵâhiliya et aux premières années de l'islam (1), pour mériter le titre ambitionné de *kâmil* (2), il fallait en outre posséder l'art de l'écriture et être archer éminent. La tradition — on se demande sous quelles influences ? — ajoute à cet ensemble la natation (3). Cette addition forme un des nombreux non-sens dont elle est coutumière. Même à Médine (4) et dans les années exceptionnelles « où le ʻAqîq coulait », on se figure malaisément les jeunes Arabes s'exerçant à nager.

La formation intellectuelle fut toujours sous les Omaiyades, déjà avant l'islam, les plus cultivés des Arabes, l'objet des plus sérieuses préoccupations ; et ils s'appliquèrent à donner au futur souverain une éducation, digne de son rang. Contrairement aux Hâśimites, ignorant, comme Zain al-ʻAbidîn, l'âge de leurs enfants (5), ou, comme Ibn Ǵaʻfar (6), les laissant croupir dans l'ignorance (7). Cette infériorité se prolongea jusque sous les ʻAbbâsides, et nous voyons le calife Manṣoûr la déplorer pour les siens dans une circonstance solennelle (8).

---

(1) Comme observe Ibn Saʻd aux endroits, cités plus bas.

(2) Le comble, c'était de compter sans interruption trois générations de *kâmil* ; éloge contenu dans ce vers d'Aboû Dahbal (*Aǧ.*, VI, 165, 9) :

يأبي رأيي غير قول الباطل　　　الكامل ابن الكامل ابن الكامل

(3) Voir p. ex. I. S., *Ṭabaq.*, III[2], 91, 10 ; 136, 6 ; 142, 9 ; 148, 21, ʻOmar aurait souhaité voir apprendre à la jeunesse l'équitation, la poésie et la natation. Cf. *ZDMG*, 1892, 17, n. 3 ; *Osd*, I, 259, 9 a. d. l.

(4) A propos d'un récit, où figurent des poissons, l'auteur de l'*Aǧâni* observe (XXI, 272, 15-20) qu'on n'en trouve pas à Médine. Dans les alentours on cite pourtant un barrage (سَدّ) où l'on allait se baigner. *Aǧ.*, IV, 47, 3 a. d. l. Un Bédouin se noie parce qu'il « ne sait pas nager ». *Aǧ.*, II, 103 en bas. فاني سابحٌ ماهر, dit de lui-même le poète Waḍḍâḥ al-Yaman. *Aǧ.*, VI, 36, 6 a. d. l. A Taimâ' et Ḫaibar, Doughty a vu nager des Bédouins. *Travels*, I, 544 ; II, 79, on y pêche aussi ; d'après I. S., *Ṭabaq.*, IV[1], 116, 26 ; 122, 5. etc., le poisson n'aurait pas été inconnu à Médine ; au Yémen la situation est plus favorable. Cf. *Forschungsreisen in Sud-Arabien*, par Otto Weber (coll. *Der alte Orient*), p. 23.

(5) I. S., *Ṭabaq.*, V, 162, 22.

(6) *Aǧ.*, XI, 73 ; autre exemple dans Ǵâḥiẓ, *Bayân*, I, 153, 11.

(7) On cite pourtant un intellectuel parmi ses petits-fils. Ḥoṣrî, I, 88 ; *Aǧ.*, XI, 72 en haut ; ce fut aussi un mécréant. *Aǧ.*, XI, 75-76 ; le fils d'Ibn Ǵaʻfar est un bouffon. *Aǧ.*, XIII, 164.

(8) *Aǧ.*, VI, 61, 9 a. d. l.

A mesure que les études sur le premier siècle de l'hégire gagnent en profondeur, l'islam pendant cette période cesse de nous apparaître comme un corps de doctrine achevé, comme une religion, parvenue au dernier stade de son évolution. Bien plutôt il offre l'aspect d'une matière en fusion, susceptible de prendre toutes les formes, qu'on lui imprimera. La modeste (1) somme d'énoncés dogmatiques, transmis par Mahomet, conservait encore tout le vague, toute l'imprécision des premiers jours. Le réformateur avait entrevu une religion peu compliquée, suffisant à satisfaire les besoins moraux des âmes frustes du Ḥiǵâz (2). Ce culte amorphe, cette dogmatique rudimentaire expliquent la latitude, laissée aux premiers musulmans en matière d'éducation. Aussi les voyons-nous copier naïvement les tributaires et se mettre à leur école. Ainsi aux débuts de sa mission Mahomet avait d'abord « cherché à se conformer aux gens de l'écriture » (3). Sous Walîd I, le cycle des sept arts libéraux, y compris la danse, figurera au programme d'une éducation princière (4). A plus forte raison faut-il s'attendre à trouver les Omaiyades épris de connaissances d'un caractère plus pratique.

Ce goût pour l'instruction devint général parmi les califes syriens, et toutes les branches de la famille régnante s'appliquèrent à mettre leurs membres en état de remplir les hautes destinées, auxquelles les conviait leur naissance. En recommandant l'éducation à ses enfants, 'Abdalmalik avait coutume d'ajouter : « le savoir est un capital pour les pauvres, un ornement pour les riches » (5). Les 'Oṯmânides durent à cette préoccupation la gloire d'avoir produit peut-être le premier prosateur de la littérature arabe. Ainsi, d'après la tradition, Abân fils de l'infortuné calife 'Oṯmân aurait composé le plus ancien recueil de ḥadîṯ (6). Pour ce qui est

(1) Cf. Caetani, *Annali*, II, 375.

(2) De là ses protestations contre les futures surcharges à son œuvre: « je suis venu apporter une religion commode».

(3) Boḫârî, II, 392, 2 a. d. l.

(4) Cf. Ibn 'Asâkir, VIII. notice de 'Abbâs ibn al-Walîd. A Médine, certains grands concerts se terminaient par des danses. Cf. *Aǵ.*, VII, 143 en bas.

(5) Cf. '*Iqd*, I, 271.

(6) Cf. Nawawî, 125-126 ; Mas'oûdî, IV, 252 ; E. Sachau dans l'Introduction, p. XVIII, au IIIe vol. des *Ṭabaqât* d'Ibn Sa'd. Comp. Aug. Fischer, *Gewaehrsmaenner*, p. 76.

des Banoû Marwân on avait coutume de dire : « Vous ne verrez jamais un Marwânide négliger de donner un précepteur à ses enfants » (1) Les Sofiânides ne déployèrent pas moins de zèle et en premier lieu Mo'âwia. Sa connaissance de l'écriture, il ne pouvait l'oublier, en l'introduisant dans l'intimité du Prophète, en le rendant « le secrétaire de l'inspiration divine » كاتب وحي ربّ العالمين (2), avait posé la base de sa prodigieuse fortune.

Ces princes ne se contentaient pas de stimuler le zèle des maîtres, choisis pour les remplacer auprès de leurs enfants : nous voyons fréquemment le calife assister en personne aux leçons qu'on leur donne (3) ; attestant par cette démarche le prix, attaché par lui à la formation intellectuelle et morale de son héritier. Le maître avait-il trop vigoureusement fustigé son élève, le calife se gardait par une intervention intempestive d'affaiblir son autorité (4). Monté sur le trône, 'Omar II défendra cependant aux pédagogues d'excéder dans les châtiments corporels et de dépasser trois coups de verge ; l'intimidation devant suffire, يكفي في تخويف الغلام (5).

Le soin de sa chevelure ترجيل avait fait arriver en retard à un exercice le jeune 'Omar, fils de 'Abdal'azîz. Mis au courant, son père, vice-roi d'Egypte, dépêchera un messager avec ordre de raser le délinquant (6). Parfois le monarque prenait la peine d'envoyer au précepteur la matière, d'ordinaire des vers, destinés à fournir le canevas des leçons (7). Dès lors on s'était préoccupé de fixer par l'écriture certains recueils poétiques (8). Ils formaient l'exception. Longtemps encore la transmission régulière des *divans* se fera par l'intermédiaire des *râwias*, comme celle du Qoran par

(1) *Aġ.*, I, 132, 10 a. d. l. Cf. '*Iqd*, II, 316, 5, etc.

(2) Voir sa notice dans Ibn 'Asâkir, XVI: كاتب رسول ربّ العالمين . Cf. كتاب الاربعين في ارشاد السائرين , Ms. B. Kh.

(3) *Aġ.*, III, 108.

(4) *Kâmil* E, II, 146, 12, etc ; Ġâḥiẓ, *Bayân*, I, 103.

(5) *Sîra* de 'Omar II, p. 65 recto.

(6) *Sîra* de 'Omar II, p. 14 recto.

(7) *Aġ.*, VIII, 36.

(8) *ZDMG*, 1892, p. 18-19. Dans *Aġ.*, IV, 134, 11, صاحب المدينة désigne l'émir-gouverneur, non le calife, comme pense M. Goldziher. Cf. *ZDMG*, loc. cit.

les *qorrâ'*. Ainsi le voulait l'usage. On possédait pourtant un excellent instrument : l'écriture nashî, celle que nous ont permis de connaître les papyrus du premier siècle, n'en était plus à ses débuts (1).

Un enseignement, aussi purement arabe, devait se ressentir de la monotonie de cette littérature, surtout à ce stade de son développement, si brusquement détourné par le Qoran (2). En l'absence d'œuvres en prose, la poésie en formait le fonds principal. On la considérait comme l'école des sentiments nobles et élevés (3). L'Arabie doit à ses bardes errants la diffusion de certains principes chevaleresques, tant admirés chez les Bédouins : la fidélité à la parole donnée (4), la protection assurée au voisin et à l'hôte, le respect de la *ǵdra*. Ce dernier sentiment ne profite pas encore au sexe faible en général (5), mais il est déjà admis que désarmée, en l'absence de ses protecteurs naturels, la voisine, ou *ǵdra* se trouve placée sous la sauvegarde de l'opinion (6). Ce dernier point est surtout mis en évidence par les anciens poètes, empressés à flétrir les infractions — très nombreuses, hélas ! — à cette loi : fleur délicate du sentiment, contenant en germe la chevalerie du moyen-âge, fleur trop tôt flétrie par le contact brutal de l'islam. Il faut savoir gré aux poètes d'avoir exercé alors leur rôle de censeurs, d'arbitres de l'opinion, d'avoir mis au service de la moralité nationale la crainte, qu'ils inspiraient. De la sorte ils ont efficace-

---

(1) Voir les spécimens, reproduits dans Becker, *Papyri Schott-Reinhardt*.

(2) Non moins que l'imitation servile des anciens modèles, celle du Qoran a figé cette littérature.

(3) *'Iqd*, III, 121.

(4) Ḥoṭai'a, LXXVII, 13, avec le commentaire et les nombreuses références de Goldziher, *ZDMG*, 1893, p. 168.

(5) *Ǵdra* a chez A'šâ le sens d'épouse, (cf. *Aǧ.*, VIII, 84) et l'a gardé, chez les Bédouins, de nos jours. Doughty, *Travels*, I, 320 ; 360 ; 410, etc.

(6) *Mofaḍḍaliyât* (Thorbecke), XXIII, 18-20 ; Ḥoṭai'a, LXIX, 6, avec commentaire de Goldziher ; Qotaiba, *Poets*, 348, 8 ; *Aǧ.*, XI, 158, 4 a. d. l. ; XII, 16, 5 ; Labîd, *Dîwan* 53, 11 ; *Ḥamâsa*, 714, 3 ; 726, 7 ; 727, 1 ; Urwa ibn al-Ward (Nöldeke), 15, 7 ; *Kâmil* 428, 7 ; 737, 16 ; Boḫârî E, IV, 164 : *Aṣma'iyât* 41, 17 . Pour le sentiment et les exemples contraires, comp. dicton : كلّ جارٍ على جيرانه كلب , Ǵâḥiẓ, *Bayân*, II, 71, 9 ; l'exemple de 'Amrou ibn aṭ-Ṭofail. *Aǧ.*, II, 104, 16 ; XV, 54, 1 ; VII, 181 en bas ; à la 2 a. d. l. lisez تناضب . Tirmiḏî, *Ṣaḥîḥ*, II, 205, 2 ; *Naqd'il Ǵarîr*, 197 ; 396, 1-2. Pour *ǵdra* = épouse, voir les remarques de Wellhausen, *Ehe*, p. 450 ; Ǵâḥiẓ, *Ḥaiawân*, I, 112.

ment contribué à adoucir les mœurs, en assurant une sanction pratique à la *moroû'a* bédouine. Parmi les plus beaux titres de gloire des poètes, on peut mettre en première ligne d'avoir formulé, en termes souvent heureux, le code d'honneur du désert (1). Sous ce rapport on ne saurait trop relever leur rôle civilisateur et l'influence sur leurs contemporains de ces intellectuels de la ǵâhiliya, en majorité des illettrés (2). Ils firent mieux encore.

Les voyages forment la jeunesse des individus. En les arrachant à leurs déserts, à ce milieu grossier, au voisinage des gardiens de chameaux, l'humeur vagabonde affina l'esprit de ces rimeurs faméliques, toujours en quête de généreux Mécènes, et dédiant, comme A'šâ, leurs qaṣîdas au plus offrant : طَوَّفْتُ لِلمَالِ (3). L'*Aǵâni* exagère assurément en le présentant, comme le premier dans la série des poètes mendiants (4). Si Ḥoṭai'a, un des caractères les moins élevés du Parnasse arabe, exprime parfois de nobles sentiments, on peut, avec la tradition, (5) admettre que ce coureur cynique ne les a pas puisés dans son propre fonds, si franchement égoïste. A la cour de Ḥîra et de Ġassân, au voisinage des vieilles civilisations du Yémen, de la Syrie et de la Mésopotamie, dans la société des chrétiens de Naǵrân, les plus grands poètes puisèrent leurs conceptions monothéistes (6). Contentons-nous de nommer ceux immédiatement antérieurs à Mahomet ou ses contemporains : A'šâ, Labîd, les deux Nâbiġâ (7), Omaiya ibn Abi's-Ṣalt. Le Prophète aurait dû tenir compte à ces précurseurs — involontaires, il est vrai — de l'appoint, apporté à sa propagande. En présentant la « ḥanafiya » comme le culte distingué, la religion d'une élite, en travaillant à déconsidérer, à démoder l'ancien paganisme, en

(1) Voir dans *Aǵ.*, XIX, 93 en bas, les beaux vers de Rabî'a ibn Maqroûm.

(2) Cf. I. S., *Ṭabaq.*, IV[1], 175, 19; *Aǵ.*, XIX, 44 en haut.

(3) A'šâ visite Ḥomṣ, Jérusalem, Naǵrân ; cf. Hamdânî, *Ǵazîrat*, 224, 1-4; *Aǵ.*, VIII, 78, 3 ; 82, 16.

(4) *Aǵ.*, VIII, 78, 2.

(5) Cf. *'Iqd*, I, 84, à propos de XIII, 16, du divan de Ḥoṭai'a.

(6) C'étaient en majorité des ḥanîf. Voir I. S., *Ṭabaq.*, III[1], 276, 2-10, un de ces ḥanîf, rapportant de ses voyages le monothéisme.

(7) Pour Nâbiġa Ǵa'dî, cf. *Aǵ.*, IV, 131, 7, etc.; pour les autres cf. Moslim, *Ṣaḥîḥ*, II, 198.

enrichissant, en épurant la langue (1), en consacrant leurs chants à la glorification d'un idéal commun, ils diminuèrent les résistances de la nature arabe, obstinément particulariste ; ils préparèrent l'union morale des cœurs et des intelligences et facilitèrent celle de leurs compatriotes sous la bannière de l'islam. Au lieu de leur tenir compte de cet inappréciable concours, Mahomet (2) paraît les avoir considérés comme des auxiliaires peu souples et compromettants, comme des concurrents dangereux. Dans les anathèmes, lancés par le Qoran et par le ḥadîṯ contre les poètes (3), il faut voir l'influence de ces craintes, beaucoup plus que l'inintelligence de la poésie, affectée par Mahomet ; puis le ressentiment (3) de leurs attaques contre son œuvre religieuse ; peut-être encore avec M. Cl. Huart, ce sentiment spécial aux plagiaires, désireux de céler la provenance de leurs larcins (4). Tous les contemporains ont-ils manifesté pour la prose rimée d'Aboû'l Qâsim l'enthousiasme, imaginé par la tradition ? Il resterait à le prouver. Au début du second siècle de l'hégire, le calife Walîd II, poète délicat et fin lettré, se moque encore du *saǧ'* qoranique (5). Farazdaq opine que, à l'égal du Qoran, la poésie mérite qu'on s'incline devant elle (6). Le Tamîmite faisait allusion aux prostrations d'usage pendant la récitation de certains versets (7). Il n'hésitera pas à rendre cet hommage au talent poétique du chrétien Aḫṭal.

---

(1) Comp. *WZKM*, 1905, p. 308.

(2) Cf. *MFO*, II, 153. Dans l'intimité il demande à se faire réciter leurs poésies. Moslim, *Ṣaḥîḥ*, II, 198.

(3) Il fait assassiner un de ses adversaires, poète centenaire (?). I. S., *Ṭabaq.*, III², 46, 12, etc. Plusieurs autres poètes furent exclus de l'amnistie générale au fatḥ de la Mecque.

(4) D'après M. Huart, *Journ. As.*, 1904², 125, etc., Mahomet aurait largement utilisé Omaiya ibn Abi'ṣ-Ṣalt, hypothèse contestée par M. H. Derenbourg, *Opuscules d'un arabisant*. Aurait-il vraiment découvert les « houris » dans le paradis du poète de Ṭâif ? Le passage est sans doute une des nombreuses interpolations, introduites dans son divan. Cf. E. Power, *Umayya ibn Abî-ṣ-Ṣalt*, dans *MFO*, I, 197, etc. D'après M. Nöldeke, *Orient Skiz.*, p. 68, les houris seraient une création originale de Mahomet. J'aime autant cette explication, tout en doutant sérieusement du christianisme d'Omaiya.

(5) Cf. *Aǧ.*, VI, 125, 10.

(6) *Aǧ.*, XIV, 98 : انتم تعرفون سجدة القرآن وانا اعرفُ سجدة الشعر .

(7) Moslim et Tirmidî, *Ṣaḥîḥ*, I, 161 ; I, 112-114. Les musicologues fanatiques en faisaient autant pour certains airs. *Aǧ.*, VIII, 58, 7 a. d. l.

Plus éclairés et par tous leurs antécédents, placés au dessus des rancunes étroites du fondateur de l'islam, les califes omaiyades recommandaient aux précepteurs de leurs enfants d'insister sur les proverbes, sur les élégies, provoquant à l'imitation des ancêtres (1), sur les sentences morales, fréquentes chez certains représentants du Parnasse arabe ; de négliger au contraire la satire, les genres érotique et bachique, le *tašbîb* et les *ḫamriyât*. C'était exclure les trois quarts de la production poétique. Pour échapper à cette extrémité, en l'absence d'éditions *ad usum Delphini*, on se décida à ne pas enfermer en de trop étroites limites le concept de la décence عفاف (2), tolérée dans l'expression de la pensée poétique. Ce libéralisme se trouva insuffisant et il fallut encore élargir les limites de la concession (3). On connaît une demi-douzaine de poètes, qualifiés de '*afîf*, par le très indulgent Aboû'l Faraǵ (4). Mais on croit rêver quand on voit cette épithète accordée à Ǵarîr, surtout à 'Omar ibn Abi Rabî'a, et par une grande dame omaiyade (5) : elle était de Médine, et c'est tout dire !

---

(1) Cf. Ǵâḥiẓ, *Bayân*, II, 36, 11.

(2) On en fait honneur au licencieux 'Omar ibn Abi Rabî'a. *Aǵ.*, I, 53, 93 ; le cynique Farazdaq mentionne le عفاف de Ǵarîr, (*Aǵ.*, XIII, 161), antérieurement sans doute aux ordurières *Naqâ'iḍ Ǵarîr*. Pour justifier cette réputation de Ǵarîr, voir les efforts de la tradition, enregistrés — comme commentaire à ces ordures — par le scoliaste des *Naqâ'iḍ*, 397. Mais il ne but pas de vin, reproche, adressé par lui à Farazdaq (*ibid*, 543, 15) :

اذا ما شربتَ بابليّةً لم تُبلْ   حياء ولا يُتّقى عفيفًا كصبورها

(3) Même pour le chrétien Aḫṭal. Chez lui l'absence — plus exactement la rareté — du فحش est relevée avec raison. *Aǵ.*, VII, 171, 174. Il était اخبث هجاء في عفاف من فحش . *Aǵ.*, VII, 178.

(4) Cf. *Aǵ.*, VI, 155, 6. Nâbiǵa Ḏobiânî aurait également mérité (?) le même qualificatif. L'érotisme délicat est rare en Arabie ; témoin ces remarques : كان غزلًا ولم يكنْ فاسقًا et encore (العلماء : lisez) كان من الظرفاء ولم يكن من العقلاء. *Aǵ.*, VIII, 15. Comp. *Aǵ.*, VI, 170 en bas.

(5) Qotaiba, *Poesis*, 286, 1 ; '*Iqd*, III, 132 ; pour le cynisme de Ǵarîr, '*Iqd*, II, 157; *Poète royal*, 21 ; surtout *Naqâ'iḍ Ǵarîr*, passim. Ḥoṣrî, I, 251, d. l. En parlant de la musique, nous verrons combien les contemporains eux-mêmes redoutaient l'effet immoral des poésies de 'Omar. Voir dans '*Iqd*, II, 156, un spécimen des plaisanteries, affectionnées par une princesse omaiyade ; dans *Aǵ.*, VIII, 139-40, le genre de satire, cultivé par une grande dame anṣârienne de ce temps.

Nous connaissons dejà en cette matière l'opinion de Mo'âwia et les conseils, donnés par lui à un rimeur de ses parents (1). Le grand Ziâd avait adopté d'autres principes, et tout en faisant soigner l'éducation de ses enfants, il en avait exclu l'enseignement de la poésie. Ce radicalisme lui valut le blâme de son souverain : c'était, à son avis, leur fermer une source de délicates émotions et de sentiments généreux (2). L'intelligent Ṯaqafite ne pouvait l'ignorer ; mais il paraît avoir redouté pour l'âme de ses enfants des impressions d'un ordre moins élevé (3).

Cette éducation, où dominait la poésie, loin de corriger celle du désert, devait plutôt en renforcer les impressions : la poésie arabe étant l'écho et la fidèle image de la société et de la vie nomades. Elle ne contribua certainement pas à infuser dans l'âme du jeune Yazîd des sentiments islamiques.

Aux rimeurs, témoins de la brusque révolution, opérée par le Qoran, ce dernier parut-il une matière poétique trop ingrate, ou — explication plus vraisemblable — l'islam des poètes (4) se réduisit-il à une attitude ? Un fait demeure acquis : l'islam n'occupe ni peu ni prou de place dans les variations des Parnassiens de cette époque. Le Dr Rhodokanakis a raison de révoquer en doute les tirades qoraniques, attribuées à la plaintive Ḫansâ' (5) : à de rares exceptions près, ses contribules, les Solaimites demeurèrent longtemps des « ralliés » politiques, des مؤلّفة قلوبهم. En vouant brutalement au feu de l'enfer les morts pleurés par elle, 'Omar ne fit rien pour gagner l'âme ulcérée de l'Andromaque bédouine.

L'absence de la note musulmane surprend davantage chez les chantres médinois, chez les Anṣârs, plus accessibles aux sentiments religieux, moins sceptiques que les Bédouins et les marchands de la Mecque. L'An-

---

(1) '*Iqd*, III, 121 ; Ṭab., II, 213-214. Pour l'opinion de Mo'âwia sur le *nasîb*, cf. *Aǧ.*, VI, 159 ; *MFO*, II, 147, etc.

(2) '*Iqd*, III, 121 ; Ibn 'Asâkir, X notice de 'Obaidallah ibn Ziâd.

(3) L'energique Marwân, cousin de Mo'âwia, prie Allah de le délivrer de l'amour des vers. *Aǧ.*, XIII, 151.

(4) Comme chez nombre de leurs contemporains.

(5) Cf. *Ḫansâ' und ihre Trauerlieder*, p. 107-08 ; comp. p. 15. Sur l'étrange façon de comprendre l'islam, chez un fils de Ḫansâ', cf. Ibn Ḥaǵar, II, 249-50.

ṣârien ‘Abdallah ibn Rawâḥa se serait montré moins profane ; la tradition le prétend du moins ; son divan n’a pas été conservé (1). Au pieux Labîd l’islam n’inspira qu’un seul vers (2). Qoṭâmî, malgré sa ferveur de néophyte, paraît avant tout taġlibite, point musulman (3). Ḥassân ibn Ṯâbit, le poète lauréat du Prophète, avait déployé dans la défense de son patron plus de bonne volonté que de talent. Et là encore le « hiǵâ’ », les personnalités triviales (4) à la façon de la ǵâhiliya, envahissent la place, revenant de droit, semble-t-il, à l’apologie du Qoran. Les critiques du temps des ‘Abbâsides constatent, non sans dépit, que chez Ḥassân l’inspiration se fait plus banale depuis qu’il a embrassé la foi nouvelle (5). Il aurait pu répondre, comme Noṣaib, à des observations analogues : « je proportionne mes éloges à la taille du patron ».

Même chez les poètes, appartenant à la fin du premier siècle de l’hégire, la muse demeure ordurière (6) et mécréante (7) ; les allusions musulmanes forment l’exception. A l’aide des seuls divans de cette période on concluerait difficilement à la réalité du changement, survenu dans la société arabe. On finit pourtant par en rencontrer un, se proclamant franchement musulman. Chez Nâbiġâ Ǵa‘dî on trouve la mention du *ǵihâd* et du livre de Dieu (8). Alors Farazdaq osera dire d’un de ses héros : « l’islam constitue son ornement » (9) ; motif rarement développé par les rimeurs du temps, si ce n’est par des Šî‘ites outrés, comme Komait,

(1) Cf. *Aǵ.*, XV, 29.

(2) Qotaiba, *Poesis*, 149, 3.

(3) Cf. *WZKM*, XVI, p. 277.

(4) لنتّبْ صباحَ مساء, dit de lui-même Ǵarîr, *Naqâ’iḍ Ǵarîr*, 428, 6.

(5) Qotaiba, *Poesis*, 170, 10 ; *Osd*, II, 5.

(6) On cite comme un phénomène une tirade de غزل sans خنث (au lieu de حنث). *Aǵ.*, V, 133, 12 a. d. l.

(7) Il faudrait multiplier à l’infini les citations. *Aǵ.*, II, 89, 11 ; 149 ; IV, 43, 19. كان قليل الدين هجّاء للناس مابونا ; V, 166, 3, trois amis poètes buveurs, كانوا يُرمَون بالزندقة جميعا ; XIX, 143, 4 ; 144, 2 a. d. l. شاعر خبيث اللسان مخوف في جاهليته واسلامه ; et encore ماجن خمّير معاقر للشراب مشهر بالزندقة ; XIX, 152, 2 a. d. l. ; XX, 171, 5 a. d. l. ; 174, 5. Comp. *MFO*, II, 153.

(8) Qotaiba, *Poesis*, 159 ; 161 ; 342, 6.

(9) Farazdaq, *Divan*, 148, 4.

se vantant d'être « le fils de l'islam » ! (1) Chez D̲oû'r-Romma (2) on cite également une tirade vraiment musulmane. Ailleurs la critique interne se trouverait embarrassée pour déterminer à l'aide des poésies, l'époque de leur auteur et pour justifier l'éloge, assez équivoque, décerné à certains : « il devint bon musulman » حسن اسلامه (3). La poésie arabe fut la dernière à accomplir son évolution religieuse. Les plus distingués de ses représentants, ceux que les grammairiens opposent volontiers au chrétien Aḫṭal, comme Farazdaq, embrassèrent l'islam à leur corps défendant et se décidèrent seulement dans leur vieillesse à étudier le Qoran (4). Cette attitude causait le désespoir de 'Omar et le décida à ne récompenser que les poésies islamiques (5).

Les poètes islamiques ne se gênent pas pour protester contre le jeûne du Ramaḍân (6), pour parler légèrement des pratiques religieuses : leur Qoran à eux, c'est le recueil de l'ancienne poésie ; devant elle ils acceptent de s'incliner (7). Si Motawakkil n'est pas le seul abstème parmi ses confrères عفيف عن الخمر (8), beaucoup d'autres, comme Qoṭâmî (9) proclament qu'ils continueront à boire comme leurs devanciers. La première pièce du divan d'Aḫṭal débute par vingt vers, consacrés à l'éloge du vin ; et nous ne voyons pas que l'Omaiyade, à qui elle est dédiée, en ait manifesté du déplaisir. Les artistes, choyés par les Hâšimites et par toute la société des villes saintes, choisissent de préférence dans les ḫamriyât des textes

(1) *Hâšimîyât*, II, 41.

(2) Ǵâḥiẓ, *Maḥâsin*, 183, 4, etc. Certaine qaṣîda du saiyd Ḥimiari, un Kaisânite forcené « aurait pu être lue à la mosquée, à la place du Qoran لو قرئت على المنبر ما كان فيها بأس ». *Aǧ.*, VII, 7.

(3) Cf. *Aǧ.*, XIX, 157.

(4) *Kâmil*, 526, 8 ; *Ḫizâna*, II, 271. Farazdaq, *Dîvan*, 86. reproche aux ancêtres de Mohallab de n'avoir pas été de fervents païens. Cf. *MFO*, II, p. 405.

(5) Ibn Ḥaǵar, II, 328, 6 a. d. l. *Aǧ.*, XX, 3, l. 13. Pourtant Farazdaq (éd. Hell, p. 124, 2 v.) mentionne déjà سنة الفاروق . L'expression et le concept remontent donc à une certaine antiquité.

(6) Qotaiba, *Poets*, 275, 1.

(7) *Aǧ.*, XIV, 98 ; VII, 178.

(8) Sa notice dans Ibn 'Asâkir, XVI. Comp. *Naqâ'iḍ Ǵarîr*, 543, 15.

(9) *Dîvan*, III, 20 avec le commentaire du Prof. Barth.

pour leurs compositions musicales (1). S'ils consentent à faire une exception, ce sera en faveur du *taśbîb*.

D'ailleurs vers l'an 35 (2), date à laquelle nous nous trouvons, on en était réduit à l'étude des vieux modèles (3), à des recueils dans le genre de ceux, auxquels on a plus tard donné le nom de « Mo'allaqât ». Or dans ces divans on rencontre à chaque page la glorification d'idées, de conceptions, toute une *Weltanschauung*, toute « la gloire de la ǵâhiliya » (4), condamnées par le Qoran. Pour se livrer au jeu et à la boisson, les Arabes préislamites se vantaient de vendre leurs chamelles (5). A leurs yeux rien de plus honorable que ces distraction favorites des héros anciens (6). Avant comme après, même entre abstèmes convaincus, il demeura de bon ton de réciter des *ḫamriyât* (7). La nouvelle doctrine prohibait le « maisir » ; elle stigmatisait le vin par la qualification flétrissante de « mère des crimes et des gros péchés, d'œuvre de Satan » (8). Chez les anciens poètes, cette boisson est chantée, comme digne des rois, comme la source des nobles inspirations (9). Les paladins de l'ancienne Arabie étaient représentés faisant partie d'un cercle de buveurs, dont ils formaient l'ornement (10). Ḥassân, dans le portrait d'un héros, ne croit pas pouvoir omettre ce trait (11). De là peut-être la coutume d'arroser de vin les tombes

---

(1) Voir p. ex. les اصوات مختارة de l'*Aǵânî*. Devant Mahomet, Ḥassân fait l'éloge du vin. Ibn Hiśâm, 829, 4-7.

(2) La naissance de Yazîd se plaçant entre l'an 22 et 27 de l'hégire.

(3) Mo'âwia, on le sait, goûtait peu les modernes. Cf. *Aǵ.*, X, 165, 8, etc. Barbier de Meynard, *Journ. Asiat.*, 1907², 74.

(4) مجدُ الجاهلية, Farazdaq (Hell), 94, 2 v.

(5) *Ḥamâsa*, 116, 2 v.

(6) Cf. Ant. Huber, *Das Meisir Spiel*, p. 3-8 ; 22-23 ; 53.

(7) *'Iqd*, II, 149.

(8) امّ الآثام , امّ الكبائر . Cf. *Moraṣṣa'*, p. 12, 186 ; *Qoran*, II, 216 ; V, 92. « Il n'y a pas de honte à s'enivrer », répondent les poètes. *Aǵ.*, XI, 147, 7.

(9) Nombreuses références dans Ǵâḥiẓ, *Bayân*, II, 148-49 ; Qotaiba, *Poesis*, 95, 2 ; 239, 5 ; *Kâmil*, 71-74 ; *M S.*, I, 21-23.

(10) كان زينًا للمواكب والشرب, *Ḥamâsa*, 423, 1.

(11) *'Iqd*, I, 44, 5 ; comp. *Kâmil*, 316, 17. L'attribution des vers à Ḥassân a été contestée : voir *Ḥamâsa*, 410 ; Maidânî, *Proverbes*, I, 196, 4.

des grands hommes de la Péninsule (1) : aucun autre hommage (2) ne pouvait, semble-t-il, leur agréer davantage. L'eau du ciel suffisait pour rafraîchir (3) les tombes ordinaires (4) ; seul le jus de la vigne était digne d'apaiser les mânes altérés de ces héros, généralement des guerriers-poètes (5).

Les Omaiyades recommanderont plus tard d'étudier également les divans des poètes qoraiśites (6). Reçommandation d'une authenticité suspecte ! Elle a pour but de revendiquer toutes les illustrations— y compris celle de la poésie, que les Arabes lui contestaient — à la tribu souveraine. Les rimeurs de la Mecque furent peu nombreux et, à de rares exceptions près, tous médiocres (7). Mais les souverains syriens se trompaient si par cette mesure ils prétendaient corriger l'impression profane, produite par les chantres préislamiques. Contentons-nous de nommer 'Omar ibn Abi Rabî'a, Ibn Qais ar-Roqaiyât et 'Argî. Pour s'illusionner sur la valeur du premier, les Omaiyades n'avaient pas les mêmes raisons que la dame qoraiśite, chantée par lui (8). 'Omar fit école (9), une école d'immoralité !

---

(1) *Ḥamdsa*, 398 ; 399, 2 v.; *Aǧ.*, VII, 7 en bas; VIII, 86 ; XI, 27. On procurait au mort ce qui de son vivant avait fait l'objet de ses vœux ; cf. Rhodokanakis, *Ḫansâ' und ihre Trauerlieder*, p. 61, n. 1; Wellhausen, *Reste*, p. 182.

(2) Le vin était la boisson distinguée, celle de Khosroès et d'Héraclius, comme parlent les anciens divans.

(3) Motif fréquent des مراثي. La tombe était altérée لا تُبرَ من قبري, *Ḥamdsa*, 541, d. v. ; *Aǧ.*, VI, 170, 10 ; Yâqoût, I, 824, 16.

(4) I, S., *Ṭabaq.*, V, 194, 17 ; '*Iqd*, II, 64 ; Mas'oûdi, V, 127.

(5) Qalqaśandi, I, 235. On immolait des chameaux, parfois un cheval, monture de luxe ! sur la tombe des guerriers et des poètes. *Aǧ.*, I, 128 ; VII, 8, 4 ; '*Iqd*, I, 143 ; Farazdaq, *Diwan*, 129 ; Ṭab., II, 1822, 11 ; trace d'anciennes croyances : l'animal devait servir de monture dans l'autre monde.

(6) *Aǧ.*, VII, 108, 10.

(7) Cf. Barbier de Meynard, *Journ. Asiat.*, 1907², p. 85 ; *Aǧ.*, I, 38, 18 ; 72, 1 ; au lieu de النقد lisez أنجَد se diriger vers le Naǵd ; on voit comment Ǵarîr jugeait les productions poétiques de Qoraiś. Son jugement réflète également l'opposition entre l'Orient et l'Occident de la Péninsule, qu'on retrouve dans les *Ṣaḥîḥ*. Cf. K. Vollers, *Volkssprache und Schriftsprache*.

(8) Ḥoṣrî, I, 251, d. l. ; *Aǧ.*, VII, 145.

(9) De ses imitateurs on dit يذهبُ مَذهبَ عُمَر. *Aǧ.*, I, 154 ; III, 100, 13 a. d. l.; VII, 145.

Sans valeur au point de vue historique, son divan jette un jour sinistre sur la licence, régnant dans les villes saintes du Ḥiǧâz.

Voilà les modèles poétiques, proposés à l'admiration de Yazîd. Si nous nous sommes attardé autour de ce thème, c'est pour montrer combien une telle étude devait fatalement impressionner l'âme du jeune prince, naturellement avide de jouissances, éprise d'indépendance, et exaltée encore au contact du désert. L'empreinte en sera trop profonde (1) pour ne pas contrebalancer l'influence des exemples et des admonestations de Mo'âwia, abstème déclaré; par la trempe de son caractère et par l'activité de sa vie, ennemi des distractions profanes : la musique et le jeu.

Après la poésie, le Qoran avec son texte, recueilli et définitivement fixé par 'Oṯmân, entrait dans le programme d'une éducation princière. Futur imâm, destiné à paraître dans la chaire des mosquées, l'héritier du trône devait suffisamment posséder les sourates sacrées, pour pouvoir à l'occasion émailler ses ḫoṭbas, ses conversations, de sentences et d'aphorismes, empruntés au « livre de Dieu » ; recueil destiné à servir de base à la vie religieuse et sociale de l'empire arabe. Yazîd se familiarisa suffisamment avec son texte pour arriver à le citer avec à propos (2).

Dans les occasions solennelles, en apparaissant dans la chaire ou *minbar*, devenue une des marques de la dignité suprême (3), le calife s'affirmait comme le souverain de la communauté musulmane. Il y ouvrait les séances des *wofoûd* ou présidait les réunions hebdomadaires du Vendredi. Aussi voyons-nous les Omaiyades attacher la plus grande importance à cette fonction et tenir à y paraître dans tout l'éclat de leur puissance, en véritables « cavaliers des chaires », comme s'exprimaient leurs poètes (4), et après eux les panégyristes des 'Abbâsides (5). La figure,

(1) Dans les circonstances les plus solennelles — en face de la tête de Ḥosain après Karbalâ — des citations poétiques, au lieu de versets du Qoran, se présentent à la mémoire de Yazîd. On lui en fait la remarque. *'Iqd*, II, 313 en bas.

(2) Cf. Ṭab., II, 377, 3 ; 381, etc.

(3) منبر الملك ; comp. vers d'un contemporain. *Ḥamâsa*, 656, d. v.

(4) *Ḥamâsa*, 336, d. v.; راجلة الامام الاعصر , Farazdaq (Hell), p. 177.

(5) *Aǧ.*, VII, 7, l. 13 en bas.

légèrement forcée, à la juger d'après notre goût (1), prétend rendre hommage à l'éloquence du souverain, maîtresse d'elle-même comme de l'auditoire (2) ; trait (3) commun pour lors aux membres de la dynastie omaiyade (4). Depuis l'islam, le *maǵlis-nâdi* du clan ou de la tribu (5) s'était élargi au point de devenir le *masǵid* de la ǵamâ'a (6) ou de la communauté musulmane, chargée en principe de discuter les intérêts généraux. Théoriquement l'émir des croyants était seulement le délégué de la *ǵamâ'a*, comme sous le Haut-Empire l'*imperator* était censé représenter la *Respublica*, ou l'*Etat Romain*. Cette théorie ira s'affaiblissant sous les Marwânides ; on travaillera à confondre le concept de la *ǵamâ'a* avec la طاعة, l'obéissance aveugle, due au calife. Mais du temps des Sofiânides l'évolution n'était pas encore terminée. De là pour le monarque la nécessité de ménager ces préjugés. Dans les provinces, certains affectaient de se scandaliser devant la ferveur du loyalisme, professé par les Syriens (7). En chaire, dans les assemblées plénières, صلاة جامعة, les califes prenaient contact avec les foules bien mieux que dans les réceptions officielles et restreintes de la Ḥaḍrâ' (8). Là ils trouvaient moyen d'agir sur les esprits et d'inspirer à leurs sujets des sentiments, conformes à leur politique. Aussi les panégyristes de ces princes ne manquent-ils jamais d'exalter

(1) En arabe elle se trouve amorcée par l'expression ركب المنبر monter en chaire, non moins fréquente que صعد المنبر . Comp. Ǵâḥiẓ, *Bayân*, II, 13, 4 a. d. l. المنبر مركب صعب .

(2) Maîtrisé, comme le cavalier maîtrise sa monture.

(3) Nous lisons au sujet de Ḫâlid fils de Yazîd I شاعر مطبق كأبيه فصيح بليغ . 'Ainî, عقد الجمان, Ms. B. Kh., XI, p. 116. Comp. Farazdaq (Hell), p. 177 au sujet des ancêtres de Walîd II :

...كلهم لأعلى المنبر

رَبٌّ عليه يظلّ يخطب قائماً   للناس يقدمهم بملكٍ قسورِ

(4) Nous connaissons l'éloquence de Mo'âwia et de son frère 'Otba. Pour ce dernier cf. *Maǵmoû'a* anonyme, Ms. B. Kh., (*Târîḫ*, n° 349) : لم يكن اخطب منه في بني أميّة . Pour Sa'îd ibn al-'Aṣi et les autres Omaiyades, cf. Ḥoṣrî, III, 170 ; Ibn Ḥaǵar, II, 194, 1.

(5) مجلس قوم ou نادي .

(6) Nous y reviendrons plus bas.

(7) Cf. A. Fischer, *Gewaehrsmaenner*, p. 9.

(8) Sur ces audiences cf. Baihaqî, 506, 12 : '*Iqd*, I, 286 ; *Aǵ.*, VI, 159. Mas'oûdî, V, 74-77.

leur talent oratoire et de les montrer en chaire (1) dans la pleine possession d'eux-mêmes et des masses populaires. Quand on constate le souvenir, gardé par la postérité, de l'éloquence des Sofiânides, sans en excepter l'insignifiant Mo'âwia II (2), on est en droit de conclure qu'on a dû les y former dès le bas âge.

« Bien à tort on se représente volontiers les bandes, venues de l'Arabie, comme animées de l'esprit religieux. Pendant la période des conquêtes, parmi les guerriers de la foi, tant célébrés par la postérité, fort peu s'intéressaient à la religion. Parfois même ils montrèrent une ignorance des prescriptions fondamentales de l'islam, qu'on peut à peine exagérer. Cette situation tient aux motifs de l'exode arabe, des causes économiques ont provoqué le mouvement. La nouvelle religion a seulement servi de cri de guerre et de ralliement » (3). Ces réflexions du Prof. C. H. Becker (4), on peut avec justesse les appliquer aux contemporains de Yazîd, héros des fotoûḥ ou leurs descendants immédiats.

D'exégèse qoranique il pouvait à peine être question. On se contentait de la lettre morte des sourates. La tradition croit même devoir prêter aux premiers musulmans une répugnance marquée pour le *tafsîr* (5). Au lieu de répugnance, comprenez indifférence et le renseignement se trouvera sans doute exact. Une autre notice, vraisemblablement antidatée, c'est de faire dès lors consacrer le Vendredi (6) à des réunions dans la mosquée de Médine pour l'étude du ḥadîṯ (7). Mais sans aller jusque-là on commençait à recueillir les traditions prophétiques sous l'impulsion fort suspecte d'Aboû Horaira, de 'Aiša, d'Ibn 'Abbâs et d'Ibn 'Omar (8). En dépit

---

(1) Cf. *M. S.*, II, 41-42.

(2) Ġâḥiẓ, *Bayân*, I, 94 ; 121, 14 ; 122 ; 135.

(3) Becker, *Christentum und Islam*, p. 15.

(4) Les belles études du prince Caetani sur la période des conquêtes en fournissent le meilleur commentaire.

(5) Cf. I. S., *Ṭabaq.*, V, 148, 12.

(6) La tradition s'efforce d'accréditer que de bonne heure on l'a distingué des autres jours. Ces indices seront réunis ailleurs.

(7) I. S., *Ṭabaq.*, III[2], 61-62.

(8) Comp. Caetani, *Annali*, I, 49-50 ; II, 35 ; mine inépuisable de renseignements, à

ou à raison peut-être de la trop abondante documentation médinoise (1) accumulée autour du dernier personnage, il demeure malaisé de fixer les traits de sa physionomie réelle ; il a, croyons-nous, trop largement bénéficié de la considération, accordée à son père, dont il paraît avoir hérité l'ambition, sans les talents.

Abân, fils du calife ʿOṯmân, déjà mentionné par nous, s'occupa également de ḥadîṯ (2), avec un zèle, profitable sans doute à la mémoire de son père et à la cause omaiyade. En Syrie des soucis d'un ordre pratique firent trop négliger ce genre d'études, au grand détriment — nous l'avons vu — de la vérité historique. A la suite d'Ibn ʿAsâkir, Von Kremer cite « les leçons du pieux Aboû'd-Dardâ, le premier qâḍi de Damas († 32 H., 652-3 J.-C.), suivies par 1600 étudiants » (3). Mais c'est là une des nombreuses tentatives pour rattacher au nom des grands Ṣaḥâbîs les institutions postérieures de l'islam. Les rares essais, remontant à cette période, se bornèrent à une simple transmission orale (4). C'est seulement sous les derniers Marwânides que les musulmans se trouveront capables d'écrire, ou pour parler comme nos annalistes, se décideront à surmonter leurs répugnances pour fixer par l'écriture (5) la « sonna » et le « ḥadîṯ ». La pensée en serait venue au calife ʿOmar ; mais il aurait reculé devant une si audacieuse innovation (6) ; retenu peut-être par les scrupules,

---

laquelle on ne saurait trop renvoyer. Voici d'après les شذرات الذهب , Ms. B. Kh., I, 67 rangés par ordre, les plus féconds moḥaddiṯ parmi les Ṣaḥâbîs : 1° Aboû Horaira avec 5374, 2° Ibn ʿOmar avec 2276, 3° ʿAïśa avec 2210, 4° Ibn ʿAbbâs avec 1670 traditions. Ibn ʿOmar se trouve ainsi associé à des imposteurs reconnus. D'après I. S., *Ṭabaq.*, IV¹, 106 en haut, il n'aurait pas fait de ḥadîṯ. Ce n'est pas l'impression, produite par l'étude des *Ṣaḥîḥ*.

(1) Comp. *MFO*, II, p. 168.

(2) Le jour de la Ḥarra, ʿOrwa ibn Zobair aurait brûlé ses livres de *fiqh*. Ainsi auraient agi d'autres Médinois. A. Fischer, *Gewaehrsmaenner*, p. 41 ; I. S., *Ṭabaq.*, V, 133, 20 ; l'assertion ne mérite pas d'être réfutée. Sur cette matière voir le travail du Prof. Goldziher, *Kaempfe um die Stellung des Ḥadîṯ im Islam*, dans *ZDMG*, LXI, p. 860-72.

(3) *Hersch. Ideen*, p. 429. En écrivant ces lignes, Von Kremer a dû penser à la mosquée Al-Azhar.

(4) Cf. Sachau, *Introduction* (p. XIII, etc.) à I. S., *Ṭabaq.*, III¹.

(5) Cf. I. S., *Ṭabaq.*, III², 61, 8, etc.

(6) I. S., *Ṭabaq.*, III¹, 206, 5, etc. Cf. *M. S.*, II, 195, n. 1. Dans toute cette question

d'ailleurs honorables, qui empêchèrent les plus illustres musulmans — comme 'Otmân, Sa'd ibn Abi Waqqâṣ, Zobair, Ṣohaib, Obaiy ibn Ka'b, — d'enrichir arbitrairement cette branche des connaissances religieuses (1). Ces personnalités se trouvaient encore trop rapprochées des évènements pour oser mettre au profit des passions politiques et des haines religieuses la naïve ardeur de mensonge, qui caractérisera les traditionalistes des siècles postérieurs (2). Elle sera encouragée par les voyages « fî ṭalab al-ḥadît̲ » (3) à la recherche du ḥadît̲, destinés à prendre une si prodigieuse extension sous les 'Abbâsides. De la belle publication du Prof. Becker, les *Papyri Schott-Reinhardt*, une conclusion se dégage avec une netteté suffisante : vers le milieu du second siècle (4) de l'hégire, la légende dorée de l'islam était fixée dans ses grandes lignes. En l'état actuel de la science, il semble téméraire de vouloir remonter plus haut.

Le jeune Yazîd n'eut donc pas à s'engager dans la brousse de cette littérature touffue, où son fils Ḫâlid cherchera plus tard une distraction à ses déceptions politiques (5). On a pourtant mentionné Yazîd parmi les « tâbi'oûn » traditionalistes et cité de lui des ḥadît̲ (6). Ils auraient été recueillis de sa bouche par son fils Ḫâlid et par le futur calife 'Abdalmalik. Le trait est trop isolé pour ne pas mériter d'être signalé. Comme le fait

---

les moḥaddit̲ ont beaucoup jonglé avec la chronologie, au point d'en imposer à l'orientalisme européen. Zohrî écrit ses ḥadît̲, les apprend par cœur, puis déchire son manuscrit. A. Fischer, *Gewaehrsmaenner*, p. 67. Comp. *ibid.*, 33, 9 ; 47, 1. Un reste de cette répugnance à écrire les textes religieux se conservait encore à Damas au 14e siècle. Cf. Ibn Baṭoûṭa, I, 213.

(1) I. S., *Ṭabaq.*, III¹, 39, 8 ; 74-75 ; 102 ; 164, 1 ; III², 61, 8.

(2) Cf. *M. S.*, II, surtout 28-275.

(3) *Ibid.*, 175, etc. On en rencontre peut-être la première mention dans I. S., *Ṭabaq.*, III², 61, 8. La seconde génération des Anṣârs après Mahomet s'occupe déjà de la « *sîra* » prophétique. *Ṭabaq.*, III², 26, 5 ; Abân, fils du calife 'Otmân, des *maġâzî*.

(4) Un peu avant cette période, si les poésies du Saiyd Ḥimiarî sont authentiques, le cycle 'alide aurait été constitué en majeure partie. Cf. *Aġ.*, VII, 15-16. L'expression حوض النبيّ , *Naqâ'iḍ Ġarîr*, 450, 4 indique l'existence dès lors des ḥadît̲, relatifs au *bassin*.

(5) *Aġ.*, XVI, 88 ; 90, 5 ; '*Iqd*, II, 143 en bas ; Ibn 'Asâkir, notice de Ḫâlid ibn Yazîd.

(6) قد ذكرهُ ابو زرعة الدمشقيّ في الطبقة التي تلي الصحابة وهي العُليا . 'Ainî, عقد الجمان , XI, 46, Ms. B. Kh. Cf. Dahabî, تذكرة الحفّاظ (éd. Haidarabad), I, 22.

soupçonner le nom du Damasquin Aboû Zor‘a, auteur du renseignement, il atteste avant tout l'intérêt, porté par l'école syrienne au second calife omaiyade, et augmente d'autant plus nos regrets sur la perte de cette littérature, si fidèle aux anciens souvenirs.

Mais Yazîd dut se familiariser avec les variantes ou *qirâ'ât* plus importantes du Qoran ; celles surtout pouvant avoir une signification politique ou une portée juridique. Le Qoran étant en passe de devenir le code de la nation arabe, cette étude s'imposait à l'attention d'un successeur de Mahomet.

Ceci nous amène à préciser la signification du terme de *qâri*. Il désignait dans le principe non une classe spéciale de musulmans, mais ceux ayant acquis une certaine familiarité avec le « livre d'Allah » ; sorte de *viri religiosi*, tranchant sur l'indifférence de la majorité de leurs contemporains. Dans ce sens *qâri*, au pluriel *qorrâ'* est fréquemment synonyme de *nâsik, ‘âbid, mota'allih,* qualifications libéralement accordées aux membres de la famille du Prophète. Ainsi ces trois Hâśimites, nommés les « qorrâ' de Qoraiś » (1). Il en allait tout autrement avec les Hâriǧites : les grands récitateurs de leur temps. Comme les protestants du 16ᵉ siècle, ces sectaires à l'esprit étroit, mais sincères, paraissent s'être beaucoup attachés à la lecture du Qoran, où ils croyaient découvrir la règle presque exclusive (2) de la foi (3). C'était encore un qâri, ce contemporain de Mahomet, placé par lui à la tête d'une expédition, parce qu'il possédait trois sourates (4) et cet autre, dont toute la science se bornait à la connaissance de deux sourates (5). Tel aussi le poète Labîd, surtout quand on le comparait au célèbre ‘Amrou ibn Ma‘di Karib. L'ignorance qoranique de

---

(1) Cf. I. S., *Ṭabaq.*, V, 13, d. l. De même ces membres de grandes familles médinoises, comme Ibn Ḥanẓala, « le lavé des anges ». *Aǧ.*, II. 82 en bas. Le calife ‘Abdalmalik, *zâhid, ‘âbid* avant son califat, est également un des quatre grands qorrâ' de Médine à cette époque.

(2) Comp. Goldziher, *ZDMG*, LXI, 864.

(3) « Ils s'imaginent que le Qoran leur appartient », ainsi fait-on parler Mahomet. Moslim, *Ṣaḥîḥ*, I, 294, 11.

(4) Tirmiḍî, *Ṣaḥîḥ*, II, 144 en haut.

(5) Boḫârî, III, 403.

ce vaillant guerrier causa scandale, même à cette époque (1). La mémoire des Bédouins, si heureuse quand il s'agissait des poésies de la ǵâhiliya, ne parvenait pas à retenir les déclamations monotones d'Aboû Qâsim, Un jour des Tamîmites l'interrompirent au milieu d'une ḫoṭba : « Assez prêché ; donne-nous maintenant un cadeau ! » (2). De nos jours encore, peu de nomades connaissent la formule de la prière musulmane ; en revanche presque tous savent par chœur des fragments de l'épopée des Banoû Hilâl (3).

Ni le calife 'Omar ni Mahomet lui-même n'arrivèrent à posséder tout le Qoran (4). Ce fut, au dire de la tradition, le privilège — ajoutons exclusif — d'une demi-douzaine d'Anṣârs (5). Un jour dans la mosquée de Médine, du haut de la chaire, Aboû Bakr demanda si dans l'auditoire quelqu'un se sentait capable de réciter la sourate de la justification ? (6). Un assistant répondit affirmativement. Mais la forme de l'interrogation dénote chez le calife une défiance marquée pour l'érudition qoranique (7) des Ṣaḥâbîs, formés à l'école de Mahomet. Ce dernier s'efforça de lutter contre cette ignorance : il avantagea les plus savants اقرا (8) en Qoran, leur réserva les meilleurs postes civils et militaires (9). Après lui, 'Omar institua des examens sur le livre d'Allah avant de distribuer les pensions ordinaires (10). Allant plus loin il se résolut à établir d'office deux qâri à

---

(1) *Aǵ.*, XIV, 40 ; 93, 6 a. d. l. ; 98 ; *'Iqd*, I, 144.

(2) Boḫârî, II, 302.

(3) Doughty, *Travels*, I, 388.

(4) Boḫârî, III, 406, 2 ; Nöldeke, *Gesch. des Qorans*, p. 34, 36, 37.

(5) Boḫârî, III, 397 ; Nawawî, 141 ; *Osd*, I, 263 ; III, 106. Au reproche d'Aboû Bakr d'être demeuré six mois sans lui faire la bai'a, 'Alî répond : « J'avais juré de ne pas revêtir mon manteau avant de posséder tout le Qoran. » *Manâqib al-'Aśara*, Ms. B. Kh.: 'Alî ne le savait donc pas. On cite comme une chose extraordinaire — à peine croyable — le fait de 47 individus dans une seule tribu كلهم قد جمع القرآن . Ibn al-Aṯîr, III, 198, 7 a. d. l.

(6) افيكم من يقرا سورة البراءة . Cf. ارشاد الصديق الى انساب آل الصديق , Ms. B. Kh.

(7) Cette sourate est longue d'ailleurs.

(8) Tirmidî, *Ṣaḥîḥ*, I, 49.

(9) Tirmidî, *Ṣaḥîḥ*, II, 144 en haut.

(10) *'Iqd*, I, 144. Comp. plus haut, p. 203.

Médine (1). L'un devait même exclusivement s'occuper des femmes (2). Ici la tradition, en voulant trop préciser, a contribué à rendre le renseignement suspect. Un demi-siècle plus tard Ḫâlid, fils de Yazîd I, en apprenant le Qoran à ses *ǵawâri* les déclarera indignes d'une science si relevée (3). Malgré le zèle des qorrâ', certains musulmans en arrivaient à confondre le Qoran avec les citations des anciens poètes (4) ; le plus souvent ils en retenaient seulement le côté purement pratique الحرام والحلال : les interdictions, ainsi que les prescriptions, réglant le mariage et les successions. Comme en convenait le grand Ḫâlid ibn al-Walîd, les guerres contre les infidèles ne lui avaient pas laissé le temps de se familiariser avec le Qoran (5).

Cette situation lamentable (6) favorisa la formation d'une classe spéciale de qorrâ', appelés aussi حملة القرآن (7), porteurs du Qoran. L'intervention de 'Omar (8), rappelée plus haut, a sans doute pour but de faire encore honneur (9) de cette initiative au grand organisateur de l'islam. La nécessité s'en fit surtout sentir avant la réunion du texte sacré en un recueil officiel. Mais il ne faut pas l'oublier, la diffusion de cette recension dut être fort lente au sein d'une nation illettrée. Ces qorrâ' remplissaient à l'égard du Qoran un rôle analogue à celui des *râwia* vis-à-vis des divans poétiques (10); sortes d'hommes-phonographes, chargés (11) de réciter cer-

(1) I. S., *Ṭabaq.*, III[1], 202, 11.

(2) Cf. Ibn Ǵauzî, مناقب عُمَر بن الخطّاب , Ms. B. Kh., (*Târîḫ*, 529).

(3) انّي لأغارُ انكنّ لست لذلك بأهل . Ibn 'Asâkir V, notice de Ḫâlid ibn Yazîd.

(4) Cf. *Aǵ.*, IV, 180, 6 ; XVI, 112, 3 a. d. l.

(5) '*Iqd*, I, 209, 16. Ibn Ḥaǵar, I, 852, 15.

(6) Elle se prolongea presque sous 'Omar II. Cf. *Aǵ.*, VI, 90. Nous aurons à parler des efforts de Walîd I en ce sens.

(7) *Aǵ.*, XIV, 40, 15. Et encore اهل القرآن . A eux, je crois, et non à la masse des musulmans s'adressait le cri poussé par 'Abbâs fils du calife Walîd à la fin d'une bataille. Ṭab., II, 1192. '*Iqd*, I, 209.

(8) 'Omar les introduit dans son entourage. Boḫârî E, IV, 211, 7.

(9) Comp. remarque de C. Becker, *Papyri Schott-Reinhardt*, p. 55.

(10) Comp. *Chantre*, p. 177-81. *Poète royal*, p. 58-60.

(11) Véritables *porteurs* du Qoran. Sur les qorrâ' ambulants, cf. Balâḏorî, *Glossaire*, p. 85 s. v. قرأ.

taines sourates (1) devant les foules ignorantes. L'islam ne posséda jamais de clergé : la simplicité de sa liturgie, l'absence de sacrements ne comportant pas cette organisation. Et pourtant il est vrai de dire que pendant le premier siècle de l'hégire les qorrâ, forment avec les *qdṣṣ* (2) les ministres du culte (3) ; s'il est permis d'appliquer ce terme à une religion, ne possédant qu'une ébauche de culte. N'étant pas salariés, les qorrâ' se livraient à toutes sortes d'occupations profanes et se recrutaient dans toutes les classes. (4) Du temps de Mahomet, un aveugle faisait fonction de qârî (5). Le famélique Aboû Horaira apprenait les versets aux Mohâgir de Médine en échange d'un morceau de pain (6). Sous le frère du terrible Ḥaǵǵâǵ, nous verrons au Yémen le très austère qâri Ṭâ'oûs accepter d'être collecteur d'impôts (7). A'šâ Hamdân finira par troquer ses occupations de récitateur qoranique contre l'exercice infiniment plus lucratif de la poésie (8). Un qâri anṣârien pratiquera en même temps la profession décriée de musicien. En une seule séance il arrachera de pieuses larmes au calife Yazîd II en lui récitant des versets, puis le fera pâmer d'aise, le mettra hors de lui au son d'un air lascif (9).

Sous les Marwânides les qorrâ' se trouveront en nombre pour former une division militaire spéciale dans l'armée d'Ibn Aś'aṯ (10). Pour les rendre inoffensifs, Ḥaǵǵâǵ se verra forcé de les disperser dans les villages du Sawâd. (*'Iqd*, II, 93). Ils se sont vengés, en inspirant la tradition, hostile

---

(1) Rarement ils possédaient tout le Qoran. Cf. *Aǵ.*, XIV, 40, 15.

(2) Prédicateur ; la ḫoṭba demeura longtemps une allocution politique ou simplement profane.

(3) A Médine un qâri vertueux est surnommé *Al-qass*, القَسّ, le prêtre. *Aǵ.*, VIII, 6.

(4) Cf. *'Iqd*, I, 9, 4 ; 209. Beaucoup étaient soldats.

(5) Ibn Ḥaǵar, III, 66, 3.

(6) Boḫârî, II, 436. Comp. sa ḫoṭba, à Médine : الحمد لله.... الذي اطعمني بعد ما كنت اجيرًا بطعام بطني, cité dans كتاب الاربعين, Ms. B. Kh.

(7) I. S., *Ṭabaq.*, V, 394.

(8) *Aǵ.*, V, 146, 4 a. d. l. Avait-il mené comme qâri la vie licencieuse, à laquelle il s'abandonna depuis ?

(9) *Aǵ.*, XIII, 163.

(10) Ṭab., II, 1077, 1 ; *Aǵ.*, V, 152, 3.

à la mémoire de Ḥaǵǵâǵ, de la grande faveur qu'il leur avait d'abord montrée (1).

Si maintenant nous interrogeons l'opinion des contemporains, nous voyons les qorrâ' tenus par eux en médiocre estime. On connaît peu de défauts, dont on n'essaie de les charger. On les appelait une corporation de fanatiques, paresseux et ignorants (2). On leur fait signifier par le calife 'Omar I d'avoir à travailler afin de ne pas être à charge aux musulmans (3). L'envie, la gourmandise, la débauche même figuraient parmi les imputations, relevées contre les qorrâ' (4). Mais surtout on les accusait d'hypocrisie et d'étroitesse d'esprit (5). Réunion d'imbéciles (6), ils achevaient de perdre la raison — ainsi le prétendaient leurs adversaires — dans la récitation machinale (7) de sourates inintelligibles (8). « On les appelle qorrâ', écrivait au calife 'Otmân le bienveillant Sa'îd ibn al-'Asi ; ils forment en réalité une collection de détraqués » (9). On disait encore : « un qâri désintéressé est plus difficile à trouver que le soufre rouge » (10). « Jouets du démon, Satan s'en amusait, comme des enfants avec des noix » (11).

---

(1) 'Omar II avait coutume de dire اني ما حسدت الحجاج عدو الله الا لحبّه اهل القرآن واعطائه اياهم. *Sira*, p. 118 recto.

(2) *'Iqd*, I, 9, 4 ; 209, 18, etc.; III, 307 ; I. S., *Ṭabaq.*, III[1] 150, 21 ; Ibn Ḥaǵar, III, 27, 5.

(3) *'Iqd*, I, 308, 8 a. d. l.; Ǵâḥiẓ, *Bayân*, II, 33, 19 ; vers dirigés contre eux. Qotaiba *Ma'ârif*, 155 ; Ǵâḥiẓ, *Bayân*, II, 184, 6 ; Ṭab., II, 1326 ; Baihaqî, 461, 10 ; *Osd*, IV, 130, 6. — « Honorer les حملة القرآن , fait-on dire à Mahomet, c'est m'honorer moi-même. » Mais l'auteur du تمييز الطيب , Ms. B. Kh., déclare le ḥadîṯ suspect.

(4) « Plus envieux que les boucs ». Ǵâḥiẓ, مجموعة رسائل , éd. Caire, 1re lettre, p. 7, 5. A ses fonctionnaires 'Omar II recommande d'employer les qorrâ' ; ils lui répondent : وجدناهم خونة . *Sira* de 'Omar II, 117 recto.

(5) Qotaiba, *'Oyoûn*, 34, 10, etc.

(6) Cf. *'Iqd*, I, 282, 4.

(7) *'Iqd*, I, 209, 7, etc. Cela rappelle la comparaison du phonographe.

(8) Dans certains milieux on ne comprenait plus le Qoran. Cf. *Aǧ.*, II, 171 en bas. Autre ḥadîṯ contre les qorrâ', A. Fischer, *Gewaehrsmaenner*, p. 61, 10.

(9) قوم يدعون القرّاء وهم السفهاء . *Aǧ.*, XI, 30.

(10) *'Iqd*, I, 209, 9 a. d. l.

(11) ان الشيطان يلعب بالقرّاء كما تلعب الصبيان بالجوز .Ibn Ǵauzî, صفة الصفوة, I, Ms. B. Kh. Pour leur avidité, voir le trait cité du qâri anṣârien. *Aǧ.*, XIII, 163 en bas.

Nous n'oserions dire (1) que, à la cour des Omaiyades (2) on ne rencontra jamais un seul qâri de marque. Nous y verrons plus tard Śa'bî (3), Zohrî, Qabîṣa ibn Ḏo'aib, Raǵâ' ibn Ḥaiwa, pour nommer les plus célèbres, tous qâri et faqîh, par leur ouverture et leur largeur d'esprit, se distinguant avantageusement de leurs confrères du Ḥiǵâz et de l'Iraq. La tendance, représentée par les qorrâ' syriens — il faut le regretter — ne parvint pas à s'imposer au sein de l'islam. A notre avis, les qorrâ' ne furent pas systématiquement écartés du palais d'al-Ḫaḍrâ' : sous Mo'âwia on les soupçonnait à peine. Plus tard le pouvoir, devenu plus musulman, se verra forcé de compter avec eux, de recourir à leur influence pour faire accepter certaines mesures, au sein d'une société, où l'on commençait à prendre l'islam au sérieux. Quoiqu'il en soit, s'il est permis de parler dès lors de *tafsîr*, le jeune Yazîd ne dut pas pousser bien loin une étude, destinée à prendre sous les 'Abbâsides de si prodigieux développements. Au sujet du Qoran, nous connaissons les plaisanteries, accueillies encore cinquante ans plus tard dans certains milieux omaiyades (4). Les Anṣârs avaient leurs raisons de s'appliquer à cette étude et de chercher dans l'explication du texte sacré un dérivatif à leurs déboires politiques (5). Aussi parmi les hommes d'état omaiyades, l'Anṣârien No'mân ibn Baśîr est-il signalé, comme citant longuement le Qoran dans ses ḫoṭbas (6). Il compta peu d'imitateurs parmi ses collègues.

Les califes de Damas afficheront d'autres prétentions. Malgré une protestation ambigüe, échappée à Mo'âwia ou à 'Abdalmalik — on ignore au juste (7) — ils se sentaient charmés d'entendre leurs panégyristes les comparer à des lions rugissants, à des monts sourcilleux (8) : autant

---

(1) Cf. Nöldeke, *Geschichte des Qorans*, p. 283-84.

(2) Le célèbre Aboû'd Dardâ' s'est trouvé en rapports intimes avec les Omaiyades. D'après Ibn 'Asâkir, I, 174 *verso*, il habita d'abord la Ḫaḍrâ', puis Mo'âiwa lui accorda un palais à Damas.

(3) Cf. *Chantre*, p. 147, etc.

(4) *Aǧ.*, XIX, 63.

(5) Boḫârî, III, 397.

(6) *Aǧ.*, XIV, 120. وكان اذا خطب أكثر من قراءة القرآن . 'Ainî, Ms. B. Kh., XI, 64.

(7) *Aǧ.*, XXI, 10, 8 ; Ḥoṣrî, III, 287.

(8) Wright, *Opuscula*, 119, 8.

d'emblèmes de leur puissance ! On les eût presque humiliés en célébrant chez eux, comme on le faisait pour les Hâšimites, les vertus religieuses : l'amour du jeûne et de la prière (1). Exceptionnellement, des poètes représenteront les Omaiyades, « passant la nuit en oraison » (2). Mais ce thème entrera dans le répertoire de la poésie officielle, seulement sous les derniers Marwânides, vers le temps où l'islam s'affirme définitivement, comme la religion de l'impérialisme triomphant. Les longues prières ! Le front (3), le nez, les mains usées par la continuité des prostrations (4) ! Qui ne le savait ? A ces marques trop souvent équivoques (5) de la piété on reconnaissait les Ḥârigites et les Šîʿites, avec lesquels ces princes entendaient n'avoir rien de commun (6). Dans les chaires des mosquées ils se souciaient, eux et leurs gouverneurs, non d'accumuler les sentences qoraniques, mais d'éviter les incorrections de langage. Ce dernier souci — ils en convenaient volontiers — les faisait blanchir avant l'âge (7). Quant à leurs sujets syriens, les discussions religieuses, passionnant l'Iraq et le Ḥiǵâz, les laissaient froids : ils n'auraient su décider si ʿAlî était le gendre du Prophète ; mais ils demeuraient persuadés que c'était un abominable brigand, fauteur de guerres civiles ; à leurs yeux Mahomet n'avait

(1) Cf. *Aǵ.*, XXI, 10 ; *MFO*, II, p. 59, n. 6.

(2) *Aǵ.*, X, 109, 18.

(3) ʿ*Iqd*, I, 259 ; I. S., *Ṭabaq.*, V, 194, 2 ; 237, 18 ; Masʿoûdî, IV, 311, 2. Comp. le vers de Moûsâ Šahawât :

لا تغرنك سجدة بين عينيـــــــو حذار منها ومنه حذار

(4) Comp. كانت سجدة قد اخذت جبهته وانفه . A Fischer, *Gewaehrsmaenner*, p. 90. Dans les prostrations, le nez de Mahomet touche le sol ; Tirmiḏî, *Ṣaḥîḥ*, I, 56 ; cette condition est requise dans la prière. Cf. Badr ad-dîn al-ʿAinî, عمدة القاري (éd. du Caire), III, 157.

(5) A un fonctionnaire prévaricateur ʿOmar II menace de les faire extirper de force. لأمرت ان يقوّر اثر السجود من جبهتك وكان بين عينيه سجدة . *Sîra* de ʿOmar II, 101 verso. On se les procurait par des moyens artificiels, comme il est raconté de Bilâl ibn Abi Borda قد اثر السجود في وجهه . *Ibid.*, 119 verso.

(6) *Aǵ.*, XVI, 152 d. l. ; 154, 1 ; Dinawarî, 249, 10. Ṭab., I, 3388, 16, etc. ; 3460, 14 ; II, 373 d. l. ; Šahrastânî, 86, 3 a. d. l. ; Masʿoûdî, V, 316.

(7) Baihaqî, 453, ʿ*Iqd*, I, 293 ; 314 en bas.

laissé d'autres parents que les Omaiyades (1). Grossière ignorance ! s'écrie le partial Mas'oûdî. Elle justifie peut-être le scepticisme (2) de la critique moderne pour la généalogie de Mahomet. Pourquoi nous montrer plus crédules que les sujets des Omaiyades, musulmans et plus voisins que nous des débuts de l'islam ? De son vivant, le Prophète avait paru presque ignorer ses parents. Lui, si empressé à utiliser les Omaiyades, refusa obstinément d'accorder aux Hâšimites une parcelle de son autorité. Les écrivains musulmans n'ont pas manqué d'en faire la remarque et d'attribuer à cette méfiance les succès de leurs rivaux politiques (3).

A cette époque, parmi les conquérants arabes, l'histoire se réduisait à des notions sur les *aiyâm* ou guerres, aux *ansâb* (4) ou généalogies des familles et des tribus. Un politique avisé, comme Mo'âwia, ne pouvait ignorer l'intérêt de ce genre de connaissances.

Mas'oûdî nous le représente parcourant des recueils d'histoire (5). On aimerait à être renseigné de plus près sur la langue, sur la nature de ces collections, chez un peuple trop positif pour aller y chercher des leçons. L'utilité du *nasab* lui paraissait plus évidente. Dès lors la réaction prétendait y trouver des armes ; la plus élémentaire prudence conseillait de surveiller sur ce point les intrigues des Hâšimites (6) et des Médinois (7). A l'effet de régler la distribution des pensions — une lourde charge pour

(1) Mas'oûdî, V, 80, 83. Ce renseignement se rapporte à la fin de la période omaiyade ; encore faut-il l'accepter sous bénéfice d'inventaire.

(2) D'après Nöldeke, l'origine hâšimite de Mahomet ne pourrait être révoquée en doute. *WZKM*, XXI, 300-03,

(3) Cf. Maqrîzî, النزاع والتخاصم, p. 40-41. Pourquoi l'oncle 'Abbâs ne fait-il pas partie des *Mobaššara* ?

(4) Comp. l'éloge de Ḥammâd ar-Râwia : كان اعلم الناس بايام العرب واخبارها وانسابها . *Aġ.*, V, 164.

(5) *Prairies*, V, 77-78. Comp. *Aġ.*, XII, 123 en bas ; Ḥoṣrî, III, 200 : Mo'âwia se tient au courant de l'histoire arabe.

(6) Nommons Ibn 'Abbâs, 'Aqîl frère de 'Alî, tous deux extrêmement dangereux. La tradition atteste leur activité en ce domaine. 'Omar chargea 'Aqîl de préparer le *dîwân*, I. S., *Ṭabaq.*, III[1], 212 ; Balâḏorî, 449.

(7) Rappelons leurs efforts pour anoblir Aboû Bakr et 'Omar, '*Iqd*, II, 45 ; pour faire tout aboutir à eux. Ainsi la *sonna* est devenue سنّة الشيخَين non moins que la « sonna du Prophète » ; protestations contre cette conception, Ǵâḥiẓ, *Ḥaiawân*, I, 164.

le trésor et une source inépuisable de malversations— un gouverneur (1), a fortiori le souverain, avaient à tout moment besoin de ces renseignements, constituant d'ailleurs le commentaire obligé des divans poétiques (2). Le *nasab* arabe, construction artificielle, faite de matériaux, rapportés de toutes parts (3), était, semble-t-il, en majeure partie achevé vers le milieu du premier siècle de l'hégire. Cette conclusion — disons mieux cette impression — on croit pouvoir la dégager de la lecture des divans contemporains. Les auteurs de ces recueils ont l'air d'accepter de confiance nombre d'arbres généalogiques. La vanité, il est vrai, l'impérialisme grandissant s'y trouvaient intéressés et suffiraient pour expliquer cette confiance. Ici encore l'*horreur du vide* a opéré des merveilles de foi naïve. Entre Mécènes et panégyristes il exista comme un accord tacite de se laisser tromper. La construction du *nasab* représente une somme énorme de travail ; mais les détails trahissent la modernité et surtout la fragilité du monument.

Que faut-il penser du voyage à Damas de ʿAbîd ibn Sâria, mandé par Moʿâwia pour lui exposer les légendes bibliques et l'histoire du Yémen ? (4). Nous ignorons si Yazîd en a profité. Le zèle pour l'étude du ḥadiṯ n'avait pas encore provoqué « ces travaux préparatoires, si précieux pour la critique historique ; ils n'ont d'analogue dans aucune autre littérature de l'antiquité ou du moyen-âge » (5), si l'on n'en considère que l'étendue vraiment prodigieuse. Quant à la valeur intrinsèque de ces documents, elle n'égale pas leur variété. A Yazîd le célèbre généalogiste Dağfal aurait également enseigné les principes de la science du *nasab* ; il

---

(1) Cf. *Aǧ.*, XXI, 40, 1 ; *M. S.*, I, 181.

(2) Ceux-ci aidèrent puissamment à fixer les *ansâb* ; nouvelle raison, expliquant l'influence des poètes. A ce titre, ʿOmar en recommandait l'étude. *ZDMG*, 1893, p. 195. Sur les débuts de la science du *nasab*, cf. ʿ*Iqd*, II, 51-52 ; Ǵâḥiẓ, *Bayân* I, 58-59 ; Caetani, *Annali*, I, 58-59.

(3) On ne savait où loger de grandes tribus comme Ǵoḏâm, s'il fallait les rattacher à Moḍar ou au Yémen ? même incertitude pour tout le groupe de Qoḍâʿa. Cf. *Aǧ.*, VII, 77-78.

(4) Wüstenfeld, *Geschichtschreiber*, n° 5.

(5) E. Sachau, *Introduction* à Ibn Saʿd, *Ṭabaqât*, III[1].

y aurait joint des leçons d'une discipline fort disparate : l'astronomie (1). Ce dernier détail a tout l'air d'être légendaire, un nouveau produit de l'horreur du vide, principe auquel nous devons les développements fabuleux, entourant le berceau des grandes institutions et la fondation des empires.

Tout autrement certaine nous apparaît la faveur, témoignée aux *nassâba* en renom par les puissants du jour On ne les choyait pas moins que les poètes (2). Poètes, créateurs, les généalogistes mieux que personne méritaient ces qualificatifs. Dans l'incertitude générale des généalogies arabes, on éprouvait le désir très naturel de n'avoir pas contre soi ces dangereux mystificateurs, moins soucieux de science que de mettre leurs combinaisons arbitraires au service des passions politiques. Elles valurent à 'Aqîl (3) la haine des Qoraiśites. De cette ténébreuse officine étaient sortis le كتاب مثالب بني أميّة (4), les légendes de 'Abla, de Zarqâ' et d'autres aïeules omaiyades (5), odieusement travesties par les *nassâba*, pour complaire à l'opposition. Dağfal trempa dans ces manœuvres : tout en acceptant les gratifications du pouvoir, il colportait, sous le *'abâ'*, des *nasab*, défavorables aux Omaiyades (6). On comprendra donc la considération très particulière, témoignée par ces princes à des généalogistes, tout aussi peu scrupuleux, mais non moins redoutables, comme Ḥammâd ar-Râwia (7).

(1) *Osd*, III, 132. Sur Dağfal cf. *ZDMG*, LIV, p. 451, n. 1. 'Anbasa, frère de Mo'âwia, se serait déjà occupé de ḥadîṯ. Cf. Tirmidi, *Ṣaḥîḥ*, I, 87 en bas. Le même fait est affirmé d'autres Sofiânides dans les notices d'Ibn 'Asâkir et des *Ṭabaqât* d'Ibn Sa'd.

(2) Cf. *Aḡ.*, XIX, 58.

(3) أنسب قريش واعلمهم لكنّه كان مبغضا فيهم لأنّه كان يعدّ مساويهم . *Mağmoû'a*, Ms. B. Kh., (*Târîḫ*, n° 349).

(4) Goldziher, dans *ZDMG*, L, p. 490. Comparez les *maṯâlib* que se renvoient mutuellement Qoraiśites et Anṣâriens. *Aḡ.*, XIII, 150 en bas ; ceux des Śo'oûbites contre les Arabes. *Aḡ.*, VI, 39 ; ils ont contribué à accréditer la légende des filles enterrées (*Aḡ.*, IV, 120, 121), propagée par les Śo'oûbites. Parmi les défauts, propres aux Arabes, Mahomet énumère الطعن في الانساب . Moslim, *Ṣaḥîḥ*, I, 256, 7.

(5) Il en sortira sous les Marwânides les مثالب de Ḫâlid al-Qasrî. *Aḡ.*, XIX, 53.

(6) Cf. *Aḡ.*, I, 7-8 ; 84.

(7) كانت ملوك بني أميّة تقدّمه وتؤثره وتستزيره فيفد عليهم وينادمهم ويسالونه عن ايّام العرب وعلومها ويجزلون صلته . *Aḡ.*, V, 164 ; comp. V, 166.

L'histoire contemporaine était représentée par la *sîra* du Prophète et par les *maġâzi* ou les conquêtes des Arabes. C'est seulement sous les Marwânides (1), qu'on paraît s'en être préoccupé. Encore verrons-nous ʿAbdalmalik, peu disposé à laisser ces derniers recueils entre les mains de ses enfants (2).

A ces études, supposant la connaissance de l'écriture et de la lecture, déjà familières aux Omaiyades avant l'islam, ajoutons les exercices physiques (3), destinés à faire du prince un cavalier accompli, capable de commander les armées, à endurcir son corps à la fatigue. Les *aḫwâl* de Kalb s'étaient chargés de cette partie de sa formation : elle avait fait de leur neveu un sportsman accompli. Sa passion pour la chasse — on l'a prétendu du moins — causera sa mort (4).

Le programme d'une éducation soignée à cette époque se trouve résumé dans les recommandations suivantes, adressées au précepteur de son enfant par ʿAmrou ibn ʿOtba, le propre cousin de Yazîd (5) ; d'après d'autres sources (6), par ʿOtba, l'oncle du prince.

« Le moyen le plus efficace de former mon fils sera de te réformer toi-même. Car les yeux des jeunes gens sont fixés sur toi. La vertu, ils l'apprendront dans ta conduite ; le déshonneur dans ce qu'ils te verront omettre. Insiste sur l'étude du livre de Dieu, assez pour qu'ils ne le négligent pas, mais non pas jusqu'à la satiété, de peur de leur en inspirer le dégoût.

---

(1) A. Fischer, *Gewaehrsmaenner*, p. 22, 12. Le ʿOṯmânide Abân aurait composé مغازي النبي . *Ibid.*, p. 76 ; I. S., *Ṭabaq.*, V, 156, 4.

(2) Voir règne de ce calife. Je ne puis deviner l'inspiration, d'où procède ce renseignement.

(3) Cf. *Kâmil*, 77, 7.

(4) Cf. ذخيرة الاسلام , Ms. B. Kh.

(5) D'après Wüstenfeld, *Tabellen*, V, 24 — le ʿ*Iqd* ne donnant pas le *nasab* complet — Comp. Balâḏorî, 355, 10 ; 358. D'autres ʿAmrou ibn ʿOtba sont nommés dans les tables de Ṭabarî, évidemment différents du nôtre, excepté peut-être ʿAmrou b. ʿOtba, secrétaire de Walîd II. Ṭab., II, 839, 1. Selon toute vraisemblance, le nôtre était cousin germain de Yazîd et un prince cultivé, à l'esprit ouvert. Comp. ʿ*Iqd*, II, 48-50; il possédait des domaines dans la Ġoûṭa. Yâqoût, III, 90.

(6) Ġâḥiẓ, *Bayân*, I, 177.

Parmi les traditions (1) apprends-leur les plus nobles et en fait de poésies les plus chastes. Ne passe pas superficiellement d'une science à l'autre : l'abondance des matières distrait l'intelligence. Enseigne-leur les sentences des sages, fais-leur éviter la société des femmes. N'escompte pas mon indulgence à ton égard ; car je me repose sur ta capacité » (2). Nous ne savons jusqu'à quel point Yazîd profita de l'éducation reçue. Mais nous ne pouvons admettre le dédain superbe pour le savoir que lui prête non sans malice Mas'oûdî, le jour de son intronisation : attitude hautement invraisemblable chez un Omaiyade, surtout chez le père de Ḫâlid (3). Yazîd recevra même plus tard la qualification de *mohandis,* ingénieur (4). Nous nous garderons de serrer de trop près la signification de ce vocable ; mais la tradition en l'employant nous invite à supposer chez le jeune Yazîd au moins les éléments d'une éducation scientifique.

Tandis que le nom de plusieurs précepteurs omaiyades nous a été transmis (5), celui du maître de Yazîd est demeuré inconnu. Il a pu être chrétien. Comme nous le savons par une réponse de Jacques d'Edesse (6), des ecclésiastiques remplissaient fréquemment cette fonction, et le docteur

---

(1) A prendre dans l'acception générale. Voir dans Dinawarî 332-333, le programme indiqué par le calife Solaimân au précepteur de son fils, le fameux Moḥammad Ibn al-Kalbî, d'une famille hostile aux Omaiyades. Cf. *Introd.* de Sachau, p. XXI-XXII, à I. S., *Ṭabaq.*, III[1].

(2) '*Iqd,* I, 276. La notice de 'Abdalmalik (Ibn 'Asâkir, X), cite de ce souverain un programme d'éducation d'une inspiration très élevée. Nous y lisons : « qu'ils apprennent la sincérité à l'égal du Qoran ! ».

(3) Mas'oûdî V, 152, 3. La rédaction primitive se lit, pensons-nous, dans '*Iqd* II, 310 haut. Le Ms. des *Prairies* de Mas'oûdî de la Bibl. Khéd., IIe vol. porte la même leçon que l'édition parisienne.

(4) Cf. Ibn 'Asâkir, I, 175 v.

(5) Voir p. ex. *Journ. Asiat.*, 1896[1], 380 ; Ibn Rosteh, 216, 21 : *Aġ.*, VI, 102, 134 ; VII, 165 en bas ; Dinawarî, 332, 16, etc. ; Qotaiba, '*Oyoûn*, 351-52 ; *Sîra* anonyme de 'Omar II (Ms. Bibl. Univ. S. Joseph), p. 14; Ǧâḥiẓ, *Bayân*, I, 126 ; Balâḏorî, Ahlw., 196 ; *Zeits. für Assyriol.*, XV, p. 9, 15 ; A. Fischer, *Gewaehrsmaenner*, p. 69.

(6) Cf. *Les canons et les résolutions canoniques de Jean de Tella*, etc. Paris, 1906, p. 61, n° 58. Voici comment s'exprime Jacques d'Edesse : « Ceci ne nuit en rien à celui qui enseigne, ni à la foi... Il arrive même que de choses semblables découlent de nombreux avantages ». (Renseignement de M. l'abbé Nau).

jacobite ne se croit pas le droit de blâmer leur conduite. Yazîd lui-même, dit-on, confiera l'éducation de son fils Ḫâlid à Marianus, un moine chrétien (1). Ailleurs on lui donne le nom d'Etienne (2). Les relations scientifiques du jeune Ḫâlid avec un chrétien, Marianus ou Etienne, sont dûment établies. Ce chrétien fut-il moine; occupa-t-il auprès du fils de Yazîd la position spéciale de précepteur ? Les orientalistes, cités par nous l'ont affirmé, et nous à leur suite. (3). Quant aux documents arabes (4), ils s'expriment sur ces deux points avec plus d'hésitation. D'après al-'Ainî, Ḫâlid aurait reçu ses connaissances en médecine et en alchimie (5) d'un moine, appelé Mariânos (6). Un notable chrétien d'Edesse paraît avoir été placé par 'Abdalmalik comme précepteur auprès de son frère 'Abdal'azîz, destiné à lui succéder au trône (7). Nous aurons à revenir sur ce point particulier, où des distinctions s'imposent : nous réserverons cette discussion pour le règne du second calife marwânide. Non moins que la tolérance, la nécessité obligera de recourir aux chrétiens ; surtout, si, comme il est permis de le supposer, le jeune Yazîd reçut une formation vraiment libérale et scientifique. (8). En cette matière les musulmans se verront seulement plus tard en mesure de se passer des services des chrétiens. Très lié avec la famille des Sarǵoûnides, compagnon d'enfance de Jean Damascène (9), Yazîd a pu profiter aussi de l'enseignement des maîtres, chargés de former son ami.

Si nous consultons la tradition, nous y découvrirons que la carrière de l'enseignement se trouvait au premier siècle de l'hégire l'objet du plus profond mépris. Pour donner une preuve de l'humilité du Prophète, on

---

(1) De Boer, *The history of philosophy in islam*, p. 17 ; Cl. Huart. *Littérature*, p. 61.

(2) Cf. *Fihrist*, p. 244. Même renseignement dans un manuscrit arabe de l'Univ. S. Joseph, traitant de musique et analysé dans *Machriq*, 1906, p. 18, etc.

(3) *MFO*, I, p. 13.

(4) Comme le *Fihrist*.

(5) Il ne dit pas si Mariânos fut précepteur de Ḫâlid.

(6) Cf. عقد الجمان , Ms. B. Kh. XI, p. 116.

(7) Cf. *Chantre*, p. 122.

(8) Voir plus haut, p. 222.

(9) On le verra plus loin.

nous le représente comme n'excluant personne de ses salutations, pas même les maîtres d'école on *mo'addib*. (1). La littérature est remplie de vers et de dictons, exprimant ce discrédit. Des adversaires politiques veulent-ils démonétiser un fonctionnaire de la valeur de Ḥaǧǧâǧ ? Ils le représentent comme ayant exercé la profession de maître d'école (2). On serait allé jusqu'à récuser leur témoignage en justice, les mettant ainsi sur le pied de gens, ouvertement déconsidérés, comme les musiciens (3) et les *moḫannaṯ* (4).

Peut-être cette dernière marque de défaveur s'appliquait-elle seulement à ceux de leurs confrères, acceptant une rétribution pour l'enseignement donné. Sur cette question des honoraires, la théorie (5) a varié. S'il faut en croire nos auteurs, la gratuité de l'enseignement, au lieu d'être une conquête moderne, remonterait au moins jusqu'aux débuts de l'islam ; mais avec cette circonstance aggravante que la gratuité s'exerçait exclusivement aux dépens des maîtres. C'était pratiquement supposer l'héroïsme chez ces derniers. Car le gouvernement (6) se désintéressant de leur sort, cela équivalait à les laisser mourir de faim. On finit donc par adopter un tempérament. En principe l'instruction demeurerait gratuite. On répugnait pourtant à accepter une indemnité pour ce qui de loin ou de près touchait au Qoran, devenu la base de l'enseignement. (cf. Boḫârî E, IV, 14, 9). Les faméliques qorrâ' — on l'a vu plus haut — paraissent n'en avoir pas toujours tenu compte. Dans leur contrat, les précepteurs ne pourraient stipuler aucune indemnité ; mais il leur serait permis de l'ac-

(1) Qotaiba,'*Oyoûn*, 49, 4 a. d. L ; 313, 14-17.

(2) Cf. *Ḥamdsa*, 330, 4-5 ; Ǧâḥiẓ, *Bayân*, I, 100 ; Qotaiba, '*Oyoûn*, 284, 1.

(3) Qotaiba, '*Oyoûn* 93, 6 ; 98, 7.

(4) Il en sera question plus bas, quand nous parlerons de l'art musical à Médine.

(5) Pratiquement : l'élève donnait une compensation pour l'enseignement reçu. Se rappeler la règle générale dans l'histoire islamite : les abus, contre lesquels protestent les théoriciens, constituent l'usage.

(6) A des faqîh, envoyés enseigner le Qoran aux Bédouins, 'Omar II assigne des honoraires ; il évite de blâmer ceux qui les acceptent. Cf. *Sîra* de 'Omar II, p. 59 verso. Comp. Tirmîḏî, II, 7, 5.

cepter quand elle était gracieusement offerte (1). Voilà du moins la solution, suggérée par la casuistique islamite.

Le mépris pour cette utile profession peut avoir son origine dans l'incapacité notoire, où se voyaient les conquérants pour la remplir. Forcés de l'abandonner aux tributaires, de se mettre à leur école, les vainqueurs se sont vengés en les dépréciant ; ou bien la tradition littéraire a cru devoir leur prêter cette attitude, si conforme aux tendances de l'impérialisme arabe. Mais le fait est là : dans la carrière de l'enseignement on rencontre peu d'Arabes. On peut citer comme exceptions Komait et Ṭirimmâḥ (2), modestes mo'addib, avant de devenir poètes célèbres (3). C'était encore un Arabe authentique, le Śaibânite 'Abd aṣ-Ṣamid, précepteur de Walîd II (4). En revanche sur les listes des maîtres d'école, au premier siècle de l'hégire, on lit presque exclusivement des noms de maulâs et de ḏimmîs (5). Se réservant le noble métier des armes et les fonctions lucratives de l'administration, ils leur abandonnaient les professions libérales et avant tout l'éducation. Même à Médine, le calife 'Omar, ce partisan fanatique de l'expulsion des infidèles, se verra forcé d'y tolérer la présence d'un chrétien de Ḥîra, Ǵofaina, pour y enseigner l'écriture (6).

Le grave Mo'âwia, nous l'avons déjà observé, était le plus tendre des pères. « Mon plus grand plaisir, dit-il un jour à 'Amrou ibn al-'Aṣi, c'est d'assister aux ébats de mes enfants et de mes petits-enfants » (7).

---

(1) Cf. Boḫârî, II, 53, n° 16. Ḍaḥḥâk ibn Qais (notice dans Ibn 'Asâkir, VIII), reproche à un magister d'accepter de l'argent.

(2) Un Bédouin maître d'école : Ibn Doraid, *Ištiqâq* 140, 6. Nous examinerons plus tard le cas de Ḥaǵǵâǵ. On a trop recouru aux satiriques pour composer l'histoire de cet homme peu banal.

(3) Qotaiba, *Poesis*, 368, 15 ; *Ḥamâsa* 110, d. l. ; Ǵâḥiẓ, *Bayân*, II, 37 en haut.

(4) Ṭab., II, 1741. Un autre de ses mo'addib est nommé. *Aǵ.*, VI, 134 ; il continue à s'intéresser à son ancien élève, devenu calife et lui envoie d'utiles conseils. *Aǵ.*, VI. 134 ; attitude méritoire avec un souverain comme Walîd. Autre Arabe, précepteur omaiyade, Moḥammad ibn ab-Kalbî ; voir plus haut p. 222-23.

(5) Baihaqî, 621-622 ; Kremer, *Culturges.*, II, 132, 134. Ibn Rosteh, 216 ; Ǵâḥiẓ, *Bayân*, I, 101 ; Qotaiba, *Ma'ârif*, 185.

(6) I. S., *Ṭabaq.*, III¹, 258, 19, etc. Ṭab., I, 2797.

(7) Baihaqî, 294, 10. Cf. *Aǵ.*, XVI, 33.

'Abdallah ibn Zobair (1) le trouva un jour dans la posture, où l'ambassadeur de Venise surprit plus tard Henri IV. A la vue des fillettes du calife, grimpées sur les genoux de leur père et s'y dodelinant, le fils du violent Ḥawârî, qui dans un moment de colère cassa le poignet à sa femme (Nawawî, 824), ne put s'empêcher de manifester sa surprise. La grave réponse (2) de Mo'âwia produisit, paraît-il, l'heureux effet de modifier les idées d'Ibn Zobair sur le rôle de la femme dans une société civilisée (3). Il faut attribuer à cette tendresse paternelle le dévoûment, déployé par les filles de Mo'âwia pendant sa dernière maladie (4) et leur désespoir après sa mort (5). Un autre visiteur. — certains recueils (6) nomment Aḥnaf ibn Qais — apercevant le calife la corde au cou et conduit en laisse par un de ses garçons (7), ne peut retenir des marques de désapprobation: « Silence, mauvais drôle ! lui cria Mo'âwia, j'ai souvenance d'une parole du Prophète : il faut se faire enfant avec les enfants ! » (8).

---

(1) Dans '*Iqd*, I, 277 le visiteur serait encore ici 'Amrou ibn al-'Aṣi.

(2) Probablement dictée par les vers de Ma'n ibn Aus (*Aġ.*, X, 165, 8, etc.), poète particulièrement apprécié par Mo'âwia. Ḥoṣrî, III, 123 ; *Aġ.*, X 165, 8, etc. Son inspiration grave et élevée méritait cette préférence. Cf. *Ḥamâsa*, 501, etc ; Ḥoṣrî, III, 122, 124.

(3) Baihaqî, 599, 3 etc. Comment Ibn Zobair, qui connaissait les poésies de Ma'n, son nourricier, au point de se les approprier (Ḥoṣri, III, 123), n'a-t-il pas compris plus tôt ces sentiments ? Assiégé par Ḥaǵǵâǵ, Ibn Zobair se verra abandonné par ses fils, lesquels passeront à l'ennemi. Son frère 'Amrou deviendra son ennemi mortel : l'anticalife le mettra à mort avec des raffinements odieux de cruauté.

(4) Ṭab., II, 202, 1 ; Ibn al-Aṯîr, IV, 3.

(5) Wright, *Opuscula*, 111, 7, etc ; *Ḥamâsa*, 427, 3, etc.

(6) Comme le شرح عقد اهل الايمان في معاوية بن ابي سفيان. Cf. *MFO*, II, 1.

(7) Son nom n'est pas indiqué.

(8) Soyoûṭî, *Califes*, 78, 14. Mahomet la met en pratique : il s'amuse avec des enfants même pendant la prière. I. S., *Ṭabaq.*, VIII, 26, 15. La tradition (Tirmidî, *Ṣaḥîḥ* I, 93 ; Moslim, *Ṣaḥîḥ*, II, 171) nous le montre aimant à caresser les enfants qu'on lui amène ; probablement un souvenir évangélique, utilisé par la littérature de la *Sîra*. Cf. Becker, *Christentum und Islam*, p. 42. Quant au ḥadîṯ « le paradis est aux pieds d'une mère الجنة تحت اقدام الأمهات », si fréquemment cité à l'éloge de Mahomet, l'auteur bien informé du *Tamyîz aṭ-ṭaiyb*, Ms. B. Kh., le déclare مضطرب, en d'autres termes d'une authenticité suspecte. Cf. *MFO*, II, 133-34.

XVIII

LA JEUNESSE D'UN HÉRITIER PRESOMPTIF

L'ISLAM ET LA MUSIQUE. MO'ÂWIA PRÉSIDE A L'ÉDUCATION POLITIQUE DE YAZÎD. LES RÉSIDENCES DE YAZÎD SA PETITE COUR A ḤOWWÂRÎN

Yazîd eut une large part dans cette tendresse. La mort de son frère aîné 'Abdarraḥmân, l'idiotie de son cadet 'Abdallah (1) l'avaient rendu l'unique espoir de son père. On surprenait parfois le vieux monarque, couvant des yeux son fils, avec cette complaisance, naturelle aux pères (2), sans en excepter les plus clairvoyants. L'impétuosité naturelle du jeune prince, exaltée encore par la libre éducation du désert et par une admiration exagérée pour les vieux modèles de la ǵâhiliya, mit parfois à de rudes épreuves le ḥilm proverbial de Mo'âwia, merveilleuse combinaison d'intelligence et de bonté compatissante.

A cette riche nature, supérieurement douée, on ne reprocha jamais le خفة احلام, la rusticité (3), le défaut de finesse et d'intelligence. Mais à l'intelligence, composante considérable (4) de la grande qualité politique,

(1) Ṭab., II, 204 ; Aḫṭal, *Divan*, 81, n. *a*. Comp. éd. B., 52, 15.

(2) Ḥoṣrî, II, 262 en bas. Ibn al-Aṯîr, IV, 53 en bas.

(3) Les Médinois s'amusent du خفة احلام, rusticité des Ḫâriǵites, compagnons d'Aboû Ḥamza. *Aǵ*., XX, 105, 4 a. d. l. Comp. سخيفة احلامهم, esprits inintelligents. *Aǵ*., XIII, 152 d. l. ; *Naqâ'iḍ Ǵarîr*, 18, 2 ; comp. *ibid*. 273, 13, où le خفة احلام est complété dans le vers suivant : الظاعنون على العمى, ceux qui marchent à l'aveugle.

(4) Mais non exclusive, comme certains le voudraient. Sans doute les ذوو الاحلام (Balâḏorî, Ahlw. 324) sont des intellectuels. Comp. le dicton : لا حليم إلّا ذو عثرة ; Ǵâḥiẓ, *Maǵmoû'a Rasâ'il*, p. 182, حذّاقهم وذوو احلامهم ; *Aǵ*., IV, 166, 10 ; Boḫârî, I, 29, 3 ; احلام واموال (Ṭab., II, 462) = corps et bien ; expression, où les Arabes ont substitué l'âme au corps ; « femme, belle à tourner l'esprit même au حليم ». *Aǵ*., VIII, 58, 18.

Yazîd négligea de joindre le complément indispensable (1) : la longanimité, la bonté active : marques incontestables et consécration définitive du ḥilm. Comme l'antique σωφροσύνη, la vertu arabe, intellectuelle dans son principe, doit perfectionner le cœur pour aboutir à la pratique ; en inspirant la largeur d'idées, elle aide au support (2) des imperfections humaines, quand elle ne peut les corriger. *Levius fit patientia, quidquid corrigere est nefas.*

لَيْسَتْ الاحلامُ في حِين الرضا　　　　الّا الاحلامُ في حين الغضب

« C'est pendant la colère, non quand tout marche à souhait que brille le ḥilm » (3).

Ce vers de Miskîn fréquemment, répété par le célèbre Śa'bî, Yazîd ne se résigna pas en faire la devise de son règne, comme jadis Mo'âwia. En véritable père, ce dernier évitait de sévir et dans les moments difficiles, il ne craignait pas d'interroger Aḥnaf ibn Qais, dont il tenait en haute

(1) De là احلام قليل عقولها , Farazdaq, *Divan* 2, 2 a. d. l. Traduisez des esprits mal équilibrés, le contraire des وُزْن الاحلام (*Mofaḍḍalîyât,* Thorbecke, XXXIV, 393) ; comp. احلام مراجيح رزان et الثقل موازين الحلوم . Farazdaq, 80, 2 a.d.l. et 165, 1; أوزن في الحلم . *Aġ.*, I, 30, 6 a. d. l.) et non des « fantômes à petites cervelles » (Boucher). Asmâ' ibn Ḫâriġa ذُكر بالحلم والصبر والعقل . Cf. *MFO*, I, 81, n. 2. Le ḥilm et l'esprit sont donc des qualités distinctes ; ainsi en est-il de la science, puisque لاشيء افضل من حلم الى علم . '*Iqd*, I, 202. Si le ḥilm était un pur synonyme de عقل on en eût fait l'apanage obligé des grands *dâhia* ; ce qui n'est pas le cas pour tous. La tradition arabe a également interprété le ḥilm dans le sens d'une qualité morale; témoin cette glose du *Manâqib al-'Aśara,* Ms. B. Kh., الحليم المُغضي عن الشيء المُزعج فضلا وكرَمًا تقول منه تحلّمَ حلمًا فإن تكلّف ذلك ولم يكن من طبعه قيل تحلّم وهو مُتحلّم . Comp. ce jugement de 'Omar sur Aboû Bakr : احلم مني واوقر . Boḫârî E, IV, 148, 2.

(2) On dit alors . . . تحلّم , حلم عن . *Aġ.*, I, 145; et s'il s'agit d'un caractère naturellement violent تحلّمَ وهو غير حليم . *Aġ.*, VI, 163. Ǵâḥiẓ, *Ḥaiawân* (Caire), I, 140.

(3) Ibn 'Asâkir, VIII, notice de Śa'bî. Comp. ce dicton attribué à Raǵâ' ibn Ḥaiwa, ما أحسن العلم وزينة العلم وما احسن الحلم وزينة الرفق . Ibn 'Asâkir, VI, notice de Raǵâ' ibn Ḥaiwa ; cette parole de Mahomet : احلمكم من عفا بعد قدرة . C'est le vers de Aḫṭal sous forme de ḥadîṯ. 'Askarî, *Taṣḥîf al-moḥaddiṯîn* Ms. B. Kh. Qasṭalânî, I, 119, 5 a. d. l., explique le concept du ḥilm par احتمال وتواضع . Les anciens vantent non seulement leur ḥilm mais leur ǵahl et dans le même vers. Cf. Farazdaq, *Divan*, 172, 5 a. d. l. Si ḥilm = esprit, comment être fier du contraire = جهل ? Le même poète célèbre (*Divan,* 190, 10) العاطفين على المَوْلى حلومهم , s'inclinant avec bonté sur leur client ; comp. *ibid*. 215, 10 : تجاوزت عنهم لطف حلم (où se retrouve encore le même sens), *Naqâ'iḍ Ǵarîr,* 415, 6.

estime la calme raison. Cet autre modèle du ḥilm arabe lui conseilla de ne jamais céder à une dangereuse sévérité. Ce serait faire désirer à son héritier de voir la mort venir le débarrasser d'un censeur importun. Mo'âwia goûta fort le conseil (1).

Il ne laissa pas pourtant sa bonté dégénérer en faiblesse et sut se faire craindre de Yazîd. Le destinant dès lors à recueillir sa lourde succession, il le voulait à la hauteur de cette tâche. Dans ce but il le surveillait de près (2). Le même Aḥnaf pouvait lui rendre le témoignage qu'il l'avait suivi de jour et de nuit (3). L'éloge n'était pas exagéré. Au palais d'Al-Ḫaḍrâ', il lui avait assigné un appartement contigu au sien (4). Malgré ce voisinage (5), il ne lui permettait pas de venir à tout instant l'interrompre, mais l'obligeait à passer par l'intermédiaire du chambellan (6). « Sous ce rapport, lui répétait-il, je te mets sur le même rang que le moindre des Arabes ». Non content de l'habituer à l'ordre, il fit tous ses efforts pour modérer son penchant au plaisir (7).

Jamais il ne voulut l'autoriser à introduire des musiciens au palais. Quand sur ce point, Yazîd arriva à tromper la vigilance de son père, en profitant des ombres de la nuit (8), ou de la complaisance d'amis (9), Mo'âwia lui fit savoir qu'il était au courant (10) ; il ne consentit jamais à

---

(1) *'Iqd*, I, 276-77 ; Ḥoṣrî, II, 262.

(2) Ḥoṣrî, II, 265.

(3) *Aǧ.*, VII. 189 en bas.

(4) Cf. *Aǧ.*, VII, 104, 3. Plus tard Yazîd occupera à Damas un palais spécial, pendant les séjours qu'il viendra y faire, comme وليّ العهد .

(5) D'où il pensait pouvoir le surveiller plus facilement : كان باب يزيد في سقيفة معاوية. *Aǧ.*, VII, 104, 3. La porte de Yazîd ouvrait sur la galerie, où se trouvaient les appartements privés du calife. Quand le prince possède sa maison à part, اشرف معاوية بن ابي سفيان ليلا على منزل يزيد ابنه . *Aǧ*, VII, 189, 7 a. d. l.

(6) Baihaqî, 171.

(7) *Aǧ.*, XVI, 70 en bas.

(8) *Aǧ.*, VII, 103-104, 189.

(9) *Aǧ.*, VII, 188. Il va entendre une musicienne chez 'Abdallah ibn Ǧa'far (Baihaqî 146, 8 ; *'Iqd*, I, 146, 12), avec la complicité de ce dernier.

(10) *Aǧ.*, VII, 189 ; *'Iqd*, III, 249-50.

autoriser par son silence une distraction, qu'il considérait comme incompatible avec les obligations d'une vie sérieuse (1).

Pas plus que des images, il n'est question de la musique dans le Qoran. Pour l'avenir de ces arts au sein de l'islam, le ḥadîṯ s'en est trop longuement occupé (2). Le livre d'Allah s'était contenté de proscrire les *anṣâb* ou signes idolâtriques, mais non pas toute représentation animée. Comment expliquer alors que la musique ait pu être tolérée, quand la peinture succombait sous la proscription, prononcée par la tradition ?

Il faut, croyons-nous, faire intervenir l'absence de la perception esthétique chez Mahomet, inférieur même à ses compatriotes, déjà si peu favorisés sous ce rapport (3). Dans le tempérament nerveux du Prophète certains sens se trouvèrent développés d'une façon anormale. Ce furent malheureusement les sens les plus grossiers ; le goût et surtout l'odorat. L'ail (4) suffisait à le mettre hors de lui. Après en avoir mangé, ainsi que des oignons et des poireaux, les fidèles devaient éviter de l'approcher (5). Il ne cessait de s'inonder de parfums : aucune essence ne lui paraissait trop délicate pour sa barbe et sa chevelure où, au témoignage des siens, l'on voyait reluire pommades et cosmétiques وبيص الطيب (6). C'était sa préparation immédiate aux réunions du Vendredi, alors l'unique manifestation du culte musulman (7) ; il recommandait à ses adhérents la même

(1) Ṭab., II, 214, 17 ; *'Iqd*, III, 232-233. Voir dans 'Ainî, Ms. B. Kh., XI, 48, avertissements pleins d'adresse et de modération de Mo'âwia ; longue lettre, évidemment apocryphe, pour l'éloigner de la compagnie des musiciens.

(2) A Médine certains palais auraient été ornés de fresques. Cf. *Aġ.*, I, 15, l. 17-21. Rapprochez fresques de Qoṣair 'Amra, et *Taḥqîq an-Naṣra*, cité plus bas.

(3) Pour la musique chez les Bédouins modernes, voir Doughty, *Travels*, I, p. 118-119 ; ils n'apprécient que le tambour.

(4) Il fait fuir les anges. Samhoûdî, Ms, p. 69. Dans le ḥadîṯ النبيّ كان يكرهُ النومَ في القَدَر ; il faudrait lire الثومَ في القِدر ; Cf. 'Askarî, *Taṣḥîf al-moḥaddiṯîn*, Ms. B. Kh. Il l'appelle بقلة خبيثة *Osd*, II, 89, 12 ; 397 ; *MFO*, II, 59, n. 5.

(5) Tirmidî, *Ṣaḥîḥ*, I, 333. La casuistique discute sous quelle forme ces aliments deviennent légitimes. Cf. 'Ainî, عمدة القاري , III, 214-219.

(6) Boḥârî E. IV, 34, 35. Comp. ce passage de la *Sîra* de 'Omar II, p. 11 verso : رأيتُ عمرَ بن عبد العزيز وهو امير المدينة وهو يأخذ خالتهُ يمسحهُ بو خدّه او لحيتهُ ثمّ يختمر بو فكأنّما اللحم الالدراني ذُرّ عليو يعني من الطيب .

(7) Moslim, *Ṣaḥîḥ*, I, 233.

précaution. Dans les assemblées, les plus faibles odeurs l'incommodaient : celle de la sueur humaine ! Livrés aux travaux de la campagne, les Médinois se rendaient directement de leurs jardins, حيطان , à la mosquée. Louable empressement ! Mahomet leur fit une obligation préalable de l'ablution (1) complète (غسل). Il s'en est fallu de peu qu'il n'imposât le cure-dents , سواك (2) ! Dans les religions humaines, à quoi tiennent parfois (3) les prescriptions les plus astreignantes ? A une infirmité (4), à un caprice du Fondateur (5) ! Il paraît avoir souffert d'hallucinations visuelles (6) et de bourdonnements dans les oreilles (7) ; le rythme poétique lui aurait échappé, nous le savons déjà. Avant les réunions il faisait parfumer la mosquée ; usage conservé par 'Omar (8). Encore un peu et le *ta'jmîr* serait devenu une fonction de la liturgie islamite, comme l'encensement chez les chrétiens. Cette analogie lui a fait tort dans l'esprit des faqîh de Médine, imprégnés de préventions juives. Une nature aussi sen-

---

(1) *Ibid*, I, 232.

(2) Cf. Moslim, *Ṣaḥîḥ*, I, 86.

(3) Moslim, *Ṣaḥîḥ*, I, 156-57.

(4) Qotaiba, *'Oyoûn*, 353, 14 ; Boḫârî, I, 390, 2 a. d. l. On devine au parfum l'approche et le passage de Mahomet ; jamais il ne refuse un cadeau de parfums. Cf. I, S., *Ṭabaq.*, Ms. B. Kh., اذا استجمر يجعل الكافور على العود ثمّ استجمر . *Ibid.* Cf. *MFO*, II, 56, n. 2. كان رسول الله صلعم يَشْتَدُّ عليهِ ان يوجَد منهُ ريحٌ . Moslim, *Ṣaḥîḥ*, I, 424.

(5) De là sans doute les prescriptions, relatives au حَدَث , un thème impossible à développer. Cf. Qotaiba, *'Oyoûn*, 315, 13, etc. Maidânî, *Proverbes*, I, 173 ; Boḫârî, II, 7, n. 5 ; I, 48, 5.; comme l'ail, le حَدَث éloigne les anges. Moslim. *Ṣaḥîḥ*, I, 184. Tirmidî, *Ṣaḥîḥ*, I, 83 ; Qasṭalânî, I, 303. Cf. Caetani, *Annali*, I, 453. Aśbîlî, الاحكام الشرعية الكبرى , Ms. B. Kh., Ier vol.

(6) Il croit voir apparaître l'ange de la montagne. Boḫârî, II, 312. Cf. De Goeje, dans *Oriental. Studien*, I, p. 1-5.

(7) Tirmidî, *Ṣaḥîḥ*, II, 201, 5. Croit entendre le son des cloches. Boḫârî, II, 309. Tirmidî, *Ṣaḥîḥ*, I, 216.

(8) Tirmidî, I, 116. Cf. A. Fischer, *Gewaehrsmaenner*, p. 55 n. *e*, et l'habitude des califes postérieurs, Mo'âwia et ses successeurs de faire brûler des parfums dans les mosquées saintes du Ḥiǵâz. De Syrie 'Omar I rapporta مجمر من الفضة فيها تماثيل وكان يجمر بها المسجد ثم توضع بين يدي عمر بن الخطاب . L'encensoir servit longtemps à la mosquée, enfin un gouverneur se décida à enlever les représentations, وجعلها ساذجا . *Taḥqîq an-naṣra*, Ms. B. Kh. Comme on le voit, l'islam primitif n'était pas si hostile aux images.

suelle n'était pas faite pour comprendre la vie des arts : il n'en éprouva jamais le besoin.

La tradition a tracé du physique de Mahomet un portrait idéalisé (1). Sans y prétendre, l'auteur du *Taṣḥîf al-moḥaddiṯîn* nous fournit le moyen d'y introduire une importante correction. A ses fidèles, le Prophète aurait défendu de le précéder dans les mouvements compliqués de la prière. Et la raison, donnée par lui, est à retenir (2) : فمهما سبقتكم لا تسبقوني إني قد بدنت.
En commentant ce dernier mot, ʿAskarî au lieu de بدّنت recommande de lire بدّنت « je suis devenu vieux (3) ». Avec la première vocalisation on obtiendrait le sens : « j'ai pris de l'embonpoint ; détail ne pouvant convenir au Prophète » (4). L'insistance de ʿAskarî à proscrire la dernière orthographe en montre la justesse. C'est affaire de préjugé, si elle n'a pu triompher et si nous en devons la connaissance au zèle maladroit d'un moḥaddiṯ puriste. Plus loin un ḥadîṯ, enregistré par lui (5), montre le Prophète, obligé de prier assis, « par suite de sa corpulence بعدما حمل اللحم », passage provoquant chez le compilateur les mêmes efforts pour écarter toute interprétation déplaisante. Un texte, cité plus haut, a montré Mahomet comme un ami des bons repas, où il lui arrivait de manger gloutonnement يأكل اكلا ذريعا (6). L'usage du cure-dents avait passé chez lui en manie, et il passait un temps considérable à se brosser les dents (7). Il mourut en mâchant un سواك (8) et, au témoignage de ʿAïša, ce fut le dernier geste de sa carrière mortelle. Nous connaissons son goût pour les friandises (9). Cela nous permet de juger à sa valeur la sobriété du Prophète, affirmée

(1) Traits principaux déjà dans Boḫârî E, IV, 33.

(2) Ecrit بدُنتُ dans le manuscrit.

(3) La tradition pourtant atteste comme un privilège l'éternelle jeunesse du Prophète. Voir le portrait tracé dans Boḫârî E, IV, 33. Ailleurs on lui fait dire : شيّبتني هود واخواتها *Tamyîz aṭ-ṭayyb* (éd. Caire), 115.

(4) وقولهم إني قد بدُنتُ الدال مضمومة انما معناه كثر لحمي ولم يكن النبي صلعم بهذه الصفة. ʿAskarî, *Taṣḥîf al-moḥaddiṯîn*, Ms. B. Kh.

(5) *Op. cit.*

(6) Moslim, *Ṣaḥîḥ* II 141, d. l. avec variante اكلا حثيثا.

(7) Qasṭalânî I, 360,

(8) Boḫârî E, III, 79.

(9) Boḫârî E, IV, 168.

par certains ḥadîṯ (1), Ses sueurs anormales attestent sa corpulence. Faisait-il la sieste, même au cœur de l'hiver, on pouvait tordre son linge, on allait jusqu'à mettre sa sueur en bouteille (2). Ces détails confirment l'excellence de la leçon, rejetée par 'Askarî et aussi le tempérament sensuel du Réformateur. Mais sur le dernier point, la démonstration n'est plus à faire.

Mahomet n'a pu protester contre les cloches des églises ; elles n'existaient pas encore de son temps. Mais le tintement de la clochette des caravanes paraît lui avoir été odieux (3). Nous hésiterions pourtant à admettre chez lui pour la musique la sévérité, qu'on voudrait lui attribuer (4): A un pauvre musicien il aurait interdit d'exercer son art, son unique gagne-pain (5). Il montra la même rigueur pour la musique, sans غناء, celle appliquée à des paroles inoffensives (6). Défendre d'acheter, de vendre des musiciennes, d'enseigner la musique, maudire les chanteurs et ceux qui les écoutent, c'était condamner (7) sans conditions les manifestations les plus innocentes de l'art.

Dans ces exemples et autres, accumulés par la tradition, il faut, chercher non une doctrine, mais une protestation. Elle fut inspirée aux théologiens par la faveur scandaleuse, témoignée aux musiciens à la cour des 'Abbâsides, faveur où s'engloutissaient les revenus de districts entiers. Mais les réactionnaires obéirent également à des tendances religieuses. Ils veillèrent avant tout à ne pas laisser pénétrer la musique à la mosquée, où elle se fût mêlée à l'exercice de la liturgie musulmane (8). A cet effet

---

(1) Tirmiḏî, Ṣaḥîḥ, II, 57.

(2) Moslim, Ṣaḥîḥ, II, 216.

(3) Qasṭalânî, I, 67 ; Tirmiḏî, Ṣaḥîḥ, I, 318 ; Moslim, II, 164.

(4) Voir exemples cités MFO, II, 68 ; Osd, II, 127 en haut.

(5) Ibn Ḥaǧar, III, 20 en bas.

(6) Osd, IV, 126. Ailleurs pourtant il ne proteste pas contre la présence de musiciennes, possédées par son poète Ḥassân ibn Ṯâbit. Osd, V, 496.

(7) Tirmiḏî, Ṣaḥîḥ, I, 241. Tamyiz aṭ-ṭaiyb, Ms. B. Kh. لعن الله المغنّي والمغنّى ة ; l'authenticité de ce ḥadîṯ est contestée, ibid. Ailleurs Mahomet place parmi les signes de la fin des temps l'adoption des المعازف . قينات Tirmiḏî, Ṣaḥîḥ, II, 33.

(8) Cf. 'Iqd, III, 231, 7.

ils nous représentent le premier 'Omar, tremblant à la pensée que la récitation du Qoran, ne ressemblât à une mélodie (1). Son homonyme, l'Omaiyade 'Omar II, aurait défendu aux muezzins de chanter l'appel à la prière (2). Ailleurs pourtant nous l'entendons formuler le vœu de voir la musique se mettre au service du Qoran (3). Un plaidoyer médinois en faveur de la musique, prononcé à la fin du premier siècle, représente les répugnances de certains *ascètes*, non comme une condamnation mais comme un renoncement. La conclusion, c'est que l'on ne peut blâmer une distraction, de nature à nous rendre plus aptes au service de Dieu (4). Sous l'influence de ces traditions incohérentes, les théologiens musulmans se sont trouvés partagés sur la question de savoir si le Qoran peut être chanté. Tirmidî se prononce pour l'affirmative (5).

Mais cette hésitation ne les a pas rendus plus tolérants pour la musique dans la vie profane. Leur intransigeance l'a poursuivie jusque là, pour être plus assurée de l'éloigner du culte. Elle demeure proscrite, mise au rang des inventions diaboliques, incitant à la débauche (6). Les variations érotiques en composaient le fonds ordinaire. Aucun poète n'a obtenu la faveur des musiciens comme 'Omar ibn Abi Rabî'a (7). Or on disait de ce dernier : « jamais poésie n'a fait commettre autant de péchés » (8). Le témoignage des musiciens ne pouvait donc être admis en justice. On cite

---

(1) I. S., *Ṭabaq.*, V, 42, 18.

(2) I. S., *Ṭabaq.*, V, 282, 4. De nombreux ḥadîṯ montrent pourtant le Prophète très sensible à la *récitation* harmonieuse de certains qorrâ'. Abou Maḥḏoûra aurait été choisi par lui, parce que de tous كان احسنهم نغمة . Cf. شذرات الذهب , Ms. B. Kh., I, p. 69. En entendant la قراءة d'Abou Moûsâ al-Aš'arî, Mahomet s'écrie : لقد أوتي هذا مزمارًا من مزامير داود. Cf. كتاب الاربعين في ارشاد السائرين , Ms. B. Kh.

(3) *Aǧ.*, I, 104, 11. Comp. Moslim, *Ṣaḥîḥ*, I, 219.

(4) كيف يستضوب تركه ولا يستعان به على النشاط في عبادة ربّنا . *Aǧ.*, VII, 143.

(5) *Ṣaḥîḥ*, II, 156, 11 : الترتيل في القراءة احبّ الى اهل العلم . Comp. *Tamyîz aṭ-ṭaiyb* (éd. Caire), 106 ; Qotaiba, *'Oyoûn*, 371 ; *'Iqd*, III, 227 ; *Chroniken* (Wüstenf.), II, 8-9 ; pour l'interdiction voir Boḫârî E, III, 192.

(6) Comp. الغناء رقية الزنا . *'Iqd*, I, 328 et le jugement de Walîd II, *Aǧ.*, VI, 134-35.

(7) Voir sa notice. *Aǧ.*, I, 30-97.

(8) *Aǧ.*, I, 48 ; comp. *ibid.*, 35.

ceux en faveur desquels une exception était faite (1). Encore pour la mériter, devaient-ils renoncer à la profession et embrasser l'ascétisme, le *zohd* islamite (2). Certains finissaient par là.

Les raisons — il faut bien en convenir — ne manquaient pas aux zélotes pour justifier cet ostracisme. Sans parler du caractère passionné de la musique orientale, ceux qui la cultivaient en Arabie ne négligeaient rien pour se discréditer eux-mêmes ; fréquemment ils exerçaient, à côté, des métiers inavouables. On eût difficilement imaginé un milieu interlope, comme celui des musiciens arabes. Les poètes, comme 'Omar ibn Abi Rabî'a, Al-'Argî, Farazdaq et Aḥwaṣ y coudoyaient les ḫalî', les moḫannaṯ, les entremetteurs de toute espèce. Le vin et la musique se trouvent d'ordinaire mentionnés ensemble (3). Aussi les termes de زمّارة , صنّاجة , مغنية avaient-ils fini par devenir synonymes de ذات الرايات , femme aux drapeaux (4). Les قيان , particulièrement, celles de Médine, cumulaient les deux fonctions (5). Les chanteurs, les joueurs de flûte ou de harpe s'entendaient à merveille avec les مخنّث , quand les deux personnages n'en faisaient pas un (6).

On comprendra donc la défaveur, s'attachant à cette profession et rejaillissant sur l'art lui-même. On peut la croire également inspirée par

---

(1) معدّل الشهادة ou مقبول .

(2) *Aǧ.*, III, 96 ; IV, 86, 12 a. d. l. ; V, 141 ; 175, 13. On signale comme un phénomène la piété d'Ibn Ǵâmi'. *Aǧ.*, VI, 69 ; pourtant le qâḍi Aboû Yoûsof se croit compromis pour lui avoir parlé par mégarde. *Aǧ.*, VI, 69-70. Comp. كان مع شهرته بالغناء رجلا صالحا كثير الصلاة مدمنا للحج . *Aǧ.*, V, 141, 9.

(3) Comp. Moslim, *Ṣaḥîḥ*, II, 123, 5.

(4) Aḫṭal, *Divan*, 27, 3 ; *Aǧ.*, IV, 35, 3 a. d. l.; X, 135 bas ; XVII, 94 en bas; XIX, 154, 2 a. d. l. '*Iqd*, II, 156, 10 a. d. l. ; Maqdisî, 356, 13. Cf. *ZDMG*, 1898, p. 134 ; G. Jacob, *Beduinenleben*, 103 ; *Tamyîz aṭ-ṭaiyb* (éd. Caire), 136.

(5) Cf. *Aǧ.*, IV, 115, 6 ; X, 169, 6 ; XIX, 31, 2 a. d. l., 43.

(6) Voir un exemple dans *Aǧ.*, IV, 38 ; cela ne l'empêche pas d'être qualifié de bon musulman. Comp. encore *Aǧ.*, XX, 148-49, les musiciennes se tiennent dans les tavernes ; Ibn Soraiǵ est moḫannaṯ. *Aǧ.*, I, 97 ; autres exemples *Aǧ.*, I, 108 en bas ; II, 170-71 ; IV, 35, 59, 61 ; musicien soupçonné d'être *kâfir*. *Aǧ.*, IV, 38. — Ṭab., II, 1737, 14. *Aǧ.*, IV, 61, 16 : اصلُ الغناء في المدينة في المخنّثين . 'Askari, *Taṣḥîf al-moḥaddiṯîn*, Ms. B. Kh., explique aussi زمّارة par زانية , فاجرة .

le désir de se distinguer des chrétiens, d'accentuer encore la ligne de démarcation entre les musulmans et les sectateurs de l'Evangile, faisant à la musique une si large part dans l'exercice du culte. Cette dernière raison a certainement contribué à renforcer les tendances iconoclastes de l'islam. Rien n'empêche d'y retrouver un écho de la querelle des images ayant, au 8e et 9e siècles, divisé l'Orient chrétien (1). C'est vers la fin de cette période que nous voyons la défense s'introduire dans le droit islamique.

Et cependant la musique n'a pas succombé sous la réprobation. Le *Kitâb al-Aǧâni* suffisait à témoigner de l'importance, accordée aux distractions musicales pendant les plus beaux siècles de la civilisation arabe, et cela dans la vie des 'Alides et des Hâśimites, tenant de près à la famille du Prophète. Contentons-nous de nommer la fameuse Sokaina, Ḥasan, un petit-fils de 'Alî, 'Aiśa, la favorite de Mahomet (2) et Ibn Ǵa'far (3). A Médine nous voyons donner des concerts profanes jusque dans « la mosquée du Prophète » (4). Si dans l'Iraq l'école se montra hostile à la musique, celle de Médine la voyait de bon œil ; ses théologiens allaient jusqu'à permettre de chanter le Qoran (5). Ils ne pouvaient décemment proscrire des divertissements, auxquels s'abandonnaient les plus saints personnages, comme l'ascète Aboû Sâ'ib (6), comme des faqîh de la considération d'Ibn Mosaiyab, de 'Aṭâ' ibn Rabâḥ (7), et à leur suite, les plus illustres familles de la cité. Art moins sensuel, la peinture n'a pu bénéficier d'avantages analogues au sein d'une société, où l'éducation de l'esprit ne

(1) Comme pense M. C. Becker, *Christentum und Islam*, p. 37.

(2) Chez elle il tolère tout, même la musique. Cf. Boḫârî, II, 225, n. 81.

(3) Pour ce dernier, voir *MFO*, II, p. 68, etc. 'Aṣim, le fils de 'Omar I, s'occupe également de musique. Qotaiba, *'Oyoûn*, 371, 12, *Aǧ*., I, 90. Mas'oûdî, V, 385, 7 qualifie Ibn Ǵa'far كثير الطُرَقات بالتغنّي ; comprenez « très versé dans l'art musical » et non « rempli de détours pour arriver à la fortune », comme on lit dans la version française.

(4) Cf. *Aǧ*., I, 113.

(5) Qotaiba, *'Oyoûn*, 371.

(6) *Aǧ*., XX, 148-49 ; comp. VI, 166 en bas. كان ابو السائب المخزوميّ رجلا صالحا زاهدًا متقلّلا يصوم الدهر وكان ارقّ خلق الله واشدّهم غزلا . Cet Aboû Sâ'ib, la musique le met hors de lui. *Aǧ*., XIII, 30-31.

(7) *Aǧ*., I, 109, 110-111, 126.

marcha pas de pair avec le développement matériel. Dans la littérature arabe les autres arts n'ont jamais inspiré une collection analogue au *Kitâb al-Aġâni* ; les termes mêmes restent à créer, tandis que la langue musicale s'est brillamment développée !

Les provinces de l'empire auront beau tourner en ridicule la légèreté des Médinois et leur passion pour la musique (1) — ils s'y abandonnèrent après la bataille de la Ḥarra et pendant le sac de Médine (2) : preuve évidente combien les Syriens du féroce Moslim ibn 'Oqba se montrèrent alors bons enfants ! — Les Médinois, loin d'être gênés par ces reproches, se montreront fiers d'avoir transformé leur ville en un conservatoire pour la musique arabe (3), au point de pouvoir importer en Syrie et en Iraq des artistes des deux sexes (4). Quand Walîd I fera fléchir le *veto* de Mo'âwia contre les musiciens, il se verra forcé de recourir aux villes saintes. Avec son troisième successeur la contagion gagnera les Marwânides (5) ; l'on verra donc le *barîd* de Médine, consacré au transport des artistes vers la résidence califale. Objets de cette haute distinction, ils ne dissimuleront pas leur dédaigneuse pitié pour leurs confrères de Syrie (6). Mais alors même c'est seulement de nuit qu'on leur ouvrira les portes du palais (7).

Et voilà comment le rigorisme orthodoxe, représenté en cette circonstance par l'école de l'Iraq, a dû céder devant le libéralisme de Médine et n'a pu faire subir à l'art musical le sort de la peinture et des arts figurés, médiocrement appréciés dans les milieux corrompus, sans culture esthétique de Médine. La réprobation, attachée à la musique, n'a pu obtenir le même succès que la condamnation du vin, appuyée celle-là sur un texte clair du Qoran. Comme pour la défense de revêtir de la soie il a fallu en venir à un compromis. Mais les musulmans sérieux ont continué à consi-

(1) '*Iqd*, III, 135, 8 a. d. l.
(2) *Aġ.*, I, 20, 16.
(3) *Aġ.*, I, 28, 10.
(4) *Aġ.* S., I, 18.
(5) *Aġ.*, I, 117 ; 123 en bas.
(6) *Aġ.*, I, 28, 1-10.
(7) Cf. *Aġ.*, VIII, 11-12.

dérer de mauvais œil la profession musicale (1). Au dire de Caussin de Perceval « Mo'âwia n'avait aucune idée de la musique » (2). Assertion inexacte, croyons-nous. Le fils d'Aboû Sofiân savait l'apprécier (3) ; mais il redouta pour Yazîd la compagnie des musiciens et voulut combattre, sur ce point encore, son penchant aux plaisirs faciles.

Sobre lui-même, le grand Ziâd paraît seulement avoir condamné chez ses fils l'abus du vin (*Aǧ.*, XXI, 28). Mo'âwia poussa plus loin ses exigences. Demeuraient-elles inefficaces, il recourait aux châtiments : il fit donner le fouet à Yazîd pour avoir été surpris buvant du vin ('*Iqd*, III, 403).

Si auprès de son fils sa sévérité n'obtint qu'un demi-succès, elle l'arrêta du moins sur la pente dangereuse et sauva la Syrie de l'invasion des mœurs médinoises (4). Sans se décourager, le vieux calife ne cessa de sermonner son fils, de multiplier les défenses. Pleine d'indulgence pour les goûts frivoles de Hâšimites, comme Sokaina (5) et 'Abdallah ibn Ǵa'far (6), la tradition réserve tous ses anathèmes (7) pour le jeune souverain, rendu par elle responsable du désastre de Karbalâ et du sac de Médine. En dépit de ses préventions elle se voit obligée de convenir que Yazîd profita en définitive de la bonne éducation, reçue de son père (8). Elle développera en lui les plus généreuses aspirations. Interrogé par Mo'âwia, à qui il voudra ressembler sur le trône, il répondra : « à Aboû Bakr et à 'Omar » (9). En

(1) On n'ose chanter devant un personnage respectable. *Aǧ.*, XIII, 106. On s'étonne d'entendre de la musique dans le voisinage du célèbre Aš-Ša'bî. *Aǧ.*, I, 125. L'exercice de cet art constitue une mauvaise note. *Aǧ.*, VI, 107, 10 a. d. l. ; Ṭab., II, 1748, 7. À un fonctionnaire, jadis musicien, un accusé reproche son ancien métier. *Aǧ.*, VII, 168 en bas.

(2) *Notice sur les musiciens arabes*, p. 15.

(3) Cf. '*Iqd*, I, 318 ; *Aǧ.*, VII, 189, 190 ; comp. '*Iqd*, III, 238-34. Ses successeurs 'Abdalmalik et Solaimân penseront comme lui. Cf. '*Iqd*, III, 236, 250 en bas, 253 en haut. Pourtant Solaimân aurait présidé un concours musical à Médine. *Aǧ.*, VI, 131.

(4) On cite un musicien en Syrie et à la fin de la période omaiyade. '*Iqd*, III, 239 bas.

(5) Cf. *MFO*, II, 59, etc.

(6) Cf. *MFO*, II, 68-70.

(7) Voir *MFO*, II, 104, le jugement de Ḥasan al-Baṣrî.

(8) '*Iqd*, II, 304, 14 ; *Kitâb al-Fâḍil*, 375.

(9) D'après Bayâsî. Voir plus haut, p. 148.

consignant cette parole l'école médinoise a surtout prétendu enregistrer un hommage à ses deux idoles. Au lieu de nous en tenir à son point de vue étroit, nous préférons recueillir ce témoignage, rendu au caractère élevé du jeune Sofiânide.

D'un tempérament violent (1) le prince avait constamment besoin d'être modéré par son père. Révolté par les attaques inqualifiables des adversaires de la dynastie, Yazîd aurait voulu opposer des mesures de rigueur à leurs basses calomnies. « Ta bonté, disait-il au calife, passera pour de la faiblesse ! » Lorsque Mo'âwia apprit le mariage de Ḥosain avec une affranchie, il se permit de lui adresser des observations sur ce qu'il considérait comme un manque de tenue, de dignité. A ces remontrances le fils de 'Alî fit une réponse d'une vivacité, à peine contenue. Mo'âwia l'ayant lue, la passa à Yazîd. « Ḥosain le prend de bien haut ! » observa ce dernier — « C'est le style âpre des fils de Hâšim ! » se contenta de répondre le calife (2). Ibn Zobair écrivit un jour à Mo'âwia pour se plaindre des esclaves du souverain, assez osés pour empiéter sur ses droits de propriétaire. Le ton de la lettre touchait à la violence. Yazîd, interrogé par son père, conseilla d'user de rigueur. En réponse Mo'âwia se contenta d'écrire à Ibn Zobair : « Je t'abandonne le domaine avec tous les esclaves, qui l'occupent » (3) Principalement à partir de la bai'a, Mo'âwia s'appliqua à initier son fils au gouvernement de ses futurs états. Dans ce but il le fit assister aux *wafd* (4), le rouage peut-être le plus délicat dans la machine administrative de l'empire arabe (5). Mais il profita surtout de toutes les occasions pour le former (6) à la science du ḥilm, où il était passé maître et lui faire entrevoir qu'avec les Arabes il existait, en dehors de la violence, des moyens plus sûrs d'arriver à ses fins. Plus tard, monté sur le

---

(1) Comment Mo'âwia lui-même juge son fils. *Aḡ.*, VI, 159 en bas.

(2) Ḥosrî, I, 66.

(3) Bayâsî, I, 84.

(4) '*Iqd*, I, 222, 1 ; Qalqašandî, I, 155, 11 a. d.l.

(5) Cf. *MFO*, I, 60 etc.

(6) *Al-Faḫrî*, p. 146. Le كتاب الاربعين , Ms. B. Kh., l'appelle معدن العلم.

trône, Yazîd se rappellera ces leçons et aura le courage de sacrifier ses inclinations au bien de l'état (1).

« Es ist ja erstaunlich welches Füllhorn bedeutender Männer dies traurige Felsennest Mekka damals gewesen ist ». L'étude du premier siècle de l'hégire confirme à chaque page la justesse de cette observation du savant Nöldeke (2). 'Omar résolu à faire le voyage de Syrie apprend l'apparition de la peste en ce pays. Perplexe sur le parti à prendre, il convoque le Parlement, réuni en permanence autour de lui à Médine. Successivement et à part il consulte les premiers Mohâǵirs, Mecquois et autres, musulmans de la première heure, puis les Anṣârs, enfin les Mohâǵirs du fatḥ, les convertis à l'occasion de la conquête de la Mecque. Les deux premières catégories ne savent quel conseil donner. Quant aux Mohâǵirs du fatḥ, en d'autres termes, les Omaiyades et le parti aristocratique, anciens régents de la république mecquoise, ils conseillèrent à l'unanimité le retour au calife et 'Omar se rangea à leur avis (3). Décidément ces hommes possédaient le flair du gouvernement (4) ; l'empire arabe leur doit son existence.

Mais le prince héritier n'en était pas encore au point, où en arrivera plus tard le souverain. On ne se trompera pas beaucoup en attribuant au désir d'échapper à la surveillance paternelle les absences de Yazîd, donnant le premier l'exemple à ses successeurs, tous, à l'exception de 'Abdalmalik, peu sensibles aux charmes de la Damascène. Il mettait une véritable hâte à s'échapper du palais, occupé par lui à Damas (5). Ces absences se multiplièrent surtout pendant la première moitié du règne de Mo'âwia, avant le départ de Yazîd pour le siège de Constantinople. Les dix années, comprises entre ce fait militaire et la reconnaissance de son père comme chef de tout l'empire doivent être considérées comme les plus dissipées de

---

(1) Voir comment Yazîd dans un cas analogue traite le poète Qais ar-Roqaiyât. 'Iqd, III, 144.

(2) Lettre du 14 Juillet 1907.

(3) Manâqib al-'Aśara, Ms. B. Kh., IIᵉ vol. ; Boḫârî E, IV, 13.

(4) Cela rend vraisemblable l'existence d'une certaine culture dans l'ancienne Arabie, comme le prétend Winckler.

(5) Palais, distinct de celui d'al-Ḫaḍrâ'. Cf. Ibn 'Asâkir, I, 175 verso.

la vie de Yazîd, celles, où se manifestent avec éclat les instincts vagabonds, hérités de ses ancêtres maternels. Aussi son inséparable ami Aḫṭal, dans une circonstance spécialement critique pour le poète, lui fait-il un mérite d'être demeuré dans la capitale afin de l'arracher aux poursuites de ses ennemis (1). Loin des yeux de son père, Yazîd était libre de se livrer à son goût pour la musique et le bon vin. D'autre part son éloignement engageait moins la responsabilité du calife. Yazîd peut avoir aussi été inspiré par le dépit de voir celui-ci prêter si peu d'attention à son intervention, souvent inopportune, dans les affaires de l'état. Ainsi Yazîd protesta en vain contre l'adoption de Ziâd. Trop jeune, trop violent pour comprendre la portée politique du ḥilm paternel, il aurait voulu d'ordinaire trancher par la force les complications que son père s'entendait à résoudre par la modération. Nous en avons fourni des preuves plus haut.

De là les fréquents séjours de Yazîd dans les ravissants villages de la Damascène, à Dair Morrân qu'il chanta et paraît avoir particulièrement affectionné. L'emplacement n'est plus connu et nos auteurs ne paraissent pas mieux informés que nous à cet égard. Cette indifférence pour la précision topographique se fait particulièrement sentir chez des encyclopédistes, comme Yâqoût. On a voulu situer Dair Morrân à Dommar (2). Actuellement le nom même est inconnu à Damas. Mais il appartenait, nous le savons, à la Goûṭa et s'élevait sur le sommet d'un tertre non loin de la capitale (3). Tout près s'ouvrait le *'aqaba* ou défilé de Dair Morrân (4). Dans des poésies, postérieures aux Omaiyades, il est nommé avec les villages de Śaṭra, Ǵarmâna, Tolbîn, Marǵ ; tous situés dans les environs de Damas (5). Pendant la révolte contre Walîd II on voit les habitants de Dair Morrân pénétrer en ville par la porte d'Al-Farâdîs (6). Cet

---

(1) Aḫṭal, *Divan*, 94, 1. Il s'agit de sa satire contre les Anṣârs, placée par Goldziher, *ZDMG*, 1892, 20 sous le califat de Yazîd. Le récit de l'*Aǧânî* et les commentaires des scoliastes (cf. *Divan*, 94, et édit. B., 4), la démontrent antérieure à cette période.

(2) *Journ As.*, 1896, p. 381.

(3) Yâqoût, II, 696-97.

(4) Bakrî, *Dict. géogr.*, 362.

(5) Yâqoût, I, 865.

(6) Ṭab., II, 1792.

ensemble d'indices engagerait à le placer au Nord-Ouest de Damas sur les premières pentes du Qâsioûn, non loin de la brèche, ouvrant au Baradâ l'accès de la Damascène.

Comme le nom l'indique, Dair Morrân possédait un couvent ; il subsista encore longtemps après (1) ; on le dit orné de superbes mosaïques(2). Faudrait-il y placer le théâtre de la scène décrite par Yazîd dans une de ses poésies ? (3) La supposition n'offre en soi rien d'invraisemblable. Les Omaiyades aimaient, nous le savons, à faire leurs parties fines dans les couvents(4) et, trois quarts de siècle après, nous retrouverons à Dair Morrân le plus grand buveur de la dynastie, Walîd II, en compagnie de son frère Ĝamr (5). Pourtant la présence d'Omm Kolṯoûm, aux côtés de Yazîd nous engage à repousser l'hypothèse. Outre le couvent, un village s'élevait à Dair Morrân (6). Les Omaiyades y possédèrent un domaine, où mourut le calife Walîd I (7). Dair Morrân a, croyons-nous, fait partie des possessions de la Ĝoûṭa, pour lesquelles Yazîd fit creuser le *nahr*, portant encore son nom. Ce serait un argument de plus pour le situer vers le débouché du Baradâ dans la plaine de Damas.

Une autre localité de la Damascène, chantée par Yazîd, et où il séjourna, c'est Mâṭiroûn : encore moins connue que la précédente. Comme elle, Mâṭiroûn aurait possédé un couvent (8). Faisait-elle partie de la Ĝoûṭa ou de la vallée du haut Baradâ ? Il est malaisé de se prononcer. Les toponymes, au milieu desquels on la trouve encadrée, appartiennent aux deux régions (9). Nous ne savons quelle confiance il faut accorder à l'assertion d'al-'Ainî l'identifiant avec « Al-Manṭoûr, un domaine hors

---

(1) Yâqoût, II, 696-97 ; IV, 480, 4-5 ; 604, 6. A. Müller, *Der Islam*, I, 356.

(2) Yâqoût, *loc. cit.*

(3) Elle sera donnée plus bas, à l'occasion du siège de Constantinople.

(4) Cf. *Poète royal*, p. 39. *Aĝ.*, VI, 112, lisez راهب et non واهب; VI, 145, 11.

(5) Bakrî, 362. Le trait a été calqué sur un des nombreux récits, conservés par l'*Aĝânî* ; voir notice de Walîd II, *Aĝ.*, VI, 101-141.

(6) Ṭab., et Yâqoût, *loc. sup. cit.*

(7) Ṭab., II, 1270 ; 'Ainî, Ms. B. Kh., XI, 136.

(8) Yâqoût, I, 57, 2 ; II, 694, 777 ; IV, 395.

(9) Yâqoût, *loc. cit.* Abil et Dair Qânoûn sont dans la vallée du Baradâ.

des murs de Damas » (1) ? La prédilection de Yazîd pour Mâṭiroûn s'explique si, comme le voudrait le même auteur, il faut y placer le lieu de naissance du prince (2).

Bait Râs pourrait avec encore plus de raison prétendre à avoir hébergé Yazîd, si toutefois elle n'a pas porté son berceau (3). Ibn ʿAsâkir (4) l'affirme catégoriquement ; et rien ne nous permet de contester l'assertion du ḥâfiẓ damasquin, en situation d'être bien informé. On comprend pourquoi Yazîd serait plus tard revenu à Bait Râs (5). Tout l'y attirait: le vin de cette région, déjà célébré par les anciens poètes et apprécié par son ami Aḫṭal (6). Nous nous demandons pourtant si l'homonymie n'aurait pas ici amené une confusion (7) avec un de ses successeurs et petit-fils, Yazîd II, fameux par sa retraite à Bait Râs avec la favorite Ḥabâba (8) ?

Yazîd a dû également séjourner à Aḏraʿât ; son fils Moʿâwia y naquit (9). La région, située au sud de cette ville, offrira plus tard aux Omaiyades leurs *bâdias* les plus fréquentées. Il s'arrêta dans la problématique (10)

---

(1) Cf. Aḫṭal, *Divan*, p. 389.

(2) ʿAini, Ms. B. Kh., XI, 46, وُلِدَ بالماطرون قُلت بالماطرون . Après ces mots le manuscrit présente une lacune ; l'auteur se proposait sans doute d'y préciser la situation de Mâṭiroûn.

(3) Le Ms. de ʿAini (XI, 46) porte *Bait Râbis* ; ailleurs, p. 75, *Bait Rânis* : بيت رابيس et بيت رانس , à corriger en بيت راس . Yâqoût, I, 770 mentionne dans la Ġoûṭa un بيت ارانس .

(4) Ms. d'Al-Azhar, notice de Yazîd.

(5) Son petit-fils et héritier par ʿAtika, Yazîd II, y mourra. Bait Râs a pu être un domaine privé des Sofiânides.

(6) Nâbiġa Ḏobiâni, *Divan*, XXVI, 10 ; Aḫṭal, *Divan*, 207, 19 ; Yâqoût, I, 776 ; Bakri, 119.

(7) Dans ce cas il faudrait se rejeter sur بيت ارانس de Yâqoût.

(8) Cf. *Aġ.*, XIII, 165-66.

(9) ʿAini, Ms. B. Kh., XI, 51.

(10) On ne peut du moins l'identifier avec Koswa. Dans un ḥadîṯ, attribué à Kaʿb al-Aḥbâr, on nomme au sortir de la porte de Ǵâbia d'abord الكسوة puis الثنية . Ibn ʿAsâkir, I, 175 recto. Anciennement on distinguait donc Koswa et Ǵilliq. Ǵilliq doit être cherché au S. de Damas ; le nom est mis en relation avec les toponymes Ṣaidâ' et Ḥârib. Bakri, 614; on y trouvait des eaux abondantes, des jardins, des églises ; le nom existait encore à la fin de la période omaiyade, quand les conquérants syriens le portèrent avec eux en Es-

Gilliq (1), localité si difficile à situer sur le terrain. On le trouve aussi à Tibériade (2), à Jérusalem (3). Quant à Tibériade, une visite aux thermes a pu l'y amener et surtout l'obligation de suivre parfois son père à Ṣinnabra, l'antique Σενναβρις. C'était une station d'hiver, dominant le lac de Tibériade, entre cette ville et le Jourdain, mais près de l'endroit où le fleuve débouche du lac. Le vieux monarque aimait à aller réchauffer son sang, refroidi par les ans, au tiède climat de la mer de Galilée (4). Il ne paraît pas avoir pris d'autre relâche et, même pendant l'été, serait demeuré fidèle à la résidence dans sa capitale. La station de Ṣinnabra—nous le verrons — demeura depuis lors en faveur chez les Omaiyades. Le retour du printemps ramenait Mo'âwia à Damas. Yazîd en profitait pour séjourner à Ǵilliq (5) ; comme 'Abdalmalik prendra plus tard la coutume de s'arrêter à Ǵâbia en revenant de Ṣinnabra (6). Il en a célébré les églises, les olivettes (7). Ǵilliq fut, semble-t-il, une de ses *bâdias* favorites, *bâdia* de printemps, moins austère que les villégiatures de la Palmyrène, où le prince s'attardait le reste de l'année. Mais quel motif donc attirait à Jérusalem, à peine islamisée (8), le fils de l'ancienne chrétienne kalbite ?

---

pagne. Yâqoût, I, 482 ; II, 105, 16-17; IV, 395. *Tâǵ al-'Aroûs* et *Lisân al-'Arab* s. v. citent un vers de Motalammis (pas dans l'édit. Vollers), lequel n'ajoute rien à nos connaissances topographiques. Quatremère, *Mamlouks*, II², 161, n. 19 : رُبَى جِلّق , collines de Ǵilliq, près d'une route où l'on allait en Egypte ; la localité était déjà ruinée.

(1) تبيّنتَ احتيالي في جلّق , vers, évidemment apocryphe, de 'Amrou ibn al-'Aṣi à Mo'âwia; cf. تاريخ الاشتياق (Caire, 1304 H.), p. 43; Aḫṭal, *Divan*, 93, 3 ; 389, 10; Caetani, *Annali*, II, 1224-26.

(2) Ṭab., II, 419. 20. En réalité, le séjour mentionné ici, date du califat de Yazîd. Mais il n'a pas attendu cette époque pour visiter les bains de Tibériade.

(3) Qarmânî, I, 279 ; Damîrî, I, 67. Au moment de la mort de son père, d'autres auteurs encore le disent à Jérusalem.

(4) Cf. Yâqoût, III, 419. Par erreur le Dr Musil localise Ṣinnabra près de Damas. Cf. *Quṣeir 'Amra*, p. 154.

(5) Cf. Aḫṭal, *loc. cit.* Ǵilliq se trouvait sur la route, si, comme nous le pensons, il faut la chercher sur l'emplacement de la moderne Ǵillîn. Cf. Schumacher, *Across the Jordan*, p. 154-55.

(6) Nous réservons la discussion et les références pour le règne de 'Abdalmalik.

(7) Yâqoût, IV, 395. Voir pourtant Ǵâḥiẓ, *Ḥaiawân*, IV, 4 en haut.

(8) Nous le prouverons en traitant de la construction de la Ṣaḫra.

Ce ne fut certainement pas pour y retrouver les neveux de Ḥassân ibn Ṯâbit (1), le poète si malmené par son ami Aḫṭal, à l'instigation du prince. On aimerait à savoir si Maisoûn l'accompagna et s'ils refirent aux sanctuaires chrétiens les visites de Mo'âwia, à l'occasion de sa proclamation comme calife dans la ville sainte.

Comme nous l'avons dit, la région, avoisinant la Palmyrène et l'Émésène, région située au Nord-Est de Damas paraît avoir obtenu ses préférences. Il s'y retrouvait non loin des Taḡlibites (2), contribules de Aḫṭal, et surtout au milieu de ses aḫwâl kalbites dans le pays de sa mère, aux lieux où s'écoula son enfance. Il séjourna, au moins en passant, à Ḥomṣ (3), centre de Yéménites (4), tous dévoués à sa maison. Les habitants de cette ville se montreront spécialement Sofiânides. Ils refuseront de prendre part à la levée de boucliers contre Walîd II, souverain très décrié, mais petit-fils de 'Atika ; ils essayeront même de venger sa mort. A Ḥomṣ, Yazîd tint des courses, chantées par son ami Aḫṭal. La pièce appartient peut-être au califat de Yazîd, puisqu'il y est appelé « fils de l'imâm » (5).

Mais on le retrouve principalement à Ḥowwârîn (6), à moitié chemin sur la route de Damas à Palmyre. Cette région, une des plus longtemps fidèles à garder sa foi, était entièrement chrétienne à la fin du règne de Mo'âwia. Sous 'Abdalmalik, des *Nabîṭ* l'habitaient, en d'autres termes des indigènes, syriens de langue et chrétiens de religion (7). Elle conserva ce caractère jusqu'à la domination des Mamloûks d'Egypte (8). La localité de Ḥowwârîn gardait encore une partie de son ancienne impor-

---

(1) I. S., *Ṭabaq.*, III², 63, 15. La descendance de ce frère de Ḥassân ne tarda pas à s'éteindre. Qotaiba, *Ma'ârif*, 106.

(2) On en retrouve fixés auprès de Damas. Ṭab., II, 1792, 5 ; 1793, 5 ; qaṣîda de Aḫṭal dans *Machriq*, 1904, p. 481, 1.

(3) Damîrî, I, 67 d. l.

(4) Cf. *MFO*, I, 9. Dans la région, son fils Ḫâlid possèdera plus tard un domaine. Ṭab., II, 1827 en bas.

(5) Aḫṭal, *Divan*, 236-37.

(6) Ṭab., II, 203 , 427 d. l., 488 ; *Aḡ.*, XVI, 88, 6 a. d. l.

(7) Cf. Yâqoût, II, 355.

(8) Cf. Ibn Ǵobair, 260.

tance (1) ; elle était située dans un territoire fertile, suffisamment irrigué et sur la lisière du grand désert de Syrie. Il n'en fallait pas davantage pour faire apprécier à Yazîd les avantages d'une telle position ; près de la solitude et de Damas, assez loin de cette dernière (2) pour empêcher le bruit des joyeuses parties d'arriver jusqu'au palais d'al-Ḫaḍrâ'. Il y entrait en contact avec des populations, trouvant naturel qu'un jeune prince aimable, qu'ils considéraient comme un compatriote, presque comme un parent, appréciât les vins de la région et se livrât aux distractions du sport et de la chasse. Le scandale n'était pas à craindre lorsque Yazîd chantait les vers d'Aboû Miḥǵân, l'Horace des Arabes, encore dans toutes les mémoires : « Allons, ami, donne-moi du vin, etc. » (3) Plus tard certaines *ḫamriyât*, composées par Yazîd sous les ombrages de Dair Morrân, lui vaudront d'aller affronter la fièvre et la vérole sous les murs de Constantinople. Mais Dair Morrân touchait aux portes de Damas. Pour ces raisons, il préféra fixer à Ḥowwârîn le siège de sa petite cour princière.

Sous les Marwânides nous aurons à constater combien leur prédilection pour la Transjordanie et la Balqâ' profitèrent à ces régions Mowaqqar, Qasṭal, Bait Râs demeurent florissants et se développent même. Dans les steppes moabites près des *bâdias* omaiyades, les populations demeurent groupées autour de Fodain, de Azraq. Le séjour de Yazîd rendit le même service à la Palmyrène. Tadmor lutte vaillamment pour l'existence. Le long des anciennes routes commerciales, autour des fortins du *limes*, à Baḫrâ', à Nahia, à Al-Hazîm (4), les agglomérations humaines se maintiennent. Avec la fin des Marwânides la décadence commencera (5) ; le régime 'abbâside en précipitera la marche pour le désert de Syrie.

---

(1) Cf. Sachau, *Reise in Syrien*, p. 52, lequel écrit *Khawwârîn*. Le Strange, *Palestine*, p. 456, distingue à tort entre notre Ḥowwârîn et une autre Ḥowwârîn, «forteresse du district de Ḥomṣ ».

(2) Ni Dair Morrân ni Mâṭiroûn ne réunissaient tous ces avantages.

(3) Landberg, *Ṭoraf 'arabiya*, 68, 8.

(4) Cf. Ṭab., II, 1796, 1802, 1803 ; non الحزيم , comme portent les cartes.

(5) Sous Walîd II, cette région est encore qualifiée de ريف ; on y mentionne des قرية. Ṭab., II, 1802.

A Ḥowwârîn Yazîd pouvait en toute liberté recevoir la visite des joyeux musiciens du Ḥiǵâz (1). Mo'âwia, le fils de ʻAbdallah ibn Ǵaʻfar, alla certainement égayer la solitude de cet ami de cœur (2); il partageait les goûts artistiques de son père, Ibn Ǵaʻfar, le patron de tous les musiciens. A Ḥowwârîn les poètes, musulmans ou non, étaient également assurés d'être bien accueillis. Souverain avant tout, le père de Yazîd réservait ses préférences à la poésie politique. Il aurait voulu discipliner les poètes, en faire des instruments de règne (3). C'était trop leur demander; beaucoup préférèrent aller trouver Yazîd, par sa générosité et ses instincts chevaleresques un « véritable descendant de ʻAbdmanâf », comme avait auguré de lui Ibn Ǵaʻfar (4). Ils ne manquèrent pas de venir solliciter sa protection, chaque fois que leur verve indiscrète les avait mis en mauvaise posture auprès des puissants. Même les poètes novices prenaient sans hésiter la route de Ḥowwârîn, persuadés d'y trouver « le chemin de la fortune » (5). De la sorte Yazîd reçut la visite et intervint efficacement en faveur d'Ibn Arṭaa, de Faḍâla ibn Śarîk (6), de ʻAbdallah ibn Zabîr, du mélancolique Qais ibn Ḏoraiḥ, le chantre de l'amour malheureux chez les Arabes, de Ǵarîr, etc. (7) Ce dernier put se rencontrer à Ḥowwârîn (8) avec Aḫṭal, destiné plus tard à devenir le plus redouté de ses adversaires. Egalement à Ḥowwârîn nous placerions la composition de la virulente satire contre les Anṣârs. On ne se figure pas Aḫṭal et même Yazîd, assez osés pour mettre en circulation, dans le voisinage immédiat du prudent Moʻâwia, une pièce aussi compromettante. Les poètes

---

(1) Cf. *Aǧ.*, XVI, 70, 2 a. d. l. ; 71, 1, etc.

(2) *Aǧ.*, XI, 71 en bas.

(3) Cf. *MFO*, II, p. 144, etc.

(4) *Aǧ.*, VII, 104, 8.

(5) C'est le sens du conseil, adressé par les siens à Aboû Ḥazâba : لو أتيتَ يزيدَ بن معاوية لفرضَ لك وشرّفك. *Aǧ.*, XIX, 154.

(6) Ibn Ḥaǵar, II, 452. Pourtant le jeune Aboû Ḥazâba ne réussit pas à se faire admettre. *Aǧ.*, XIX, 154.

(7) *Aǧ.*, II, 83 ; VII, 52, 59 ; VIII, 130 ; X, 170-72 ; XIII, 33.

(8) D'après d'autres passages de *l'Aǧânî*, ils auraient fait connaissance beaucoup plus tard. Cf. *Chantre*, p. 83-100.

chrétiens, comme Aboû Zobaid de la tribu de Ṭaiy (1), déjà intimement lié avec les Omaiyades, avec le calife 'Oṯmân (2) et surtout avec Walîd ibn 'Oqba (3), ne se montraient pas les moins empressés à venir faire leur cour à ce prince tolérant (4). En retour ils lui dédiaient leur plus ronflantes qaṣîdas, et avant tous Aḫṭal (5). Si nous possédions encore le divan complet de Yazîd, nous y retrouverions sans doute plus d'un fragment poétique, emprunté par lui à ces joyeux visiteurs. Ainsi paraît avoir pensé la critique arabe. Quand il s'agit de déterminer la paternité de certaines tirades, il lui arrive d'hésiter entre Yazîd et Aḫṭal (6). S'il faut en croire l'*Aġâni*, le fils de Mo'âwia se serait permis à l'égard de Ǵarîr un de ces plagiats, dont il fut d'ailleurs le premier à convenir (7).

XIX

JEAN DAMASCÈNE ET AḪṬAL, COMMENSAUX DE YAZID.

La dynastie financière des Sarǵoûnides.

Sarǵoûn au siège de Damas.

La situation des maulâs. Jeunesse de Jean Damascène.

Aḫṭal et les Taġlibites sous les Sofiânides

En dehors de ces compagnons d'occasion, Yazîd avait deux courtisans habituels, destinés à une grande célébrité, chacun dans son genre.

(1) Aḫṭal, *Divan*, 393.
(2) *Aġ.*, XI, 24.
(3) *Aġ.*, IV, 181-82.
(4) *Aġ.*, *loc. sup. cit.*
(5) *Divan*, 147, se rapporte à cette période, quoique le poète y parle de ses cheveux blancs. La pièce 167, etc. chante Yazîd fils de 'Abdalmalik (comp. éd. B., 63, 6), et non Yazîd I, puisque (173,5) il est question de Marǵ Râhiṭ, postérieur à la mort de Yazîd I.
(6) Aḫṭal, *Divan*, p. 389.
(7) *Aġ.*, VII, 52 ; 59. Autre plagiat au détriment de A'šâ. '*Iqd*, II, 309.

L'Aḡâni renferme à ce sujet un texte fort curieux, dont on n'a pas encore tiré le parti qu'il comporte. « Parmi les califes, le premier à autoriser les divertissements fut Yazîd fils de Mo'âwia. Il accueillit les musiciens, s'affranchit de toute contrainte jusqu'à boire du vin. Ses commensaux habituels (1) étaient le chrétien Sarǵoûn, son maulâ, ainsi que Aḫṭal (2). » On reconnaît à l'exagération de ce langage insidieux Aboû'l faraǵ, l'émule de Mas'oûdî dans le sî'itisme louable (3). Quel pouvait bien être le premier de ces personnages ? Pour répondre, nous sommes obligé de remonter jusqu'à la reddition de Damas, affaire où, du côté chrétien, Sarǵoûn aurait joué le rôle principal.

Comment les Arabes arrivèrent-ils à se rendre maîtres de la Syrie ? Question embarrassante, sur laquelle l'érudition des orientalistes, attelés à cette ingrate besogne, n'a pas encore réussi à répandre la lumière (4). A notre avis, leur critique ne s'est pas suffisamment défiée des récits, transmis par l'école médinoise. La conservation de l'ancienne littérature historique syrienne nous aurait sans doute fourni un utile contrôle, à défaut d'une narration plus acceptable. L'intervention intempestive des *râwia* du Ḥiǵâz a embrouillé la question. Leur continuelle préoccupation de tout revendiquer pour Médine (5), de glorifier à outrance les héros médinois a d'abord transformé la nature de cette campagne. Cette série

(1) كان يُنادم عليهما.

(2) *Aǵ.*, XVI, 70 en bas.

(3) تشيُّع حَسَن opposé au تشيُّع قبيح , celui p. ex. du poète Koṯaiyr. *Aǵ.*, VIII, 32, 6.

(4) Attendons le 3e volume des *Annali* du prince L. Caetani. Son étude détaillée transformera la question, comme il l'a fait pour la *ridda* ; matière rebelle, négligée ou abordée de travers avant Caetani.

(5) On servait de la sorte les prétentions de Médine à être la capitale perpétuelle de l'islam. — Au moment d'envoyer ces pages à l'impression nous avons pu parcourir le tome 2 de Caetani, *Annali*, II. L'auteur y montre Yazîd ibn Abî Sofiân, parti le premier pour la Syrie et y remportant les premières victoires. *Annali*, II, 1123, 1130, 1138-39, 1168 ; Ḫâlid ibn al-Walîd aurait encore été grandi par l'école médinoise. II, 1077-78. Aboû 'Obaida, arrivé le dernier en Syrie « è uno dei beniamini della tradizione ortodossa ». II, 1171-72. La tradition du Ḥiǵâz peut se résumer dans l'idolâtrie de Aboû Bakr et de 'Omar. Cela revient à notre hypothèse du triumvirat, complété par l'adjonction d'un comparse : Aboû 'Obaida.

de razzias, entreprises sans esprit de suite, ils les ont transformées en une campagne, méthodiquement organisée par Aboû Bakr et 'Omar dans les conseils de guerre du Ḥigâz. Désireux d'obscurcir la mémoire des califes syriens, ils ont demésurément grandi Ḫâlid ibn al-Walîd et Aboû 'Obaida, quand ils ne les ont pas substitués aux capitaines Omaiyades : à Ḫâlid ibn Sa'îd (1) et à Yazîd ibn Abi Sofiân. Au fils de Sa'îd (2) ils ont endossé le seul échec de la campagne syrienne, dont ils veulent bien convenir. Nous verrons comment ils traiteront Yazîd.

Pour nous borner à la conquête de Damas, la ville succomba-t-elle à la force ou se rendit-elle à la suite d'une capitulation ? Capitulation honorable d'ailleurs, où les assiégés dictèrent leurs conditions aux envahisseurs arabes, fatigués de la longueur du siège. Les érudits se prononcent maintenant, et avec raison, pour cette dernière solution (3). Il faut rejeter énergiquement celle patronnée par les auteurs arabes et parlant d'une prise moitié de force, moitié par composition عنوةً وصلحا , explication dont le caractère enfantin aurait dû faire deviner la fausseté. Elle fut trouvée plus tard pour flatter l'amour-propre des conquérants ; subsidiairement pour justifier l'expropriation (4) de la basilique de S. Jean sous le califat de Walîd I.

Mais si ce point peut être regardé comme réglé, on se trouve moins d'accord sur la qualité des négociateurs de cette capitulation. La raison en est simple « Nous ignorons même qui avait le commandement dans la ville. Balâḏorî parle toujours d'un évêque (5), dont il ne dit pas le nom ; Saif l'appelle le patrice Nestas (Anastasius) Eutychius, Manṣoûr fils de Serdjoun, le gouverneur d'Héraclius » (6).

---

(1) Pour ce dernier, Haneberg a déjà soupçonné cette partialité, cf. *Erœrterungen über Pseudo-Wakidi's Geschichte der Eroberung Syriens*, p. 10., extrait des C. R. de l'Acad. bavaroise des Sciences. Munich, 1860.

(2) Omaiyade et coupable à leurs yeux d'être demeuré longtemps avant de reconnaître le califat d'Aboû Bakr.

(3) Cf. De Goeje, *Mém. sur la conquête de la Syrie*, p. 99.

(4) Voir les difficultés qu'elle cause à M. de Goeje, *Mémoire*, p. 99.

(5) Au siège de Sergiopolis par Chosroès en 543, la garnison dépendait de l'évêque et l'ennemi traita directement avec lui. Cf. Procope, *Bell. Persic.* II, 5, 20.

(6) De Goeje, *Mémoire sur la conquête de Syrie*, 82-83.

A notre avis le principal rôle fut joué par le dernier de ces personnages. Depuis longtemps il exerçait sous les Byzantins l'importante charge de contrôleur général des finances, non sans doute pour la Syrie entière — Damas n'étant pas la capitale de tout le pays — mais de la riche province de la Phénicie libanaise. Ce Manṣoûr fils de Sergius ou Sergius fils de Manṣoûr — nos auteurs emploient les deux appellations — ou Sarǵoûn tout court, comme on l'appelait familièrement en accolant à son nom le diminutif syriaque, ne serait rien moins que « pater egregii theologi, qui dicitur Johannes Damascenus ». Ainsi s'exprimait au temps des croisades le Dominicain Guillaume de Tripoli (1), probablement l'écho des traditions melkites de Syrie.

Un fait peut être considéré comme acquis : dans la reddition des principales villes syriennes la trahison a eu sa bonne part, plus encore que les chroniqueurs arabes n'en conviennent. La désaffection, ou plutôt l'aversion pour le régime byzantin, le sentiment de son impuissance étaient devenus universels en Syrie. Quand on vit les conquérants s'occuper, non de razzier le pays — on ne leur prêta pas d'abord d'autre intention (2) — mais de s'y installer définitivement avec femmes et enfants, intercepter les communications, rendre impossibles les occupations de la paix, les Syriens affolés, se voyant abandonnés par les Byzantins, songèrent aux moyens de mettre fin à cette ruineuse insécurité. Alors voici comment les choses se passèrent. Un personnage, une confession religieuse s'entendaient avec les chefs des Nomades ; et nous voyons ces conventions respectées par les conquérants, au moins dans les débuts de l'occupation (3). En beaucoup d'endroits les Juifs, les Samaritains surtout — partisans décidés des Arabes (4) — n'obtinrent pas autrement un traite-

(1) Cité dans Prutz, *Kulturgeschichte der Kreuzzüge*, p. 579. Comme son nom l'indique, Guillaume a dû naître en Syrie. De là aussi sa connaissance, assez exacte pour son époque, de l'islam. Cela relève la valeur de son témoignage. Comme on le verra par le Ms. melkite, cité plus bas, les Melkites conservèrent longtemps le souvenir des Banoû Sarǵoûn.

(2) Cf. Ṭab., I, 2152, 7.

(3) Les Arabes ne la comprirent d'abord que sous la forme d'un protectorat, se superposant, et sans y toucher, à l'ancienne organisation. Leur inexpérience administrative doit servir à expliquer leur modération primitive.

(4) Cf. Balâḏorî, 158.

ment de faveur. Quand on voit une famille ou un groupe non-musulmans, ainsi distingués de la masse des vaincus, on peut conclure pour ainsi dire à priori qu'ils ont rendu aux conquérants des services d'une nature spéciale.

Or sous les Sofiânides, et même du temps des premiers califes marwânides, nous trouvons à la tête des finances de l'empire — la plus importante et la plus lucrative charge de l'administration chez les Arabes — une famille chrétienne : celle des Banoû Manṣoûr ou Banoû Sarǵoûn. Cette famille nous la rencontrons constamment mêlée à la vie intime et publique de la dynastie (1), rattachée à elle par les liens du patronat ou « wilâ' » ; faveur si exceptionnelle pour les non-musulmans, que des chroniqueurs arabes en ont conclu à l'apostasie du Sarǵoûn, contemporain de la conquête (2).

Les Arabes ne pouvaient, dans le principe du moins, se passer du concours des chrétiens, surtout pour la comptabilité financière. Mais quand on se rappelle l'instabilité administrative, la mutabilité incessante du personnel, chez les Omaiyades, comme dans les autres dynasties islamites, érigés en principe gouvernemental, on a le droit de se demander pourquoi seule la famille des Damascènes y échappa, pourquoi on n'essaya jamais, à défaut de musulmans capables, de leur substituer d'autres employés chrétiens (3). Pendant leur occupation de Syrie, les Perses les avaient également maintenus à la direction des finances. On peut trouver suspecte cette souplesse, s'accommodant si bien des régimes politiques, qui se succédèrent en Syrie, pendant la première moitié du 7e siècle : sassanide, byzantin, arabe.

---

(1) Non pas pourtant jusqu'à faire nommer les califes, comme pense le Dr Musil, *Quṣeir 'Amra* p. 151, 152. Les non-musulmans n'avaient pas à intervenir dans cette question. Sergius n'a donc pu « servir d'intermédiaire auprès des sédentaires » arabes, sur lesquels il n'exerçait aucune autorité.

(2) Comp. Doughty, *Travels*, I, 474 ; je ne sais du tombeau de quel Sergius l'auteur entend parler.

(3) Comme Athanase d'Edesse, préposé par les premiers Marwânides aux finances d'Egypte : cf. Michel le Syrien, II, 474-75 ; ou comme Ibn Oṯâl, chargé du ḫarâǵ de Ḥomṣ, le ǵond le plus considérable de la Syrie ; cf. *MFO*, I, 9, etc.

Eutychius accuse formellement Manṣoûr (1) de trahison : expression mal choisie, nous le verrons. D'autre part le patriarche melkite d'Alexandrie devait être bien informé et n'avait aucune raison de charger la mémoire d'une famille, aussi considérée chez les Melkites que celle de S. Jean Damascène. Précisément le second concile de Nicée, venait de glorifier le vaillant défenseur du culte des images. En cherchant à le compromettre auprès des Omaiyades, les Césars de Constantinople n'obéirent peut-être pas exclusivement à des rancunes iconoclastes. Il faut tenir compte aussi des anathèmes, dont on chargea dans toutes les églises le souvenir de Manṣoûr, comme en témoigne également Eutychius (2) ; et ici encore on ne peut le soupçonner d'avoir épousé la querelle des empereurs hétérodoxes, celle d'Héraclius surtout, traité par lui de Maronite (3). Les gens de finance se distinguent du commun des mortels par une plus grande largeur de conscience. Sarǵoûn a pu fort bien se la former. Personnellement il n'avait jamais eu à se louer d'Héraclius (4). L'empereur n'avait-il pas exigé de lui le versement réitéré des impôts, déjà payés aux Perses (5) ? Toujours besogneux ne l'avait-il pas harcelé de demandes incessantes d'argent pour l'entretien des armées, qui venaient de défendre si brillamment le pays ? A quoi ne fallait-il pas s'attendre s'il sortait victorieux de ses luttes avec les Arabes ?

D'ailleurs l'incapacité d'Héraclius — non seulement il ne parut jamais à la tête des armées, mais il se tint aussi loin que possible du théâtre de la guerre, à Antioche, à Emèse, ou à Edesse — lui avait fait perdre le droit au respect de ses sujets syriens. Si l'empereur se montrait incapable de les protéger, devaient-ils pour cela s'abandonner eux-mêmes ? Ne valait-il pas mieux s'entendre directement avec ces naïfs enfants du

---

(1) Les auteurs melkites lui donnent de préférence ce nom. Comp. aussi le surnom de Μάνζηρος, affectionné par les iconoclastes.

(2) Cf. Ibn Baṭrîq (éd. Cheikho), II, 5 ; 7, l. 13 ; 13. *Poète royal*, p. 52-53.

(3) *Op. cit.*

(4) Cf. Ibn Baṭrîq, *loc. sup. cit.*

(5) Ainsi avait fait en Italie Justinien pour les arriérés, payés aux Goths. Ch. Diehl, *Justinien*, p. 308.

désert, affectant une modération (1), rare dans toutes les conquêtes (2) ?

Parmi les chrétiens, beaucoup, tout en commençant à distinguer cette invasion d'une razzia ordinaire, ne pouvaient s'imaginer que l'empire romain, représentant alors l'univers civilisé, n'en aurait pas tôt ou tard raison. « Attendons l'hiver, se disaient-ils ; il fera rentrer en Arabie ces sauvages demi-nus. » (3). Il fallait laisser passer l'ouragan, chercher à sauver le présent, détourner de la région les horreurs de la guerre et les atrocités, accompagnant le pillage des villes, prises d'assaut. Ces sentiments guidèrent probablement la conduite de Sarǵoûn et des notables de Damas, en un moment où ils ne pouvaient prendre conseil que d'eux-mêmes, où la garnison byzantine, désertant lâchement son poste, les abandonnait à leur triste sort.

Il est des défenses, plus compromettantes que des aveux. Dans la communauté melkite on avait gardé le souvenir de l'attitude, observée par Sarǵoûn en cette mémorable circonstance. Nous en trouvons la preuve dans un manuscrit arabe-melkite de la bibliothèque de l'Université S. Joseph (4). On y excuse la reddition de Damas en la comparant à la capitulation de Jérusalem, négociée par le patriarche Sophronius. Le rapprochement est judicieux, les deux négociateurs ayant voulu sauver une situation désespérée. Mais notre manuscrit ne s'arrête pas en si beau chemin. « Le siège de la ville se prolongeant, Manṣoûr consulta Dieu sur la conduite à tenir. Il lui fut révélé de livrer la ville parce que, lui dit-on : je l'ai abandonnée pour un temps. Voilà ce qu'un de nos frères assure avoir trouvé écrit (5). » Encore une fois, lorsqu'on plaide les circonstances atténuantes, c'est qu'on passe condamnation sur le fond du débat. Mais à Constantinople (6) on prononça contre Sarǵoûn ; et les accusations d'Eu-

(1) Cf. De Goeje, *Mémoire*, p. 103-06.

(2) Les Arabes commencèrent par piller. Ils changèrent de tactique quand ils entrevirent la possibilité d'une conquête stable.

(3) Ṭab., I, 2152, 8 ; 2390-91.

(4) Décrit dans *Machriq*, 1905, p. 1055, n° 95.

(5) (sic) هكذا قال بعض اخوتنا انه وجده مكيتبا , p. 57-58 du Ms. melkite. Ce n'est donc pas une réédition d'Eutychius, lequel n'a rien de pareil.

(6) Il serait intéressant de savoir comment on y a apprécié Sophronius, ni plus ni moins coupable que Sarǵoûn.

tychius, traduisent probablement cette appréciation, ainsi que les anathèmes dont l'église byzantine accabla Manṣoûr-Sarǵoûn, en sa qualité de principal auteur de la perte de la Syrie. Comme nous avons essayé de le faire comprendre, rien n'oblige à partager ces préventions. Si Sarǵoûn-Manṣoûr eut un tort, ce fut d'envisager seulement l'heure présente, de ne pas considérer qu'en facilitant aux Arabes l'entrée de Damas — d'ailleurs réduite à l'extrémité — il la leur livrait peut-être pour toujours. Mais l'heure, éminemment critique, lui permit-elle seulement d'envisager cette éventualité ?

Il nous intéresserait de savoir avec quel chef arabe Sarǵoûn a négocié la reddition de Damas. Les sources médinoises mettent ici constamment en avant Ḫâlid, l'épée de Dieu et Aboû 'Obaida ; celui-ci, membre du triumvirat, celui-là le héros du Ḥiǵâz, destiné à assurer à Médine l'honneur de toutes les conquêtes, en Syrie comme dans l'Iraq. Dans cette dernière province on s'est servi de son nom pour évincer Moṯanna et ses vaillants Bakrites. En Syrie on voudrait user du même système contre les Omaiyades. On leur pardonnerait à la rigueur de s'être distingués sur les champs de bataille de l'islam, mais non pas d'avoir fait de Damas le centre de l'empire arabe. Malheureusement un détail cadre mal avec la combinaison artificielle de la version médinoise.

Au lieu de Ḫâlid ibn al-Walîd, nous voyons Yazîd, le frère de Mo'âwia, pénétrer le premier dans Damas (1). Aussi s'indigne-t-il contre les prétentions de Ḫâlid, empressé, comme dans l'Iraq, de s'attribuer le principal rôle dans la récente conquête (2). C'est également en récompense de la valeur, alors déployée par lui que Yazîd a dû recevoir le gouvernement de Damas ; et non, comme on l'a imaginé plus tard, parce que ce *ǵond* lui avait été assigné dans le plan de guerre, élaboré à Médine : hypothèse, commençant heureusement à passer de mode. Sarǵoûn possédait une mai-

(1) Cf. Balâḏorî, 124 ; Ibn 'Asâkir, I, 123 v. Il rencontre Ḫâlid près de Maqṣilât et après de longues discussions, on convient de considérer Damas comme conquise صلحا . Ibn 'Asâkir, I, 123-125 ; De Goeje, *Mémoire*, p. 100.

(2) Cf. Balâḏorî ; Ibn 'Asâkir, *loc. sup. cit.*

son à l'endroit, appelé aujourd'hui encore « Bostân al-Qoṭṭ » (1), maison contiguë aux remparts à l'angle de Bâb Kaisân (2). Or cette porte se trouvait comprise dans la partie de l'enceinte, échue à Yazîd (3). Cette position devait singulièrement faciliter les pourparlers avec le capitaine omaiyade et permettait de lui ouvrir l'entrée de la cité. En récompense Sarǵoûn a pu recevoir le titre de maulâ de Yazîd, que lui donne l'auteur de l'Aǵâni. Nous expliquons de même les passages (4), où il est qualifié de maulâ, tantôt de Mo'âwia, tantôt de son fils Yazîd. En devenant maulâ de Yazîd fils d'Aboû Sofiân, il entrait de droit dans la famille des Sofiânides et après la mort de Yazîd le droit de *wild'* devait échoir en partage à son frère Mo'âwia.

En règle générale les maulâs adoptaient la religion de leur patron. On n'a pas manqué de tirer cette conclusion pour Sarǵoûn (5). A tort assurément ! Il fit construire au moins une église, postérieurement à la conquête (6) ; et les plus anciennes chroniques lui donnent constamment le qualificatif de chrétien. D'après le manuscrit melkite, cité plus haut (7), il se serait retiré au mont Sinaï, où il aurait composé le commentaire sur les psaumes (8), attribué à Anastase le Sinaïtique (9).

C'est là une autre confusion. Mais nous pouvons jusqu'à nouvel ordre lui conserver la qualité de maulâ omaiyade, sans préjudice pour sa foi chrétienne. Le *wild'* de Sarǵoûn n'appartenait ni à la catégorie du ولاء خدمة

(1) Cette vaste propriété, transformée en jardin, appartient actuellement à 'Abdou Šaiḫ 'Omar. Cf. Ibn 'Asâkir, VII, 38 v.; *Journ. Asiat.*, 1896¹, p. 576.

(2) Ou porte *Bouṭros wa Boûlos*, nom plus familier à la masse des Damasquins.

(3) Comp. الاجتهاد في طلب الجهاد, Ms. B. Kh., (*Târîḫ*, n° 408): ويزيد بن ابي سفيان عند باب الجابية الصغير واليه باب كيسان ايضا, p. 26 verso. Ce travail assez insignifiant sur le *ǵihâd*, contient quelques données inédites sur les fotoûḥ. Balâḏorî est encore plus clair: نزل يزيد على الباب الصغير الى الباب الذي يعرف بكيسان. *Fotoûḥ*, 121. Cf. De Goeje, *Mémoire*, p. 93-94.

(4) Ṭab., II, 228, 16 ; 239, 11.

(5) Cf. *Journ. Asiat.*, 1896¹, 376-77 ; Ibn 'Asâkir, VII, 38 verso.

(6) Cf. Ibn 'Asâkir, *loc. cit.*

(7) Voir la p. 58 du Ms.

(8) Même assertion dans Eutychius au sujet de Bâhân l'Arménien.

(9) Les Ibn Mînâ (Menas), Ibn Yannâq (Ioannikios) des *Ṭabaqât* sont des maulâs, devenus musulmans ; de même le maulâ يحنس, cité par le *Ṣaḥîḥ* de Moslim. Du moins leur mention parmi les moḥaddiṯ permet de légitimer cette conclusion.

ni à celle du ولاء عتق (1), supposant toutes deux une servitude antérieure, servitude terminée par un acte d'affranchissement. La *clientèle* ou *wilâ'* de Sarǵoûn — comparez le cas analogue d'Aboû Bakra par rapport à Mahomet (2) — faisait de lui comme le *wali* وليّ des Sofiânides ; elle lui conférait les privilèges et l'astreignait aux obligations de leurs *ḥalîf*, de leurs partisans et amis ; *maulâ* et *wali* appartiennent d'ailleurs à la même racine et furent d'abord synonymes. A Médine le terme maulâ avait conservé cette signification (3) ; on en trouve ailleurs aussi de nombreux exemples (4). Avec les progrès de l'impérialisme arabe, avec le nombre croissant des maulâs, ou affranchis proprement dits, avec leurs prétentions à l'égalité, on commença à accentuer les légères nuances, séparant le ḥalîf du maulâ (5), au détriment du dernier. Mais en principe le ḥalîf gardait sa religion, comme le firent à Médine les Juifs, alliés (6) des Anṣârs et des premiers musulmans, l'époux chrétien d'Omm Ḥabîba, ḥalîf des Omaiyades.

Même sous les Marwânides, où la distinction entre Arabes et « barbares » se trouve si fortement accusée, nous ne manquons pas d'exemples de maulâs, demeurés chrétiens. Pour un de ces derniers, un affranchi de ʻAbdalʻazîz — donc un مولى عتق — ʻOmar II se contente de l'assujettir à la ǵizia (7). Si le droit lui eût permis d'aller plus loin, le calife zélote n'y aurait certainement pas manqué.

---

(1) Cf. *Aǵ.*, X, 161, 4 a. d. l.

(2) Plus tard la réaction contre la famille de Ziâd a voulu dénaturer la portée de ce titre, honorifique dans le début.

(3) *Aǵ.*, II, 176, 12 a. d. l.; *Qoran*, V, 56 ; XXII, 13 ; surtout XLIV, 41.

(4) Aḫṭal, *Dîvan*, 66, 7, et scoliaste en cet endroit ; I. S., *Ṭabaq.*, III¹, 213, 20 ; *Aǵ.*, II, 80 ; VII, 147, 13 ; XIX, 144, 12-13. Sâlim, appelé *maulâ* et ḥalîf d'Aboû Ḥoḏaifa. Moslim, *Ṣaḥîḥ*, I, 415 ; II 268, 3. Tirmiḏî, *Ṣaḥîḥ*, II 329, 9 a. d. l.; Farazdaq, *Dîvan*, 219, 6 a. d. l.

(5) De là les hésitations des auteurs postérieurs pour distinguer entre maulâ et ḥalîf. Cf. Nawawî, 226, 3-5. Le terme maulâ se trouve fréquemment employé comme le contraire de صريح, de صليبة, de من صليبهم ou من انفسهم . Balâḏorî (Ahlw.), 105 en haut ; *Aǵ.*, II, 176.

(6) Maulâ (comp. ومن والاهم . Ṭab., II, 1792, 11) a souvent ce sens, ou celui d'adhérent, compagnon de fortune. A. Fischer, *Gewaehrsmaenner*, p. 77, 3.

(7) *Sîra* de ʻOmar II, 165 verso.

Quoiqu'il en soit, dans les premières années de l'hégire, le système du *ta'lîf al-qoloûb* avait facilité l'inauguration d'une politique extrêmement libérale. Elle permettait de s'assurer à prix d'argent ou par la collation d'immunités la coopération des non-musulmans. Ainsi, après Ḥonain, avait agi Mahomet envers les chefs arabes, demeurés fidèles à leurs anciennes croyances (1). Les premiers califes s'inspirèrent de cet exemple: nous voyons des pensions, sans en excepter le شرف العطاء, la dotation annuelle de 2000 dirhems, accordées à des non-musulmans : contentons-nous de citer le cas du chrétien Ǵofaina, celui de Hormozân et de nombreux dihqâns perses (2). Le service rendu par Sarǵoûn à la cause arabe ne méritait pas moins : il a dû lui assurer des avantages analogues.

Et maintenant une autre question se pose. Ce personnage est-il le même que le commensal du jeune Yazîd ? Nous ne le pensons pas.

Quand les Arabes pénétrèrent dans Damas, Sarǵoûn devait avoir atteint, sinon dépassé l'âge mûr, ayant déjà exercé la charge de contrôleur des finances, antérieurement à l'invasion perse (3). Après Yazîd, Mo'âwia l'avait maintenu dans la même fonction. Dans la seconde moitié du règne de ce calife, si Sarǵoûn était encore en vie, il ne pouvait être loin de l'extrême vieillesse, en d'autres termes, peu apte à jouer son rôle dans les parties fines d'un prince de 20 ans, comme Yazîd. Les documents arabes signalent un Sarǵoûn, ministre des finances jusqu'à la fin du règne de 'Abdalmalik (4), époque où il se serait vu remplacé par Solaimân ibn Sa'd al-Ḥośanî (5). Mais ce serait compliquer encore le problème que de vouloir reconnaître en lui le Sarǵoûn, contemporain de la conquête, à moins d'assigner à ce personnage mystérieux une longévité, dépassant toutes les limites de la vie humaine. Aucun autre Sarǵoûn n'étant signalé

---

(1) Cf. I. S., *Ṭabaq.*, V, 333, 332, 335.

(2) Cf. Ṭab., I, 2413, 5 ; Ya'qoûbî, II, 176, 6 a. d. l. ; Dînawarî, 180, 17 ; *Aǵ.*, XIV, 28 ; Balâḏorî, 280 ; 380-81 ; 457 en bas ; 458, 1. A Ḥonain, dans le camp de Mahomet, la minorité devait être musulmane : les non-musulmans pourtant reçoivent leur part de butin ; cf. Caetani, *Annali*, II, 1126.

(3) Cf. De Goeje, *Mémoire*, p. 88 ; sa nomination daterait de l'empereur Maurice.

(4) Cf. Ibn 'Asâkir, VII, 305 seq.

(5) Il en sera question sous 'Abdalmalik.

dans l'entourage des Sofiânides, dans le commensal de Yazîd il reste donc à reconnaître le fils du financier et homme d'état Sarǵoûn (1), l'illustre théologien, connu dans l'église sous le nom de S. Jean Damascène (2).

La conclusion, nous en convenons, est faite pour surprendre. Nous sommes habitué à nous représenter le futur solitaire de S. Sabas, le plus grand mélode de l'église grecque, dans un milieu plus austère. Aucune donnée positive ne nous oblige pourtant à rejeter la curieuse indication (3) du *Livre des Chansons*. La plus profonde obscurité entoure la jeunesse de Damascène (4). De sa vie nous connaissons seulement deux points : il fut un grand penseur chrétien, un fécond écrivain ecclésiastique et finit par embrasser la carrière religieuse (5). « Sa biographie, que nous devons à Jean, patriarche de Jérusalem au Xe siècle, n'est guère qu'un tissu de légendes : quant à ses ouvrages, ils ne sont pas tous authentiques et ceux qui lui appartiennent en légitime propriété, n'ont pas été étudiés en vue de retracer son existence (6). » Nous sommes mieux fixé sur la date de sa mort. Antérieure à l'an 753, elle arriva vraisemblablement vers 748-749, comme l'a établi d'une façon plausible le P. Siméon Vailhé (7). Yazîd succomba l'an 683. Damascène devait donc être le plus jeune du

(1) Wellhausen, *Reich*, p. 85 fait un seul personnage du Sarǵoûn des Sofiânides et de celui des Marwânides.

(2) Impossible de songer au Nestorien Sarǵoûn, médecin du calife ʿAbdalmalik. Cf. *Chantre*, p. 20.

(3) On ne peut la soupçonner de tendance.

(4) Excepté dans la vie légendaire. L'épithète de *roûmî*, accolée par les Arabes au nom de Sarǵoûn, n'en fait pas un Byzantin, « echt griechischer Herkunft », comme l'a prétendu Von Kremer, *Culturgeschichte*, II 402, mais un ancien fonctionnaire byzantin. Cf. *Poète royal*, p. 52.

(5) Cf. Grundlehner, *Johannes van Damaskus*; V. J. Langen, *Johannes von Damascus*. Pour ses œuvres, voir V. Ermoni, *Saint Jean Damascène* (dans la collection : *La Pensée chrétienne*). L'auteur n'a pas cherché à les étudier « en vue de retracer l'existence » du saint docteur, selon le vœu exprimé par le P. Vailhé.

(6) P. S. Vailhé, *Echos d'Orient*, 1906, p. 28.

(7) *Loc. cit.* p. 28-30. Comp. *Byzant. Zeitschr.*, 1904, p. 163. Si l'on croit devoir reconnaître, dans le commensal de Yazîd, Jean Damascène, on pourra dans cette identification trouver un nouveau motif de préférer la moins élevée de ces dates.

trio joyeux de Ḥowwârîn. Même, si l'on rapporte le texte de l'Aġâni (1) au règne même du second calife omaiyade et en attribuant alors à Jean une vingtaine d'années (2), on aboutit à la conclusion que lorsqu'il mourut il était bien près d'être nonagénaire. Damascène a-t-il voulu expier, dans la laure de S. Sabas, nous ne disons pas les égarements, mais la frivolité de sa jeunesse, consacrer au culte de Dieu le talent de musicien, apprécié jadis par le prince-artiste Yazîd ? Autant de problèmes, que nous nous permettons de signaler à l'attention des futurs biographes de ce grand homme. Ils auront également à élucider le rôle de son père (3) pendant le siège de Damas et son attitude envers la dynastie omaiyade. La principale signification des textes arabes, discutés plus haut, réside dans le fait d'avoir été rédigés antérieurement à la biographie grecque et sous une inspiration différente.

Jean n'avait pas toujours mené la vie d'un anachorète. A Damas son palais était réputé comme un des endroits, où l'on faisait la meilleure chère, arrosée des vins les plus généreux de la Syrie, ceux de Bait Râs, justement appréciés par Yazîd (*Aġ.*, VII, 174). Nous possédons sur ce point le témoignage précis et autorisé d'un contemporain — en même temps ami de Sarġoûn — le gai poète Aḫṭal, le second à partager avec lui la faveur de Yazîd. (*Poète royal*, p. 51).

Parmi les populations arabes de la Mésopotamie, on distinguait les tribus-sœurs de Taġlib et de Bakr, les « deux filles de Wâil » comme on les appelait. Aux Bakrites, aidés par leurs cousins de Taġlib, appartient l'initiative de la conquête de Perse. Ils virent de mauvais œil l'envoi de Ḫâlid ibn al-Walîd (4), venu de Médine sous prétexte de les secourir, en réalité pour les supplanter et assurer aux faméliques Arabes du Ḥiġâz une proie, trop belle pour des chrétiens, possédant déjà de plantureux cantonnements dans la Mésopotamie. L'espoir, nourri d'abord par eux,

(1) Et rien ne s'y oppose.

(2) A. Müller, *Der Islam*, I, 406, le fait naître en 676; nous ignorons sur quel fondement.

(3) Ou de son grand-père. Cette dernière hypothèse ne nous paraît pas exclue, à moins de supposer la longévité comme un fait ordinaire dans la famille des Sarġoûnides.

(4) Dînawarî, 116-117 ; Balâḏorî, 241 ; Wellhausen, *Skizzen*, IV, 38-39.

d'exploiter plus facilement une riche conquête, avait favorisé le passage de nombreux Bakrites (1) dans les rangs de l'islam, tandis que l'immense majorité de leurs cousins de Taġlib étaient demeurés fidèles à la foi des ancêtres (2); fidélité assurément méritoire, eu égard aux sacrifices qu'elle entraînait. Le moindre n'était pas de se tenir à l'écart de la prodigieuse expansion arabe, où leur valeur leur assurait d'avance une si belle place. Il devait leur paraître dur de renoncer à leur part dans la curée mondiale, à laquelle l'islam avait invité leurs compatriotes de Qais et de Ḫindif, mourant de faim dans leur âpres solitudes. Les rares Taġlibites, ayant embrassé la religion du vainqueur, s'y étaient décidés sans enthousiasme et passaient, nous l'avons dit, pour mauvais musulmans (3). Le saiyd des Taġlibites de Koûfa, quoique musulman, continua à boire du vin en compagnie d'Aḫṭal et ne consentit pas à voiler sa femme (4).

Cela leur avait valu, s'il faut en croire un ḥadîṯ (5), attribué à Mahomet, d'être proclamés « les plus misérables de tous les Arabes » (6). On n'avait pas osé leur imposer la capitation ; pour ces chrétiens obstinés, il avait fallu inventer une fiscalité, pouvant s'accommoder avec leur amour-propre d'Arabes indépendants (7), très chatouilleux sur le point d'honneur. A l'effet de conserver leur religion, ils consentaient bien à un sacri-

(1) Un bon nombre, et non des moins marquants, étaient demeurés chrétiens ; nous aurons à en nommer quelques-uns. Pour cette conquête du Sawâd nous renvoyons aux *Annali* de Caetani.

(2) Cf. *Chantre*, p. 4.

(3) Voir plus haut p. 159-60. Le Taġlibite, perdant 20 garçons en une journée (*Aġ.*, XX, 128, 2-3), donc polygame, ne fut pas nécessairement musulman. On compta des polygames parmi les Arabes chrétiens. ʿAskari après avoir justement averti de la fréquente confusion entre تَغْلِبِيٌّ et تَنْلِبِيٌّ nomme pour Taġlib une dizaine de *tâbiʿoûn* ou de *râwia* anciens. *Taṣḥîf al-moḥaddiṯîn*, Ms. B. Kh.

(4) Qotaiba, *Poesis*, 304. L'usage du حجاب ne s'était pas encore généralisé parmi les musulmans ; nous le prouverons plus tard.

(5) Et d'autres (cf. Moslim, I, 30), comme رأس الكفر نحو المشرق peuvent aussi viser les Taġlibites ; à moins que ce ne soient des accès de mauvaise humeur des Médinois contre l'Iraq en général ; ou une manifestation de l'opposition entre l'Occident et l'Orient de la Péninsule, sur laquelle le Prof. (Vollers *Schriftssprache und Volkssprache*) a attiré l'attention.

(6) Ibn al-Faqîh. 196, 8.

(7) Voir surtout Balâḏorî, 182, 3.

fice d'argent, mais non à être mis sur le pied des اعلاج (1), à être conséquemment exclus de la famille arabe. 'Alî avait menacé, s'il devenait le maître, de les astreindre à la *ǵizia* (2). Mais le calife de l'Iraq manquait trop de prestige pour réussir là, où 'Omar avait échoué. Son homonyme 'Omar II voudra reprendre la tentative. Interrogé par lui, Ḥasan al-Baṣrî déconseilla de modifier une situation, acceptée par le plus grand de ses prédécesseurs (3). En d'autres termes le pouvoir musulman s'avouait impuissant à vaincre la résistance de la tribu chrétienne.

Vers la fin du règne de Mo'âwia, Tağlib constituait toujours une grande et puissante tribu (4). Le scoliaste des *Naqâ'id Ǵarîr* (402, 8) met à l'actif du fougueux Ǵaḥḥâf ibn al-Ḥokaim la mort de 23,000 Tağlibites. L'exagération manifeste de ce chiffre (5) témoigne combien, jusque sous les Marwânides, il fallait compter (6) avec une tribu si fière (7) et si entreprenante qu'on disait en manière de proverbe : « sans l'apparition de l'islam, Tağlib aurait tout envahi » !

Etablis dans les vastes et fertiles plaines de la Mésopotamie, ils avaient déversé par-delà les fleuves, enserrant la péninsule, le trop-plein de leur population. Grands éleveurs de chevaux (8) — de l'aveu de tous, ils possédaient la plus belle race chevaline (9) — enrichis par le passage

---

(1) Balâḏorî, *loc. cit.*

(2) '*Iqd*, III, 355.

(3) *Sîra* de 'Omar II, 18 *recto*. Ailleurs, 78 *verso*, 'Omar II fait distribuer aux pauvres de Tağlib la *ṣadaqa*, recueillie dans leur tribu.

(4) *Poète royal*, p. 60.

(5) Sur le nombre des Tağlibites cf. Qoṭâmî, *Dîvan*, IV, 24.

(6) قوم شديدة نكايتهم. Balâḏorî, 181, 4 a. d. l.; 182, 2 a. d. l.; Ṭab., I, 3174. 7, 20. Sous les Marwânides — période où l'islam commence à se montrer plus exclusif — des Tağlibites soufflettent un gouverneur, prince omaiyade. L'injure, d'ailleurs gratuite, demeura impunie. *Ağ.*, X, 98.

(7) Comp. اعزّ من كليب ; la pièce de Aḫṭal, *Dîvan*, Ms. du Yémen, 18-22; l'introduction de Barth, VII, au divan de Qoṭâmî.

(8) *Śo'arâ' Naṣrân.*, p. 186-87 ; *Ḥamâsa*, 346, 2 ; *Moraṣṣa'*, 81, 1. Un simple clan tağlibite équipe 2000 cavaliers. *Ağ.*, XI, 62 en bas. Surtout Aḫṭal, *loc. cit.*, 18-22 ; l'attachement des Tağlibites pour leurs chevaux. *Mofaḍḍaliyât*, XXXII, 19 ; Aḫṭal, *Dîvan*, 224, 5 ; 324-327 ; Qoṭâmî, *Dîvan*, VI, 28.

(9) *Naqâ'iḍ Ǵarîr*, 475.

des caravanes, qui coupaient leur pays, exploitant pour leur compte la navigation de l'Euphrate (1), ils prétendaient que leurs sabres suffisaient à défendre ces richesses, leurs femmes (2) et leur territoire, ouvert de toutes parts (3). Malgré leur nombre et l'extension des districts, occupés par eux, depuis le 'Omân, les bords du Tigre jusque vers la vallée de l'Oronte et la Damascène (4), ils avaient su se préserver de l'émiettement, où s'éparpillaient les forces des autres ġrandes tribus ; celle de Bakr par exemple ; fractionnées en *baṭn* ou sous-tribus, dont l'importance avait éclipsé le nom de la tribu-mère, et menant parfois entre elles des guerres acharnées. Les Banoû Taġlib formaient une compacte et puissante unité, en dépit de l'illustration des clans particuliers. Interrogés sur leur *nasab*, ils répondaient fièrement : *Taġlib* (5). Le شعار unique : *Yâla Taġlib*, rappelant constamment la communauté d'origine, leur garantissait une cohésion, imposant le respect à leurs voisins, trop souvent leurs adversaires (6). C'est ce qui les signalait en même temps à l'attention des habiles souverains, régnant à Damas et désireux d'exploiter cette réserve de forces vives.

Une partie de la tribu avait depuis longtemps franchi l'Euphrate pour s'établir sur la rive syrienne du fleuve (7). Ils y occupaient les step-

---

(1) *Poète royal*, p. 60 ; *Šo'arâ' Naṣrân.*, 189, 6 ; ajoutez peut-être la navigation maritime. Les Taġlib (?), établis dans les îles Farasân (Mer Rouge), cf. Yâqoût, III, 497, ont dû y aboutir par mer.

(2) Aḫṭal, Ms. Yémen, 18-22 ; Qoṭâmî, *Dîvan*, VII, s'indigne lorsque, contre les menaces des Azd on lui propose d'implorer Ibn Zobair : Taġlib lui suffit. VII, 1-3.

(3) *Ḥamâsa*, 237, 1 v. ; 347, 3-4 v. *Mofaḍḍaliyât*, XXXII, 19.

(4) Cf. *Poète royal*, p. 60. Aḫṭal, *loc. cit.* ; Ṭab., II, 1792, 5 ; 1793, 5.

(5) '*Iqd*, II, 56, 14, etc.; 65-66.

(6) *Aġ.*, XX, 126-28. La raison, donnée par '*Iqd*, II, 56 pour expliquer leur cohésion — un phénomène dans l'éparpillement arabe — paraît suspecte de malveillance jalouse pour la tribu chrétienne : فلم يكن في تغلب رجال شهرت اسماؤهم حتى انتسب اليهم . Si les Taġlib figurent peu dans les *aiyâm* de la ġâhiliya, c'est qu'ils évitèrent de se mêler aux stériles luttes des tribus de l'Arabie. De bonne heure émigrés en Mésopotamie, ils avaient trouvé à leur activité un meilleur emploi que de se disputer la possession de quelques arpents de sable.

(7) Balâḏorî, 182, 4.

pes situées entre Manbiǵ, Roṣâfa et la montagne de Biśr (1), districts confinant vers le Sud aux établissements de Kalb et de Ġassân, c'est-à-dire aux régions de Palmyre et de Ḥowwârîn. A la bataille de Ṣiffîn (2), tandis que leurs frères mésopotamiens avaient rallié 'Alî (3), ces Taġlibites s'étaient rangés (4) sous les étendards de Mo'âwia. Dans cette fraction des Taġlibites, devenus Syriens par l'habitat, on distinguait le clan des Ǵośam ibn Bakr, un des plus illustres de l'ancienne Arabie (5). Dans son sein était né (6), quelques années avant Yazîd, fils de Mo'âwia, un enfant, destiné à une grande célébrité poétique sous les Omaiyades. On le nommait Aḫṭal.

Dans le *Chantre des Omiades* (7) nous avons exposé en quelles circonstances l'héritier du trône fit la connaissance du jeune Taġlibite. Irrité de l'hostilité incessante des Anṣârs contre la dynastie (8), Yazîd méditait d'en tirer vengeance. A cet effet il jeta les yeux sur Ka'b ibn Ǵo'ail, qu'on pouvait à cette époque considérer comme la poète officiel des Omaiyades (9). Ka'b, musulman convaincu, quoique Taġlibite, fut épouvanté de la

(1) Cf. *Poète royal*, p. 47, 60-62; *Kâmil*, 486, 3. — La version, qui fait pénétrer par le Nord en Syrie Ḫâlid ibn al-Walîd, le fait également surprendre les Taġlib à Biśr. Nous en retenons cette indication topographique. Le sujet vient d'être magistralement traité par Caetani, *Annali*, II, 1192-1240.

(2) Ṭab., I, 2206, 13 ; Ibn al-Aṯîr, III, 165, 2.

(3) Voir p. ex. Dînawarî, 155, 16. Quand Qoṭâmî, VII, 10 se vante d'avoir tué 'Obaidallah fils de 'Omar, il entend désigner ses cousins de Bakr. Cf. Ṭab., I, 3314-3315.

(4) Mo'âwia établit des Taġlibites à Koûfa pour s'y faire des partisans. Cf. Ṭab., I, 1920. Il comptait donc sur leur dévoûment.

(5) *'Iqd*, II, 53 d. l. ; *Chantre*, 7. Comp. aussi *Aġ.*, VII, 169, 6 a. v. d., où l'on voit les Bakrites, malgré leurs anciens différents avec Taġlib, accepter d'ordinaire l'arbitrage de Aḫṭal : cettte distinction rendait hommage encore plus à l'illustration aristocratique du شرف qu'au remarquable talent du poète. Voir *Naqâ'iḍ Ǵarîr*, 266, 2 vers ; Aḫṭal, *Dîvan*, 178, 6, etc.

(6) Si toutefois nous avons eu raison de placer vers 640 de J. C. la naissance de Aḫṭal, cf. *Chantre*, p. 6.

(7) Voir p. 38, etc.

(8) Voir *Chantre*, loc. cit. et *MFO*, II, 150-51.

(9) Cf. Dînawarî, 170, 191 ; Ṭab., I, 3315 ; *Kâmil*, 184-85. On le rencontre chez les Omaiyades du Ḥiǵâz. *Aġ.*, XXI, 196, 9 (lisez نعيم) ; Ḥoṭai'a, XIV, 1. Cf. *MFO*, II, 154.

mission, et fit à sa place agréer son jeune contribule (1) Aḫṭal. Yazîd n'eut pas à se repentir de cet arrangement. La satire, composée par le chrétien, eut un retentissement immense (2), au point de nécessiter l'intervention de Mo'âwia. Ce dernier se laissa arracher par les Anṣârs la permission de couper la langue (3) — punition classique pour le hiġâ' virulent (4) — à l'audacieux poète de Taġlib, tout en avertissant sous main son fils (5): Celui-ci, se découvrant alors, entra en scène et sa protection déclarée sauva le barde de Taġlib. En retour, Aḫṭal ne marchanda pas à son protecteur l'expression de sa reconnaissance et depuis lors, on peut le dire, il devint le compagnon inséparable de Yazîd. A ce dernier il faut reconnaître le mérite d'avoir, en devinant le premier la valeur du futur *chantre des Omaiyades,* assuré à la dynastie l'appui précieux de son talent.

XX

PELERINAGE A LA MECQUE.

Le séjour des chrétiens en Arabie

Le vin a Médine

Mariages de Yazîd

On le vit bien, lorsqu'en l'année 51 de l'hégire (6), Yazîd accomplit

---

(1) Le terme غلام, employé par Ka'b, était forcé. Aḫṭal avait au moins l'âge de Yazîd. Il était déjà connu comme poète sous le gouvernement d'Ibn 'Amir dans l'Iraq. Cf. Aḫṭal, *Divan*, 290, 1-5.

(2) On la rappellera à tout propos aux Anṣârs. Cf. '*Iqd*, II, 155, 6.

(3) La longueur de la langue chez un satirique était un indice de virtuosité ; voir exemples dans Ġâḥiẓ, *Bayân*, I, 29. Le châtiment consistait donc à la leur raccourcir. Comp. Qotaiba, *Poets* 170 ; 182, 15.

(4) *Aġ.*, XI, 96, 3 a. d. 1 ; *ZDMG*, XLVI, 19, 20, 28.

(5) Aḫṭal, *Divan* 360 ; '*Iqd*, III, 143-144. Aḫṭal s'était principalement attaqué aux Banoû Naġġâr, proclamés par Mahomet la première maison parmi les Anṣârs. Tirmiḏî, *Ṣaḥîḥ*, II, 325.

(6) Ou en l'an 50 (670-71 de J.-C.). Cf. Ṭab., II, 94. 12. En tout cas, après la mort de

le pèlerinage de la Mecque (1). Ce pèlerinage lui fut probablement imposé par son père, désireux de l'arracher à ses plaisirs et de le présenter au monde musulman, que dans la pensée du calife, il devait gouverner un jour. Il comptait alors un peu plus de 25 ans. Ne pouvant se soustraire à ces ordres, le prince prit garde de transformer sa visite aux lieux saints en un pèlerinage de pénitence.

La route du ḥaǧǧ n'avait pas encore cet aspect désertique qu'on lui connaît de nos jours. Jusqu'à l'extrémité méridionale de la chaîne des Śarât, le pays demeurait peuplé, ou gardait des traces de l'activité humaine. A partir de là, le chemin des pèlerins utilisait l'ancienne voie commerciale de l'encens, où l'on retrouvait encore nombre des stations, édifiées par les Sabéens, les Nabatéens et autres races entreprenantes de l'ancienne Arabie (2). Mais le voyage était long. Même en empruntant le service accéléré du *barîd* (3), il exigeait douze jours (4). Il en fallait près du triple par les moyens ordinaires de locomotion. Le long de la route, Yazîd se ménagea la jouissance des plaisirs, qu'il avait goûtés dans ses bâdias de la Palmyrène et ses villas du Ġoûṭa. A cet effet il avait emporté des échantillons des meilleurs crus syriens (5). Il n'oublia pas non plus d'emmener

---

Ḥasan. Ḥosain, comme on verra, visite Yazîd à Médine. Pour l'année de la mort de Ḥasan, voir les dates dans Nawawî, 205.

(1) Mas'oûdî, IX, 57 ; Ya'qoûbî, II, 284 ; Ṭab., II, 156.

(2) C'est la voie du وادي القرى , nom éminemment suggestif. La construction de la voie ferrée de la Mecque va permettre d'en faire le relevé. Nous n'admettons pas toutefois la suite ininterrompue de localités, imaginée par le ḥadîṯ, depuis le Ḥiǧâz jusqu'à Damas. Cf. *Osd*, I, 115, 8, etc. On a reproduit le même cliché pour le désert, compris entre l'Iraq et la Syrie.

(3) Yazîd l'a-t-il utilisé ? Rien ne le prouve. Il n'est jamais question du *barîd* à propos du pèleriage des Omaiyades, et de leur nombreux cortège.

(4) Il faut 20 jours pour avoir à Médine une réponse du calife. I. S., *Ṭabaq.*, V, 289, 19. Ṭab., II, 406, 5 parle de 12 jours entre Médine et Damas. Cf. *Aǧ.*, V, 166 en bas. Pour la résistance d'un dromadaire et les plus forts *raids* des Bédouins modernes, voir Doughty, *Travels*, II, 519.

(5) Cf. *Aǧ.*, XIV, 63.

son ami, le poète Aḫṭal (1), grand appréciateur, nous le savons (2), du vin de Bait Râs (3) ; un produit depuis longtemps estimé en Arabie, à côté de celui de Baisân et d'autres localités syro-palestiniennes (4).

La présence d'un chrétien dans les villes saintes de l'islam ne doit pas nous surprendre outre mesure. L'éclectisme religieux des chrétiens arabes (5) ne leur inspirait aucun scrupule sous ce rapport. Dans le dîvan de Aḫṭal (6) on trouve à propos de la Ka'ba et des dogmes de l'islam des expressions, qui détonnent sur les lèvres d'un croyant comme lui. On cite même un prince de Ḥîra, allant après son baptême en pèlerinage, à la Mecque (7) et cet exemple ne demeura pas isolé (8). Chez ces princes chrétiens et polygames, le phénomène ne doit pas trop nous susprendre (9). Tant demeura forte sur ces esprits, réfractaires à l'influence de l'Evangile, l'attraction des vieilles coutumes ! De là aussi, chez le même Aḫṭal(10), la

---

(1) Aḫṭal, *Dîvan*, 359 ; *Aġ.*, VII, 178. Dans *Chantre*, p. 46, n. 2, j'ai eu tort de considérer ce détail comme apocryphe. Je croyais alors à l'exécution rigoureuse de la mesure de 'Omar, excluant de l'Arabie les infidèles. Comment les rites orthodoxes envisagent le séjour de ces derniers à la Mecque, voir Goldziher, *Ẓâhiriten*, p. 62, n. 1.

(2) Aḫṭal, *Dîvan*, 207, 19.

(3) Probablement l'ancienne *Capitolias*, à une heure au N. O. de Irbid ('Aġloûn) ; très bien située pour la culture de la vigne, laquelle y est de nos jours complètement négligée. Voir plus haut, p. 246.

(4) *Dîvan* de Nâbiġa, XXVI, 9 ; Hamdânî, *Ǧazîrat*, 129; Aḫṭal, 3, l. 6 ; B., 106, 5. Vin de Baisân, chanté par Ḥassân ibn Ṯâbit, *Kâmil*, 73, 17.

(5) *Poète royal*, 27, etc. Dans la revue *Anthropos*, II, 673-74, le P. Anastase essaie de présenter Aḫṭal comme *Rakoûsî* ; opinion fort originale, pour laquelle on désirerait une bonne référence et avant tout la réfutation du monophysitisme des Taġlibites. Il aurait fallu débuter par là.

(6) Cf. 243, 7 ; 316, 10 ; B., 171, 6. Cf. *Chantre*, 16, 24, etc.

(7) Ibn al-Faqîh, 19, 13.

(8) Près de la Mecque, parmi les stations du pèlerinage, un endroit avait gardé le nom de موقف النصارى . Cf. Snouck-Hurgronje *Het Mekkaansche Feest*, p. 28. Pour les chrétiens de Ǧassân, cf. Moslim, *Ṣaḥîḥ*, I, 362, 15.

(9) Cf. *Aġ.*, II, 22 ; 30.

(10) *Aġ.*, VII, 173, 13. M. Margoliouth fait assister les B. Ḥanîfa chrétiens au « pagan festival at Mina ». *J. R. A. S.*, 1903, 490 note. Il s'agit de la foire (mausim), tenue en ce lieu ; ils repoussent honteusement la prédication de Mahomet (Ibn Hiśâm, 283), comme avaient fait avant eux les Kalb chrétiens. *Ibid.*, 282.

manie de jurer par Allât et 'Ozzâ ; manie assez inoffensive, mais tout de même caractéristique. Avant lui, le 'Ibâdite 'Adî ibn Zaid attestait dans le même vers et la croix et le dieu de la Mecque (1), alliance hétéroclite, illustrant la nature spéciale du christianisme arabe des nomades.

Quand nous aurons à étudier les effets de la mesure, décrétée en principe par 'Omar (2) et excluant les non-musulmans de l'Arabie et spécialement du Ḥiǵâz, nous constaterons que l'exécution en fut limitée; peut-être visait-elle uniquement les chrétiens de Naǵrân — 'Omar les redoutait — et certains centres juifs du Nord-Ouest de la Péninsule (3). A Médine nous voyons le calife 'Oṯmân rechercher la société d'un chrétien de Ṭaiy, Aboû Zobaid, dont le nom reviendra encore (4). Sous le califat du même 'Oṯmân et de ses deux premiers successeurs, on rencontre assez fréquemment la mention des « Nabatéens de Médine » (5). Les termes de Nabatéen et d'Arabe s'excluant (6), ce devaient être des commerçants ou des paysans chrétiens, originaires de Syrie et de Mésopotamie, appelés au Ḥiǵâz, sans doute pour y cultiver les *aldées* الضياع des grands seigneurs médinois (7).

Leur présence ne doit pas plus nous surprendre que celle des Juifs, réduits au rôle de fermiers de l'islam (8) dans les oasis, conquises sur eux par le Prophète (9). Jusque sous les 'Abbâsides nous rencontrons dans ces parages des enfants d'Israël, admis à séjourner et — détail plus significa-

---

(1) *Aǵ.*, II, 24 d. l., ربّ مكة والصليب .

(2) Ou plus vraisemblablement abritée sous son patronage, comme beaucoup d'autres mesures. On ne peut, en tout cas, la faire remonter à Mahomet. 'Alî devenu calife est prié par les Naǵrânites de rapporter la mesure prise contre eux par 'Omar. Il se refuse a changer une décision de son prédécesseur. Ni 'Alî ni les chrétiens ne mettent en avant le Prophète. Cf. *Tamhîd*, p. 232.

(3) Balâḏorî, 28-29 ; 34, 5 ; 35, 1 ; 66, 6 ; 67, 1.

(4) *Aǵ.*, XI, 24 en bas.

(5) '*Iqd*, II, 157 ; 273, 18 ; *Aǵ.*, XV, 72, 11.

(6) Cf. *ZDMG*, 1905, p. 450; excepté dans la satire, cf. J. Hell, *ZDMG*, 1905, p. 599.

(7) Ces domaines se trouvaient dans les environs de Médine. Cf. *Aǵ.*, XIII, 150, 11 ; *MFO*, II 131. Médine possédait un سُوق النبط.

(8) L'insalubrité de Ḫaibar força d'y laisser les premiers habitants, les Médinois n'y pouvaient vivre, ni les Bédouins. Cf. Doughty, *Travels*, I 286 ; II, 110.

(9) Balâḏorî, 29-35.

tif — à faire acte de propriétaires (1). Rappelons la mère du Maḫzoûmite, morte chrétienne : on la laissa enterrer par ses coreligionnaires, présents à Médine. La décision de son fils ne comporte pas d'autre signification : لها اهلُ دينٍ اولى بها منّا (2). Sans sacrifier au paradoxe, nous croyons pouvoir affirmer que jamais les chrétiens ne furent plus nombreux à Médine que depuis la mort de Mahomet, à la suite de son agrandissement et de sa transformation en capitale. Les professions libérales — nommons la médecine et l'enseignement (3) — ainsi que les métiers indispensables à la vie d'une grande cité, se trouvaient monopolisés par les « gens de l'écriture ». Sur son lit de mort 'Omar déplore leur grand nombre dans la ville sainte de l'islam (I. S. *Ṭabaq.*, 244, 21).

Regrets naïfs, si vraiment il porta le décret de bannissement ! Luimême paraîtrait l'avoir oublié, ou ne s'être pas soucié d'en presser l'exécution. Il emploie des fonctionnaires chrétiens, comme Aboû Zobaid et le prépose aux *ṣadaqât*, impôt d'un caractère presque sacré (4). Sous son califat les esclaves rempliront Médine et l'un d'eux lui portera le coup fatal (5). A Ḥasan fils de 'Alî on fait honneur de la conversion d'une chrétienne de Médine (6). Nous observons la même situation à la Mecque. Un médecin chrétien y vécut jusque vers la fin de la dynastie marwânide; alors seulement il se décida à changer de religion (7). Cette ville possédait un « cimetière des infidèles » du temps d'Ibn Zobair (8) ; le besoin s'en faisait donc sentir. Au 10ᵉ siècle, le géographe Maqdisî signale un peu partout des Juifs au Ḥigâz. Quant à l'Arabie, il constate que ces

---

(1) Balâḏorî, 75, 12.

(2) *Aǵ.*, I, 32.

(3) Boḫârî, II, 432, 6 ; I. S., *Ṭabaq.*, III¹, 251, 10. On signale comme extraordinaire la présence d'un médecin arabe, 257-58. Voir plus haut les détails sur les pédagogues. Pour les médecins, jusque sous les 'Abbâsides, la qualité de chrétien se trouvait être une recommandation. Ǵâḥiẓ, *Avares*, 109.

(4) *Ḫizâna*, II, 155.

(5) '*Iqd*, II, 259 ; cf. *Ṭabaq.*, III¹, 257-58 ; *Aǵ.*, XX, 181.

(6) I. S., *Ṭabaq.*, V, 210, 2.

(7) I. S., *Ṭabaq.*, V, 365, 18.

(8) *Aǵ.*, XIII, 40, 7. Pour l'Arabie orientale cf. *MFO*, II, 403-07.

derniers s'y trouvent en plus grand nombre que les chrétiens (1). Cela inviterait à conclure à la présence des deux confessions, même à cette époque tardive.

Quelque temps après le passage de Yazîd au Ḥiğâz, nous voyons Ḥonain, un musicien chrétien de Ḥîra, séjourner à la Mecque, à l'époque même du pèlerinage (2). L'enthousiasme qu'on professait au Ḥiğâz pour son talent devint fatal au malheureux artiste. Il mourut à Médine écrasé sous l'effondrement d'une maison, où ses nombreux admirateurs s'étaient réunis pour l'applaudir (3). Quand Yazîd, devenu calife, se verra forcé de réprimer la révolte des villes saintes, il n'hésitera pas à y envoyer des soldats chrétiens, les propres contribules de Aḫṭal. Il s'y conduisirent, et plus tard au siège de la Mecque, avec le sans-gêne de soudards chrétiens, assurés de l'impunité. « Ils piétinèrent — Aḫṭal s'en vante — les sanctuaires de Minâ et entassèrent montagnes sur montagnes (4) ». Plus tard sous « la dynastie bénie », un Hâśimite fera à un Juif de ses amis la proposition de l'amener au ḥağğ (5). La présence de Aḫṭal aux côtés de Yazîd ne dut donc produire aucune sensation à Médine. Parmi les Omaiyades l'usage s'établira de se faire accompagner de poètes au pèlerinage (6).

Après avoir essayé de tromper la longueur de la route en écoutant les vers de son ami (7), Yazîd arriva à Médine probablement monté sur les mules fringantes, aux harnais dorés, qui avaient tant impressionné les Médinois au premier pèlerinage de son père Mo'âwia (8). En cette ville, il se jeta avidement sur les distractions très-variées qu'elle lui offrait. Elles abondaient à l'époque du pèlerinage, comme nous l'apprennent les

---

(1) احسن التقاسيم, 95, 15.

(2) *Aġ.*, II, 121-122.

(3) *Aġ.*, II, 127. A la fin du califat de 'Omar, Aboû Moûsâ amène à Médine son secrétaire chrétien. Qalqaśandî, I, 39 en bas.

(4) Aḫṭal, *Dîvan*, 50, 4. Allusion aux quartiers de roche, lancés sur la ville par les « manğanîq » ?

(5) '*Iqd*, III, 167, 8.

(6) Comp. Ṭab., II, 1338.

(7) Aḫṭal, *Dîvan*, 359.

(8) Cf. *Aġ.*, I, 12 en bas. Pour les selles dorées, comp. *ibid.*, I, 101 en haut.

poésies de ʿOmar ibn Abi Rabîʿa. L'Ovide arabe y forme le souhait de pouvoir alternativement tous les deux jours assister à un ḥaǵǵ ou à une *ʿomra*; aucun temps, déclare-t-il, ne se prêtait mieux aux aventures (1) que la réunion de cette cohue — l'expression est de ʿAbdarraḥmân ibn ʿAuf (2). Yazîd put donc, et en plein jour, fréquenter les réunions des musiciens et les recevoir chez lui. Comme l'Anṣârien Noʿmân ibn Baśîr (3), il voulut prendre sa revanche des restrictions que lui avaient imposées en Syrie l'opinion publique et la volonté paternelle. Après la bataille de la Ḥarra les soldats syriens tuèrent le grand artiste Sâ'ib Ḫâṯir, malgré les preuves qu'il leur avait données de sa virtuosité musicale (4). Au Ḥiǵâz, nous le savons, on se piquait d'une plus large tolérance et d'un goût plus raffiné. Le culte de la musique y était entretenu par les membres des plus saintes familles. En faveur des artistes, Ibn Ǵaʿfar dépensait les largesses des Omaiyades, que l'exclusivisme des ʿAlides, monopolisant à leur profit le dévouement politique de la śîʿa, ne lui permettait pas de consacrer à l'acquisition de partisans. (5)

Avec plus ou moins d'entrain il était imité par les autres Hâśimites (6). Comme jadis les fils de Noé, nos annalistes ont jeté sur ces faiblesses le manteau de leur indulgence, pour se retourner aussitôt avec indignation contre Yazîd. « De son temps — ainsi s'exprime Masʿoûdî (7) — la musi-

---

(1) *Aǧ.*, VIII, 55-56 ; 58, 17.

(2) الموسم يجمع رعاع الناس وغوغاءهم Boḫârî E, IV, 147. Ajoutez l'habitude pour les femmes au Ḥiǵâz de sortir la nuit : نساء الحرمين يتزاورون ليلا . Ǵâḥiẓ, *Ḥatawân* I, 147 ; se réunissent de nuit à la mosquée pour traiter de poésie. *Aǧ.*, I, 150 ; prennent part au *ṭawâf* nocturne. *Aǧ.*, II 179, 2 a. d. l. Comp. Badr ad-dîn Al-ʿAinî, عمدة القاري , III, 231, 232.

(3) *Aǧ.*, XIV, 121.

(4) *Aǧ.*, VII, 190. On le voit pourtant reparaître postérieurement à cette date. Cf. *Aǧ.*, IV, 159 : ce serait donc encore un nom à rayer de la liste des victimes de la Ḥarra. Nous aurons à prouver combien le nombre en a été exagéré.

(5) *MFO*, II, 68-71 ; III p. 229, n. 9 et 236 sqq.

(6) Les descendants directs de ʿAbbâs montrèrent plus de réserve ; sur le trône de Bagdad ils prendront leur revanche. Beaucoup de Hâśimites, il est vrai, vinrent sous les premiers Marwânides s'établir dans l'ancien pays d'Edom, autour de Ḥomaima. Aussi les voit-on plus rarement apparaître dans les annales de Médine.

(7) *Prairies*, V, 157.

que fit son apparition à la Mecque et à Médine ; on s'abandonna aux divertissements profanes (1) et on commença à boire du vin en public. »

Nous savons à quoi nous en tenir sur la valeur de ces accusations. S'il faut en croire l'*Aǧâni*, c'est au commencement du gouvernement de Marwân à Médine, donc bien avant le califat de Yazîd, que Farazdaq (2), fuyant devant Ziâd, vint dans la ville sainte se distraire en compagnie des chanteuses (3). Les pleureuses, amenées par Ibn 'Amir, se permettaient aussi de donner des séances musicales au public médinois (4). Puis vinrent les fameux concerts, organisés par 'Izzat al-Mailâ'; Yazîd dut certainement aller l'entendre. Car l'énorme *étoile*, que le plus robuste chameau ne pouvait enlever, mettait en avant ce prétexte pour attirer chez elle les plus hauts personnages (5). « Ce fut elle qui mit la musique en vogue à Médine et qui inspira aux hommes et aux femmes le goût passionné du plaisir que cet art procure (6). » Ils arrivaient du Ḥiǵâz, en compagnie de 'Abdallah ibn Ǵa'far, les musiciens dont Mo'âwia redoute la fréquentation pour Yazîd, ou qui s'empressent d'aller à Ḥowwârîn égayer la solitude du jeune prince (7). Celui-ci pendant son séjour à Médine suivit seulement le courant, établi bien avant lui. A son avis, là seulement on comprenait la musique ; c'est là qu'il fallait aller la goûter ! (8)

S'il s'y abandonna avec ferveur, c'est une question de tempérament, où l'on ne peut engager plus avant la responsabilité du jeune prince, sous peine de se laisser aveugler avec l'auteur des *Prairies d'or* par les préventions śî'ites.

---

(1) On peut traduire aussi avec M. Barbier de Meynard : « l'usage des instruments symphoniques (malâhi) s'établit ».

(2) Alors au début de sa carrière et vers l'époque où se place le pèlerinage de Yazîd.

(3) *Aǧ.*, XXI, 197, 5. '*Iqd*, II, 156, 10 a. d. l.

(4) *Aǧ.*, VII, 188, 16.

(5) *Aǧ.*, II, 162; XVI, 13-20; VIII, 89-90, autre musicienne, fréquentée par 'Abdarraḥmân ibn Ṯâbit et Aḥwaṣ, contemporains de Yazîd, lequel à ce propos fit preuve d'une véritable chevalerie.

(6) Caussin de Perceval, *Notices sur les Musiciens arabes*, p. 8.

(7) Voir le chap. précédent ; et notice de Sâ'ib Ḫâṯir, *Aǧ.*, VII, 188-190.

(8) '*Iqd*, I, 146.

Pendant la ǵâhiliya, la Mecque avait été le sanctuaire de l'usure et de la débauche. Faisant monnaie de tout, les âpres marchands de Qoraiś exploitaient avec une égale ardeur la religion et l'honneur des femmes. Le double fléau sévissait avec une fureur spéciale pendant le pèlerinage. En réservant toute sa sévérité pour l'usure, en tolérant la *mot'a*, en la pratiquant lui-même (1), Mahomet consacra pour ainsi dire la corruption dans son entourage : la mot'a n'étant au fond qu'une variété de l'ancienne prostitution. Le réformateur pensa être quitte en essayant de restreindre l'autorisation au temps du *mausim* et aux Ṣaḥâbîs (2) : cette dernière tolérance en dit long sur la moralité des saints de l'islam. Sévèrement interdite par 'Omar et par 'Oṯmân, cette ignominie se maintiendra jusque sous le troisième calife, favorisée par l'exemple du Maître et abritée sous le patronage des Hâśimites, comme 'Alî et Ibn 'Abbâs (3). Ce fut un bonheur pour les Sofiânides d'avoir de bonne heure émigré du Ḥiǵâz. Du temps de 'Omar ibn Abi Rabî'a, le *mausim* tournait encore en saturnale.

Pourtant l'engoûment de Yazîd pour le vin paraît avoir provoqué un certain étonnement à Médine. Non pas que les buvettes y aient fait défaut ni les clients à ces établissements. Sous ce rapport la cravache de 'Omar se trouva impuissante à extirper un abus, hautement réprouvé par le Qoran ; avec quel succès ? nous aurons à l'examiner plus tard. Contentons-nous pour le moment d'étudier les résultats obtenus à Médine, quarante ans après les débuts de la croisade antialcoolique, si courageusement entreprise par Mahomet.

Dans l'effort tenté par le calife 'Omar (4) pour faire de Médine la

(1) Moslim, *Ṣaḥîḥ*, I, 345-51 : textes nombreux à l'appui, avec des atténuations suggestives. Les femmes «s'offrant elles-mêmes au Prophète» ; autant de preuves de la mot'a pratiquée par lui.

(2) Moslim, *Ṣaḥîḥ*, I 350, 4 كانت المتعة في الحج لاصحاب محمد صلعم خاصّة ; on peut traduire aussi : elle sévissait surtout parmi les Ṣaḥâbîs , et en dehors du *mausim*. *Ibid*, I, 395.

(3) Moslim, *Ṣaḥîḥ*, I, 345, 349 ; Caetani, *Annali*, I, 111 ; *Osd*, II, 260, 261. A la Mecque on continua à la pratiquer jusque sous Ibn Zobair. Moslim, *Ṣaḥîḥ*, I, 396. Efforts pour en diminuer l'odieux; la permission aurait été limitée aux époques de شدّة. Boḫârî E, III, 204.

(4) Mahomet et Aboû Bakr le précédèrent dans cette voie en exilant les moḫannaṯ de Médine. *Osd*, IV, 268, 6 ; Boḫârî E, IV, 32 ; Tirmiḏî, *Ṣaḥîḥ*, I, 271.

cité modèle de l'islam (1), la passion du vin attira surtout les sévérités de l'implacable calife, lui-même jadis un fervent ivrogne (2). Dans la ville sainte, de nombreux cabarets étaient tenus par des Juifs et par des chrétiens (3). Des Ṯaqafites musulmans et même des Qoraišites (4) exploitaient cette industrie. 'Omar fit incendier des cabarets (5). Réussit-il à fermer les autres ?

Il est permis d'en douter. On continuait à vendre du vin aux propres fils du calife. Parmi ces derniers plusieurs paraissent avoir été de vrais alcooliques, étalant dans les provinces le spectacle de leur ivresse. A Médine 'Omar se vit forcé d'en fustiger un au point de le rendre malade (6). On le nommait Aboû Śaḥma (7) ; il avait l'ivresse brutale et violentait alors les femmes dans les rues de Médine (8). Aboû Śaḥma marchait sur les traces de son père : un des premiers usages de sa puissance califale fut de déshonorer une veuve, coupable de demeurer fidèle à la mémoire de son mari (9). Grand partisan du fouet, 'Omar appliqua le même châtiment à un autre ivrogne, Qodâma ibn Maẓ'oûn (10), un proche parent à lui, et ancien combattant de Badr (11), appartenant par

---

(1) Cf. *MFO*, II, 57.

(2) Ibn Hišâm, 227 a. d. l.; 228, 2.

(3) *Aǵ.*, IV, 104, 5 a. d. l.; XIII, 137, 1 ; XXI, 152, 11 ; Ḫamîs, II, 252 ; *'Iqd*, II, 151, 7, etc.; I. S., *Ṭabaq.*, III[1], 202 ; V, 40. Parmi ces cabaretiers, *Manâqib al-'Aśara*, Ms. B. Kh., VIIIe section, nomme le Juif Nosaika.

(4) Cf. *Aǵ.*, VI, 60 ; Boḫârî, *Kitâb al-Boyoû'*, n° 103 ; Moslim, *Ṣaḥîḥ*, I, 464.

(5) I. S., *Ṭabaq.*, III[1], 202, 12 ; V, 40 ; Ibn al-Ǵauzî, *Manâqib 'Omar ibn al-Ḫaṭṭâb*, Ms. B. Kh., (*Târîḫ*, n° 529). Le Prophète menace de brûler les maisons de ceux qui s'absentent des réunions du Vendredi. Cf. اختلاف العلماء, Ms. B. Kh., (*Ḥadîṯ*, n° 38). On voit par quelles mesures s'est imposée la pratique de l'islam. Nous doutons pourtant que Mahomet ait été jusqu'à décréter la peine de mort contre les ivrognes récidifs. Tirmiḏi, I, 272-73.

(6) Cf. *Ḫamîs*, loc. cit. ; *'Iqd*, III, 403-404 ; *Osd*, III, 312, 416.

(7) Ou Aboû Śoḥaima. *Manâqib al-'Aśara*, Ms. B. Kh.

(8) 'Omar l'aurait fait expirer sous les coups en pleine mosquée de Médine. *Manâqib al-'Aśara*, VIII.

(9) Voir plus haut, I. S., *Ṭabaq.*, VIII, 194, 6-20 : on ne sait ce qu'il faut le plus relever, ou le calme des narrateurs ou le cynisme de 'Omar.

(10) *'Iqd*, III, 403, d. l. ; Ibn Doraid, *Ištiqâq*, 81 ; *Manâqib al-'Aśara*, VIII.

(11) Cf. I. S., *Ṭabaq.*, III[1], 289-90. Dans ce ménologe édifiant, rien ne laisse soupçonner les faiblesses du saint personnage. Nous devons la connaissance de ces dernières à l'in-

conséquent à la grandesse de l'islan. Sous Mahomet (1) et Aboû Bakr le *ḥadd* pour les musulmans, surpris en état d'ivresse, s'était borné à 40 coups. 'Omar, en cela approuvé par les Ṣaḥâbîs éleva ce nombre à 80. Le désordre avait donc augmenté, semble-t-il ; car on voit les pénalités suivre une marche ascendante à mesure qu'on touche à la fin du règne (Boḫârî E, IV, 140).

En dépit de la sévère répression, de nobles personnages continuaient à boire et jusqu'au temps du Ramadan (2). Plusieurs, comme le fameux saiyd bédouin, Manẓoûr ibn Zabbân prétendaient ignorer la défense qoranique. L'orgueilleux nomade, peu ferré sur la théologie islamite, n'avait retenu peut-être que la 2e sourate (v. 216), où la boisson est présentée comme une chose indifférente (3). Quand 'Omar essaya de lui redresser les idées, il reçoit pour toute réponse : « Une religion qui interdit le vin, doit être détestable » (4). Parfois la peine classique du fouet se trouvait impuissante ; alors le calife recourait au bannissement. Mais les exilés furieux passaient sur les terres de l'empire et à la religion chrétienne (5). Durant une ronde de nuit (6), 'Omar fait irruption dans une demeure. Il y surprend un vieillard, occupé à boire en écoutant une chanteuse. « O honte ! s'écrie le calife zélote. — La honte retombe sur l'espion, violant le sanctuaire de la famille ; toutes choses défendues par le livre d'Allah ! » Le calife se retira, emportant cette leçon méritée.

---

discrétion des recueils d'*ana* et des collections plus récentes. *Osd*, IV, 199. Il faut surtout savoir gré à la maladroite activité de la littérature des *Manâqib* et *Faḍâ'il*. Fréquemment ces panégyriques imprudents montrent les saints de l'islam sous un jour particulièrement odieux. Sur l'ivrognerie chez les 'Omarides, voir p. ex. Ibn al-Ǧauzî, *Manâqib 'Omar*, Ms. B. Kh.; Boḫârî E, III, 268 : 'Obaidallah fils de 'Omar s'y adonne.

(1) Cf. كتاب ايضاح الارتياب, Ms. B. Kh., (*Ḥadiṯ*, n° 20*). Le Prophète et son successeur se contentaient dans ce cas de soufflets ou de coups de savate. 'Omar aurait transformé ce *ḥadd* en flagellation. Boḫârî E, IV, 140 ; Tirmiḏî, I, 272.

(2) Cf. Ibn Ḥaǵar, II, 341 en bas ; *Aǧ.*, XIII, 113.

(3) Cf. '*Iqd*, I, 17, 1. *Qoran*, XVI, 69. Sur la chronologie des versets relatifs au vin, cf. Nöldeke, *Gesch. des Qorans*, 147, n. 2.

(4) *Aǧ.*, XI, 55-56 ; XXI, 261.

(5) *Aǧ.*, XIII, 113 ; I. S., *Ṭabaq.*, III[1], 202,12 ; Ibn Doraid, *Ištiqâq*, 81, d. l.

(6) Le trait est emprunté à *Manâqib al-'Ašara*, VIII, Ms. B. Kh.

A Ṭâif, la cité des vignes, devait revenir l'honneur de produire le premier dans la longue série des poètes bachiques de l'islam, le joyeux Aboû Miḥǵan, l'Horace du Parnasse arabe. Pour le corriger 'Omar avait usé sa cravache sur son dos, puis il avait voulu l'exiler dans une île de la Mer Rouge (1). Tout fut inutile ; témoin ce distique du Ṯaqafite impénitent :

« Le vin, ma foi, se fait rare ; en dépit des châtiments et des interdictions de l'islam.

Je continue à le boire pur, de bon matin, pour me mettre en gaîté ; puis je le mêle avec de l'eau ! » (2).

La tradition, désireuse de sauver la mémoire du vaillant guerrier, qui se distingua à la bataille de Qâdisiya (3), représente Aboû Miḥǵan comme s'étant amendé à la fin de ses jours. Nous éprouvons de la peine à accorder cette conversion *in extremis* avec l'épitaphe qu'il s'était composée :

« Après ma mort, enterrez-moi au pied d'une vigne, dont les sucs puissent abreuver mes os en poudre ;

Ne m'enterrez pas dans la plaine, de peur que dans la tombe je ne goûte plus de son jus ! » (4).

Sous 'Oṯmân et les Omaiyades la répression se fit moins violente. Alors l'on entend des poètes anṣâriens se vanter publiquement de leur passion pour le vin (5). D'autres protestent ne boire que du vin véritable et non pas une décoction de raisins secs. Tous se moquent des défenses « proclamées par les *qorrâ'* contre le jus de la vigne «اذا حرّمت قرّاؤنا حلب الكرم» (*Aǵ*. II, 86 en bas). A les entendre parler, l'interdiction n'aurait pas

(1) *Aǵ.*, XXI, 210 ; Balâḏorî, 258, 9, à Dahlak, la Nouvelle Calédonie des Omaiyades. Cf. *Index* de l'*Aǵânî*, s. v.

(2) *Aǵ.*, XXI, 216 : '*Iqd*, III, 404. Dans *Aǵ.*, X, 95 ces vers sont attribués à un autre poète buveur, Oqaiśir.

(3) Après l'avoir châtié, Sa'd ibn abi Waqqâṣ, charmé de sa bravoure, finit par lui donner carte blanche. Balâḏorî, 258.

(4) *Aǵ.*, XXI, 215. Comp. Qotaiba, *Poests*, 252, où Mo'âwia rappelle ces vers au fils d'Aboû Miḥǵan. Ce dernier croit devoir excuser son père devant le calife abstème.

(5) Cf. Qotaiba, *Poests*, 93 ; *Aǵ.*, XX, 117, 120.

d'autre origine. Il faut excepter les accès de zèle des gouverneurs du Ḥiǵâz, et avant tous de l'énergique Marwân ; se voyant périodiquement forcés de sévir contre le débordement et de fermer les tavernes. Avec une police, composée, comme le fut alors celle de Médine, de chrétiens (1), on dut assister à la répétition de l'aventure, arrivée aux gendarmes musulmans de Koûfa. Envoyés pour arrêter le poète Oqaiśir, ils se laissèrent corrompre ou, pis encore, s'enivrèrent avec lui (2). Aussi n'était-il pas rare de rencontrer des buveurs, couchés ivres-morts dans le ruisseau de Médine (3).

Vers ce temps s'était formée une réunion (4) choisie, sorte de club fermé (5), et composée des membres des plus saintes familles islamites (6). On y distinguait le petits-fils de ʿAbdarraḥmân ibn ʿAuf, membre du collège des « ʿAśara » ou « Mobaśśara », celui de Omm Aiman, affranchie et nourricière du Prophète, — si toutefois elle ne lui fut pas rattachée par de véritables liens de famille (7) —, l'arrière petit-fils de l'Anṣârien

---

(1) De Aila ; voir plus bas et *MFO*, I, 13.

(2) *Aǵ.*, X, 91.

(3) I. S., *Ṭabaq.*, V, 101, 26, etc.

(4) M. Goldziher l'a déjà signalée dans *M. S.*, I, 27. Comp. Qotaiba, *Maʿârif*, 81.

(5) Cf. *Aǵ.*, XVIII, 66, 8 et 5 a. d. l. — Si Omm. Aiman eût été une « maulât » ordinaire, son descendant n'aurait pu faire partie d'un cercle aussi *select*. La haute société professait alors des idées fort peu démocratiques au sujet des maulâs ; terme fréquemment synonyme d'esclave. *Aǵ.*, VI, 5, l. 10 ; IX, 37, 4 ; 38, 5 ; Ṭab., II, 859, 1 a. d. l. ; Baihaqî, 294, 14. Aboû Sofiân proteste de se voir mis sur le même pied que Bilâl, Ṣohaib, et Salmân — noms illustres entre tous dans la primitive église musulmane ! — Ce dernier aspire à être gendre de ʿOmar ; il échoue devant les protestations des fils du calife et de ʿOmar. Ǵâḥiẓ, *Maḥâsin*, 164-65 ; *ʿIqd*, III, 271-72. Aboû Bakra et ses descendants se trouvent fort embarrassés du titre de maulâ du Prophète. *M. S.*, I, 137-138. Ibn Zobair traite d'esclave un maulâ de Mahomet. *ʿIqd*, II, 139, 13 a. d. l. Ceux-là pourtant étaient rangés parmi les اشراف ou نبل الموالي.

(6) Un autre cercle de buveurs médinois, mais encore plus aristocratique, était composé du fils du calife ʿOṯmân, de Walîd ibn ʿOqba, de ʿAbdarraḥmân, le frère de l'Omaiyade Marwân, etc. Cf. *Aǵ.*, II, 80-84.

(7) Le mystère plane sur la personnalité de sa mère. Mahomet donne à Omm Aiman le titre de mère, et ajoute en la désignant : « Voilà tout ce qui reste de ma famille ». I. S., *Ṭabaq.*, VIII, 162, 17 ; Nawawî, 857, 5 : أمي بعد امي . Pourquoi avec la tradition, ingénieuse à sauver les apparences, recourir à la supposition d'une « ḥâḍina », difficilement con-

ʿOwaim ibn Sâʿida, canonisé de son vivant par le fondateur de l'islam (1). Tous les membres — nous avons seulement nommé les plus en vue — étaient d'intrépides buveurs (2) ; mais avec une certaine discrétion (3). Aussi, ajoute l'*Aġâni* (*loc. cit.*), « cela ne faisait tort ni à l'acceptation de leur témoignage ni au maintien de leur considération et de leur prestige», tant l'opinion publique à Médine avait fini par se blaser ! Voici un échantillon des vers, composés en ce milieu ; ils en caractérisent clairement les tendances et l'esprit. Le nom de leur auteur, autre membre actif du club médinois, leur donne même une saveur particulière. Ils sont du fils du très pieux Anṣârien Aboû Aiyoûb, mort plus tard sous les murs de Constantinople (4), pendant l'expédition commandée par Yazîd en personne : ce dernier ne les eût pas désavoués :

« Allons ! remplis ma coupe ; moque-toi des critiques et arrose des os, destinés à pourrir.

C'est mourir que de tarder à boire son verre ou de le laisser. Aller au fond, voilà la vie ! » (5)

---

ciliable avec la misérable enfance du Prophète ! Pour une esclave, ce dernier traite Omm Aiman avec beaucoup de faveur ; il lui concède des domaines (Moslim, *Ṣaḥîḥ*, 58), lui assure d'avance le Paradis. I. S. *Ṭabaq.*, VIII, 162, 26 ; 163, 8. D'après un passage d'Ibn Saʿd, où l'on signale sa prononciation défectueuse, elle aurait été d'origine étrangère. *Ṭabaq.*, VIII, 163, 12, etc.; Nawawî, 856. Mahomet, on le sait, fut parfois appelé fils d'Aboû Kabśa. En vue d'écarter ce patronymique gênant, la tradition orthodoxe présente Aboû Kabśa comme un maulâ du Prophète (I. S., *Ṭabaq.*, III[1], 33) et se contente de le nommer, comme en passant, elle si prolixe au sujet de Zaid « le bien-aimé ». Nous trouvons suspecte l'analogie du processus adopté pour constituer un état civil au couple de « maulâs »: Aboû Kabśa et Omm Aiman. Cf. Qasṭalânî, I, 95 en haut. Toute l'histoire de cette *maulât* est remplie d'invraisemblances. Elle survit à Mahomet: cela lui fait environ 63/65 ans. Ajoutez-en 20 pour avoir pu être sa حاضنة ; Omm Aiman aurait donc eu son fils Osâma—à la mort de Mahomet il comptait 19 ans — vers l'âge d'environ 65 ans. Dans les *Ṣaḥîḥ*, ses *Faḍâ'il* viennent immédiatement après ceux des épouses ; elle se voit spécialement honorée par les duumvirs, A. Bakr et ʿOmar. Moslim, *Ṣaḥîḥ*, II, 249-50.

(1) I. S., *Ṭabaq.*, III[2], 30-31.

(2) *Aġ.*, XVIII, 65-66.

(3) *Aġ.*, XVIII, 66, 8 et 5 a. d. l.

(4) Voir plus bas.

(5) *Aġ.*, XVIII, 66 en bas.

Dans un cercle médinois voisin, des buveurs, tous Qoraišites et contemporains de Yazîd, célébraient à la fois :

« Le vin, importé de la région de Beyrouth (1), liqueur claire et vierge, et celui qu'avait produit le terroir de Baisân ».

سبيئة مِنْ قُرَى بَيْروت صافية   عذراء او سبئتْ مِنْ ارض بَيْسان (2)

De ces cercles, d'autres illustres personnages de Médine auraient également pu faire partie. Nommons un neveu d'Ibn Zobair (3), un petit-fils de ʿAlî (4), et l'élégant ʿObaidallah, le propre fils d'Ibn ʿAbbâs. Ce dernier (5) ami intime de Aḫṭal fut également — au témoignage de ce poète — avec Ḫâlid, fils du calife ʿOṯmân (6), le compagnon du Taġlibite dans ses visites aux tavernes. De l'Anṣârien ʿAbdarraḥmân, fils du poète Ḥassân, on disait communément à Médine : « si tu trouves une amphore de vin, tu peux, sans grande crainte de te tromper, la supposer sortie de sa cave (7) ». Il n'était donc pas dénué de fondement le reproche de ʿObaidallah fils de Ziâd, accusant d'ivrognerie les ʿAlides et les Hâšimites de Médine (8), comme aussi l'invective de Aḫṭal, traitant les Anṣârs en bloc d'alcooliques (9). Les ʿAlides seront plus tard accusés de se livrer à la boisson. Leur faisait-on des représentations à ce sujet, ils auraient argué d'une dispense en leur faveur, consignée dans le livre secret de la šîʿa, *al-Ǵafr* (10).

C'est qu'au Ḥiǵâz on se vantait de savoir vivre. Même l'austérité s'y

(1) Le vin du Liban ; c'est le sens de مِنْ قُرَى بَيْروت . Pline mentionne également les *Berytia vina*.

(2) *Aġ.*, II, 86.

(3) *ʿIqd*, III, 404, 3.

(4) *Aġ.*, V, 176, 8 ; I. S., *Ṭabaq.*, VIII, 348, 8.

(5) *ʿIqd*, III, *loc. cit.* ; Aḫṭal, *Divan*, 27, 6, etc. et note du scoliaste. D'après Ḥoṣrî, I, 70, ces vers auraient été prononcés au sujet d'un fils de Ḥosain ibn ʿAlî et appartiendraient à un autre poète.

(6) Cf. Aḫṭal, *Divan* B., 174.

(7) *ʿIqd*, II, 151, 7, etc.

(8) Ṭab., II, 266, 17.

(9) Aḫṭal, *Divan*, 3 ; *Aġ.*, XIII, 148.

(10) Cf. *Tamhîd*, Ms. B. Kh., p. 243 ; probablement une charge sonnite. Le *Tamhîd* est un panégyrique et un plaidoyer pour le calife ʿOṯmân.

montrait aimable ; la galanterie et la piété s'y donnaient la main. Avec quelle miséricordieuse indulgence Ibn 'Omar, ce modèle de vertu, n'adresse-t-il pas des observations à une pèlerine impudente ! Et le *nâsik* Ibn Mosaiyab était fier d'opposer la piété tolérante de sa province ظرف عبّاد اهل الحجاز aux exagérations des odieux (ثقلاء) Iraqains. Yazîd y arriva dans des dispositions d'esprit analogues; il dut se trouver à l'aise dans cette société médinoise(1), où, au témoignage de Marwân, un témoin autorisé, la corruption était universelle(2) et résistait à la répression des autorités(3). Elle s'étalait dans la rue. Pour échapper à ce spectacle, le célèbre 'Orwa ibn Zobair alla se fixer au 'Aqîq (4). Un jour, Yazîd était à boire quand on annonça la visite de Ḥosain, fils de 'Alî. Par égard pour ce personnage, précipitamment il fit enlever les coupes où pétillait le vin des meilleurs crus de Syrie, dont l'arome s'était répandu dans l'appartement. Ḥosain le perçut en entrant sans toutefois distinguer la nature de cette odeur insolite. « Vraiment, s'écrie-t-il, ce parfum est exquis et je ne m'imaginais pas que sous ce rapport on pût nous surpasser (5). — C'est, répondit hardiment le fils de Mo'âwia, un produit de fabrication syrienne. » Puis il se fit apporter un verre, le vida et voulut en offrir un second à Ḥosain. C'en fut assez pour obliger le fils de 'Alî à se retirer promptement (6). Au moment où le pieux Ḥosain faisait cette démonstration, son propre fils 'Alî se trouvait peut-être à boire en compagnie du chrétien Aḫṭal (7).

En partant pour le Ḥiǵâz, Yazîd était déjà marié à Fâḫita, descen-

(1) *Aǵ.*, I, 161.

(2) ..ودع المدينة إنّها مذمومة, vers de Marwân à Farazdaq. *Aǵ.*, XXI, 197, 19. Au lieu de مذمومة, on trouve محظورة . *Aǵ.*, XIX, 43.

(3) Les témoignages abondent. Voir celui du célèbre Auzâ'î. Ṯa'âlibî, *Rasâ'il*, p. 105, 12 ; '*Iqd*, III, 269, 2 a. d. l.; Ǵâḥiẓ, *Avares*, 204 ; Wellhausen, *Reich*, p. 35 et 101.

(4) رأيتُ الفاحشة في المدينة ظاهرة . *Taḥqîq an-Naṣra*, Ms. B. Kh. De nos jours la situation n'a guère changé. Les Médinois, m'écrit un correspondant musulman sont منهمكون باللذّات وبشرب الكحول (Lettre de Médine, 9 de Ḏû'l Ḥiǵǵa 1324). Comp. Doughty, *Travels*, I, p. 151.

(5) Les Hâšimites faisaient une grande consommation de parfums. *MFO*, II, 59, 69. Il a été plus haut question de Mahomet.

(6) *Aǵ.*, XIX, 63.

(7) Ḥoṣrî, I, 70.

dante de 'Abdšams et mère de ses deux fils Mo'âwia et Ḫâlid (1). De là, sa konia de Omm Ḫâlid (2) et aussi celle de Yazîd (3), lequel l'aurait combinée avec le nom de son cadet, Ḫâlid. Le prince paraît avoir été un bon mari. Sur le chemin du ḥaǵǵ nous le surprenons à soupirer au souvenir de sa femme (4). D'après un dicton, conservé de lui, le bonheur idéal consisterait à vivre dans un coin ignoré, à côté d'une compagne aimée et digne de l'être (5). Ce sentiment lui aurait inspiré le vers tant admiré des Arabes et proclamé par Ibn Sîrîn le plus noble de leur littérature (6) :

« Quand je fais un pas, quand je m'écarte d'une heure, je suis torturé par le regret d'avoir quitté Omm Ḫâlid (7). » — A Médine Yazîd contracta une seconde union (8) dans la famille du calife 'Omar. Ce mariage a pu être conseillé par la politique de Mo'âwia, désireux de se rapprocher des milieux médinois. L'empire, pris par la nouvelle épousée sur le cœur de Yazîd ne fut pas du goût de Omm Ḫâlid. Son mari lui adressa à ce sujet des consolations poétiques, l'engageant à faire bon accueil à la Médinoise dans la résidence de Ḥowwârîn (9). Nous ignorons comment elles furent acceptées. Mais comme dans tous les harems nombreux — et celui de Yazîd ne tarda pas à s'enrichir encore (10) — il pouvait être question, non de paix, mais de trêves. Yazîd ne tarda pas à renvoyer la descendante de 'Omar. Par dépit (11) elle épousa 'Obaidallah, fils de Ziâd, qu'elle savait

(1) *Aǧ.*, XVI, 88 ; Ṭab., II, 429.

(2) Aḫṭal, *Divan*, 289 : elle la prit en échange de celle de Omm Hâšim. *Aǧ.*, XVI, 88.

(3) Ṭab., II, 428, 12 ; Aḫṭal, *Divan*, 94, 3 ; *'Iqd*, II, 148, 2 d.; *Aǧ.*, XI, 42, vers de Motawakkil.

(4) اشتاق اهلا . *Aǧ.*, VII, 178, 3 a. d. l.; ahl = femme.

(5) Qotaiba, *'Oyoûn*, 312, 6 ; *Kitâb al-Fâḍil*, 441 ; on l'attribue aussi à Ziâd.

(6) اشرف بيت قالت العرب .

(7) 'Ainî, Ms. B. Kh., XI, p. 48.

(8) Avec Omm Miskîn, arrière petite-fille du calife 'Omar. 'Ainî, *loc. cit.*, l'appelle Omm Bakr. Fréquemment les femmes portaient deux konias, parfois même dès leur naissance.

(9) *Aǧ.*, XVI, 88 en bas.

(10) Ṭab., II, 429. Un autre beau-père de Yazîd est nommé dans Baihaqî, 64, 5. La liste de Ṭabarî est incomplète.

(11) مغايظة.

en mauvaise intelligence avec Yazîd. Après sa mort elle passa à un troisième mari. Brouillée avec lui, cette arrière petite-fille du second calife osa lui faire cette brutale déclaration : « Je ne t'ai pas épousé par amour, mais pour laver une faute » (1).

Ajoutez les rivalités de tribu. A l'instigation sans doute de sa mère, Yazîd rechercha une alliance matrimoniale chez les Kalb (2). Dans les palais omaiyades, entre princesses kalbites et qaisites, c'était à qui vanterait les membres de sa tribu (3), qui obtiendrait des situations privilégiées à ces parents bédouins, devenus les oncles et les gendres des Omaiyades. De là des différents, compromettant non-seulement la tranquillité du palais, mais parfois celle de l'empire (4). Cette situation atteindra son plus haut degré d'acuité après la mort de Yazîd, comme nous le verrons en son lieu. Pendant ce séjour à Médine, Ǵa'da la veuve de Ḥasan fils de 'Alî, s'il faut en croire les écrivains śî'ites, rappela à Yazîd la promesse de l'épouser, comme récompense d'avoir assassiné son premier mari. Pour toute réponse le prince lui fit dire : « Nous t'avons jugée indigne de Ḥasan et nous pourrions nous accommoder de toi ? » (5) Nous savons heureusement à quoi nous en tenir sur la valeur de cette légende (6), dont nous rencontrons ici un nouveau développement.

Yazîd accomplit à plusieurs reprises, comme prince héritier, le pèlerinage aux villes saintes. Devenu calife, les préoccupations politiques l'obligeront à y renoncer (7).

De retour dans la Palmyrène, le fils de Mo'âwia y reprit la vie de prince sans souci, en compagnie de son inséparable Aḫṭal.

---

(1) 'Ainî, Ms. B. Kh., XI, p. 49 اردتُ اغسل سوءةً وقعتُ فيها .

(2) Balâḏorî, 62 ; Ibn Ḥaǵar, I, 773, n° 1963.

(3) Comp. une mofâḫara entre les épouses de Walîd I. Une scène entre Maisoûn et Fâḫita. Ibn al-Aṯîr, IV, 53, 54 ; nous l'analyserons plus tard.

(4) Cf. *Ḥamâsa*, 260, 656-59. Ḫâlid, fils d'une Qoraiśite, excite les Arabes de Kalb contre ceux de Qais parce que les premiers étaient les « aḫwâl » de son père Yazîd. *Aǵ.*, XVI, 91 d. l. Quoique hostile alors à Kalb, Aḫṭal, en faveur de Yazîd, célèbre sa «ḫo'oûla» Kalbite. *Dîwan*, 172, 1.

(5) إن لمْ نرضاكِ للحَسَن أفنرضاكِ لانفسنا . *Maśâriq al-Anwâr*, Ms. B. Kh.

(6) Cf. *MFO*, II, p. 41, etc.

(7) 'Ainî, Ms. B. Kh., XI, 47; comp. *Aǵ.*, VII, 104, 17-19; Ibn al-Aṯîr, IV, 53 en bas.

Tout réunissait les deux amis : tous deux jeunes, amis du vin, de la poésie. Nous avons déjà signalé la diffusion du talent poétique dans la famille d'Aboû Sofiân (1). Les branches collatérales participaient également à cet avantage. Nommons Aboû Qaṭîfa fils de Walîd ibn Oqba, poète lui-même, fils et frère de poètes (2). Sous ce rapport, dans la série des califes omaiyades la première solution de continuité commencera avec Walîd I, fils et neveu de poètes, petit-fils de ce Marwân, priant Allah de le débarrasser de l'amour des vers. Ce dernier sentiment fit regretter à Yazîd que le poète 'Orwa ibn al-Ward n'eût pas laissé une fille, afin de l'épouser (3). On trouve un peu partout des échantillons poétiques, laissés par l'héritier de Mo'âwia (4). L'éloge du vin — est-il besoin de le dire ? — en occupe la majeure partie. Du temps d'Al-'Ainî, il circulait un *divan* très connu, attribué à Yazîd, mais d'une authenticité déjà suspecte (5). Si nous possédions ce recueil, peut-être pourrions-nous y surprendre la collaboration de Aḫṭal et vérifier si, comme il se le permit à l'égard de Ǵarîr (6), Yazîd s'appropria les vers du Taǧlibite.

XXI

YAZID ET LA SOCIÉTÉ DES CHRÉTIENS :

CE QU'EN PENSA MO'ÂWIA. L'ISLAM, RELIGION DES ARABES. JUIFS ET CHRÉTIENS DANS L'ARABIE PRÉISLAMIQUE : COMMENT ILS Y FURENT JUGÉS.

Mais la qualité de chrétien n'était pas faite pour lui déplaire dans

(1) Cf. *MFO*, II, 147.

(2) Cf. *Aǧ.*, I, 16 ; 18.

(3) *Aǧ.*, II, 190, 5 a. d. l.

(4) Ǵâḥiẓ, *Ḥatawân*, IV, 23; *Aǧ.*, I, 104 ; II, 136 ; XIII, 154 ; XIV, 63, 119 ; XVI, 88 ; Aḫṭal, *Dîvan*, 359, 360, 389 ; Mas'oûdî, V, 157 ; 161-62.

(5) (lisez متحول) له ديوان مشهور وقيل ان معظم الشعر المنسوب اليه متحوّل . 'Ainî, XI, 49, Ms. B. Kh. Les vers sur Ǵilliq. Ǵâḥiẓ (*Ḥatawân*) les attribue à un autre rimeur. Voir plus haut la discussion, relative à cette localité, p. 243-44.

(6) *Aǧ.*, VII, 52, 59 ; et aussi de A'šâ : voir plus haut.

Aḫṭal. Elle les mettait l'un et l'autre bien plus à l'aise. Quand Yazîd voulut commander à Ka'b ibn Ǵo'ail une satire contre les Anṣâriens (1), ce dernier s'écria épouvanté : « Autant voudrait me proposer l'apostasie ! » (2) Le chrétien taǵlibite ne pouvait éprouver de pareils scrupules. Si Yazîd le lui eût demandé, il aurait caricaturé Mahomet. Aḫṭal a dû composer à Ḥowwârîn, après une partie de vin avec Yazîd, la pièce goguenarde (3), débutant par ce vers irrévérencieux :

« Nous avons bu à en mourir, comme au bon vieux temps de la ǵâhiliya, alors qu'on ignorait jusq'au nom de Mahomet ».

Un jour qu'ils étaient à boire, Yazîd ordonna à Aḫṭal de le prendre en personne comme sujet d'une satire. Le poète s'exécuta, comme il fallait l'attendre d'un tel virtuose ; seulement il dépassa le but. Mis en fureur par ces rimes cinglantes, le prince souffleta son ami ! « Bâtard ! lui cria-t-il, je ne t'avais pas demandé tout cela ! » (4)

Mo'âwia désapprouva-t-il cette intimité avec deux chrétiens, le fils de Sarǵoûn et l'Arabe de Taǵlib ? Il n'y paraît pas. Nos recherches antérieures (5) nous ont permis de conclure à la sincérité de ses convictions musulmanes. Mais toujours modéré, il ne paraît pas avoir exercé de prosélytisme autour de lui.

Sur cette question de la tolérance, Mo'âwia partagea les idées des plus intelligents parmi ses contemporains. Quelle opinion se faisait Mahomet sur la future expansion de sa religion ? Sa pensée lui assigna-t-elle une mission universelle ? Il serait téméraire de l'affirmer. Mahomet borna longtemps ses efforts au seul Ḥiǵâz : encore désespéra-t-il d'y entamer jamais la masse des Bédouins (6) et d'avoir raison de leur indifférence religieuse. Plusieurs versets du Qoran attestent ce sentiment découragé.

---

(1) Cf. Dînawarî, 277, 5-6.

(2) *'Iqd*, III, 143 ; *Aǵ.*, XIV, 123.

(3) *Divan*, 321, 4. Le vers suivant contient une allusion déplacée, à la résurrection du Christ.

(4) Aḫṭal, *Divan*, 388, etc.; Baihaqî, 286-87. Comp. trait analogue entre les poètes Ḥazîn et Koṭaiy. *Aǵ.*, VIII, 30.

(5) Cf. *MFO*, II, 104-05.

(6) Cf. *Osd*, IV, 123, 6 a. d. l.; *Qoran*, XLIX, 14.

Dans le traité, conclu avec les Naǵrânites, il s'interdit à lui-même toute tentative de propagande (1). Au cours des nombreux *wafd*, reçus par lui, il est question de sa reconnaissance comme envoyé de Dieu — la tradition le prétend du moins — ; mais l'adhésion (2) politique (3) revêtait à ses yeux une importance au moins égale. Comme le montre son attitude expectante envers La Mecque et Ṭâif et avec les *ralliés*, il paraît avoir beaucoup compté sur le temps pour amener au Qoran les esprits des citadins du Ḥiǵâz. En attendant ce résultat, il exigeait le versement intégral des taxes convenues.

Vers la fin de sa carrière, dans la sourate neuvième, véritable ḫoṭba guerrière, Mahomet a résumé la ligne de conduite à observer vis-à-vis des « gens de l'écriture ». Or dans ce programme il est question non de les prêcher mais de « les combattre jusqu'à ce que, de guerre lasse, ils *paient* la *ǵizia* ». (4). Voilà comment il entend faire « triompher la religion de vérité sur toute religion » (5). Le triomphe, entrevu par lui, est exclusivement politique ; il préconise l'assujettissement d'une caste à l'autre, et non pas une conquête religieuse, celle des intelligences et des cœurs. (Comp. Caetani, *Annali*, II, 1083). La دعوة , l'invitation à l'islam n'est pas une condition indispensable. (Tirmiḏî, *Ṣaḥîḥ*, I, 292).

A la même époque, dans ce cerveau agité, où les idées successives se heurtaient tumultueusement, la formule de l'islam, « religion nationale des Arabes », aurait fini par surgir. Ce fut du moins la théorie préconisée par ses successeurs immédiats, Aboû Bakr et ʿOmar (6). Resterait à savoir,

---

(1) Balâḏorî, 64, 13 ; 65 ; 71, 13.

(2) Le signe sensible en était le paiement du زكاة , toujours mentionné. La distinction, établie par lui (*Qoran*, loc. cit.) entre l'*islâm* et l'*imân*, comprenait — je le soupçonne du moins — dans l'*islam*, l'adhésion politique. Voilà pourquoi il reproche aux Bédouins d'avoir seulement admis l'islam à l'exclusion de la foi. Pour l'insistance sur le *Zakât* pendant la période médinoise cf. Grimme, *Mohammed*, I, p. 57. Sur l'opportunisme religieux des Bédouins, voir R. Geyer, *Memnon*, I², (1907), 202-04.

(3) Cf. Qasṭalânî, I, 129 : الاسلام انقياد ودخول في السلم et encore الاسلام انقياد الظاهر , *ibid.*

(4) *Qoran*, IX 19.

(5) *Qoran*, IX, 28.

(6) De là, la politique, suivie par ce dernier envers Naǵrân et Taǵlib ; de là aussi la répression impitoyable de la *ridda*.

si sur ce point ils n'ont pas élargi le plan primitif du Maître (1), comme cela leur est arrivé en d'autres circonstances. Le Prophète aimait à désigner du nom de *ommati*, ma nation, l'ensemble de ses adhérents, sans distinction de tribus. Celles-ci, il aurait souhaité les voir fusionner sous la bannière de l'islam. Le terme de *omma* أمّة paraît avoir eu pour les contemporains de Mahomet la signification spéciale de communauté religieuse (2). Un poète, adversaire de Mahomet, appelle également ses sectateurs آل محمّد, famille de Mahomet (3). Dans les premières années de l'hégire, rien de plus fréquent que cette expression « ommat Moḥammad » pour désigner la *ǵamâ'a* islamique. Ces indices suffisent-ils pour attribuer au Prophète la claire perception d'une religion universelle ? Certains orientalistes l'ont pensé (4) et les Ṣaḥîḥ l'affirment (5) ou plutôt essaient de se le persuader, au moyen de ḥadîṯ prophétiques, comme les suivants : « Parmi les envoyés d'Allah, je compterai le plus d'adhérents », et encore : « tous les hommes croiront en moi » ; mais ce bienheureux moment sera en même temps « le signal de la fin du monde » (6). La plupart de ces ḥadîṯ sont *morsal*, émanent d'inconnus, comme le maulâ Ṯaubân ou d'imposteurs notoires, comme Aboû Horaira. D'autres fois ils paraphrasent le verset du Qoran (XXXIV, 27) : « nous t'avons envoyé à tous les hommes ». Dans ce passage, comme le montrent le contexte (7) et la concordance qoranique (8), il s'agit des Arabes et des contemporains du Prophète ; ou bien

---

(1) Dans Moslim, *Ṣaḥîḥ*, I 54, 2 — ḥadîṯ très suspect — le Prophète affirme seulement, pour tous les Arabes من هذه الأمّة, la nécessité de croire en lui, s'ils veulent échapper à l'enfer.

(2) Cf. Wellhausen, *Ehe*, p. 475, n. 1. Comp. *Qoran*. III, 106 ; X, 48 ; XVI, 38.

(3) Qotaiba. *Poesis*, 60, 1.

(4) Cf. Caetani, *Annali*, I, 204, 208, 726.

(5) Par ex. Boḫârî, I, 93, 4 a. d. l.

(6) Moslim, *Ṣaḥîḥ*, I, 53, 55. Cf. *ibid*, 147 ; II 362. Mahomet affirme avoir reçu les clés de la terre ; parmi les Prophètes aucun ne verra arriver autant d'adhérents à *son bassin* ; sa nation occupera toute la terre. Boḫârî E, IV, 175, 209 ; Tirmiḏî, *Ṣaḥîḥ*, I, 293, 8 a. d l.; 294, 4 ; II, 72.

(7) Comp. *Qoran*, XXXIV, 28.

(8) كافّة n'a pas un sens universel : comp. *Qoran*, II, 204, 36, surtout 123 ; les autres versets, cités en faveur de l'universalité de l'islam sont: III, 90; XXI, 107; XXV, 1. Comp. Ǵâḥiẓ, *Ḥatawân*, V, 25.

de ce triomphe extérieur, de cette suprématie hiérarchique, politique, que fréquemment Mahomet prédit à sa religion (*Qoran*, IX, 33 ; XL ; VIII, 28 ; LXI, 9). En ce sens, Farazdaq (Hell, 184 d. v.) et ses confrères ont appelé l'islam « la religion du genre humain, دين البرية ». La sauvage répression de la *ridda* fut motivée non par le refus de réciter la prière musulmane — c'est la version officielle — mais par celui de payer la *ṣadaqa*, signe du lien et de la vassalité politiques. Dans ce refus Aboû Bakr vit-il une preuve d'apostasie ? Il faudrait le prouver. Il suffisait à sa politique d'y trouver un *casus belli* (1).

Pour cadrer avec l'explication traditionnelle, l'expédition de Ḫâlid ibn al-Walîd aurait dû avoir pour unique objectif la soumission des Bédouins apostats. Ceux-ci, dans la défection générale, ne formèrent qu'une infime minorité. A la mort de Mahomet aucune grande tribu du centre et du Yamâma n'avait embrassé l'islam. Certaines avaient seulement accepté d'entrer dans la confédération médinoise (2). Aux invitations de Mahomet, les engageant à embrasser l'islam, les Tamîmites s'étaient contentés de répondre : « seules les tribus de brigands vous ont reconnu » ; allusion fort claire aux Ġifâr et aux clans pillards, fixés dans les environs de Médine (3). Celle de Solaim, si voisine de Yaṯrib, continuait à manifester peu de sympathie à l'islam (4). Aboû Bakr voulut châtier non l'apostasie, mais la rupture du lien politique. Le nouveau souverain ne consent pas à voir diminuer son autorité ni le nombre des confédérés de Médine. Ce point de vue primait à ses yeux la question religieuse. Et nous voyons les grands Ṣaḥâbîs partager cette opinion. Salmân — un Iranien pourtant — redoute la conversion des barbares علوج. Jusqu'à la fin de

(1) Il avait besoin d'une guerre arabe, s'il ne voulait demeurer simple émir de Médine. Dans cette claire-vue éclata son sens politique. Le refus d'un licou de chameau, déclara-*t*-il, lui suffirait pour déclarer la guerre ; la profession de foi ne suffit pas à ses yeux. En cette occurence il se montra plus fin politique et plus intransigeant que 'Omar. Cf. Moslim, *Ṣaḥîḥ*, I, 22-23.

(2) Caetani, *Annali*, II, 445-51.

(3) Cf. Boḫârî, II, 385.

(4) Caetani, *Annali*, II, 92. Même dans celle de Ašǵa', le porte-drapeau se convertit seulement après Ḥonain. Qotaiba, *Ma'ârif*, 107, 8.

sa carrière, ʻOmar paraît avoir pensé comme lui. Sur son lit de mort, il gémit de voir Médine envahie par des musulmans, étrangers à la race des conquérants (1). Les Arabes, il ne cessait de le répéter, devaient former la *matière* مادّة de l'islam (2) ; c'était nationaliser l'islam, le déclarer religion arabe.

Comme l'a fort bien vu l'auteur des *Mohammedanische Studien* (I, 73-74), la théorie de l'universalité de l'islam a été, sinon inventée, du moins propagée par les non-Arabes. Elle leur servit d'argument pour revendiquer l'égalité politique. L'argument sera repris par les Śoʻoûbîya (3) dans leur réaction contre l'impérialisme. A leur tour les Arabes s'en empareront pour y trouver la justification de leur droit de conquête (4). Ainsi, comme il arrive souvent, d'un même principe les partis tireront des conclusions opposées. Avec l'évolution de la nouvelle théorie, l'islam deviendra la religion non seulement des hommes, mais des *ǵinn* (5).

Nous ne serons donc pas surpris de trouver Moʻâwia peu disposé à favoriser la propagande musulmane. Comme toutes les questions, intéressant le gouvernement de l'état, la multiplication des maulâs le préoccupait (6). A-t-il prévu les complications que cette caste créerait à ses successeurs dans l'Iraq ? Nous l'ignorons. Mais dans sa répugnance on n'est autorisé à voir ni fierté ni indifférence religieuse — on a trop abusé de cet argument contre les Omaiyades — mais bien plutôt la réalité pratique d'intérêts matériels, très nettement aperçus. Comme l'empereur romain, propriétaire d'immenses domaines, sur lesquels vit une population de colons, attachés à la glèbe » (7), le calife arabe se voyait devenu le plus

---

(1) I. S., *Ṭabaq.*, III¹, 244, 21, etc. *Osd*, IV, 75.

(2) Ṭab., I, 2724, 13. La sollicitude du calife mourant pour les « ḏimmîs » a pour but la conservation et la multiplication de ce capital humain, propriété de la *ǵamâʻa* ; pas un mot pour les amener à l'islam. Ce silence explique les regrets du moribond sur la multiplication des musulmans, étrangers à l'Arabie, dans la ville de Médine.

(3) Cf. ʻ*Iqd*, II, 86, etc.

(4) et de leur supériorité sur les *maulâs*. ʻ*Iqd*, II, 91; *Tamyîz aṭ-ṭaiyb* (éd. Caire), 218.

(5) Ibn Ḥaǵar, II, 31. Comp. Ibn Ḥazm au sujet de Mahomet ابطل بمبعثه كلّ ملّة دان بها احدٌ من الانس والجنّ. Cf. *Ibṭâl al-Qiâs* cité dans Goldziher, *Die Ẓâhiriten*, p. 99, n. 2.

(6) Cf. ʻ*Iqd*, II, 91 en bas.

(7) Fr. Cumont, *Religions orientales dans le paganisme romain*, p. 5.

riche propriétaire de ses états (1). Cette situation lui conseillait de ne rien innover, de ne pas inquiéter les dimmîs dans leurs sentiments religieux afin de mieux les river au sol. Favoriser leur passage à l'islam, ç'eût été provoquer une crise, dont instinctivement on redoutait les conséquences. La profession de foi musulmane, la qualité de maulâ s'accordaient mal avec la condition de serf de la terre. On retrouvait la même situation dans le reste de l'empire. (2) Partout ils étaient اهل الارض — comme on aimait à les appeler (3) — et cela dans toute la rigueur du terme.

Les *protégés* étaient censés exploiter le sol au profit de la ǵamâ'a islamique ; ils étaient ses tributaires, اهل جزيتكم , dira encore Yazîd III dans sa ḫoṭba d'intronisation. Cette qualité formait la raison d'existence juridique au sein de l'empire de ces ilotes, chargés d'engraisser les conquérants du fruit de leurs sueurs. En les inquiétant dans leurs croyances, on les aurait poussés à l'émigration. Comme l'expérience permettait de le constater, leur passage à l'islam entraînait fréquemment leur établissement dans les villes. De toute façon on aboutissait à voir diminuer leur nombre (4) ; autant de menaces pour la prospérité du domaine national, pour la ǵizia et le ḫarâǵ, sources alimentant le trésor. A détourner ces dangers, souverain et sujets trouvaient un égal intérêt. Sous les derniers Marwânides on finira par perdre de vue ces principes d'une politique intelligemment égoïste, contre laquelle 'Omar II s'efforça de réagir (5).

En maintenant le *statu quo*, trouvé par lui, Mo'âwia retarda les complications économiques, que devait causer l'imprudence du fils de 'Abdal'azîz : la diminution de l'impôt personnel (على الرقاب) — les convertis ne pouvant plus être assujettis à la capitation — le dépeuplement des

(1) Cf. *MFO*, II, p. 127-141.

(2) Là encore le domaine d'état finit par se confondre avec celui du souverain : nouveau trait de ressemblance avec l'empire romain. Ya'qoûbî, II, 278-79, assigne à Mo'âwia des possessions في جميع الدنيا . Cf. *MFO*, II, 139. De là l'obligation pour certains souverains, comme 'Abdalmalik, de se constituer un *mâl ṭayib*.

(3) Boḫârî, I, 330 ; *Ṭabaq.*, V, 277, 17 ; Moslim, *Ṣaḥîḥ*, I, 263, 7 ; Becker, *Papyri Schott-Reinhardt*, passim.

(4) Cf. Ṭab., II, 1835, 3-4.

(5) *Sîra* de 'Omar II, 87 recto.

campagnes, cause de ruine pour le *ḫarâǵ*, l'entassement dans les *miṣr* de néophytes mécontents et prétendant à un traitement de faveur, au paiement d'un *ʿaṭâ'*, onéreux pour le trésor. Sous ʿAbdalmalik le problème prendra une telle gravité que l'énergique Ḥaǵǵâǵ se verra forcé pour le résoudre de sortir de la légalité stricte. Dans le but d'arrêter la diminution graduelle des impôts, causée par la conversion des *tributaires* (1), il renverra dans les campagnes, en compagnie de leurs qorrâ', des milliers de maulâs et les attachera de nouveau à la glèbe (2), comme de simples *ǵâlia*, ou colons fugitifs (3). Cette mesure lui permit de biffer leurs noms du divan (4) et de réaliser ainsi d'importantes économies, compensant dans une certaine mesure la diminution de la taxe personnelle.

Comme la majorité de ses contemporains, Moʿâwia avait gardé nombre de préjugés, hérités de la ǵâhiliya. Avant Mahomet, les Arabes avaient traité le culte comme une question secondaire, intéressant seulement l'intérieur de la tribu (5). Dans les poésies des Juifs arabes de la ǵahiliya, la religion occupe aussi peu de place que chez leurs confrères chrétiens (6). De là l'erreur des orientalistes, qui ont fait usage de ce criterium pour conclure à la faible diffusion du christianisme dans l'Arabie préislamique. En élargissant les idées, le Qoran avait permis de soupçonner que le culte d'Allah pouvait réunir tous les enfants de l'Arabie. Mais l'islam n'avait pas encore suffisamment pétri les intelligences pour les entraîner au-delà de cette conception : un progrès énorme, quand on

---

(1) ان الخراج قد انكسر وان اهل الذمّة قد اسلموا . Ṭab., II, 1122, 18. Ainsi écrit Ḥaǵǵâǵ à ʿAbdalmalik, établissant un lien de causalité entre les deux événements. Les fonctionnaires de ʿOmar II lui écrivent dans le même sens. *Sîra*, 87 recto.

(2) Cf. ʿ*Iqd*, II, 93.

(3) Il en sera question sous Walîd I. Cf. Becker, *Papyri Schott-Reinhardt* et *Zeit. f. Assyr.*, 96-97.

(4) Ce motif est clairement indiqué ان يسقط ديوانهم . ʿ*Iqd*, loc. cit. On voit de quel poids les considérations financières pesaient sur la politique. De cette conduite de Ḥaǵǵâǵ rapprochez cette parole de ʿOmar II : ما حسدتُ الحجاجَ عدوَّ الله إلّا بحبّه اهلَ القرآن واعطائه اياهم , *Sîra* de ʿOmar, 118 recto.

(5) Comp. pourtant la remarque de Wellhausen, *Reste*, p. 216.

(6) La remarque est de Nöldeke dans *Beitraege zur Kentniss der Poesie der alten Araber* p. 56, n. 2.

considère le particularisme invétéré des Arabes! On s'égare, croyons-nous, lorsqu'on fait naître dans la Péninsule l'idée d'une religion mondiale. Le Qoran n'a pas même soupçonné ce caractère du christianisme. ʿIsâ y apparaît, comme envoyé à une *omma*, à une société particulière. Pour dénationaliser l'islam, pour présenter Mahomet comme le « Prophète des blancs et des noirs » (1), il faudra le contact des grandes religions monothéistes universelles. Ce sera la tâche réservée aux deux premiers siècles de l'hégire. La nouvelle théorie devra surtout son succès aux efforts incessants des maulâs, directement intéressés à son triomphe. Or l'activité intellectuelle des maulâs commence seulement à se faire sentir sous les Marwânides.

Moʿâwia peut bien avoir sollicité les Arabes de Syrie, comme les Tanoûẖ (2) et les Taġlib, obstinément attachés à la religion chrétienne. C'étaient des frères arabes : en les gagnant, il s'attachait définitivement d'excellentes recrues pour sa cavalerie, décimée par les meurtrières expéditions dans la Romanie. Mais il ne se crut pas le droit (3) d'aller plus loin et d'employer des moyens coercitifs, comme les ʿAbbâsides le feront à l'égard de Tanoûẖ. Quant aux ḏimmîs, désireux de s'affilier à la nouvelle société, ils devaient subir le stage humiliant de la clientèle, en qualité de maulâ. Ils conservaient leur fortune mobilière ; mais les propriétés des néophytes demeuraient à leur ancienne communauté, chargée d'acquitter l'impôt à leur place (4). L'état prétendait ignorer ces changements de

---

(1) *ʿIqd*, II, 88, 13. On emploie aussi souvent l'expression de *noir et rouge* = Arabes et non Arabes. Ibn Doraid, *Ištiqâq*, 287, 9 ; *Kâmil*, 264, 7 ; Yaʿqoûbî, II, 151, 246 ; Ǵâḥiẓ, *Opuscula*, 75 ; *Ḥaiawân*, V, 25; Ṭab., I, 2911, 3 ; 304, 12 ; Dinawarî. 231, 15. Dans Masʿoûdî, V, 330 حَمْراء désigne les Perses et non les «Ḥimiarites». L'assassin de la chamelle du prophète *Ṣâliḥ*, le type de l'homme funeste, est احمر اشقر ازرق. Qotaiba, *Maʿârif*, 11, 10. Voir dans Ǵâḥiẓ, *Ḥaiawân*, V, 101-02 toute une anthologie de citations poétiques sur les ازرق et les احمر . Le ازرق est surtout مشؤوم . Ceux-là ne comptaient pour rien, lesquels كَبِيضِ القطا ليسوا بسُود ولا حُمر. Aẖṭal, cité dans Ǵâḥiẓ, *Ḥaiawân*, V, 166, 7.

(2) Un certain nombre embrassa l'islam. Balâḏorî, 144-45 ; Masʿoûdî, IV, 365-66.

(3) Il se conduira de même dans l'affaire de la cathédrale de Damas; nous en parlerons au califat de Walîd I.

(4) Cf. Kremer, *Herrschende Ideen*, p. 461.

religion et continuait à percevoir le total primitif du ḫarâǵ (1). Les maulâs étaient censés indemnisés par les privilèges, attachés à leur nouvelle situation et par le 'aṭâ' auquel ils pouvaient prétendre à certaines conditions. Sans se montrer opposé à des adhésions individuelles, surtout de personnalités influentes, l'habile administrateur qu'était Mo'âwia a dû se défier des conversions en masse et en redouter les conséquences pour les finances de l'état. Si, contrairement à l'Iraq, où ils se comptaient par milliers, il est rarement question des maulâs en Syrie, si jamais ils n'y formèrent une caste, comme dans le *Maśriq*, la politique libérale et expectante des Sofiânides — nous le soupçonnons du moins — ne fut pas étrangère à ce résultat, dont la province et le gouvernement n'eurent qu'à se féliciter.

Malgré son attitude sceptique à l'égard des poètes, Mo'âwia ne pouvait ignorer l'influence, exercée par eux sur l'esprit des Arabes. Dans les débuts de la dynastie des Omaiyades les poètes arabes se rangèrent en plus grand nombre parmi leurs adversaires. Pour un poète syrien, on en compte dix, originaires de l'Irâq ou du Ḥiǵâz. Nous avons montré précédemment (2) comment l'habileté des califes de Damas réussit à gagner des partisans parmi les rimeurs de ces provinces hostiles. De là sans doute les égards, témoignés de bonne-heure par les Sofiânides au poète taǧlibite Ka'b ibn Ǵo'ail (3). Sur ce dernier, Aḫṭal offrait l'avantage d'un souffle poétique, incomparablement plus vigoureux. Son début dans la satire politique (4) l'avait prouvé, à la grande satisfaction du souverain, satisfaction tout intime et savamment cachée sous les dehors d'une sévérité de commande. Mo'âwia, tout en demeurant décidé à ne pas lâcher la bride à la « langue de taureau » (5), ne voyait pas d'inconvénient à laisser cette menace, suspendue sur la tête des réactionnaires du Ḥiǵâz et d'ailleurs.

---

(1) Dans le principe on imposa aux tributaires un impôt global, *ne varietur*, « qu'ils vinssent à augmenter ou à diminuer ». Ibn 'Asâkir, I, 139 verso.

(2) Cf. *MFO*, II, p. 155-56.

(3) Cf. *ZDMG*, 1900, p. 463 ; *Chantre*, p. 10.

(4) Voir plus haut, p. 265 en haut.

(5) Ka'b ibn Ǵo'ail s'était servi de cette qualification, en désignant Aḫṭal au choix de Yazîd.

A ce point de vue l'intimité de Yazîd avec le poète chrétien, destiné à prendre bientôt rang parmi les princes de la satire arabe, devait plutôt entrer dans les calculs du souverain, heureux d'assagir ses adversaires sans recourir à des moyens violents. C'était, conformément à sa maxime favorite, laisser reposer le sabre là, où la langue suffisait.

Et puis, il ne faut pas se lasser de le répéter, le gouvernement des Omaiyades, *das arabische Reich* (1), comme l'a si bien caractérisé Wellhausen, ne voyait pas de mauvais œil les chrétiens, avant tout ceux d'origine arabe. Dans ce régime, si exclusivement national, la question de religion ne faisait pas oublier celle de la race. Le parti des Śo'oûbiya (2) n'avait pas encore fait son apparition. On en découvre seulement des traces sous les Marwânides (3). Mais en admettant pour lors son existence (4), le mouvement śo'oûbite eût plutôt favorisé les Taġlibites auprès des Omaiyades, se sentant et se proclamant les champions de « la grande idée arabe ».

A l'encontre de leurs compatriotes juifs, les chrétiens, dès avant l'islam, jouissaient en Arabie d'une véritable considération. Quand Mahomet vint faire à Ṭâif ses premiers essais de propagande (5), nous voyons les maîtres de deux esclaves chrétiens prévenir ces derniers de ne pas échanger leur religion « beaucoup meilleure » contre celle de l'aventurier (6). A la Mecque les chrétiens qoraiśites, contemporains du Prophète, ne sont pas inquiétés (7) et jouissent de tous leurs droits de citoyens. Si aux chrétiens on reprochait une certaine humanité à la guerre (8) — reproche honora-

(1) Nous l'avons déjà dit, jamais titre de livre ne fut mieux choisi.

(2) Cf. *M. S.*, I, 147, etc.

(3) *Aġ.*, IV, 120, 121.

(4) On ne peut faire un Śo'oûbite de Daġfal, Arabe authentique, mais souvent désagréable pour ses compatriotes. Cf. Ḥoṣrî, III, 200; *M. S.*, I, 180. La haine des Śo'oûbites s'étend jusqu'au chameau. Cf. Ġâḥiẓ, *Ḥaiwân*, I, 117.

(5) Ou simplement chercher une protection contre l'ostracisme de l'aristocratie mecquoise.

(6) Ibn Hiśâm, 280-81 ; Ṭab., I, 1202.

(7) Sprenger, *Moḥammad*, I, 82 ; certains, comme Waraqa, cousin de Ḫadîġa, sont particulièrement considérés.

(8) *Śo'arâ' Naṣrân.*, p. 190, 4.

ble, mais pas toujours mérité (1) — on ne leur contesta jamais le privilège de la nationalité. Les Anṣârs se montraient aussi fiers de leur parenté lointaine avec les Gassânides qu'ennuyés d'entendre rappeler leur voisinage et leurs rapports avec les Juifs de Yaṯrib. Jamais, comme pour ces derniers, on n'entend traiter les chrétiens de descendants de singes (2).

En raison même de sa rareté, la propreté était particulièrement estimée en Arabie, celle des habits surtout (3). Dès que les pluies d'hiver ont déterminé au fond des wâdis un filet d'eau courante, on voit les nomades s'empresser d'y plonger leur garde-robe (*Aḡ.*, VII, 85). Allant plus loin, les poètes s'étaient avisés de présenter cette propreté extérieure comme l'indice de l'honneur et de la loyauté (4). Le héros devait être نقيّ ou نظيف الثياب. (5) L'expression finira par prendre une signification purement morale: être sans tache. Aussi lit-on au sujet de 'Omar I: مات نقيّ الثوب قليل العيب (6). Les Arabes — et avant tous Mahomet — constataient en même temps chez les Juifs l'absence de cet indice (7), tandis qu'on ne les entend jamais adresser le même reproche à leurs compatriotes chrétiens (8). Dès lors le vocable de Juif apparaissait comme une grosse injure, équivalant à la qualification de *moḫannaṯ* (9). Jamais les Arabes ne s'avisèrent de ridiculiser

---

(1) Témoin la guerre entre Qais et Taḡlib. *Chantre*, p. 136.

(2) Balâḏorî, 24, 7, a. d. l.; *'Iqd*, II, 147, 17. Les Ḡassân auraient continué à subsister presque vers la fin du moyen-âge. Qalqaśandî, *Nihâia*, Ms. B. Kh., ذكر الغسّاني ان بالبلقاء طائفة منهم وبالكرموك منهم عمر (lisez عمرو) غفير.

(3) Nombreuses références dans Goldziher, *ZDMG*, 1892, p. 502-03 ; Baihaqî, 486, 7, etc. ; *Aḡ.*, I, 142, 7.

(4) *Ḥamâsa*, 764 d. v. ; Qotaiba, *'Oyoûn*, 346, 13.

(5) *Aḡ.*, III, 120, 4 a. d. l.; IV, 59, 15; 108, 6 a. d. l.; V, 175, 11; VIII, 38, 3 a. d. l. امرأة حلوة حميراء نظيفة.

(6) كتاب الاربعين في ارشاد السائرين, Ms. B. Kh., (*Ḥadîṯ*, n° 543).

(7) Ibn Doraid, *Ištiqâq*, 315, 2 a. d. l.; Tirmiḏî, *Ṣaḥîḥ*, II, 131.

(8) Pour l'estime entourant les chrétiens, cf. *Machriq*, 1904, 608 seq. ; textes réunis par L. Cheikho. Voir dans *Aḡ.*, XI, 24, 7 a. d. l., avec quelle déférence le calife 'Oṯmân parle à Aboû Zobaid. Dans les *Ṣaḥîḥ*, les لعنات vont aux Juifs de préférence aux chrétiens.

(9) Tirmiḏî, *Ṣaḥîḥ*, I, 276. Pour faire accepter un habit au très austère 'Omar II, on le lui dépeint comme ثوب يَهُوديّ خشن. *Sîra* de 'Omar II, 59 recto.

les cérémonies religieuses des chrétiens (1). Aux fêtes, aux détails de la liturgie chrétiennes les poètes aimaient à emprunter leurs plus brillantes comparaisons (2) ; les héroïnes du *nasîb* étaient éblouissantes comme les flambeaux, comme les icones des églises (3). Ces poétiques admirations ont pu mettre les puritains en garde afin d'empêcher l'introduction de ces nouveautés dans le culte de l'islam (4). Entre musulmans et chrétiens ne subsistaient pas les pénibles (5) souvenirs, laissés par les luttes de Mahomet contre les Juifs de Médine et des oasis du Ḥigâz. Les Juifs y avaient déployé si peu de courage! et le Prophète une absence totale de sens moral.

Au contraire les plus fières tribus de la Péninsule se glorifiaient d'être chrétiennes. A ce titre, les Bédouins ne prononçaient qu'avec respect les noms de Ġassân, de Bakr, de Taġlib, des Banoû Ḥanîfa.

A Médine l'entourage de Mahomet avait longtemps vécu sous la menace d'une invasion de ces Gassânides (Boḫârî E, IV, 27), les rois du *Śâm*, comme on se les représentait. Toute l'Arabie avait jadis tressailli, en apprenant la victoire, remportée par les chrétiens de Rabî'a sur les Perses à la journée de Ḏoû Qâr. Les plus anciens musulmans pouvaient attester avec quels ménagements il avait fallu traiter ces compatriotes, si on ne voulait les jeter dans les bras de leurs ennemis. Pendant la ǵâhiliya, les chrétiens passaient pour les porte-drapeaux de l'intellectualisme, pour les

---

(1) Sur le mépris pour les Juifs en Arabie, voir Boḫârî, II, 357, n° 28 ; Wellhausen, *Sktzzen*, IV, 14-15 ; *Reste*, p. 230 ; dans I. S., *Ṭabaq.*, VIII, 88-90 la notice de Ṣafiya, l'épouse juive de Mahomet ; Moslim, *Ṣaḥîḥ*, I, 404 ; Tirmiḏî, II, 323. Le mépris des chrétiens arabes pour leurs compatriotes juifs éclate dans la satire de Aḫṭal contre les Anṣârs. Un gouverneur du Yamâma oblige les Juifs à payer la دية du Christ. *'Iqd*, II, 129. Même à Moïse le ḥadîṯ attribue une attitude ridicule. Boḫârî, II, 368, 10 ; 402 ; Ǵâḥiẓ, *Ḥaiawân*, I, 184.

(2) Cf. Goldziher, *ZDMG*, 1893, p. 174-75.

(3) مصابيح بيعة , *Aġ.*, I, 102, 3 ; IV, 49, 13 ; V, 142, 5 a. d. l.; VIII, 56, 15 a. d. l. Chant nocturne des moines; zèle des chrétiens pour orner leurs églises. Ǵâḥiẓ, *Ḥaiawân*, I, 28, 29.

(4) L'enthousiasme des poètes montre qu'elles ne choquaient pas le génie arabe.

(5) Au lieu de سلام عليكم les Juifs adressent aux musulmans la salutation de سام عليكم . Voir les *Ṣaḥîḥ*., p. ex. Tirmiḏî, I, 175 ; on y retrouve partout la trace des tiraillements entre les deux communautés.

possesseurs du *Kitâb* (1), du livre, de l'écriture, objets mystérieux aux yeux des populations primitives. Il semble bien que dans le Qoran Mahomet les ait qualifiés de fidèles مؤمنون (2). Nous ignorons (3) si dès lors on leur appliquait le dernier verset de la première sourate ; mais on voulait bien y attribuer l'épithète la moins dure (4) aux disciples du Christ, l'autre était réservée aux juifs.

Les moines, composant alors le clergé chrétien de l'Arabie (5), étaient entourés d'un respect particulier (6). Afin d'exprimer leur administration pour l'attitude digne et austère de certains *ḥanîf*, les Arabes leur donnaient volontiers le titre de *râhib* (7). On exaltait l'hospitalité des religieux, leur ascétisme (8). Les plus décidés de leurs admirateurs étaient précisément les poètes (9). Ces hommages rappelaient aux contemporains de Mo'âwia le souvenir d'un culte et d'une civilisation, dont on reconnaissait implicitement la grandeur et la force morales. Si les

---

(1) On entend par là de préférence les chrétiens. Cf. Qasṭalânî, I, 147.

(2) *Qoran*, V, 7, explication contestée par Geiger, *Was hat Mohammad aus dem Judentum aufgenommen*, p. 8. D'après le même auteur (p. 22-23), Mahomet se serait montré plus favorable aux Juifs qu'aux chrétiens ; assertion difficile à concilier avec *Qoran*, II, 71 ; V, 85, où on signale la duplicité des Juifs et où ils sont déclarés ennemis des musulmans. Autres textes et accusations, réunis par Grimme, *Mohammed*, I, p, 67-69.

(3) Versets bienveillants pour les chrétiens. *Qoran*, V, 85 ; LVII, 27.

(4) Celle de ضالّون , égarés ; cf. Nöldeke, *Gesch. des Qorâns*, p. 125.

(5) *Poète royal*, p. 8. Le clergé de Naǵrân était composé de moines. Balâḏorî, 64, 13; Sprenger, *Moḥammad*, I, 178, n. 2.

(6) *Poète royal*, p. 32, etc.; *Lettre de 'Abdalmasîḥ al-Kindî*, p. 6.

(7) Sprenger, *op. cit.*, III, 32-33; Ibn Ḥaǵar, II, 486, 3 a. d. l.; *MFO*, II, 57. A Médine le célèbre Aboû 'Amir « le moine ».

(8) Cheikho, *Allusions* ; *Poète royal*, loc. sup. cit.; *ZDMG*, 1892, 43-44 ; vers de Nâbiǵa et de Rabî'a ibn Maqroûm. I. S., *Ṭabaq.*, I[1], 99, 10 ; allocution d'Aboû Bakr. Ṭab., I, 1848-50 : apocryphe ou non, elle atteste la vénération pour les moines ; Goldziher dans *ZDMG*, 1893, p. 174-75. Leur hospitalité, *Sîra* de 'Omar II, 64 recto.

(9) Les poètes islamiques ne paraissent pas avoir hérité de l'admiration de leurs prédécesseurs pour les religieuses, (sur ces dernières cf. *M. S.*, II, 296). Elles leur fournissent l'occasion de grossières plaisanteries. *Aǵ.*, XI, 132, 4 ; Qotaiba, *Poesis*, 229. Les anciens poètes se montrèrent plus respectueux. Cf. *Aǵ.*, XX, 23, 13 ; Ḥoṭai'a, LXXVIII, 10 et commentaire de Goldziher. On attribuait à Mahomet ce dicton : البخيل عدو الله ولو كان راهبا. Cité dans *Tamyîz aṭṭayib*, Ms. B. Kh.; l'auteur ajoute et avec raison : لا اصل له .

rois de Ḥîra avaient renoncé à leurs superstitions, on l'attribuait aux exemples de dévoûment, de loyauté héroïques, donnés par deux chrétiens. Seule, leur religion dans la nuit de la ǵâhiliya, avait pu, disait-on, leur inspirer cet héroïsme (1).

Enfin nulle part dans la Péninsule préislamite, les chrétiens n'avaient été comme les Juifs, réduits au rôle humilié de tributaires (2). Lorsqu'au début du califat de 'Omar, les Arabes chrétiens se refugièrent sur les terres byzantines, l'émir des croyants n'hésita pas à menacer l'empereur de représailles, s'il ne renvoyait les fugitifs (3). Aurait-il fait une pareille démarche en faveur des Juifs arabes ? Nous ne le pensons pas. Sans la brusque diversion, opérée par l'islam, l'Arabie était en passe de devenir chrétienne (4).

C'est le cas rappeler ici la mesure, prise par Marwân (5).

Au fond de la Mer Rouge, dans un cul-de-sac étroit, végète de nos jours la bourgade de 'Aqaba, qui vient d'avoir son heure de célébrité (6). Aux temps de Mo'âwia on lui conservait son nom ancien de Aila. Jusque

---

(1) Ǵâḥiẓ, *Maḥâsin*, 75. Margoliouth, *Mohammed*, p. 38, cite sans référence la déloyauté du ḥanîfite Hanḏa ibn 'Alî (et non Adî). Si dans *Aǧ.*, XVI, 79-80, son attitude paraît ambiguë, quoique conforme aux traditions de l'honneur, compris dans le sens de la ǵâhiliya, la version de Ṭab., 984-87, beaucoup plus naturelle, est tout à l'avantage du chef chrétien. Sous les 'Abbâsides on se montrait fier de se rattacher à sa descendance. *Aǧ.*, VIII, 15.

(2) Comme à Ṭâif et à Naǵrân. Balâḏorî, 56, 66. Les conquérants arabes les avaient également trouvés tributaires en Egypte. Ibn Baṭrîq (éd. Cheïkho), II 26, 8. Cette situation humiliée a dû inspirer le jugement du *Qoran*, I, 7: المضروب عليهم. Rien d'étonnant après cela si, pour démonétiser Ḫâlid al-Qasrî, ses détracteurs lui fabriquent une généalogie juive. *Aǧ.*, XIX, 57. Trait analogue ('*Iqd*, II, 153, 3), pour un descendant d'A. Moûsâ Aś'arî ; pour Ibn Aś'aṯ. I. S., *Ṭabaq*, V, 46.

(3) Ṭab., I, 2508. La menace des Taǧlib de passer en Anatolie force 'Omar à la conciliation. Balâḏorî 181, 6 et 3. a. d. l. ; 182, 4, 11 a. d. l.

(4) Cf. Margoliouth, *op. cit.*, 129 ; C. Becker, *Christentum und Islam*, p. 8, est du même avis.

(5) Rappelons que sur la demande des chrétiens, dans la capitulation de Jérusalem, 'Omar interdit aux Juifs le séjour dans cette ville (Ṭab., I, 2405, etc.), malgré les services, rendus par eux pendant la période des *fotoûḥ* aux envahisseurs.

(6) Voir V. Bérard, *Le Sultan, l'Islam et les Puissances*, p. 176-79.

vers la fin de la domination byzantine en Syrie, cette échelle, installée au contact de l'Arabie et de l'Occident, avait servi d'entrepôt au trafic des aromates et des épices, venus de l'Arabie et des Indes. Comme dans tous les centres commerçants, on y rencontrait des Juifs. Trompé par cet indice le géographe encyclopédiste Yâqoût a déclaré Aila ville juive (1). La grande majorité de la population était incontestablement chrétienne ; chrétienne aussi l'autorité gouvernant la cité : son chef chrétien est même qualifié de *roi de Aila* (2). Lorsque Marwân, l'énergique gouverneur de Médine, voulut organiser la police en cette cité, il alla recruter 200 gendarmes parmi les chrétiens de Aila (3). Personne ne protesta contre leur présence dans la ville sainte. La tentative eût sans doute mal réussi, s'il avait voulu leur substituer des Juifs. Les Omaiyades auraient également causé un véritable scandale, si au lieu des Kalbites chrétiennes, ou des filles de chrétiens, ils avaient voulu introduire au palais des fiancées israélites (4). Il ne manquait pas pourtant de Juifs — on l'a vu — à cette époque en Arabie. Mais nulle part ils ne formaient plus de tribu. Cultivateurs (5), cabaretiers, brocanteurs (6), exerçant tous les métiers, leur position sociale était trop déconsidérée pour ne pas rejaillir sur le pouvoir (7). L'existence d'états chrétiens, comme l'Abyssinie et Byzance, capables — l'expérience l'avait prouvé — de s'intéresser à leurs coreligionnaires, et leur servant au besoin de retraite, contribuait également à

(1) Yâqoût. I, 422, 1-10 ; suivi par Margoliouth (*Mohammed*, p. 422) et autres.

(2) Boḫârî II, 141, 6 a. d. l. ; 218, 1; *Aġ.*, X, 62, 5; Ǵâḥiẓ, *Ḥatawân*, VI, 33 en haut; Ya'qoûbî, *Géogr.*, 340-41. Aila conserve son importance commerciale sous les Marwânides. I. S., *Ṭabaq.*, V, 79, 10 etc.; fréquemment nommée dans les ḥadîṯ, comme terme d'une grande distance. Moslim, *Ṣaḥîḥ*, I, 85, 5 a. d. l.; 86, 5 ; II, 208 , 210 ; Caetani, *Annali* II, 255, note.

(3) *Aġ.*, IV, 156, 7, comme il faut lire *MFO*, I, 13, n. 4.

(4) Une tradition, attribuée à Ibn 'Abbâs, défendait d'épouser les filles taġlibites. Balâḏorî, 182, 1. Nous avons vu quel cas on en faisait. Elle sort de la même officine que celle de Ibn al-Faqîh, 196, 8.

(5) Voir plus haut.

(6) Cf. Ḥoṭai'a, II, 3, avec le commentaire de Goldziher.

(7) Voir dans Doughty, *Travels*, II, index, s. v. *Nasara* et *Yahoûd*, l'opinion que se font d'eux les Bédouins modernes. Tout en n'arrivant pas toujours à établir la distinction, leur estime va de préférence aux premiers.

la considération de la religion du Christ. Cet avantage manquait aux Juifs, « objets de la colère divine » (1), comme on le lisait à la première page du *Qoran*.

Les préférences de Yazîd pour la société des chrétiens ne pouvaient donc produire aucune sensation, principalement en Syrie. Le christianisme demeurait toujours une religion distinguée, celle des « gens du Livre » ; on en subissait la supériorité, même quand on ne voulait pas la reconnaître. L'influence de l'impérialisme arabe accentuera bientôt l'expression de cette réaction. Nous aurons à en constater les progrès, sous la dynastie marwânide, vers la fin du règne de ʿAbdalmalik.

A voir les Taġlib, les Tanoûḫ et ceux des Bakrites, demeurés chrétiens (2), servir dans les armées arabes, se distinguer à la conquête de la Perse (3) et se ranger respectivement sous les étendards rivaux de Moʿâwia et de ʿAlî (4) au gré de leurs sympathies politiques, on pouvait se demander en quoi l'islam avait changé leur condition. L'étonnement augmente, quand on se rappelle que les contribules de Aḫṭal marchaient au combat, précédés de la croix et de la bannière de S. Sergius, leur patron (5).

Si sur un point de l'empire islamite, le fanatisme aurait dû alors manifester sa vivacité, ce devait être Koûfa, la ville des qorrâʾ, des mosquées (6), le centre des Šiʿites, des Ḫâriǵites et de toutes les réactions anti-dynastiques. Or nous y voyons le christianisme considéré et pratiqué à ciel ouvert. Les chrétiens y occupent des maisons, parfois contiguës aux mosquées et utilisent ces dernières, comme chemins de passage (7). Mieux que cela : à la mosqué de Koûfa nous surprenons Aḫṭal en person-

(1) Voir plus haut, p. 297, n. 2. Pour le sens, cf. Tirmidî, *Ṣaḥîḥ*, II, 158.

(2) Voir plus bas détails sur Ḥaǵǵâr ibn Abǵar.

(3) Voir le témoignage de Aḫṭal, *Machriq*, 1904, p. 481, 3; *Divan*, d'après le Ms. du Yémen, p. 18-21.

(4) De même les Banoû ʿIǵl, chrétiens, se déclareront plus tard pour Ḥosain avec leur saiyd Ḥaǵǵâr ibn Abǵar.

(5) *Poète royal*, p. 30-31.

(6) Presque chaque tribu possédait la sienne. Balâdorî, 276, 278; Ibn al-Faqîh, 182-83.

(7) *Aǵ.*, IV, 182-83.

ne, une croix d'or au cou (1), entouré de l'aristocratie de la cité, et tranchant en dernier ressort les questions, soumises à son arbitrage (2).

Par suite des troubles incessants, agitant la cité, les prisons de Koûfa regorgeaient de pensionnaires. La surveillance de ces prisons, entraînant la charge de présider aux châtiments, infligés aux musulmans, ne pouvait donc être une sinécure et pourtant nous la voyons parfois confiée à un chrétien (3). En dépit des efforts du Prophète pour substituer à l'aristocratie de la ǵâhiliya celle de l'islam (4), les Arabes conservaient aux anciennes familles, fussent-elles chrétiennes, toute leur considération. Parmi ces *boyoûtât* fameuses, celle de Aẖṭal, les Banoû Ǵośam ibn Bakr, figurait précisément au premier rang (5). Or un des articles du programme politique des Omaiyades fut le maintien d'excellentes relations avec l'aristocratie bédouine.

A cette époque précise on distinguait à Koûfa une famille bakrite, illustre entre toutes, celle de Ḥaǵǵâr ibn Abǵar (6), demeurée chrétienne (7) avec tout son clan, la grande sous-tribu des Banoû 'Iǵl, dont on disait que « la croix était le Ba'l » (8). Les funérailles du père, Abǵar ibn Ǵâbir, avaient fourni aux chrétiens l'occasion d'une grande manifestation. Croix en tête, au milieu des chants et de nuages d'encens, (9), le cortège

---

(1) La mosquée sert fréquemment de tribunal ; cf. Qotaiba, *'Oyoûn* 92, 4, parce qu'elle a remplacé le مجلس ou نادي قوم , où de nos jours encore se décident toutes les affaires, en particulier les différends de la tribu. Cf. Doughty, *Travels*, I, 220, 222, 248, 350, 352. Plus tard la mosquée est devenue édifice cultuel. Nous réservons pour le règne de Walîd I, d'étudier la marche de cette évolution.

(2) *Chantre*, p. 81, 160, etc.

(3) *Aǵ.*, IV, 186, 9. Les حدود présentaient un caractère presque religieux ; ils étaient حدود الله.

(4) Cf. Nawawî, 309, 6 ; *Osd*, IV, 200, 5.

(5) *Naqâ'iḍ Ǵarîr*, 266, 2 vers : *'Iqd*, II, 53, 2 a. d. l. : ذور البيوت = nobles et non « Hauserbesitzer » ou « Einsiedler », comme traduit R. Hartmann dans *Die geogr. Nachrichten über Palaestina und Syrien in Ḫalîl az-Ẓâhirî*, p. 60.

(6) Ṭab., III, 2529 ; *Kâmil*, 174, 1 ; *Aǵ.*, XIII, 46.

(7) A part quelques rares exceptions. Ṭab., I, 2034, 5 ; comme le fougueux Śî'ite Ṣa'ṣa'a ibn Ṣoûḥân. *'Iqd*, II, 65.

(8) *Aǵ.*, XIII, 46-47 ; Ṭab., I, 3460.

(9) Le Prophète aurait proscrit l'usage des feux, *nâr*, aux funérailles. Cf. I.S., *Ṭabaq.*,

funèbre du vieux chef bakrite avait traversé la cité, précédé par le clergé chrétien et suivi par l'aristocratie musulmane, au grand scandale d'Ibn Molǵam, s'apprêtant alors à frapper 'Alî (1). Le fils hérita de l'influence du père ; il était le chef de tous les Rabî'ites de Koûfa (2) et le šaiḫ incontesté de Bakr, « la plus fière et la plus puissante tribu bédouine » (3). Quand Ziâd, après avoir instruit le procès du dangereux agitateur Ḥoǵr ibn 'Adî, voulut envoyer le dossier à Mo'âwia, il fit signer Ḥaǵǵâr ibn Abǵar avec les principaux notables iraqains ; signatures soigneusement triées par l'habile gouverneur (4), de façon à impressionner le calife (5). Au prudent monarque il fallait laisser croire que les sommités de la cité exigeaient un châtiment.

Jusqu'à sa mort, Ḥaǵǵâr continue à jouir de la même influence. Pendant les troubles du règne de Yazîd, il agit comme un des chefs de Koû-

---

VIII, 516 ; 52, 23 ; 53, 9 ; 77, 20; 185. 22, 27; 186, 4; III[1], 267. 1. Dans *ZDMG*, 1905, 403-404, on interprète *ndr* par encensoir ; ne serait-ce pas aussi flambeau, cierge? Mahomet, semble-t-il, aurait voulu interdire une coutume chrétienne, d'une introduction d'autant plus facile qu'on avait pris à Médine l'habitude d'enterrer la nuit. Cf. I. S., *Ṭabaq.*, loc. cit. 'Amroû ibn al 'Aṣi interdit également le *feu* à ses funérailles. *Osd*, IV, 118, 7. Des torches parurent aux funérailles de 'Aiša. I. S , *Ṭabaq.*, VIII, 53, 12 ; 54 ; 62, 10, comme on fait figurer de l'encens à l'enterrement de Mahomet. *Osd*, V, 545. D'après I. S., *Ṭabaq.*, V, 104, 28; 105, 5 نار = ici مجمر . Dans les deux cas, il s'agit d'usages chrétiens. L'insistance de la tradition pour les proscrire — voir dans Ibn Sa'd les notices des grands Ṣaḥâbis et des *mères des croyants* — permet de conclure à leur adoption au premier siècle de l'islam. Par ces emprunts la nouvelle religion tentait de créer une liturgie funèbre. L'essai échoua devant la résistance des faqîh. Plus haut nous avons montré 'Omar I employant à la mosquée un مجمر , apporté de Syrie et — circonstance aggravante — orné de تماثيل

(1) Ṭab., I, 3460, 1-10 ; Dînawarî, 228.

(2) *Kâmil*, 174.

(3) Wellhausen, *Skizzen*, IV, 38. Le retentissement de la journée de Ḏoû Qâr l'avait énormément grandie. Pour la première fois, les Arabes avaient infligé un échec à un empire, réputé invincible. Cela explique comment leur vint la pensée de la conquête perse ; initiative escamotée par l'intervention des Médinois.

(4) *Aǵ.*, XVI, 8 ; Ṭab., II, 133.

(5) Ibn 'Asâkir, IV, dans sa notice de Ḥaǵǵâr, le présente comme *râwia* de ḥadîṯ ; dans ces lignes très courtes on ne rencontre aucune allusion au christianisme du chef bakrite. Ainsi fait de son côté un auteur ancien, comme 'Askarî, *Taṣḥîf al-moḥaddiṯîn*, Ms. B. Kh. Aurait-il fini par l'islam ?

fa (1) et entraîne à sa suite la tribu de Bakr, toute dévouée aux principes śî'ites (2). On le voit courtisé et redouté par tous les partis, par tous les représentants du pouvoir, qui se succèdent dans l'Irâq.

Cette situation spéciale nous permet de juger de l'influence, exercée à cette époque par l'islam, trop superficiel encore pour faire oublier aux Arabes les liens de la tribu. Cette situation se trouva favorisée d'ailleurs par l'attitude étrange des chrétiens arabes et par la nature de leur christianisme flottant (3), amorphe et, sous le rapport des dogmes (4), presque agnostique. A part certaines pratiques extérieures, l'Evangile, comme l'entendaient les Bédouins, leur permettait de se montrer Arabes avant d'être chrétiens. L'histoire des conquêtes musulmanes en avait fourni des preuves. Le poète chrétien Aboû Zobaid, survenant pendant une bataille entre Perses et musulmans, oublie sa religion pour se battre vaillamment avec ses compatriotes (5). Ses convictions religieuses ne l'empêchèrent pas de se montrer impérialiste décidé et partisan d'une plus grande Arabie. D'autres — écart plus grave — continueront à vénérer le sanctuaire païen de la Ka'ba (6). Voilà pourquoi ils ne peuvent se résoudre à garder la neutralité envers les partis politico-religieux, divisant alors le monde arabe. De là l'appui, accordé par les Arabes chrétiens de la Mésopotamie, à l'étrange agitatrice Sağâḥ. Parmi eux les Tağlib avaient au moins l'excuse d'être les « aḫwâl » de l'aventurière (7), étrangement noircie par la tradition musulmane, et qui fut peut-être une héroïne de la cause nationale contre

---

(1) Ṭab., II, 256, 619, 652, 804, 807.

(2) Ṭab., II, 234, 330; Dinawarî, 243.

(3) Aḫṭal, grand jureur (*Aǧ.*, VII, 173, 13-22), ne s'interdit pas de jurer par « Allât ». *Aǧ.*, VII, 173, 13. Tous les Sémites ont la manie des serments ; elle demeure en vigueur chez les Bédouins modernes ; cf. Doughty, *Travels*, I, 266. On cite de véritables tours de force en ce genre : 50 serments pour attester l'innocence d'un gouverneur. Un autre ne parvient à trouver que 25 formules différentes, prononcées d'une teneur. Balâḏorî (Ahlw.), 225. Sous ce rapport Allah donnait aux musulmans un déplorable exemples : dans le *Qoran* il accumule les serments. Ainsi fait le Prophète.

(4) *Poète royal*, 27, etc.

(5) Balâḏorî, 252, 6.

(6) Voir plus haut.

(7) Balâḏorî, 99, 3 a. d. l.

l'envahissement du Ḥiǵâz. La *ridda* fut au fond la lutte pour ou contre l'hégémonie de Médine. A ce titre les chrétiens ne pouvaient demeurer indifférents. Mais rien ne les forçait à intervenir dans les querelles entre 'Alides et Omaiyades. Pourquoi inviter, comme le fit Ḥaǵǵâr (1), le petit-fils du Prophète à venir revendiquer ses droits ? Le sentiment de la tribu, la cause de la province l'emportèrent encore en cette circonstance.

Cet ensemble, choquant pour nous, mais s'harmonisant merveilleusement avec la mentalité des Nomades, facilita aux islamites envers leurs compatriotes, disciples du Christ, la pratique de la tolérance, qu'ils auraient pu être tentés de refuser à leur qualité de chrétiens. Elle explique également comment l'intimité de Yazîd avec le fils de Sarǵoûn et Aḫṭal ne pouvait gêner la politique des Omaiyades. Un quart de siècle plus tard on pourra encore leur imputer (2), avec raison d'ailleurs, de préférer la société des chrétiens, si tolérants, de Syrie au voisinage des fanatiques habitants du Ḥiǵâz. Un des principaux reproches, adressés par les littérateurs de la période 'abbâside aux poésies d'Aḫṭal, c'est d'avoir par son talent fait aimer le christianisme (3). Nous pouvons, sans crainte de nous tromper, lui attribuer une influence analogue sur Yazîd, déjà incliné à sympathiser avec les coreligionnaires de ses oncles maternels.

Un dernier incident va nous permettre de préciser les sentiments animant Yazîd, et sa situation à cette époque de sa jeunesse.

On connaît déjà les difficultés, créées par les poètes à un politique aussi expérimenté que Mo'âwia (4) : nous voulons surtout parler de cette partie du répertoire poétique, appelée *nasîb* et commençant dès lors à tourner en manie. Seuls, pensait-on, les bardes du Yémen, avant tout ceux de la tribu de 'Oḏra, pouvaient le prendre au sérieux (5). Les autres, amoureux

(1) Ṭab., et Dînawarî, *loc. sup. cit.*

(2) '*Iqd*, II, 142, 8. D'après ce passage, à cette époque la très grande majorité de la population syrienne professait le christianisme. Cette situation s'était à peine modifiée au temps du géographe Maqdisî. Cf. احسن التقاسيم, 179, 15.

(3) *Aǧ.*, VII, 171 d. l.; 180.

(4) Cf. *MFO*, II, p. 144-58.

(5) Cf. *Aǧ.*, I 147, 16 ; 167.

rassis, alignaient des mots et des rimes (1). Ainsi l'exigeait l'ancienne poétique. Le doigté étonnant du souverain l'avait toujours tiré d'embarras dans ces délicates conjonctures, où son prestige, parfois même l'honneur de son foyer pouvaient se trouver compromis. En une circonstance pourtant, où éclate merveilleusement l'opposition des caractères, si diversement trempés, de Yazîd et de Mo'âwia, ce dernier se trouva à bout d'expédients.

Il s'agissait de sa fille 'Atika, chantée par Aboû Dahbal, un poète qoraisite de grande famille (2). Une première fois le calife avait essayé d'arranger les choses en douceur ; ils intervint personnellement auprès du rimeur imprudent : « De mon côté, lui avait-il dit, tu n'as rien à craindre. Je suis assez sûr de ma fille pour pouvoir compter sur elle. D'autre part, les jeunes poètes, je ne l'ignore pas, revendiquent la liberté absolue du *nasîb*. Personnellement je ne verrais pas d'inconvénient à leur accorder cette licence. Seulement je redoute pour toi le contact de Yazîd et l'impétuosité de son caractère. A la fougue de la jeunesse il joint la fierté du rang suprême ! » (3)

Ce langage si sensé n'obtint pas le succès espéré. Aboû Dahbal se mit à envoyer à la princesse des poésies enflammées ; elles finirent par impressionner la fille du calife. Celui-ci ayant surpris la correspondance clandestine se trouva dans la plus grande perplexité. Il manda Yazîd. Interrogé par son père sur le parti à prendre : « Rien de plus simple, répondit le prince ; un de tes serviteurs s'embusquera dans les rues de la Mecque et te débarrassera (4) de l'insolent ! » (5). A cette proposition Mo'âwia se redres-

---

(1) Comp. *Aǧ.*, IV, 58, لم يكن بعاشق وكان يتغزّل : remarque à propos d'un poète ; et au sujet de Koṯaiyr : لم يكن بعاشق . *Aǧ.*, VII, 79, 6 a. d. l.; VIII, 36 ; 40.

(2) Celle des Banoû Ǵomaḥ. Un des leurs était vers ce temps considéré comme le saiyd de la Mecque. *Aǧ.*, XIX, 14. Ils passaient pour riches et généreux. *Osd*, III, 23. La majeure partie des leurs demeura fixée à la Mecque. Ṭab., II, 225, 9, etc. ; Nawawî, 195, 7 ; 320 ; Ibn Ḥaǵar, II, 497 en haut ; I. S., *Ṭabaq.*, V, 332 ; Azraqî, 393. Mo'âwia rend hommage à la noblesse du clan ǵomaḥite. '*Iqd*, II, 137, 7. Pour celle d'Aboû Dahbal, cf. *Aǧ.*, VI, 155 ; 165 en bas.

(3) أكرهُ لك جوارَ يزيد واخافُ عليك وثباتو فإنّ له سورة الشباب وأنفة الملوك. *Aǧ.*, VI, 159.

(4) Yazîd devait se rappeler les exemples, laissés par le Prophète. Ibn Hiśâm, 995-96. Dans '*Iqd*, I, 265 on lui fait donner l'ordre d'assassiner un hérétique futur.

(5) Plus loin Yazîd déclarera les Ǵomaḥites ses ḥalîf. Comment concilier cette déclaration avec son attitude ?

sa. « Tuer un Qoraišite ! Mais cet éclat donnerait de la consistance aux fictions de sa muse (1) et nous rendrait l'objet de la risée publique. — Mais, émir des croyants, il vient de composer une nouvelle pièce ; toute la Mecque la connaît et le bruit en est arrivé jusqu'à moi ! » Le souverain se la fit réciter. Aboû Dahbal y décrivait les tourments de son cœur et son désespoir de n'avoir pu arriver jusqu'à la princesse.

Mo'âwia respira. « Me voilà maintenant rassuré ! Puisque de son propre aveu, il n'a jamais entretenu ma fille, rien de plus aisé à terminer. » Il se décida incontinent à entreprendre le pèlerinage. Arrivé à la Mecque, il combla, selon son habitude, de présents les Qoraišites, sans en excepter Aboû Dahbal. Le sachant célibataire, il lui facilita les moyens de conclure un brillant mariage. Ainsi, grâce au ḥilm intelligent de Mo'âwia, se termina ce roman, qui manaçait de finir par un épilogue tragique (2).

Furieux, nous ignorons à quel propos, contre Bâhila, Mo'âwia dit un jour à un Arabe de cette tribu : « il me prend envie d'embarquer tous les Bâhilites sur un navire et de les noyer au fond de la mer. — Alors, répliqua le Bédouin, les Banoû Omaiya peuvent s'attendre au ressentiment des nôtres. » Yazîd conseilla de punir de mort l'insolent. Mo'âwia se contenta de l'engager dans une expédition, d'où il ne revint plus. « Cela vaut mieux, dit le calife à son héritier, et couvre mieux notre responsabilité (3) ».

Nous ne savons comment Yazîd apprécia alors la solution. Mais malgré l'impétuosité du jeune prince, ces leçons de choses n'ont pu manquer de l'impressionner. Nous en aurons la preuve en exposant les événements de son règne. S'il eût été alors servi par des collaborateurs comme Ziâd et

(1) Ainsi penseront plus tard 'Abdalmalik et Ḥaǧǧâǧ : إن عاقبته صدّقته. *Aǧ.*, VI, 26, 12 ; 28 ; 39-40.

(2) *Aǧ.*, VI, 158-161. Le trait paraît avoir été composé plus tard. Comme il arrive fréquemment, les vers — ici ceux d'Aboû Dahbal — sont authentiques. L'imagination des *râwias* a brodé sur ce fond : la mention de la Ḫadrâ' (ici القبّة الخضراء) et de Ǵairoûn a fait appliquer à la famille de Mo'âwia une simple fiction poétique, un vulgaire *nasîb*. Sur le même canevas d'autres *râwias* ont composé une aventure encore plus romanesque. Cf. *Aǧ.*, VI, 161-62. La mention d'eunuques à la cour de Mo'âwia (*Aǧ.*, VI, 159 en bas), rendait l'ensemble déjà suspect.

(3) هذا أخفى وأصوب. Ǵâḥiẓ, *Ḥatawân*, III, 182.

Marwân, les annales omaiyades n'auraient eu à enregistrer ni la Ḥarrâ ni Karbalâ.

XXII

CAMPAGNES DE YAZID. SIÈGE DE CONSTANTINOPLE.

En étudiant plus haut le système d'éducation des princes omaiyades, nous avons pu constater la largeur d'idées dont s'inspira Mo'âwia. Tout en s'efforçant de préparer Yazîd à ses hautes fonctions, il évita, conformément au conseil du sage Aḥnaf, de pousser à bout cette nature ombrageuse. Jamais le souverain ne s'offusqua de voir son fils vivre dans la société de chrétiens, de se faire une cour de poètes et d'y accueillir parfois les musiciens du Ḥiǵâz. Dans les *bâdia* de Ḥowwârîn et de Ǵilliq l'étiquette pouvait se montrer moins sévère qu'au palais d'al-Ḫaḍrâ'. Cette liberté d'allures, cette humeur légèrement boudeuse, Mo'âwia les désapprouva-t-il dans son for intérieur ? Nous n'oserions l'affirmer. Il savait faire la distinction entre les gestes, tolérés chez un souverain et chez un prince du sang. Yazîd n'avait pas encore été reconnu comme héritier présomptif. L'attitude du prince était de nature à lui concilier trois catégories de ses sujets, dont il lui importait de garder les sympathies : les Bédouins, les chrétiens et les poètes. Même parmi les Hâšimites, certains, comme Ibn Ga'far, admiraient la crânerie du jeune Sofiânide et, reconnaissant en lui un des plus chevaleresques descendants de 'Abdmanâf, l'ancêtre commun, il escomptaient d'avance les bénéfices qu'ils pourraient en retirer: وإني لأرجو أن يكون من فتيان بني عبد مناف الذي يتكلّم بهم (1).

Mais parfois l'écho des fêtes bruyantes, organisées par Yazîd, parvenait aux oreilles de son père. C'était vers l'époque, où les troupes musulmanes se voyaient décimées sous les murs de Constantinople (2) par le feu

(1) *Aǧ.*, VII, 104, 8.

(2) Cf. Lebeau, *Histoire du Bas-Empire*, XIII, p. 102, etc. Sur ce siège et sur le feu grégeois, voir excellente étude du Prof. J. de Goeje dans *Homenaje a D. Fr. Codera*, p. 90, etc.

grégeois, par les intempéries des saisons, par les ravages de la peste et de la petite vérole. Pour combler les vides, causés dans leurs rangs, il fallait incessamment envoyer des renforts. Mo'âwia songea à mettre à leur tête son fils Yazîd. C'était l'arracher à sa vie de plaisir, objet de scandale pour les puritains, et en lui fournissant l'occasion de se couvrir de gloire, faciliter le projet de sa proclamation, comme héritier présomptif. Un événement, comme la prise de la capitale byzantine, aurait fait tomber toutes les oppositions.

Pas n'est besoin de mettre en avant, avec des annalistes plus ou moins gagnés aux prétentions 'alides, certaine convention de Mo'âwia, assurant sa succession à l'insignifiant Ḥasan. De cette convention on ne retrouve aucune mention dans les textes anciens. Mais, cette réserve faite, nous souscrivons volontiers à la conclusion d'un écrivain d'ailleurs obscur : la coïncidence de la disparition du fils de 'Alî et de l'expédition contre Byzance a dû raffermir chez Mo'âwia l'espoir de faire accepter Yazîd comme héritier présomptif (1).

Voici comment Wellhausen esquisse le caractère des expéditions contre l'empire byzantin : « Vexés de voir la domination de la croix se maintenir à côté d'Allah, les Arabes comprirent d'une façon plus idéale la guerre contre l'empereur que contre leurs autres ennemis et ne l'interrompirent jamais. De la sorte les souverains de Damas se rendirent populaires et en même temps dressèrent leurs troupes » (*Kaempfe*, p. 1). Mo'âwia obéit-il à ces considérations ? Rien n'empêche de l'admettre. De tout temps la Syrie a gravité dans la sphère d'attraction de l'Occident (2). En fixant à Damas son trône, Mo'âwia déplaça dans l'empire arabe le centre de gravité. Devenu monarque syrien, il devait obéir à la loi mystérieuse, ayant de tout temps entraîné les Syriens dans la direction du Couchant. Ce mouvement devait le mener jusque sous les murs de Constantinople (3). Cet

---

(1) واتّفق موتُ ابن بنت رسول الله صلعم وحصول مثل هذه الغزوة (Constantinople) لابن معاوية فطمع ابوهُ وقويَتْ نفسهُ على ان يجعله وَلِيَّ العهد من بعدهِ. *Dowal al-islâm*, Ms. B. Kh., (*Târîḫ*, n° 42*).

(2) Cf. Lammens, *La Syrie et son importance géographique*, extrait de la *Revue des Quest. Scientif.*, Avril 1904.

(3) Cf. H. Winckler, dans *Mitt. VAG*, 1906, p. 67.

entraînement inconscient constitue, croyons-nous, « l'idéalisme » entrevu par Wellhausen.

On en relève des traces incontestables dans le ḥadîṯ (1). Tout en montrant Constantinople comme point de mire, la tradition, pour faire prendre patience, annonce cette conquête comme devant coïncider avec l'apparition de la dernière heure (2). Ailleurs elle la promet d'avance à la valeur des Médinois. (3)

Connaissait-on dès lors les prétendues promesses du Prophète, garantissant le paradis aux soldats de la glorieuse expédition ? Il est permis d'en douter. Ces ḥadîṯ furent mis en circulation beaucoup plus tard dans le but de réchauffer le zèle pour les razzias dans la Romanie. Mais l'exemple du calife Solaimân montre combien, sous les Omaiyades, l'entreprise était populaire et flattait les prétentions de l'impérialisme arabe naissant (4). Pour nombre de musulmans orthodoxes la seule présence de Yazîd sous les murs de Byzance efface les tares de sa vie ou arrête du moins sur leurs lèvres les malédictions, dont elles l'auraient rendu si digne (5).

Yazîd ne pouvait nourrir ces préoccupations. Il se trouvait alors, non loin de Damas, sur les flancs du Ǵabal Qâsioûn, dans sa riante villa de Dair Morrân. Il y achevait sa lune de miel avec Omm Kolṯoûm, la nouvelle épouse, amenée de Médine (6). Un jour, pris de vin, il se laissa entraîner à déclamer des vers, franchement égoïstes :

« Mollement étendu sur des tapis, vidant à Dair Morrân la coupe du matin, à côté de Omm Kolṯoûm,

---

(1) Voici le plus étrange de ces ḥadîṯ: قد فُتِحَتْ [القسطنطينية] في زمان بعض اصحاب النبيّ صلعم. Tirmidî, *Ṣaḥîḥ*, II, 36, 4 en bas.

(2) مع قيام الساعة. Tirmidî, *Ṣaḥîḥ*, II, 37 en bas.

(3) Moslim, *Ṣaḥîḥ*, II, 365 ; elle sera précédée d'une descente des Byzantins بالاعماق او بدابق.

(4) Cf. de Goeje. *Fragm. hist. arabic.*, p. 24-25.

(5) Cf. Śabrâwî, *Kitâb al-itḥâf biḥobb al-aśrâf*, p. 62, etc.

(6) Ṭab., II, 429.

Je me soucie, ma foi ! fort peu des ravages de la vérole et de la fièvre parmi nos troupes à Chalcédoine. » (1)

Cette fois la patience de Mo'âwia se trouva à bout. « Par Dieu ! s'écria-t-il, il partagera leurs souffrances, ou je le désavoue ! » et il intima à son fils l'ordre de rejoindre le camp musulman du Bosphore. Pour détourner l'orage, Yazîd envoya une supplique en vers au calife : elle développait l'argument classique, manquant rarement son effet sur les vieux papas.

« Si tu veux te débarrasser de ton enfant, tu n'as qu'à le faire partir et à l'exposer aux dangers de la guerre ! » (2)

Le souverain tint bon et ne se laissa pas attendrir par cet appel à son cœur de père. Cette décision ne manquait pas de crânerie chez le vieux souverain, exposant à de réels dangers, le seul fils sur lequel il pouvait compter. Pour donner plus d'importance à ce nouvel envoi de secours, destiné à frapper un coup décisif, Mo'âwia y enrôla tout ce que l'empire comptait alors d'illustrations médinoises (3), comme Ibn 'Omar, Ibn 'Abbâs et Ibn Zobair, peut-être avec l'arrière-pensée de voir les Byzantins le débarrasser de ces deux derniers et redoutables intrigants.

A Médine, parmi les « Auxiliaires », survivants du Prophète, on distinguait alors un vénérable Anṣârien, Aboû Aiyoûb, l'hôte de Mahomet quand ce dernier vint de Qobâ se fixer à Médine et membre actif de toutes les campagnes du Prophète (4). Sa femme aurait obtenu les honneurs de la *mo'âḫât* avec la favorite 'Aiśa (5). Sans aimer les Omaiyades, il ne parta-

---

(1) *Aḡ.*, XVI, 33 ; Yâqoût, II, 697; Ya'qoûbî, II, 272 ; Mas'oûdî, V, 62. Ce dernier les rapporte au siège de Tyane الطوانة . Peut-être assiégea-t-on dès lors cette ville, ou bien c'est un souvenir du siège, sous Walîd I.

(2) *'Iqd*, II, 306 ; Yâqoût, *loc. cit.*; Ibn al-Aṯîr, III, 197.

(3) Au moins une fois dans la vie il fallait avoir satisfait au devoir du *ǵihâd* ; sinon on s'exposait à mourir dans l'infidélité مات على شعبة من النفاق (Mahomet). Cf. كتاب ايعاء الارتياب, Ms. B. Kh.

(4) Nawawî, 652-653 ; I. S., *Ṭabaq.*, III², 49-50.

(5) Cf. *Manâqib al-'Aśara*, Ms. B. Kh., où je rencontre la première mention très suspecte, d'une mo'âḫât féminine.

gea pas toutes les préventions de sa caste contre eux. Sa présence aux côtés de 'Alî est seulement prouvée, à la journée de Ḥaroûrâ' (1), mais ce *mo'tazil* ne consentit jamais à combattre avec lui les musulmans. Il vivait dans la retraite à Médine, bourrelé de remords pour s'être, au temps du Prophète, absenté d'une expédition, commandée par un jeune homme (2). En guise d'expiation, il accepta avec empressement l'invitation de partir pour Constantinople. La présence de cette relique vivante ne pouvait renforcer l'expédition, mais elle devait en rehausser le prestige et augmenter sa popularité. Le vieillard mourut en route et comme dernière consolation demanda à Yazîd d'être enterré aussi loin qu'on pourrait pénétrer sur le territoire ennemi (3). La tradition place son tombeau sur la rive asiatique du Bosphore (4).

Yazîd fit preuve de courage (5) pendant cette campagne, la plus désastreuse du règne. Il y mérita le titre de فتى العرب (6), paladin des Arabes. Il y gagna aussi la petite vérole, dont il garda les traces toute sa vie (7).

---

(1) Comme il est dit expressément dans I. S., *Tabaq.*, III², 49, 18. Comp. Dînawarî, 221, 3; 223, 14. D'après *Ḫamîs*, II, 271, 9, il aurait rejoint Mo'âwia après Ṣiffîn. S'il avait fait alors adhésion au calife syrien, celui-ci eût sans doute cherché à l'employer. D'après une tradition (Sprenger, *Moḥammad*, III, p. XLVI), il était déjà cassé de vieillesse sous le califat de 'Omar. Cela explique comment il tomba malade en route avant d'arriver sous les murs de Constantinople. On peut retrouver une autre preuve de ses dispositions conciliantes dans le ḥadîṯ attribué à son maulâ et probablement inspiré par lui : « pas de martyre pendant les guerres civiles ». *Ṭabaq.*, V, 220, 8. Voir aussi *MFO*, II, 6, n. 2.

(2) I. S., *Ṭabaq.*, III², 50, 1. L'expédition de Osâma ibn Zaid. L'épreuve était dure en effet: Osâma se trouvait être le fils d'un maulâ et d'Omm Aiman, une négresse, esclave de Mahomet.

(3) I. S., *Ṭabaq.*, III², 50.

(4) Aboû Aiyoûb succomba vraisemblablement avant d'arriver en vue de Constantinople. Pour dissimuler sa tombe on la nivela en y faisant passer la cavalerie. Ainsi agissaient les Arabes en vue de prévenir des vengeances posthumes. D'autres fois, à cet effet, ils détournaient un ruisseau. L'emplacement traditionnel, où se font couronner les sultans ottomans, offre donc peu de chances de renfermer les cendres d'A. Aiyoûb.

(5) Cf. Ibn 'Asâkir, VII, 186 ; *Aġ.*, XVI, 33 ; à la 8 a. d. l. lisez [illegible] au lieu de [illegible].

(6) Ibn Ḥaǵar, notice 2779.

(7) '*Iqd*, II, 310 en haut ; *Ḫamîs*, II, 297.

Désormais il demandera à son père de le laisser prendre part au ǵihâd (1). Son vœu fut exaucé et il commanda la plupart des razzias estivales en Asie-Mineure (2). La nouvelle de la mort de son père viendra le surprendre, loin de la Syrie, pendant une « ṣâifa ». (3) Les poètes accusaient les Qoraišites d'envoyer les autres se faire tuer à leur place (4), de préconiser l'égalité quand il fallait s'exposer aux coups de l'ennemi, de l'oublier dans la distribution du butin :

لتعطى السويّة من طعن له نفذ   ولا سويّة إذ تُعطى الدنانيرُ (5)

La vie active et militaire de Yazîd venait de démontrer l'inanité de ces accusations pour le compte des Omaiyades.

*
* *

En prenant ici, après deux ans, congé de Mo'âwia, nous tenons à rappeler que, dans les pages précédentes, notre intention a été, non de composer les annales d'un règne, mais de réunir des matériaux, pouvant servir à l'histoire du premier calife syrien. Désireux de reconstituer les traits de cette originale figure, nous avons longuement insisté sur le caractère tendancieux de l'ancienne annalistique musulmane. Si nous nous sommes parfois arrêté aux grands faits du règne, c'est quand nous pensions pouvoir présenter une solution nouvelle, ou quand l'étude de ces événements permettait de pénétrer plus avant dans la connaissance de la politique de Mo'âwia.

---

(1) Ibn al-Aṯîr, IV, 53 d. l.

(2) *Aǵ.*, XIII, 112; *'Iqd*, I, 145, 1.

(3) Voir plus loin le règne de Yazîd. Cette campagne en Romanie cadre mal avec l'hypothèse d'un traité de paix, conclu avec Byzance à la fin du règne de Mo'âwia. Cf. A. Müller, *Der Islam*, I, 351. Seulement l'échec du siège de Constantinople fit ralentir les opérations militaires contre l'empire grec.

(4) *Ḥamâsa*, 667, 1-2.

(5) *Aǵ.*, XIV, 40.

La nature même de ces études détachées, destinées à paraître par sections inégales dans un recueil périodique, expliquera les redites, l'absence d'ordre chronologique, celle d'une liste bibliographique complète, et aussi le développement de certaines questions spéciales. Nous nous flattons en revanche d'avoir signalé les sources utilisées, d'une façon assez précise pour permettre le contrôle. Alors surtout que nous avons cru devoir nous écarter des opinions courantes, nous avons voulu multiplier les références. A nos confrères de décider si nous avons erré dans l'interprétation des originaux.

AELIUS STATUTUS

GOUVERNEUR DE PHÉNICIE (ca. 293-305).

PAR LE P. L. JALABERT, S. J.

Au cours d'une excursion collective de l'Institut archéologique américain de Jérusalem *(American School of Archaeology)*, qu'il conduisait en sa qualité de directeur, M. le professeur B. W. Bacon a relevé dans la région de Bâniâs, une inscription (1) qui avait échappé aux précédents voyageurs, dans un pays cependant incessament battu par les touristes et les archéologues.

L'emplacement où gît l'inscription, entre Abîl et Tell el-Qâḍy est décrit avec une précision qui ne laisse rien à désirer et permettra de retrouver facilement la pierre : « We were then less than half a mile west of the bridge Ǧisr el-Ghajar, on our way to Banias, having left Abil (Abel of Beth-Maacah) less than an hour behind us to the west and looking directly east over Tell el-Khadi (Dan) to the splendid castle of Subebeh (Belfort) towering above Banias (Caesarea Philippi) » (p. 315).

Le bloc de basalte qui porté l'inscription se trouvait sur le bord de la route. « The stone was a basalt boulder similar to those which completely cover the fields at no great distance, but of unusual size, and doubtless chosen for its purpose (the marking of a boundary) because of its convenient shape. About 5 feet in total length, the upper part measuring about 2 feet by 1 1/2 and about 9 inches thick, presents on one side a fairly smooth and uniform surface for the lettering which covers it. This appears to be due to careful selection of the block rather than to artificial

(1) *A New Inscription from Upper Galilee*, dans *American Journal of Archaeology*, XI (1907), p. 315-320.

shaping. The lower part, probably once sunk in the ground, though the stone lay prostrate on the surface when discovered, was about 3 1/2 feet in length, broader and thicker than the upper third, and less even in surface. Minute and careful examination revealed no trace of lettering on it. The copy of inscription (letters averaging 1 1/2 inches in height) follows :

```
        ΔΙΟΚΛΗΤΙΑΝΟС
        ΚΑΙΜΑΖΙΜΙΑΝΟС
        СЄΒΚΚΑΙ
        ΚШΝСΤΑΝΤΙΟС
    5   ΚΑΙΜΑΖΙΜΙΑΝΟС
        ΚЄСΑΡЄСΛΙΘΟΝΔΙ
        ΟΡΙΖΟΝΤΑΑΓΡΟΥ
        ЄΠΟΙΚΙΟΥΧΡΗСΙΜΙ
        ΑΝΟΥСΤΗΡΙΧΘΗ
   10   ΝЄЄΚЄΛЄΥСΑΝ
        ΦΡΟΝΤΙΔΙЄΛΙ
        СΤΑΤΟΥΤΟΥΤΟΥΔΙ
        ΑΚΗΜ
```

Sont pointées comme douteuses les lettres suivantes :

lig. 3 : le premier Κ ; — lig. 8 : les deux derniers Ι ; — lig. 11 : le dernier caractère ; — lig. 13 : ΑΚ.

M. Bacon a fort bien vu l'intérêt de cette inscription et l'article qu'il vient d'y consacrer renferme de judicieux rapprochements (1). Cependant, sur certains points, il n'est point arrivé à résoudre toutes les difficultés ; sa lecture même, quoique substantiellement exacte, est susceptible de quelques améliorations et, comme il a eu l'heureuse inscription de publier deux photographies de l'inscription (2), les corrections se trouvent avoir une base solide.

Une première série de rectifications a déjà été proposée dans une note anonyme de la *Revue Biblique* (Janvier 1908, p. 153-154) :

---

(1) Il y manque cependant un renvoi à un texte analogue signalé plus loin.

(2) La fig. 1 couvre les lig. 1-11 et la fig. 2 les lig. 4-13 : les deux facsimilés sont très suffisamment venus et permettent de contrôler presque tous les caractères que M. B. signale comme douteux.

Lig. 3 : lire CEBB au lieu de CEBK ; — lig. 7 : la lecture ΑΓΡΟΥC semble très probable et donne une construction plus satisfaisante que ΑΓΡΟΥ de la copie Bacon. J'y ajouterai une lecture nouvelle pour les lig. 12-13 : ΔΙΑCΗΜ au lieu de ΔΙΑΚΗΜ. La photographie ne laisse pas la moindre hésitation sur ce point ; malheureusement elle ne permet pas de distinguer si ce mot était abrégé ou si la finale en est effacée.

Après avoir indiqué la mention de la Tétrarchie, M. Bacon traduit le texte, sans toutefois le transcrire, de la manière suivante :

The emperors named « have ordered (this) stone to be set up to define the boundary of the farm adjoining the villa of Chresimianos (?) (placing the work) under charge of the officier appointed for this purpose through the assessor ». (1)

A ce premier essai d'interprétation, la note de la *Revue Biblique* apporte certains améliorations. On observe que la lecture de M. Bacon, ἀγροῦ ἐποικίου est aussi peu justifiée que difficilement explicable ; que sa traduction « a country estate » (p. 320), glosée ailleurs « the farm adjoining the villa of.... » (p. 317), manque au moins de précision. L'auteur ajoute : « les champs en question ont bien l'air d'être ceux d'une métairie au nom de Chrésimianos » (p. 154) ; dans la traduction qu'il donne du texte (p. 153), il traduit : « les champs du bourg de Chrésimianos ».

De ces deux sens, le premier me paraît être le bon. Les exemples — qui ne sont point rares — du mot ἐποίκιον révèlent, en effet, le sens d'*annexe, métairie, villa* (2) plutôt que celui de *bourg*, qui, d'ailleurs, s'accommoderait mal du nom propre qui vient après.

Χρησιμιανός, malgré le doute qui pèse encore sur la lecture des deux I,

(1) La traduction du dernier membre de phrase est proposée en vue de la restitution φροντίδι ἐπιστάτου τούτου διὰ κημσίτορος, suggérée à M. B., dans ses éléments principaux, par la finale du texte analogue de Namr (Dittenberger, *Orientis graeci inscr. sel.*, 769, cf. également 612).

(2) Cf. v. g. *C.I.G.* 1730, 5774_{146} ; on trouve la mention d'un ἐποίκιον dans la dédicace au Ζεὺς Βωμός de Burdj Bâkirḥâ publiée par Prentice (*Hermes*, XXXVII, p. 118). Le sens d'ἐποίκιον n'est pas différent dans les textes classiques et dans les papyrus, cf. notamment Mahaffy and Smyly, *The Flinders Petrie Papyri* XLIII (2) IV l. 4 ; III l. 35 ; LXVI *a.* VI l. 24 ; LXVIII *b.* l. 5 ; XC *a.* II l. 20 ; XCIX l. 10 et 17 ; CXII *g.* l. 9, etc...

paraît certain ; le nom, déjà connu (1), semble nouveau en Syrie. Il paraît très probable que ce *Chresimianos* était quelque affranchi, propriétaire d'une grosse métairie, ou préposé à l'exploitation de domaines ruraux confinant soit à des biens domaniaux impériaux, soit au territoire d'une commune : la borne aura été placée administrativement, pour trancher ou prévenir quelque contestation de limites entre les propriétaires ou administrateurs de terrains contigus.

Jusqu'ici aucune difficulté. La finale de l'inscription est un peu plus embarrassante. Rejetant la conjecture de M. Bacon, φροντίδι ἐπιστάτου τούτου, la *Revue Biblique* propose de lire φροντίδι 'Ελίου στατοῦ τούτου διὰ κημ[σίτορος]. 'Ελίου, nous dit-on, ne serait-il pas pour 'Ηλίου ? Employé elliptiquement, en sous-entendant ἄρχων, στατός désignerait « une sorte de magistrat ? » qui serait bien en situation ici. Le démonstratif qui suit, τούτου, rappellerait ἐποικίου, ou serait à entendre au sens absolu : « le magistrat (?) préposé à *cela* ». On aboutirait donc au sens que voici : « érigée sous l'intendance d'Elias, magistrat (?) dudit [lieu] par le censeur ».

Ainsi manipulé, le texte prend une tournure insolite et je ne crois pas que le sens qui en résulte ait chance d'être exact. Notons d'abord que la correction 'Ελίου en 'Ηλίου n'est pas justifiée pour l'époque à laquelle nous reporte notre monument. Il est bien plus obvie de recourir à la permutation entre ε et αι, dont le texte nous offre déjà deux exemples : κέσαρες, στηριχθῆνε (2) : sous le bénéfice de cette substitution, nous retrouvons la transcription correcte du gentilice *Aelius*, Αἴλιος. Cela posé, si, comme le facsimilé en fait foi, il faut lire la finale : τοῦ διασημ(οτάτου), le groupe de lettres intermédiaire nous donne le *cognomen* d'Αἴλιος. L'énigme se résout alors le plus simplement du monde ; on lira : φροντίδι (Αἰ)λίου Στατούτου (3) τοῦ διασημ(οτάτου).

(1) C.I.L. XIV, 326_{18} = Waltzing, *Etude historique sur les corporations romaines*, t. III, n° 2265.

(2) Même incertitude d'orthographe dans l'inscription similaire et de même date de Djermâna (*Mélanges*, I, p. 150) où l'on trouve, à côté de καίσαρες, κὲ ἐκαί[λευσαν] et le même 'Ελίου ! (Voir plus loin)

(3) Le cognomen *Statutus*, moins fréquent peut-être que *Restitutus* (cf. v. g. *T. Ael.*

Le teneur totale de l'inscription sera donc :

Διοκλητιανὸς καὶ Μαξιμιανὸς σεβ(αστοὶ) καὶ Κωνστάντιος καὶ Μαξιμιανὸς κέσαρες λίθον διορίζοντα ἀγροὺς ἐποικίου Χρησιμιανοῦ στηριχθῆνε ἐκέλευσαν φροντίδι (Αἰ)λίου Στατούτου τοῦ διασημ(οτάτου).

On le voit, le texte acquiert une importance nouvelle, car il nous révèle le nom d'un personnage officiel qui réclame sa place dans la prosopographie si cléirsemée des provinces de Syrie au IIIe et au IVe siècle.

*
* *

Aelius Statutus n'est cependant pas tout à fait un inconnu, bien que l'histoire n'ait pas conservé son nom (1). J'ai publié, il y a deux ans, une inscription de Djermâna (S. E. de Damas) qui a une parenté très étroite avec celle qui nous occupe (2). L'état de conservation déplorable de la pierre ne m'avait pas permis alors d'arriver à une lecture ferme de l'ensemble du texte. Je le reproduis à nouveau pour tâcher d'améliorer quelques-uns des points demeurés douteux et le signaler à l'attention des épigraphistes.

ΔΙΟΚΛΗΤΙΑΝΟϹ
Κ[redacted]ΑΞΙΜΙΑΝΟϹΒΒ
Κ[redacted]ΝϹΞЄΝΤΙΟϹ
Κ[redacted]ΙΑΝΟϹ
[redacted]ΚΑΙϹΑΡЄϹ
[redacted]ΝΔΙΟΡΙΖΙΟΝΤΑ
ΑΠ[redacted]Ϲ[redacted]ΟΓΙΠΔΑΡѠΝ
[redacted]Κ[redacted]ΟΨΙΑΚѠΒϹΗΟΒЄΝΑϹ
Ϲ[redacted]ΡΙΧΘΗΚЄЄΚΑΙ[redacted]
ΑΞΥϹΑΝΟΡΟΝ[redacted]
ΔΙЄΛΨΟΥϹ[redacted]ΑΤΟΝ
ΤΟΥΤΟΥΔΙΑϹΗ[redacted]

Restitutus, proc. Syriae Palaest., Dessau, 1482), n'est point rare cependant, cf. v. g. *C.I.L.* III, 4521, 5554, 11598, 12014[537] ; [4839, 4867, 6178$_{21}$] ; cf. Στατοῦτος, *C.I.G.*, 1508.

(1) M. H. Dessau a bien voulu m'assurer, après examen, que la Commission de la Prosopographie de l'Académie de Berlin ne possède encore aucune fiche au nom d'*Aelius Statutus*.

(2) *Mélanges de la Faculté Orientale*, I, p. 150, n° 19. Il est étrange que ce rapprochement ait totalement échappé aux deux premiers interprètes.

Lig. 3 : le Ζ est très douteux ; — lig. 6 : l'Ι de ΖΙΟΝΤΑ n'est pas sûr, ce peut être un simple accident de la pierre ; — lig. 7 : le C est douteux, ce peut-être la moitié d'un ω ; — lig. 8 : le C n'est pas sûr ; — lig. 9 ΚЄ : incertain ; — lig. 11 : Ψ incertain.

Il n'y a pas de doute qu'il ne faille lire à la fin (φ)ρον[τί]δι (Αἰ)λ(ί)ου Σ[τ]ατο[ύ]του τοῦ διασημ[μοτάτου].

Voilà donc deux mentions d'Aelius Statutus et c'est dans les mêmes circonstances que, les deux fois, il fait acte officiel au nom des empereurs. Ces deux textes ne nous renseignent malheureusement qu'imparfaitement sur les fonctions qu'il exerçait et l'on ne peut dire, à première vue, à quel titre il intervient dans ces régularisations de limites.

Deux inscriptions de la Tétrarchie, relevées l'une à Namr, (1), l'autre à 'Aqrabâ (2), rappellent des opérations tout à fait semblables. Or, dans ces deux textes, dont le libellé est identique à celui de l'inscription qui nous occupe, l'opération cadastrale est attribuée à un *censitor :*

NAMR..... φροντίδι Μ(άρκου) 'Αρρίου. Φρ[ούγ]ι(δ)ος π(ρειμι)π(ειλαρίου) κη(ν)σείτορος (3).

'AQRABÂ... φροντίδι Λουκίου Καιχ. α .. κηνσίτορις (4).

Faut-il en conclure qu'Aelius Statutus ne serait ni plus ni moins qu'un nouveau *censitor*. Je ne le crois pas. Les *censitores* sont généralement de rang très secondaire (5), témoin M. Arrius... de l'inscription de Namr, simple *primipile*, et l'on ne s'expliquerait guère de voir un « perfectissime » remplir de telles fonctions, ni à plus forte raison de voir donner ce titre, qui n'était pas encore totalement démonétisé, à de si minces personnages (6).

---

(1) Dittenberger, *Orientis graeci inscr. sel.*, 612 = *Inscr. graecae ad res rom...*, III, 1252.

(2) Dittenberger, *ibid.*, 769 = *Inscr. graecae...*, III, 1112.

(3) Ditt., *op. cit.*, 612. Le nom propre est restitué différemment par Clermont-Ganneau (*RAO*, I, p, 4) : Φ[ήλιχ]ος et par Cagnat (*Inscr. graecae...*, III, 1252) : Φράι[δ]ος.

(4) Ditt., *op. cit.*, 769. Clermont-Ganneau et Cagnat lisent Καιά[μου].

(5) Cf. O. Hirschfeld, *Die Kaiserlichen Verwaltungsbeamten bis auf Diocletian*², p. 55 et suiv.

(6) Cf. O. Hirschfeld, *ibid.* p. 451 et suiv.

Peut-on admettre, par contre, que nous ayons dans Aelius Statutus, un gouverneur de province, un *praeses*, ἡγεμών ? Si le fait n'est pas absolument certain, il est du moins assez probable. Il n'est point rare, en effet, de voir le simple titre de διασημότατος, au lieu de λαμπρότατος qui serait mieux en situation, donné aux *praesides* du IIIe siècle. En voici au moins deux exemples :

BOSTRA. Ἐκ προνοίας Μ(ά)ρ(κου) Πέτρου τοῦ διασ[ημ(οτάτου)] ἡγεμ(όνος) (1).

DER'ÂT. ... προνοίᾳ Ἰουνίου Ὀλύμπου τοῦ διασ[ημ(οτάτου)] ἡγεμ(όνος) (2).

On pourrait multiplier les citations, cf. v. g. Le Bas-Waddington, 551, 1966 *b* (il n'est toutefois pas sûr qu'il s'agisse là d'un gouv.); *Inscr. graecae ad res rom...*, III, 384, 434.

Par ailleurs, il n'y a pas d'objection à tirer de la formule qui caractérise l'action d'Aelius Statutus : φροντίδι .... Bien que dans les deux seuls textes où nous trouvons ce libellé, en Syrie, il caractérise l'intervention d'un *censitor*, on ne peut affirmer qu'il y ait là un usage exclusif ; ni, à plus forte raison, pourrait-on arguer de ce que le nom d'un gouverneur est généralement introduit par ἐπί. Si la formule ἐπὶ τοῦ δεῖνος τοῦ διασημοτάτου (ou λαμπροτάτου) paraît être d'un usage régulier toutes les fois que la mention du gouverneur doit servir d'indication chronologique, il n'y a là rien d'obligé : ainsi la formule peu protocolaire προνοίᾳ, ἐκ προνοίας, se trouve-t-elle aussi bien introduire des noms de gouverneurs que des noms de petits employés et de particuliers.

Je crois donc suffisamment vraisemblable et probable que le « perfectissime » Aelius Statutus avait rang d'ἡγεμών. Si le fait est exact, il n'est pas difficile de déterminer la province dans laquelle il exerçait ses fonctions. On sait que, vers 198 (3), la province de Syrie fut coupée en deux et

---

(1) Waddington, 1909 = *Inscr. graecae...*, 1324.

(2) *Inscr. graecae...*, 1286.

(3) C'est en 198 qu'apparaît pour la première fois le titre de *leg. Augg. pr. pr. provinc. Syriae Phoenic.* (Waddington, 1844). Cf. Saglio-Pottier, *Dict. des Antiq...*, s. v. Provincia [V. Chapot].

donna naissance aux provinces de *Syria Coele* et de *Syria Phoenice*. Cette dernière comprenait, en dehors de la Phénicie proprement dite, la région intérieure d'Héliopolis, d'Emèse, de Damas et de Palmyre, avec l'Auranite, la Batanée et la Trachonite qui ne furent réunies à la province d'Arabie que sous Dioclétien (1). Quels qu'aient été les remaniements secondaires opérés par Dioclétien dans la répartition des provinces syriennes, la présence simultanée du nom d'Aelius Statutus dans le texte de Djermâna et dans celui de Gisr el-Ghajar paraît démontrer clairement que le territoire au Sud de Damas et la région de Bâniâs (2), et peut-être même tout l'Hermon, faisaient partie de la *Phoenice*. Nous connaissons déjà pour la période comprise entre 292 et 305 deux *Praesides* de *Phoenice* : Crispinus, *Praeses Phoeniciae,* en 292 (3) et Sossianus Hiéroclès *v. p. praeses provinciae* (4); Aelius Statutus doit probablement être ajouté à la série des gouverneurs de cette période. Malheureusement on ne peut fixer qu'approximativement, entre mars 293 et mai 305 (5), l'administration d'Aelius Statutus qui prit une part assez active, comme on peut le constater par les deux textes que nous possédons actuellement, à le vaste opération cadastrale dont les provinces de Syrie semblent avoir été le théâtre sous la Tétrarchie (6).

---

(1) Cf. Marquardt et Mommsen, *Manuel*, t. IX, p. 373-374 (de la trad. franç.) ; Waddington, n° 2081 ; Pauly-Wissowa, *Realencyclop.*, s. v. Arabia [von Rohden]. Cette question sera reprise et largement traitée par M. Brünnow dans le vol. III de sa *Provincia Arabia* (sous presse); il est donc inutile d'entrer dans plus de détails. Cf. encore E. Kuhn, *Die staedt. u. buerg. Verfassung des roem. Reichs bis auf die Zeiten Justinians*, II, p. 193 et suiv.

(2) Après la division de la Syrie (et de ses annexes) en 7 provinces, vers 535, au témoignage d'Hiéroclès, Paneas faisait partie de la Phœnice (Φοινίκη πάραλος), cf. Marquardt. *op. cit.* p. 377 et Kuhn, *op. cit.*, p. 334.

(3) Cf. *Cod. Iust.*, I, 23 (Marquardt, *op. cit.*, p. 375, n. 7).

(4) Inscription du camp de Palmyre, Waddington, p, 2626.

(5) Constance Chlore et Maximien Galère sont créés Césars, le 1er mars 293, mais avant même cette date, dès le début de l'année, la suscription des constitutions impériales porte la mention *et Caesares* à la suite du nom des *Augustes* ; le 1er mai 305, abdication solennelle de Dioclétien et de Maximien Hercule.

(6) Cf. Dussaud, *Mission*..., p. 298.

*
* *

Si semblables qu'elles soient entre elles, les inscriptions de Djermâna et de Gisr el-Ghajar ne sont cependant pas deux expéditions du même texte. Ici, il s'agit de limiter d'une part les propriétés de Chresimianos, mais on ne nous dit point de quel territoire on les sépare ; là, au contraire, il paraît bien que la borne a été placée pour définir l'*ager* de deux localités voisines, tout comme à Namr et ʻAqrabâ(1). Malheureusement les indications topographiques qui seraient intéressantes demeurent obscures et il est difficile de faire fond sur la copie d'un *locus desperatus* dont je ne puis garantir l'exactitude absolue. M. Clermont-Ganneau a été cependant tenté par le problème et il a bien voulu me soumettre (26 octobre 1906) quelques conjectures que j'enregistre ici pour le cas où elles pourraient mettre quelque chercheur sur la vraie voie ou faciliter la révision du texte sur l'original.

« Je me demande si, à la lig. 8, la graphie CHOBЄNAC (?) ne cacherait pas le nom de S'beïné ou S'beïnât (S.-O. de Djermâna). Le groupe.... ΔΑΡѠΝ (?) fait penser à Dâreya, (à l'O. de S'beïné), ou à Hammâré (N.-O. de Djermâna) ou encore à Doummâr (N.-O. de Damas). Pour le groupe ΟΨΙΑΚѠΒ (lig. 8), avec corrections paléographiques (v. g. quelque chose

(1) J'ai déjà (*Mélanges*, I, p. 150-151) rapproché de ces textes quelques inscriptions similaires ; il faut y joindre encore la limite relevée à El-Hijâne par Wetzstein (*Ausgewaehlte... Inschriften*, n° 172, p. 315) et Fossey (*Bull. de corr. hell.*, XXI (1897), p. 57, n° 60). Le texte semble avoir été gravé en double exemplaire. Μεθόρι(ο)ν διορίζων μεταξὺ Τολέλων καὶ Δραγαρμέλων : telle est la leçon qui semble se dégager de l'examen critique des deux copies ; mais il n'est pas aisé de marquer sur la carte l'emplacement des deux localités. Cependant Τολέλων correspondrait assez bien à Touloûl eṣ-ṣahîbât (S. de Hijâné). Etant donné le peu de consistance du texte, il y a lieu de se demander si le second nom (ΟΔΟΔΓΑΡΜΕΛѠΝ [Fossey] ΔΡΑCΑΡΜЄΛѠΝ [Wetz.]) ne serait pas une déformation du propre toponyme antique de Djermâna v. g. ΓЄΡΜΑΝѠΝ (?) ; mais il ne serait point prudent d'affirmer.

comme ΖΙΜΑΛΛΑΚΩΝ ?? peut-être précédé de Κ[ασπαρ] ?) on pourrait proposer Zemelka (N. de Djermâna). »

Les problèmes sont posés plutôt que résolus; mais on voit assez l'intérêt des monuments de cette sorte, qui nous livrent un à un les toponymes anciens de toutes ces petites localités dont l'histoire n'a pas conservé le nom.

Ore Place (Angleterre), 20 Février 1908.

NOTES DE LEXICOGRAPHIE HEBRAIQUE

par le P. Paul Joüon, s. j.

I

L'expression הִתְעַנֵּג עַל au sens de *s'appuyer sur quelqu'un, s'abandonner à qn., se confier en qn.*

Rosenmüller, dans ses *Scholia* (in Job 27,10) mentionne, sans l'adopter toutefois dans sa traduction, une remarque de Schnurrer qui ne manque pas d'intérêt : « Schnurrerus hæc verba (אִם־עַל־שַׁדַּי יִתְעַנָּג) ab Alexandrino monet scite versa : μὴ ἔχει παρρησίαν ἐναντίον αὐτοῦ, qui similiter 22,26 habet: εἶτα ἐν παρρησίᾳ ἔσῃ ἔναντι Κυρίου, et videri omnino hanc significationem *confidentiae* etiam reliquis locis Iesai. 58,14 et Ps. 37,4, convenientiorem quam quæ huic verbo vulgo tribuitur *delectari Deo,* quamvis fatetur, esse inter utramque non magnum discrimen. » Sauf les derniers mots, la remarque de Schnurrer me semble fort juste. Le sens *se confier à,* sans doute avec une nuance particulière comme *s'appuyer sur quelqu'un, s'abandonner à lui en toute confiance, se reposer sur lui,* est tout à fait en situation dans les passages indiqués, comme nous allons le voir ; et de plus les LXX, dans trois cas et la Peshitto dans trois cas également dont un seul est commun avec les LXX, ont reconnu cette signification. Le Targum et la Vulgate, au contraire, ont admis partout le sens de *se délecter, faire ses délices de.*

Dans Job 22,26, l'idée de *confiance* est nettement indiquée par le parallélisme. Eliphaz, après avoir engagé Job à rentrer en grâce avec Dieu, lui dit :

Car alors tu pourras *t'appuyer* sur le Tout-Puissant ;
tu pourras lever ton front vers Dieu.
27 Tu le prieras et il t'exaucera,
et tu t'acquitteras de tes vœux.

LXX : παρρησιασθήσῃ (al. ἐνπαρρησιάσῃ).

C'est une pensée analogue qui est développée dans le second passage de Job (27,10) :

L'(impie) *s'appuie-t-il sur* le Tout-Puissant ?
Invoque-t-il jamais Dieu ?

LXX : μὴ ἔχει (τινά) παρρησίαν. La Peshitto traduit d'une façon plus exacte encore : ܠܐ ܗܘ ܥܠ ܚܣܝܢܐ ܡܬܬܟܠ. Le sens *prendre ses délices* serait ici manifestement déplacé.

Ps. 37,4 appartient à un développement sur la confiance en Dieu. Le parallélisme de בטח (v. 3) avec התענג indique assez clairement le sens de ce dernier verbe :

3. Aie confiance en Jéhovah...
4. *Abandonne-toi* pleinement à Jéhovah...

Le mot se retrouve au v. 11 avec une nuance analogue :
Les humbles entreront en possession du pays ;
ils *s'abandonneront* à une entière sécurité.
Il n'est guère probable que l'auteur ait employé ici התענג על dans un autre sens qu'au v. 4.

Enfin, Is. 58,14 : « Alors tu pourras *t'appuyer sur* Jéhovah » est bien rendu par les LXX : ἔσῃ πεποιθὼς ἐπὶ κύριον et par la Peshitto : ܬܬܬܟܠ ܥܠ ܡܪܝܐ.

Il est très remarquable que Rashi, qui ne connaissait pas les LXX ni la Peshitto, à ce que m'assure un savant juif distingué, a reconnu de son côté le sens de *s'appuyer sur* (Is. 57,4 שען ; Ps. 37,4 משענה ; Job 27,10 סמך).

Comment la racine ענג a-t-elle pu aboutir à des sens aussi divergents que *confiance* et *délices* ? Peut-être ענג exprime-t-il originairement l'idée de *dorloter, traiter d'une manière douillette et délicate*. C'est ainsi qu'il est parlé (Deut. 28, 56) d'une femme « qui n'essaie même pas de poser le pied à terre, *tant elle est douillette et délicate* מֵהִתְעַנֵּג וּמֵרֹךְ » De là, au hiphil avec על, *se dorloter sur quelqu'un, s'appuyer doucement sur qn. en tout abandon* (cf. فنج), *s'abandonner à qn.* (proprement : *sur qn.*). Quoiqu'il en soit du procès sémantique qui reste assez obscur, le sens *s'abandonner à*, ou plus exactement, en tenant compte de la nuance ajoutée par על, *s'abandonner* (à quelqu'un en se reposant) *sur lui*, ou *s'appuyer sur qn. d'une façon confiante et abandonnée*, ne semble pas contestable, et il ne convient pas de sacrifier ce sens à l'autre signification plus usuelle de la racine ענג *délices, plaisir*. Dans un seul cas (Is. 57,4 על מי תתענגו), notre expression semble se rattacher au sens de jouir : « Contre qui vous amusez-vous ? », c'est-à-dire : « De qui vous faites-vous un jouet ? de qui vous moquez-vous ? » Cependant, ici encore, Rashi admet le sens de *s'appuyer sur* : שען).

Je trouve une confirmation assez curieuse en faveur du sens indiqué, dans la la leçon supposée par la traduction de la Vulgate, Cant. 8,5. Les mots *deliciis affluens, innixa super dilectum suum* semblent bien indiquer que le manuscrit utilisé par saint Jérôme portait : מתענגת מתרפקת . Jérôme, en effet, traduit deux fois התענג par *deliciis affluere* (Job 22,26 ; Is. 66,11). L'un des deux mots est certainement une surcharge, surtout si l'on reconnait à מתענגת על le sens de *s'appuyant sur*, car alors les deux expressions sont synonymes. Il faut donc admettre que l'un des deux mots du manuscrit de saint Jérôme est une glose explicative. Mais lequel appartient au texte original ? Etant donné que התענג על se rencontre plusieurs fois dans la Bible, comme nous l'avons vu, tandis que מתרפקת על est un *hapax legomenon*, c'est sans doute ce dernier mot qui est la bonne leçon, et מתענגת du manuscrit de saint Jérôme doit être considéré comme une glose explicative du mot rare. J'en conclus qu'à l'époque du glossateur le sens *s'appuyer sur* de התענג על était parfaitement connu. — Serait-ce ce même mot מתענגת que les LXX ont voulu rendre par l'étrange λελευκανθισμένη *blanchie, blanche* ? C'est bien peu probable, quoique Jastrow donne à l'araméen עֲנַג le sens de *to soften the skin by ointments, bathing, etc.*

II

תּוּשִׁיָּה = synonyme de עֵצָה *conseil, dessein* etc.

Le mot תּוּשִׁיָּה apparaît comme un isolé, sans parents connus ni en hébreu, ni dans les langues voisines. Ce fait, joint à son emploi relativement rare, explique pourquoi il a pu être interprété de façons si diverses soit par les anciennes versions, soit par les rabbins, soit par les modernes. K. J. Grimm a consacré à ce mot, dans le *Journal of the American Oriental Society* (t. XXII pp. 35-44), une étude soignée dont je cite la conclusion : « So we see that תושיה means « support », then « help, success, power, source of help, reliability » all very slight modifications of the original meaning. The various renderings, such as « subsistence, reality, essence, wisdom, knowledge, intelligence, happiness, » etc., proposed by commentators, are not warranted. Nor can the connection of תושיה with יֵשׁ be maintained. The word must be considered a form *tuqtilat* from a stem *asû*, « to support, to help. » Ayant voulu reprendre l'étude du sujet avec une méthode différente de celle de M. Grimm, je suis arrivé à des conclusions notablement différentes qu'on me permettra d'exposer. J'ai tenu à écarter de mes recherches toute hypothèse étymologique qui aurait pu m'influencer dans la détermination du sens, et à partir des textes les plus clairs.

En laissant de côté le *Qeré* de Job 30,22, il reste à examiner onze passages bibliques, plus un texte de l'hébreu retrouvé de Ben Sira (ס 38,8). Tous les textes bibliques appartiennent, en fait, à la littérature dite « sapientiale », sauf Mich. 6,9 où le mot est critiquement douteux : Is. 28,29 lui-même est un texte relatif à la sagesse. On pourrait donc conjecturer que le mot n'est pas très ancien ; mais, d'autre part, si c'est un mot de formation savante et relativement récent, comment se fait-il que la racine dont on l'a tiré n'apparaisse pas autrement dans la langue ?

Après mainte tentative dans des directions différentes, il me semble, à présent, que le mot, qu'il soit proprement « sapiential » ou non, est un synonyme de עֵצָה et signifie *conseil, dessein*, spécialement *sage conseil*, *prudent dessein*, *sage résolution*, et par une légère extension de sens, *sages pensées*, *prudence* et (dans ס 38,8) *savoir-faire*.

Le parallélisme, qui fournit une aide si précieuse en lexicographie hébraïque, favorise singulièrement le sens de *conseil*, avec ses diverses nuances. On trouve תושיה six fois avec d'autres mots signifiant *conseil*, *dessein* : 1) avec עֵצָה *conseil*, *dessein* : Is. 28,29; Prov. 8,14 ; avec le verbe יעץ *conseiller*: Job 26,3; 2) avec מזמה *réflexion*, *plan*, *dessein*: Prov. 3,21; 3) avec מחשבות *projets*, *desseins* : Job 5,12 ; 4) avec תעלמות חכמה *conseils secrets de la sagesse* Job 11,6.

Bien que les anciennes versions aient souvent hésité ou mal compris, on peut dire cependant qu'elles ont traduit plusieurs fois d'une façon fort exacte, et dans bon nombre d'autres cas d'une façon satisfaisante. Au sens de *conseil*, on trouve dans les LXX βουλή (Prov. 3,21), dans la Vulgate *consilium* (Prov. 3,21), dans le Targum מִלְכָנָא (Prov. 8,14; 18,1), מִלְכְּתָא (Job 5,12). Au sens assez exact de *prudence* : LXX φρόνησις (Prov. 8,14); Vulg. *prudentia* (Job 26,3). Enfin, au sens approchant de *sagesse*, on trouve une fois *sapientia* dans la Vulgate, six fois חוכמתא dans le Targum, trois fois ܚܟܡܬܐ dans la Peshitto. — On voit que, dans l'ensemble, c'est le Targum qui a le mieux compris notre mot.

Mais dans les questions de lexicographie, l'autorité des anciennes versions, pas plus que l'étymologie, ne saurait être décisive. Il faut, de toute nécessité, que le sens proposé s'adapte sans effort à tous les textes sans en violenter aucun. Si l'hypothèse proposée vérifie toutes les données du problème, elle devra être considérée comme bonne, en philologie comme en physique. La cohérence de la traduction sera donc le critère dernier. En admettant la signification que je propose, tous les textes bibliques me semblent offrir un sens fort acceptable. J'en donne ici la traduction avec le commentaire justificatif réduit au minimum. Je commençe par les textes les plus clairs.

Job 5,12 : (Dieu) déjoue les projets (מחשבות) des méchants ;
leurs mains n'arrivent pas à exécuter (leur) *dessein*.

Le parallélisme synonymique est parfait : les deux stiques offrent un sens identique. עשׂה תושׁיה, comme עשׂה עצה, signifie *exécuter* (et non *former* !) un *dessein* : cf. Is. 30,1 ; 2 S. 17,23 ; et comparer Jér. 11,15.

Is. 28,29 : Cette (sagesse) vient encore de Jéhovah des armées :
> Il inspire des conseils (עצה) étonnants, de profonds *desseins*.

Le sens du second stique n'est pas que les conseils de Dieu sont merveilleux : c'est la science de l'agriculteur (laquelle lui est inspirée par Dieu) qui est étonnante. Le v. 29 qui forme la conclusion de la strophe 27-29 a le même sens que le v. 26 qui conclut la strophe symétrique précédente 23-26 : « C'est son Dieu qui l'instruit et lui apprend ces règles. » (Cf. A. Condamin : *Le livre d'Isaïe*).

Prov. 8,14: Dans la définition qu'elle donne d'elle-même, la Sagesse dit :
> J'ai les prudents conseils (עצה) et les *sages desseins*.

Prov. 3,21: Garde les *sages conseils* et les desseins prudents (מזמה).

Job 26,3 : Prétends-tu conseiller (יעצת) quelqu'un sans sagesse,
> en étalant ainsi tes *sages pensées* ?

Job 11,6: Le mot כפלים fait difficulté, et l'on a proposé diverses corrections. Je lirais volontiers une forme de פלא, soit נפלא הוא (cf. Is. 28,29 הפלא עצה). Quoi qu'il en soit de ce point, qui reste problématique, il y a parallélisme entre תושׁיה et תעלמות חכמה :
> Il te révélerait les mystères de la sagesse,
> car ' il est merveilleux ' en *prudence*.

Job 6,13 : En moi plus de ressource,
> le *conseil* m'a fui.

Je traduis עזרה par *ressource* et non par *secours* ; le mot signifie originairement *force* ; cf. Job 26,2 « *fortifier* (עזר) celui qui est sans force » ; on peut rapprocher עזּ *fortifier*, d'où *secourir*. — J'emploie ici le mot *conseil* au sens qu'il a dans les phrases suivantes citées par Littré (s. v. *conseil*):

« Il a de tout conseil son âme dépourvue » (Malherbe) ; « Hélas ! de quel conseil est capable mon âme ? » (Corneille).

Job 12,16 : En lui la force et le *conseil*.

(Comparer le sens de *conseil* dans cette phrase de Rollin, citée par Littré : « L'âge. . . n'avait fait que lui ajouter une maturité de conseil et de prudence »).

Les autres textes sont critiquement douteux. Dans Prov. 2,7 מגן fait difficulté ; on s'attendrait à un mot signifiant *sagesse* ou *intelligence*, soit בינה ; mais le premier stique signifie assez clairement :

Il réserve aux justes les *sages conseils*.

Prov. 18,1 est obscur ; le second stique paraît bien signifier cependant :

En tout *sage conseil* (qu'on lui donne), il s'emporte.

Dans Michée 6,9, le texte massorétique, qui est très douteux, signifierait : (L'homme de) *sage conseil* reconnaît ton nom.

Enfin le texte de ס 38,8 me paraît signifier : « afin que les *sages conseils* (le *savoir-faire*) n'abandonnent pas les hommes ».

Sur la question d'étymologie, j'avoue n'avoir rien trouvé de satisfaisant. La racine ne peut être que ושׁי; mais cette racine ne semble pas avoir donné d'autres formes en hébreu. Les racines اسو , وسى qu'on a rapprochées ne fournissent aucune lumière. Je me demande, mais avec grande hésitation, si l'on ne pourrait pas rapprocher la forme isolée התאששׁו d'Is. 46,8 qui me semble avoir le sens de *réfléchissez*, ou un sens voisin, à en juger par le parallélisme avec השׁיבו על לב qui signifie *réfléchissez* (et non: *prenez à cœur* !) ; comparer LXX : μετανοήσατε et Pesh. ܐܬܬܘܝܘ . Si ce rapprochement vaut quelque chose, le sens premier de תושׁיה pourrait être *réflexion*, comme pour מזמה. Mais nous pouvons ignorer l'étymologie d'un mot dont le sens réel nous est assez clair (1).

---

(1) Muss-Arnolt (*Assyrisches Handwœrterbuch*) note sous le mot *Asû* 2 : physician, la racine (sumérienne) *a-su* : properly *knowing*, *wise*.

III

תְּשׁוּקָה = *effort* pour dominer ou gagner quelqu'un.

Le mot תשוקה se rencontre trois fois seulement dans la Bible (Gen. 3, 16 ; 4, 7 ; Cant. 7, 11), et l'on n'est pas tombé d'accord sur le sens qu'il faut lui donner. Les anciennes versions, que j'omettrai de citer, pour plus de brièveté, ont senti la difficulté sans la résoudre. Les modernes traduisent généralement par *désir* ; plusieurs entendent *désir sexuel* (v. g. Barth, *Etymologische Studien*, p. 46), ce qui est manifestament inexact pour Gen. 4, 17. Nestle, dans ses *Marginalien* (p. 6), puis dans la *Z. für alttestam. Wissenschaft*, XXIV, 312-315, révoque en doute l'existence, en hébreu, d'une racine שוק au sens de *désirer* : pour lui ק serait une faute de copiste dans les trois textes bibliques et c'est תשובה *retour* qu'il faudrait lire partout. Il me semble hautement improbable que la même erreur de copiste se soit introduite dans les trois passages. Je garde donc la leçon תשוקה, mais le sens de *désir* qu'on donne d'ordinaire à ce mot ne me paraît pas exact.

Si nous examinons les deux textes de la Genèse sans préoccupation étymologique, nous constatons qu'ils contiennent tous deux une antithèse rigoureuse qui n'a pas été assez remarquée. Il s'agit, dans chaque cas, d'un *effort* fait pour dominer ou gagner une personne qui résiste victorieusement à cet effort et ne se laisse pas dominer. Gen. 3, 16 signifie : « Tu t'efforceras de dominer (ou de gagner) ton mari, mais c'est lui qui te dominera. » Eve qui a si facilement gagné Adam à ses fins en lui persuadant de manger du fruit défendu, ne doit pas, pour autant, se flatter d'arriver jamais à dominer son mari : c'est l'homme qui dominera la femme. Même opposition dans Gen. 4, 7 : « Le Péché s'efforce de te gagner (ou dominer), mais c'est toi qui le domineras. » La proposition nominale employée dans ces textes, au lieu de la proposition verbale qu'on attendrait, me semble exprimer une idée d'intensité ou de constance dans l'action : « *Tout* ton effort sera vers ton mari. . . » ou : « *Toujours* tu t'efforceras de. . . », etc. On peut comparer pour cette nuance 1 Sam. 7, 17 ותשובתו הרמתה *et son retour* (*était*) *à Rama*, c'est-à-dire : « il revenait *toujours* à Rama ».

Le sens que je propose pour Gen. 3, 16 ; 4, 7, doit être également admis pour Cant. 7, 11 où il est parfaitement en situation : « Je suis à mon bien-aimé et tout son effort est à me gagner. » Les versets précédents 9-10 : « Je monterai au palmier. . . » décrivent en effet, en termes imagés, la poursuite ardente, l'*effort* passionné de l'Epoux pour *gagner* sa Bien-aimée.

Resterait à savoir quel est en hébreu le sens primaire de la racine שׁוק. Les mots de la forme *taqtûl* expriment volontiers l'action marquée par le verbe correspondant, comme תבוסה *action de fouler aux pieds,* תנופה *action d'agiter,* תקומה *action de se tenir debout,* (Cf. Gesenius-Kautzsch[27], § 85 *r*; Barth, *Nominalbildung,* § 188 *b*). Mais le verbe qui a formé תשוקה n'existe pas dans la Bible : הֵשִׁיק *déborder* appartient à une autre racine שׁוק. En arabe, on peut rapprocher les racines شرق et سرق. Toutes deux sembleraient expliquer assez bien le sens d'*effort*. Le verbe شاق qui signifie ordinairement *désirer* semble signifier originairement *tendre, rendre tendu* ; cf. Lane : شاق الطُّنُبَ الى الوَتِدِ, *he tied und made fast the tent-rope to the tent-peg.* Le *désir* شَوق serait alors considéré comme une *tension* de l'âme vers un objet. Mais le שׁ hébreu répondant rarement au ش arabe, il reste douteux que תשוקה corresponde à la racine شاق. Il semble préférable de rapprocher ת׳ de la racine ساق *pousser, presser* v. g. du bétail devant soi. On dit : ساق اليّ فلانًا, *he urged such a one to intercede for him with me* (Lane). Dans cette explication, תשוקה serait une sorte de *poussée* exercée sur un objet, et l'on pourrait comparer les images analogues des mots latins *nisus, instare.*

IV

שׁוח à corriger en שׂוח dans Lam. 3,20 et Ps. 42,6.

Les mots תָּשׁוּח (*Ketib* תָּשִׂיח) (Lam. 3,20) et תִּשְׁתּוֹחֲחִי (Ps. 42,6 et parallèles) sont embarrassants pour les lexicographes. Le dernier mot viendrait de la racine שׁחח (Siegfried-Stade, Brown) et signifierait *être courbé*, et au figuré *être abattu, désespéré*. Buhl voit dans les deux mots une racine I. שׁוח qui aurait le sens de *s'écouler, se décomposer, se dissoudre.* Brown n'admet au contraire qu'une seulo racine שׁוח s'*affaisser, s'enfon-*

cer (1). Pour lui, תשׁוח exprimerait une dépression de l'âme. — Il me semble qu'on obtient un sens beaucoup plus naturel en lisant dans les deux cas שׂ au lieu de שׁ. La légitimité de cette minime correction au texte massorétique est confirmée par les considérations suivantes. Dans Lam. 3,20, les LXX (καταδολεσχήσει) ont certainement lu תָּשִׂיחַ : ils traduisent en effet souvent שִׂיחַ *parler de, s'occuper de, méditer sur, se plaindre* par ἀδολεσχέω : Ps. 69, 13 ; 77, 4, 7, 13; 119, 15, 23, 27, 48, 78 ; et cf. Gn. 24,63. De même, le substantif שִׂיחַ est traduit par ἀδολεσχία : 1 S. 1,16; 1 R. 18, 27; 2 R. 9,11 ; Ps. 55,3. La leçon תָּשִׂיחַ supposée par καταδολεσχήσει donne un sens excellent :

Mon âme se souvient et elle ' se plaint '.

Je remarque que le souvenir du passé, comparé aux malheurs du présent, éveille souvent chez le poète hébreu un sentiment de tristesse et provoque sa plainte (Ps. 42,5,7 ; 77,4). — תשׂיח עלי a le même sens que תהמי עלי de Ps. 42,6. La préposition עלי ne signifie pas *en moi*, mais *contre moi*, *à mon détriment*, *à ma peine* : c'est une sorte de *dativus incommodi* analogue au ל du *dativus commodi*. Ces datifs *pour moi*, *contre moi*, sont difficilement traduisibles dans nos langues.

Dans Ps. 42,6 (et parallèles), je lirais également la racine (שׁוח) שׂיח

Pourquoi ' te plains-tu ', mon âme, et pourquoi gémis-tu ?

Cette correction donne un parallélisme très parfait. המה et שׂיח sont précisément associés Ps. 55,18 :

Le soir, le matin, au milieu du jour,
je ferai retentir ma plainte et mes gémissements,
et il entendra ma voix.

De même encore au Ps. 77,4 :

Je veux penser à Dieu et gémir ;
je me plains, et mon esprit défaillit.

---

(1) Je ne trouve pas, dans la Bible le verbe שׁוח au sens de *s'enfoncer*. Prov. 2,8 est le verbe שׁחה *être incliné profondément* ; de même Ps. 44,18 : *être prosterné* ; dans Ps. 49,15 il faut lire שׁחוּ avec ce même sens — Pour שׁוח au sens de *se dissoudre*, je trouve seulement Hab. 3,6 où ce verbe, lu par les LXX (ἐτάκησαν), est demandé par le parallélisme : « Les montagnes sont mises en pièces et les collines se dissolvent ».

V

* הַוָּה et הַוּוֹת = *mal (malheur* et *malice).*

Les lexicographes, séduits sans doute par le rapprochement avec la racine arabe هوى , attribuent à *הַוָּה, הַוּוֹת des significations qui me paraissent un feu fantaisistes : *chute, ruine, abîme* (cf. ܗܘܬܐ), *destruction*, « *engulfing ruin* » (Brown). Dans la Bible, le mot, qui est poétique, signifie simplement le *mal*, soit le mal physique : *malheur, calamité, fléau* ; soit le mal moral : *malice, méchanceté, iniquité*. Il n'y a donc pas lieu de supposer que la racine hébraïque הוה soit identique à la racine arabe هوى . Même dans Michée 7, 3 il est fort douteux que הוה signifie *désir* (= هَوًى) : c'est uniquement le contexte qui indique qu'il s'agit d'un *désir* inique ; on peut fort bien traduire : « le grand exprime la *malice* de son âme » ; comparer Ps. 38,13 דִּבְּרוּ הַוּוֹת . Dans Prov. 10,3, je lirais הוֹן *abondance, richesse*, mot qui a été également supplanté par הוות , d'après bon nombre de critiques, dans Ps. 52, 9.

Au sens de mal physique, *fléau*, on trouve deux fois la forme הֹוָה (Is. 47, 11 ; Ez. 7, 26).

Je traduirais donc :

Ps. 57,2 : jusqu'à ce que le *fléau* soit passé.

Ps. 91,3 : la peste de *malheur*, c'est à dire : le *fléau* de la peste.

Prov. 19,13 : un fils insensé est une *calamité* pour son père.

Job 6, 2 : ah ! si l'on mettait dans un plateau de la balance mon offense (envers Dieu), et dans l'autre mon *malheur* (Vulg. : *calamitas*).

Dans les autres textes, il s'agit du mal moral :

Ps. 5, 10 : leur cœur n'est que *malice*

Ps. 38,13 : ils ont dit du *mal* (de moi).

Ps. 52,4 : ta langue songe à dire du *mal*.

Ps. 55,12 : l'*iniquité* est dans ses murs.

Ps. 94,20 : trône d'*iniquité*.

Prov. 11,6 : les impies sont pris dans leur *malice*.

Prov. 17,4: langue *méchante* (en parallélisme avec שׂפת־און *lèvre inique*).

Job 6,30 : *mal, malice* (en parallélisme avec עולה *iniquité*).

Le texte de Job 30,13 est en mauvais état et fort obscur.

Il me semble que הַוּוֹת n'est pas le pluriel de הַוָּה : c'est un singulier abstrait en *ôt*, pour *ût*, comme on a חָכְמוֹת *sagesse* auprès de חָכְמָה (cf. Gesenius-Kautzsch, § 86 *l*). L'idée du pluriel n'apparaît dans aucun texte, sauf dans Ps. 38, 13 où le parallélisme avec מִרְמוֹת pourrait faire croire à un pluriel ; mais מִרְמוֹת , qu'on rencontre seulement trois fois dans la Bible, à côté du fréquent מִרְמָה , est probablement lui-même un singulier en *ôt*. Les versions, sauf LXX (Ps. 38,13) traduisent toujours הוות par un singulier.

Le mot devait être un peu recherché et, par conséquent, d'un usage restreint, car les anciennes versions ont souvent tâtonné. Elles ont fréquemment vu l'idée de *vanité, fausseté, mensonge*. Le mot אתרגושתא *trouble, tumulte*, par lequel le Targum rend ordinairement הוות se rapproche du sens : *calamité, fléau* ; mais je soupçonne que cette traduction a été suggérée par une hypothèse étymologique. Dans Job 6, 2, saint Jérôme a traduit fort exactement : *calamitas*.

VI

זִמְרָה au sens de *force, produit*.

Les dictionnaires citent sous le mot זמרה : Ex, 15,2 ; Is. 12, 2 ; Ps. 118,14 et même Gen. 43,11, bien que, pour ce dernier passage, on déclare qu'il est difficile de voir la connexion entre le sens probable du mot, d'après le contexte, et זמרה *musique, chant*. Ces textes exigent, me semble-t-il, qu'on reconnaisse en hébreu une racine זמר au sens de *force*, laquelle n'était point inconnue des LXX. Dans Ex. 15, le stique 2*a* exprime l'idée que Jéhovah a secouru efficacement Israël et l'a sauvé d'un grand danger. Donner à זמרה le sens de *louange* (= objet du *chant*), c'est introduire une

idée étrangère qui rompt manifestement la pensée. Il faut traduire : « Jéhovah est ma puissance et ma *force* : c'est lui qui m'a sauvé ». Un indice assez clair que זמרת est un synonyme de עז , et que les deux mots sont pris *per modum unius*, c'est qu'on les retrouve ainsi accolés dans Is. 12,2 et Ps. 118,14. C'était donc là une sorte d'expression toute faite, composée de deux mots à peu près synonymes, comme en français : *us et coutumes, bel et bien, sain et sauf* ; en allemand : *Art und Weise, auf Schritt und Tritt*, etc. Les deux composants font si bien corps qu'on se dispense de répéter le suffixe après le second. (1) Le traducteur grec d'Ex. 15, 2 connaissait une racine זמר au sens de *force*, comme le témoigne le mot σκεπαστής *protecteur, aide*, qui rend le mot hébreu d'une façon suffisamment exacte.
Mais comme la racine était rarement usitée, on l'a facilement confondue avec la racine זמר *faire de la musique, chanter*, et l'on a pris זמרת au sens de ὕμνησις (Ps. 118,14), αἴνεσις (Is. 12,2).

Cette même racine זמר *force* donne une explication assez naturelle de זמרת הארץ dans Gen. 43,11, que je traduis : « Prenez des *produits* du pays ». Le mot זמרת n'est pas pris ici au sens originaire de *force*, comme dans Ex. 15,2, etc, mais au sens dérivé de *produit*. L'évolution sémantique est normale (l'effet pour la cause) et nous avons des exemples tout semblables, en hébreu, précisement avec des mots signifiant *force*. Tout le monde admet que חיל *force* signifie dans Joel 2,22 : *produit, fruit* : « Le figuier et la vigne ont donné leurs *produits* ». Dans Job 31,39 כח *force* signifie aussi le *produit* de la terre (Vulg. *fructus*) ; de même encore dans le texte purement prosaïque de Gen. 4,12 : « Quand tu travailleras la terre, elle ne te donnera plus ses *produits* » (Vulg. : *fructus*). Tel est encore le sens de כח et de son synonyme און *force* dans Gen. 49,3 : « Ruben, tu es mon premier-né, mon *fruit* et mon premier *produit* » (et non : les prémices de ma *virilité* ; cf. LXX : ἀρχὴ τέκνων μου). Dans tous ces exemples, on le voit, un mot signifiant *force* (חיל, כח, און) est pris au sens de *produit* de cette force, et en particulier au sens de *production, fruit*. Ce sens a été parfaitement vu par le traducteur grec qui rend זמרת הארץ par καρπῶν τῆς γῆς.

---

(1) Voir d'autres explications proposées dans Gesenius-Kautzsch, *Hebr. Gramm*[27], § 80 *g*.

Cette traduction est parfaitement exacte : il n'y a rien à y ajouter. C'est donc à tort qu'on a pensé, encore ici, à la racine זמר *faire de la musique, chanter*. Bien entendu, notre זמרת n'a rien à faire avec la racine زمر comme quelques personnes l'ont cru.

Il est vraisemblable que le nom propre de personne זִמְרִי se rattache à la même racine זמר et signifie, par conséquent, « le fort ».

VII

סְעִפִּים = *béquilles.*

Le sens de ce mot, qui se rencontre uniquement dans 1 Rois 18,21, est incertain. On traduit d'ordinaire : « Jusques à quand boiterez-vous des deux côtés ? » ou « entre les deux partis ? ». Mais la préposition על semble bien annoncer ce *sur* quoi marche le boiteux. Les LXX comprennent : « *sur* vos deux jarrets ». Mais il ne peut guère s'agir des jarrets ou des jambes. « Boiter *sur* les deux jambes » a l'air d'une contradiction dans les termes (cf. 2 S.9,13). De plus, pourquoi aurait-on un mot si étrange pour désigner une chose aussi commune que les jambes ? Je verrais donc dans סעפים les instruments bien connus sur lesquels les boiteux s'appuient en marchant, à savoir les béquilles. Le sens serait donc : « Jusques à quand boiterez-vous à deux béquilles ? », c'est-à-dire : « Jusques à quand vous conduirez-vous comme des boiteux achevés, des boiteux qui sont obligés de marcher en s'appuyant sur deux béquilles ? ». L'article est justifié par la considération que les deux béquilles forment un groupe défini : *les* deux béquilles de tout boiteux. La béquille, dans sa forme la plus simple, n'est qu'une variété de bâton : c'est une simple branche d'arbre courbée, naturellement ou artificiellement, à l'une de ses extrémités. Or on trouve la forme סעפותיו au sens de *branche* dans Ez. 31,6,8 ; sans parler de סעיף qui signifie plutôt *menue branche* (Is. 17, 6 ; 27, 10).

KEHRVERSPSALMEN

VON

HERMANN WIESMANN, S. J.

In der *Zeitschrift der Deutschen Morgenlaendischen Gesellschaft*, LIX (1905), 129-144 hat E. Baumann einen Aufsatz über die Kehrverspsalmen veröffentlicht. Er schickt zunächst eine Anzahl von Grundsätzen voraus, die für die Feststellung von Kehrversdichtung massgebend sein sollen. Dann untersucht er an der Hand dieser Regeln eingehend eine Anzahl von Psalmen, die angeblich und anscheinend diese Dichtungsform aufweisen. Dabei findet er, dass ein solcher Aufbau sich im Psalter « nur ein-oder zweimal als sicher, einmal als möglich darstellt ». Dieses Ergebnis sowie die ganze Art der Untersuchung sind danach angetan, bei dem Freunde der heiligen Lieder entschiedenen Widerspruch zu wecken und eine erneute Untersuchung zu veranlassen. Die vorliegende Arbeit nun hat den Zweck, die Frage über das Vorhandensein von Kehrverspsalmen nochmals zu prüfen. Dass in ihr aber ausser diesem Punkte noch manche andere Dinge zur Sprache kommen, ist in der Natur der Sache begründet. Beginnen wir mit dem Psalm 107, bei dem Baumann « die Züge des Kehrvers-und Strophenliedes im ganzen deutlich » ausgeprägt findet.

Ps. 107 (106).

Schon Bellarmin hat die Anlage dieses Psalms im ganzen richtig erkannt. Er sagt nämlich : « In hoc psalmo laudatur primo [V. 1-32] misericordia Dei, qua liberat homines a quatuor communibus miseriis.... Deinde in altera parte psalmi [V. 33-43] laudatur omnipotentia Dei, quae solo nutu mutat rerum naturas ». Auch den Aufbau des ersten Teiles legt er dar : er bestimmt die Einleitung (V. 1-3) und die Gliederung des Hauptteiles in vier Abschnitte und gibt zugleich deren hervorstechendste Eigentümlichkeit an, nämlich die regelmässige Wiederholung zweier Zeilen: Quater repetuntur duo versiculi : *Clamaverunt ad dominum, cum tribularentur, et de necessitatibus eorum liberavit eos* (1), et *Confiteantur domino misericordiae eius, et mirabilia eius filiis hominum.* Weiter untersucht er allerdings den Aufbau der vier Strophen nicht, und doch findet sich in diesen eine bemerkenswerte Regelmässigkeit und Aehnlichkeit. Dem ersten Kehrverse geht nämlich jedesmal die Angabe einer Notlage voraus (V. 4. 5 ; 10-12 ; 17. 18 ; 23-27), und zwar gibt die erste Zeile nur allgemein die Klasse der Notleidenden an, während im folgenden die Not noch etwas weiter ausgeführt wird. Ferner folgt auf den ersten Kehrvers, der den Hilferuf der Unglücklichen und das Eingreifen Jahves nur im allgemeinen berichtet (V. 6. 13. 19. 28), die nähere Angabe, wie die Rettung aus der jedesmaligen Not stattfindet (V. 7. 14. 20. 29. 30). Endlich verbindet sich mit dem zweiten Kehrvers (8. 15. 21. 31), der zum Dank auffordert, noch eine die Strophe abschliessende Zeile (V. 9. 16. 22. 32), die zweimal (V. 9. 16) die vorhergehende Aufforderung ausdrücklich begründet und zweimal (V. 22. 32) die gegebene Mahnung weiterführt und verstärkt. « Mit diesen Feststellungen haben wir vier Strophen von analogem Bau aufgefunden, deren konstantes Rückgrat der Doppelkehrvers ist. Jede Strophe ist dreiteilig : Not, Hülferuf und Hülfe, Mahnung zum Dank » (Baumann).

Bei der ähnlichen Anlage der Strophen sollte man nun auch einen gleichmässigen Aufbau, eine symmetrische Form erwarten. Diese ist aber nicht vorhanden ; denn in der überlieferten Gestalt haben die erste und die dritte Strophe sechs, die zweite sieben und die vierte zehn Zeilen. Man könnte nun zwar auf die Tatsache hinweisen, dass sich in allen Literaturen, auch in der hebräischen, Strophen von ungleicher Länge in ein und demselben Gedichte finden, und demgemäss die vorliegenden Gebilde als zurecht bestehend gelten lassen. Aber die diakritischen Zeichen der letzten Strophe legen doch die Vermutung nahe, die ursprüngliche Form sei

(1) Genau gennomen, wird der Kehrvers im zweiten Stichus leicht abgewandelt : 6. יצילם, 13. und 19. יושיעם, 28. יוציאם ; Vulg. 6. eripuit eos, 13. und 19. liberavit eos, 28. eduxit eos.

vielleicht durch Zusätze gesprengt worden. Am nächsten liegt nun die Annahme, dass die erste und die dritte Strophe, die ganz gleichmässig und ziemlich glatt sind, ihre Gestalt unverändert bewahrt haben, dass also jede Strophe sechs Zeilen oder drei Zeilenpaare umfasse. Sie bestätigt sich auch durch eine genauere Untersuchung der überschüssigen Glieder in der zweiten und der vierten Strophe.

In der ersten und der dritten Strophe gehen dem ersten Kehrvers zwei Zeilen voraus, die die jedesmalige Notlage angeben. In der zweiten Strophe findet sich ausser diesen beiden Zeilen noch eine dritte, V. 11, die eine besondere Verschuldung als Ursache des augenblicklichen Unglücks hinstellt. Ein solch ausdrücklicher Hinweis aber fehlt in allen andern Strophen, er ist in diesem Gedicht auch wenig am Platze, da der Verfasser augenscheinlich nur Gottes wirksame Hilfe in den verschiedenen Nöten feiern will. Mit Recht wird daher dieser Vers von D. H. Müller, Duhm, Zenner, Grimme, Baumann, Minocchi, Briggs als Eindringling angesehen. Wohin er gehört, wird sich später zeigen. — Die so gewonnenen regelrechten drei Strophen müssen uns zur Bestimmung der vierten dienen. Dass der vorliegende Text hier nicht in Ordnung ist, zeigt das נ inversum (1). Grimme sieht das ganze Stück V. 23-27 als Einschub an. Es «wird, meint er, (2) irgend ein phantasievoller Leser den Anfangsvers zu nüchtern gefunden und an seine Stelle eine Folge von fünf in ihrer Weise eigenartigen Verse selbst gedichtet oder von anderwärts her eingeschoben haben». Dieses Vorgehen dürfte denn doch zu voreilig ein. Wir müssen vielmehr zusehen, ob wir aus diesem offenbar erweiterten Text nicht die Bestandteile der Strophe herausschälen können. Beizubehalten sind zunächst die beiden Kehrverse 28 und 31; ferner der abschliessende Vers 32. Auch V. 23 muss, wie uns scheint, stehen bleiben. Er weicht zwar von den übrigen Stropheneinsätzen in etwa ab, insofern er nicht unmittelbar eine Notlage anzudeuten scheint. Das wird auch wohl für Briggs der Grund gewesen sein, folgende Lesung anzunehmen :

---

(1) Vgl. Fr. Delitzsch, *Biblischer Kommentar über die Psalmen* ; ferner *ZATW*, XXII (1902), 57 ff.

(2) *Psalmenprobleme*, S. 163.

23a יורדי הים באניות 25a וַיַּעֲמֵד רוח סערה :

25b ותרומם גלי (תהום) 26b נפשם ברעה תתמוגג :

Aber es ist zu bedenken, dass den Alten die Seefahrt bei dem Mangel des Kompasses und anderer uns zu Gebote stehender Hilfsmittel als eines der gefährlichsten Wagestücke und somit schon an und für sich als eine Notlage erscheinen musste (1). Zudem ist das für die Juden zunächst in Betracht kommende Meer, das östliche Becken des Mittelmeers, gewöhnlich stark bewegt und häufigen Stürmen ausgesetzt. In den übrigen Stropheneinsätzen V. 4. 10. 17 sind überdies die beiden ersten Stichen inhaltlich parallel, und sie haben die Notleidenden zum Subjekt. Schliesslich scheint mir V. 25 anderswohin zu gehören, während 23b nirgends untergebracht werden kann. Somit ist V. 23 als Eingang der vierten Strophe beizubehalten. Vier Zeilen wären somit fest gelegt; erfordert werden noch zwei, je eine vor den beiden Kehrversen. Ein Vergleich der drei ersten Strophen zeigt, dass die dem Stropheneinsatz folgende Zeile sich stets mit den Notleidenden als logischem Subjekt befasst und dass sie die im Vorhergehenden angedeuteten Leiden weiter ausführt. Damit sind V. 24 und 25 ausgeschlossen (gegen Duhm). Die Wahl bleibt zwischen V. 26 und 27, die inhaltlich so ziemlich gleich zu sein scheinen. Baumann entscheidet sich für V. 27, « der metrisch gefügiger ist ». Aus einem weiter unten (S.347) angegebenen Grunde entschliesse ich mich für V. 26. Für die Zeile zwischen den beiden Kehrversen bietet der überlieferte Text zwei Verse, 29 und 30. Duhm, Minocchi und Briggs geben V. 29 den Vorzug. Der entsprechende Vers in den übrigen Strophen hat Jahve zum Subjekt und berichtet ausdrücklich die Rettung aus der jedesmaligen Notlage. Dieselbe Anforderung muss man auch wohl hier an diese Zeile stellen. Aber weder V. 29 noch V. 30 hat diese Eigenschaften. Auch sind beide mangelhaft; denn in V. 30 stösst der dreimalige Subjektswechsel, ausserdem ist das Subjekt von ישתקו unklar, endlich ist auch der

(1) Vgl. Wsh. 14. 1-5; Diog. Laert. 1, 8, 103 (᾿Ανάχαρσις) μαθὼν τέτταρας δακτύλους εἶναι τὸ πάχος τῆς νεώς, τοσοῦτον ἔφη τοῦ θανάτου τοὺς πλέοντας ἀπέχειν. Horaz Od. 1, 2, 9. sqq. Illi robur et aes triplex circa pectus erat, qui fragilem truci commisit pelago ratem primus.

erste Stichus im Vergleich zu den übrigen zu kurz. Desgleichen ist die Ausdehnung von 29^b zu gering. Dagegen sind 29^a und 30^b vorzügliche Stichen, und verbunden ergeben sie eine Zeile, die den obigen Anforderungen aufs beste entspricht. $30^a + 29^b$, die offenbar zusammengehören, sind also auszuschalten. Damit ist eine Strophe gewonnen, die den übrigen drei vollständig entspricht. Sie lautet:

23 Die sich da einschifften auf dem Meer,
Geschäfte trieben auf dem grossen Wasser,
26 Sie stiegen hinauf gen Himmel, fuhren hinab in die Tiefe,
ihre Seele verzagte vor Leid —
28 *Da schrieen sie zu Jahve in ihrer Not,*
und er rettete sie aus ihren Aengsten,
29_a Er stillte den Sturm zum Säuseln
30_b und führte sie zu dem ersehnten Hafen —
31 *Sie moegen Jahve preisen ob seiner Huld*
und ob seiner Wunder an Menschenkindern,
32 Mögen hoch ihn preisen in der Volksgemeinde
und im Kreise der Alten ihn rühmen!

Wie oben gesagt, geht den vier Strophen ein kurze Einleitung voraus (V. 1-3), ähnlich wie in Ps. 45 (44). Baumann hält sie für einen spätern Zusatz. Seine Gründe sind folgende: « 1) ist V 1 eine für die Gesamtkonstruktion unerträgliche Vorwegnahme der Pointe V. 8 f., 15 f., 21 f., 31 f. » Allein wenn diese Vorwegnahme auch unerträglich wäre, so bewiese das nichts gegen ihre Ursprünglichkeit; die Verfasser der Psalmen sind eben nicht alle Dichter erster Ordnung. Aber sie ist durchaus nicht unerträglich. Die überlieferte Einleitung ist gleichsam das Motto, das den Hauptgedanken des Psalms enthält, so zu sagen ein Vorspiel, das den Grundton des Stückes angibt und ungezwungen zu dem Hauptteil überleitet, der ohne diesen Vorspruch etwas unvermittelt anhübe. Einen ganz passenden Ein-und Uebergang bildet nun die Aufforderung zum Dank, gerichtet an alle, die nachher im einzelnen aufgeführt werden. Da überdies in jeder Strophe die Mahnung, Jahve zu preisen, in besonderer Weise begründet wird, stösst diese « Vorwegnahme » nicht im geringsten. — « 2) ist V. 1 kein Doppeldreier ». Man könnte zunächst fragen, ob er denn überhaupt ein Doppeldreier sein müsse. Wenn ja, nun Baethgen und Grimme halten ihn für einen solchen. Sollte aber eine Hebung fehlen, so könnte man mit Bickell, Flament, Duhm und Minocchi, {הללו-יה hinzunehmen, das die LXX hier haben, der masoretische Text mit Unrecht an den Schluss des vorhergehenden Psalms verpflanzt hat. Die Doxologien am Ende der ersten drei Bücher schliessen ja alle mit « Amen, » sprechen somit zu Gunsten der LXX. Ueberdies würde der Ausruf « Alleluja » hier zu dem Charakter des Psalms ganz vorzüglich passen. — « 3) ist V. 1 eine stereotype liturgische Formel (vgl. Ps. 106. 118. 136), die geradezu Thema für besondere Variationen (Ps. 118, 1-4 ; 136) gewesen ist und als kurzes Motto für Danklieder redaktionelle Verwendung gefunden hat (Ps. 106. 107). » Zunächst dürfte hier Ps. 107 nicht angeführt werden ; denn er ist eben in Frage. Dann könnte man auch einige dieser Aufstellungen mit einem Fragezeichen versehen. Aber auch alle jene Eigentümlichkeiten des Verses einmal angenommen, sie sicherten noch nicht dessen nachträgliche Beifügung an dieser Stelle. Im Gegenteil, wenn diese Formel mit solcher Vorliebe für liturgische Zwecke verwendet wurde, konnte sie ein Dichter, besonders wenn er keine starke Eigenart besass, recht gut zum Ausgangspunkt nehmen, vielleicht sogar mit der ausgesprochenen Absicht, sein Lied für den liturgischen Gebrauch geeignet zu machen. — « 4) ist die vorliegende Verschmelznng der Formel mit dem Psalm, V. 2 f., eine Anleihe aus dem Psalm, die aber anders als der Psalm an die Exiliierten des Volkes Israel denkt (vgl. Jes. 35, 9 ; 62, 12) ». Die Annahme, der Vorspruch sei eine Anleihe aus dem Psalm, ist ganz willkürlich und beruht auf vorgefasster Meinung. Dass er mit dem Hauptteil übereinstimmen und organisch verschmolzen sei muss, ist denn doch eine ganz billige Anforderung. Die oben verzeichneten Anklänge an Isaias beweisen auch nicht, dass auf die nach Babylon Verbannten angespielt werde. Denn der Ausdruck « Jahves Erlöste » ist so allgemein, dass er auf alle durch Jahve Befreiten passt. — Die gegen die Ursprünglichkeit des Einganges vorgebrachten Gründe sind also nicht stichhaltig. Da nun aber eine Einleitung, wie auch Baumann zugibt, unentbehrlich erscheint, uns eine andere aber nicht zu Diensten steht, haben wir keinen Grund, die überlieferte aufzugeben.

Anders scheint es allerdings mit dem Abschnitt V. 33-43 zu stehen. Wie oben (S. 337) gesagt, fasst Bellarmin ihn als einen zweiten Teil auf, der dem ersten Teil des Psalms vollständig gleichgestellt ist. Die für ein lyrisches Ganzes erforderte Einheit findet er darin, dass der Psalm ein Loblied auf Gottes Barmherzigkeit und Allmacht ist. Die vollständige Verschiedenheit der beiden Teile nach Inhalt und Form scheint ihm keine Schwierigkeit gemacht zu haben. Auch M. Mlcoch scheint zwei koordinierte Teile anzunehmen : « Vates sacer... excitat ad gratias agendas Deo (1-3), qui miraculosum auxilium praestitit in deserto (4-9), in carcere et vinculis (10-16), in morbo periculoso (17-22), in immani maris procella (23-32), — Deo, cuius providentia manifesta apparet in fatis regionum et nationum (33-43). » Nach Halévy befasst sich der Dichter im ersten Teil (4-32) mit den verschiedenen Klassen, die Gott zum Dank verpflichtet sind, behandelt im zweiten aber einen ganz anderen Gegenstand : « Le poète semble faire allusion à la décadence des colonies (phéniciennes ?) jadis prospères (33-40), qu'il compare au succès de la colonisation palestinienne (41-42). » Auch Baethgen nimmt den Abschnitt V. 33-43 als selbständigen Teil ; während nämlich der erste nachweist, wie Jahve in allen Lebensnöten geholfen hat, soll der zweite zeigen, was Israel in der messianischen Zeit zu erwarten hat. Andere stellen die Verse 33-43 den vorhergehenden vier Strophen gleich, so Hoberg, Le Hir, Emmanuel, Hitzig, Parisot, auch Delitzsch. Le Hir (1) z. B. sagt : « Après le début (1-3), il nous peint en cinq tableaux riches en images d'une hardiesse et d'une beauté admirables 1° des hommes égarés..... 5° des affamés dont la terre ravagée était frappée d'une affreuse stérilité et auxquels il rend l'abondance, tandis qu'il châtie leurs dévastateurs (33-42) ». Aehnlich Fillion (2) : « Cinquième tableau : le bonheur et le malheur de l'homme dépendent de la Providence de Dieu. Vers 33-42». Emmanuel (3) meint: «Dans la dernière partie qui commence au v. 33 la forme n'est plus la même ; nous y voyons la ruine de Babylone mise en contraste avec la réédifacation de

(1) *Les Psaumes traduits de l'hébreu en latin.* Paris, 1879.
(2) *Les Psaumes commentés.* Paris, 1893.
(3) *Nouvel Essai sur les Psaumes.* Mesnil-Saint-Loup, 1869.

Jérusalem ». Aehnlich Parisot (1) : « Dans la dernière partie du cantique, l'auteur sacré met en parallèle Babylone et Jérusalem, celle-ci triomphante après sa ruine, celle-là superbe, puis humiliée, le sort de l'une devenant par un juste retour, celui de l'autre ». Auch Zenner hielt den letzen Abschnitt für eine Strophe des Psalms, jedoch wegen des von den vier Parallelstrophen ganz verschiedenen Charakters für eine Zwischenstrophe, die zwischen der zweiten und der dritten Strophe einzufügen sei. Für J. A. van Steenkiste (2) ist der betreffende Teil «quaedam carminis conclusio, in qua laus Dei generali modo praedicatur et universa eius agendi ratio erga bonos et malos collaudatur ». Eine Anzahl von Schrifterklärern hält den letzten Abschnitt für einen spätern Zusatz, für einen Fremdkörper. Schon Hupfeld-Nowack, vermutete, dass er « ein fremdes, angelötetes Stück sei». Duhm meint, die Ausführungen über Jahves Verhalten gegen Fromme und Unfromme, V.33-43, könnten zwar eine gewisse Verwandtschaft mit V. 1-32 nicht verleugnen ; da sie aber der Disposition des ersten Teiles nicht folgten, seien sie gleich den Einsätzen eher eine Nachdichtung. Grimme (3) sagt : «Ueber V. 33-43 wird sich die Strophenform nicht mehr ausdehnen, da der Sinn deutlich eine so andere Wendung nimmt, dass man kaum umhin kann, Erweiterung des Psalms durch fremdes Stück anzunehmen». Auch Baumann scheidet den Abschnitt von dem Psalm aus. Mir scheint mit Recht ; denn das Stück passt weder am Schluss noch in der Mitte des Psalms. Seiner Natur nach ist es nicht ein einfaches Nachwort, das dem Vorspruch V. 1-3 gleichzusetzen wäre, sondern eine ausgeführte Erzählung. Von dem Vorhergegenden weicht es nicht bloss durch die Form ab, indem es auf die gegebene Anlage gar keine Rücksicht nimmt, sondern auch durch den Inhalt ; denn es behandelt ganz andere Dinge. Baumann bemerkt ganz richtig : « In V. 33-43 ist zwar auch von der Wüste die Rede wie V. 4 ff., aber nicht als einem Bereich, aus dem der Verirrte gerettet wird, sondern als einem Gegenstand göttlicher Machttaten : Jahve segnet oder verflucht je nach dem Verhalten der Menschen ».

(1) *Revue Biblique*, III (1894), 403.

(2) *Commentarius in librum psalmorum*. Brugis, 1886.

(3) *Psalmenprobleme*, S. 163 f.

Ton, Sprache und Darstellung sind in den beiden Teilen auch grundverschieden. Der erste Teil ist durchsichtig und scharf umrissen, der zweite dagegen unklar und nebelhaft; jener weist eine wahre Kunstform auf, dieser ist eine schlichte Aufzählung von Einzelheiten. All diese Gründe sprechen auch gegen eine Versetzung der Strophe in die Mitte des Gedichtes. Dazu kommt noch, dass V. 42-43 deutlich den Abschluss eines Psalms bezeichnen und die dritte und vierte Strophe nicht mehr hinter sich dulden.

Der Psalm besteht demnach aus dem kurzen Vorspruch und den vier parallelen, gleich aufgebauten Strophen von sechs Zeilen. Die beiden regelmässig wiederkehrenden Reihen kann man mit Recht als Kehrverse bezeichnen. Jede Strophe veranschaulicht in einem gut gewählten Beispiel das barmherzige und machtvolle Walten Jahves bei der Not der Seinigen. Jedes Beispiel aber ist in einem knappen, wohlabgerundeten und poetisch schönen Bilde ausgeführt. Von dem nun aller Auswüchse entkleideten und einheitlich aufgebauten Liede gilt erst eigentlich, was Parisot (1) von dem in entstellter Form überlieferten sagt: « A qui douterait que la proportion, la mesure, le goût fussent l'apanage de la poésie hébraïque, on pourrait proposer l'étude du morceau lyrique par lequel débute le cinquième livre des Psaumes. L'élévation des images, l'animation des tableaux, mais plus encore la forme tout à fait particulière dans laquelle l'auteur inspiré encadre sa pensée, et la marche savante, étudiée, suivant laquelle il la développe, rendent en effet le psaume CVII (CVI) spécialement intéressant parmi les diverses compositions poétiques auxquelles il a plu à l'Esprit-Saint d'accommoder ses oracles ». Allerdings ist mir kein Gedicht bekannt, in dem sich der Kehrvers in dieser Weise fände. Er ist aber nicht bloss eigenartig, sondern auch glücklich verwendet. Denn « an den Höhe-und Ruhepunkten des Gedankenganges » regelmässig wiederkehrend, trägt er vor allem dazu bei, dass der Psalm einen so starken Eindruck hinterlässt. Das Gedicht ist ja den Gedanken nach höchst einfach, dem Aufbau nach in gewissem Sinn einförmig, aber der Kehrvers lässt die straffe, kunstvolle Form angenehm für Auge und Ohr hervortreten

(1) *Revue Biblique*, III (1894), 402.

und giesst über das starre, nüchterne Gebilde eine liebliche Anmut aus.

E. G. King (1) macht noch eine Bemerkung über die Reihenfolge der vier Strophen. Nach jüdischer Ueberlieferung seien die Verse 23-28 von ihrer Stelle gerückt; nun sei es auffallend, dass von einigen Rabbinern vier Klassen von Leuten, die Gott zum Dank verpflichtet seien, in folgender Ordnung aufgezählt würden: a) Seefahrer, b) Wüstenwanderer, c) von Krankheit Genesene, d) aus dem Gefängnis Befreite. Er meint weiter, in der jetzigen Anordnung mache die vierte Strophe den Eindruck einer Antiklimax. Dieser würde verschwinden, wenn man die vorstehende Anordnung für unsern Psalm annähme; denn in a) und b) seien blosse Naturkräfte die entgegenstehenden Hindernisse, in c) aber sei es eine höhere Macht, die Sünde, derentwegen sie leiden, in d) jedoch sei die Lage die allerhoffnungsloseste: im Gefängnis halle etwas wieder von den Worten « Lasciate ogni speranza, voi che'ntrate » (2). — Die vierte Strophe macht allerdings etwas den Eindruck einer fallenden Klimax. Aber die von King vorgeschlagene Ordnung möchten wir nicht befürworten; denn die Gefangenschaft scheint uns nach der ganzen Darstellung nicht als das höchste Elend bezeichnet zu sein, sondern vielmehr die schwere Krankheit. Man beachte die Ausdrücke « Schon nahten sie den Pforten des Todes » und « Er entriss aus der Grube ihr Leben ». Wollte man daher eine andere Reihenfolge der Strophen, so wäre die letzte an den Anfang zu setzen, die übrigen aber an ihrer Stelle zu belassen.

Hoberg (3) bemerkt über den Text des Psalters: «Ohne Zweifel gibt es Psalmen, welche bei ihrer Aufnahme in das Gesangbuch der Juden keine Aenderung erlitten haben.... Andere Psalmen wurden verändert; aber das Auge des schärfsten Kritikers vermag diese Veränderungen nicht mehr sämtlich mit Sicherheit zu unterscheiden». Dass die oben ausgeschie-

(1) *The Psalms in three collections*. Cambridge, 1898-1905.

(2) Dante, *Goettliche Komoedie*, Hölle, Dritter Gesang.

(3) *Die Psalmen der Vulgata*[2]. Freiburg, 1906, S. XVIII.

denen Stücke nicht zu dem ursprünglich vorliegenden Psalm gehörten, dürfte mit ziemlicher Sicherheit festgestellt sein. Damit möchte man sich nun eigentlich begnügen. Allein man könnte auch noch weiter gehen und fragen, woher denn die bezeichneten Zusätze stammen dürften. Soweit wir sehen, hat man diese Frage noch nicht beantwortet; aber vielleicht ist unser Auge scharf genug, die Herkunft dieser versprengten Glieder zu entdecken.

Die beiden Psalmen 105 und 106 gehören aufs engste zusammen; der erstere behandelt die Gnadenbeweise Jahves gegen sein Volk vom Anfange der Geschichte bis zur Eroberung Kanaans, der letztere das sündhafte Verhalten Israels gegen seinen Wohltäter während der Einwanderung und während des Aufenthaltes im Verheissungslande. Die Art der Behandlung des Themas ist in beiden Psalmen die gleiche. So könnte man vermuten, es seien hier Parallelpsalmen beabsichtigt. Auffallend ist nur, dass Psalm 106 auch den Aufenthalt in Kanaan berücksichtigt, während Psalm 105 mit dem Einzug abbricht. Delitzsch meint nun, Ps. 107 sei mit den beiden vorhergehenden aufs engste verbunden, bilde mit ihnen eine Trilogie und habe denselben Verfasser. Diese Ansicht scheint uns unrichtig zu sein, die vorgebrachten Gründe beruhen auf einer falschen Auffassung von Ps. 107. Wohl aber besteht eine enge Verwandtschaft des Abschnittes Ps. 107, 33-43 mit den Pss. 105 und 106: Hier wie dort eine kunstlose Aufzählung von Einzeldingen, hier wie dort zahlreiche Entlehnungen, hier wie dort geschichtliche Erfahrungen. Sehen wir nun weiter zu, welchem von den beiden Psalmen das Bruchstück am nächsten steht, so finden wir, dass es mit Ps. 105 die grösste Aehnlichkeit aufweist; denn in beiden werden Gottes Wohltaten gegen sein Volk gepriesen, in beiden bildet das Gefühl freudiger Dankbarkeit den Grundton. Vielleicht wäre also Ps. 107, 33-43 mit Ps. 105 zu verbinden. Betrachtet man den Ausgang dieses Psalms, so findet man, dass er sehr wenig befriedigt; man erwartet einen allgemeineren Abschluss. Daher haben bereits einige Erklärer vermutet, Ps. 106 habe ursprünglich die Fortsetzung des vorhergehenden gebildet. Ferner ist die Gedankenverbindung von Ps. 105, 44 und 45 auffallend; denn dass Jahve den Israeliten die Länder der Heiden gegeben habe, damit sie seine Gebote hielten, ist ein ganz einzig dastehender Gedanke. Lässt man dagegen Ps. 107, 33 ff. auf 105, 45 folgen, so erhält man eine vorzügliche Fügung und zugleich einen guten Abschluss des ganzen Psalms. Denn Ps. 107, 42 f. bilden wirklich das Ende eines Gedichtes ; dann aber wird durch diese Verschmelzung die Geschichte der göttlichen Gnadenspende weiter geführt, so dass sie auch den Aufenthalt im Lande Kanaan umfasst; denn in Ps. 107, 33 f., spielt der Dichter augenscheinlich auf das Gericht über die Jordansau (Gn. 19, 24 ff.) an. Dieses ehemals verwüstete Gebiet wird wieder umgewandelt, damit sich Israel dort niederlassen und sich glücklich entwikkeln kann. So werden die Pss. 105 und 106 zu vollständigen Parallelen. — Vergleicht man ferner Ps. 105, 8-11, so wird man die Verbindung von V.44 und 42 erwarten ; dass dieser letzte Vers hinter 41 nicht am Platze ist, liegt auf der Hand. V. 42 muss also hinter V. 44 gestellt werden. Ob V. 43 an seiner Stelle ist, könnte man füglich bezweifeln.

In dem Bruchstück Ps. 107, 33-43 ist der V. 40 mit einem ׆ inversum bezeichnet, gerade wie die Verse 23-28. An seiner Stelle passt er offenbar nicht. Olshausen versetzt daher V. 40 vor V. 39, wodurch der Zusammenhang scheinbar besser wird. Nur scheinbar ; denn so muss V. 39 auf die נדיבים in V. 40 bezogen werden, der entstehende Gedanke ist aber sehr matt und ungreifbar. Das masoretische Wahrzeichen weist vielmehr darauf hin, dass V. 40 in diesen Abschnitt überhaupt nicht gehört. Mit Recht wird er daher von Bickell, Duhm, Cheyne u. a. gestrichen. Damit man sich überzeuge, dass das Bruchstück Ps. 107, 33-43 den Abschluss des Ps. 105 bilde, lassen wir es hier mit den letzten Versen von Ps. 105 folgen.

105, 40 Sie forderten (1), da liess er Wachteln kommen,
und mit Himmelsbrot sättigte er sie.
41 Er öffnete den Felsen : da flossen Wasser,
rannen in der Wüste als ein Strom.
43 So führte er sein Volk in Freuden aus,
unter Jubel seine Auserwählten

(1) L. שאלו mit den alten Uebersetzungen.

44 Und gab ihnen die Länder der Heiden
und liess sie den Erwerb der Völker in Besitz nehmen;
42 Denn er gedachte seines heiligen Wortes,
das er Abraham, seinem Knechte, gegeben.
45 Auf dass sie seine Gebote hielten
und seine Gesetze bewahrten, [ ](1)
107, 33 Hatte (2) er Ströme in Wüste gewandelt
und Wasserquellorte in Dürrnis,
34 Fruchtbares Land in Salzsteppen
wegen der Bosheit seiner Bewohner.
35 Er wandelte [nun] die Wüste zum Wasserteich
und dürres Land zu Wasserquellorten
36 Und liess die Hungrigen dort Wohnung nehmen
und wohnliche Städte erbauen.
37 Sie besäeten Felder und legten Weinberge an
und erzielten reichen Ertrag.
38 Er segnete sie, dass sie stark sich mehrten,
und Vieh gab er ihnen — nicht wenig.
39 Und nahmen sie ab und sanken hin....
unter dem Druck des Unglücks und Jammers, [40]
41 So entrückte er die Armen dem Elend
und machte Herden gleich die Geschlechter.
42 Die Gerechten sehens und freuen sich,
und alle Bosheit schliesst den Mund.
43 Wer weise ist, der merke sich solches
und beherzige (3) Jahves Gnaden!

In dieser Verbindung sieht man, dass der Gegensatz zwischen Ps. 107, 33 f. und 35-38, den Baumann so auffallend findet, durchaus berechtigt ist. Zu beachten ist auch, dass der Teil, der sich mit dem Aufenthalt in Kanaan befasst, ebenso allgemein gehalten ist wie derjenige in Ps. 106.

(1) Streiche הללויה (LXX, Syr.).
(2) Vielleicht wäre שָׂם st. וישם zu lesen.
(3) L. יִתְבּוֹנֵן (Hier., Syr.).

Die Herkunft des Bruchstückes Ps. 107, 33-43 haben wir gefunden. Ob nicht die übrigen Zusätze des Ps. 107 ebendaher stammen? Es ist auffallend, dass in Ps. 105 hinter V. 39 mit keinem Worte die Rede ist vom Durchgang durch das Rote Meer, einem Lieblingsthema der hebräischen Dichter. Das mag für Briggs ein Grund mit gewesen sein, Ps. 105,38-45 und 106, 1-8 zu streichen und Ps. 106, 9 unmittelbar mit Ps. 105, 37 zu verknüpfen. Allein dieses Vorgehen kommt uns zu gewaltsam vor; auch scheinen uns die beiden Psalmen in ihrem Ton zu verschieden, als dass sie mit einander zu einem einheitlichen Gedicht verschmolzen werden könnten. Es dürfte wahrscheinlicher sein, dass die Zusätze zu Ps. 107 Teile von einem vor Ps. 105, 40 ausgefallenen Stück sind. Einige Erwägungen dürften uns darin bestärken. Ps. 107, 25 ist ganz geeignet, das Stauen des Wassers zu bezeichnen, insbesondere dürfte תרומם eher *auftürmen* als *aufwühlen* bedeuten. In V. 27^b wird חכמתם auf die Aegyptier gehen, die wegen ihrer Weisheit berühmt waren, vgl. 1 Kg. 5, 10. Die « Wundertaten Jahves über der Tiefe », V. 24, sind ein passender Ausdruck für die Vorgänge am Schilfmeer. נדיבים V. 40^a scheint die Aegyptier zu bezeichnen; תהו bedeutet nicht bloss *Einoede*, sondern allgemein *etwas Wirres, ein Durcheinander, ein Chaos*, ganz geeignet, den Abgrund des Verderbens zu bezeichnen, in den die Aegyptier hineinstürzten. Uebrigens scheint auch in Job 12, 21-25, woher der Vers genommen ist, dem Sprecher der Untergang der Aegyptier vorzuschweben. Zu vergleichen ist auch V. 27^a mit Job 12, 25^b; beachtenswert ist es überhaupt, dass der Verfasser besonders im letzten Teil des Gedichtes eine Vorliebe für das Buch Job bekundet. Ps. 107, 11 kann füglich mit V. 40 oder mit V. 34 verbunden werden. Es ist übrigens wohl möglich, dass einige Glieder dieses Bruchstückes verloren gegangen oder anderswohin versprengt sind, vielleicht nach Ps. 106; denn der dortige V. 10, den Briggs streicht, würde nach Ps. 107, 25 vorzüglich passen. Wir lassen nun den Abschnitt im Zusammenhang mit Ps. 105 folgen.

105, 36 Er schlug alle Erstgeburt in ihrem Lande,
die Erstlinge aller Manneskraft,
37 Und er führte sie hinaus mit Silber und Gold,
kein Strauchelnder war unter seinen Stämmen.

38 Die Aegyptier freuten sich über ihren Abzug ;
denn sie hatten Schrecken vor ihnen bekommen.
39 Er breitete Gewölk als Schutzdecke aus,
und mit Feuer liess er die Nacht erleuchten.
107, 25 Er gebot, und ein Sturmwind entstand
und türmte empor die Wogen (des Meeres). (1)

. . . .

. . . .

11 Weil sie den Geboten Gottes getrotzt
und den Rat des Höchsten verachtet,
40 Schüttete (2) er über die Fürsten Verachtung aus
und liess sie irren in einen Abgrund ohne Ausgang.
27 Sie schwankten und taumelten wie Betrunkene,
und all ihre Weisheit wurde zu Schanden.
24 Jene sahen die Werke Jahves
und seine Wundertaten in der Tiefe,
30a Und sie freuten sich, dass sich gelegt......
29b dass sich geebnet die Wogen (des Meeres). (1)
105,40 Sie forderten, da liess er Wachteln kommen,
und mit Himmelsbrot sättigte er sie u. s. w.

Ganz befriedigend ist der Abschnitt ja nicht, aber vielleicht findet ein anderer etwas Besseres. Uebrigens stellen wir diese zweite Anordnung des Textes nur als möglich hin, dagegen scheint uns die Zugehörigkeit des Abschnittes Ps. 107, 33-43 zu Ps. 105 sicher zu sein.

Man könnte noch fragen, wie diese starken Verschiebungen zu Stande gekommen seien. Vielleicht wurden die Bruchstücke durch irgend einen zufälligen Umstand von dem Hauptteil des Gedichtes getrennt und später an falscher Stelle nachgetragen. Dass sie gerade hier eingefügt wurden, mag in den äussern Anklängen seinen Grund haben. In Ps. 107, 4 ff. ist von der Wüste die Rede, ebenso in 107,33 ff. Dazu kommen noch Berührungen im einzelnen, besonders zwischen V. 36 und V. 4. 5. 7. Für den

---

(1) L. גַּלֵּי הַיָּם (Syr.).

(2) L. שָׁפַךְ (Syr., Targ.).

Einschub in Ps. 107, 23-28 lag der Grund sehr nahe. — Wann diese Veränderungen statt gefunden haben, ist nicht zu bestimmen. Es ist aber wahrscheinlich, dass damals die Pss. 105, 106 und 107 schon zusammen gestellt waren, sei es in oder ausser dem Psalter. Hat der Sammler der Psalmen sie in dieser Gestalt vorgefunden und unverändert aufgenommen, so muss seine kritische Tätigkeit in einem eigentümlichen Lichte erscheinen. Sind die Umstellungen aber später eingedrungen, so kann man daraus entnehmen, dass die Texte der heiligen Schriften doch vielfach freier behandelt worden sind und mehr gelitten haben, als mancher gern glauben möchte. Waren die drei Psalmen schon vor der Aufnahme in den Psalter verbunden, so spricht alles dafür, dass die Scheidung des vierten Buches der Psalmen vom fünften nicht in der Entstehungsweise des Psalters begründet, sondern dass sie eine künstliche ist. Dann wäre Ps. 106,48 als eine Anleihe aus 1 Par. 16, 36 anzusehen.

Ps. 80 (79).

Für diesen Psalm lässt Baumann den Kehrvers als möglich gelten, doch hat er gegen ihn noch starke Bedenken. Abschliessend sagt er: « Demnach ist wohl möglich, dass Ps. 80 ursprünglich ein dreistrophiges, kehrversloses Gedicht war, das mit Gebet (V. 2f.) einsetzte, darauf die Not angab (V. 5-7) und mit spezieller gefasster Bitte wuchtig schloss (V. 17^{b}-19). Der Kehrvers wäre dann liturgischen Ursprungs» (A. a. O. S. 137). Er scheidet also das ganze Stück V. 9-17^{a} aus dem Gedicht aus. Dieses Vorgehen begründet er in folgender Weise: « V. 9-14. 16^{a}.17^{a}.15^{bc} (in dieser Reihenfolge) bilden... nicht nur inhaltlich im Gedankengang, sondern auch formell eine geschlossene Einheit: sie bilden zwei symmetrische Teile von je vier Doppeldreiern, deren erster die herrliche Entfaltung des von Jahve gepflanzten Weinstocks und deren zweiter Jahve auf die traurige Verwüstung blicken lässt. Gerade in dieser Geschlossenheit verrät sich das Stück als Fremdkörper. Als breit ausgeführte Allegorie (vgl. Is. 5, 1-6; Ez. 15,17 u. sonst; Mk. 12, 1-12) passt es nicht in einen Psalm, der sonst nur Metaphern verwendet (V. 2 Hirte Israels, V. 6 Tränenspeise,

V. 18 Mann der Rechten).» Diese Betonung der Einheitlichkeit und Unteilbarkeit richtet sich gegen eine Anzahl von Erklärern, die den Kehrvers nach V. 12 einsetzen und ihn aus einem (anscheinend) verunstalteten Rest V. 15ª wiederherstellen. Das tun z. B. Duhm, Briggs und selbst R. Cornely (1), der doch sonst allem modernen Schnickschnack abhold ist; damit erhalten sie fünf gleichmässige, mit einem Kehrvers schliessende Strophen. Wie aus den angeführten Sätzen erhellt, widersetzt sich Baumann nicht der Zerlegung des oben bezeichneten Stückes in zwei Teile, sondern der Einfügung des Kehrverses, weil der Gedankengang das nicht dulde. Darin aber dürfte er im Rechte sein. Denn V. 11 und 12 sind inhaltlich durchaus parallel und gehören zusammen, gerade wie V. 9 und 10. Es ist ganz unbegreiflich, wie man die beiden auseinanderreissen und verschiedenen Strophen zuteilen kann. Mit V. 13 hebt, wie Form und Inhalt beweisen, ein ganz neuer Abschnitt an, der den blossen Vers 12 nicht vor sich duldet. Briggs meint zwar, der Vers 12 eröffne die Strophe, weil er die grösste Ausdehnung des israelitischen Reiches angebe, somit den Grund für die politischen Verwicklungen und die geschilderte Unglückslage enthalte. Aber ein solcher Gedanke lag gewiss nicht im Gesichtskreis eines Dichters, der in dem ganzen Psalm seinem Volke überhaupt keine Schuld beimisst, der an dem Gedeihen des Weinstocks nur eitel Freude hat und dessen Erneurung inständigst erfleht. Zudem schreibt der Dichter das Unglück nicht den grossen Nachbarvölkern, sondern unmittelbar Jahve zu. Die Einfügung des Kehrverses vor V. 12 ist also ungerechtfertigt; ein Absatz ist vielmehr nach V. 12 zu machen, wie er sich auch bei Hitzig, Delitzsch, Bickell, Flament, Cheyne, Mlcoch, Zenner findet. So erhält man einen einheitlichen Abschnitt, eine regelrechte Strophe von vier Zeilen, V. 9-12, die nicht im geringsten an Blässe des Gedankens leidet, sich vielmehr ganz gut neben den beiden ersten sehen lassen kann. Will man durchaus einen Kehrvers, so füge man ihn nach V. 12 ein, aber besser wird das unterlassen; denn nach dieser herrlichen Schilderung erwartet man die Bitte des Kehrverses nicht, zu-

(1) *Psalmorum synopses.* Parisiis, 1899.

dem würde der prächtige Gegensatz zwischen V. 9-12 und V. 13 ff. merklich abgeschwächt,

Die Verse 13-20 sind in einem schlechten Zustand; man braucht nur einen Blick in die kritischen Kommentare zu werfen, um sich davon zu überzeugen. Die Verwirrung herrscht besonders in der Mitte, V. 15-18, während Anfang und Schluss ziemlich gut erhalten sind. Aber trotz der Mangelhaftigkeit des Textes schimmern zwei Hauptgedanken deutlich durch: die traurige Verwüstung des Weinstocks und die Bitte um Wiederherstellung. Nach diesen Gesichtspunkten haben die Erklärer, die den Text wiederherzustellen suchen, die Gedanken auch gewöhnlich geordnet. Manche Psalmen schliessen ja auch mit einer Gebetsstrophe, während die Schilderung der Not vorausgeht.

Beginnen wir mit der letzten Strophe. Gewöhnlich rechnet man sie von V. 15^{b} an und betrachtet V. 15^{a} als einen verkümmerten Rest des Kehrverses. Mit Unrecht; V. 15^{a} ist der Anfang der neuen Strophe: יהוה צבאות שוב נא 15^{a} entspricht der ersten Zeile der Strophe I^{b}, V. 5^{a}: יהוה צבאות עד־מתי . Es ist auch in sich natürlicher, dass die eindringliche Bitte mit einer ausdrücklichen Anrede an Jahve beginnt als mit dem viel matteren V. 15^{b} הבט . Aber wo ist der zu V. 15^{a} gehörende Stichus? Gewiss nicht V. 15^{b}, denn dieser ist parallel zu V. 15^{c}; zudem enthält er nicht die geforderte Gedankenergänzung. Dasselbe gilt von V. 16^{a}. Aber 16^{b} würde zu 15^{a} wohl passen, wenn nicht das ו vor על stünde. Zu beachten ist ferner, dass V. 16^{b} wegen der ganz verschiedenen Konstruktion nicht mit 16^{a} verbunden werden kann, dass V. 16^{a} vielmehr mit V. 17^{a} zu verknüpfen ist. Ewald und andere sehen nun V. 16^{b} für eine Variante zu V. 18^{b} an, von dem er durch das ו vor על und durch אדם abweicht. Ich halte V. 16^{b} für ursprünglich; er ist — nach Streichung des ו — mit V. 15^{a} zu verbinden. Die Zeile würde also lauten:

15^{a} Jahve der Heerscharen, wende dich doch hin
16^{b} zu dem Sprössling, den du dir gross gezogen.

In ihrer Allgemeinheit passt sie vorzüglich zu dem spezielleren Gedanken, der nun folgt:

15^{b} Blicke vom Himmel herab und schaue
15^{c} und suche diesen Weinstock heim.

Die Zeile $16^a + 17^a$, die der Verwüstung gilt und die Bitte unterbricht, gehört vor V. 15; schon Muntinghe und Reuss hatten vorgeschlagen, V. 17 hinter V. 14 zu versetzen. « V. 17^b hat noch niemand aus dem Zusammenhang erklären können », sagt Duhm und versetzt ihn samt V. 19, der sich in diesem Psalm ganz fremdartig ausnehme, nach Ps 79. In V. 18^a ist der Ausdruck איש ימינך auffallend. Baethgen erklärt : « Der Mann deiner Rechten ist der Weinstock Israel, den Jahves Rechte gepflanzt hat, V. 16 ». Aber diese Bezeichnung wäre immerhin sehr sonderbar. Noch unglaublicher aber ist es, dass איש ימינך und das parallele בן־אדם auf den Messias gehen sollen, wie Bellarmin und andere meinen, oder auf einen davidischen Fürsten, wie Emmanuel (1) und Halévy (2) annehmen. King (3) vermutet, mit beiden Ausdrücken werde Ephraim bezeichnet mit Beziehung auf Gn. 48, 17 ff. und 49, 22 ff., was jedoch sehr gesucht und unwahrscheinlich ist. Nach Hitzig hat der Dichter wohl Benjamin im Auge. Aehnlich Duhm : « In V. 18 vermute ich eine versteckte Hindeutung auf Benjamin und Juda und zweifle daher an der Richtigkeit von איש, wofür בן wahrscheinlicher ist, und von בן־אדם, ohne für letzteres Ersatz bieten zu können (בן־אריה Gn.49, 9 ?) ». Wegen der Erwähnung Benjamins in V.3 möchten auch wir annehmen, dass hier von ihm die Rede ist ; es ist dann איש־ימיני zu lesen, das hier wie öfters kollektivische Bedeutung hat. Die jetzige Lesart ist unter dem Einfluss von V. 16^a entstanden. Die Redensart תהי ידך על ist hier im feindlichen Sinn zu nehmen. In späterer Zeit, da man Gottes Rache nicht mehr auf Benjamin herabflehen konnte, (vgl. unten S. 361 f.) hat man vermutlich על־בן אֱדם statt על־איש־ימיני gelesen ; dieser Ausdruck drang dann als על־בן אָדָם neben den ursprünglichen in den Text ein und wurde wegen der Aehnlichkeit mit 16^b durch אמצתה לך zu einem Stichus ergänzt. So könnte man sich die Entstehung der Varianten V. 16^b und 18^b erklären. V. 18^a kann füglich durch V. 17^b ergänzt werden ; das Subjekt zu יאבדו ist das kollektivische איש ימיני. Die dritte Zeile der letzten Strophe lautet also :

(1) *Nouvel Essai sur les Psaumes*, p. 174.

(2) *Revue Sémitique*, III (1897), 124.

(3) *The Psalms in three collections*, p. 348.

18a Es wende sich deine Hand gegen die Benjaminiten,
17b mögen sie vor dem Dräuen deines Angesichtes verschwinden!

In V. 19 ist תחיינו ein virtueller Bedingungssatz (1); den Nachsatz bildet ובשמך נקרא. Diesem letzten Glied ist, wie schon Baethgen bemerkt, der erste Stichus 19a parallel. Die überlieferte Stellung der beiden Glieder ergibt eine verschrobene Konstruktion; überdies ist der erste Stichus kürzer als der zweite, während fast regelmässig das umgekehrte Verhältnis obwaltet. Dagegen würde sich V. 19a hinter 19b vorzüglich ausnehmen. Aus allen diesen Gründen haben die beiden Glieder ihren Platz zu wechseln, so dass die Zeile lautet:

19b Belebe uns wieder, so werden wir deinen Namen anrufen
19a und werden nicht weichen von dir.

In V. 20 ist der Kehrvers am besten erhalten; nur ist אלהים (st. abs.!), hier wie oft Ersatz für יהוה, zu streichen und vor האר mit LXX ו einzusetzen, wie es sich auch in V. 4 und 8 findet. Somit lautet die Schlusszeile:

20. Jahve der Heerscharen, stell uns wieder her
(und) lass dein Antlitz leuchten, dass uns Heil werde!

Diese Gestalt des Kehrverses ist auch in V. 4 und 8 anzunehmen. Somit hätten wir die letzte Strophe gewonnen; der Klarheit halber lassen wir den Text hier folgen.

15a יהוה צבאות שוב־נא	16b על־בן אמצתה לך :
15b הבט משמים וראה	15c ופקד גפן זאת :
18a תהי־ידך על־איש ימיני	17b מגערת פניך יאבדו :
19b תחיינו ובשמך נקרא	19a ולא נסוג ממך :
20. יהוה צבאות השיבנו	והאר פניך ונושעה :

Wenden wir uns jetzt der vorletzten Strophe zu. Von ihr sind V. 13 und 14 vorhanden, beide gut erhalten. Ferner gehört hierher die Zeile 16a + 17a, die an der überlieferten Stelle stört. Besondere Schwierigkeit bietet hier das Wort כנה, ein ἅπαξ λεγόμενον. Schon die alten Ueber-

(1) Gesenius-Kautzsch, *Hebraeische Grammatik*[27], Leipzig, 1902, § 109 hi.

setzer waren sich über dessen Bedeutung nicht einig. Hieronymus (et radicem, quam plantavit dextera tua), Syr., Targ. betrachteten das Wort als Substantiv, LXX (καὶ κατάρτισαι αὐτήν) als Verbum. Auch die neueren Erklärer sind geteilter Ansicht; die meisten nehmen ein Zeitwort an und verbessern daran herum. Riehm liest וְכַנָּה (Imp. von כנן), das Briggs unwahrscheinlich findet und dafür eher das Polel כֹּנְנָה gelten lassen will. Wellhausen schlägt וְכוֹנְנָה (von כון) vor. Duhm vereinigt das Wort mit dem vorhergehenden und liest זוֹ תְּכַנֶּה; ähnlich Briggs, der תִּקְנֶה und איש statt אשר liest. Wir selbst haben früher הֲכִנָּה vorgeschlagen. Andere Ausleger fassen כנה als Hauptwort, so Ewald, Hitzig, Halévy, mit der Bedeutung *Zweig, Absenker, Setzling, Pflaenzling*, wozu auch Hupfeld-Nowack hinneigt. Graetz, Cheyne, Ehrlich lesen וְגַנָּה. Das grosse כ des überlieferten Textes deutet vielleicht auf ein Verderbnis hin, vielleicht ist es aber auch nur eine masoretische Schrulle; vgl. V. 14ª. Am natürlichsten fasst man das Wort als ein Substantiv auf; dafür spricht auch jedenfalls das folgende Relativum. Für V. 17ª schlägt Wellhausen noch die Lesung שְׂרָפֻהָ und כְּסָחֻהָ vor, wohl mit Rücksicht auf V. 17ᵇ. Unsere Zeile lautet also:

16ª Und der Setzling, den deine Rechte gepflanzt,
17ª ist vom Feuer verbrannt, vernichtet, oder:
16ª Und den Setzling, den deine Rechte gepflanzt,
17ª werden sie mit Feuer verbrennen, vernichten.

Daran würde sich als Schlusszeile der Kehrvers anschliessen, der mit Recht von den meisten Erklärern beigefügt wird; denn er ist hier ganz passend und macht ferner diese Strophe den beiden ersten und der letzten ähnlich.

Betrachten wir jetzt einmal den Aufbau des Psalms, so finden wir, dass er aus zwei Strophenpaaren und einer alleinstehenden, mittleren Strophe besteht. Die beiden ersten Strophen, V. 2-4 und V. 5-8, gehören dem Inhalt und dem abschliessenden Kehrvers nach zusammen. Die mittlere Strophe, die sich allein mit der Vergangenheit und der Zeit des Glückes befasst, steht für sich und hat den Refrain nicht. Die vierte Strophe, die das augenblickliche Elend schildert, gehört zu der Schlussstrophe, welche die aus dem Leidenszustand fliessende Folgerung, das Bittgebet, enthält. Alle Strophen haben vier Zeilen, nur die letzte hat fünf. Das ist gewiss auffallend. Man könnte vermuten, die letzte Strophe habe eine überschüssige Zeile, etwa V. $18^a + 17^a$. Allein keine Zeile ist hier in sich verdächtig, und die Bitte gegen die Feinde ist in solchen Psalmen ganz gebräuchlich. Nun ist es eine gewöhnliche Erscheinung, dass in den Psalmen die Strophen nicht absolut, sondern bloss paarweise gleich sind. Daher könnte es auch sein, dass in der vorletzten Strophe eine Zeile fehlte. Sehen wir näher zu, so finden wir, dass sich die Zeile $16^a + 17^a$ nicht gut an V. 14 anschliesst. Der ganze Gedanke, dessen abweichende Fassung und das ו vor כנה weisen darauf hin, dass nach V. 14 eine Zeile ausgefallen ist. In dem Strophenbilde müsste man also nach V. 14 den Ausfall einer Zeile andeuten.

Duhm findet im Gegenteil zu viel Stoff in diesem Psalm und verpflanzt eine Anzahl Stichen nach Ps. 79, die mir dort aber herzlich schlecht zu passen scheinen. Zufällig aber finde ich, dass dort in Zenners Psalmenkommentar der V. 7 ausgelassen ist, weil er den Gedankengang unangenehm unterbricht, sich nach den Versen 1-4 äusserst matt ausnimmt und im Rahmen der Strophe überschüssig ist. Vielleicht wäre diese Zeile ein aus Ps. 80 versprengtes Stück. Machen wir den Versuch! Dieser Vers findet sich auch Jer. 10, 25, lautet dort aber כי־אכלו את־יעקב ואכלהו ויכלהו ואת נוהו השמו׃. Mit Recht betrachtet man ואכלהו als Dittographie von ויכלהו. Nach diesem Abstrich haben wir einen vorzüglichen Vers. Würde dieser etwa hinter Ps. 80, 14 passen? יעקב ist eine gewöhnliche Bezeichnung Nordisraels (vgl. Is. 9, 7; 17, 4; Am. 7, 2. 5. Os. 12, 3; Mich. 1, 5), um das es sich in diesem Psalm handelt. נוה, mag man es als *Aue* oder als *Wohnsitz* nehmen, würde sich auch gut fügen. In der Zeile V. $16^a + 17^a$ zeigen die Ausdrücke « mit Feuer verbrennen » und « abschneiden », dass es sich hier nicht mehr um die Tiere des Waldes und Feldes handelt (V. 14), sondern um menschliche Wesen, oder richtiger, dass der Dichter die symbolische Ausdrucksweise von V. 14 zum Teil aufgegeben hat. So würden denn die beiden Zeilen ein gutes Verspaar ergeben; in dieser Verbindung empfiehlt sich die oben angeführte Lesung Wellhausens שְׂרֻפָהּ und כְּסֻחָהּ vorzüglich (1). Man könnte noch den Einwurf erheben, dass mit der dritten Zeile die bildliche Ausdrucksweise unterbrochen werde. Allein es ist zu beachten, dass auch in der dritten Zeile der letzten Strophe die Allegorie aufgegeben wird, sodass die beiden Strophen gleichmässig aufgebaut erscheinen. Ueberdies dürfte es ganz passend sein, dass vor dem Kehrvers, der ausserhalb der bildlichen Redeweise steht, ausdrücklich angedeutet wird, wer mit diesem «Setzling», diesem «Weinstock» gemeint ist.—Es fragt sich noch, welcher Zeit die Verba der beiden Zeilen angehören. An und für sich können sie die Vergangenheit sowohl wie die Zukunft bezeichnen. Aber aus V. 14 und V. 15 erhellt, dass der Weinstock, wenn auch berupft und benagt, immerhin noch besteht, dass also das Schlimmste, « das Verbrennen, das Abschneiden », noch nicht eingetreten ist. Somit würden die Verben der Zukunft angehören, כי Ps. 79, 7 wäre versichernd. Diese Auffassung dürfte auch der ganzen Haltung des Psalms am besten entsprechen (vgl. S. 361 f.).

Die Versetzung des Verses 79, 7 erkläre ich mir also: In Ps. 80, 15 ff. liegen offenbar Verderbnisse vor; die Verse sind von ihrer Stelle gerückt und später zum Teil unrichtig zusammengesetzt worden. Der Kehrvers ist ganz verloren gegangen. Der Vers 79, 7 war ebenfalls versprengt und wurde von einem bibelfesten Leser nach Ps. 79 versetzt, weil sich dort ein Glied, V. 6, findet, mit dem er Jer. 10, 25 zusammensteht. Duhm streicht zwar Ps. 79, 6; dafür scheint mir aber kein hinreichender Grund vorzuliegen.

Die so erhaltene Strophe lautet also:

80, 13 למה פרצת גדריה — וארוה כל־עברי דרך :
14 יכרסמנה חזיר מיער — וזיז שדי ירענה :
79, 7 כי־אכלו את־יעקב ויכלהו — ואת נוהו השמו :
80, 16a וכנה אשר־נטעה ימינך — 17a שְׂרֻפָהּ באש כְּסֻחָהּ :
(יהוה צבאות השיבנו — והאר פניך ונושעה :)

Ueber die ersten Strophen sind noch einige Bemerkungen zu ma-

(1) Man beachte auch die gleiche Form אָרוּהָ in V. 13b.

chen. Im ganzen Gedicht haben wir Distichen. V. 3ª kann also füglich nur mit V. 2ᶜ verbunden werden, wie Fr. Buhl es in der neusten Ausgabe des Psalters auch hat. Aber der Stichus ist im Vergleich zu den übrigen b-Stichen zu lang. Ferner ist die Erwähnung Benjamins zwischen den Vertretern des Nordreiches Ephraim und Manasses sehr auffallend. Auch steht ein Paseq hinter אפרים. Duhm, Grimme, Briggs streichen deshalb ובנימן. V. 3ᵇ ist als a-Stichus zu kurz. Ich vermute daher, dass בנימן nach 3ᵇ zu versetzen und zu lesen sei : עוררה את־גבורתך (על־)בנימן (עור mit על wie Zach. 9, 13). Die Begründung hierfür findet sich im folgenden.

Zum Verständnis des Gedichtes ist es vor allem notwendig, die vorausgesetzte geschichtliche Lage richtig zu erfassen. Darüber aber gehen die Ansichten der Erklärer weit auseinander. Hitzig und Olshausen verlegen den Psalm in die Zeit der Makkabäer. Nach Duhm ist « das Gedicht schwerlich vor dem 2. Jahrhundert entstanden ». Hupfeld-Nowack sagt : » Am wahrscheinlichsten scheint mir die Abfassung unter den gedrückten Verhältnissen der nachexilischen Zeit, wo Juda durch die anwohnenden Völker, besonders die Kuthäer, stark zu leiden hatte ; m. E. ist der Psalm als Gebet Judas zu fassen, daher auch V. 3 die Nichterwähnung Judas ; aus dieser Zeit erklären sich auch Verse wie 13 ff. » Nach Baethgen ist «der Psalm sicher nachexilisch... Er mag während der Nöte des 5. Jahrhunderts gedichtet sein ». Briggs lässt den Psalm in Babylon entstanden sein. Halévy geht noch weiter zurück : « La description reflète la dernière agonie de Jérusalem avant d'être prise par les Chaldéens ». Kessler versetzt das Gedicht in die Zeit zwischen 722 (Eroberung Samarias) und 701 (vergebliche Belagerung Jerusalems durch die Assyrer). Hengstenberg sieht das Lied als eine Klage Judas über die Wegführung der zehn Stämme und Bitte um deren Zurückführung an. Delitzsch und Thalhofer-Schmalzl verlegen den Psalm in die letzten Zeiten des nördlichen Reiches, wo der Druck Assyriens bereits schwer auf dem Volke lastete. Dieser letzten Ansicht schliesse ich mich an. Der Verfasser des Psalms gehört dem Nordreiche an ; denn Jahve wird gebeten, sich an Ephraim und Manasses (= Joseph) huldreich zu zeigen ; ebendieselben sind aber auch offenbar gemeint, wenn es im folgenden heisst « Stell uns wieder her und lass dein Antlitz leuchten, dass uns Heil werde! » Ferner muss das Nordreich noch bestehen; denn wie aus V. 7. 13. 14 hervorgeht, ist das Volk noch im heiligen Lande. Also ist das Lied nicht in der assyrischen (noch viel weniger in der babylonischen) Gefangenschaft entstanden, sondern vor dem Zusammenbruch des Reiches i. J. 722. Aber die Lage ist schon eine sehr gedrückte, das Volk hat schon viel gelitten und ist der Willkür seiner Nachbarn ausgesetzt; aber Rettung ist noch möglich, und die Erneurung der ehemaligen Herrlichkeit wird erfleht. All diese Einzelzüge finden sich am ehesten in den letzten Jahren vor dem Untergang geschichtlich vereinigt. Die Lage war damals folgende. Von Phacee, dem König Israels, und Rasin, dem Könige Syriens, überfallen, hatte Achaz, König von Juda, den assyrischen König Theglathphalasar zu Hilfe gerufen. Dieser eroberte das ganze Land Israel, nahm mehrere Gebietsteile weg und verpflanzte eine Menge Einwohner in die östlichen Provinzen seines Reiches. Das Königreich Israel blieb zwar erhalten, aber in Abhängigkeit von Assyrien, und Osee, der Nachfolger Phacees, hatte einen schweren Tribut zu zahlen (2 Kg. 15-17). In Israel musste die alte Feindschaft gegen Juda, den Urheber all dieses Unglücks, jetzt den Höhepunkt erreichen; vielleicht hatte das gedemütigte Volk auch noch von seinen südlichen Grenznachbarn allerlei Plackereien zu erleiden. So lässt es sich erklären, dass der Dichter die Strafe Gottes auf seine Stammesbrüder herabfleht. Dass diese unter dem Namen « Benjamin » erscheinen, ist ja etwas auffallend. Aber einmal waren die Benjaminiten die unmittelbaren Nachbarn und konnten sie am ersten bedrücken; dann werden die בני בנימן Richt. 1, 21 gleichgesetzt den בני יהודה Jos. 15, 63. Endlich mochte Benjamins Verhalten um so schmerzlicher empfunden werden, als es den beiden Josephsstämmen besonders nahe stand. Als sich aber später die Verhältnisse geändert hatten und das Lied in den Psalter aufgenommen wurde, konnte der Text in V. 3 und 18 nicht so beibehalten werden, und so kamen die oben angedeuteten Aenderungen auf.

Lassen wir jetzt den Psalm in der Uebersetzung folgen.

Gebet um die Wiederherstellung Israels.

(4,4 — 4 — 5,5)

I[a]

2 Hirte Israels, o habe doch acht,
der du Joseph leitest wie eine Herde,
Du Cherubimthroner, o erscheine doch
3 vor Ephraim und Manasses!
Biete auf deine Heldenkraft (gegen) Benjamin
und komme uns zu Hilfe!
4 *Jahve (der Heerscharen), stell uns wieder her*
und lass dein Antlitz leuchten, dass uns Heil werde!

I[b]

5 *Jahve der Heerscharen,* wie lange noch
grollst du bei dem Flehen deiner Knechte?
6 Du speisest uns (1) mit Tränenbrot
und tränkest uns (2) mit Zähren reichlich, (3)
7 Machst uns zum Zankapfel für unsere Nachbarn,
lässest uns (4) der Spott unserer Feinde sein.
8 *Jahve der Heerscharen, stell uns wieder her*
und lass dein Antlitz leuchten, dass uns Heil werde! (Sela) (5)

II

9 Einen Weinstock hobst du aus Aegypten aus,
vertriebst Heiden und pflanztest ihn;

---

(1) L. תאכלתנו (LXX, Hier.).
(2) L. ותשקנו (LXX, Syr., Hier.).
(3) בדמעות שליש ist ein dunkler Ausdruck; vgl. *BzA*, IV (1902), 583.
(4) L. לנו (LXX, Hier., Syr.).
(5) LXX א T.

10 Du machtest Raum vor ihm, und er schlug Wurzel,
und er erfüllte mit seinen Wurzeln das Land.
11 Er bedeckte (1) mit seinem Schatten die Berge
und mit seinen Zweigen die Gottes-Zedern,
12 Er sandte seine Ranken bis zum Meere aus
und bis zum Strome seine Schösslinge.

IIIa

13 Warum hast du eingerissen sein Gehege,
dass ihn alle berupfen, die des Weges ziehen ?
14 Es zernagt ihn der Eber aus dem Walde,
und das Wild des Feldes weidet ihn ab.
(Ja, sie werden Jakob noch auffressen und vertilgen,
und seine Au werden sie verwüsten, 79,7),
16a Und den Setzling, den deine Rechte gepflanzt,
17a werden sie mit Feuer versengen, vernichten.
(Jahve der Heerscharen, stell uns wieder her
und lass dein Antlitz leuchten, dass uns Heil werde !)

IIIb

15a *Jahve der Heerscharen,* wende dich doch
16b dem Sprössling wieder zu, den du dir gross gezogen !
15b Blicke vom Himmel herab und schaue
und nimm dich dieses Weinstocks an.
18a Es komme deine Hand über die Benjaminiten,
17b mögen sie vor dem Dräuen deines Antlitzes verschwinden !
19b Belebe uns wieder, so wollen wir deinen Namen anrufen
19a und wollen nicht weichen von dir.
20 *Jahve der Heerscharen, stell uns wieder her*
(und) lass dein Antlitz leuchten, dass uns Heil werde !

---

(1) L. כִּסְּתָה mit dem Subj. צלה (LXX).

Der Psalm ist herrlich aufgebaut; er besteht aus zwei Strophenpaaren und aus einer Zwischenstrophe. Die parallelen Strophen sind durch den Inhalt und die Form (gleiche Länge, Kehrvers) als zusammengehörig bezeichnet und durch den Ausdruck « Jahve der Heerscharen », der sich am Schluss der Strophen und am Anfang der Gegenstrophen findet, mit einander verkettet. Die beiden Strophenpaare entsprechen sich auch im Inhalt: Bitte und Klage, nur ist das erste Paar mehr allgemein, das zweite mehr besonders gehalten, und die Anordnung ist umgekehrt (chiastisch). So entspricht die erste Strophe (I^a) der letzten (III^b) : Bitte, die zweite (I^b) der vorletzten (III^a) : Klage. Zu beachten ist noch der gleichmässige Anfang der Gegenstrophen I^b und III^b mit *Jahve der Heerscharen* und die einleitende Frage zu Beginn der Klagestrophen I^b und III^a. Von diesen beiden Strophenpaaren ist nach Inhalt und Form scharf abgetrennt die alleinstehende Mittelstrophe (II) : Sie hat den Kehrvers nicht, sie geht auch allein auf die Vergangenheit und die Zeit des glücklichen Gedeihens. Mit ihrer herrlichen Allegorie bildet sie den Höhepunkt des ganzen Gedichtes. So ist der Psalm ein treffliches Beispiel von Chorlieddichtung..

Zum Schluss noch ein Wort zu den Einwänden Baumanns. Das Stück V. 9-17ª ist nicht so einheitlich geschlossen, wie er uns glauben machen will; es verträgt bloss nicht den Kehrvers nach V. 11 oder 12, sonst gehört es mehreren Strophen an, hat selbst eine Lücke zwischen V. 14 und 17ª. Somit kann es sich durch seine Geschlossenheit auch nicht als Fremdkörper erweisen. Warum ein Psalm, der einige Metaphern (V. 2 und 6) verwendet, die breit ausgeführte Allegorie nicht vertragen soll, ist wohl ein Geheimnis Baumanns. Alle andern Erklärer finden gerade in dieser prächtigen Allegorie eine hervorragende Schönheit des Gedichtes. Auch wird niemand, der nicht voreingenommen ist, behaupten, dass die Strophen II und III^a gegen die andern « all zu blass » seien; sie stehen an Kraft und « bestimmter Färbung » hinter den übrigen nicht im geringsten zurück. Und der Kehrvers? Als dritte Bedingung für Kehrversdichtung fordert Baumann « das wenigstens annähernde Ebenmass der durch den wiederkehrenden Passus abgegrenzten Stücke », als vierte « die Durchführung des Kehrverses in einem und demselben Psalme ». Beide Aufstellungen kann man beanstanden. In unserm Gedicht hat die Mittelstrophe

(II) den Kehrvers nicht; man kann nicht behaupten, dass er dort notwendig ist, ja man würde ihn dort vielmehr ungern sehen; andererseits kann man auch nicht leugnen, dass der Psalm eine wirkliche Kehrversdichtung ist, denn der Refrain stellt sich mit einer bestimmten Gesetzmässigkeit ein. Die « durch den wiederkehrenden Passus abgegrenzten Stücke » sind hier zwar nicht vollständig, aber doch annähernd gleich, allein wesentlich ist das nicht; denn hätten z. B die beiden letzten Strophen je zehn Zeilen, so würde der Psalm immer noch ein Kehrversgedicht sein. Es genügt eben die Gleichheit der parallelen Strophen. So unbegründet die Behauptung ist, der Psalm habe ursprünglich nur drei Strophen umfasst, ebenso willkürlich ist die Annahme, der Kehrvers habe anfänglich gefehlt und sei liturgischen Ursprungs. Allerdings kann jemand immerhin sagen: « Ich bin der Ansicht, dass der Refrain nicht vom Dichter herrührt, sondern der liturgischen Verwendung zu Liebe beigefügt ist ». Nun, solange das jemand nur als seine persönliche Meinung hinstellt, kann man ihm das füglich nicht verwehren. Anders aber verhält es sich, wenn er diese seine Ansicht als wissenschaftlich begründet hinstellt und für sie Anerkennung verlangt; denn dann liegt ihm die Beweisführung ob. Da kann er jedoch nur einen Punkt anführen, nämlich dass der Kehrvers für den Gedankengang nicht unentbehrlich ist. Aber daraus folgt höchstens die Möglickeit des liturgischen Ursprungs, für die Tatsächlichkeit ist damit nichts bewiesen; denn in derselben Weise findet sich der Kehrvers in griechischen, lateinischen, deutschen, englischen, französischen, italienischen und spanischen Liedern und Gedichten. Er braucht an seiner Stelle nicht unentbehrlich, sondern bloss passend zu sein. Das ist er aber in unserm Psalm ohne allen Zweifel. Er stört niemals und ist auch nirgends müssig. In Str. I^b und III^a bedarf das keines Beweises. Aber auch in Str. I^a und III^b ist er als Bitte keine leere Wiederholung; denn er drückt den eigentlichen Gegenstand der Forderung viel genauer und bestimmter aus als die vorhergehenden Verse der betreffenden Strophen. Man kann auch nicht behaupten, dass V. 20 durch den Ausblick in V. 19 überholt werde; er ist eine Verstärkung der in V. 19 ausgesprochenen Bitte « Belebe uns wieder! » Aber selbst wenn er überholt wäre, würde das nichts verschlagen; denn er führt so den Schluss des Gedichtes auf den Grundton und auf die gegenwärtige Lage zurück. So ist denn der Kehrvers an seiner Stelle durchaus passend, aber nicht bloss passend, sondern überall von der glücklichsten Wirkung. Nimmt man ihn weg, so raubt man dem Gedicht seinen wundervollen Reiz, seinen mächtigen Eindruck und ein gutes Stück seiner lyrischen Stimmung. Rein liturgische Zutaten dagegen verraten sich als solche schon dadurch, dass sie das Gedankengefüge durchbrechen oder doch im Ton vollständig abweichen oder nur ganz äusserlich angeleimt sind. Man braucht Ps. 136 (135) oder Ps. 95 (94) im Invitatorium zur Matutin nur aufmerksam zu lesen, so wird man sich alsbald von dem liturgischen Ursprung des Responsoriums überzeugen, aber auch deutlich den Unterschied erkennen, der zwischen jenem Responsorium und unserm Kehrvers besteht. Dieser passt so genau zu dem Gedanken und so vortrefflich in die Stimmung des Gedichtes, dass das Ganze in einem Gusse aus der Seele des Dichters hervorgesprudelt sein muss.

Ps. 42+43 (41+42).

Gegen diese beiden Psalmen hat Baumann so viele Bedenken, dass es unmöglich ist, auf alle Einzelheiten einzugehen. Unsere Besprechung ist daher mehr positiv gehalten und gibt so indirekt die Antwort auf die erhobenen Einwürfe. Die noch verbleibenden Schwierigkeiten werden am Schluss besprochen.

Nach fast einmütiger Ansicht gehören die beiden Psalmen zusammen und bilden ein einziges Gedicht. Das erkannte schon Eusebius (1). Zwar haben, wie jetzt Baumann, vor einigen Jahrzehnten Hengstenberg und Hofmann (2) gegen diese Verbindung Bedenken erhoben; aber diese werden allseitig als hinfällig anerkannt. Die vorzüglichsten Gründe für die Zusammengehörigkeit der zwei Stücke sind folgende. Beide haben zunächst denselben Inhalt, die gleiche Lage und Stimmung: Ein Israelit lebt fern von Jerusalem in der Verbannung; von Heimweh nach dem Hause

(1) Migne, *P. Gr.*, XXIII, 380.
(2) *Theologische Studien und Kritiken*, XX (1847), 925.

seines Gottes verzehrt, hat er auch noch unter dem Hohn seiner heidnischen Umgebung, die Jahve verspottet, schwer zu leiden. In wehmütigen Weisen schüttet er nun sein Herz aus : bald klagt er über seine unbarmherzigen Feinde, die ihn so hart verunglimpfen, bald über seinen Gott, der diese schwere Heimsuchung über ihn verhängt, und bittet um Aufhebung der Verbannung und um Heimkehr zum Hause Gottes. Das ist der beiden Psalmen gemeinsame Gegenstand ; diese Situation spiegeln auch beide deutlich wieder : der Schmerz über sein hartes Geschick, die heisse Sehnsucht nach Jahves Wohnung, das mit dem Zweifel ringende Vertrauen und die männliche Ergebung finden in beiden in gleicher Weise ihren Ausdruck.—Dazu kommen dann noch zahlreiche Uebereinstimmungen in formeller Hinsicht. Vor allem ist hier der dreimal fast wörtlich wiederkehrende Strophenabschluss 42, 6.12; 43, 5 zu beachten: dieselbe Frage, dieselbe Beruhigung. Dazu gesellt sich die Wiederholung bedeutsamer Ausdrücke in gleicher oder ähnlicher Form z. B. למה שכחתני 42, 10^{b} und למה זנחתני 43, 2^{b} ; ferner למה קדר אלך בלחץ אויב 42, 10^{cd} und למה קדר אתהלך בלחץ אויב 43, 2^{cd}. In Ps. 42, 9^{ab} heisst es יומם ובלילה יצוה (1), יהוה חסדו und in Ps. 43, 3^{a} wird entsprechend gefleht שלח אורך ואמתך. Man vergleiche ferner מתי אבוא 42, 3^{c} und יביאוני 43, 3^{c}, sowie ואבואה 43, 4^{a}. — Ferner ist das Ineinandergreifen der Gedanken zu bemerken. Ps. 42, 2-5 schildern in starken Ausdrücken die Sehnsucht, das Antlitz Jahves zu schauen, und sprechen die Hoffnung(2) aus, dereinst unter lautem Jubel in den Tempel einzuziehen ; was hier heiss ersehnt und gehofft wird, das wird in Ps. 43,3 f. ebenso inständig erfleht, und die Häufung der Ausdrücke, die weitläufige Entfaltung des einen Gedankens, welche die Innigkeit der Bitte und die kindliche Freude an dem Zukunftsbilde so lebhaft bekunden, entsprechen deutlich den ausgedehnten und farbenkräftigen Schilderungen des Verlangens und Erwartens. Insbesondere stimmen die Ausführungen 42, 5^{c-f} und 43, 4 dem Gedanken nach auffallend überein. Ps. 43, 1 f. ist ferner die notwendige Weiterführung des Gebetes Ps. 42, 10 f. Denn 42, 10 geht der Dichter auf die Aufforderung « Singe

---

(1) So wird zu lesen sein.

(2) 42, 5 c-f wird am besten von der Zukunft verstanden.

mit mir ein Bittgebet » (9c) ein, beschränkt sich aber 10 f. nur auf eine Klage über seine Leiden, die eigentliche Bitte folgt erst 43, 1 f. Diese Bitte aber entspricht der Klage : in 42, 4c. 10 f. beschwert sich der Unglückliche über das Gebahren seiner Feinde, 43,1 f. bringt die dazugehörende Ergänzung, die Bitte um Befreiung von ihnen. Diese Gedankenverknüpfung der beiden Psalmen ist so enge und so wesentlich, dass Ps. 42 ohne Ps.43 ein Bruchstück wäre: es fehlte ihm der Höhepunkt, die künstlerische Abrundung, der befriedigende Abschluss. Weit mehr noch aber ist Ps. 43 auf seinen Vorgänger angewiesen. Allerdings, wenn man in dem einen Psalm alles ausscheidet, was von dem andern vorausgesetzt wird, dann ist es leicht, die Notwendigkeit der Trennung nachzuweisen.— Ein weiteres Merkmal für die Zusammengehörigkeit der beiden Psalmen ist auch das Fehlen einer Ueberschrift in Ps. 43, während alle andern Psalmen der Korachgruppe (42-49), ja alle Psalmen des zweiten Buches mit Ausnahme von Ps. 71 dieselbe aufweisen. Endlich könnte man noch die Tatsache anführen, dass in 37 Handschriften B. Kennicotts und in 9 Handschriften J. B. de Rossis die beiden Psalmen verbunden sind ; da sie aber in den alten Uebersetzungen getrennt sind, so ist diese Vereinigung kein zwingender Beweis für die frühere Ueberlieferung ; sie mag von Abschreibern herrühren, die die Zusammengehörigkeit erkannten. Freilich nimmt ein alter Midrasch (1), der nur 147 Psalmen zählt, Ps. 42 und 43 (ebenso 9 und 10, 32 und 33) zusammen. Möglich, dass die Trennung aus liturgischen Gründen veranlasst wurde oder aus der Absicht, für die Psalmen die Zahl 150 zu erhalten.

Der Text des Gedichtes ist zwar hier und da beschädigt, aber doch nicht derartig, dass man zu keiner ziemlich befriedigenden Lesung gelangen könnte. Er umfasst 33 Zeilen, die mit Ausnahme des zweiten Refrainverses sogenannte Qinaverse sind. Diese Zeilen sind nun unregelmässig auf die drei Strophen verteilt : die erste enthält elf, die zweite zwölf, die dritte zehn. Hitzig meint nun, diese Ungleichheit sei beabsichtigt: sie habe den Zweck, die zweite Strophe als «Mitte und Höhepunkt vor dem Herabsteigen der Rede » zu bezeichnen. Allein eine so einfache, in die Augen

(1) Vgl. F. Delitzsch, *Biblischer Kommentar über die Psalmen.*

springende Wahrheit, dass diese Strophe die Mitte bildet, bedurfte wohl kaum einer so dunklen Andeutung. Ebenso dürfte es doch sehr zweifelhaft sein, ob in der zweiten Strophe der Höhepunkt erreicht werde; die meisten würden diesen sicherlich eher in der dritten finden. Die Mehrzahl der Erklärer sehen denn auch in der Ungleichheit der Strophen einen Mangel und suchen ihn auf verschiedene Weise abzustellen. Duhm, Cheyne, Briggs wiederholen nach Ps. 43, 2 die Zeile 42, $4^{cd} = 11^{cd}$ und lassen in der zweiten Strophe eine Zeile aus. Grimme nimmt für jede Strophe acht Zeilen an, streicht in 42, 5^{ab} ואשפכה עלי und 5^{e}. Schlögl weist jedem der drei Teile zehn Zeilen zu, scheidet in dem ersten 42, 5^{ef}, in dem zweiten 42, 10^{cd} und 11^{cd} aus. In Zenners Psalmenerklärung wird aus der zweiten Strophe die Zeile 42, 8^{cd} in die dritte vor 43, 3 versetzt. Dieses Auskunftsmittel scheint das beste zu sein ; denn damit wird der überlieferte Text möglichst geschont und eine gute Lesung erzielt. Die Zeile 42, 8^{cd} steht an falscher Stelle ; sie unterbricht augenscheinlich den Gedankengang und dürfte wohl die Hauptschuld daran tragen, dass der ganze Abschnitt unverständlich ist. Ist die Gleichheit der Strophen hergestellt und sind einige Unebenheiten des masoretischen Textes ausgeglichen, so erscheint der Psalm als einer der schönsten der ganzen Sammlung.

Da viele Bedenken Baumanns auf einer unrichtigen Auffassung der zweiten Strophe beruhen, so lassen wir diese hier in der Uebersetzung folgen.

42, 7^{a} Gebeugt ist in mir meine Seele,
darum gedenke ich deiner [d. h. Jahves].
7^{c} Vom Lande des Jordans und der Hermonsgipfel, (1)
vom winzigen (?) Berge (2)
8^{a} Ruft Woge der Woge zu
unter dem Widerhall deiner Felsen (3) :

---

(1) Gewöhnlich wird 7cd mit 7ab verbunden. Aber 8a fordert offenbar eine Ortsbestimmung, diese ist aber in 7cd zu suchen.

(2) Der Sinn des Gliedes kann nicht mit Sicherheit bestimmt werden.

(3) צנוריך wird gewöhnlich mit « Wasserstrahl, Wasserfall » (vgl. LXX) wiedergegeben. Allein Grimme (*Psalmenprobleme*, S.49) bemerkt mit Recht, dass die Bedeutung

9ª « Tag und Nacht entbietet (1)
Jahve seine Gnade ;
9ᶜ Singe (2) mit mir ein Bittgebet
zum lebendigen Gott ! »
10ª Sagen will ich zu Gott : « Mein Fels,
warum hast du mich vergessen ?
10ᶜ Warum muss ich trauernd dahinschleichen
bei Feindes Druck ?
11ª Lauten Hohn — gebein(zermalmenden) (3) —
bieten mir meine Dränger,
11ᶜ Da sie ständig zu mir sagen :
« Wo ist dein Gott ? »
12ª *Was bist du gebeugt in mir, meine Seele,*
und was stürmt es in dir?
12ᶜ *Harre auf Jahve, denn noch werde ich ihn preisen*
als meines Antlitzes Heil und meinen Gott.

Wer diese Strophe für sich und in Bezug auf das ganze Gedicht unbefangen betrachtet, muss zugeben, dass sie einen trefflichen Gedankengang aufweist und gut in den Rahmen des Liedes passt. Insbesondere sind alle Bedenken Baumanns gegen V. 10 f., die er vor 43,3 versetzen will, ganz hinfällig. אומרה לאל ist durchaus kein Flickwort, das die folgende Anrede an Gott « passrecht » machen soll, sondern ist nach der Aufforderung des V. 9 ganz an seinem Platze. Der Sänger geht auf die an ihn gerichtete Mahnung ein und beginnt sein Gebet zum lebendigen Gott. V. 10 f. sind im vorhergehenden auch hinreichend vorbereitet durch den Hinweis auf das Benehmen der Feinde, 42, 4ᶜᵈ, und durch die Ermunterung in V. 9. Es ist doch ganz natürlich, dass der Sänger mit der Bitte

hier unmöglich ist ; es ist entweder eine andere Bedeutung, etwa « Stein, Felsen » anzunehmen oder ein anderes Wort etwa צְרוֹרִיךָ zu lesen.

(1) Die Gliederung ist gestört ; l. יומם ובלילה יצוה יהוה חסדו.

(2) L. שִׁירָה (Zenner).

(3) Der Text ist verderbt ; es liegen viele Verbesserungsvorschläge vor ; ich lese כְּצָרַח (חֹצֵ)ב עצמותי.

betreffs seiner Feinde anhebt (42, 10-43, 2) und dann erst das andere Anliegen, die Heimkehr, vorbringt, schon deshalb, um einen eindrucksvollen Abschluss zu gewinnen. Der erste Teil ist ganz kunstvoll angelegt; er beginnt mit der wehmütigen Klage gegen Gott und einem Hinweis auf seine Leiden, 42, 10 f., dann erst bringt er die eigentliche Bitte vor, 43,1, und kehrt dann, den Kreislauf vollendend, wieder zu der Klage gegen Gott und der Schilderung seiner Leiden zurück. Gerade diese Wiederholung der Klage und der Schmerzensschilderung ist ungemein bezeichnend: sie bringt so recht die tief eingewurzelte Ueberzeugung zum Ausdruck, dass der Israelit ein Anrecht hat auf den Schutz Jahves und zeigt zugleich, wie tief der Stachel des Schmerzes in seinem Fleische sitzt. Die Schilderung der Leiden ist übrigens leicht abgeändert: in 42, 11 kommen sie von den Feinden her, die in ihm seinen Gott, seinen Felsen, beleidigen, — damit wird seine Sache zu Jahves Sache — in 43, 2 + 42, 8^{cd} dagegen widerfahren sie ihm von seinem « schützenden Gott », der für ihn eintreten müsste—damit wird Gott mit leisem Vorwurf an seine Verpflichtung erinnert. Ps. 42, 10 ist demnach keine « unsinnige, wieder auszuschaltende Wiederholung », sondern ist ganz an seinem Platze. Wie nämlich andere elegische Gedichte, in denen nur ein einziges Gefühl herrscht, weist auch unser Psalm keinen streng logischen Fortschritt auf; sein Gang folgt vielmehr « dem Wogenschlag der Empfindungen » (1): dieselben Gedanken kehren mehr oder minder verändert in allen drei Strophen wieder. Daher ist es denn auch nicht auffallend, dass ausser den gedanklichen Anklängen sich auch öfters formelle Wiederholungen finden, z. B. 42, 4^{cd} und 11^{cd}; 42, 10 und 43, 2; 42, 6^{a} und 7^{a}; 42, 5^{a} (2) und 7^{b}. Solche Wiederholungen aber sind nicht stets das Zeichen eines schlechten Geschmacks, auch beeinträchtigen sie nicht immer die Güte einer Dichtung — man vergleiche z. B. die Stufenpsalmen — selbst wenn sie anscheinend regellos sind; sie können gerade in ihrer eigentümlichen Form von der besten Wirkung sein. Und das ist hier ohne Zweifel der Fall.

---

(1) Hupfeld-Nowack, *Die Psalmen*³. Gotha, 1888, I, 597.

(2) Es ist wohl אֱלֹהַ oder אֱלֹהַי zu lesen.

Ein besonders glücklicher Kunstgriff des Verfassers ist auch die Anwendung des Kehrverses. Dieser bildet nicht bloss eine Formschönheit, sondern er steigert auch bedeutend den Eindruck des Gedichtes. Das kann er aber nicht, wenn er, wie Baumann meint, manchen Ausführungen des Psalms widerspricht, sondern nur, wenn er mit der Sprache, den Gedanken und der Stimmung des Ganzen übereinstimmt und an einem passenden Platze steht. Und das tut er auch wirklich. Zwar weicht die letzte Zeile in der Versform von den übrigen ab; aber eben weil sie den Abschluss bildet, verschlägt das nichts, wie Baumann selbst zugibt. Die Ausdrucksweise jedoch ist vollständig entsprechend: dieselbe Eigentümlichkeit, dieselbe Kraft, dieselbe Lebhaftigkeit. Schon die Verkettung der zweiten Strophe mit der ersten (vgl. 6^{ab} und 7^{a}) bezeugt diese Uebereinstimmung. Der Inhalt widerspricht auch nicht im geringsten dem der übrigen Zeilen. Die Frage « Was bist du gebeugt in mir meine Seele?» fragt nämlich, wie auch Baumann schliesslich eingestehen muss, nicht nach dem Grunde, sondern nach dem Recht der Verzagtheit, sie umschreibt die Aufforderung « Sei doch nicht verzagt! » Diese aber ist Ps. 42,6 ganz berechtigt, auch wenn man aus 42, 2-5 die Ursache der Beunruhigung längst kennt. Ja, sie ist an dieser Stelle gerade sehr passend, mag man nun Ps. 42, 5^{c-f} von der Vergangenheit oder besser von der Zukunft verstehen; denn angesichts des bezaubernden Bildes, das er sich ausgemalt, bangt und zittert seine Seele in dem beängstigenden Gedanken, der zwar nicht ausgesprochen wird, sich aber auf dem Untergrunde seines Bewusstseins deutlich kundgibt, in dem Gedanken: « Wird sich dieses Glück auch wohl (wieder) verwirklichen?» Wie feinsinnig, dass der Dichter diesem eben aufkeimenden Zweifel begegnet und die noch nicht ausgesprochene Frage beantwortet: « Sei doch nicht verzagt, meine Seele, sondern vertraue doch auf Jahve, ich werde an den Jubelfesten(1), von denen du träumst, sicherlich noch einmal teilnehmen ». Auch die Selbstaufforderung «Harre auf Jahve! » bei einem, der mit allen Fasern nach Gott verlangt, berührt nicht so seltsam, wie Baumann meint. Gewiss, Verlangen nach Gott hat der Sänger schon, aber

(1) «אודנו» d. i. ich werde an der תּוֹדָה, der gottesdienstlichen Danksagung (100,4) am Tempel, noch wieder teilnehmen. » Bæthgen.

es fehlt ihm das feste, unerschütterliche Vertrauen, das geduldige Verharren, die vollkommene Hingebung an Jahve. Ebenso glücklich ist der Kehrvers 42, 10. Alle Fluten rufen dem Verbannten zu: « Jahve ist gnadenreich und hilfsbereit; bitte ihn doch um seinen Beistand! » So wendet er sich denn vertrauensvoll an Jahve: « Warum hast du mich vergessen? » und klagt ihm seine Not. Aber da er zu dem Bittersten kommt, dem Hohn seiner Feinde, läuft er Gefahr, den eigentlichen Zweck seines Gebetes zu verfehlen. Er will sich zum Vertrauen aufrichten; aber bei dem Gedanken an die spöttische Frage « Wo ist dein Gott? », die ihm gleichsam leibhaftig in die Seele tönt, droht er wieder den Boden unter den Füssen zu verlieren. Darum unterbricht er sein Gebet, schilt sein zaghaftes, unruhiges Herz, beschwichtigt und stärkt es durch den Hinweis auf seinen Helfergott. Die Einfügung des Kehrverses ist hier geradezu ein psychologisches Meisterstück. Baumann behauptet zwar, der Kehrvers passe hier nicht, weil das Gottvertrauen, zu dem sich der Sänger aufrafft, bereits in 42, 11 verspottet, also vorausgesetzt werde. Allein die Frage « Wo ist dein Gott », die auf eine Niederlage Israels hindeutet (vgl. 2 Kg. 18, 34), verspottet zunächst das ganze Volk, das töricht genug gewesen, einen so ohnmächtigen Gott wie Jahve zu verehren; nach altorientalischer Anschauung war nämlich die Niederlage eines Volkes die Niederlage seines Gottes und ein Grund, sich von ihm abzuwenden. Der Spott trifft also nicht unmittelbar das bestehende Gottvertrauen des Dichters, sondern ist viel allgemeiner zu nehmen. Aber angenommen, die Frage wolle das Festhalten der Israeliten an Jahve, ja selbst das Vertrauen auf sein hilfreiches Eingreifen verhöhnen, so ist der Kehrvers doch noch immer berechtigt; denn mag der Dichter seiner heidnischen Umgebung gegenüber auch stets an Jahve festhalten, so kann er sich doch in stillen Stunden, wenn all das bittere Weh seine Seele durchzieht, des Misstrauens nicht erwehren. Jahve zögert ja so lange mit seiner Hilfe, und sein Herz ist so heiss, so ungeduldig, so heimwehkrank; kann es da wunder nehmen, wenn sein Gottvertrauen erschüttert wird? Gegen diesen unseligen Zweifel nun kämpft der Dichter beständig an und sucht sich zu geduldiger Ergebung und starkmütigem Vertrauen emporzuringen. — Wie in Ps. 42, so ist der Kehrvers auch in Ps. 43 sehr passend. In 43, 1-4 bittet der Sänger um

Erlösung aus der Fremde und um Heimkehr nach Sion und malt sich seinen ersten Gang zum Tempel in den herrlichsten Farben aus. Aber die Verwirklichung dieses glänzenden Bildes liegt noch in der Zukunft, Jahve zögert noch immer und die Gegenwart ist so düster. Mit feinem Verständnis deutet der Dichter an, dass auf dem Grunde seiner Seele noch immer leise Regungen der Furcht nachzittern. Aber auch diesen letzten Rest des Widergöttlichen will er aus seinem Herzen verbannen, um sich mit vollem Vertrauen seinem Gott hinzugeben. Die Mahnung הוחילי ליהוה und die Hoffnung עוד אודנו sind hier also ganz passend. Es ist überhaupt nicht einzusehen, wie sie durch den in Form einer Bitte gekleideten Ausblick in 43, 4 « überholt » werden könnten. Ja, man kann noch weiter gehen und sagen, dass die im Kehrvers ausgedrückte Zuversicht erst hier am Schlusse in ihrer eigentlichen Begründung und vollen Bedeutung erscheint. —Mit der Stimmung des Psalms steht die des Kehrverses ebenfalls in bestem Einklang : der elegische Ton, die Mischung von Freude und Trauer, das Zagen und Sehnen, das Hangen und Bangen, die den Psalm durchziehen, finden in ihm einen vollkommnen Widerhall.

Es erübrigt noch, einige Einwürfe Baumanns zu widerlegen, die im vorhergehenden noch nicht erledigt sind. Zunächst soll 42, 4[cd] ein Zusatz sein. « Die Not, über die sich der Sänger V. 2-7 beklagt, ist sein Fernsein von Gott und Gottes Haus. Wo sein Gott ist, kann er ganz genau sagen, aber er kann nicht zu ihm. Der höhnische Zweifel von Widersachern am Gottesschutz des Beters ist hier nicht motiviert, durchaus am Platz aber im Zusammenhang von 43, 1 f.; 2, 10 f. ; 43, 3». Wie schon oben gesagt, ist das Leid des Sängers nicht das blosse Fernsein von Gott, sondern das durch die Taktlosigkeit seiner Umgebung so recht fühlbar gemachte Fernsein von Gott. Gerade das Gebahren seiner Widersacher ist es, was seinen Sehnsuchtsschmerz immer wieder aufstachelt und seine Wunde nie vernarben lässt. Daher ist es ganz natürlich, dass dieser bedeutsame Umstand hier sogleich erwähnt wird. Es kommt aber gar nicht darauf an, dass der Unglückliche ganz genau angeben kann, wo sein Gott ist, sondern dass er seine Gegner von dem Dasein, der Macht und dem Schutz seines Gottes zu überzeugen vermag. Aber das ist ihm eben unmöglich, das begründet aber auch den höhnischen Zweifel seiner Widersacher. Zudem ist jene Frage «Wo ist dein Gott?» die Veranlassung, dass er uns zeigt, wo er seinen Gott finden wird, im Tempel zu Jerusalem (42, 5). — «Derselbe Gott, dessen Gegenwart V. 2 f. als Erquickungstrank heiss ersehnt wird, überschwemmt V. 8 mit seinen Zornesgluten den Psalmisten. Hier ist es Gottes Drängen, 43, 1f. aber Feindes Drängen, worunter er seufzt. Bald ist Gottes Gleichgiltigkeit (bes. 42, 10 f.), bald Gottes Grimm (42,8) die Ursache alles Elends.» Darin soll ein Widerspruch liegen. Solange der Sänger in den Leiden der Verbannung stöhnt, ist Gott, der sie zulässt, für ihn ein Zürnender, der die Fluten seines Grimmes über ihn ausgiesst. Hat er aber die Heimkehr erlangt — und das ersehnt er von ganzem Herzen — dann hat Gottes Zorn auch aufgehört, dann ist auch seine Gegenwart für ihn ein Erquickungstrank. Welcher Widerspruch da bestehen soll, ist nicht einzusehen. Mit Recht kann der Dichter sein Unglück seiner feindlichen Umgebung zuschreiben, sie ist eben die nächste Ursache; er kann es aber auch von Gott herleiten, denn er ist die entferntere Ursache, insofern er diese Heimsuchungen über ihn hat hereinbrechen lassen. Gottes Grimm kann als Ursache alles Elends hingestellt werden, insofern Gott die harten Prüfungen über ihn verhängt hat, Gottes Gleichgiltigkeit, insofern Gott den langdauernden Leidenszustand nicht aufhebt. — Die Verkettung von 42, 7 mit 6 besteht zurecht, auch wenn sie im ganzen Gedicht vereinzelt ist; es handelt sich da nicht um «trümmerhafte Wiederholungen», sondern um bewusste Kunst. 42, 7 gehört auch nicht «über V. 6 hinweg der Gedankensphäre nach zu V. 2-5», noch ist er eine Variante zu 42, 5. Die Zeile nimmt den Gedanken von 42, 6 und 42, 5ᵃ wieder auf, bringt damit das wehmütige Hin-und Hersinnen trefflich zum Ausdruck und vermittelt den Uebergang zum folgenden.

Der Wechsel der Personen, der Uebergang von der Aussage zur Anrede an Gott in 42, 1-9, ist kein Beweis dafür, dass man den Psalm mit 43 habe konformieren wollen. Derartige für uns auffallende Uebergänge finden sich in den Psalmen sehr häufig. Uebrigens wäre die Einfügung von Anreden doch ein recht ungeeignetes Mittel, eine befriedigende Uebereinstimmung herbeizuführen. Andererseits soll «die Erinnerung an 42, 1-7 die Anfügung von 43, 3 f. veranlasst» haben; allerdings, aber es war die Erinnerung, oder vielmehr der gesunde Sinn des Dichters selbst, nicht eines spätern Ueberarbeiters. 42, 2-5 lassen wirklich erwarten, dass etwas über die Rückkehr zum Tempel gesagt werde. Dass aber die beiden Verse 43, 3 f. mit dem vorhergehenden nicht aus einem Guss sind, wird von Baumann nur behauptet, nicht im entferntesten bewiesen ; denn dass Anklänge an diese Zeilen sich auch in andern Psalmen finden, verschlägt nichts ; die Sache wiederholt sich eben.—Baumann meint, die Schwierigkeiten, die er vorgebracht habe, könnten nicht durch einzelne Streichungen (42, 4cd. 8. 9) beseitigt werden, der Schaden liege viel tiefer. Solche Streichungen sind aber auch nicht nötig, ja unbegründet. Wenn man nach Belieben streicht, dann ist es allerdings nicht schwer, für die beiden Psalmen eine « andersartige Situation » herauszubringen. — Von all den Bedenken, die geltend gemacht sind, halten wir keines für begründet. Aber selbst wenn sich kleinere Widersprüche oder sonstige leise Verstösse wirklich vorfänden, so würden sie noch sehr wenig gegen die Ursprünglichkeit des Kehrverses und die Einheit des Gedichtes beweisen ; in einem Stücke, das sich wie das vorliegende fast in demselben Gedankenkreis bewegt, wären sie leicht erklärlich. Wollte man übrigens in gleicher Weise manche lyrische Gedichte neuerer Dichter zerpflücken, so könnte man zu ähnlichen Ergebnissen kommen wie Baumann mit diesem Psalm.

Wenn Sievers (1) zu Ps. (42 + 43) erklärt, für sein Empfinden fielen die einzelnen Bibelverse zu sehr auseinander, als dass er sie sich strophisch gebunden denken könnte, so täuscht ihn eben sein Empfinden. Je drei Gruppen von (5+4+2) Zeilen verbinden sich zu strophischen Einheiten ; innerhalb dieser Gruppen aber sind die Zeilen recht gut unter einander verknüpft.

Die fünfte Regel Baumanns für den Kehrvers lautet : « Auf keinen Fall darf der wiederkehrende Passus einen Gedankenkreis oder Satzzusammenhang unterbrechen ». Dass der Satz nicht unterbrochen werden darf, ist ohne Zweifel richtig ; im allgemeinen gilt das auch für den Gedankenkreis. Aber der vorliegende Psalm zeigt, dass hier doch Ausnahmen möglich sind ; denn Ps. 42, 12 ist der Kehrvers ganz passend und sehr wirksam, und doch kann man 43, 1 ff. als Fortsetzung des Ps.42,10

(1) *Studien zur hebr. Metrik*. Leipzig, 1901, I, § 105.

begonnenen Gebetes ansehen, jedenfalls gehört Ps. 43, 1f. zu dem Gedankenkreis von 42, 10. Allein man kann auch annehmen, der Dichter habe mit 42, 11 sein Gebet einfach abgebrochen und hebe Ps. 43 ganz von neuem an.

Das vernichtende Urteil Baumanns über diesen Psalm ist höchst ungerechtfertigt. Der Verfasser hat uns in seinem Lied ein wahres Kleinod echt lyrischer Dichtung geschenkt. Die lebhaften Empfindungen seines Gemütes weiss er voll und ganz zum Ausdruck zu bringen und zwar in einer reichen, mustergiltigen Form. Eines seiner Kunstmittel aber ist der Kehrvers. Dieser drängt die stets auseinander flutenden Gefühlswogen immer wieder zurück und zwängt sie in das enge Bett eines regelrechten Strophengebildes, er hält den Grundton des Liedes aufs bestimmteste fest und verleiht ihm durch seine mehrmalige Wiederholung jene gewaltige Kraft, der kein empfindsames Herz widerstehen kann.

Ps. 99 (98).

Ueber die Gliederung dieses Psalms sagt Olshausen: « Trotz der Wiederkehr des קָדוֹשׁ הוּא am Schlusse von V. 3 und 5, vgl. mit V. 9, sowie der ganzen refrainartigen Formel V. 5. 9 will sich doch keine regelmässige Strophenbildung ergeben. Vielleicht rührt dies von dem nicht unversehrten Zustande her, worin der Text überliefert zu sein scheint.... Ein Hauptabschnitt ist jedenfalls hinter V. 5 ». Damit hat er ganz richtig die Punkte angegeben, die für die Einteilung nach Strophen massgebend sein müssen: der tiefe Einschnitt vor V. 6 und der Kehrvers V. 5 und 9; zugleich hat er aber auch den Grund dafür bezeichnet, dass sich auf den ersten Blick keine gleichmässigen Strophengebilde ergeben. Da die angedeutete Gliederung von allen anerkannt wird, so verbleibt uns nur die Festlegung des Kehrverses und die Untersuchung des übrigen Textes.

Betrachten wir zunächst den Kehrvers. Dieser ist in V. 9 unversehrt erhalten und bildet ein gutes Tristichon. Der entsprechende V. 5 weicht in zwei Punkten von ihm ab. Zunächst ist der Stichus 5^b gegen 9^b leicht abgeändert; in 5^b findet sich nämlich die Wendung להדם רגליו, während

9_b להר קדשו bietet. Sachlich jedoch decken sich die beiden Ausdrücke; denn « der Schemel seiner Füsse » bezeichnet Jahves « heiligen Berg », den Sion, auf dem der Tempel des Herrn stand. Die zweite Abweichung besteht in der Verkümmerung des dritten Stichus. Aber wir sind berechtigt, diesen nach V. 9^c wieder herzustellen; denn die unleugbare Aehnlichkeit des V. 5 mit V. 9 spricht deutlich dafür, dass ein wirklicher Kehrvers und somit ein vollständiger dritter Stichus beabsichtigt war. Ueberdies können wir uns die Störung dieses Gliedes leicht erklären, nämlich durch den Einfluss des mangelhaften Stichus 3^b. הוא in 5^c ist aus der falsch verstandenen Abkürzung 'ה' א = יהוה אלהינו entstanden. Das vor קדוש fehlende כי aber ist uns noch in drei Handschriften, ferner in LXX $\aleph^{ca}$ R T, Vulg., Ar. erhalten. Somit hätten wir den Kehrvers gewonnen.

Wenden wir uns jetzt den übrigen Versen zu. Hupfeld-Nowack meint, der Refrain teile den Psalm in zwei ungleiche Teile von 5 und 4 Versen. Diese Ungleichheit zweier Kehrversstrophen ist gewiss schon an und für sich verdächtig. Beachtet man ferner die oben von Olshausen angedeuteten Textschäden, so darf man vermuten, dass sie nicht ursprünglich ist, sondern auf Verderbnis beruht. Schauen wir zu, ob wir mit einiger Wahrscheinlichkeit die regelrechte Gestalt wiederherstellen können. Dem V. 9 geht ein Tristichon V. 8 voraus. Es ist gut erhalten. Einige stossen sich zwar an der Verbindung von נקם mit על *wegen*, die sich sonst nicht findet. Aber diese Fügung ist durchaus nicht unnatürlich, daher wohl möglich. Nur darf man עלילותם nicht in subjektivem Sinne fassen; denn der Gedanke wäre hier, wo es sich um die göttlichen Wohltaten handelt, ganz unpassend; man muss es vielmehr mit Symmachus und Hieronymus in objektiver Bedeutung nehmen, dann aber passt der Stichus vorzüglich in den Gedankengang. Von den zahlreichen Versuchen, den Stichus zu verbessern, sind die meisten recht unglücklich. Erwähnenswert ist nur der Vorschlag Fr. Buhls, der נִקָּם (von נקה *reinigen*) lesen will. Liest man dann noch mit Herz מִכָּל־ st. על (vgl. LXX καὶ ἐκδικῶν ἐπὶ πάντα τὰ ἐπιτηδεύματα αὐτῶν), so erhält man einen Stichus, der mit 8_b einen guten Parallelismus bildet. Doch scheint mir die überlieferte Fassung besser zum Ton und Inhalt des Psalms zu passen. — Diesem Tristichon entspricht in der ersten Strophe der V. 4. Dieser ist für zwei Zeilen zu kurz, für ein

Tristichon zu lang. Zudem bietet er in seinem ersten Teil eine nicht unbedeutende Schwierigkeit; denn « die Stärke des Königs liebt das Recht » (Hupfeld-Nowack) oder « eines Königs Gewalt, der das Recht liebt, hast du festgestellt in Geradsinnigkeit » (Delitzsch) sind unerträglich. Unmöglich ist auch die Verbindung von V. 4^a (als Objekt) mit יודו in V. 3 (Ewald, Baethgen) schon wegen des dazwischenstehenden קדוש הוא; auch wäre die Verbindung zu hart und die rhythmische Gliederung gestört. Nicht übel ist der Ausweg des alten Houbigant, וָעֹז zu lesen und es mit 3^b zu verbinden. Duhm schlägt vor, משפט אהב zu streichen; damit erhält man eine gute Gliederung und Fügung und einen vorzüglichen Gedankengang. Daher nehme ich diesen Vorschlag an und scheide das Glied vor der Hand aus. Das erhaltene Tristichon lässt nichts zu wünschen übrig.

Den zwei Tristichen gehen in jeder Strophe drei Distichen voraus, die aber zum Teil mangelhaft sind. Besondere Schwierigkeit macht der zweite Teil des V. 7. Manche fassen שמרו ebenso wie נתן למו als Relativsatz auf. Dazu aber bemerkt Kessler (1) ganz richtig: « Die Periode würde dann äusserst schleppend sein. Bei der in der Uebersetzung gegebenen Fassung als Hauptsatz kommt die Gegenseitigkeit in dem Verhältnis zwischen Jahve und Israel besser zum Ausdruck ». Ich folge Kessler, ergänze aber vor שמרו mit LXX $\aleph^{ca}$ A T die Partikel כי, die das Verhältnis dieses Satzes zum vorhergehenden noch besser hervorhebt. Der Relativsatz נתן למו ist für einen Stichus zu kurz; wahrscheinlich sind ein oder mehrere Wörter verloren gegangen. Da uns die alten Uebersetzungen keine Hilfe bieten, sind wir auf Mutmassungen angewiesen. Im folgenden Verse steht nun יהוה אלהינו; dieses würde in unserm Stichus gut passen. Das Glied kann nun aber in V. 8 nicht entbehrt werden; somit lese ich es doppelt. Durch Haplographie konnte der Ausdruck leicht verloren gehen. — In der ersten Strophe finden einige den Stichus 2^b etwas zu kurz; daher liest Duhm ורם zweimal, während Cheyne, auf Ps. 47, 3 verweisend, מֶלֶךְ vor גדול ergänzt. Einfacher wäre es, צבאות hinter יהוה einzufügen, das vor dem einigermassen ähnlichen בציון leicht übersehen werden konnte. Allein notwendig ist eine Ergänzung nicht, da auch sonst einzelne Stichen

(1) *Die Psalmen*. München, 1899.

zu wünschen übrig lassen. Grösser ist die Schwierigkeit in V. 3. Dass der Text hier schwerlich unversehrt ist, zeigt schon die Lesung der LXX. Zunächst ist der zweite Stichus zu kurz; aber er kann füglich ergänzt werden durch das aus V. 4[a] ausgeschiedene משפט אהב. In 3[a] können die indeterminierten Adjektiva nicht als Attribut zu שמך gefasst werden; Briggs liest daher שֵׁם, das aber nicht befriedigen kann. Wellhausen stösst sich an dem Suffix der zweiten Person und liest deshalb שְׁמוֹ. Allerdings gehört der Vers sowohl seinem Gedanken und seiner sprachlichen Fassung nach als auch dem Strophenbau nach zu V. 1 und 2; somit verdient das Suffix der dritten Person ohne Zweifel den Vorzug. Aber die grammatische Schwierigkeit wird damit nicht gehoben. Ich vermute daher, dass das Suffix ך aus כי entstanden ist; das Suffix ו war durch irgend ein Versehen ausgefallen und wurde durch das aus כי verderbte Suffix der zweiten Person ersetzt. Auf diese Weise erlangen wir übrigens noch einen andern Vorteil; גדול ונורא kann jetzt nämlich parallel zum folgenden Stichus gefasst werden. — Somit hätten wir zwei Strophen von gleicher Länge gefunden, ohne dass es bedeutender Eingriffe in den Text bedurft hätte.

Besondere Schwierigkeiten bereitet hier aber noch die Frage nach der Einheit des Gedichtes. Die zweite Strophe scheint nämlich so stark von der ersten abzustechen, dass man an ihrer Zusammengekörigkeit zweifeln oder doch vermuten könnte, es sei vielleicht ein Zwischenstück ausgefallen. So bemerkt Olshausen zu V. 6-8: « Der Inhalt dieser Verse schliesst sich an das Vorhergehende überaus lose an, und ein innerer Zusammenhang ist so wenig zu erkennen, dass man glauben würde, ein völlig fremdartiges Fragment vor sich zu haben, wenn nicht der Refrain V. 9 diesem Stücke seinen Platz in dem Gedichte zu sichern schiene. Es mag daher eher anzunehmen sein, dass vor V. 6 eine Lücke im Texte entstanden ist, wodurch die natürliche Verknüpfung mit dem ersten Teile des Psalms zerrissen wurde; dafür spricht zugleich der Umstand, dass V. 6. 7 sich auf eine im Verhergehenden enthaltene Zeitbestimmung zu beziehen scheinen, die jetzt vermisst wird. Während nämlich der Inhalt dieser Verse entschieden der Vergangenheit angehört, ist die Form der Sätze (bis V. 7[a] einschliesslich) von der Art, dass sie, um in Bezug auf die Zeit richtig aufgefasst zu werden, eine vorgängige Bezeichnung der Vergangenheit voraussetzen, und grade diese fehlt ». Briggs dagegen begnügt sich nicht mit der Annahme einer Lücke, sondern betrachtet die zweite Strophe einfach als einen spätern Zusatz. Aber schon der Kehrvers sollte von einem so gewaltsamen Verfahren abhalten. Viel eher wäre man geneigt, mit Olshausen den Ausfall einer oder mehrerer Strophen anzunehmen. Jedoch auch das ist nicht nötig. Allerdings wenn man wie Olshausen V. 6 und 7 von der Vergangenheit auffasst, dann ist kein Zusammenhang da, dann sieht man auch nicht ein, in welchem Sinn und zu welchem Zweck diese Tatsachen angeführt werden. Hupfeld-Nowack sieht in dem zweiten Teil einen Rückblick auf die Geschichte der Führung durch die Wüste, der den Nachweis führen soll, dass Jahve ein verzeihender, aber auch ein rächender Gott ist. Bei einer solchen Auffassung kann natürlich von einer Einheit oder einer Abgeschlossenheit des Psalms keine Rede sein. Aber die Behauptung Olshausens, dass die Verse 6 und 7 von der Vergangenheit aufgefasst werden müssten, ist unrichtig; daher setzen sie auch nicht eine vorgängige Bezeichnung der Vergangenheit voraus, die allein eine richtige Auffassung der Zeit ermöglichen soll. Der Inhalt dieser Verse widersetzt sich einer präsentischen Auffassung auch nicht im geringsten. Besser als die Deutung Olshausens und Hupfelds war schon die Auffassung Hitzigs. Er betrachtet Moses, Aaron und Samuel als noch im Himmel tätige Fürbitter, (vgl. 2 Makk. 15, 12. 14) mit denen Gott in der Wolkensäule redet. « Die genannten Personen, sagt er, sind annoch seine Priester, rufen ihn jetzt noch an und — werden erhört : was der Verfasser damit begründet, dass Gott dieselben, die Vorsteher der Theokratie, vordem bei Leibes Leben gnädig erhört hat. Dass sie aber erhört werden, ist jetzt Lebenden von Belang, wenn sie nicht für sich, sondern für Israel bitten. » In dieser Auslegung könnte man zur Not die Einheit des Psalms gerettet sehen ; denn der Hauptgedanke der zweiten Strophe ist hier auf die Gegenwart bezogen. Allein in der Erklärung ist doch manches schief. Zunächst sieht man nicht ein, warum Gott zu diesen Verstorbenen in der Wolkensäule redend gedacht wird. Ferner ist es sehr gesucht, in V. 8 die Begründung für das Erhörtwerden der genannten Männer zu finden ; denn V. 7^{bc} ergibt eine bequemere Begründung, und V. 8 müsste den

Gedanken, dass sie « vordem bei Leibes Leben gnädig erhört » worden seien, viel deutlicher zum Ausdruck bringen, wenn man ihn darin finden sollte. Hitzigs Auslegung hängt mit der ganzen Auffassung des Psalms zusammen; dieser macht auf ihn den Eindruck, dass der Glaube an Jahves Unnahbarkeit und die Festigkeit seines Thrones der Stärkung und Neubelebung bedürftig war und dass es nach Lage der Sachen wohl zweckmässig war, daran zu erinnern, dass Israel seine Fürbitter im Himmel habe. Aber mit dieser Ansicht dürfte er wohl so ziemlich allein stehen. Der Psalm macht vielmehr den Eindruck, dass Jahves Königsherrschaft sich in ihrem vollen Glanze zeigt und den Sänger zu seinem Lied begeistert.

« Die Erwähnung des Moses, Aaron und Samuel muss in Beziehung stehen zu dem sonstigen Inhalt des Psalms, nämlich dem Gericht über die Völker und dem der Gemeinde gewährten Heil » (Baethgen). Das tut sie aber nicht, wenn sie bloss ein geschichtlicher Rückblick auf die Vergangenheit ist. Jene drei Männer müssen demnach noch jetzt unter den Priestern und Anrufern Jahves sein, noch jetzt muss Jahve zu ihnen aus der Wolkensäule reden. Das ist aber auf zweierlei Weise möglich. Einmal kann der Dichter das gegenwärtige Geschlecht, dem Jahves Heil zu teil geworden ist, mit seinen Vorfahren vom Anfang der Geschichte Israels an als ein moralisches Ganzes ansehen. Die lange Reihe der Geschlechter von dem Tage an, da Jahve Israels König ward, bis herab auf die gegenwärtige Stunde bilden sozusagen eine Familie, das grosse, auserwählte Volk des Jahvekönigs. Darunter befinden sich also auch jene drei Riesengestalten der Vorzeit; sie gehören zu den treuen Beobachtern des Gesetzes, nehmen eine hervorragende Stellung ein unter den Priestern und Jahveverehrern. Im Hinblick auf ihr fürbittendes Eintreten nun redet Jahve wie früher, so auch jetzt noch immer zu den Seinigen aus der Wolkensäule. — Dann können wir aber auch annehmen, der Dichter rede nur von dem jetzigen Geschlecht, das eine Kundgebung von Jahves Königsmacht erfahren hat. So fasst er jene drei Männer nicht individuell auf, sondern typisch als die Vertreter des gläubigen, gehorsamen, zwischen Gott und dem Volke vermittelnden Israels, er spricht nicht von ihnen selbst, sondern von ihren geistigen Nachkommen. M. a. W. unter dem Jahve treu ergebenen Volke sind Männer vom Schlage des Moses, des

Aaron und Samuel vorhanden. Wo sich aber solche Vermittler finden, da spricht Gott noch immer zu den Seinigen aus der Wolkensäule d. h. er erhört ihr Flehen und tritt mit seiner unwiderstehlichen Macht für sie ein, um sie gegen die sie bedrückenden feindlichen Mächte zu schützen.— Dieser Auffassung steht nichts im Wege. Sie bietet überdies den Vorteil, dass sie den Psalm als ein einheitliches, abgeschlossenes und unversehrtes Gedicht anzusehen gestattet. Da andrerseits keine Anzeichen von grösserer Verstümmelung des Psalms oder von Verschmelzung fremdartiger Bestandteile vorliegen, ist jene Auffassung, die allein das vorliegende Stück als ein dichterisches Ganzes zu würdigen vermag, auch ausschliesslich berechtigt.

Die Uebersetzung des Psalms würde also lauten :

Jahve, Israels grosser Koenig.

I

1 Jahve waltet als König — die Völker zittern,
der Cherubimthroner — es bebt die Erde.
2 Jahve (der Heerscharen) ist gross in Sion,
und erhaben ist er über alle Völker.
3 Sie preisen seinen Namen ; denn gross und furchtbar,
heilig ist er, Gerechtigkeit liebend.
4 Eine Königsmacht hast du errichtet,
Billigkeit, Recht und Gerechtigkeit
hast du in Jakob eingerichtet.
5 *Erhebet Jahve, unsern Gott,*
und werft euch nieder vor dem Schemel seiner Füsse,
(denn) heilig ist Jahve, unser Gott !

II

6 Ein Moses und Aaron sind unter seinen Priestern,
ein Samuel unter den Anrufern seines Namens :
Sie rufen zu Jahve, und er antwortet ihnen,
7 in der Wolkensäule redet er zu ihnen ;
(Denn) sie beobachten seine Mahnungen und das Gesetz,
das ihnen gab (Jahve, unser Gott).

8 Jahve, unser Gott, du erhörst sie,
ein nachsichtiger Gott bist du ihnen
und ein Rächer ihrer erlittenen Unbilden.
9 *Erhebet Jahve, unsern Gott,*
und werft euch nieder vor seinem heiligen Berge,
denn heilig ist Jahve, unser Gott!

Das vorliegende Gedicht gilt dem Königtum Jahves wie die Psalmen 93 und 95-98, mit denen es im Ton, Ausdruck und Inhalt grosse Aehnlichkeit hat. Man kann daher füglich annehmen, dass er mit ihnen derselben Zeit angehört und denselben geschichtlichen Hintergrund hat. Lassen sich nun diese näheren Umstände auch nicht mit Bestimmtheit festlegen, so ist doch soviel sicher, dass ein ganz bedeutsames Ereignis vorangegangen sein muss, in dem sich Jahve als Israels König glänzend bewährt hat. Hierzu nehmen aber die einzelnen Psalmen in verschiedener Weise Stellung. Unser Gedicht behandelt nun das Königtum Jahves selbst. Die *erste* Strophe feiert die erhebende Tatsache, dass Jahve Sions grosser, heiliger und gerechter König ist (V. 1-3), bestätigt dann in der Form der Anrede diese Aussage (V. 4) und fordert schliesslich zur Verehrung dieses heiligen Königs auf (V. 5). Die *zweite* Strophe preist diesen König als den mächtigen Schirmvogt seines Volkes, das ihm treu dient und sich vertrauensvoll an ihn hält (V. 6-7), bestätigt dann in der Form der Anrede diese freudige Wahrheit (V. 8) und fordert zum Schluss wieder zur Verehrung dieses heiligen Königs auf (V. 9).

Aus diesem kurzen Aufriss ergibt sich schon die kunstvolle Anlage des Psalms. Die drei ersten Zeilen der beiden Strophen entsprechen sich nach Form (Distichen — Aussage) und Inhalt (Angabe einer Tatsache) Ebenso verhalten sich die beiden vierten Zeilen: sie sind Tristichen und bekräftigen in Form der Anrede die voraufgehende Ausführung. Die letzten Zeilen endlich sind dem Gedanken nach vollständig gleich, dem Ausdruck nach nur leicht von einander abweichend. Dieser einheitliche Aufbau der Strophen ist ganz natürlich und beeinträchtigt die freie Entfaltung des lyrischen Affektes nicht im geringsten, schmiegt sich vielmehr dem Gedanken ganz ungezwungen an und verleiht ihm eine angenehm berührende Gesetzmässigkeit, Abrundung und Abgeschlossenheit.

Mit Recht wird das Gedicht zu den Kehrverspsalmen gerechnet. Dafür spricht schon dieUeberlieferung, die uns den Refrain, wenn auch nicht unversehrt, so doch in solcher Gestalt erhalten hat, dass an seiner ursprünglichen Form nicht zu zweifeln ist. Innere Gründe aber stehen dem Kehrvers nicht entgegen. Denn wie oben nachgewiesen, passen die durch ihn abgegrenzten Stücke dem Inhalt nach ganz gut zusammen und bilden ein einheitliches, abgeschlossenes Ganzes. Ton und Stimmung sowie Sprache und Stil sind in beiden Teilen gleich. Jeder Abschnitt ist auch in sich nach Inhalt und Form einheitlich und abgeschlossen, die äussere Ausdehnung der beiden Strophen ist die nämliche. Der Refrain selbst passt auch vorzüglich zu dem Inhalt und der Form des Gedichtes und findet sich an Stellen, wo er dem gedanklichen Ausdruck Schönheit, Kraft und Schwung verleiht. Ueberdies dient er nicht bloss dazu, die kunstvolle Anlage des Psalms hervorzuheben und zu erhöhen, sondern ihm auch den Charakter des Liedmässigen aufzuprägen.

Von den übrigen Psalmen könnten als Kehrverslieder noch Ps. 56 und 57 in Betracht kommen. Aber der Text der beiden Psalmen ist so verderbt und der Gedankengang so dunkel, dass bis jetzt noch keine ganz befriedigende Erklärung, Anordung und Gliederung geboten ist. Darum sehen wir hier von deren Behandlung ab. — Auch schalten wir die Psalmen aus, in denen die Strophen nur durch die sogenannte Entsprechung (Responsion) verbunden sind. Wir haben hier nur den eigentlichen Kehrvers im Auge.

Werfen wir zum Schluss noch einen Rückblick auf unsere Untersuchung. Jedem Unbefangenen muss sich die Tatsache aufgedrängt haben, dass der Text unserer Psalmen an manchen Stellen wirklich stark gelitten hat. Und zwar ist der ursprüngliche Wortlaut nicht bloss vielfach verändert, verstümmelt, verwischt, sondern auch verschoben, zerrissen und mit fremden Bestandteilen durchsetzt worden. Diese letzteren Textschäden aber sind gerade der Grund, dass die Feststellung der ursprünglichen Form zuweilen mit so ungeheuren Schwierigkeiten verbunden ist. Aber bei all diesen Störungen ist das Urteil Baumanns « Kaum ein Psalm ist ein einfaches, heiles Stück » eine arge Uebertreibung. Es beruht eben auf einer unleugbaren Voreingenommenheit gegen die Ueberlieferung, auf übertriebenen, ganz ungerechtfertigten Anforderungen an die literarischen Erzeugnisse eines so weit zurückliegenden Zeitalters und auf einer masslos vernichtenden Behandlungsweise der vorliegenden Texte. Betrachtet man den Weg, welchen die Psalmen haben zurücklegen müssen, bis sie auf uns gekommen sind, so kann die tatsächliche Entstellung des Textes nicht einmal sehr überraschen. Denn nach der Uebersetzung der Septuaginta zu schliessen, stammt sie aus früher, wahrscheinlich vor der kanonischen Festlegung des Psalters liegender Zeit.

Ein zweites, erfreulicheres Ergebnis unserer Untersuchung ist die Feststellung der Kehrversdichtung in den behandelten Psalmen. Während Baumann den Kehrvers nicht im engern, sondern im weitern Sinne (d. h. mit Einschluss der blossen Entsprechung) nimmt und ihn trotzdem nur ein-oder zweimal als sicher und einmal als möglich hinstellt, haben wir nachgewiesen, dass der Refrain, und zwar der eigentliche, in den vier obigen Gedichten als ursprünglich anzuerkennen ist. Dass von den 140-150 Stücken des Psalters sich vier als Kehrverslieder darstellen, ist auch für die hebräische Poesie, die ihrer Natur nach zu dieser Kunstform hinneigt, ein ganz angemessenes Verhältnis.

Von grösserer Bedeutung ist jedoch der Umstand, dass der Kehrvers in den obigen Fällen mit Glück und Geschick angewandt ist. Er ist keine blosse Spielerei, kein leerer Flitter, sondern ist mit den Gedichten entweder organisch verschmolzen oder gibt ihnen doch eine künstlerische Abrundung und Umrahmung. Damit aber erhöht er nicht bloss ihre Formschönheit, sondern steigert auch die Kraft ihres ästhetischen Eindrucks und verleiht ihnen einen ganz eigentümlichen Stimmungsreiz.

Druckfehler-Berichtigung.

S. 338 Z. 3 v. u. lies genommen.
S. 340 Z. 13 v. u. » 350 st. 347.
S. 341 Z. 16 v. u. » eine.
S. 342 Z. 14 v. u. lies Verschmelzung.
S. 344 Z. 4 v. o. » letzten.
Z. 10 v. u. » Vorhergehenden.
S. 352 Z. 5 v. u. In dem richtig zitierten Satze steckt offenbar ein Fehler ; nach « Weinstocks » muss ein Verbum, etwa « schildert », eingeschoben werden.

Ausflüge

IN DER

ARABIA PETRÆA*

VON Dr B. MORITZ.

Zu Beginn des Sommers 1905 und 1906 machte ich Ferienausflüge an der Mekkabahn (1), die mich 1905 nach Ma'ân, im Juni 1906 bis Tebûk führten. Die Bahn selbst war 1905 bis auf etwa 20 km. südlich von Ma'ân befahrbar, im Jahre darauf nur bis Mudauara (557 km. von Damaskus). Die Ueberwindung dieser gänzlich wasserlosen Strecke sowie der Abstieg in die Schlucht von Baṭn il ghûl hatten ganz besondere Schwierigkeiten bereitet. Von dort aus ist der Bau mit bewunderswerther Schnelligkeit weiter gegangen : am 15. August 1906 erreichte die

---

* Nous aurions voulu, dans l'intéressant récit de voyage qu'on va lire, rendre le plus exactement possible les sigles de transcription adoptés par l'auteur. Cela ne nous a malheureusement pas été toujours possible, et nous prions Mr Moritz de vouloir bien nous excuser. Nous signalons entr'autres notre emploi de *q* à la place de *k* avec un point au-dessous, pour la lettre ق , p. ex. *Quṣeir 'Amra* ; de même l'usage de l'accent circonflexe pour toutes les voyelles longues, sans distinction. Nous avons dû écrire *Meschetta* avec deux *t* pour compenser l'absence d'un autre signe qu'aurait désiré l'auteur sur le second *e*. Pour plusieurs toponymes et autres noms, Mr Moritz a préféré avec raison transcrire selon la prononciation locale, p. ex. *Mudauara* pour *Mudauwara*, *Madâin* pour *Madâ'in*, etc.. Nous adoptons pleinement sa manière de voir ; et nous le prions, en finissant, d'agréer une fois de plus nos remerciements pour son aimable collaboration. N. D. L. R.

(1) Offiziell Ḥiğâzbahn genannt. Bei dieser Gelegenheit möchte ich allen Offizieren und Ingenieuren, vor allem dem Erbauer der Bahn Meissner Pascha für die freundliche Aufnahme und Förderung, die ich überall fand, meinen Dank aussprechen.

Lokomotive Tebûk (692 km.), schon im Jahr darauf Madâin Ṣâleḥ (980 km.)

Von einzelnen Punkten der Bahnlinie unternahm ich Ausflüge nach Westen und Osten, deren Ergebnisse im folgenden kurz mitgetheilt werden.

I

MA'AN

Das heutige Ma'ân ist ein Doppelort (1). Der Hauptort, das südliche Ma'ân früher M. el ḥiġâzîje, jetzt mehr M. el maṣrîje genannt, ist der Sitz eines von Kerak ressortirenden Kaimmakam und wichtige Station der Telegraphenlinie Damask-Medina sowie der 1905 gebauten Zweiglinie nach el 'Aqabe. Es mag gegen 2000 Einwohner haben, bei denen trotz aller Mischung mit fremden der syrische Typus durchaus überwiegt. Etwa einen Kilometer nördlich davon und durch einen flachen Hügel getrennt liegt das zweite viel kleinere Ma'ân, Schâmîje (2). So uralt auch die Orte sein müssen, von Alterthümern hat sich nichts erhalten, und auf meine Frage wurde nur versichert, dass wenn gelegentlich etwas zum Vorschein käme, es gewissenhaft zerstört würde (3).

Der einzige, allerdings recht erhebliche Rest aus Ma'âns alten Zeiten befindet sich ausserhalb der Orte. Es ist dies eine grossartige Wasserversorgungsanlage, um die sich verschiedene andere Bauten gruppiren.

Die Hochebene von Ma'ân (1060 m. ü. M.) wird von mehreren Wadis durchfurcht, welche die wohl immer mehr abnehmende Regen-

---

(1) Der knapp 3 km. nach SO gelegene Bahnhof der Ḥiġâzbahn mit einem Dutzend solider europäischer Gebäude könnte als Ma'ân No. III gelten. Ma'ân, Der'â und Tebûk sind vorläufig die 3 grossen Depots der Bahn.

(2) Die Bezeichnungen Kebîr und Ṣaghîr, die Brünnow für beide giebt, habe ich nicht gehört. Den Artikel hat der Name keinesfalls.

(3) Da durch den Bau der Bahn viel Geld nach Ma'ân gekommen ist, so sind die Leute wenig traitabel geworden.

Antike Ufermauer am Wadi Ma'ân.

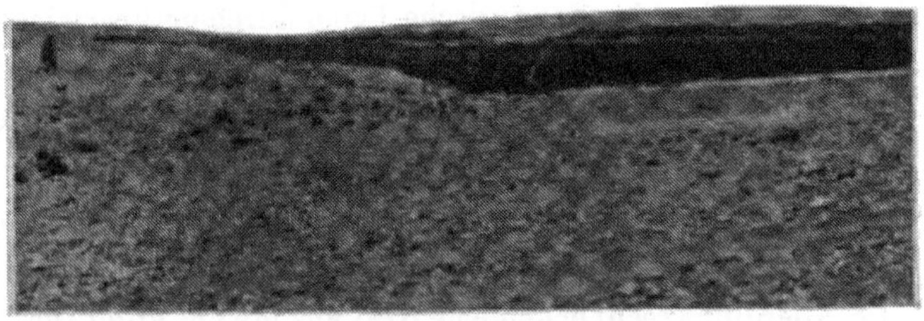

Alter Canal N. O. von Schâmîje.

Mündung des Canals in das Reservoir.

masse, die noch auf dem Ostabhang des Scherâ-gebirges niedergeht (1), in die Ebene nach Osten abführen.

Ein solches Wadi passirt man auf dem Wege von Ma'ân nach Petra zweimal, das erste Mal eine knappe halbe Stunde hinter Maṣrîje, das zweite Mal eine weitere halbe Stunde später. Dieses Wadi, dessen Ursprung nicht weit nordwestlich von dieser Stelle liegen kann, läuft dieses Stück südlich parallel mit der Petrastrasse, etwa 200 m. von ihr entfernt, wendet sich dann nach NO (erster Kreuzungspunkt), umgeht das Dorf Schâmîje auf der Nordseite und fliesst dann in hauptsächlich östlicher Richtung nach der Wüste ab (2); in dem unteren Theil heisst es Wadi Schâmîje.

An der Stelle nun, wo die Petrastrasse es das zweite Mal schneidet, also eine knappe Wegstunde westlich vom Ort, ist es auf seiner linken Seite stellenweise durch hohe und starke Ufermauern eingefasst. Das grösste erhaltene Stück ist ca. 80 m. lang und 4 m. hoch, aus grossen Blöcken mit festem Mörtel erbaut; wenig nördlich davon befinden sich Gebäudereste. Weiter unterhalb sodann, wo es gezwungen durch ein anderes von SW einmündendes Wadi nach NO umbiegt, erscheint ein alter unterirdischer Canal, erkenntlich an den Erdhaufen, welche die Luftlöcher resp. Einsteigsöffnungen bezeichnen (3). Dieser Canal fing offenbar das (Hoch ? -) Wasser des Wadi auf und führte es an dem Nordrande von Schâmîje herum. Freilich verschwinden die Spuren des Canals an der NW Ecke des Dorfes infolge der nach dieser Richtung erfolgten Ausdehnung desselben. Jedoch weiter an der Nordseite erscheint er wieder und wird an der NO Seite des Dorfes oberirdisch, um eine tiefe Terrainfälte zu überschreiten (Taf. I). Dann wird er zwar wieder unterirdisch und läuft in einem Bogen um einen Abhang des Plateaus nicht weit von dem

---

(1) Ein Landregen von über 24 Stunden, der 7-8.V. in Petra niederging und den Bach so zum Anschwellen brachte, dass der Sîq fast unpassirbar wurde, war auf der Ostseite des Scherâgebirges nur ganz schwach gewesen. In Ma'ân gar hatte man kaum ein paar Tropfen gemerkt.

(2) v. Domaszewski bei Brünnow, *Provincia Arabia* II, p. 3 sagt « das von Osten auf Ma'ân sich hinzieht » (!).

(3) Wie sie zwischen Damask und Homs so häufig sind.

hier jäh abfallenden, wohl 20 m. tiefen und 100 m. breiten Wadi Ma'ân, in dessen Bett die Gärten und Felder von Schâmîje liegen (1), wendet sich darauf nach SO und erreicht die Fläche des Plateaus, auf der er eine rein östliche Richtung einschlägt. Da das Plateau sich nach O senkt, wird der Canal auf einer aufgemauerten Leitung weitergeführt, die bald die Höhe von 2 1/2 m. bei einer Stärke von 2, 30 m. erreicht. Die Wasserrinne ist anfangs nur 0,25 m. breit, verdoppelt sich aber später, und beide Rinnen erreichen schliesslich eine Breite von 0, 70 — 0, 80 m. In etwa 1/2 km. Entfernung von Schâmîje bricht der Aquädukt plötzlich unter ca. 45° schräg zur Oberfläche des Plateaus ab, um in ein Reservoir von etwa 50 m. im Quadrat und mehr als 6 m. Tiefe zu münden. Südlich von diesem Reservoir bildet sich im Terrain eine Einsenkung, die sich nach O bald zu einem Wadi entwickelt, dem Wadi Ma'ân, das zunächst in OSO, dann in SO Richtung laufend das Plateau an seiner Südseite begrenzt. In dieser Einsenkung südöstlich vom Reservoir finden sich parallele Steinreihen, ob Reste von Häuseranlagen oder Gräber? Ein grösseres Gräberfeld ist etwa 1/2 km. weiter südlich beim Bau der Bahn durchschnitten worden. Soweit ich sehen konnte, waren es einfache Hockergräber, die mit rohen Steinplatten bedeckt waren. Aus dem Reservoir wurde das Wasser durch Schöpfmaschinen, etwa wie die ägyptischen Sâqien, wieder gehoben in einen anderen Canal, der zunächst etwa 300 m. weit an der Nordseite eines Felshügels entlang läuft. Auf diesem sind noch schwache Reste alter Bauwerke sichtbar, die mit Rücksicht auf die Lage eine Befestigung gewesen sein müssen (2). Auch die an seinem Ostabhang gelegene Ruine el Ḥammâm (3) ist bei dem Bau der Eisenbahn gründlich zerstört worden, und von den Bauten, die sich nach Norden bis an den Südrand des Wadi Schâmîje ausdehnten, sind nur noch Spuren übrig. Doch kehren wir zur Wasserleitung zurück.

---

(1) Die Getreideernte fand Ende der ersten Maiwoche statt.

(2) Ob dies das grosse Castell ist, an welchem das muhammedanische Heer auf seinem Zuge nach Muta rastete, und das wahrscheinlich von dem Ghassaniden Ḥâriṯ b. Ǵabale gebaut war?

(3) Vgl. die kurze Beschreibung Domaszewski's bei Brünnow II, 3.

Von dem genannten Felshügel läuft sie in O 10° N Richtung auf das Wadi Schâmîje zu, ändert dicht an seinem Rande angelangt die Richtung und läuft oberirdisch nach O 30° S über das sich allmählich senkende Plateau.

Die aufgemauerte Leitung, deren Höhe im Verhältniss zur Senkung des Plateaus zunimmt, ist mit grösster Sorgfalt ausgeführt. Die 50 cm. breite und 35 cm. tiefe Rinne ist cementirt. Das Plateau selbst ist auf seiner Nord - wie der Südseite von einer Mauer eingefasst, die den Biegungen der Wadis in graden resp. geknickten Linien folgt; die Nordmauer am Wadi Schâmîje hat die Hauptrichtung O 5°N, die Südmauer am Wadi Ma'ân O 30° S. Beide Mauern sind aus losen Blöcken aufgeschichtet, die Zwischenräume mit Schotter und Kies ausgefüllt. Die Höhe beträgt wie die Stärke nur 0,75 m. und kann wohl nie bedeutender gewesen sein. Stellenweise sind hinter dieser Mauer d. h. nach dem Plateau zu in etwa 5 m. Entfernung Reste eines Parallelwalles sichtbar.

Nach 25 Minuten = ca. 2 1/4 km. von der Ruine Ḥammâm trifft die Südmauer auf die NW Ecke eines 45 m. im Quadrat haltenden Baues namens *el Muṭrâb* (1), der auf einem runden, in das Wadi Ma'ân vorspringenden Hügel liegt. Eine genaue Beschreibung desselben ist bei Brünnow II, p. 4, 5 gegeben; ich füge nur hinzu, dass der Hof des Baues 32 m. im Durchmesser hat und auch Muṭrâb wie Ḥammâm bei dem Bau der Eisenbahn als Steinbruch gedient hat. (2).

Von Muṭrâb läuft die Mauer noch einen reichlichen halben Kilometer weiter nach Südost, biegt dann plötzlich nach Nord ab und durchquert das Plateau unter N 18° O, um auf seiner Nordseite die das Wadi Schâmîje begleitende Mauer zu erreichen.

Diese hatte an der Stelle begonnen, wo die Wasserleitung nach dem Verlassen des Reservoirs an das Wadi Schâmîje herangekommen, dort umgeknickt und seinen Lauf über das Plateau angetreten hatte. Auch

---

(1) Die Namensform Umm el trâb, die sich bei manchen Reisenden dafür angegeben findet, ist für einen Steinhaufen unmöglich. Bekri ١٢٥ erklärt المُطَرَّقة als : ق الطريق الضيق الجبل لايمكون الا به او بالحرة.

(2) Die Eisenbahnstation ist von hier etwa 2 1/2 km. nach SW entfernt.

dieser Wall, gleichfalls stellenweise von einem Parallelwall begleitet, folgt allen Windungen des meist steil und bis 25 m. tief in das Terrain eingerissenen Wadi Schâmîje in hauptsächlich östlicher Richtung, bis er nach 2 1/2 km. auf eine ähnliche Castellanlage stösst wie die Südmauer. Doch ist dieses erheblich grösser als Muṭrâb; es bildet ein Rechteck von 58 (NO Seite): 62 (SO Seite) Schritten, mit einem 42: 45 m. grossen Hof, um den herum die Zimmer liegen. In drei Ecken desselben befinden sich noch zimmerartige Einbauten. Die 0, 75 m. dicken Wände bestehen nicht aus Mauerwerk, sondern aus blosser Steinpackung mit Schotterung zwischen den Aussensteinen. Das Thor liegt an der NO Seite. In 6 1/2 m. Entfernung davon erhebt sich eine jetzt verfallene Parallelwand, an dessen SO Ende in 10 m. Entfernung vom Bau eine Cisterne von 2 m. Durchmesser liegt. Auch für dieses Castell wurde der Name Muṭrâb genannt, was vielleicht nicht richtig ist; das wirkliche Muṭrâb ist ca. 1 1/4 km. davon in SW gelegen. Nach diesen beiden Castellen trägt das Plateau den Namen *Sahil il glâʿ*. Ich möchte noch bemerken, dass an beiden Castellen ebensowenig wie an den Wällen und der Wasserleitung irgendwelche Spuren von Inschriften, Ornamenten etc. sichtbar waren. Mit Ausnahme von unbedeutenden Gefässscherben war auf dem ganzen Plateau an kleinen Alterthümern nicht das geringste zu finden.

Von dem nördlichen Castell läuft der Wall etwa 3/4 km. in NNO Richtung weiter, eine Strecke lang begleitet von einem 20 m. nach innen gelegenen Kieswall, führt dann hart am oberen Rande des Wadi Schâmîje nach Osten entlang, bis er nach etwa 1/4 km. aufhört, anscheinend zerstört durch das vom Plateau in das Wadi abstürzende Regenwasser.

Die Wasserleitung läuft wie oben bemerkt auf dem Plateau in OSO Richtung, wobei sie von dem Nordwall etwa 850, von dem Südwall nur 400 m. entfernt bleibt. Etwa 1 km. nordöstlich von (dem südlichen) Muṭrâb zweigt sich eine andere gleich grosse Leitung nach N 20° O ab in der Richtung auf die Nordmauer zu, aber ohne sie zu erreichen. An der Abzweigungsstelle sind rechts und links Reste von Häusern, etwa 400 m. nördlich davon neben der Zweigleitung eine ca. 20 m. im Durchmesser haltende, aber ganz verschüttete Cisterne, deren Lage durch einen 5 m. hohen Erdhügel markirt wird. Die Hauptleitung geht in der ursprüngli-

Ma'ân

Ruine il Ḥammân und Sahil il Glâ'.

Ruinen des Castells il Muṭrâb.

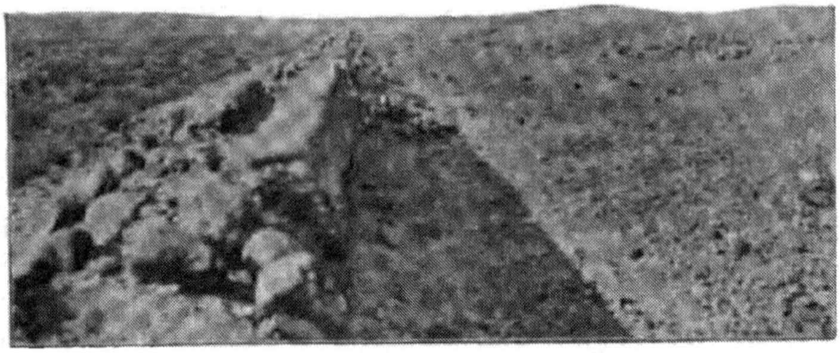

Verlauf d. nördl. Seitenarmes d. alten Canals in der Wüste.

ten Richtung weiter, passirt nach etwa 1/2 km. die östliche Umfassungsmauer des Plateaus, erweitert sich nach einigen hundert Metern zu einem viereckigen Bassin und bricht ca. 1/2 km. von der Mauer ganz unvermittelt in der Steppe ab, offenbar unvollendet. Das Plateau senkt sich von hier an schneller zu einer weiten Niederung, deren dunkler Boden während des grössten Theiles des Tages wie ein wogendes Meer flimmert. Hier münden die beiden Wadis, die in regenreichen Jahren wie 1906 eine reiche Vegetation hervorrufen, wie geschaffen zum Unterhalt grosser Kamelsherden. In der terra incognita im Osten liegt eine gute Tagereise, also = 50—60 km. entfernt, eine weite Bodensenkung mit Wasserlachen, namens Ǵiafar, die es den feindlichen Stämmen Ṣuchûr, Scherârât und Beni 'Aṭîje ermöglicht, ihre Ghazus gegeneinander mit weiter Umgehung von Ma'ân auszuführen. (1)

Wozu diente nun die beschriebene Anlage ?

Von Domaszewski hält sie (2) für eine römische Festungsanlage. Er giebt aber selbst zu, dass das Castell Muṭrâb nicht vertheidigungsfähig war, sondern als blosses Wachtlokal gedient habe, wie dann wohl auch das nördliche (von ihm nicht besuchte). Wozu aber Wachtlokale soweit in der Wüste und auf Punkten, die keinen sonders weiten Ausblick in das Terrain gewähren, wie der Hügel von Ḥammâm ? Und wozu die langen Wälle, die bei ihrer Niedrigkeit erst recht nicht vertheidigungsfähig waren ?

Den Aufschluss über den Zweck der Anlage scheint mir die Wasserleitung zu geben, die ersichtlich mit viel grösserer Sorgfalt als die Befestigungen angelegt offenbar die Hauptsache bei derselben war.

Da die Wasserleitung nicht gedeckt ist und ersichtlich auch nie gedeckt war, weder der Hauptarm noch die Zweigleitung zu einem ersichtlichen Ziele führen, weder zu Gebäuden noch einem Bassin irgend welcher Art, an den beiden Castellen weit vorübergeht, so kann es keine gewöhnliche Wasserleitung gewesen sein. Als einfachste Erklärung bie-

(1) Die türkische Regierung pflegt sich in diese « Familienangelegenheiten » der Stämme nicht zu mischen.

(2) bei Brünnow II.

tet sich die, dass es eine Tränkrinne war zur gleichzeitigen Tränkung einer grossen Menge Thiere und zwar Kamele, wenn man die Höhe der Rinne in Betracht zieht.

Ich möchte also in der ganzen Anlage einen grossen Karawanenlagerplatz sehen. Die Wasserleitung war bestimmt, hunderte oder tausende von Kamelen gleichzeitig zu tränken, die Wälle des Plateaus genügten vollauf, das Entlaufen der Thiere zu verhindern, und die beiden Castelle dienten allerdings als Wachtlokale, aber nur zur Beobachtung resp. Bewachung des grossen Lagerplatzes und der Kamele, wenn sie in den Wadis und der Ebene weideten, vielleicht aber auch gleichzeitig als Wohnung für die Karawanenleute und als Depots für ihre Waaren.

Ist diese Erklärung richtig, so haben wir hier eine Hauptstation der alten Karawanenstrasse von Südarabien nach Syrien vor uns, vielleicht die Station, wo sich die grosse Strasse in die syrische nach Damask und die südpalästinische über Petra nach Ghazza theilte (1).

Ueber das Alter dieser Strasse haben wir eine historische Angabe in der minäischen Weihinschrift des ʻAmmi-Ṣadok (2) von ungefähr 1000 v. Chr. In ihr ist von dieser Karawanenstrasse die Rede, als deren Endpunkt im Süden Ragmat, (3) im Norden Maʻân genannt werden.

Auffallen darf, dass Maʻân im Alterthum fast gar nicht mehr erwähnt wird. Sicher ist wohl, dass von den verschiedenen מעון im Alten Testament keines unser Maʻân ist, sondern alle in Palästina zu suchen sind. Nur mit den מעונים II. Chron. 26,7 können vielleicht die Bewohner von Maʻân gemeint sein; doch ist die Lesung nicht sicher, die LXX hat dafür Μιναιοι wie in 20,1 für עמונים und in der Syrischen Uebersetzung

(1) Einen Moment dachte ich auch daran, die Localität für einen Halteplatz des syrischen Darb il-ḥaǧǧ zu halten, der bisweilen sein Routier geändert hat. Aber einmal ist derselbe wohl stets über Maʻân selbst gegangen, und sodann wäre eine solche Anlage für muhammedanische Zeit etwas unerhörtes.

(2) Glaser, no. 1155; s. Hommel, *Vier neue arabische Landschaftsnamen*, p. 321 ff.

(3) Kann wohl kaum identisch sein mit Ρεγμα πολις des Ptolemäus, das er an den persischen Golf verlegt. Und Ρεγμα der LXX in Genesis 10, 7 ist die Uebertragung des hebräischen רַעְמָה, also رَعْمَة. Hamdâni (Geographie von Arabien) nennt in Sudarabien ein رَعْمَة 164, 4 und رَغْمَة 80, 13. 109, 6.

fehlt der ganze Passus v. 7—1/2 8. Auch von den klassischen Schriftstellern wird kein Name genannt, der an Ma'ân anklingt. Ptolemäus zählt die umliegenden Ortschaften in Arabia Petraea auf:

Πέτρα

Χαράκωμα

Αὔαρα = Hauarra der Tab. Peuting auf der Strasse von Aila nach Petra, das moderne Quhaira (1)

Ζαναάθα wohl zu verbessern in Ζαδααδα = Zadagatta der Tab. Peut. zwischen Hauarra und Petra, jetzt 'Ain Ṣadaqa (2)

Ἄδρου = أذرح, noch jetzt Adruḥ (3).

Der Lage bei Ptolemäus nach könnte aber nur das von ihm als Ort in Arabia Felix genannte Ἀραμαύα als Ma'ân in Betracht kommen. Die Form Αραμαυα ist ersichtlich verdorben und als aus (X) αρα (κ) μααν entstanden zu denken. Oder steckt in der ersten Hälfte der Name إرم? Vielleicht kommt noch einmal eine Inschrift zu Tage, die den alten Namen bringt.

II

PETRA

Das Stadtgebiet von Petra ist auffallend klein. Es hat von Ost nach West (Farase — Umm il biâra) einen, von Nord nach Süd etwa 1 1/2 km. Durchmesser. Hier kann nur die offizielle Stadt, die Paläste der Könige, Tempel u. s. w. Platz gehabt haben. Da aber Petra in erster Linie eine Handelsstadt war, so muss das Geschäftsviertel ausserhalb gelegen haben, zumal da die grossen Handelskarawanen nicht gut nach der Stadt hineinkommen konnten.

Zunächst möchte ich betreffs der Nomenclatur der Haupttheile des Gebirgszuges, der das Thal von Petra im Westen abschliesst, einige

---

(1) s. Brünnow, *Prov. Arabia* I, 473 ff.

(2) Sind die beiden letzten Identificationen richtig, so ist die Unterdrückung des ق in der griechischen Wiedergabe der Namen auffallend.

(3) So noch jetzt ausgesprochen, nicht Odruḥ.

Nachträge zu Brünnows *Standard work* geben. Wenn man auf dem grossen Opferplatz steht, erblickt man im äussersten Südwesten einen langen, etwas gewölbten Bergrücken, il Ḥalûli; an ihn schliesst sich nach rechts (Norden) il Barra mit einer viereckigen Felsmasse auf seiner Spitze. Il Barra stürzt nach Norden steil ab und hängt scheinbar nicht zusammen mit dem imposanten Felsen Amm (= Umm) il biâra, dessen Spitze eine ebene Fläche bildet. Es ist der Berg, der auf Brünnows Spezialkarte von Petra in 1/10000 sich links von dem Worte Süd in der Bezeichnung Südwestwand befindet. Auch dieser Berg stürzt steil nach rechts ab und ist durch eine tiefe Einsenkung von dem darauf folgenden il Ḥabîs getrennt. Durch den Unterlauf des Baches von Wadi Mûsa (1), dessen weitere Untersuchung durch seine dichte Vegetation erschwert wird, wird el Ḥabîs von der il Dêr-gruppe geschieden (2), die nach Norden mit einem kegelförmigen Felsen abschliesst. Das Südwestende der Dêr-gruppe heisst Amm (= umm) el ʿarâbît. Darauf folgt weiter die Gruppe il Maʿaiṣra (3), von jenem Standpunkt als zwei Berge erscheinend, einem viereckigen und einem kegelförmigen. Die niedrigeren Felsgruppen auf seinem Ostabhang heissen Marʿas Ḥamdân (4). Die von ihren Abhängen herunterkommenden und in den Bach von Wadi Mûsa sich ergiessenden Wadis heissen von West nach Ost: Wadi il Maʿaiṣra, Wadi Turkmân oder Turkmânîje (5), Wadi il Ḥîsch, Wadi Cherâb il Naṣârâ. (6) Im Norden wird das Thal von Petra geschlossen durch den flach ansteigenden Ǵebel il bêḍâ, an den sich nach Südost der Ǵebel il meliḥ anschliesst. Der sanft nach West abfallende Abhang desselben heisst Umm il ṣaḥûn.

Die südöstliche Gruppe heisst Madras. Es ist dies der alte nabatäi-

---

(1) Seinen Namen el Siaq (Brünnow) kann ich gegen el Siagh (Musil) verbürgen.

(2) Auf einem kleinen Plateau oberhalb des « Dêr » fanden wir die frischen Spuren eines grossen *nimr*.

(3) = « die kleine Presse ».

(4) Brünnow schreibt Marʿaś. Es ist leicht möglich, dass hier verschiedene lokale Aussprachen vorliegen; meine Führer waren aus Elgi.

(5) Wie Brünnow giebt. Da Musil (bei Brünnow II, p. 329 zu 135, 13) die Richtigkeit bezweifelt, so fragte ich ausdrücklich danach.

(6) Brünnow giebt den Singular Chirbe.

Opferplatz auf il Ghubṯe nach N.

Opferplatz auf il Ghubṯe nach S.

sche Name des Berges, denn er findet sich schon in der Inschrift des Heiligthums des Ḏû Scharâ (1). Betreffs des noch immer unerklärten Namens Sîq, der sich vielleicht auch einmal als nabatäisch entpuppen wird, möchte ich nur erinnern, dass auch in Midian ein Ǵebel il Sîg existirt (2); und was ist unter dem Wort zu verstehen in der Stelle bei Muqaddasi p. 44: واكلتُ الخبز والجلبان بالسيق ? Der Name el Mêr bei Brünnow ist richtig (gegen Musils Nemêr). Neben dem spitzen el Mêr ist rechts der langgestreckte ed Djîsch amm er retâm. Südlich von der Gräbergruppe el Chân ist ed' Djilif, dahinter Amm Diflâje.

Die beiden Obelisken auf dem Neǵr heissen Zibb 'Aṭûf und Munṭâr en Neǵr. Der Stadtplatz, wenigstens die südliche Hälfte, wird el Mafchara genannt wegen der vielen Thonscherben. Meist sind sie von einem sehr feinen röthlichen Material und haben braune Zeichnungen. Bei manchen ist auf der Aussenseite ein Blattornament eingepresst.

An der West — resp. Nordwestseite des Neǵr, el Farase, führt eine Wasserleitung in Thonröhren (wie im Sîq) das Regenwasser, das sich auf dem Plateau des Opferaltars sammelt, meist an einem antiken Wege (3) entlang zu einem in den Fels gehauenen und cementirten Bassin

---

(1) Brünnow, Inschrift 40 g, p. 210.

(2) Jebel el Sîg bei Burton, *Goldmines of Midian* p. 129; eine Beschreibung des Aussehns dieses Berges wäre von Werth gewesen. Im übrigen ist der Transskription von Burton nicht recht zu trauen, wenigstens gebraucht er z promiscue für ز und ض seiner persischen Aussprache (oder Lesung der arabisch geschriebenen Namen ?) entsprechend = z. B. Jebel il abyaz, Lebaiyiz = الأبيض, el Baiza, Harrat el Awairaz العويرض, Khizr, Kazi, Zaiba ضبة oder ظبه, Wadi el Hamz الحمض, El Humaizah الحميضه, etc.

Auch Musils Transskriptionen sind bisweilen nicht verständlich; z. B. in dem obigen Namen Harabt هرابة en Naṣâra; Aila als Ila (Brünnow II, 333); el Qerên ist arab. nicht القران, sondern القرن, Moje(t el Ḫalde) nicht مية, sondern موية eigentlich مويه; El Ma'âret el Kebîre etc. ist unmöglich, ebenso Harabt el Faṭûme, Faṭṭûme فطّومه hat keinen Artikel und هرابة soll wohl خرابة sein.

Nachträglich finde ich bei Musil, Edom (II,217) den Namen Sîq für zwei Localitäten: Sîq' Namala für ein von hohen Felswänden eingeschlossenes Wadi und (p. 193) einen Naqb es sîq.

(3) Der Weg ist häufig weggebrochen, zerstört und unsichtbar. Die scharfe Kritik Musils an den Angaben Brünnows über die Wege auf die Felsen (II, p. 330 zu 173, 24

von 35 Schritt Länge, 6 Schritt Breite und etwa 6 m. Tiefe; gegenwärtig ist der Boden dick mit angeschwemmtem Erdreich bedeckt, in dem drei uralte Charrûb - Bäume (1) wurzeln. Das Bassin befindet sich etwa in 1/3 der Höhe des Bergabhanges. An der Wasserleitung und unterhalb des Bassins sind eine Menge nabatäischer Graffiti in die Felswand gekratzt, aber häufig wenig lesbar mehr. Die meisten sind von Euting gesammelt und bei Brünnow (p. 263 ff.) veröffentlicht. Nur die folgenden habe ich darunter nicht gefunden.

1.

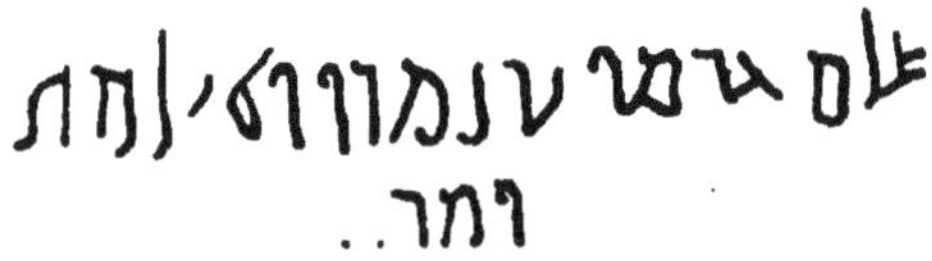

2.

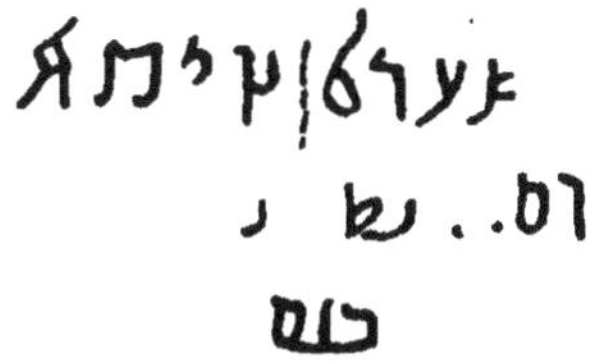

1.

שלם גרמו בר נמרו וא?לתח

ומר ..

Garmu der Sohn des Nimr hat sich auch auf el Mêr verewigt (Brünnow No. 282 g, p. 284). Der zweite Name ist vielleicht אפתח zu lesen.

---

und 188, 25) berührt eigenthümlich. Ein geübter Bergfex wird noch manchmal fortkommen, wo ein minder geübter überhaupt keinen Weg sieht. Häufig genug stritten sich die Führer, ob es an dem und dem Abhang eine « sikke » gäbe. Den von mir oben angegebenen Weg hat auch Musil nicht.

(1) Andere Baumarten in Petra sind : ʿArʿar, suknân ; buṭum, ḥamât (Feige).

2.

דכיר] שעדא בר יקה
דם . . במב

Der Name des Vaters ist unklar.

Die nördliche Stadthälfte wird an ihrer Ostseite von der Bergmasse el Ghubṭe الغبثة (1) abgeschlossen. Der nächste Weg zu seinem Plateau führt unmittelbar am Ausgang des Sîq rechts, also gegenüber der Chazne, in einem schluchtartigen Einschnitt ziemlich steil in die Höhe, ein anderer Weg in der Schlucht auf der Nordseite, wo noch Reste des alten Aufstieges vorhanden sind. Oben auf dem Plateau befinden sich mehrere Cultstätten, Opferplätze. Der grösste davon liegt auf der äussersten Nordwestecke, von wo man einen grossartigen Ausblick über die Stadt hat. Er ist 12 m. lang (N — S) und in der Diagonale nach rechts (Osten) geneigt. An dieser Seite befindet sich eine Rinne zum Abfluss von Wasser und Blut (2).

III

GREJE (القُرَيَّة)

Die ersten Nachrichten über diesen Ort hat, wenn ich nicht irre, Wallin gegeben, der auf seiner zweiten Reise von Cairo nach Arabien im Februar 1848 auf dem Wege von Muêliḥ nach Tebûk von seiner Existenz gehört hat. (3)

---

(1) Von Brünnow als Nordostwand bezeichnet; den Namen selbst schreibt er *el Ḫubze*.

(2) Da ich die Maasse im einzelnen nicht nehmen konnte, so unterlasse ich es eine Zeichnung der Stätte zu geben ; ich empfehle späteren Besuchern den Platz zu genauer Untersuchung.

(3) Im *Journal of the R. Geograph. Soc.* XX, p. 316.

Wallin schreibt Karáyyá, was nach seiner Transkription قرايا wäre; es ist aber zweifelsohne قريّة.

Weiter nennt ihn Burton (1), giebt aber seine Position unrichtig an: « Further eastward and north of the pilgrim station Zát-Hajj, are the ruins of Karáyyá, still unvisited by Europeans ». Nach ihm wird, soweit ich sehe, der Ort nur noch von Doughty (2) genannt, der ihn, ohne ihn selbst gesehen zu haben, ziemlich genau placirt: « Ten miles westward upon our right hand, is a ruined site Gereyih of which the country beduins recount strange fables, but I hear of truthworthy persons it is inconsiderable. We came soon after to... our tents... in an open plain el Kâ ». Von diesem Lagerplatz brauchte Doughty bis Tebûk 11 Stunden, also knapp 44 km. (s. u.). Da es von Ḏât el ḥaǵǵ bis Tebûk 90 km. sind, so lag Doughtys Lagerplatz etwa bei Bîr Ibn Hirmâs.

Schon in Ma'ân hatte ich mich nach Grêje erkundigt, aber ohne Resultat; selbst der Name schien hier nicht bekannt zu sein. Auch auf dem Bahnhof von Mudauara (türk. Müdevvereh) (3) waren hunderte von Beduinen der Beni 'Aṭîje anwesend, um ihre Kamele den Bahnbehörden zu Transporten anzubieten. (4) Diesen Beduinen war der Name Grêje wohl bekannt, es war aber unmöglich, von ihnen Auskunft über die genaue Lage des Ortes zu erhalten, oder Führer und Kamele zum Besuche desselben. Ebensowenig Erfolg hatten meine Bemühungen auf den folgenden Stationen Ḥallât 'Ammâr (5) und Ḏât el ḥâǵǵ. Erst auf der weiteren Sta-

---

(1) *Land of Midian* I, 329.

(2) II, 71.

(3) Das *Ǵihân numa* nennt zwischen Ma'ân und Ḏât el ḥaǵǵ nach ظهر العقبه (= 'A. el Ḥiǵâz ») eine Station طبيليات, die nur Mudauara als einziger Wasserplatz sein kann. Auch das spätere Manâsik el ḥaǵǵ kennt den Namen طبيليات, giebt aber noch einen türkischen جليمان, 15 Stunden (nördlich) von ظهر العقبه; die Qal'a sei von einem Abdallah Pascha erbaut. Erst Seetzen und Burkhardt nennen den Namen Mudauara, als Erbauer der Qal'a einen Osman Pascha. Heute trägt die Qal'a das Datum 1319, wo sie renovirt wurde. Der Name المدوره rührt wahrscheinlich von der Lage in einem sandigen Kesselthal her, das nur nach Süden offen ist. Die Qal'a selbst ist natürlich viereckig wie alle anderen.

(4) Das Gebiet der Beni 'Aṭîje reicht von Baṭn il ghûl im Norden, der geologischen und natürlichen Nordgrenze von Arabien bis südlich von Tebûk und westlich zum Ostabhang der Küstengebirge.

(5) Die Station war nur provisorisch und wurde nach Fertigstellung der Bahnstrecke aufgehoben. Ueber die Namensform herrschte grosser Streit. Es wurden genannt Ḥarrât 'Ammâr, Ḥârât A., selbst Ḥâlât A. (« die Nöthe von A. »). Zur Erklärung der

tion Bîr Ibn Hirmâs liess sich der Ausflug ermöglichen. Der dort stationirte Oberingenieur Nazîf Bey (محمد نظيف الخالدي), ein Neffe des bekannten in Jerusalem als Bürgermeister verstorbenen Jusuf Zia eddin, interessirte sich für die Sache und unterzog die beiden beduinischen Postreiter der Station einem langen Verhör, aus dem schliesslich hervorging, dass die Localität nicht mehrere Tagereisen, wie bisher behauptet worden war, sondern höchstens eine entfernt sein konnte, ganz wie Doughty angiebt.

Nazîf Bey war so freundlich, nicht bloss die nöthigen Reit - und Lastthiere aus den Beständen der Station zur Verfügung zustellen, sondern auch die Partie selbst mitzumachen. Die Mitnahme einiger Soldaten stellte sich als nützlicher heraus, als ich anfangs geglaubt hatte. (1)

Einige Worte mögen über die Landschaft zwischen Ḏât el ḥaǵǵ und Tebûk gesagt sein. Ḏât el ḥaǵǵ liegt 690 m. ü. M. in einem flachen Kesselthale, 602 km. von Damaskus. Das Terrain steigt bei km. 618 bis auf 720 m. und bildet ein Gewirr von niedrigen Sandsteinfelsen, namens خنقة الغور (2), durch die sich die Pilgerstrasse mühsam hindurchwindet, um dann eine etwa 1 km. lange Salzebene قاع النيل zu durchschreiten, die von der Eisenbahn an ihrer Westseite umgangen wird. Dann folgt eine weite Kiesebene, häufig bedeckt mit dunklen und rothen Porphyrstücken, die von dem Randgebirge im Westen herabgeschwemmt sind. Im Osten, d. h. 4-5 km. von der Pilgerstrasse und der sie begleitenden Bahnlinie, ist die Ebene (3) begrenzt von einer nicht zusammenhängenden Kette von

---

letzten Form wurde mir natürlich mit den üblichen Varianten die Geschichte erzählt, die schon Doughty... giebt. Da eine Ḥarra hier nicht existirt, so ist wohl die erste Form nicht correct. Vielleicht ist mit dem Namen nur der von der Pilgerstrasse in 760 m. Höhe gekreuzte Haupttheil des etwa 70 m. hohen Höhenzuges gemeint. Weiter nach SO löst er sich in eine Menge Kuppen und Spitzen auf, die Ǵebel Sche'âṯe شعثة genannt wurden.

(1) Auf dem späteren Wege nach Mudauara machten wir einen Bogen nach Westen zu den Brunnen von 'Aijêne, westlich der Linie Ḏât el ḥaǵǵ - Ḥ. 'Ammâr. Hier sahen wir eine Menge frischer Kamelspuren, und unser Führer gestand, dass sie von einem Ghazu herrührten, der uns in Grêje beobachtet haben musste.

(2) In Damaskus der Name für die engen, meist mehrfach gebrochenen Thorwege der Häuser.

(3) Bei Doughty fälschlich Ḥisma genannt. Ein alter Dichter bei Jâqût s. v. غروري heisst sie بقاع الكليم. Ḥisma حسمى war vielmehr der alte Name des Randgebirges. Der Verfas-

Sandsteinhügeln in grotesken Formen, bald kegelförmigen Piks, bald tafelförmigen Höhen. Oestlich von der Station Bîr Ibn Hirmâs (623 km. von Damaskus, 745 m. ü. M.) haben sie den Namen *el Aǵât*. Eine der höchsten Spitzen derselben 980 m. ü. M. bestieg ich, um einen Blick in die terra incognita im Osten zu thun. Die Landschaft präsentirte sich so trist wie möglich. Nichts war zu sehen als dunkelbraune Hügel in den genannten Formen mit Sandverwehungen dazwischen, die häufig hoch an die Abhänge hinaufgingen. Die nächsten Hügel im Osten von etwa gleicher Höhe wurden *er Râjât wal Madâfi'* genannt, weiter im Osten schienen sie niedriger zu werden. Im Süden wurde das Hügelgewirr überragt von dem imposanten Scherôra, dem Wahrzeichen von Tebûk, das schon von den Höhen Ḥ. 'Ammâr sichtbar geworden war. Ohne Leben und fast ohne Vegetation gewährte die Landschaft ein Bild der Erstarrung und des Todes. Dass jedoch zeitweise hier Leben vorhanden ist oder war, beweisen die Pfade, die als helle Linien sich durch die dunkle Landschaft schlängeln. Und dabei ist es mit dem Wassermangel nicht gar zu schlecht bestellt. Nachdem sich am Mittag dieses Tages (18. Mai) ein Sturm aus Westen erhoben hatte, der die Sandmassen wie Wände vor sich her trieb, brach um Mitternacht ein schweres Gewitter los. Der zeitweise ziemlich heftige Regen hielt bis 5^h morgens an, wurde aber sofort vom Sandboden verschlungen. Zu einem der südlicheren Wadis (1), die so flach in den Boden eingefurcht sind, dass sie nur an ihrer spärlichen Vegetation kenntlich sind, soll vor wenigen Jahren durch einen *sêl* ein Lager von 70 Zelten weggeschwemmt worden sein; aus diesem Grunde hat die Bahnlinie hier zahlreiche Wasserdurchlässe. Der Darb el ḥaǵǵ ist in dieser Ebene nur durch mehrere neben einander laufende Pfade markirt, die an Stellen, wo der Sand tief liegt, häufig ganz verschwinden. Beim Anblick dieser unscheinbaren Pfade wird es schwer, sich vorzustellen, dass sie eine der grössten Verkehrsstrassen des Orients repräsentiren, die seit ihrem Bestehen von Millionen von Menschen und Thieren begangen ist.

ser des Marâṣid el iṭṭilâ (Ṣafî al dîn 'Abd al mu'min † A. H. 739) sagt (p. ٣٠٣): die Tebûker nennen Ḥisma das Gebirge im Westen, das im Osten Scherôra.

(1) Eines von diesen Wadis muss das وادي بلدح sein, das Ibn Baṭûṭa A. H. 726 auf seiner Mekkafahrt zwischen Ḏât el ḥaǵǵ und Tebûk passirte.

Der Brunnen von Ibn Hirmâs (1) ist 8 m. tief, 7 m. durch Sand und Conglomerat, 1 m. durch Sandstein gebrochen. Neben ihm waren unbedeutende Häuserruinen und Reste von kleinen Feldern sichtbar. Da der Brunnen wie der Name selbst in den sonst so detaillirten Pilgeritineraren (2) nicht genannt werden, so ist er wahrscheinlich modern. Ich möchte vermuthen, dass er von dem gleichnamigen Scheich der Beni 'Aṭîje herrührt, mit dem Burton (3) auf seiner Reise in Midian verkehrt hat, also erst etwa aus den 70er Jahren des vorigen Jahrhunderts stammt.

Am 19. Mai konnten wir nach Grêje aufbrechen, in der Richtung W 20° S. Unser Führer war ein junger Beduine von den Beni 'Aṭije, namens 'Eṯnân (4). Die Gegend, zunächst sandig und stellenweise mit dichtem Tamariskengebüsch bestanden, wurde nach etwa 5 km. allmählich steinig und stieg langsam nach Westen an. Später erschienen kahle Felshügel, die umgangen werden mussten. Nach etwa 20 km. senkte sich das Terrain zu einer Niederung, deren Westrand ein von S nach N fliessendes Wadi, وادي غيلان, mit 4-5 m. hohen, sehr stachlichten Ṭalḥaakazien bildete. Wir kreuzten es an einem isolirten Sandsteinfelsen namens عمارة العجوز und fanden hier auf den Steinen ziemlich frische Spuren (Losung) von Straussen; die scheuen Vögel selbst haben wir nie zu Gesicht bekommen. Als wir den westlichen Rand der Niederung erstiegen hatten, zeigte der Führer auf einen vor uns liegen-

---

(1) In der bisher wasserlosen Gegend zwischen Ibn Hirmâs und Tebûk sind mehrere neue Brunnen gebohrt worden, die zum Theil ausgezeichnetes Wasser liefern. Eine undurchlässige Schicht scheint das einsinkende Regenwasser in geringer Tiefe festzuhalten.

(2) Das *Ǵihân numa*, p. 539 nennt zwischen Ḏât ḥaǵǵ und Tebûk die Station قاع البسيط oder عرايد, ebenso das ihm folgende Manâsik el ḥaǵǵ (gedr. Bulak 1250), das noch hinzufügt, dass von Ḏât ḥaǵǵ bis hier 13 und von hier bis Tebûk 12 Stunden seien. Die Distanz nach der Eisenbahn ist 602-692, also 90 km., so dass bei einer Marschdauer von 25 Stunden eine Geschwindigkeit von nur 3 3/4 km. pro Stunde für die Pilgerkarawane angenommen werden muss, was bei dem stellenweise tiefen Sande wohl verständlich ist.

(3) *Land of Midian* I, 337.

(4) Burton, o. l. II, 14. 142. 176 etc. schreibt den Namen 'Afnân. Auch Dussaud et Macler, *Voyage Archéologique* etc., verzeichnen auf ihrer Karte beim Djebel Seis einen Mountar 'Afnan. Ebenso machte mein ägyptischer Diener aus dem Namen 'Afnân, wogegen der Beduine lebhaft protestirte.

den, lang gestreckten Felsen mit einem thurmartigen Bau an seinem S O Ende, den wir schon lange gesehen hatten : das sei *Greje*. Von der Höhe wieder etwas abgestiegen, kreuzten wir unter spitzem Winkel ein Wadi, das von SW kommend sich nach N abflusslos in die Ebene zu verlieren schien ; sein Südrand war von einer alten Ufermauer eingefasst. Einen knappen Kilometer weiter passirten wir eine lange, niedrige Mauer, die sich gleichfalls von Süd nach Nord zog und eine thorähnliche Oeffnung zeigte. Westlich von der Mauer dehnte sich eine weite Fläche aus, spärlich mit rohen Scherben bedeckt. Noch einen Kilometer weiter gelangten wir zu den Ruinen der eigentlichen Stadt.

Sie liegt in einer weiten Ebene, die nach Osten durch den genannten unbedeutenden Höhenrücken, nach Süden in etwa ein Kilometer Entfernung durch 50—70 m. hohe, zusammenhängende Erhebungen abgeschlossen ist. Wie aus den Bildern ersichtlich, hat Grêje eine elliptische Form, deren Axe von S O nach NW liegt; die Länge mag einen reichlichen halben Kilometer betragen. Die Stadt ist von einer meist aus Sandsteinblöcken, zum Theil aber auch aus grossen Erdziegeln bestehenden Mauer umgeben ; an ihren besser erhaltenen Theilen ist sie noch 5 m. hoch und 1 1/2 m. dick. An der Nordost - und Ostseite, wo das Terrain sich abflacht, ist sie von viereckigen Thürmen in ungleichen Abständen geschützt, die einen inneren Durchmesser von 3 1/2 — 4 1/2 m. haben. Bei einem dieser Thürme fanden wir zwei dreischneidige Broncepfeilspitzen von 4 cm. Länge und eine aus Feuerstein. Diese sowie einige leider ganz zerfressene und unkenntliche Kupfermünzen sowie verschiedene Broncefragmente waren die einzigen Kleinfunde, die wir auf dem Stadtterrain machten.

Das Ruinenfeld besteht aus zwei Theilen, die durch eine weite Einsenkung an der Nord - und Nordostseite von einander getrennt sind. An der Südostseite stehen die Reste eines quadratischen Gebäudes von ca. 35 m. Durchmesser, das an die Stadtmauer stösst. Der wichtigere Theil der Stadt befand sich an der Südwest - bis Nordwestseite. An der Südwestecke stehen die Reste eines grossen Bauwerkes mit zwei viereckigen Thürmen aussen, deren Stirnseiten von dem Wadi weggerissen sind.

Dieses von SW kommende Wadi fliesst wie ein Wallgraben auf der

Süd-, West-und Ostseite herum und verliert sich nach NNO in die Ebene. Auf der Westseite ist es von 3—4 m. hohen Dornakazien, auf der Nordseite von alten Tamarisken (عبل) bestanden. Da Brunnen oder sonstige Wasseranlagen nicht zu finden sind, so kann die Wasserversorgung der Stadt nur auf dem Wadi beruht haben, das vielleicht aufgestaut wurde oder in seinem Bett Cisternen hatte.

Westlich von der Stadt erhebt sich der von OSO nach WNW ca. 1 km. lang gestreckte Burgfelsen; sein höchster Punkt liegt mit 870 m. ü. M. 50 m. über dem Terrain der Stadt. Mit derselben ist er an ihrer SW und W Ecke durch zwei jetzt zu Schutthaufen verfallene Mauern verbunden, deren erstere etwa 200 m., die andere erheblich länger ist. In der Ecke zwischen seinem Fuss und der ersten Mauer liegen eine Anzahl Schmelzöfen mit stark verglasten, ursprünglich rothen Ziegeln. Vielleicht waren es nur gewöhnliche Brennöfen für irdene Gefässe, wenigstens war der Boden hier (nicht aber auf dem Terrain der eigentlichen Stadt) gradezu bedeckt mit einer Menge weissgelber, ziemlich dicker Gefässscherben, die eigenthümliche Ornamente, meist in Strichform, von braunschwarzer Farbe zeigten; meist sollten wohl Palmen, mehrfach aber auch Thiere (Pferd und Ente) dargestellt sein. Manche dieser Zeichen hatten Formen, dass man versucht sein konnte, sie für nabatäische oder tamudäische Buchstaben zu halten. Weiterhin nach NW finden sich am Fuss des Burgfelsens zwei Höhlen, von denen die eine durch eine Mauer geschlossen war. In dieser Höhle sollte der berühmte schwarze Hund hausen, von dem Wallin schon gehört hatte (1). 'Eṯnân liess mir gern die Ehre des Vortritts, nachdem er mich ermahnt hatte, meine Mauserpistole bereit zu halten. Es regte sich thatsächlich auch in der Höhle, statt des erwarteten schwarzen Hundes sprang aber nur ein simpler Hase heraus.

Diese wie auch die andere Höhle waren offenbar natürlichen Ursprungs, aber künstlich erweitert ohne bestimmte Form. Der Boden war anscheinend tief bedeckt mit Gerippen und Knochen, menschlichen wie thierischen, von ersichtlich sehr altem Datum. Unter den thierischen fielen mir besonders auf viele Steinbockköpfe mit grossem Gehörn. Reste von Stoffen oder Geräthen, von Holz, Metall oder Thon waren nicht im gering-

(1) l. l. **Burton**, *Land of Midian* II, 225.

sten zu finden. Ich möchte deshalb diese Höhlen nicht für gewöhnliche Grabhöhlen halten, sondern eher für Stätten, wo die Opfer (also auch Menschen!) hingeworfen wurden.

Ein künstlicher Aufgang zu dem Burgfelsen war nicht zu entdecken. An beiden Längsseiten fällt er steil, meist senkrecht ab. Es haben sich jedoch häufig grosse Blöcke von seinen Flanken losgelöst, mit deren Hülfe es uns gelang, an der Stelle, wo die zweite nördliche Verbindungsmauer an ihn stösst, ihn zu erklimmen. Später entdeckten wir, dass man an seinem Nordwestende ihn ganz bequem ersteigen kann. Von Bauwerken befindet sich auf seinem Plateau nichts mit Ausnahme von zwei Mauern aus Sandsteinstücken, die im Abstand von etwa 600 m. von einander quer über seinen mittleren Theil gezogen sind bis zum äussersten Rand der meist senkrecht abstürzenden Wände. Da diese rund 2 1/2 m. hohe Mauern keine Thoröffnungen haben, so kann der Zugang nur von der Stadtseite her gewesen sein. Dieser Felsen muss eine Art Akropolis gebildet haben. Freilich zeigte sein Boden zwischen den beiden Mauern keinerlei Reste von Bauwerken oder Brunnenanlagen, als einzige Alterthümer fanden sich nur einige wenige Topfscherben der beschriebenen Art. Offenbar war der Felsen nur ein blosser, allerdings ziemlich sturmfreier Zufluchtsort im Fall von Gefahr, auf eine längere Belagerung aber nicht eingerichtet.

Der Thurm an der OSO Ecke des Felsens, also ausserhalb des eingefriedeten Raumes, entpuppte sich als ein mehrere Meter hoher Riǵm, offenbar ein altes Landzeichen für die Karawanen, zumal die von Süd kommenden. An dieser OSO Ecke, später auch an der Süd- und Ostseite fanden sich schliesslich die lange gesuchten Inschriften. Auf den glatten Sandsteinblöcken, die sich von dem Felsen losgelöst haben, bemerkten wir flach eingekratzte Graffiti, Figuren von Menschen und Thieren, hauptsächlich Kamelen, Kamelreitern (1), Straussen, Hunden (?), einige seltsame Ornamente, Umrisse von Fusssohlen wie auf den Terrassen der oberägyptischen Tempel, und Inschriften in tamudäischer, nabatäischer und kufisch-arabischer Schrift (Taf. VII, n° 2). Hier gebe ich, zum Theil nach Photographien und Abklatschen, die am besten erhaltenen.

(1) Die mit senkrecht herabhängenden Beinen auf dem Kamel sitzen, also ohne Sattel.

Inschriften in Grêje.

1.

2.

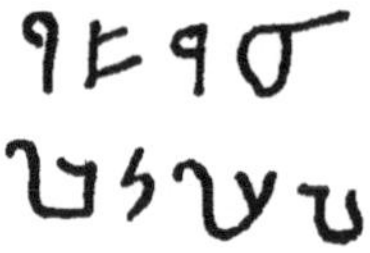

3. Südseite

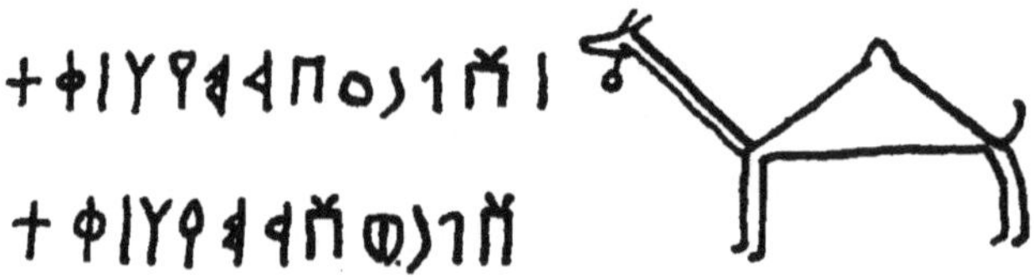

4.

5.

6.

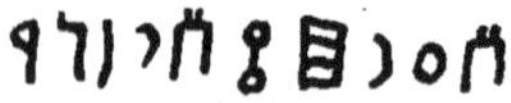

7.

8.

9. 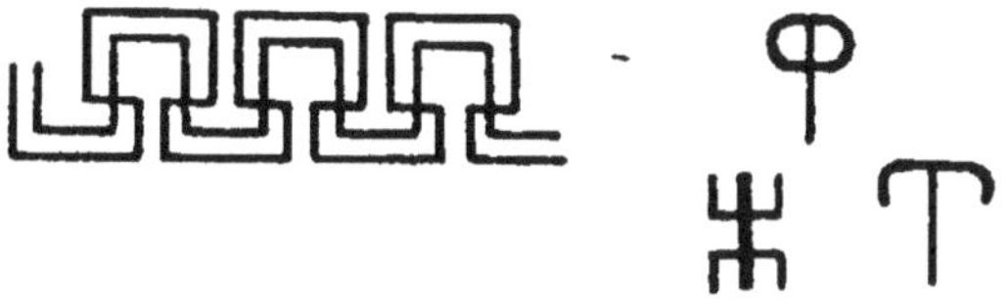

10.

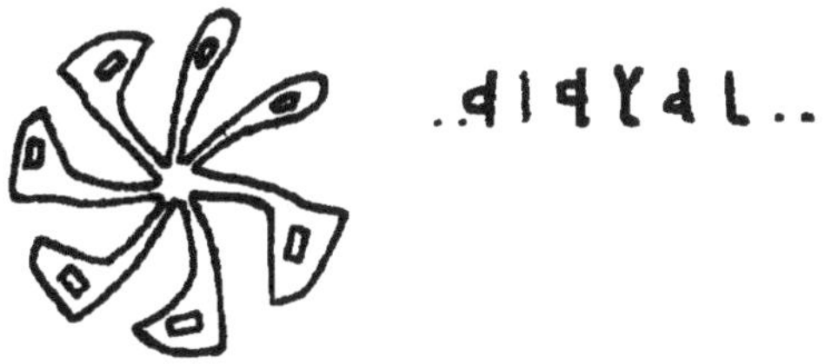

11. 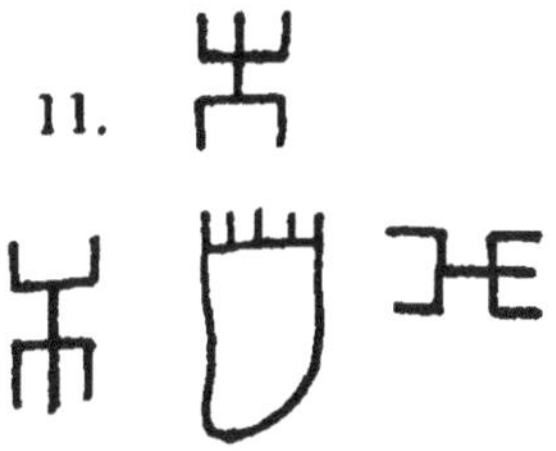

12. 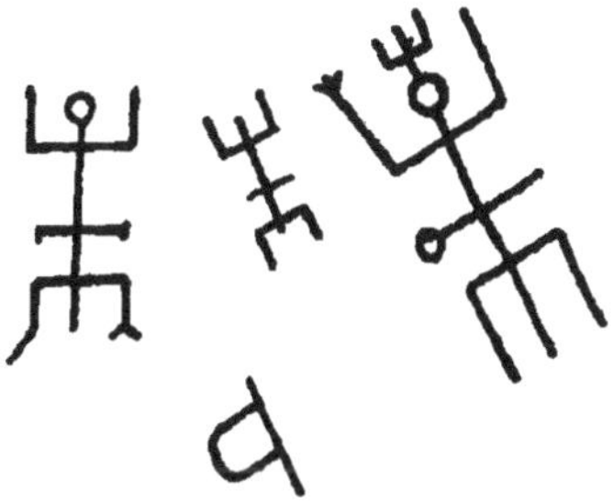

Photographie (s. Taf. VII, 2).

13. 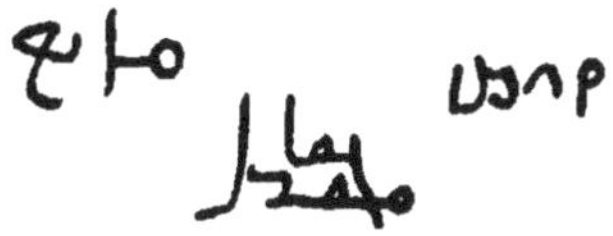

1. — סמידת Von Sumeidat S[ohn
דמי הגמל des Dumai (ist) dies Kamel (gezeichnet).

Vor Sumeidat fehlt ל, das auf dem Stein nicht zu erkennen war. Von בן ist nur der erste Strich des ב vorhanden.

דמי ist arab. دُمَى, griech. Δάμος in der Inschrift von El Gharîje bei Dussaud et Macler (1).

2. — Neben dieser Inschrift die nabatäische

אושו
בר עוידו

עוידו عويد ist das Diminutiv von dem sehr häufigen עודו Αυδος. Sonst kommen von dem Stamm noch die Formen עידו عايد (Euting, *Sinait. Inschriften*, no 355) und das Diminutiv davon עיידו عُيَيْد vor. Ein kleiner Beduinenstamm zwischen Cairo und Sues heisst ʻAjâʼide عيايدة.

3. — Die beiden Inschriften sind offenbar identisch. Die Copie zeigt leichte Varianten. Die erste Zeile lautet

לאלרע בדמי הנקת·

die zweite

אלרו אדמי הנקת.

Mit dem ersten Namen kann ich nichts anfangen, mag er אלרע oder אלרו lauten. Das zweite Wort ist wohl richtiger אדמי « der Idumäer » (?) (2)

« Von Alraʻ dem Idumäer diese Kamelin ».

Auffällig sind die paläographischen Eigenthümlichkeiten. Zunächst das מ hat nicht die tamudische, sondern unzweifelhaft die liḫjanische Form. ד ist in der ersten Zeile eckig, in der zweiten rund, י oben flach, in der unteren oben zugespitzt.

4. — זבא הרגל

Zwischen den beiden Worten die Figur eines Mannes, offenbar in laufender Haltung, darüber die Figur eines Strausses.

---

(1) *Voyage Archéologique* S. 205.

(2) Im Hebräischen wird der Landesname אדום plene geschrieben, das nom. gentil. dagegen אֲדֹמִי. Im Assyrischen Udum(u) ist das zweite u nicht lang.

Offenbar hat רגל die Bedeutung « Schnellläufer », der Strauss wäre ein Symbol der Schnelligkeit.

זבא kommt auch in den Ṣafainschriften vor (1).

5. — Zwei Fusssohlen, daneben der unleserliche Name des Besitzers und sein Hund.

6. —

7. 8. — unverständlich. 8 scheint nabatäisch zu sein. Ueber der Inschrift sind 5 Männer und 2 Thiere in 2 Reihen dargestellt, ein Mann hält in der erhobenen Linken einen runden Schild.

Eigenthümlich sind die beiden Ornamente 9 und 10.

9. — ist eine Art Mäander; die rechts davon stehenden Zeichen scheinen alt und keine modernen *Wasm* zu sein.

10. — (auf demselben Felsblock wie No. 1) ist ein siebenstrahliger Stern. 5 Strahlen haben eine Figur, die fast einen Kamelkopf darstellen könnte, 2 sind schlanker. Die Siebenzahl hat wohl religiöse Bedeutung.

Mit den danebenstehenden Buchstaben kann ich nichts anfangen. Der nach rechts verlaufende Abstrich unten zeigt, dass die Buchstaben von unten nach oben eingekratzt wurden.

Die sonderbaren Figuren no 11 und 12 rühren von den alten Besuchern her und sind nicht « moderne Spielereien von Beduinen ».

12. — sollen offenbar menschliche Figuren darstellen. 11. — (sehr häufig wiederkehrend) sind eher cursive Formen dieser Figuren als Ligaturen von Buchstaben.

13. — Auf dem äussersten Felsblock der SSO Seite sind zwischen Figuren von Kamelreitern, Kamelen und anderen Thieren Reste von tamudäischen, nabatäischen und kufischen Inschriften, von denen ich nur folgende mit einiger Sicherheit erkennen kann:

kuf. سالم (nicht صالم)
kuf. جمل nab. קימו (מ
محمد
tam. בת...

(1) Dussaud et Macler, no 348: לצער בן זבא. Ich möchte den ersten Namen nicht Sa'ar lesen sondern صعر.

Die Aussicht von dem Burgfelsen wurde stark beeinträchtigt durch den dicht bewölkten Himmel. Etwa 1 km. nach NW erhebt sich ein zweiter langgestreckter Felsen von anscheinend gleicher Grösse, der in drei stufenförmigen Absätzen abfällt und auf seinem Plateau von einem hausartigen Felsklotz gekrönt ist.

Zwischen den beiden Felsen fliesst ein von West kommendes grosses Wadi nach NO zu ; sein Lauf ist weithin kenntlich durch die Bäume und die reiche Vegetation in seinem Bett. Im Westen in unbestimmbarer Entfernung wurde der Horizont abgeschlossen durch das dunkelbraune anscheinend allmählich ansteigende Massiv des Küstengebirges ; einer seiner Vorberge in ca. 5—7 km. Entfernung und S 60° W Richtung wurde genannt Ḥôtal حوتل . Nach Süden wurde die Landschaft begrenzt von zusammenhängenden Höhen, nach Norden erschien sie eben. Im Osten waren die 'Aǵât von Bîr Ibn Hirmâs zeitweise sichtbar.

Das ungünstige Wetter machte einen längeren Aufenthalt unmöglich. Der zeitweilig sturmartige Westwind erschwerte das klettern auf dem Burgfelsen erheblich, und der schwer bewölkte Himmel entlud unter heftigem Gewitter zweimal einen schweren Platzregen, dessen grosse, fast warme Tropfen förmlich schmerzten.

Grêje lag mitten im Nabatäerreiche ; vielleicht ist sogar die grosse Karawanenstrasse von Südarabien resp. *Leuke Kome* (Λευκὴ κώμη), dem südlichen nabatäischen Hafen, über Grêje nach Petra gegangen, etwa dicht an der Ostseite des Küstengebirges entlang, wo eher Wasser und Vegetation für die Karawanen vorhanden war als in der nach Osten zu immer dürrer werdenden Hochebene. Die genauere Festlegung der Strasse besonders des Punktes, wo sie von Leuke Kome her kommend das Küstengebirge überschritten hat, bleibt späteren Forschungen vorbehalten. Vermuthen möchte ich, dass der Uebergang bei den grossen Ruinenorten von Schaghab (شَغب) und Schauâq (شواق) stattgefunden hat, die von Burton aufgefunden wurden (1)

Welches der alte Name der Stadt war, lässt sich vorläufig nicht sagen. Da mehrere Städte des Landes ihren antiken Namen noch jetzt tragen, so

(1) *Land of Midian* II, 19 ff.

ist es nicht unmöglich, dass auch Grêje der alte, echte Name ist. Der Ort liegt jedenfalls seit langen Jahrhunderten verlassen, weshalb sollte man ihm also den modernen Namen *Doerfchen* gegeben haben? Freilich findet sich in dem reichen Namensverzeichniss für Arabia Felix (also in der Hauptsache das Nabatäerland) keiner, der an Grêje erinnert; Γαία πόλις und Ἄρρη κώμη (1) darf man nicht heranziehen. Zum Corrigiren zu greifen, ist bedenklich, sonst könnte man die Δαρραι der Ptolemäus, die er mit den Θαμουδιται und Σιδηνοι zusammennennt in Καρραι verbessern. Verführerisch nahe klingt daran der Name der Carrei (Carei) mit der Stadt Carriati bei Plinius an.

Er nennt ihn unmittelbar hinter Badanatha, der Stadt der Tamuder. Badanatha könnte wohl Badan oder Beden sein, das Rüppell (2) 13 Stunden = rund 52 km. NNW von Muêlih̩ entdeckt hat; der Ort hat ausgedehnte Ruinen und Felsgräber im Stil der von Petra (3). Freilich liegt Beden nicht im tamudischen, sondern im nabatäischen Gebiet. Und das andere Mal, wo Plinius von den Carrei spricht, meint er sicher ein südarabisches Volk.

Von den übrigen bei Ptolemäus als Binnenorte in Arabia Felix als πολεις und κωμαι aufgeführten möchte ich die folgenden identificiren:

Αρχμαυα s. unter Ma'ân.

Οσταμα = أذام, das allerdings viel südlicher lag bei Schauâq. Ibn Sa'd (4) sagt: اعطاه عذاما وما كان له من شواق

Θαπαυα ist wohl zu Θαπουκ zu corrigiren, also = Tabûk, wie schon Blau (?) gesehen hat.

Μακνα ist مقنا an der Ostseite des Golfes von Aila, südlich von lezterem

---

(1) Gross können auch die πολεις nicht gewesen sein, wenn Polemäus Mekka, das damals nicht entfernt die heutige Grösse hatte, nach seinem nabatäischen Gewährsmann « das grosse Mekka » Μακοραβα nennt.

(2) *Reisen in Nubien* p. 219.

(3) Die auf Tafel 8 dargestellten Gräber sind im Pylonstil mit 2 Reihen Zinnen, mit einfacher und Bogenthür, bei Brünnow, Petra (*Prov. Arabia* I), Typus no. 124-139.

(4) bei Wellhausen, *Skizzen* IV, no. 84.

Tafel IV

Ruinenstadt Grèje (القرية)

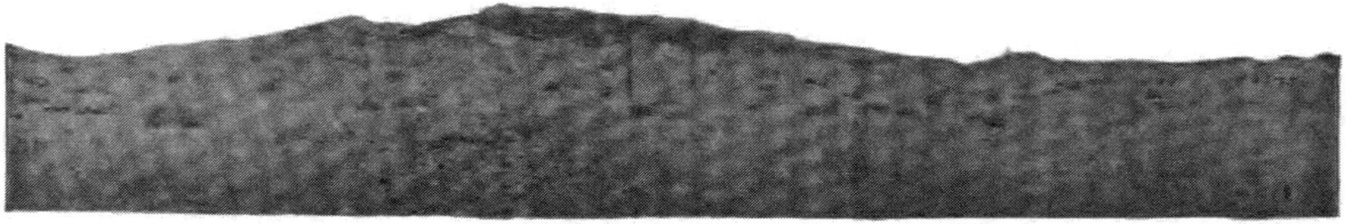

Burgfelsen vom Stadtgebiet aus.

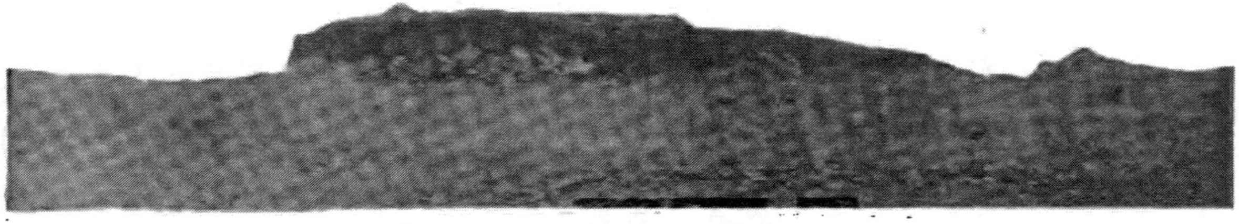

Burgfelsen von der grossen Ruine aus.

Die Stadt vom Burgfelsen aus.

Ibn Sa'd (1) : nahe bei Aila, ihre Einwohner waren zur Zeit des Propheten Juden, wie auch die von Aḏruḥ und Ǵarbâ(2). Dagegen hatte Aila christliche Bevölkerung. Nach Ibn Sa'd «König» von Aila war zu Muhammeds Zeit يحنة بن روبة (ist Rûba syrisch oder der arabische Name des Dichters رؤبة بن العجاج † A. H. 145; auch Ja'qûbi 341 schreibt den Namen رُؤبة, nennt den Mann aber رؤبة بن يحنة). In dem Schutzbrief für Aila wurde der Schutz zugesagt «für die Schiffe und Karawanen zu Land und zur See, auch für die Syrer und Jemener sowie die (fremden ?) Seeleute اهل البحر». Aila scheint also damals trotz seiner sehr ungünstigen Hafenverhältnisse — nur im April und Mai ist das Meer einigermaassen ruhig — die Rolle von Leuke Kome gespielt zu haben. Uebrigens lebt der alte Name heute noch: in Midian wird der Nordwind Aili genannt (Burton, *Land of Midian* I, 197).

Αγκαλη ist das 10 engl. Meilen südlich von Aila an der Küste gelegene حقل. Die ناحية حقل, die Bekri als من ساحل تيما angiebt, müsste ein anderer Ort sein, wenn nicht die ganze Angabe auf Irrthum beruht. (3)

Μαδιαμα kann nur Midian, das heutige Maghâir Schu'aib sein. Eigenthümlich ist die Schreibung mit μ wie auch in der LXX Μαδιαμ (χωρα, γη, πολις), aber Μαδιανη und das Volk Μαδια(η)νιται und Μαδια(η)ναιοι. Josephus(4) schreibt Μαδιηνη. Fraglich ist, was Ptolemäus mit dem Küstenort Μοδιανα meint; ob das wirklich ein anderer Ort oder nicht am Ende eine Verwechslung mit Μαδιαν ist(1)? Uebrigens zeigt die andere Lesart Μοδουνα, dass die überlieferte Namensform ziemlich unsicher ist. Nach Bekri (5) hat es noch ein zweites مدين in der Gegend von Medina gegeben.

---

(1) *Ibid.* no. 44.

(2) Bei Balâḏuri p. ٥٦ hat جربا den Artikel.

(3) Muqaddasi nennt p. 83 الحوراء als ساحل خيبر, was richtig ist. Chaibar und Taima liegen so nahe beisammen, dass sie gewiss denselben Hafen gehabt haben.

(4) *Arch.* I, 6, 1.

(5) P. 517.

Σοακα ist das vielgenannte شراق, dessen Ruinen von Burton aufgefunden sind (s. o.). Dicht dabei, ca. 10 km. weiter südlich, liegt das ebenfalls häufig genannte شغب, das seinerseits wieder mit بدا (Jakut قرية بدا وهى قرية يعقوب) zusammengenannt wird (1). Die alte ägyptische Pilgerstrasse führte von Aila über Schaghab und Bada nach Medina. (2) Bada ist wohl sicher das Βαδαις von Ptolemäus und Βαδεως des Stephan Byzant., das dieser eine Stadt nennt und an die Küste des Rothen Meeres versetzt. Die Hafenstadt war vielmehr عونيد, das heutige Demêgha (3). Auch Bada ist von Burton aufgefunden worden, ca. 50 engl. Meilen östlich von Demêgha.

An Küstenplätzen nennt Ptolemäus ausser dem aufgeführten unsicheren Μοδιανα

Ονη, zweifelsohne das mittelalterliche عينونا (4), عينون oder بيت عينون des Ibn Sa'd (5) und Balâḏuri p. 129, zusammengenannt mit حجرى als zum byzantinischen Reich gehörig. Der Name hat sich an der 'Ainûna-bucht, dem nördlichsten Hafen der Midianküste erhalten.

Betreffs der anderen Küstenplätze Ιππος κωμη und Φοινικων κωμη enthalte ich mich des Versuches, sie mit einem der heutigen fünf Hafenplätze: Muêliḥ, Ḍiba (ضبة), Weǵh und Ḥaurâ zu identificiren. (6) Zudem sind Ptolemäus' Angaben hier sicher ungenau: hinter Φοινικων κωμη bringt er Ραυναθου κωμη, womit nur das heutige Ṭôr auf der Westseite des Sinai ge-

(1) Bekri p. 143.

(2) Muqaddasi p. 110, der Aila ويلة schreibt; Ibn Churdadbeh p. 191; Ja'qûbi.

(3) Uebrigens hat sich der alte Name عونيد noch erhalten in dem gleichnamigen Wadi, südlich von dem Orte.

(4) Ja'qûbi (der von Gold fabelt!) Muqaddasi 29 nennt es eine zu Aila gehörige Stadt.

(5) Wellhausen IV, no 126.

(6) Sprengers (*Alte Geographie von Arabien* 64 ff) Aufstellungen sind nicht zu halten.

meint sein kann. (1) Gleich darauf folgt hinter dem Χερσοννησος ακρα = offenbar der Südspitze der Sinaihalbinsel Ιαμβια κωμη = ينبع, womit ursprünglich der quellenreiche Binnenort ينبع النخل bezeichnet war.

Auffallender Weise nennt Ptolemäus nicht den südlichen Hafen des Nabatäerreiches Λευκη κωμη, das bei den Arabern ebenso الحوراء heisst (2). Auch der griechische Name scheint sich bei den Arabern erhalten zu haben : Bekri s. v. bringt zwei Traditionen, nach denen ein Ort الأَيْكة zwischen Madian - Schaghab und an der Küste auf dem Wege nach Madian gelegen habe (3). Von Ibn Churdadbeh und Muqaddasi wird Ḥaura in ihren Routiers von Aegypten nach Mekka nicht genannt; Ja'qûbi wieder giebt es :

Ibn Churdadbeh :	Muqaddasi	Ja'qûbi
ظُلبة (Ḍiba)	1 ظَبَة	ظُلبه
عونيد	2 العونيد	
الوجه	3 الرحبه (Fehler für الوجه)	الوجه
منخوس	4 مُنخوس	مُنخوس
البحره	5 البحيرة	
الاحسا	6 الاحسا	
ينبع	7 الشُرة	الحورا
	8 الجار	الجار
	9 بدر	

(1) Ραιθα des Ptolemäus hat sich als Name der Westküste der Sinaihalbinsel bis Hamadâni (*Ġaz. al'arab* ٤٧) erhalten : خليج ايلة وساحل راية حتى بلغ قلزم مصر

(2) = « Weissdorf ». Bekri : الحوراء فرضة تلقا ينبع ترفا اليها السفن من مصر .

(3) روايتين احداهما ان الايكه من مدين الي شغب وبدا والثانيه انها من ساحل البحر الى مدين . . .

Mit dem الايكة des Koran wird aber wohl Midian gemeint sein, Baiḍaui zu Sure 15, 78 erklärt es mit الغيضه.

IV

QAṢR ʿAMRA.

Als Ausgangspunkt für den Ausflug (1) nach Qaṣr ʿAmra wählte ich el Meschetta resp. die dicht dabei gelegene Station Ǵîzeh der Ḥiǵâzbahn, das Centrum der Balqa und der Hauptsitz des Stammes der Beni Ṣachr für einen grossen Theil des Jahres. Ǵîzeh جيزه ist die moderne türkische Aussprache und Schreibung des alten زيزا, die moderne arabische Aussprache ist Zîzije. Seit Brünnows Besuch (2) hat das Ruinenstädtchen stark gelitten, da es den italienischen Bauunternehmern an der Ḥiǵâzbahn für Brücken- und Wasserdurchlassbauten bequemes Material lieferte. Das grosse Waṣserreservoir neben der mittelalterlichen Festung ist von dem Erbauer der Bahn, Hrn. Meissner, reparirt und gereinigt worden, allerdings noch nicht bis auf den Grund. An der tiefsten Stelle der Ebene gelegen wurde es im Frühjahr 1906, wo allerdings die Regenfälle sehr reichlich waren, in nur drei Stunden gefüllt (3). Zum Schutz gegen die Beni Ṣachr, die es 1905 mit ihren ungeheuren Kamelheerden in drei Tagen geleert hatten, war eine kleine Wache postirt, die vollauf genügte, die Beduinen fern zu halten. Etwa 3 km. westlich davon nach Ǵelûl zu befindet sich Zuêzije, «klein Ziza», mit unbedeutenden Ruinenhaufen und einigen Brunnen. Die Getreidefelder von Ǵelûl waren schon bis auf ca. 2 km. herangeschoben worden, und mit Bangen sahen die Beni Ṣachr der hoffentlich nicht fernen Zukunft entgegen, in der sie aus dem alten Culturlande der Balqa ganz hinausgedrängt werden. (4)

---

(1) Ich bemerke ausdrücklich, dass ich diesen Besuch von ʿAmra *vor* der Publikation von Musils Karten und seines Reisewerkes wie des grossen Werkes über ʿAmra ausgeführt habe.

(2) *Provincia Arabia* II, 91 ff.

(3) Es ist die Gegend, von der Kuṯeijirs Verse (bei Brünnow II, 172, 173) über die reichlichen Regengüsse handeln.

(4) Im Norden hatte sich der Getreideanbau bis etwa 2 km. südlich von Lubʾn ausgedehnt.

Das gegenwärtige Oberhaupt des Stammes ist nach dem Tode des alten Schêch Ṭallâl sein jüngerer Bruder Fauâz (von seinen Leuten gesprochen Fuâz), ein im allgemeinen recht verständiger Mann in den besten Jahren; seinen Leuten gegenüber, die sich oft recht beduinisch flegelhaft benahmen, hatte er freilich wenig Autorität. Er klagte, das käme daher, dass Nâẓim Pascha, der berühmte Wali von Damaskus, wohl einer der bedeutendsten Männer des türkischen Reiches, seinen Stamm steuerpflichtig gemacht habe. Durch Nâẓims Einfluss waren auch die alten Stammesfehden zwischen den Beni Ṣachr und den Raualastämmen, zumal den Beni Scha'lân, beigelegt worden. Leider hat seine sehr zu bedauernde vorzeitige Abberufung Nâẓim verhindert, das Verhältniss zu den aller Ordnung abgeneigten Haurandrusen zu ordnen.

Durch die früheren Besucher von Qaṣr 'Amra waren die Beni Ṣachr schon etwas verwöhnt worden und verlangten für Stellung von Reitthieren und Führern Preise, die weit über die landesüblichen hinausgingen und nicht ohne Mühe reduzirt werden konnten.

Der endliche Aufbruch wurde schliesslich noch verzögert durch die Verhandlungen über die Sühnung eines unabsichtlichen Totschlages im Stamme. Der Totschläger selbst war dabei nicht anwesend, sondern hielt sich bis zum Abschluss der Verhandlungen versteckt. Als Sühne (dîje) wurden verlangt: 300 Meǵîdithaler (= ca. 1275 frs), 50 Kamelstuten (à 200 frs), 2 Reitkamele, 2 Stuten (à mindestens 50) und 2 Martinigewehre (à 6). Gezahlt wurden schliesslich 100 (?) Meǵîdi, 55 Kamele, 1 Reitkamel, 1 Stute und 1 Gewehr (1).

(1) Es ist merkwürdig, wie in der kurzen Zeit von wenig mehr als zwei Jahrzehnten die Jahrtausende alte Nationalwaffe der Beduinen, die Lanze, durch das europäische Gewehr fast ganz verdrängt werden konnte; ich zählte in dem grossen Lager der Beni Ṣachr kaum noch ein halbes Dutzend Lanzen. Die ausrangirten europäischen Militärgewehre, zumal das beliebte Martinigewehr, aber auch Gras-und Repetirmodelle, werden den Beduinen auf verschiedenen Wegen zugeführt. Schlecht gehalten sind sie aber in ihren Händen im allgemeinen eine wenig gefährliche Waffe, zumal da auch die Munition theils wegen ihres Alters, theils infolge ihrer schlechten Anfertigung im Lande selbst von sehr geringwerthiger Qualität ist. Selbst ein besserer Schütze, als die Beduinen im allgemeinen sind, würde mit solchen Schiesswaffen keine grossen Leistungen aufweisen können. Die türkischen Behörden regen sich deshalb über die « moderne » Bewaffnung der Beduinen nicht sonderlich auf.

Die mir aufgedrängte Begleitmannschaft von 15 Mann, darunter einige halbwüchsige Jungen, die aber für voll zählten und bezahlt wurden, war wirklich nicht nothwendig, machte aber viel Spass mit ihrer Renommisterei und Feigheit; die Furcht vor den Hauranḍrusen sass ihnen ersichtlich tief in den Gliedern.

Die Ebene von Meschetta wird im O von einem etwa 40 m. höheren Höhenzuge (775 m.) namens Lesêjîn abgeschlossen, den wir in 1/2 Stunde von Meschetta erreichten. Eine Viertelstunde später zeigte sich in ihm eine nach NW verlaufende Einsenkung, Wadi el Meṭobbe, das etwa 1 km. links vom Wege ein Mauerwerk aus behauenen Steinen enthielt, offenbar ein Stauwerk, um das Regenwasser aufzufangen. Bevor wir von dem Höhenzuge in die Ebene el Ǵenâb hinabstiegen, wurde von den Beduinen grosser Kriegsrath gehalten mit dem Resultat, dass es gerathener sei, nach dem hochgelegenen Muoggar الموقر im Norden abzubiegen, da man von dort weite Aussicht nach O und NO hat. Auf dem Marsche dorthin passirten wir auf einer Höhe die Reste eines alten Wachtthurms eḏ Ḏeheibe; von hier war Meschetta in S 71° W, Zîzije in S 73° W sichtbar.

Zu der detaillirten Beschreibung von el Muoggar bei Brünnow (1) möchte ich nur anmerken, dass die Stadt trotz der Ausdehnung ihrer Ruinen nur klein gewesen sein kann. Die Schwierigkeit der Wasserversorgung nöthigte bei dem Mangel an Quellen zur Anlage grosser Reservoirs und zahlreicher Cisternen, die sich besonders im Centrum und an der Südseite des Ruinenfeldes finden, und von denen einige noch im Juni Wasser hatten. Das Ruinenfeld liegt mit Ausnahme der grossen Bauten in einer Terrainsenkung, die nach SO offen ist. Vor Einbruch der Nacht wurden auf den umgebenden Höhen Vorposten aufgestellt und das Lager in der Senkung aufgeschlagen, wo auch die Kamele zusammengetrieben wurden. Nach kaum einer Stunde fielen bei den Vorposten einige Schüsse, denen rasch ein wahnsinniges Schnellfeuer folgte. Mit ungeheurem Tumult jagten die Beduinen über Stock und Stein ohne Rücksicht auf die offnen Brunnenlöcher nach der Richtung, wo geschossen wurde. Auffallend war

(1) *Provincia Arabia* II, 182 ff.

bei der Schiesserei, dass sie nur von unserer Seite ausging und von dem
Feinde nicht erwidert wurde; wenigstens hörte ich keine Kugeln von dort
kommen. Nach etwa 10 Minuten verstummte das Feuer, und unter gros-
ssem Geschrei wurde der besiegte Feind herbeigeschleppt in Gestalt eines
armen Scheráribeduinen, der mit seinem Kamel durch das Lagerfeuer an-
gezogen worden war. Am nächsten Morgen wurde er freigelassen, ver-
schwand jedoch erst, als er den Sattelgurt eines Pferdes «sekretirt» hatte;
sein Kamel wurde aber als gute Beute zurückbehalten und von Schêch
Fauâz seinem Gefolgsmann Ḥamdân, einem zugelaufenen ʻAnezi, geschenkt.

Ich erwähne diese Episode nur, um die Feigheit der Beni Ṣachr zu
kennzeichnen; da sínd doch die ʻAneze und namentlich die Schammar und
Muntefiq in Mesopotamien andre Leute. Kein Wunder, dass die Haurandrusen bei den «Felssöhnen» so gefürchtet sind und ihre Raubzüge immer
weiter nach Süden ausdehnen können. Im Herbst 1906 hat eine angeblich grosse Schlacht stattgefunden, in der die Beni Ṣachr gründlich
geschlagen worden sind.

Am nächsten Morgen (1) wurde die Ebene el Ġenâb von Schêch
Fauâz wohl eine Stunde lang mit meinem Zeissglase recognoscirt, bevor
man sich endlich in sie hinabwagte. Nach knapp einstündigem Marsch
zeigten sich mehrere ersichtlich alte Cisternen, ein Beweis, dass wir uns
auf einer antiken Strasse befanden. Unfern östlich hiervon liegt der Ursprung des langen Wadi, das die Ebene el Ġenâb durchzieht, an Charâne
vorbeifliesst und nach OSO in den Ḥamâd auf das Wadi Sirḥân zugeht (2).
Auf dem Marsche durch die noch leidlich grüne Ebene wurde mehrfach
Wild aufgestöbert. Mit anerkennenswerther Geschicklichkeit wussten einige der jüngeren Leute dié Trappen (ḥubârâ) lebendig zu fangen, indem
sie dieselben in Spiralen umritten und die offenbar wenig schlauen Thiere
mit der Hand griffen. Sie hatten die ungefähre Grösse eines nicht ganz

---

(1) Die Temperatur um 1³⁰ h war 10 1/2 C., in ʻAmra 24 Stunden später trotz nur
585 m. Höhe auch nicht mehr als 12°C.

(2) Die Höhengruppe östlich von Meschetta, dort Lesêjin (?), weiter in SO Benâje
Fâris genannt, bilden die Wasserscheide zwischen dem Ḥamâd- und dem Jordansystem.

ausgewachsenen Truthahns, ihre Farbe war in der Hauptsache gelblich, ihr Fleisch erwies sich als ausserordentlich wohlschmeckend. Ausser vereinzelten Hasen und zahlreichen Gazellen wurde am Ostrande der Ebene schliesslich noch eine Hyäne aufgejagt. Hier waren die Beduinen in ihrem Elemente. Die besten Delulreiter und die drei Pferdereiter (1) machten sich sofort an die Verfolgung. Aber obwohl die ersteren mit einer Geschwindigkeit trabten, dass der Staub hinter den weitausgreifenden Thieren hoch aufwirbelte, blieben sie doch bald hinter den Pferdereitern zurück. Diese in voller Carriere dahinjagend und schiessend blieben der Hyäne dicht auf den Fersen; es dauerte aber ziemlich lange, bis diese durch eine zufällig besser treffende Kugel zur Strecke gebracht wurde. Schêch Fauâz war der glückliche Schütze, und die Lobsprüche zu seiner Leistung thaten ihm ersichtlich wohl. Die Hyäne war ein grosses, am Kopf fast 1 m. hohes Thier von schmutzig gelber Farbe und mit dunklen Querstreifen. In Charâne wurde das leckere Wild zerlegt, sans façon in das landesübliche Feuer gelegt und die aussen verkohlten, sonst aber noch blutigen Stücke mit grossem Behagen verzehrt. Als ich dankend ablehnte, an dem Festmahl theilzunehmen, genirte sich auch Fauâz.

Die Ebene el Ǵenâb wurde in O 15 S nach knapp 6 Stunden durchquert; sie wird im Osten abgeschlossen durch ein steriles Kies- und Feuersteinplateau, das durchschnittlich 20—30 m. höher ist als die sich nach Osten rasch senkende Ebene. Auf seinem Südrande steht das Schloss el Charâne. Das hier 8—10 m. breite Wadi, zum Theil bedeckt mit Vegetation, läuft in OSO Richtung weiter zum Wadi el Ghadaf, und dieses ergiesst sich in das Wadi Sirḥân.

In rund siebenstündigem Marsche von Muoggar, also nach ca. 35 km., wurde Charâne erreicht.

---

(1) Eines von diesen Pferden hatte eine alte eiternde Schusswunde in der rechten Schulter, machte aber die Jagd gut mit Die Pferde der Beni Ṣachr sind viel grösser und kräftiger gebaut als die kleinen ponyartigen Thiere der 'Anezestämme; es ist anscheinend eine andere Rasse. Vielleicht hat auch die bessere Nahrung in der fruchtbaren Balqa ihren Antheil daran. Die Stute, die Scheich Fauâz ritt, war mit 12 Jahren nach arabischen Begriffen schon alt, aber noch sehr leistungsfähig.

Charâne

1. Thor von il Charâne. 2. Das Staatszimmer.

Auf den ersten Blick macht die Burg keinen sonderlich alten Eindruck, sondern scheint eher ein gewöhnlicher mittelalterlicher Festungsbau zu sein (1). Sowohl die Gestalt wie die Anlage des Baues, sodann die sehr mässige Qualität des Baumaterials, schlecht behauene Kalksteinblöcke und roher Mörtel, die in recht nachlässiger Weise verbunden sind, sind Charâne gemein mit vielen derartigen Bauten der späteren Zeit, zumal mit den Chanen und Qal'as an den grossen Heerstrassen Syriens und Palästinas.

Der Bau ist quadratisch, ca. 35 m. lang und breit; an den Ecken steht ein vorspringender runder Thurm, ebenso je einer in der Mitte jeder Seite, sie dienten aber nicht zur Vertheidigung, sondern einfach als Stützpfeiler. Für die detaillirte Beschreibung des Schlosses kann ich auf Musil (2) verweisen, nur möchte ich dazu bemerken, dass die dort gegebene schematische Ansicht nicht ganz mit meiner Photographie stimmt, z. B. die Anordnung der Fenster. Ob der Bau Zinnen gehabt hat, lässt sich nicht beweisen.

Der Anblick der fünf senkrechten Streifen mit spätsyrischen Blattornamenten hoch oberhalb des monumentalen Portalbaues zeigt, dass die Aehnlichkeit des Baues mit mittelalterlichen nur eine scheinbare ist. Betritt man das Innere, so mehren sich die Beweise dafür, dass Charâne aus einer viel älteren Zeit herstammen muss. Zwar zeigt das Erdgeschoss nichts auffallendes: um einen quadratischen Hof herum sind wie in jenen mittelalterlichen Bauten ziemlich gleich grosse, meist dunkle Räume gruppirt, die wohl als Stallungen und Magazine gedient haben. In der rechten und linken Ecke des Hofes führen Treppen mit auffallend niedrigen Stufen in das obere Stockwerk. Die Anlage der Zimmer ist auf beiden Seiten die gleiche. Zunächst gelangt man in ein kleineres Zimmer, neben dem, aber ohne Zugang von ihm, ein zweites liegt.

(1) Diesen Eindruck hat Charâne auch auf Musil gemacht. Er schreibt in seinem ersten Bericht über Quṣejr 'Amra (*Wiener Akademie* CXLIV, 1902, p. 19): « Die ganze Anlage erinnert an die Festungen entlang der Pilgerstrasse und stammt sicher aus der Zeit nach dem 12. Jahrhundert ». Auch Brünnow (*Wien. Zeitschrift* XXI, 286) meint, dass es « wegen seiner Kastellanlage und der roheren Bauart vielleicht in muhammedanische Zeit zu setzen sei ».

(2) *Moab* I, 297.

Aus dem ersteren kommt man in ein weites saalartiges Gemach, das die ganze Breite des Flügels einnimmt. Von diesem führt eine Thür in das zweite der beiden kleineren Zimmer. In diesem standen in eine dunkle Ecke gelehnt zwei in Leinentücher wie Mumien fest eingewickelte Leichen. Da sie längst ausgetrocknet waren, so müssen sie schon vor längerer Zeit hingestellt sein. Von den Beduinen war keine Auskunft zu erhalten, weshalb diese Art der Bestattung gewählt war, während doch ein leidlich besetzter Begräbnisplatz dicht an der NW Seite des Schlosses liegt.

In der linken Ecke des grossen Zimmers ist die Verbindungsthür zu den folgenden zwei kleineren. Ueber der Thür wölbt sich ein gewöhnlicher Rundbogen. Rechts von der Thür ist auf der Stuckwand in schwarzer Farbe eine altarabische (1) Inschrift, deren oberer Theil grösstentheils verwischt ist. Es war mir nicht einmal möglich, die Anzahl der Zeilen festzustellen, es mögen etwa zehn sein. Was ich erkennen konnte, waren nur die drei letzten :

قال امير امير

وكتب عبد الملك بن عبيد يوم

الاثنين لثلث بقين من المحرم ؟ من سنة اثنين وتسعين

Ueber die Form der Buchstaben bemerke ich, dass sie dieselbe ist wie in den Inschriften von Antinoë von A. H. 117 (2). Nur das Wort بقين hat Consonantpunkte in Form von Strichen, und ق hat diesen Punkt unterhalb.

Aus der Inschrift geht nun hervor, dass Charâne im Muḥarram 92 A. H. = November 710 A. D. schon existirt hat. Sollte es gelingen, den oberen Theil der Inschrift zu lesen, so werden wir vielleicht auch die näheren Umstände erfahren, unter denen sie gemacht wurde. Ich möchte nur erinnern, dass der Chalif Walîd II im J. 91 die Wallfahrt machte. Wenn er Anfang 92 die Rückreise antrat, dann kann er Ende Muḥarram

(1) Sie muss schon früher bemerkt worden sein, wenigstens stand rechts daneben mit Bleistift eine XIV geschrieben. Leider hatte ich weder einen Stativapparat noch Pauspapier bei mir ; die Photographie, die ich mit dem Handapparat machte, giebt die Inschrift nicht so wieder, dass ich sie danach hätte reproduciren können,

(2) S. meine *Arab. Palæography*, Taf. 107-110.

92 nach Syrien zurückgekommen sein. Es wäre möglich, dass er in Charâne abgestiegen ist und ʻAbd el Malik b. ʻUbaid, der Urheber der Inschrift, ein Mitglied seines Gefolges war. Ueber die Wallfahrt geben die Historiker keine nähere Auskunft (1), nur der Aufenthalt in Medina wird eingehend geschildert.

In dem darauf folgenden Zimmer befindet sich etwa 1/2 m. unterhalb der Decke ein umlaufendes Gesims, auf dem runde Ornamentstücke von 44 cm. Durchmesser aus grobem Stuck stehen. Die einen zeigen ein stilisirtes Blumenornament sassanidischen Stiles, die anderen ein spätsyrisches Blattornament.

In den Zimmern an der Südostseite, welche die gleiche Anlage haben, waren weder Ornamente noch Inschriften zu bemerken. In einem davon befindet sich ein Balken von einer Pinienart, dem einzigen Holzstück, das ich im ganzen Bau bemerkt habe.

Die Wasserversorgung des Schlosses muss einige Schwierigkeiten bereitet haben, selbst wenn es auch nur zeitweise bewohnt war. In der NW Ecke des Hofes liegt eine nun verschüttete Cisterne, die das Regenwasser des flachen Daches sammelte, eine Art der Wasserversorgung, wie sie noch jetzt in grossen Städten wie Jerusalem und Aleppo nothwendig ist. In dem nahen Wadi waren zwar keinerlei Anlagen, Stauwerk, Brunnen etc. zu sehen; immerhin aber ist es wahrscheinlich, dass wenigstens letztere existirt haben und nur zugeschwemmt sind. Dass heftige « sêl » noch jetzt den Flusslauf herabkommen, war deutlich sichtbar; war doch der Winter 1905/06 sehr regenreich gewesen. Die Beduinen meinten sogar, dass bei einem lange anhaltenden Regen das Wasser bis in das Wadi Sirḥân gelange (?).

Meine beschränkte Zeit erlaubte mir nur einen kurzen Aufenthalt in Charâne. Schon nach zwei Stunden musste der Weitermarsch angetreten werden. In O 20 N Richtung ging es über das sterile, mit glänzend schwarzen Kieseln bedeckte Plateau, nach 25 Minuten wurde ein breites Wadi erreicht, das nach SO abfliesst und noch immer einige Vegetation

---

(1) Ṭabari I, 1232 ff; Ibn al Aṯîr (ed. Tornberg) IV, 438.

aufwies. Auf einem deutlichen, wahrscheinlich alten Pfade wurde dann das Plateau weiter durchquert. Nach 5/4 stündigem Marsch von Charâne begann der Abstieg über die flachen Kiesabhänge nach NO. Das Panorama, das sich nun entrollte, war wirklich grossartig. Nach N und O dehnte sich die nordarabische Steppe als eine ebene, dunkle Fläche aus. Fern in NO erhob sich darüber ein niedriger, langgestreckter, dunkler Streifen, die Ḥarrat el 'auênid. Im N erschien von W nach O gehend eine grosse schwarze Linie, die sich bald als eine Reihe von Bäumen entpuppte, zwischen ihnen ein heller gelblicher Fleck, Qaṣr 'Amra. Am fernen Horizont im N ragten einige dunkle Bergspitzen, Vulkanhügel des südlichen Hauran, über der endlosen Fläche hervor.

Nachdem wir in die Ebene hinabgestiegen waren, ohne dass weit und breit etwas verdächtiges sichtbar geworden wäre, ging es nunmehr, die Pferdereiter voran, in schnellem Tempo auf 'Amra zu. Nach im ganzen 2 1/2 stündigem Ritt von Charâne kamen wir an der Ruine an.

Ich muss gestehen, mein erstes Gefühl bei ihrem Anblick war das der Enttäuschung. Dass ein Bau von nur 12 m. Länge Kunstleistungen von epochemachender Bedeutung enthalten sollte, wollte mir nicht einleuchten. Die Enttäuschuug kam vielleicht auch daher, dass die Erwartungen zu hoch gespannt waren. Zumal von den Farben der Bilder war wenig zu sehen, nur in dem kleinen Kuppelraum links vom Hauptsaal waren sie wieder stark nachgedunkelt, und in den meist schlecht beleuchteten, engen Räumen gebraucht man längere Zeit, die Darstellungen einigermassen zu erkennen. Schliesslich kam es mir auch vor, als ob die Zerstörung durch die Hand der Beduinen anscheinend in der letzten Zeit schnelle Fortschritte gemacht habe. Wie ganz frische Spuren bewiesen, bemühten sich die beduinischen Besucher, deren Aufmerksamkeit nunmehr geweckt ist, sie mit Steinen zu zerstören.

Was den künstlerischen Werth der Bilder anlangt, so ist es für einen Nichtfachmann misslich, darüber ein Urtheil zu äussern. Ich kann nur sagen, die Bilder machten mir durchaus den Eindruck, als ob sie von einem einheimischen, vielleicht Damascener Maler herrühren, der bei einem griechischen Meister in die Schule gegangen ist, und erinnerten

Qaṣr ʿAmra

1. Qaṣr ʿAmra von Nord-West. 2. Fresken. 3. Arabisches Graffito in Kufischer Schrift.

mich mutatis mutandis einigermassen an die Fresken der alten Kirchen der Damascener.

Zu der eingehenden Beschreibung des Baues, die der Entdecker Hr. Musil von seinen wiederholten Besuchen mitgebracht hat, habe ich nichts wesentliches hinzuzufügen. Ich möchte nur hervorheben, dass ich die für die Zeitbestimmung entscheidende zweisprachige Inschrift nicht gesehen habe (1). Von sonstigen Inschriften habe ich nur ein arabisches Graffito in kufischer Schrift rechts von der Thür bemerkt, das von einem Besucher des fünften Jahrhunderts d. H. herrührt (s. Taf. VI, 3) (2):

ب . وطا نعيمك
ولا زلت منشيا و . . . عا
يذرك وكتب وهيب ؟
حـــفـــظه ربه

Ueber den Rückritt kann ich mich kurz fassen. Dem Oberlauf des Wadi el buṭm in westlicher Richtung folgend kamen wir allmählich auf das sterile Plateau (rund 660 m. hoch ü. M.) das sich nach N ganz allmählich zu der grossen Ebene senkt. Nach zweistündigem Marsche wurde in N ein W-O laufendes Wadi, kenntlich an einer Reihe Bäume (Buṭm?), sichtbar. Ausser einigen Hasen und zwei in der Paarung begriffenen Schlangen war die Steppe leblos. Nach 2 3/4 Stunden erblickten wir links, etwa 3 km. entfernt, Charâne. Eine halbe Stunde später erreichten wir den Westrand des hier etwa 20 m. über der Ebene sich erhebenden Plateaus. Auf einer vorspringenden Spitze lag ein jetzt verfallener Thurm, daneben eine verschüttete Cisterne; von hier liegt Charâne in S 40° O, Muoggar W 10° S und ʿAmra in etwa O-Richtung. Dann ging es in die Ebene el Ǵenâb hinab auf die weithin sichtbare Ruine el Geṣêr (قُصَيْر) zu, an deren Fusse sich Wasser finden sollte. Etwa 3 km. westlich von der

(1) Bekanntlich wird sie von Musil in seinem *Bericht* an die Wiener Akademie nicht erwähnt.

(2) Ein ähnliches Graffito werden die arabischen Buchstaben sein, die auf einer der beiden weiblichen Statuen aus Meschetta stehen; sie bedeuten wohl السيده (؟ الست) oder البلت.

Thurmruine befand sich die Wasserstelle « Meschâsch », in dem Bett eines kleinen Wadi. Das Loch wurde von den Beduinen bis auf ca. 2 m. Tiefe mit den Händen ausgegraben, bis sich das rothgelbe Schlammwasser zeigte. Es wurde auf die « rauje » راوية ein grosses rundes Lederstück, das sonst als Tisch diente, gegossen, von den Kamelen aber trotz ihres Durstes erst nach einigem Widerstreben genommen. Das Wadi endigt kurz unterhalb dieser Stelle in einer flachen Vertiefung, ergiesst sich also nicht in das Wadi el Charâne. Während die Kamele getränkt wurden, besuchte ich die Ruine, die 880 Schritt N W von der Meschâsch liegt. Es ist ein quadratischer Bau von 29 Schritt Durchmesser aus grossen Kalksteinblöcken mit je 3 Zimmern an den Seiten, die sich nach dem jetzt verschütteten Innenhofe öffneten ; die Thür liegt an der Süd- (der dem Wadi zugewandten) Seite. Von Inschriften oder Ornamenten war nichts zu bemerken. Von hier war die Thurmruine in O 20° S, Charâne in S 56° O sichtbar ; Muoggar konnte ich wegen des Flimmerns der Luft nicht mehr erkennen.

Die Ruine liegt in einem von dem Wadi gebildeten rechten Winkel, in dessen Scheitel zwei Quermauern unter stumpfem Winkel zusammenstossen, eine N 20° O, die andere W 20° S, offenbar mit der Bestimmung das Wasser des Wadi aufzustauen ; in dem Bett selbst war die Mauer zerstört. Das Wadi hat an dieser Stelle steile Wände und etwa zwei Meter Tiefe. Etwa 50 Schritt oberhalb dieser Stelle wendet sich das Wadi wieder unter rechtem Winkel nach W und ist nach weiteren 200 Schritt oberhalb abermals von einer 1 m. dicken und ca. 100 m. langen Quermauer in grader Linie durchschnitten, die an beiden Enden Flügelmauern nach W entsendet, anscheinend um das aufgestaute Wasser am Ausfliessen in die Ebene zu verhindern. Unfern vom Nordende befindet sich ein gemauertes rechteckiges Bassin von 22 Schritt Länge (O—W) und 8 Schritt Breite, das nach innen eingebrochen ist, anscheinend unter dem Druck des Regenwassers, das von einer Hügelreihe dicht nördlich hiervon herunterkam. Um das Bassin herum, namentlich an der West - und Ostseite, befinden sich Beduinengräber, mit Steinen und Säulenresten gekennzeichnet, die aus der Ruine stammen. Als Name der Ruine gaben die Beduinen nur el Geṣêr an ; es ist wohl möglich, dass ein wirkliches nomen proprium dafür existirt.

Die Anlage ist offenbar römischen Ursprungs wie das östlich von 'Amra gelegene 'Auênid, und hatte wie dieses die Bestimmung, die grosse von Azraq über 'Amra und Muoggar nach 'Ammân führende Strasse zu sichern.

Nach 2 stündigem Aufenthalt ging es in W 20° 5 Richtung durch die Ebene el Ǵenâb weiter. 12[16] erreichten wir ihr Westende und begannen dann, die welligen Ostabhänge des Höhenzuges Lesêjin nach SW hinanzusteigen. In den tiefsten Falten dieser Abhänge waren hier und da noch kleine Wassertümpel und leidliche Vegetation. Eine Stunde später hatten wir das Hochplateau mit 830 m. erreicht. Die Temperatur betrug zwar nur 31° C, nichts destoweniger thaten unsere Beduinen sehr durstig und die *Ǵirbe* wanderte von Hand zu Hand. Als die Balqaebene sichtbar wurde, begannen unsere Beduinen, die bisher sehr kleinlaut gewesen waren, wieder aufzuleben und veranstalteten unter dem nöthigen Lärm ein Fantasiareiten mit dem üblichen Schiessen, wobei es ein Wunder blieb, dass in dem wüsten Durcheinander von den Schüssen niemand verletzt wurde. Wirklich anerkennenswerth war die Geschicklichkeit, mit der einige Reiter ihre ersichtlich wohl dressirten Thiere in der schärfsten Gangart, sogar Galopp, Bewegungen und Wendungen machen liessen. Als wir in schnellem Tempo in die Ebene von Meschetta hinabstiegen, hielten uns die Kamelhirten offenbar für Feinde und begannen eilig ihre Kamele zusammen zu treiben. Um 3 h erreichten wir Meschetta und 3/4 Stunden später die Station Ǵîzeh an der Hiǵâzbahn, nach genau 10 Stunden Ritt von 'Amra (1).

Ueber die Entstehungszeit.

Es ist nicht meine Absicht, in eine detaillirte Erörterung der bisher aufgestellten Ansichten über die Entstehungszeit dieser Bauten einzutreten; ich möchte nur einige Erwägungen zur Discussion stellen, die sich mir bei dem Besuch der Ruinen selbst aufgedrängt haben oder in

---

(1) Die Entfernung wäre demnach zwischen 50 und 55 Kilometer.

den bisherigen Arbeiten nicht genügend zur Sprache gekommen sind.

Bei aller Verschiedenheit in der Anlage dieser verschiedenen Bauten, Meschetta, Charâne, 'Amra, Ṭûbe und Ubair (1), wird man annehmen dürfen, dass sie aus ungefähr derselben Periode stammen. Denn dass in dieser immerhin abgelegenen Gegend, die wenig Lebensbedürfnisse liefern kann, in verschiedenen Zeiten Herrscher auf den Gedanken gekommen sein sollten, sich anzubauen, ist nicht recht wahrscheinlich. Bekanntlich schwanken die Ansichten zwischen Ghassaniden- und Abbasidenzeit. Dass es die letztere gewesen sei, ist trotz aller Mühe, die sich Karabacek um die Deutung der Inschriftenreste von 'Amra gegeben hat, einfach unmöglich (2). Nöldeke, Littmann und Brünnow (3) haben gezeigt, dass dieselben ganz anders gelesen werden müssen, wenn anders die bisher bekannt gegebenen Copien davon zuverlässig sind. Ferner ist es auch aus allgemeinen politischen Gründen kaum denkbar, dass ein Abbaside im Stammlande seiner Todfeinde sich ein nicht einmal vertheidigungsfähiges Lustschlösschen gebaut haben sollte. Ich möchte auch noch darauf aufmerksam machen, dass um die von Karabacek angenommene Bauzeit (850-860) es bereits einen scharf ausgeprägten abbasidischen Baustil und Ornamentik gegeben hat, wie die Bauten von Samarra und namentlich die aus der gleichen Zeit stammende Ṭulûn Moschee in Cairo zeigen, ein Stil, mit dem 'Amra nicht das geringste gemein hat. Für Charâne schliesslich wird die Annahme einer so späten Erbauungszeit durch die Inschrift von 92 A. H. unmöglich gemacht. Es bleibt demnach die Möglichkeit der ghassanidischen Zeit nur für Meschetta und Ṭûbe, wenn man von dem noch nicht erforschten Ubair absieht. Gegen die Annahme der ghassanidischen Zeit scheint mir nun auch die Grossartigkeit der ganzen Anlage zu sprechen,

---

(1) Ubair ist bisher nur von Wallin auf seiner ersten arabischen Reise besucht, aber nicht beschrieben worden. Seitdem Hamza von Isfahan als wenig zuverlässig erkannt worden ist, kann man mit der Notiz (p. 117), wonach der Ghassanide Ḥârit̲ b. Ǵabale zwischen (dem römischen Castell) Da'ǵân und Ubair eine مصنعة gebaut habe, nichts anfangen.

(2) *Quṣejr 'Amra* I, 213 ff.

(3) *Wien. Zeitschrift* XXI, 280. Die Arbeiten der beiden ersteren sind mir nicht zugänglich gewesen.

die ungeheure Mittel erfordert haben muss, zumal in einer Gegend, die auch von dem gewöhnlichen Baumaterial nur wenig liefern konnte, geschweige denn die Massen gebrannter Ziegel, die in Syrien, wo seit uralten Zeiten der Kalkstein das billigste und bequemste Baumaterial abgab, ein völliges novum waren und deren Herstellung und namentlich Transport grosse Kosten verursacht haben muss. Brünnow (1) sucht diese Schwierigkeit damit zu erklären, dass er annimmt, der von ihm angenommene Erbauer von Meschetta, der Ghassanide al Mundir, habe bei seinem Besuch am Hofe von Constantinopel 580 ausser kostbaren Geschenken, zumal einer Königskrone, auch grosse Geldsummen und selbst Werkleute erhalten. Obwohl aber die Geschenke, die er erhielt, fast einzeln aufgeführt werden, so ist von Geldsummen und Werkleuten keine Rede. Hätte er aber wirklich Werkleute, d. h. Architekten und Steinmetzen erhalten, wie sollten diese dazu gekommen sein, im *persischen* Kunststile zu arbeiten, der bei Meschetta nun einmal nicht wegzuleugnen ist, und früher der Hauptgrund war, den Bau der Sassanidenzeit zuzuweisen (2)?

All diese Schwierigkeiten erklären sich in ungezwungener Weise, wenn man die Entstehung in die omaijadische Zeit verlegt.

1. Nur die Herrscher eines Weltreiches verfügten über die Mittel zur Errichtung eines solchen kolossalen Prachtbaues wie Meschetta und seiner Copie Ṭûbe, die ihre Laune in einer Gegend entstehen liess, deren lokale Schwierigkeiten die Baukosten ins ungemessene steigern mussten.

2. Die Anwendung der Ziegel wie der persische Stil erklären sich bei der Annahme, dass Bauleute aus Mesopotamien den Bau geleitet haben. Grade dort befand sich der grossartigste Ziegelbau, der Chosroes Palast von Ctesiphon, der von jeher die Bewunderung der Araber (wie noch der modernen Architekten) erregt hat. Er kann mit seinen riesigen Tonnengewölben den Bauten von Meschetta und Ṭûbe wohl als Muster

---

(1) *Provincia Arabia* II, 175.

(2) Um diese Schwierigkeit zu erklären, nimmt Brünnow (*Provincia Arabia* II, 175) an, dass Mundir von seinem Zuge gegen Ḥîra 580 Beutestücke wie Teppiche und Metallgefässe mitgebracht habe, deren Ornamente für das Schloss (von griechischen Künstlern?) copirt wurden.

gedient haben (1). Ich möchte auch daran erinnern, dass der persische Stil selbst in die heilige Kunst der Omaijaden gedrungen ist: in den Ornamentleisten des von ca. 100 A. H. stammenden Korans der Vicekönigl. Bibliothek findet sich neben byzantinisch-koptischen Ornamenten das sassanische Palmetto (2).

3. Dass einige Herrscher der Omaijaden eifrige Bauherrn waren und mit Vorliebe in der بادية الشام, zumal in den Bezirken von al Azraq und al Ghadaf sich aufhielten, ist längst bekannt. Musil (3) hat die betreffende Litteratur aus dem *Kitâb al Aghânî* und den Historikern darüber zusammengestellt, zumal über den Chalifen Walîd II. Dieser, ein halber Beduine, hatte schon als Kronprinz die Steppe von Balqa zu seinem Wohnort erwählt, die er auch nur wenig verlassen zu haben scheint, als er Chalif geworden war. Mit dieser Vorliebe für die Wüste hat sich bei ihm eine wahre Bauwuth gepaart (4). Er unternahm nicht nur grosse Moscheenbauten; im J. 88 begann er den Bau der Moschee von Damaskus, wozu er sich byzantinische صناع Architekten verschrieb, und gleichzeitig den der Moschee von Medina, die 200 drâ' □ gross wurde. Als er im J. 91 nach Medina kam, galt sein erster Gang der Besichtigung der Moschee. Seine Bauwuth war neben der Vernachlässigung der Residenz einer der Hauptgründe der rasch wachsenden Unzufriedenheit. Charakteristisch ist, dass sein Nachfolger Jezîd III sich feierlich verpflichten

(1) Leider ist es mir nicht möglich gewesen, die genauen Masse der Ziegel von Ctesiphon zu erhalten, angeblich 50 : 50 : 11. Grosses Gewicht möchte ich auf diesen Punkt nicht legen, da die Ziegel von Meschetta und Ṭûbe selbst auffallend differiren: in Meschetta finden sich 28 : 28 : 7 und 21 : 21 : 7, in Ṭûbe ein Mittelmass 25 : 25 : 6, 3 (nach Musil).

(2) *Arabic Palaeography*, Taf. 2-5.

(3) *Quṣejr 'Amra* I, 180 ff. Eine ausführliche Würdigung dieser Omaijaden bereitet P. Lammens vor.

(4) Ein Analagon aus der neueren Zeit könnte der Chediwe 'Abbâs I bilden, der gleichfalls von einer beduinischen Mutter stammend seine Vorliebe für die Wüste und ihre Bewohner nie verleugnet hat. Auch er baute sich einen kolossalen Palast in der Wüste (zwischen Cairo und Suês), der zwar nie fertig geworden ist, aber doch von ihm bewohnt wurde. Nach seinem Tode verfiel der Palast schnell, doch sind noch ausgedehnte Ruinen unter dem Namen Dâr il bêḍâ vorhanden. Auch der jetzige Chediwe sowie einer seiner Verwandten haben sich in der gleichen Wüste Häuser gebaut.

musste, nicht der Bauwuth zu fröhnen wie sein Vorgänger علىّ ان لا اضع حجرًا على حجر ولا لبنة (1). Schwerlich aber kann es der Bau dieser Moscheen gewesen sein, der die Gemüther so erregt hat, sondern es müssen andere Bauten gewesen sein, Bauten, die den religiösen Sinn verletzten oder durch ihre Kostspieligkeit und Nutzlosigkeit eine Vergeudung des Staatsschatzes involvirten. Und thatsächlich sind der Andeutungen im *Kitâb al Aghânî* genug, dass Walîd Lusthäuser für sich und sein Gefolge in der Steppe der Balqa gebaut habe ; einmal ist sogar der Ausdruck دار gebraucht. Es wird schwer, sich dem Schluss zu widersetzen, dass diese Bauten nicht von ihm und vielleicht einem seiner Vorgänger herrühren sollten.

Auffallend ist, dass ein Theil dieser Orte von den Arabern (2) mit ihren Namen genannt werden : Muaqqar, Qasṭal, Zîzâ (3), Ubair und Azraq, dahingegen die andern nicht : Meschetta, Charâne, Ṭûbe, ‘Amra.

---

(1) Ibn al Aṭîr (Bûlâq) 5, 108.

(2) *Kitâb al Aghânî* und Historiker.

(3) In dem Verse Kuṭeijirs (bei Brünnow II, 172) ist von zwei Qasṭal die Rede. Das eine davon bezieht Brünnow auf das bekannte Qasṭal, das grosse römische Legionslager westlich von Meschetta, das nach ihm das alte Zîzâ gewesen sei. Allerdings sind die Ruinen des heutigen Zîzije (s. o.) nur die eines mässig grossen Ortes. Doch hat sicherlich eine römische Festung auch hier gestanden, vielleicht auf der Stelle der jetzigen mittelalterlichen, jedenfalls nicht weit davon. Denn nur für eine Festung kann das grosse, sicher römische Wasserreservoir von ca. 125: 110 m. angelegt worden sein, nicht für die Ortschaft die ihr Wasser aus den zahlreichen, noch jetzt vorhandenen Brunnen bezog. Sodann ist die Lage von Zîzâ auf einem Hügelrücken mit weiter Aussicht für ein castellum doch sehr geeignet.

Das zweite Qasṭal soll dann nach Brünnow Meschetta bezeichnet haben. Diese Identificirung ist mir aber sehr unwahrscheinlich. Der Hauptgrund, den Brünnow gegen das moderne Zîzâ vorbringt, dass es zu nahe an Qasṭal läge, gilt auch gegen Meschetta, das höchstens nur 1 km. weiter abliegt. Dann aber ist die Lage von Meschetta für eine Festung die denkbar ungeeignetste. Mitten in einer Ebene gelegen, hat es nach Süden und Westen nur beschränkte Aussicht, nach Ost fast keine und im Norden wird es von einem ca. 50 m. hohen Felszug dominirt. Ausserdem hat es weder Quellen, an denen die Balqa überhaupt sehr arm ist, noch ein grosses Wasserreservoir. Falls sich nicht in der Ebene im Süden Cisternenbauten auffinden lassen, muss man annehmen, dass die Bewohner des weiten Schlosses, in welchem keine Brunnen sind — Brünnow spricht nur von einem II, 144 — ihr Wasser aus den Höhlen und Cisternen jenes Felszuges im Norden bezogen

Meschetta ist höchst wahrscheinlich ein moderner Name, ich vermuthe مشتى « Winterlager » in beduinischer Aussprache, wie mderse für medrese, schibike oder ischbike für شبكة (Bekri, 159), schejára شجرة, gṣobe قصبة etc. Charâne dagegen hat im modernen Arabisch keine befriedigende Etymologie, die Wahrscheinlichkeit spricht also dafür, dass es ein älterer arabischer Name ist. Qaṣr el Ṭûbe oder, wie es die Beni Ṣachr nannten, Ṭûbt el Ghadaf, ist sicher modern. Bei ʻAmra kann man schwanken, die heutigen Beduinen betrachten das Wort als nomen proprium.

Musil (1) hat sich bemüht, aus der arabischen Litteratur nachzuweisen, dass ʻAmra gemeint sei an den Stellen, wo von dem Chalifen Walîd II erzählt wird, er habe sich im Wadi Ghadaf oder Aghdaf aufgehalten. Brünnow (2) hat zwar dagegen geltend gemacht, dass Ṭûbe nur zum kleinsten Theil fertig gebaut war und auch damals eine Ruine gebildet haben wird (?). Vielleicht aber ist der Name Ghadaf nicht auf den Wasserlauf zu beschränken, sondern auf das ganze Gebiet auszudehnen ; « er ging nach dem Wadi Ghadaf » würde dann heissen « zu seinem Schlosse resp. seinen Schlössern im W. Ghadaf ». Analogien zu diesem Sprachgebrauch anzuführen, ist wohl überflüssig. Dann wäre allerdings in erster Linie Qaṣr eṭ Ṭûbe gemeint ; sein unvollendeter Zustand wäre kein entscheidender Grund für seine Unbewohnbarkeit bei einem orientalischen, zumal halb beduinischen Fürsten, wie jene Omaijaden waren. Aber auch Charâne gehört zum Distrikt Ghadaf, und auf Charâne allein von all diesen Schlössern passt, wie schon Brünnow gesehen hat, die Geschichte von Walîd mit Asch'ab, wie der Chalife drohte ihn vom Dach in den in der Ecke des Hofes befindlichen Brunnen werfen zu lassen.

---

haben. Auf der höchsten Spitze des Berges befindet sich übrigens ein Beduinengrab, dessen Anlage charakteristisch ist für die Umwälzung in den Gebräuchen der modernen Beduinen : unter den Ausrüstungsstücken des hier begrabenen Kriegers, die in dem das Grab darstellenden Steinkreis niedergelegt sind, befinden sich nicht nur Zaumzeug und Steigbügel, sowie der Kamelstock, sondern namentlich eine Unmenge leerer Metallpatronenhülsen, die über den Boden zerstreut lagen.

In summa, trotz seiner festungsartigen Anlage kann Meschetta nie eine eigentliche Festung gewesen sein, sondern nur ein Palast.

(1) *Quṣejr ʻAmra* I, 156 ff.

(2) *Wiener Zeitschrift* XXI, 296.

Ruine Umm el Geṣêr zwischen ʿAmra und Meschetta.

Grêje. — Altarabische Graffiti.

Schliesslich kann auch ʻAmra noch immer zu dem Distrikt Ghadaf gerechnet werden.

Ist diese Ansicht vom Gebrauch des Namens Ghadaf richtig, so könnte die Nichterwähnung der Namen von Qaṣr el Ṭûbe, el Charâne und Qaṣr ʻAmra damit erklärt sein. Aber freilich nicht die von Meschetta, das weder zum Ghadaf-noch zum Azraqgebiet gerechnet werden darf und das allein ungenannt geblieben zu sein scheint, während die dicht dabei gelegenen Muaqqar, Qasṭal, Zîzâ, selbst das ferne Ubair zum Theil wiederholt erwähnt werden.

ANHANG

I

Arabische Inschriften an der syrischen Pilgerstrasse.

Die Qalʻa von Maʻân ist renovirt und trägt eine lange moderne Inschrift über der Thür. Ebenso ist die Qalʻa von el Mudauara renovirt, wenn auch nicht bedeutend ; doch ist dabei die alte Bauinschrift verschwunden. Heute liest man über der Thür nur قلعة المدورة سنة ١٣١٩.

In D̠ât el Ḥaǵǵ sind 2 Inschriften.

Die alte Bauinschrift ist bei der Renovirung pietätvoll erhalten geblieben und in die Wand links über dem Thor eingemauert worden. Sie ist in kleiner Reliefschrift ausgeführt, die auf dem weichen Sandstein z. Th. schon verwischt ist :

بسم الله الرحمن الرحيم
هذا . . . المعلم محمد الد(مشق؟
الفقير المعمار يحيى . . . فى سنة
احدى وسبعين وتسع ماية فى شهر صفر
المبارك وكان عمارتها فى اربعين يوم

Der Bau erfolgte also Sept./Oct. 1563 unter Sultan Suleiman I, wie das *Gihân Numa* angiebt p. ٥٣٩. Die Angabe über die Bauzeit wird wohl nicht buchstäblich zu nehmen sein.

Eine zweite Inschrift behandelt ihre Renovirung unter Sultan Abd ül Medjîd im Muḥaram 1266 = Nov./Dec. 1849 :

تجدد sic عمارة هذا sic
القلعه و . . . . . .
وعصره مولانا السلطان
عبد المجيد نصره الرب
المعين في ايام سعادة افندى
الحاج عثمان باشا وسعادة
السيد احمد اغا اليوسف (1)
كيلار امينى المفخم في محرم سنة ١٢٦٦

Tebûk.

Die Inschrift befindet sich über der Thür auf weissen Fayencetafeln türkischer Arbeit in blauen Buchstaben :

امر بتجديد وتعمير هذه القلعه المباركه
حضرة مولانا السلطان ابن السلطان
السلطان محمد خان ابن السلطان ابراهيم
خان ابن السلطان احمد خان . . . .
عثمان خلد الله ملكه [الى اخر] الزمان
وتشرف بمباشرة خدمتها العبد الفقير
الى الله تعالى محمد بن الثا . . . جى بدمشق
الشام غفر الله له في سنة اربع وستين والف

1064 = 1654 p. Chr.

---

(1) Vielleicht اليوسفى.

II

Verzeichniss von Beduinen Stammeszeichen.

A. Im Gebiet der Beni Ṣachr.

1.  بنو صخر 2.  شرارات 3.  بنو شعلان (1)

Von Leuten der Beni Ṣachr erhielt ich die Erklärung folgender Zeichen, mit denen die Wände der Ruinen in der Balqa, besonders Zîzije, Meschetta, Qaṣr ʻAmra bedeckt sind :

4.  سرحان

5.  العوازم

6.  شرارات

7.  الحازم

8.  oder  شمر بن رشيد

9. (2)  ابن رشيد

10. (3)  شمر

11.  ولد سليمان

12.  كواكبه (Kuâtchibe)

13.  جهامشه (gespr. Ǵehaûśe)

14. (4)  حويطات

15.  عمارات (5)

16.  سرديه

17.  oder  دهامشه

18.  حضير برزه (Ḥḍêr Birze)

19. 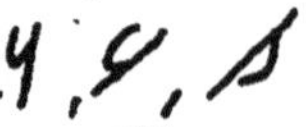 صليب (Ṣlêb)

20.  بنو هلال (?!)

---

(1) Diese drei wurden mir so von dem Schêch Fauâz der Beni Ṣachr aufgeschrieben.

(2) Das Privatwasm von Ibn Raschîd, s. Doughty II, 126.

(3) Bei Doughty das Zeichen des Ṭowwala (Welad Ali).

(4) Bei Doughty ganz verschieden.

(5) In Aegypten auch ʻEmârîn genannt.

Für folgende Zeichen (1) konnte ich keine Auskunft erhalten :

21.  23.  25.  27.  29. 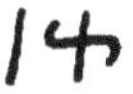 (2)

22.  24.  26.  28.  30.  (2)

B. Im Gebiet der Beni ʿAṭîje (3).

31. 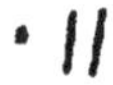 Beni ʿAṭîje (4)

32.  Beni Ṣachr (von den Beni ʿAṭîje fast nur Ṣuchûr genannt)

33.  oder  Scherârât

34. (5)  Lahâui

35.  oder  Ḥuêṭât

36.  Fuḥêgât (Theil der Ḥetêm)

37.  Ḥamâʿile (Theil der Beni ʿAṭîje ?)

C. Von einem Neǵdi wurden mir in Maṭarîje bei Cairo folgende mitgetheilt :

38.  دواسر 39.  ابن سعود 40  باطنيه

---

(1) Von Meschetta und Qalʿat Zîzîje ; es sind vielleicht keine Stammes- sondern nur Privatwasm.

(2) Diese beiden wurden mir von dem Schreiber des Schêch Fauâz aufgeschrieben als اهل الباديه !

(3) Meistens an den Randsteinen der Brunnen von ʿAijêne, (s. o.), auch von Grêje und an Felsen westlich von Bîr Ibn Hirmâs.

(4) Ihr Grossschêch Ḥarb hat das Privatwasm , mein Begleiter ʿEṭnân . Uebrigens ist das Zeichen sehr verschieden von dem bei Doughty l. l. gegebenen.

(5) Haben bei Doughty ein ganz anderes Zeichen.

INSCRIPTIONS D'ASIE MINEURE

(PONT, CAPPADOCE, CILICIE)

PAR LE P. G. DE JERPHANION, S. J. ET LE P. L. JALABERT, S. J.

Sous ce titre nous publions deux séries d'inscriptions grecques et latines recueillies dans les anciennes provinces de Pont, de Cappadoce et de Cilicie : la première (n°s 1 à 39) se compose de textes copiés par le P. de Jerphanion au cours d'un de ses derniers voyages, de Juillet à Septembre 1907 ; la seconde (n°s 40 et suiv.) comprend un groupe d'inscriptions, en majorité funéraires, qui m'avaient été communiquées par le R. P. Girard (1) en 1902 et que je n'avais pas eu l'occasion d'utiliser jusqu'ici. Au lieu de fondre en une seule ces deux collections de textes, suivant l'ordre strictement géographique, il m'a paru préférable de leur conserver leur indépendance et d'en former deux groupes parallèles : de la sorte, les indications topographiques, minutieusement notées par le P. de Jerphanion ne seront pas perdues dans les vagues renseignements fournis par les épigraphistes d'occasion qui ont communiqué leurs copies au P. Girard ; et puis, il sera plus facile de distinguer ainsi l'apport des deux collaborateurs qui me permettent d'enrichir de plus d'une soixantaine de textes nouveaux l'épigraphie de provinces déjà fécondes.

J'ai enregistré telles quelles les notes géographiques du P. de J., ainsi que les renseignements fournis par le P. G. ; ma part dans l'œuvre

---

(1) Au cours de sa vie de missionnaire, le P. Girard a recueilli avec beaucoup de zèle et de conscience de nombreuses inscriptions, particulièrement dans le Pont, qui ont été publiées par divers savants. Cf. *Rev. des Ét. Gr.*, 1902, p. 311-335 (p. 311, en note, liste des textes antérieurement communiqués par lui) ; 1904, p. 329-334.

commune se réduit aux essais de déchiffrement et aux quelques notes provisoires qu'il a paru bon d'ajouter aux textes les plus notables. Il était, en effet, bien superflu de songer à une publication définitive des textes pontiques : ils vont tous être repris dans un recueil général que publiera sous peu M. Cumont (1) et qui formera le troisième fascicule de ses *Studia Pontica*. Dans l'ensemble, ils prendront leur vraie valeur et tout leur intérêt et nous savons tous, pour en avoir fait plus d'une fois l'heureuse expérience, avec quelle ferme critique et quelle érudition, précise et abondante, M. Cumont remplit la tâche de l'épigraphiste.

Les textes de Cappadoce sont en majorité funéraires et presque tout leur intérêt réside dans les noms propres nouveaux, rares ou peu répandus que l'on y rencontre. Dans l'état d'infinie dissémination des inscriptions asiatiques, il est extrêmement difficile de s'assurer de l'inédit d'un texte ; il le serait davantage, si l'on voulait s'astreindre à noter combien de fois et dans quelles régions tel nom propre s'est déjà présenté. Mieux vaut ne pas se donner ce labeur qui serait superflu, puisqu'aussi bien la publication des *Tituli Asiae Minoris* fournira, dans un avenir assez prochain, tous les éléments de comparaison. Je me suis donc là encore borné à un essai de lecture et aux rapprochements les plus obvies. Il se pourrait même que, malgré mes recherches, je donne encore comme inédit tel texte déjà publié par un voyageur antérieur : le mal ne sera pas très grand, car, après tout, il est toujours bon pour les éditeurs d'un *Corpus* d'avoir d'un texte, dont les noms sont parfois d'une orthographe déconcertante, plutôt deux copies qu'une seule.

L. J.

---

(1) M. Cumont a bien voulu parcourir nos fiches et nous signaler, parmi les textes recueillis dans le Pont par le P. de J., ceux qui sont inédits: ce sont ceux-là seulement qui sont reproduits ici. Nous avons, de plus, éliminé de la collection les textes dont M. Cumont possédait déjà des copies prises soit par lui soit par M. Anderson, ou communiquées par des amis.

I. PONT

§ 1. — Amasia, Niksar et Haute vallée de l'Iris.

Voie d'Amaseia a Neocaesarea. — La voie romaine traversait par le milieu la plaine de Phanaraea (Tach Ova), comme le prouvent les milliaires trouvés à Tchalgara et à Fidi (*C. I. L.*, III, 14184 [20.21] et Anderson, *Studia Pontica*, p. 55). Ce dernier village occupe l'emplacement et porte encore le nom de la station de Pidis de la *Table de Peutinger.*

Dans sa première section, le tracé de la route est incertain : deux chemins conduisent d'Amasia à Tach Ova. Aujourd'hui, les muletiers suivent généralement la vallée du Yechil Yrmak (Iris), sur une longueur d'environ 35 kil., jusqu'auprès de Doroudja : là, ils tournent au sud et atteignent la plaine. Cette route est commode, mais assez longue. De plus, elle exige deux ponts, l'un à Zana [Kiepert : Sennek], l'autre à Doroudja ; car, entre ces deux points, on doit quitter la rive sud trop escarpée, pour passer sur l'autre.

Le second chemin est sensiblement plus court. En effet, entre les deux ponts dont je viens de parler, une haute montagne borde de très près le fleuve et l'oblige à décrire une courbe vers le nord. Si on passe au sud de cette montagne, par le col de Gueundès [K. Göndes], on aura suivi, à peu de chose près, la ligne droite. Cependant cette voie n'est adoptée que par un petit nombre de voyageurs, à cause de la rude montée qu'elle comporte: Amasia et la vallée de l'Iris sont à 400 m., le col de Gueundès à 1250.

Dans l'absence de tout document positif, Ramsay (1) qui, sans doute, ne connaissait pas l'autre chemin, a admis pour la voie romaine le tracé par la vallée du fleuve. Cette hypothèse l'oblige à corriger les chiffres de la *Table de Peutinger :* entre Amaseia et Pidis, au lieu de 37 milles, il doit en compter 47. Les deux milliaires de Barakle semblent prouver que la voie romaine suivait le second tracé. Ils se trouvent l'un (n° 1) sur le bord, l'autre (n° 2) à proximité du chemin qui descend

(1) *Historical Geography of Asia Minor*, p. 263.

de Gueundès à Tach Ova. Le second n'est pas *in situ* : il se trouve exactement à 40 min. au N.-E. de Barakle, en ploin champ. Il avait été déterré depuis peu quand je l'ai copié. En même temps, les paysans avaient trouvé quelques autres débris antiques et un second milliaire (?) anépigraphe. Tout près, dans un champ de blé, se trouvait également une grosse pierre de pressoir à huile (1).

Par cette voie, la distance d'Amasia à Fidi est de 57 kil., ce qui correspond presque exactement aux chiffres de la *Table*. Si on adopte cette hypothèse, qui me paraît s'imposer, le tracé de la route se précise. En sortant d'Amasia, elle pouvait suivre le fleuve jusqu'aux environs de Zana et, de là, s'élever au col de Gueundès. La montée est très raide (2) et le chemin actuel décrit un grand nombre de lacets ; aussi est-il plus probable que la route, après avoir côtoyé la rivière pendant 5 ou 6 kil., montait au plateau d'Ebémi [K. Ebimi] ; puis, par une série de pentes modérées, atteignait le col. Des vestiges antiques ont été trouvés a Ebémi et aux environs (3).

De Gueundès à Barakle le chemin est facile. On le voit descendre entre deux haies, presque en ligne droite, avec une pente régulière, au flanc de la montagne. C'est probablement, sur une longueur de 10 kil., le parcours même de la voie romaine. Elle disparaît ensuite ; mais aux environs de Bilehu [K. Billehu], de Dereli et de Bidevi [K. Bitevi], on croit la voir reparaître par endroits filant toujours droit vers Fidi.

Palalce, première station de la *Table*, serait à fixer aux environs de Barakle : ainsi fait Kiepert. Il ne faudrait cependant pas chercher dans ce dernier nom une corruption avec métathèse du nom ancien : Barakle est un mot de forme turque, qui a sa signification en cette langue, et se retrouve ailleurs : v. g. au S.-E. de Terzili Hammam (Basilica Therma) [Kiepert, feuille B IV. Yozgad].

---

(1) Sur ces pierres, extrêmement nombreuses dans la région, cf. Anderson, *Studia Pontica*, p. 15.

(2) Pas autant cependant que le ferait supposer la carte de Kiepert (feuille A IV. Sinob). K. place Gueundès à 2 kil. 200 du bord de l'Iris et la source du ruisseau qui descend vers Tach Ova, c.-à-d. le col, à 800 m. seulement! — La distance est en réalité : pour le village, 6 kil. et pour le col, 5 kil. 1/2.

(3) Cf. Cumont, *Studia Pontica*, p. 172-175.

Coloé serait un des nombreux villages, presque tous possédant quelques débris antiques, situés autour de Dereli et Darma. Ramsay, tenté sans doute par l'analogie des noms, place Coloé à Kalagalla (plus exactement, Kal'a Kal'a). Le village est, en effet, très riche en vestiges anciens: colonnes, chapiteaux, blocs taillés, bien que nous n'y ayons trouvé aucune inscription. Mais cette situation a l'inconvénient d'être notablement en dehors du tracé, tant par la vallée du fleuve que par Barakle. De plus, une route passant par Kal'a Kal'a aurait à traverser la partie la moins fertile et la plus accidentée de Tach Ova. Je ne crois donc pas que nous puissions, à moins de preuves certaines, admettre ce détour.

1. Barakle (1). — Colonne quadrangulaire dont la face gravée est légèrement bombée ; haut. environ 1 m., larg. $0^m,30$, lettres régulières de 5 cent. (cop., phot.).

IMPÇAESFVAL
CONSTANIO
PFINVICAVGET
IMPCAESGALVAL
5 MAXIMIANO
PFINVICAVGET
FLAVIOVALERO

Lig. 2 : la copie donne CONSTANIO ; sur la phot. on croit distinguer une ligature de T et de I ; au-dessous de la lig. 7, quelques vagues traces de lettres effacées ou martelées.

Imp. Caes. F(l). Val. Constantio p. f. invic(to) Aug. et Imp. Caes. Gal. Val. Maximiano p. f. invic(to) Aug. et Flavio Valer[*i*]*o* [*Severo et Gal. Val. Maximiano nobiliss. caess.*]

2. — A 40 min. au N.-E. de Barakle (cf. p. 439). Hauteur totale $1^m,80$, de la partie inscrite $0^m,80$; caractères réguliers et très lisibles de 6 à 7 cent. La pierre a été retaillée : deux pans ont été abattus à angle droit, sur toute la longueur du bloc, et la colonne, auparavant cylindrique et régulière, affecte maintenant la forme d'une moitié de colonne en

(1) Kiepert écrit Barakly : en réalité, dans la prononciation des noms turcs il faut faire sentir l'*e* final avec le son assourdi qu'il a dans les monosyllabes français : *que*, *le*...

saillie sur un prisme de section triangulaire. Le commencement des lignes a été entamé. La pierre n'est plus *in situ* (cf. p. 440) et paraît avoir été employée, avec d'autres débris, pour la construction d'un petit monument, sans doute quelque oratoire, érigé sur cette éminence qui domine la plaine (cop.).

IIERATORCAES
AL CONSTANTINO
IMOMICTOR
TRIVMFATOR
EMPERAVG
ЄL CONSTANTINO
VL CONSTANTIO
VL CONSTANTIAE
BBBB CAESSSS
ꓘLΛE
+

Lig. 3 : le second M est certain ; lig. 6 : la copie porte Є ou C ; lig. 7 et 8 : les premiers caractères douteux.

> [*Imp*]*erator. Caes.* [*Fl. V*]*al. Constantino* [*max*]*imo (v)ictor*[*i ac*] *triumfator*[*i s*]*emper Aug.* [*et Fl.*] *Cl. Constantino* [*et Fl. I*]*ul. Constantio* [*et Fl. I*]*ul. Constantiae* (sic) [*no*]*b(ilissimis) caes(aribus).* [MIΛ. N]E.

La copie de la dernière ligne n'est malheureusement pas très sûre : les premiers éléments permettent de retrouver la lecture MIΛ (cf. *C.I.L.*, III, 14184$^{30-31}$) ; du premier chiffre qui venait immédiatement après, il reste un signe que l'on peut prendre soit pour un Λ, soit pour la moitié d'un M, soit pour les deux premiers jambages d'un N. Cette conjecture est à tout prendre la plus plausible : Fidi étant au 30e mille, nous aurions assez normalement le 55e à Barakle (1).

TASNA.—Tasna [K.Tasne],— à l'écart de la route précédente, à envi-

---

(1) Sur la voie *Neocaesarea-Amaseam*, cf. *C.I.L.*, III, p. 2316^{10}.

ron 6 kil. au sud de Barakle, — a dû être un centre important vu le grand nombre de débris, parmi lesquels sont à noter des pierres ornées de croix et des chapiteaux de style byzantin. Le village très bien abrité possède « tous les arbres fruitiers », — ce dont les habitants sont très fiers, — y compris le figuier et l'olivier.

J'ai vu des oliviers sauvages en d'autres points, sur le versant des montagnes qui entourent la plaine. Ceci montre à combien juste titre Anderson, se fondant sur la présence de nombreuses pierres de pressoir à huile, rejette la correction au texte de Strabon proposée par Hamilton. Ce dernier ne veut pas que le géographe grec ait donné (XII, III, 30) à la plaine de Phanaraea l'épithète d' ἐλαιόφυτος.

3. — Dalle de marbre blanc : haut. $0^{m},60$; larg. $0^{m},45$; épais. $0^{m},10$. Gravure médiocrement régulière, caractères de 5 à 6 cent., très lisibles. La pierre intacte à dr., a été légèrement écornée à g. et en bas ; le haut est également brisé, mais sans que l'inscription ait été intéressée par ces mutilations (cop., est., phot.).

ΟΥΚΙϹΗΛΙο
ΙΟΥΛΙΑϹΓΥΝЄ
ΟϹΚЄΥοΥΗ
ΙΟΥΑΝЄϹϹΤΗ
ЄΝΤΟΙϹΠΡΟЄΛ
ΟΥϹΙΝ ΜΝΗΜ
ϹЄΝЄΚЄΝ
ΘΟΝωЄΝЄ
ЄΝ

[Λ]ούκις Ἡλίο[υ] Ἰουλίας γυνε[κ]ὸς κὲ υἱοῦ Ἡ[λ]ίου ἀνέσστη[σ]εν τοῖς προελ[θ]οῦσιν μνήμ[η]ς ἕνεκεν, [φ]θόνῳ ἕνε[κ]εν.

La rédaction est bizarre. Les deux derniers mots sont particulièrement curieux : la lecture [φ]θόνῳ (plutôt que φθονῶ) est certaine, la lacune n'étant que d'un caractère ; mais l'on ne voit guère ce que vient faire le φθόνος dans une inscription funéraire qui n'a rien d'apotropaïque. Λούκις veut-il dire que c'est le φθόνος qui a causé la mort prématurée de sa femme et de son fils ? la formule peu claire et la syntaxe incorrecte ne permettent guère que des conjectures.

Tekke [K. Teke Keui] à 7 ou 8 kil. à l'est de Barakle. — Se trouvait sur la voie romaine, ou du moins tout auprès. Nombreux débris antiques, en particulier de belles colonnes.

4. — Pierre tombale carrée de $0^{m},50$ de côté (marbre) ; caractères très irréguliers de 5 à 6 cent. (cop. est.).

ЄΝΘΑΚΑ
ΤΑΚΙΤЄ
ΜΑΚΑΡΙΙΑ
ЄΥΓЄΝΟΥϹ

Ἔνθα κατάκιτε Μακαρ(ί)α Εὐγένους.

5. Niksar. — Sur un bloc encastré dans le mur d'une chapelle, au milieu des ruines de la citadelle.

6. Montagnes au nord de Niksar — A 6 h. au N. de Niksar, près de Khossaf [K. Koshaf], en pleine forêt, sur une paroi de rocher dans une sorte de cartouche de $0^{m},30$ de côté. L'inscription a été effacée et il ne reste que les dernières lettres de la première ligne ; à g., plus bas, quelques lettres irrégulières et peu profondes qui semblent avoir été gravées après coup.

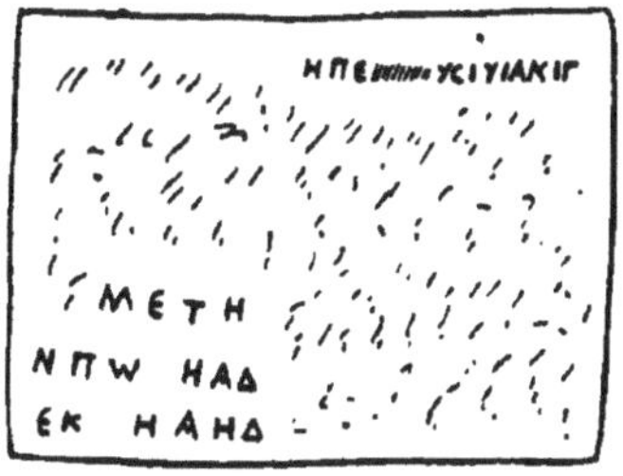

7. Almous (H^te vallée de l'Iris). — Seule inscription trouvée à Almous [K. Almush], bien que le village soit très riche en débris anciens. La pierre, assez maltraitée (il doit en manquer la moitié), est engagée dans un mur de clôture avec d'autres blocs ornés de croix. Tous proviendraient d'une chapelle, aujourd'hui détruite, située à une 1/2 heure du village. Dans une maison, on m'a montré un joli chapiteau de colonnette en marbre, de travail byzantin.

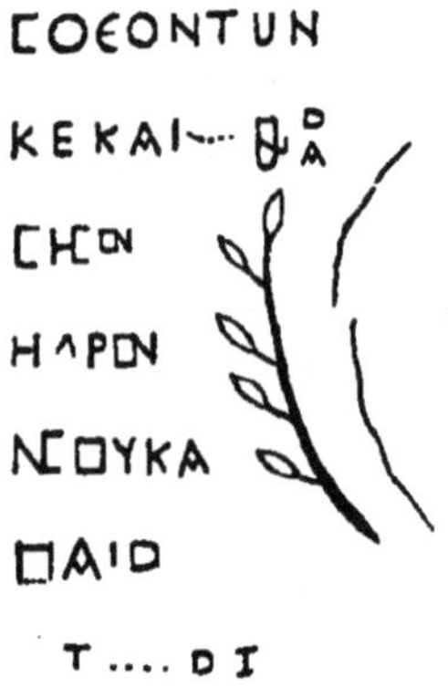

Almous est encore un centre important. On y voit plusieurs mosquées à minarets et un grand bâtiment qui a dû servir de Khan.

M. Cumont (*Studia Pontica*, p. 255) suppose qu'au sortir de Comane pontique la voie romaine de Nikopolis suivait l'Iris : il marque à Omala le point où elle se séparait de la route Comane-Néocésarée. Il y aurait peut-être lieu d'apporter à l'hypothèse une légère correction. En effet, en amont de Comane, le fleuve décrit, — comme aux environs de Zana et de Doroudja, — une courbe vers le nord. Je n'ai pas suivi cette partie de la vallée, mais on la dit tellement escarpée qu'il est malaisé d'y passer même à cheval. Au contraire, il existe, comme à Gueundès, un autre chemin plus direct. Et, de plus, sur ce tracé, il ne présente aucune difficulté. Par une pente douce il atteint, au delà de Mamou (où se voient des restes antiques), un seuil élevé de 600 m. au-dessus de la plaine de Comane, puis descend, par une pente également modérée, sur Almous, qui serait la Gagonda de la *Table de Peutinger*. Telle était, au moyen âge et à une époque encore récente, la route des caravanes d'Amasia vers la Haute Arménie (1). Deux ou trois heures après Almous, elles traversaient l'Iris à Kadi Keupru [K. Kadi-Köprüsü], sur un pont dont les piles en bel appareil supportent aujourd'hui un méchant tablier de bois. A Elpit (2), en face du pont, se voient les ruines de thermes probablement byzantins. De là provient un réservoir hexagonal en marbre blanc, orné de figures sculptées, qui se trouve dans une maison d'Almous.

Il est probable que la route romaine suivait le même tracé.

§ 2. — Région intermédiaire entre Soulou Ova (Chiliocomum) et Soulou Seraï (Sebastopolis).

Guelguiras. — Nouvelle copie de la dédicace Διὶ Στρατίῳ, publiée par M. Cumont (3), et de trois autres inscriptions funéraires, dont l'une a déjà été publiée par Th. Reinach d'après une copie du P. Girard (4) ; les deux autres, relevées l'une par M. Anderson, la seconde par M. White, seront données par M. Cumont dans son *Corpus* pontique.

8. Aroudjak, à 4 h. N.-O. d'Amasia. — Copie de M. Mitri d'Amasia.

ΠΑϹΙΚΡΑΤΗϹ
ΚΑΙΙΟΥΛΙΟϹ
ΚΑΙΔΙΟΓΕΝΗϹ
ΔΑΜΑΤΩΠΑ
ΤΡΗ ΜΝΗΜΗϹ
ΕΝΕΚΑ

(1) Cette route est certainement celle que décrit Tavernier (*Voyages*, t. I, p. 14 et 15, éd. de 1712) : il indique le passage de la montagne, la descente sur Almous, et retrouve seulement plus loin le Tozanle Sou, qu'il prend à tort pour un affluent de la rivière de Tokat : c'est cette rivière elle-même.

(2) Par erreur Kiepert (feuille B v. Sivas) place Elpit presque vis-à-vis d'Almous.

(3) *Rev. de l'Hist. des Relig.*, 1901, p. 53.

(4) *Rev. des Ét. Gr.*, VIII (1895), p. 78.

Πασικράτης καὶ Ἰούλιος καὶ Διογένης Δαμᾷ τῷ πατρ(ὶ) μνήμης ἕνεκα.

Δαμᾶς est assez fréquent en Asie mineure (1) et en Egypte (2).

9. Orta Keui, à 6 h. à l'O. d'Amasia, dans la vallée de Varaikary (route d'Etonia à Amasia). — Copie de M. Mitri d'Amasia.

ΠΟΜΠΗ
ΙΟΣΥΓΕΙ
ΝΟΣΤΗΙΔΙ
ΑΘΥΓΑΤΡΙ
ΜΝΗΜΗΣ
ΧΑΡΙΝ ΟΥ
ΣΗ ΜΗΝΩΝ
ΤΕΣΣΑΡΩΝ

Πομπήιος Ὑ(γ)εῖνος τῇ ἰδίᾳ θυγατρὶ μνήμης χάριν, οὔσῃ μηνῶν τεσσάρων.

10. Sertchale [K. Sertshally], dans le massif du Kyzlar Dagh, à 12 kil. au S.-O. de Medjid Euzu Hadji Keui (3). — Dans la fontaine du village, bloc de marbre de 90 × 55 cent., dont le bas est cassé. Une bordure en relief encadre un champ de 60 × 45 cent., dont la moitié supérieure est occupée par l'inscription ; caractères réguliers de 5 cent., un peu plus grands et un peu plus espacés dans les deux premières lignes (cop., est., phot.).

ΧΑΡΙ Ι ΩΝ
ΧΩΝΚΕΦΡΟ
ΝΩΝΚΑΤΕΣΚΕ
ΑΣΕΝΤΗΝΘΕ
ΣΙΝΕΑΥΤΩ

(1) *Inschriften von Priene*, n° 313 ; *Inschriften von Magnesia*, n°s 287, 321 ; sur une stèle funéraire phrygienne (*Mém. de la Soc. des Antiq. de France*, t. LXVI (1906), p. 29).

(2) *Pap. Brit.*, II, p. 235, 236, 237, 238, 239, 241, 243 ; III, 217 ; *Oxyrh.*, 743 ; *Tebt.*, 401, 573.

(3) Nom officiel de la localité. Hadji Keui désigne le village et Medjid Euzu [K. Midjid Oesü], qui est le nom d'une vallée assez distante au sud, désigne actuellement tout le caza (arrondissement) dont Hadji Keui est le centre. On appelle encore cette même localité Avkhat Hadji Keui, du nom d'un village voisin [K. Arhat]. Cette multiplicité d'appellations a induit plus d'un voyageur en erreur. Cf. Anderson, *Studia Pontica*, p. 12 et 23 n. 1.

Lig. 1 : la tête du T est cassée ; — lig. 2 : la première lettre est incertaine ; un vide entre P et O pour éviter une mauvaise veine de la pierre.

Χαρί[τ]ων (1) (ζ)ῶν κὲ φρονῶν κατεσκε[ύ]ασεν τὴν θέσιν ἑαυτῷ.

L'emploi de θέσις, dans un sens funéraire, est fréquent dans la région (2).

11. Tchaï Keui, dans la vallée de Medjid Euzu, à 10 kil. au S.-E. de Sertchale, au S. du massif du Kyzlar Dagh. — Pierre encastrée dans le jambage de la porte d'une maison du village ; haut. $0^m,50$, larg. $0^m,30$, brisée en haut et en bas; caractères médiocrement gravés de 4 à 5 cent. (cop.).

ΟϹ ΤЄ
ΜΗΤ ΗΑϹ
ΚΡΙΤѠΓΥΝΑ
ΚΙΚΑΛѠϹϹΥΙ
ΒΙѠϹΑϹΗЄ
ΤЄϹΙΝ Ζ
ΜΝΗΜΗϹ
ΧΑΡΙΝ
ЄΤΟΥϹΡΝ

Lig. 1 et 2 : l'état de la pierre ne laisse pas juger s'il y avait une lettre dans les deux vides ; — lig. 4 : les deux dernières lettres sont très serrées, la fin du M a disparu ; — lig. 9 : la dernière lettre est mutilée : M ou N.

.... τῇ ἀσ[υγ]κρίτῳ γυνα[ι]κὶ καλῶς συ[μ]βιωσάσῃ ἔτεσιν ζ' μνήμης χάριν.

Ἔτους ρν.' (ou ρμ.').

Le nom du dédicant et de la défunte (peut-être Τε[ι]μῇ) ont à peu près disparu. L'ère d'Amaseia a pour point de départ l'an 2 av. J.-C. (3) ; l'inscription est donc datée des environs de 140 à 150 ap. J.-C. : le chiffre des dizaines n'est pas sûr et un troisième chiffre représentait peut-être les unités.

(1) Nom très fréquent, cf. v. g. pour l'Asie mineure, *Priene*, n° 313 ; *Magnesia*, n° 309 ; *Rev. des Et. Gr.*, XV (1902), p. 324.

(2) Cf. v. g. *Rev. des Et. Gr.*, XV (1902), p. 327.

(3) Cf. H. Dessau, *Z. f. Numismatik*, 1906, p. 339 et suiv.

Aivali, dans le massif d'Evkere Dagh, au N.-O. de Zilé et à 20 kil. au S. de Tchaï Keui. — L'inscription publiée ci-dessous aurait été apportée des bords du Tchekerek (Scylax) : il y aurait là une citadelle ruinée. En aval de ce point, sur le bord du même fleuve, à 8 ou 10 kil. au nord d'Aivali, j'ai trouvé le village d'Ele Sou, *Eau tiède* [K. Ulasu]. Il possède une source très abondante dont la température est de 30° centigrades. L'eau jaillit sous la mosquée et coule par un canal enserré entre deux murailles. Ces murailles, comme celles de la mosquée, sont construites avec des débris antiques : blocs taillés, fragments de colonnes et d'entablements en marbre, dont l'importance atteste qu'il dut y avoir là de fort beaux thermes. Nous n'y avons pas trouvé d'inscription.

Toute cette région occidentale de l'Evkere Dagh est encore inconnue: elle est en blanc dans la carte de Kiepert et le cours du Tchekerek qui la borde à l'ouest est par lui tracé faussement.

La pierre transportée à Aivali était, paraît-il, engagée dans la maçonnerie de la fontaine jusqu'au jour où les paysans, il y a environ un an, craignant qu'on ne les obligeât à transporter leur pierre à Zilé ou Amasia, la précipitèrent dans une espèce de cloaque. C'est là qu'après l'avoir fait nettoyer j'ai pu la copier et la photographier.

12. — Stèle de marbre blanc, très bien poli, brisée en haut, en bas et à droite ; haut. environ $1^m,10$, larg. $0^m,50$, épais. $0^m,15$. L'inscription est répartie en deux colonnes nettement séparées par un blanc ; caractères extrêmement soignés de 7 cent., nombreuses ligatures (cop. phot.).

I LNEO	AΞ
Π Τ Ο Λ	ΤΑΤΙ
ΕΜΟΥΑ	ΕΤΑΦ
ΡΧΕΛΑ	ΜΗΕΞΙ
ΙΔΙΒΤΗ	ΙΤΙΝΙΑ
ΕΜΗΓΥ	ΙΞΕΤΙ
ΝΑΙΚΙϹ	ΠΥΕΛ
ΥΜ ΒΙΩ	ΕΑΝΔ
ϹΑϹΗΜ	ΙϹΠΑΡ
ΟΙϹΕΜ	ΗΝΚΕΛ
ΝΩϹΗ Χ	ϹΙΝΜΟ
ΑΡΙ ΝΟΜ	ΟΙΗϹΗ

ΟΛΟΓΩ ΩΣΙΤΙ
ΙΝΗΜΗ ΥΡΙΑΚ
ΑΡΙΝ ΤΑΜΕ
Ω✱Δ
ΧΙΛΙ

Lig. 5 : le B est coupé d'un trait horizontal pour accentuer sa valeur de sigle : il supplée ici le patronymique (Larfeld, *Handb. d. griech. Epigraphik*, I, p. 427).

a) ..... Νεοπτολέμου 'Αρχελαΐδι β' τῇ ἐμῇ γυναικὶ συμβιωσάσῃ μοι σεμνῶς, ᾗ (1) χάριν ὁμολογῶ [μ]νήμη[ς χ]άριν.

b) 'Αξ[ιῶ με]τὰ τ[ό με τ]ετάφ[θαι (2) μὴ ἐξ[εῖναι]ί τινι ἀ[νο]ῖξε τ[ὴν] πύελ[ον]. ἐὰν δ[έ τ]ις παρ[ὰ τ]ὴν κέλ[ευ]σίν μο[υ π]οιήσῃ, [δ]ώσι τ[ῷ κ]υριακ[ῷ] ταμε[ί]ῳ (δηνάρια) δ[ισ]χίλι[α].

A l'époque romaine, les mots qui désignent la baignoire πύελος, ληνός, λουτρά, σκάφη, μάκρα (forme récente de μάκτρα) ont été employés métaphoriquement pour désigner la cuve funéraire, le sarcophage, et, d'une façon générale, le tombeau (3). La clause qui prescrit une amende funéraire contre les violateurs des tombes est extrêmement fréquente dans toutes les parties de l'Asie mineure ; il ne manque pas de cas non plus où la somme est à verser au trésor impérial τῷ κυριακῷ ταμείῳ ou εἰς τὸν φίσκον τῶν κυρίων αὐτοκρατόρων.

Kadichehr. — Kadichehr est un village important à la croisée des routes Soulou Seraï — Yuzgat et Zilé — Césarée. Ce ne sont aujourd'hui que des chemins de caravanes, mais encore assez fréquentés, le premier

(1) On pourrait peut-être lire d'une autre façon : συμβιωσάσῃ μοι σεμνῶς η' (ἔτεσιν). Cf. n° 11.

(2) On pourrait restituer aussi bien 'Αξ[ιῶ με]τὰ τ[ῄνδε τε]τάφθαι. — Cf. μετὰ τὸ ἐμὲ κατατεθῆνε sur un tombe érigée pour un autre, mais où le dédicant a aussi l'intention de rejoindre ses morts (*Rev. des Ét. Gr.*, XV (1902), p. 316) ; cf. encore *Inscrip. graec. ad res rom...*, III, 1450, 104, 144, etc.

(3) *Bull. de corr. hell.*, XXIV (1900), p. 290 et Dar. et Sag., *Dict. des Antiq.*, s. v. *Pyelos*.

surtout. Ils ont succédé aux voies romaines Sebastopolis — Euagina et Zela — Caesarea. Kadichehr, un peu à l'écart de la première, se trouve à l'endroit précis où la seconde s'engage dans les gorges du Devedji Dagh.

Vers cette jonction, M. Anderson (1) a cherché le site de Sermusa, station de la *Table de Peutinger*. Après avoir vu Kaballi et Kilisse Keui, c'est à ce dernier point qu'il donne ses préférences.

Je ne sais si Kadichehr ne serait pas une situation plus probable. Je n'ai pas vu les deux premières et M. Anderson ne semble pas avoir vu la dernière. Toute comparaison est donc difficile. Cependant on ne peut guère douter que Kadichehr n'occupe l'emplacement d'une antique station. Sa position sur une éminence, au débouché même de la gorge étroite où s'engage la route de Zela, suffirait pour nous en convaincre. Le village possède une médressé assez considérable qui a peut-être succédé à quelque couvent orthodoxe et, au sommet de la colline, on voit des restes de terrassements et de murs en un lieu que les paysans appellent Kal'e (la forteresse). De plus, les débris antiques sont nombreux. Outre les trois inscriptions (n°s 13-15) relevées dans le village, il y a des fragments de colonnes, des chapitaux byzantins, une grosse pierre de pressoir unique en son genre dans toute la région : elle est ornée de croix et de branches de vigne en relief.

Enfin, à 20 ou 30 min. du village, sur le chemin même de Soulou Séraï à Yuzgat, se trouve un cimetière (2) renfermant encore des débris et une inscription. Persuadé que ce cimetière avait été visité par M. Anderson, qui suivit ce même chemin en 1899, je négligeai d'y aller tout d'abord pour monter à Akdja Kal'e où l'on m'avait promis des merveilles. Je n'y trouvai que deux lignes d'arabe chez un vieillard de 105 ans. Quand je redescendis, entraîné plus loin que je n'avais cru, il me sembla inutile de retourner en arrière : l'inscription avait dû être copiée par M. Anderson. Cependant je me trompais et elle semble encore inédite.

---

(1) *Studia Pontica*, p. 32.

(2) Je ne pense pas que ce soit le cimetière signalé par M. Anderson à 1 h. au S.-O. de Ulubagh. La distance est bien plus considérable.

Mon compagnon que j'avais laissé dans la plaine la vit et m'en certifia l'existence. Je la signale ici pour qu'elle n'échappe plus au prochain voyageur.

13. — A la porte du Tekké, milliaire planté en terre, émergeant de 1^m,50 ; l'inscription est tournée du côté de la muraille ; lettres de 5 à 7 cent., médiocrement régulières (cop.).

IMPCAEGAVSVA
DIOCLETIANOET
INVICTAVGET
IMPCAEMAVA
MAXIMIANO ETIN
VAVGETEVATI
CONSTANTIO ET
CAESAMAXIMIANO
IMNNULCC[redacted]P
ROCE[redacted]
[redacted]KA[redacted]

La lecture, extrêmement difficile vu la position de la pierre, n'est pas d'une exactitude absolue.

Lig. 4 : les deux dernières lettres douteuses ; — lig. 6 : ligature des deux premiers caractères ; — lig. 8 : SA marqués en pointillé sur la copie; de même à la lig. 9, le M et les lettres qui suivent les deux N.

> *Imp. Cae.* (sic) *G. Au*[*r*]. *Va*[*l*]. *Diocletiano (p. f.) invict(o) Aug. et Imp. Cae. M. A(ur). Va*[*l.*] (ou bien *Au(r).* [*Val*].) *Maximiano (p. f.) inv. Aug. et (F)*[*l*]. *Va(le)*[*r*]. *Constantio et Ga(l). (V)a*[*l*]. *Maximiano (nobiliss. Caess.) p*[*e*]*r Oce ??? KA ??*

Premier milliaire comme de la route Tavium — Euagina — Sebastopolis. Sur cette voie, cf. Anderson, *Studia Pontica*, p 33 et carte III.

14. — Dans l'âtre d'une maison ; caractères grossiers (cop.).

ΛΟΥΚ
ΙΟΥΛΙΟϹ
ΟΥΑΛΗΝ

Λούκ(ιος) Ἰούλιος Οὐάλην[ς].

15. — Dans un autre maison, pierre d'environ 50 cent. de côté ;

caractères très abîmés ; l'inscription est mutilée dans le haut et incomplète à dr., semble-t-il (cop. phot.).

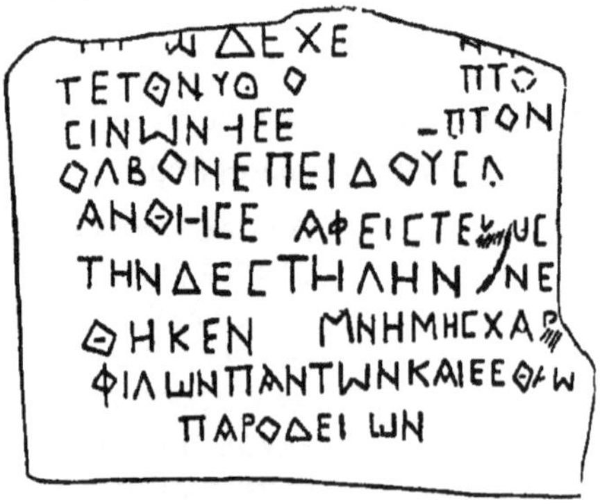

Le facsimilé a été fait d'après une bonne photographie: certaines parties du texte sont absolument effacées. Un certain nombre de mots sont encore entièrement lisibles, mais ne donnent pas un sens suivi. Texte funéraire insignifiant.

16. Tcheutté [K. Tshöle !], à 15 kil. au S.-O. de Soulou Séraï. — A la porte d'une maison, grande stèle rectangulaire d'environ 1^{m},20 de h. sur 0^{m},35 ; l'inscription occupe, en haut, un champ de 0^{m}, 40 de haut ; caractères réguliers de 3 à 4 cent. La stèle est inversée et les deux premières lignes étaient enterrées. Tcheutté ne paraissant pas avoir jamais été une localité importante, la pierre provient sans aucun doute de Soulou Séraï : on sait que ces ruines servent de carrière et d'autres villages des environs possèdent des débris de même provenance (cop. phot.).

ΙΟΥΛΙΑΝΔΟ
ΜΝΑΝΣΕΒ
ΜΗΤΕΡΑΚΑΣΤΡΩΝ
ΣΕΒΑΣΤΟΠΟΛΕΙ
ΤΩΝΗΡΑΚΛΕΟΠο
ΛΕΙΤΩΝ ΒΟΥΛΗ
ΔΗΜΟΣ
ΟΙ ΠΕΡΙ ΙΟΥΛΙοΝ
ΠΟΤΕΙΤΟΝΑΡ
ΑΝΤΕΣ
ΕΤΟΥϹ
$\overline{\text{ΒϹ}}$

Lig. 1 : par suite d'un faux coup de ciseau le Δ à la forme d'un X fermé par le bas ; lig. 8 : lacune intentionnelle entre le 6e et le 7e caractère pour éviter une mauvaise veine de le pierre, — lig. 10: il semble que l'on distingue quelques vestiges d' Ξ tout au début de la ligne.

'Ιουλίαν Δόμναν Σεβ(αστήν), μητέρα κάστρων, Σεβαστοπολειτῶν Ἡρακλεοπολειτῶν βουλή, δῆμος, οἱ περὶ 'Ιούλιον Ποτεῖτον ἄρ[ξ]αντες. Ἔτους βσ'.

L'ère de Sebastopolis a son point de départ en Octobre 3 av. J.-C.(1): l'inscription est donc datée de 199/200 ap. J.-C. Pareil hommage collectif est rendu à Marc Aurèle par les assemblées et le pouvoir exécutif de la ville, ἡ βουλὴ καὶ ὁ δῆμος ἐπὶ τῶν περὶ [K]λ. Μεσσαλε[ῖν]ον ἀρχόντων (2), en 166 de l'ère locale (= 163/4 ap. J.-C.) (3). La seule différence est que, dans le texte inédit que nous publions, ce sont les archontes sortants, l'éponyme et ses collègues, qui figurent comme dédicants.

L'inscription de Fl. Arrianus présente un même type de dédicace ; de plus, nous y trouvons, comme dans le présent texte, le nom complet de Sebastopolis Σεβαστοπολειτῶν τῶν καὶ Ἡρακλεοπολειτῶν ἄρχοντες, βουλή, δῆμος (4).

Julius Potitus, éponyme de Sebastopolis probablement en 198/9, n'est pas tout à fait un inconnu : c'est évidemment lui que nous retrouvons orné des titres de ποντάρχης dans une autre inscription locale. C'est une inscription commémorative élevée par lui en l'honneur de sa femme .... σελ[λ]ίαν Μάξιμαν [τ]ὴν καὶ 'Αμαζόνιν, τὴν σεμνοτάτην ματρῶναν στολᾶταν, ἀρχιερίαν φιλότιμον (5).

---

(1) Th. Reinach, *L'histoire par les monnaies*, p. 149.

(2) Sur cette coutume de désigner en bloc les collègues de l'éponyme, cf. Menadier, *Qua condicione Ephesii usi sint*. Berlin, 1880, p. 66, n. 17.

(3) *Inscr. graec. ad res rom....*, III, 114.

(4) *Ibid.*, III, 111.

(5) *Ibid.*, III, 116.

II. CAPPADOCE

§ 1. — Yarpouz, voie d'Arabissos à Cocussos, Comane, etc.

17. Yarpouz (Arabissus). — Dalle d'environ $0^m,40$ sur $0^m,50$; inscription en caractères irréguliers, surmontée d'une croix (cop.).

+
ΕΝΘΑΚΑΤΑΚΙΤΕ
ΟΜΑΚΑΡΙΟϹ
ΛΟΝΓΙΝΟϹ

Ἔνθα κατάκιτε ὁ μακάριος Λονγῖνος.

18. — Grande dalle rectangulaire, terminée en haut par un cintre; dans le champ, une grande croix (1). La pierre a été brisée et la partie supérieure fait partie du pavé d'un vestibule de l'église arménienne. L'inscription est gravée sur le pourtour du cintre, légèrement entamée à g., elle est incomplète à dr. (cop.).

ΝΘΑΔΕΚΙΤΕ Η ΤΟΥΧΡΙϹΤΟΥΔΟΥΛ

[Ἐν]θάδε κῖτε ἡ τοῦ Χριστοῦ δούλ[η...

19. — Dalle de 50×80 cent., ornée d'une croix; apportée à Yarpouz du lieu dit Yare Kilisse, à 3 h. à l'ouest (cop.).

+ ΕΝΘ ΑΚΑ
ΤΑΚΙ ΤΕΘΕ
ΟΔΩ ΡΟϹ

Ἔνθα κατάκιτε Θεόδωρος.

20. — Stèle bien taillée : h. 1 m., larg. 30 cent., un peu plus large à la base qu'au sommet, terminée par un fronton orné d'acrotères et

(1) Plusieurs des stèles funéraires de Yarpouz ont le même forme : tout le champ est occupé par une croix de grandes dimensions. L'inscription est gravée à dr. et à g. du pied de la croix.

d'une rosace à cinq branches dans le tympan ; gravure soignée (1) (cop.).

ΜΑΑΤΙΝΑΤΙΙΙ
ΑΝΔΡΙ ΜΝΗ
ΜΗϹ ΧΑΡΙΝ

Μᾶ 'Ατινᾷ τ(ῷ) ἀνδρὶ μνήμης χάριν.

Le nom de la femme, Μᾶ, n'est pas nouveau (2) ; quant à celui du mari, il doit se lire 'Ατινᾷ (3) plutôt qu' 'Ατινάτῳ comme a fait le premier éditeur.

21. — Dalle de marbre blanc, qui sert actuellement de marche d'escalier ; dans un cartouche à queues d'aronde ($0^m,70 \times 0^m,50$) inscription assez bien conservée (cop.).

ΕΝΘΑΚΑΤΑΚΕΙ
ΤΕ ΗΤΗϹΜΑΚΑΡΙΑϹ ΜΝΗ
ΜΗϹΕΙϹΙΔΩΡΑΙΙΝΛΑΝΔ
ΡΟϹ Η ΠΑΡΑΠΑΝΤΩΝΜΕ
ΜΑΡΤΥΡΗΜΕΝΙ▒ΛΑ
ΕΤΕΛΕΥΤΗϹΕΝ ΜΗΝΙΔ
ΕΙϹΜΒΡΙΩΔΙΝ Γ+

Ἔνθα κατάκειτε ἡ τῆς μακαρίας μνήμης Εἰσιδώρα (ἡ φί)λανδρος, ἡ παρὰ πάντων μεμαρτυρημέν[η, ἐτῶν (?)] λα' (?), ἐτελεύτησεν μηνὶ δε(κε)μβρίῳ δ' ἰν(δικτιῶνος) γ'.

22. — Autre dalle ($0^m,80 \times 0^m,30$) servant également de marche dans le même escalier ; inscription très effacée par les pieds des passants (cop.).

ΚЄ
C II
ACE M
UTO POSVIT

.... *m[ar](i)to ? posuit.*

---

(1) Déjà publiée par Sterret, *Papers of the american School... at Athens*, II, p. 287, n° 335.

(2) Cf. *C.I.A.*, II, 3391 ; III, 1510.

(3) Cf. *C.I.A.*, II, 863, 983 II 70, 2735; III, 2490; *C.I.G.*, 1424, 1967*b*, 6151 : dans tous ces exemples le nom est écrit avec un redoublement du *tau*. De même dans les textes

23. — Autre dalle avec croix ($0^m,35 \times 0^m,50$), (cop.).

	+ ЄΘ	ΚΑΤΑ
	ΚΙΤЄ	ΗΤΗΑ
	ΑΚΑΡΑ	ΟΜΝΟЄ
	ΘЄω	ΔωΡΑϹ
5	ЄΧΙΤΟΑ	ΝΜΘЄΜ
	ΑΟЄΠЄ	ΡΟΝ +

Lig. 2, 5 et 6 : copie incertaine.

Ἔ(ν)θ(α) κατάκιτε ἡ τῆ[ς μ]ακαρ[ία]ς μν(ήμης) Θεωδώρας. Ἔχ(ε)ι τὸ ἀν[ά]θεμα ὁ ἐπέρον. †

Ἐπέρον est pour ἐπαίρων. L'anathème est souvent jeté dans les épitaphes chrétiennes contre les violateurs de tombes (*Dre d'Arch. chr.*, col. 1'932 ss., Ch. Michel). Cf. l'anathème des 318 Pères de Nicée jeté, sous la même formule ἔχει τὸ ἀνάθεμα, à Aphrodisias (inscription publiée par MM. Paris et Holleaux, Cumont, reprise par Ramsay, *Cities a. Bishoprics of Phrygia,* I, 2de p., p. 555, n° 429).

24. — Dans le cimetière, 52 fragments de colonnes, beaucoup de morceaux d'entablements, frises, etc. ; trois milliaires, l'un d'entre eux porte encore quelques caractères (cop.).

[redacted]A OR
[redacted]OC
[redacted]O˙˙A˙˙N
ON[redacted]
[redacted]M[redacted]
[redacted] N
..N[redacted]OP[redacted]

25. — Dans un champ voisin du village, à l'est, plusieurs gros blocs récemment déterrés. Sur une pierre brisée, dont la partie subsistante mesure 50 × 70 cent., restes d'une inscription en caractères soignés (cop.).

d'Aphrodisias qui m'avaient échappé : *Rev. des Ét. Gr.*, XIX (1906), p. 101, n° 14bis ; p. 117, n° 38 ; p. 120, n° 45.

ΟΙΚΟϹΤΟΥΜ
ΘΕΟΔΟΡΟΥΦΥ/
ΙϹΟΔΟΝΕΟΥΤϹ
ΔΟΝϹΟΥΚΥΚΙΘΕ
ΜΕΤΑΠΑΝΤΟϹ ΤΟ

Lig. 4 : la copie indique comme douteuses les lettres ΥΚ.

Οἶκος τοῦ μ[εγαλομάρτυρος ?] Θεοδόρου· φύ[λαξον τὴν] ἴσοδόν (σ)ου (κὲ)[τὴν ἔξο]δόν σου......... μετὰ παντὸς το[ῦ......

26. — A une heure au N.-O. de Yarpouz, dans un endroit nommé actuellement Yote Manoug où se voit une grotte, « La grotte des 7 dormants », centre d'un pèlerinage musulman, dalle funéraire chrétienne, avec croix centrale (cop.).

ΕΝ ΑΚΑ
ΚΙΤΕ ΜΑΚΑΡΙ
ΟϹΘΕΟ ΔΟΡΟϹ

Ἔν[θ]α κατάκιτε [ὁ] μακάριος Θεόδορος.

27. — Route d'Arabissos a Cocussos, entre Geuksun et Yarpouz, près du village de Kara Omarle [K. Karaman Oglu]. Milliaire (cop.).

[redacted]C SEPTIMIV
PIVS PERTIN
PARTH MAX PON
IMP XII COS III PPP
MAVRELIAN TE
NVS AVG ET
[redacted]RES
PER POSVI[redacted]
CVMANVMIL

[*Imp. Caes.*] *(L.) Septimiu*[*s Severus*] *Pius Pertin*[*ax Aug., Arab., Adiab.,*] *Parth. max., pon*[*t. max., trib. pot. VI* ou *VII*], *imp. XII, cos. III p. p. p*[*rocos. et Imp. Caes.*] *M. Aureli- Ant*[*o-ninus Aug. et P. Septimius Geta nob. caes.*] *res*[*tituerunt*] *per (C. I)ul*[*ium Flac*]*cum A*[*elia*]*num (le)*[*g. pr. pr.*].

Sur la voie romaine de Mélitène à Comane de Cappadoce, cf. *C.I.L.*, III, p. 2063 et D. G. Hogarth, *Modern and ancient roads in Eastern Asia Minor*, dans les *Supplementary papers of the Royal Geographical Society*, III (1893).

Il ne serait pas impossible que le texte relevé par le P. de Jerphanion soit le milliaire 113 de la voie, d'après Hogarth (*C.I.L.*, III, 12171); je ne le crois cependant pas : il n'y a pas de localité du nom de Dunyat Bel dans les environs de l'endroit où le texte a été trouvé par le P. de J.; de plus, *C.I.L.*, 12171 porte : *imp. XI, cos. II.*

28. Comane. — A l'intérieur du temple, dans les décombres. Les lig. 5 à 9 sont gravées en caractères plus petits (cop.).

ΗΛΙΟΔΩΡΟϹ
ΗΛΕΙΙΙΔΙΟΔΩ
ΡΩΘΡΕΠΤΩ
ΜΝΗΜϹ ΧΑΡΙΝ
ΑΥΡΗΛΙΟΔΟ
ΡΟϹΜΑΚΑΙΗ
ΜΑΡΚ ΕΑΔ
ΑΜΕΜΠ
ΓΥΝΕΚΙ

Ἡλιόδωρος Ἠλεί(ῳ) Διοδώρῳ θρεπτῷ μνήμης χάριν. Αὐρή(λιος) (Δ)ιόδορος μακα(ρί)[α]? Μαρκέ(λα) ἀμέμπ[τῳ] γυνεκί.

29. — Sur un fût de colonne couchée à terre, près de l'inscription de Φλ. Ἀσιατικός souvent publiée (1) et relevée à nouveau par le P. de J. (cop.).

Κ ΧΙ Λ
ΤΝΚ Υ ΠΑ
ΙΑΜΗ
ΜΑΥΔΙΑ

30. Aivanet. — Près d'Aivanet à 1 h. 1/2 de Comane, au pied du Kourou Bel. Gros cippe à tête moulurée ; la pierre, de mauvaise qualité,

(1) *Bull. de corr. hell.*, VII (1883), p. 135, n° 14 ; *Journal of Philology*, XI (1882), p. 160 ; Sterret, *Papers of the american School.... at Athens*, II (1888), p. 235, n° 265.

est très effritée et l'inscription gravée sur le devant du dé extrêmement mal conservée (cop., phot.). La photographie me permet de compléter la copie.

Copie	Phot.
N ΛΑ	N MA
ΑΡΧΙ Δ	ΜΑΡΧΙΑ Є
ΡΜΑ ΡΑ	ΡΜΑΝΑ ΙΔΙ
ΑΝΔΡΙ	Ѡ ΑΝΔΡΙ

.... μ]ν[ῆ]μα ?. Μαρ(κ)ία [Γ]έρμανα ἰδίῳ ἀνδρί.

31. Hasra, village situé au N.-E. de Tomardza. — Pierre tombale de 0m,30 × 0m,50 ; caractères irréguliers (cop.).

ΔΕΞΑC
[redacted]ΗΝΑΙ
Ι[redacted]
ΑΙΚΙ ΜΝΗC
[redacted]ΚЄΝ

Δεξ[ί]ας (?) [Ἀθ]ηναί[δ]ι [τῇ γυν]αικὶ μν(ήμ)ης [ἕνε]κεν.

Seresek (Arasaxa), à 35 kil. environ dans l'est de Césarée. — Seresek se trouve sur une des routes de Césarée à Malatia, correspondant à la voie Caesareia— Arasaxa — Arabissos de l'*Itinéraire* d'Antonin (Ramsay, *Historical Geography*..., p. 272). Une route seldjoucide a succédé à la voie romaine, témoin le grand Khan de Kara Daï, à 1 h. au N.-E. de Seresek, un des plus beaux monuments seldjoucides de la contrée.

32. — Dalle de 0m,40 × 0m,30 ; lettres de 3 cent., les lignes sont séparées l'une de l'autre par un double trait en relief (cop.).

ΑΘΗΝΟΔ
ΟΡΟC ΛΑЄΙ
ΦΟΥΤΟΥΑΛ
ΗΦΟΥΑCΙΑC
ΑЄ ΝΟΩΟ
ΡΟC ΛΥΒΚ
. ΡΜΟ . Ι .. C
Ι ΙΑΠΑΤΡΙ
ΙΜΗC
[redacted]Ι ΝΙΧ

'Αθηνόδορος ('Α)λείφου τοῦ 'Αλήρου (suivent quelques noms incertains, peut-être 'Ασίας (cf. 'Ασέας, *I. G.*, IV, 1485_{55}) 'Α[θη]νό[δ]ορος... πατρὶ [μνή]μης [χάρ]ι(ν) ?

33. Guirveli, à environ 25 kil. au N.-E. de Seresek. — Fragment d'une plaque de marbre trouvée dans la montagne, avec d'autres débris, à 1/2 h. du village ; gravure très soignée : les lettres vont en décroissant de taille des deux premières lignes (7 cent.) à la dernière (3 cent.). La plaque portait un encadrement : le texte devait être important, malheureusement il n'en a subsisté que l'angle gauche (cop.).

TICI
AVC
PR(
ETCI
SID

Ti(berio) C(l)[audio Caesari] Aug. Peut-être une inscription en l'honneur de Claude (?)

34. Sushun, au N.-E. d'Urgub. — Bloc maçonné dans le mur de la mosquée ; au centre de la pierre (h. $0^m,40 \times 0^m,80$ l.), rosace dont le milieu, qui devait porter une croix, est martelé. L'inscription était couverte de plâtre : la lecture reste incertaine sur plus d'un point.

ΕΥΤΥΧΕ ΒΟΗ
ΘΟϹ ΚΕ ΡΙΠΕ
ΡΑϹΠΑΙ ΤΗϹ
ΕΝΟΥ
ΕϹ
ΟΡΙΟΥ
ΚΕΜΑ
ΕΑϛ

Lig. 1 : ΧΕ ou ΚΕ ; — lig. 3 : Ρ douteux ; — lig. 7 : Κ incertain.

Εὐτύχε[ι] (?) βόη θος ? ? .... ['Ι]ερα[π]ολίτης ?...

35. Matchane, près de Gueurémé. — Dalle (cop.).

ΘΗΚΗ ΓΡΗΓΟΡΙΟϹ ou ΓΡΗΓΟΡΙΟΥ

Θήκη Γρηγορίου.

36. Souvech (les Grecs écrivent Σώβασα), entre Urgub et Soghanle. — Sur une dalle (cop.).

ΘΗΚΗ ΜΑΜΑ

Θήκη Μαμᾶ.

37. Soghanle. — Sur une dalle qui paraît avoir été retaillée, car l'inscription se trouve gravée en diagonale, le texte semble cependant complet (phot.).

Ἐκ(οι)μήθη ὁ δοῦλ(ος) τοῦ Θεοῦ Κομνενὸς.....

38. Til Keui, près de Soghanle. — Stèle à fronton triangulaire; au-dessous du fronton, une guirlande et la représentation grossière d'outils divers (cop. du P. Gransault).

AI[illegible]ME
OIb[illegible]

39. Bach Keui, au nord de Soghanle. — Dans le voisinage du village, stèle rectangulaire analogue à la précédente (70 × 75 cent.); double fronton indiqué au trait; au-dessus d'une guirlande, rattachée au fronton, un petit vase d'où s'élève une plante; au-dessous de l'inscription, représentation de poteries ordinaires: bols et vases de grandeurs différentes.

a)	b)
ACѠI ΠΑΡΑ Ζ	ΠΑΡΑΧΖΗϹ
ΟΥΜΑΜΟΝΑΤ	ΙΑϹΟΝΟϹΙΑ
ΗΙΔΙΑΓΥΝЄΚΙ	ϹΟΝΙΑΙΙΑϹ
ЄΥΝΟΙΑϹ ЄΝЄ	ΚΝΟϹ ΤΗΙΔΙ
ΚЄΝ	ΑΓΥΝЄΚΙЄΥΝ
	ΟΙΑϹ ЄΝЄΚЄ
	Ν

Lig. 1 : le signe qui précède le Z est incertain : la copie porte pour *b* un X assez net et pour *a* un caractère indéterminé.

a) [᾽Ι]ασω[ν] ΠΑΡΑ..ΖΟΥ Μαμόνᾳ (?) τῇ ἰδίᾳ γυνεκὶ εὐνοίας ἕνεκεν.

b) ΠΑΡΑΧΖΗϹ ᾽Ιασονος ᾽Ιασονίᾳ ᾽Ιάσ(ω)νος τῇ ἰδίᾳ γυνεκὶ εὐνοίας ἕνεκεν.

Le nom propre Παρα. ζης n'est guère probable : faut-il corriger paléographiquement les deux copies et lire Παρδάλου et Παρδάλης (ou Πάρδαλος) ? Quoi qu'il en soit, ces deux épitaphes nous montrent l'usage constant des mêmes noms dans une même famille : d'une part, Iason fils de Pardalos ; de l'autre, Pardalos (?) fils de Iason, marié à Iasonia fille d'un autre Iason : vraisemblablement le second Pardalos est le petit-fils du premier et avait pour père le Iason de la première inscription.

Le n. pr. Πάρδαλος est connu (1) ; je ne sache pas que l'on rencontre la variante Παρδάλης. Ne serait-ce pas simplement une orthographe irrégulière de Παρδάλιος ? Dans cette hypothèse, le petit-fils aurait un nom dérivé de celui de son aïeul.

§ 2. — Césarée et ses environs.

40. Césarée. — Dans la cour de l'église arménienne catholique ; proviendrait de l'extrémité E. de la colline où sont les cimetières chrétiens (2). Stèle de plus d'un mètre de haut, brisée au sommet ; au-dessus de l'inscription, un oiseau posé sur une couronne ; au-dessous, un objet peu distinct, bourse ou nid.

ΑΗΔШΝΛΕШΝΙΔ
ΑΛΕШΝΙΔΟΥΤШ
ΑΝΔΡΙΜΝΗΜΗϹΕΝ
ΕΚΑ

(1) Cf. également Παρδαλᾶς, Dittenberger, *Orientis Graeci inscr. selectae*, 470.

(2) Pour ces indications topographiques on pourra utilement se reporter au plan publié par G. Bernardakis (*Notes sur la topographie de Césarée de Cappadoce*) dans les *Echos d'Orient*, XI (1908), p. 22-27.

'Αηδὼν Λεωνίδᾳ Λεωνίδου τῷ ἀνδρὶ μνήμης ἕνεκα.

L'oiseau rappellerait-il le nom gracieux de la femme du défunt? Rapprocher du n. pr. 'Αηδών un autre nom d'oiseau, Χελιδών, porté par une femme de Zilé (*Rev. des Et. gr.*, 1902, p. 318, n° 14 = *Echos d'Orient*, 1903, p. 273).

41. — Au même endroit, stèle terminée par un fronton cintré dont le tympan est très orné.

```
        Τ·ΦΛ·ΙΑϹѠΝ
        ΗΡΑΚΛΕΙΗΙ
        ΔΙΑΓΥΝΑΙΚΙ
        ΤΗΓΛΥΚΥΤΑ
     5  ΤΗΜΝΗΜΗϹ
        ΕΝΕΚΑ
        ΤΙ·ΦΛ·ΙΑϹѠΝ
        ΖѠΝ ΚΑΙΦΡΟ
        ΝѠΝ ΕΑΥΤѠ
```

Τ. Φλ. Ἰάσων Ἡρακλείῃ ἰδίᾳ γυναικὶ τῇ γλυκυτάτῃ μνήμης ἕνεκα.

Τι. Φλ. Ἰάσων ζῶν καὶ φρονῶν ἑαυτῷ.

Ἡρακλείη est probablement une simple variante orthographique d'Ἡρακλεία.

42. — Au même endroit, petite stèle trouvée dans la vallée qui traverse les vignes de l'ancienne ville. Copiée en 1885. Déjà publiée par M. Th. Reinach, d'après une copie du P. Girard (*Rev. des Et. Gr.*, VIII (1895), p. 87, n° 34).

```
        ⌘ΟΥΛΙΑΚΑΙϹΕ
        ΚΟΥΝΔΑ ΑΙΜΗΤΡ
        ΜΗΤΡΟΔѠΡΟΥ
```

M. Reinach lit : ['Ι]ουλία καὶ Σεκοῦνδα (κ)αὶ Μήτρα (?) Μητροδώρου.

Je ne sais si la copie que je donne est meilleure, en tout cas je lirais plutôt

['Ι]ουλία καὶ Σεκοῦνδα αἱ Μητρ. Μητροδώρου.

Il semble qu'il y ait là un doublon du lapicide qui aurait, par inadvertance, repris en entier le nom déjà à demi gravé, à moins que ce ne soit quelque bizarrerie de rédaction : le nom abrégé et le patronymique écrit en entier.

43. — A l'école française de Césarée. Stèle de taille moyenne, fronton orné d'une couronne surmontée de trois palmettes.

ΗΜΩΝ
ΤΑΤΤΙΔ
ΤΗΕΑΥΤΟ
ΓΥΝ ΑΙΚ

Ἥμων Ταττίδ[ι] τῇ ἑαυτο[ῦ] γυναικ[ί].

Il est possible que la copie renferme une légère erreur et qu'il faille lire Ταττί(α) ; Mais cette correction ne s'impose pas : le n. pr. fém. Ταττίς n'est pas sans exemple (1).

44. — Même endroit. Petite stèle, plus grêle que les précédentes.

ΑϹΚΛΗΠΙΑΔΗϹ
ΜΑΜΑ· ΜΑΜΑ
ΤѠ·ΥΙѠ·ΜΝΗ
ΜΗϹ ЄΝЄΚЄΝ

Ἀσκληπιάδης Μάμα Μάμᾳ τῷ γλυκυτάτῳ υἱῷ μνήμης ἕνεκεν.

45. — Même endroit. Fragments de deux plaques de marbre trouvées dans la même vallée que le n° 42.

a) ΛΟΥΚΙΟϹ[redacted]ΒΙΟ
ΩΠΡѠΤΑϹЄΑΥΤѠ
ΖѠΝ ΚЄ

b) [redacted]ϹΑΛΩ
[redacted]ЄΑΥΤѠ
[redacted]ΟΝ[redacted]

a) Λούκιος [Σάλ]βιος ou bien [Ἕλ]βιος Πρωτᾶς ἑαυτῷ ζῶν κὲ [φρονῶν].

La seconde est soit une réplique de la première, soit l'épitaphe d'un parent ayant même gentilice : Σάλ[βιος]. Le n. pr. Πρωτᾶς est extrêmement fréquent, particulièrement en Asie Mineure.

46. — Même endroit. Fragment de brique trouvé dans un tombeau ; caractères assez mal formés et presque cursifs.

---

(1) Cf. Heberdey u. Wilhelm, *Reisen in Kilikien*, dans les *Denkschriften* de Vienne Bnd. 44 (1896), n°s 192 et 205.

ΤⲰ[redacted]
ΚⲈⲀ[redacted]
ⲈΙⲤΤΟ[redacted]
ⲈⲰΝⲀⲤ
ΤⲰΝⲈⲰ
ΝⲰΝ Ⲁ
ⲘΗΝ

[Δόξα τῷ Πατρὶ κὲ] τῷ [Ὑἱῷ] κὲ ἁ[γίῳ Πνεύματι] εἰς το[ὺς] ἐῶνας τῶν ἐώνων ἀμήν.

Il est probable que ἁγίῳ Πνεύματι se trouvait écrit en abrégé, à moins que le copiste n'ait omis d'indiquer dans le facsimilé une ligne illisible.

47. — Toute petite stèle, assez grossièrement travaillée, couronnée d'un fronton à acrotères. Au-dessous de l'inscription, dessin en creux représentant une amphore d'où sortent deux tiges à une seule feuille; puis, une guirlande. La stèle a été trouvée sur les collines de Bechtépé à peu de de distance des restes d'une grosse muraille qui descend le coteau perpendiculairement à la plaine et présente encore trois saillies analogues à des tours carrées.

ΝΙΚⲰΝ ΚΟ
ΡΝΗΛΙⲰΤⲰ
ΠΑΤΡΙΜΝΗ
ΜΗⲤΕΝΕΚΑ

Νίκων Κορνηλίῳ τῷ πατρὶ μνήμης ἕνεκα.

48. — Belle stèle analogue au n° 43 : au-dessous du fronton, guirlande formée de deux branches de lierre croisées ; au-dessous de l'inscription, une petite amphore, gravée au trait et que semble supporter une bandelette.

ΑΝΤΙΟΧΙΣ
ΑΘΗΝΑΙΟΥ
ΙⲰΝΙ ΤⲰΑΝΔΡΙ
ΜΝΗΜΗΣ ΕΝΕΚΑ

Ἀντιοχὶς Ἀθηναίου Ἴωνι τῷ ἀνδρὶ μνήμης ἕνεκα.

49. — Dans les vignes au-dessous de la grande ruine appelée Kal'e (forteresse), fragment de deux lignes :

ΠΑΤΡΙ ΜΝΗΜΗϹ
ЄΝЄ ΚЄΝ

Au même endroit, une stèle brisée, mais dont l'inscription est entière.

ΤΑΤΤΙΑ
ΜЄΝЄϹΤΡΑ
ΤΟΥϹΛΟΓѠ
ΤѠΥΙѠ ΜΝ
ΗΜΗϹЄΝЄΚΑ

Ταττία Μενεστράτους (sic) Λόγῳ τῷ υἱῷ μνήμης ἕνεκα.

Λόγῳ, s'il n'est pas une faute de copie, est une graphie défectueuse de Λόγγος, qui se rencontre parfois, d'ailleurs, dans les papyrus (v. g. *B. G. U.*, 30, 326, 361, 559, 832, 846, etc).

50. — Stèle déterrée, en 1893, sur une des collines de l'ancienne ville, dans le quartier dit Deniz Koulaghe (oreille de la mer). Au-dessus de l'inscription, deux branches de lierre croisées ; au-dessous, couronne nouée avec des bandelettes.

ΑΜΜΗΙ ΓΥΝΑΙΚΙ
ΤΗΝΔЄΓѠΛЄѠΝΙΔΑϹ
ЄΘΗΚΑ ϹΤΗΛΗΝ
ΟΙΚΤΡΟΝ ЄΥΝΟΙΑϹ
ΟΡΟΝ

Deux trimètres iambiques :

Ἀμμῆι γυναικὶ τήνδ' ἐγὼ Λεωνίδας
ἔθηκα στήλην οἰκτρὸν εὐνοίας ὅρον.

Ἄμμη, n. pr. assez fréquent dans le pays ; rapprocher le masculin Αμμης.

51. — Epaisse plaque de marbre carrée, portant une inscription répartie en deux colonnes ; de même provenance que le n° 42.

C'est l'épitaphe de Ῥούσων Σατύρου ὁ καὶ Νουμήνιος et de sa femme Ἀθηναΐς déjà publiée par M. Th. Reinach (1), mais attribuée par lui à Dorylée : Eski Chéhir désigne en réalité l'*ancienne vılle* de Césarée, à une petite demi-heure de la ville moderne.

(1) *Rev. des Et. Gr.*, 1895, p. 86, n° 33.

52. — Stèle de même provenance que la précédente. Déjà publiée par M. Th. Reinach, (1) d'après une copie moins bonne.

ΙΟΥΛΙΑΜΗΤΗΡ
ΚΑΙΚΛΗΜΗϹΑΔΕΛ
ΦΟϹΑΥΓΟΥϹΤΑΛ
ΩΛΟΓΟΥ Μ Ν Η
ΜΗΣ ΧΑΡΙΝ

Lig. 3 : sur le bord de la cassure, traces d'un Є ; lig. 5 : la 3ᵉ lettre a été ajoutée après coup.

Ἰουλία μήτηρ καὶ Κλήμης ἀδελφὸς Αὐγούστᾳ Λ[ε]ω(γ)ό(ρ)ου (?) μνήμης χάριν.

53. — Large pierre tombale dont le sommet est formé de «deux tympans géminés» : la rosace qui orne l'un d'eux semble avoir porté une croix.

ΦΛ·ϹΙΓΗΝΚΑΙ ΚΑΙΙΟ
ΓΩΛΙΝΑΚΑ[redacted]ΤΡΑ
ΤΟΝΙΚΟϹ ΑΠΟΛ
ΛΩΦΛ · ΦΟΙΒΗΖ
ΕΙΠ ΤΗ ΜΗΤΡΙΚΑΙ
ΦΛ·ΛΟΥΚΙΩΑΔ[redacted]
ΦΩΜΝΗΜΗϹ ЄΝЄΚΑ

Φλ. Σίγην καὶ Κα(πετ)ωλῖνα κα[ὶ Σ]τρατόνικος Ἀπολλωφ(άνους) ? (ou bien Ἀπολλῶ Φλ.) Φοίβη Ζ[ω](ῆ) τῆ μητρὶ καὶ Φλ. Λουκίῳ ἀδ[ελ]φῷ μνήμης ἕνεκα.

Si la lecture du n. pr. Σίγην est certaine, le nom est peut-être une forme secondaire de Σείγης (*I. G., XIV*, 397).

54. — Stèle également à double fronton employée dans le dallage d'une cour.

ΤΑΥΡΟϹ ΚΑϹΤΟ
ΡΟϹ· ΦΥϹΙΑϹ ΓΑΙ
ΟΥ ΠΑϹΙΚΡΑΤΟΥϹ
ΖΩΝ ΚΑΙ ΦΡΟ
ΝΩΝ ΑΝЄϹΤΗ

(1) *Rev. des Ét. Gr.*, 1895, p. 87, n° 35.

ΕΑΥΤΩΚΑΠΑΤΡ·
ΗΡΩΙ ΜΝΗΜΗϹ
ΕΝΕΚΑ

Lig. 3 : « La troisième ligne se termine par une cassure ». — Comme le mot est complet, il y a lieu de croire que le P. Girard aura introduit dans sa copie le complément obvie.— lig. 6 : le Père note que le Π porte au point central, probablement un I minuscule destiné à réparer un oubli du lapicide.

Ταῦρος Κάστορος, φύσ(ε)ι (δὲ) Γαίου Πασικράτους, ζῶν καὶ φρονῶν ἀνέστη ἑαυτῷ κα(ὶ) πατρ[ὶ] ἥρωι μνήμης ἕνεκα.

Je ne crois pas qu'il faille voir dans ἥρως un n. pr. : il s'agit probablement du père naturel de Ταῦρος, Πασικράτης, défunt.

55. — Stèle à fronton cintré très orné. Copiée en 1894.

ΓΑΙΟϹΚΛΕΟΠΑ
ΤΡΟΥ ΡΟΥΦΗ
[redacted]ΑϹΥΝΚΡΙΤΩ

Lig. 1 : la dernière lettre est inscrite dans le Π.

Γαῖος Κλεοπάτρου Ῥούφῃ [τῇ] ἀσυνκρίτῳ [γυνεκί].

56. — Stèle analogue à la précédente, copiée en 1895, au-dessous de la Kal'e.

ΑΥΡΕΛΙΟϹΓΟΡ
ΔΙΑΝΟϹ ΚΑϹΚΕ
ΛΙΩ ΚΕΛΑΔΟΥ
ΠΑΤΡΙ ΚΑΙΛΟΝ
ΓΕΙΝΗ ϹΤΡΑ
ΤΟΝΙΚΟΥΜΗ
ΤΡΙΤΟΙϹΓΛΥ
ΚΥΤΑΤΟΙϹ
ΜΝΗΜΗϹΧΑΡΙΝ

Αὐρέλιος Γορδιανὸς Κασκελίῳ Κελάδου πατρὶ καὶ Λονγείνῃ Στρατονίκου μητρὶ τοῖς γλυκυτάτοις μνήμης χάριν.

Il n'est guère probable qu'il faille corriger Κασκελίῳ en Κα(ι)κελίῳ =

Καικιλίῳ: Κασσκέλλιος et Κασσκε(λλ)ία sont connus (*C.I.G.*, 5144 et *Inschr. v. Magnesia*, 282). Κέλαδος ou Κελαδῆς n'est pas rare, cf. également Κελάδιος, Κελαδίων, Κελαδιανός et Κελαδεινή.

57. — Plaque de marbre d'environ 50 × 40 cent. Copie de mémoire, en 1884.

+ΘΗΚΗ+
ΕΥΣΕΒΙΟΥ
ΡΩΜΑ
ΕΥΓ

Θήκη Εὐσεβίου Ῥωμα[νοῦ] Εὐγ[ένους] ?

58. — Cippe cylindrique de 30 à 40 cent. de diamètre et de 0^m, 90 de haut., moulure à la tête et à la base. Au sommet, enfoncement carré de 30 cent. de côté destiné à recevoir la base de quelque statue. Le monument a été trouvé « près de l'église grecque qui se trouve à la sortie de la ville. A cet endroit, il y a un pli de terrain où l'on a trouvé divers débris antiques et où il doit y avoir les ruines d'un temple. »

L'inscription : *Sólem. Soli invicto Mythrae* est déjà publiée (*C.I.L.*, III, 6772 = 12135) ; mais la description du P. Girard ainsi que l'indication exacte de la provenance peuvent avoir leur utilité.

59. — Sur une sorte de « masque en fer en forme de casque », vu entre les mains d'un indigène, en 1891, deux inscriptions grecques en assez mauvais état.

ΤΕΚ
ΡΑΝ ΒΑ
ΣΕΛΕΑ
ΣΑΡΜΑΝ

Τιγράνην βασιλέα Ἀρμενίας (!!)

Sur le pourtour du casque :

ΑΠΟΚΤΗΣΕΟΣ·ΚΟΣΜΟΥ·ΕΦΘΑΣΑΕΟΥΤΕΣΑΡΑΙΣ·ΧΙΛΙΑΔΑΙΣ·ΠΕΝΤΑΚ
ΟΣΙΑΣ ΑΡΑΝΤΑΡΙΟ

Faux (?). L'objet aurait été envoyé à Constantinople.

60. Roumdiguin, à 45 kil. au nord de Césarée. — Sur une pierre tom-

bale, placée à l'entrée du cimetière musulman et qui sert à déposer les cadavres, une grande croix et le mot ΙΩΑΝΝΟΥ.

Dans le même village, dans la fontaine, inscription turque en caractères grecs, datée de 1821.

61. Nirzé [K. Nizé (?) à 20 kil. N.-E. de Césarée]. — Fragment de plaque brisée dans le sens de la longueur.

+ ΘΗΙ
ΛΛΑΓ
ΡΟΠϹ
ΚΑΙΤ
ΤΟΥ
ΚΑΙΤ
ΚΝΩ

62. Azizié, entre Gurun et Césarée. — Inscription gravée sur une colonne (copie communiquée par un circassien au P. Girard).

ΜΑΡΚЄΛΛΟϹΑΡΙΟ
ΒΑΡΖΑΤΟΥΤΩΓΛΥ
ΤΑΤΩ ο ΚΑΙ ΑϹΥΝ
ΚΡΙΤΩΠΑΤΡΙ ΡΤΙΑ
ΟΛΛΟΥΙΛ

Μάρκελλος 'Αριοβαρζάνου τῷ γλυ[κυ]τάτῳ καὶ ἀσυνκρίτῳ πατρὶ...

63-64. Djemil Kourd [K. Djemil Gurt (?), à 36 kil. à l'ouest de Gurun]. — Copies communiquées au P. Girard.

ΚΛΑΥΔΙΑ·ΜΑ
ΚΛΑ · ΘЄΜΙϹ
ΤΟΚΛЄΙΤΩ
ΓΛΥΚΥΤΑΤΩ
ΑΝΔΡΙ

Κλαυδία Μακλα (?) Θεμιστοκλεῖ τῷ γλυκυτάτῳ ἀνδρί.

Μακλα (?) est évidemment une mauvaise lecture soit de Μάγνα soit de Μάρκελλα.

ΤΑΤΙΑ ΑΘΗΝΑΙΔΙ
ΤΗΔΙΑΜΗΤΡΙ
ΜΝΗΜΗϹΧΑΡΙΝ

Τατία 'Αθηναΐδι τῇ [ἰ]δίᾳ μητρὶ μνήμης χάριν.

III. CILICIE

65. Gayank. — Au lieu dit Kavaran, *le purgatoire* (cop. de M. Jagob Baleïan, 1894).

Α ΛΟΥΚΙΛΑЄΑΥΥ
ΤΗΝϹΟΗΟΝ Κ
Ο ΡΟΝΤΙΝѠ Τ
Α Ν Δ ΡΙ Μ Ο Λ
ΡΙΛΑΤΡΙ ΥΜΟ
ΘΥΓΑΤΡ

Α. Λούκιλα ἑαυ[τῇ] τὴν σο(ρ)ὸν κ[αὶ] (Φ)ροντίνῳ τ[ῷ] ἀνδρὶ μό[νῃ κὲ] (φ)ιλ[τ]άτ[ῃ]..... θυγατρ[ί]..

66. Sis. — Dans la maison de Mouharem Agha (cop. du même).

ΘΕѠϹΑΡΑΠΙΔΙΚΑΙΘΕΑΕΙϹΙΔΙΤΗ
ΜΥΡΙѠΝΥΜѠΙΑΙΘΕΟΙϹΚΑΙΘΕΑΙϹ
ΤΟΙϹϹΥΝΑΥΤΟΙϹΤΟΝΝΑΟΝΕΚ
ΤΙϹΕΝ ΛΑΟΥΚΡΗΤΙΟϹ ΛΟΓΓΟϹΑ
ΛΕΙΑΝΔΡΟϹ ΕΥΧΑΡΙϹΤѠΝΑΥΤΟ
ΙϹΜΕΓΑΛѠο[redacted]

Θεῷ Σαράπιδι καὶ θεᾷ Εἴσιδι τῇ μυριωνύμῳ (κ)αὶ θεοῖς καὶ θεαῖς τοῖς σὺν αὐτοῖς τὸν ναὸν ἔκτισεν Λαουκρήτιος (sic) Λόγγος Ἀλέ(ξ)ανδρος εὐχαριστῶν αὐτοῖς μεγάλω(ς)...

Les dédicaces à Isis *myrionymos* ne sont pas rares. Cf. *C.I.G.*, 4713 *b*, 4941, 4922 *d* (= Dittenberger, *Orientis graeci inscr. sel.*, 695); *C.I.L.*, III, 4017 ; Dessau, *Inscr. lat. sel.*, 1859, 4361, 4376 *a* ; cf. Roscher, *Ausführl. Lexikon*, II, col. 387 et suiv.

Il y avait donc à Sis un petit Serapeum dédié à Sérapis, Isis et à leurs σύνναοι.

67-68. — A une heure de Sis, sur la route d'Hadjin, deux pierres engagées, avec plusieurs autres débris antiques, dans la maçonnerie d'une fontaine (cop. du P. de Jerphanion).

a)

I[redacted]IPIШTI
[redacted]ΑΔΡΙΑΝΟ
ΥΙΟΥϹ ΚΚΛ
⁝ΤШΝΑ

b)

ΤΟΥϹ
ШΗΛΙШ
ΙΟΝΑΝΑΤΕ
ΟΝΤ[redacted]ΕΧ
ΑΙΙΡΟϹ
ΟΝΤШΝ
ΕШΤΟΡΟϹ

b) Lig. 3 : ΑΝ douteux.

a) ...... 'Αδριανο[ῦ] υἱοῦ....

b) Il est possible que ce soit une dédicace [θε]ῷ 'Ηλίῳ, précédée d'une date (?).

Le dernier mot est peut être [ν]εώτ(ε)ρος.

69. — Provenance inconnue (cop. de M. Jagob Baleïan, 1894).

ΔΗΜΟΝΕΙΙ
ΛΟΦΑΝΟΥΤΟΙ Ι
ΤΟΝ ΕΥϹΙ ΚΑΙ
ΑΡΥ⁝ΩΤΩΑΝΔΡ
ΠΑΑΝΤΙΓΟΝΩ
ΛΕΥΚΙΟΥΜΝΗ
ΜΗϹΧΑΡΙΝ

Δημονεῖ[κη 'Απολ]λοφάνους τοῖ[ς] (γ)ονεῦσι καὶ ('Α)ρό[τ]ῳ (ou 'Αρόφῳ) τῷ ἀνδρ[ὶ] πα (= καὶ ?) 'Αντιγόνῳ Λευκίου μνήμης χάριν.

70. — Provenance inconnue (cop. du même).

ΟΝΗΥΙΚΛΕΑ ΔΙΟΔΟΡΟΙ
ΕΠΟΝ ΚΑΙ ΚΟΜΟΔΙΑΣ ΤΗΣ ΝΕΑ
ΙΑΜΒΟΝ ΠΟΙΗΤΗΝ ΚΑΙ ΛΟΓΟΙ
ΕΓΚΟΜΙΑΣΤΙΚΟΝ ΣΥΝΓΡΑΦΙΕΑ
ΝΟΜΙΚΟΝ ΕΝΤΟΙΣ ΑΡΙΣΤΟΙΣ
ΟΙ ΦΙΛΟΙ ΤΟΝ ΠΡΟΣΤΑΤΗΝ
ΤΕΙΜΗΣ ΕΝΕΚΑ

Les cinq premières lignes sont incomplètes à dr., mais les lacunes semblent être fort courtes : 3 ou 4 lettres au plus. Le copiste paraît ne pas avoir distingué les Ω des O, car pareille confusion ne semble pas imputable au lapicide : le texte avec son Σ et sa gravure plus soignée étant d'une époque relativement assez élevée.

'Ονη(σ)ικλέα Διόδ(ω)ρο[ν ου υ]
ἐπ(ῶ)ν καὶ κ(ω)μ(ῳ)δίας τῆς νέα[ς καὶ]
ἰάμβ(ω)ν ποιητὴν καὶ λόγ(ω)[ν]
ἐγκ(ω)μιαστικ(ῶ)ν συνγραφιέα [καὶ]
νομικὸν ἐν τοῖς ἀρίστοις,
οἱ φίλοι τὸν προστάτην,
τειμῆς ἕνεκα.

'Επῶν ποιητής (1), κωμωιδιῶν ποιηταί (2) ou ποιητὴς κωμωιδίας (3), συγγραφεὺς καὶ ποιητής (4), ἐγκωμίῳ λογικῷ, ἐπικῷ (ἐνίκησεν) (5) sont des expressions assez courantes dans les textes analogues. Par contre, je ne sache pas que l'on rencontre, souvent du moins, cette autre formule κωμῳδίας τῆς νέας ποιητής et cette rareté même donne à ce texte cilicien un intérêt particulier. Κωμῳδία ἡ νέα désigne évidemment le *genre* littéraire, la « comédie nouvelle » (6) et non pas une « nouvelle comédie » par opposition à une « reprise » (7). Nous aurions donc dans Onésiclès, cet inconnu qu'un hasard fait sortir de l'oubli, un représentant, en terre asiatique et à une époque un peu tardive, (8), de la *Comédie nouvelle*. Quel fut le mérite de ce Ménandre de province ? Bien mince probablement, s'il est vrai qu'il ait réussi dans

(1) Cf. v. g. Dittenberger, *Syll*³., 693_{31}, 722_{8} ; *Orientis graeci inscr. sel.*, 51_{37}.

(2) Dittenberger, *Orientis graeci*..., 51_{34}.

(3) Dittenberger, *Syll*³., 709_{5}.

(4) *Inscr. graecae ad res rom.*, III, 733.

(5) Dittenberger, *Syll*³., 671 $_{44\text{-}45}$, 722_{4}, 325_{41}.

(6) Cf. *C.I.G.*, I, p. 765 sq. ; rapprocher le même sens de καινή opposé à παλαιά ; cependant on rencontre καινή dans le sens de « nouvelle » pièce (*C.I.G.*, 2759, ; *Syll*³., 699_{2} : ποιηταὶ καινῶν δραμάτων).

(7) C'est le sens que l'on rencontre, quand il s'agit de pièces de théâtre ou de καταλογαί : καταλογῇ παλαιᾷ, καταλογῇ νέᾳ (*Syll.*³, $671_{13\text{-}47}$) ; il ne peut avoir son application, quand on a κωμῳδίας τῆς νέας.

(8) La copie dont je dispose ne permet pas de tirer de la paléographie un argument ferme : j'estime cependant que l'inscription doit dater du Ier siècle de notre ère, peut-être remonterait-elle même un peu plus haut.

tous les genres poétiques et ait été tout à la fois juriste (1) renommé : l'union de tant de spécialités est inquiétante pour la valeur du poète; c'est un sûr garant de son honnête médiocrité et alors il n'est pas étonnant que l'histoire du théâtre n'ait pas retenu sa mémoire.

71. — Provenance incertaine. Le P. Girard, en me transmettant les copies de ses correspondants, ajoute que, sans avoir pu en obtenir des preuves positives, il considère comme très probable que l'inscription a été relevée « assez loin au delà de Missis et du Pyramus, à Yerzouat, dans le caza du Djebel Bereket. »

Comme le texte est relativement important et comme les copies présentent de notables divergences, tout en se complétant l'une l'autre dans une certaine mesure, je crois à propos de les reproduire toutes deux, pour justifier la lecture que je crois en dégager avec certitude. L'inscription est gravée sur une « colonne », — probablement un cippe ou un autel votif ; l'état de conservation doit laisser beaucoup à désirer, vu les divergences et les lacunes des copies.

1re Copie.

ΑΥΤΟΚΡΑΤΟΡΙ
ΚΑΙCΑΡΙ ΑΥΡΗΛΙΩΙ
ΚЄ :ΗΡΩΙ ΑΝΤΩΝЄΙ
ΝΩ [redacted] ΕΥΤΥΧΕΙ
ЄΒ [redacted] ΠΠΛΙΑΛΟΗΝΗ
[redacted]
ΚΑΙ ΤΗΣ ΤΕΩΣΥΝΚΛΗ
ΤΟΥ ΚΑΙ ΤΗΣ ΠΑΤΡΙ
ΔΟΣ

(1) Cf. *Inscr. graecae ad res rom.*, III, 16, 305. On ne peut supposer que le rédacteur ait voulu désigner par ce terme dont l'usage est consacré, un auteur de « nomes » (νομοποιός).

2me Copie.

à gauche :

ΑΥΤΟΚΡΑΤΟΡΙ ΚΑΙ CΑΡΙ
ΑΥΡΗ NUKCΟΥΗΡω
ΝΤωΝΕΙΝωΣΕΩ[redacted]ΤΥΧΕΙ
ΕΒ Π Π ΜΟΙΛΙΛΛΟΜΝΗ
ΕΒΕΥΣΕΒΕΥΤΥΧΕΙ ΜΗΤ Κ ΣΤωΝ
ΛΟΥΚΥΛΟΥΔ ΟΚ ΛΟΣ
ΚΑΙ ΤΗΣ ΙΕΡΑΣΝ ΛΗΤΟΥ ΚΑΙ
ΤΗΣ Π ΓΔΟΣ

à droite :

ΔΙΟΝΥ
ΚΑΛ ΚΛ
ΔΗΜΗΤΡ
ΚΑΠ ΑΘΗΤΥ

Le texte doit évidemment se lire de la façon suivante.

Αὐτοκράτορι Καίσαρι
[Μ.] Αὐρηλίωι (Σ)εουήρωι
'Αντωνείνω[ι Εὐ] σε[β.] Εὐτυχεῖ
[Σ]εβ. π. π. (καὶ 'Ι)ο(υ)λί(α Δ)όμνη
[Σ]εβ. Εὐσεβ. Εὐτυχεῖ μητ[ρὶ] κ[ά]στ[ρ]ων
[καὶ] (τ)οῦ Κυ(ρί)ου (Α)[ὐτ] οκ [ράτο](ρ)ος
καὶ τῆς ἱερᾶς συνκλήτου καὶ
τῆς πατρίδος

Les débris de l'inscription de droite renferment, ce semble, le nom des dédicants :

Διονύ[σιος]
Καλ[......] κ (α)[ὶ]
Δημήτρ [ιος]
Καπ [....'Αγ] αθῆ Τύ[χη].

L'invocation à la Fortune se trouve plus habituellement au début ; mais on la rencontre parfois aussi à cette place (cf. v. g. *Inscr. graecae ad res rom.*, III, 454).

Dédicace à Caracalla et à Julia Domna. Dans la rédaction la plus commune de la titulature de Caracalla, le nom de *Severus* est habituellement omis ; il est bon de noter ici qu'il figure sur la majorité des émissions monétaires de Tarse (cf. Hill, *Catalogue of the Greek Coins of Lycaonia, Isauria and Cilicia*, p. 193 et suiv.).

72-73. Missis. — Outre des copies nouvelles de textes déjà connus (Wadd., 1492, 1500, 1504, 1506) le groupe d'inscriptions relevées à Missis par les correspondants obligeants, de qui je tiens les documents que je publie ici, comprend les textes suivants qui paraissent inédits, (cop. des PP. Jésuites d'Adana).

ΕΤΟΥΣ ΒΛΣ
ΜΗΝΟΛΟΤΩ ΤΩ ΚΑΙ
ΑΡΤΕΜΙΛΩΡΩ ΙΛΑΡΟΣ
ΚΑΙ ΘΕΟΤΕΙΜΑΤΩ ΥΙΩ
ΜΝΗΜΗΣ ΧΑΡΙΝ

Ἔτους βλσ΄. Μηνο(δ)ότῳ τῷ καὶ Ἀρτεμι(δ)ώρῳ Ἵλαρος καὶ Θεοτείμα τῷ υἱῷ μνήμης χάριν.

L'ère de Missis commence en 68 av. J.-C. (cf. Pauly-Wissowa, *Real-encycl.*, s. v. Aera, col. 645), l'an 232 de cette ère correspond donc à 164 ap. J.-C.

ΛΙΟΝΥϹΙΩ
ΚΟϹΜΙΩϹ ΒΙΩ
ϹΝΥΤΙΘΗΚΜΟΝ
ΒΩΜΟΝ ΗΛΙΟΛΩ
ΡΟϹΟΠΛΙΗΡΚΝΙΡΥ
ΦΛΙΝΑΙ ΜΗΤΗΓ
ΜΝΗΜΗϹ ΧΛΡΙΝ

(Δ)ιονυσίῳ κοσμίως βιώσ(αντ)ι [ἔ]θηκ(αν)[τ]ὸν βωμὸν Ἡλιό(δ)ωρος ὁ π(ατ)ὴρ κ(α)ὶ (Τ)ρύφ(α)ινα (ἡ) μήτη(ρ) μνήμης χ(ά)ριν.

Lightning Source UK Ltd.
Milton Keynes UK
UKHW05f1830010818
326640UK00006B/366/P